本书由湖南师范大学马克思主义学院、湖南师范大学马克思主义理论国内一流培育学科资助出版。

本书为国家级线下一流本科课程“思想道德修养与法律基础”、湖南省线上线下混合式一流课程“思想道德与法治”、湖南省普通高校思政课“金课”建设课程“思想道德与法治”、湖南省高校优秀思想政治工作者项目的阶段性成果。

『思想道德与法治』课程教学研究与教法设计

邓验◎著

SIXIANG DAODE YU FAZHI
KECHENG JIAOXUE YANJIU YU JIAOFA SHEJI

人民出版社

目 录

“思想道德与法治”课程教学整体思考

“‘思想道德与法治’是一门融思想性、政治性、科学性、理论性、实践性于一体的思想政治理论课。”① 党的十八大以来，党和国家针对学校思政课建设出台了一系列重要文件，习近平总书记围绕学校思政课改革创新发表了一系列重要讲话、作出了一系列重要指示。2024 年 5 月，习近平总书记对学校思政课建设再次作出重要指示，强调“要坚持以新时代中国特色社会主义思想为指导，全面贯彻党的教育方针，落实立德树人根本任务，坚持思政课建设与党的创新理论武装同步推进，构建以新时代中国特色社会主义思想为核心内容的课程教材体系，深入推进大中小学思想政治教育一体化建设。要始终坚持马克思主义指导地位，以中国特色社会主义取得的举世瞩目成就为内容支撑，以中华优秀传统文化、革命文化和社会主义先进文化为力量根基，把道理讲深讲透讲活，守正创新推动思政课建设内涵式发展，不断提高思政课的针对性和吸引力。”② 一系列重要文件、重要讲话、重要指示，深入阐述了学校思政课建设的新理念、新模式、新方法和新要求，为新时代学校思政课建设指明了前进方向、提供了根本遵循。

学校思政课在大中小学各学段有不同特色的课程目标、课程设置和课程教材内容。高校本科思政课包括“‘马克思主义基本原理’课、‘毛泽东思想和中国特色社会主义理论体系概论’课、‘习近平新时代中国特色社会主义思想概论’课、‘中国近现代史纲要’课、‘思想道德与法治’课和‘形势与

① 本书编写组：《思想道德与法治》，高等教育出版社 2023 年版，第 10 页。

② 《习近平对学校思政深建设作出重要指示强调　不断开创新时代思政教育新局面努力培养更多让党放心爱国奉献担当民族复兴重任的时代新人》，《人民日报》2024 年 5 月 12 日。

政策'课。"[1]"思想道德与法治"课程主要"针对大学生成长过程中面临的思想道德与法治问题，开展马克思主义的人生观、价值观、道德观、法治观教育，帮助大学生提升思想道德素质和法治素养，成长为自觉担当民族复兴大任的时代新人。"[2]

"思想道德与法治"课程教学研究和教法设计要以习近平新时代中国特色社会主义思想为指导，深入贯彻落实相关重要讲话精神和重要指示精神，用心用情用力打造契合不同学段特色、不同专业背景、不同教学场域、不同专题内容、不同环节过程的课程教学创新设计，努力实现从教材体系到教学体系到话语体系的有效转化，持续优化教师主导与学生主体相联动、线上教学与线下教学相融合、思政课小课堂与社会大课堂相衔接的"金课"，推动"思想道德与法治"课程建设内涵式高质量发展。

一、"思想道德与法治"课程学情分析

"思政课教学离不开教师的主导，同时要坚持以学生为中心，加大对学生的认知规律和接受特点的研究，发挥学生主体性作用。"[3]"思想道德与法治"课程教学深入贯彻"以学生为中心"的教学理念，关切学生所思所惑、关照学生学段贯通、关注学生专业特色，掌握真实的学习痛点、了解真实的学习需求、反映真实的学习效果，因人而异、因事而化、因时而进、因势而新，把对规律的掌握和特点的分析切实转化为推动课程教学内涵式高质量发展的动能。

1. 已有知识分析

一是基于大中小一体化纵向衔接，掌握基础知识情况。学生在小学和初中阶段的"道德与法治"、高中阶段的"思想政治"课程中已经对理想信念、中国精神、社会主义核心价值观、思想道德建设、权利与义务等基础知识有

① 本书编写组：《思想道德与法治》，高等教育出版社 2023 年版，第 10 页。

② 本书编写组：《思想道德与法治》，高等教育出版社 2023 年版，第 10 页。

③ 习近平：《思政课是落实立德树人根本任务的关键课程》，《求是》2020 年第 17 期。

初步了解，主要集中在对其概念含义、理论背景、现实成就的理解上，而系统性掌握科学内涵、逻辑性探究内在关系、一体化梳理发展脉络、时效性关注前沿理论还不足。

二是基于线上线下教学横向贯通，了解自学知识情况。通过线上课程学习数据，掌握学生知识点自学情况；通过线上互动专区学生提问，掌握学生学习难点情况；通过翻转课堂“学习资源”阅读数量，掌握学生对热点焦点的关注情况。学生大多数能按时按量进行线上课程知识点学习，但少数学生不顾学习质量、“放课”“刷课”现象不容忽视；学生对翻转课堂“学习资源”中时政热点、案例资源、视频资源等推送关注度更高，对专题相关理论前沿文章关注度有待提升。

2. 认知能力分析

一是青春期处在记忆力高峰，但学生深入分析能力还不足。大学生能较好熟记教材知识，也能进行一定延伸与拓展，具备自主学习和探究能力，但深入分析主体内容的高度、深度和广度还不足。

二是新机遇拓展想象力空间，但学生主动创新能力还不实。当前，社会面貌日新月异、科学技术不断创新、大学生活多姿多彩，给予了大学生充足的想象空间，但部分大学生开拓进取的意识、敢想敢做的魄力、善作善成的本领等还欠缺。

三是大数据激发观察力优势，但学生辩证思维能力还不强。当代大学生作为网络原住民，信息获取速度快、信息涉及范围广，大数据极大地激发了大学生快速、多元、持续的观察力，但当前，国际上思想文化不断交流交融交锋，国内社会思潮更加多元多样多变，诸多成长困惑，甚至社会问题，都是因网而生、因网而兴，导致很多小问题变大问题，很多简单问题变复杂问题；“碎片式”学习、“标题式”观察、“茧房式”接受，都对学生的辩证思维能力造成了很大冲击。

四是泛娱乐化致注意力失焦，重大和热点问题关注还不够。自媒体平台不乏正向、优质的资源，但“泛娱乐化”内容仍不在少数，部分学生沉迷于此，忽视了对党中央关注的重大问题，全社会关注的热点问题的思考和学习；在面对复杂社会问题时，学生全局性关注的能力有待提升；在面对国家前沿热点时，学生深入性探究的动力有待增强。

3. 心理需求分析

一是学生对内容说服力有需求。学生期望从教材体系与教学体系相统一中，达成知识获取的需求；从讲理程度与认知水平相统一中，达成接受特点的需求；从理论讲授与现实启发相统一中，达成应用能力的需求；从前沿融入与研究思考相统一中，达成纵深学习的需求。

二是学生对形式联动力有需求。学生期望从线上自学与线下厚学相贯通中，匹配多渠道学习功能互补的需求；从教师讲授与学生展示相贯通中，匹配主动性挑战学习难度的需求；从课堂学习与社会生活相贯通中，匹配开放合作型拓展学习的需求；从活动设计与专业特点相贯通中，匹配专业创新性优势发挥的需求。

三是学生对资源吸引力有需求。学生期望在传统资源与新颖资源相结合中，满足对资源与时俱进的需求；在理论资源与实践资源相结合中，满足对资源可感可知的需求；在经典资源与朋辈资源相结合中，满足对资源可亲可敬亦可学的需求；在思政资源与专业资源相结合中，满足对思政课学习助力专业发展的需求。

二、“思想道德与法治”课程教学目标

深入学习贯彻习近平总书记重要讲话精神和重要指示精神，契合学校人才培养特色，关注学生专业差异性，以一流本科课程成果为基础，注重把思政课道理“讲深、讲透、讲活”，引导时代新人在真学真信、睿思活用、笃行践悟中勇担历史使命。

1. 知识目标

学生能深刻理解新时代新征程的历史方位和使命任务；学生能深刻理解正确人生观的丰富内涵、中国化时代化马克思主义的强大生命力、伟大建党精神的科学内涵与时代价值、社会主义核心价值观的科学内涵及显著特征；

学生能深刻理解马克思主义道德观精髓和中华优秀传统文化道德观精华的高度契合，把握明大德、守公德、严私德的具体要求，把正确的道德认知、自觉的道德养成和积极的道德实践紧密结合起来；学生能深刻理解习近平法治思想的核心要义与坚持全面依法治国、推进法治中国建设的战略意义和具体要求，学好法治理论、弘扬法治精神、提升法治素养。

2. 能力目标

学生能把握好新时代中国特色社会主义思想的世界观和方法论，坚持好、运用好贯穿其中的立场观点方法，把握世界和中国发展大势；学生能自觉运用马克思主义的人生观、价值观、道德观、法治观的相关知识，解决成才成长过程中遇到的思想道德困惑和法律问题；学生能在线上自学、课堂深学、实践探学的结合中，增强知识转化、思维创新、协同合作、技术应用、成果产出等综合能力。

3. 素质目标

用新时代党的创新理论教育人，学生能增强政治自觉；用新征程党的奋斗目标激励人，学生能明晰使命担当；用以人民为中心的思想指引人，学生能凝聚复兴伟力；用伟大建党精神的魅力塑造人，学生能增强历史主动；用社会主义核心价值观培育人，学生能明确价值准则；用崇德向善的道德实践鼓舞人，学生能提升道德境界；用习近平法治思想武装人，学生能提升法治素养。学生在全面提升思想道德素质和法治素养的基础上，紧紧围绕党的二十大确定的各项重大目标、重大战略、重大部署，自信自强、守正创新，踔厉奋发、勇毅前行，成长为自觉担当民族复兴大任的时代新人。

三、“思想道德与法治”课程教学内容

《新时代学校思想政治理论课改革创新实施方案》指出，“‘思想道德与法治’课主要讲授马克思主义的人生观、价值观、道德观、法治观，社会主义核心价值观与社会主义法治建设的关系，帮助学生筑牢理想信念之基，培育和践行社会主义核心价值观，传承中华传统美德，弘扬中国精神，尊重

和维护宪法法律权威，提升思想道德素质和法治素养。”[①]“思想道德与法治”课程教材内容包括四大板块：绪论、思想、道德、法治。第一个板块是绪论部分，介绍授课对象所处的大环境，包括新的历史方位、历史使命等内容；第二个板块是思想素质部分，由马克思主义人生观、价值观及理想信念、中国精神和社会主义核心价值观等内容构成；第三个板块是道德素质部分，从道德的功能、发展到社会主义道德的核心和原则，从中华传统美德、中国革命道德到人类文明优秀道德成果的吸收与借鉴，从高尚道德品格的养成到新时代大学生的践行；第四个板块是法治素养部分，从社会主义法律的特征和运行、坚持全面依法治国、维护宪法权威到自觉尊法学法守法用法，系统把握法治素养的建构。

遵循新时代思政课改革创新“八个相统一”的根本遵循，以中国特色社会主义取得的举世瞩目成就为内容支撑，以中华优秀传统文化、革命文化和社会主义先进文化为力量根基，立足课程教材重点难点，吸收全国高校思政课教学指导委员会（以下简称教指委）《思想道德与法治教学课件》要点亮点，贯通学生专业特色和创新优势，关切学生兴趣点困惑点，融合社会热点焦点，引入学术前沿观点论点，分专业、分场域、分专题、分环节创新设计教学内容，不断提高“思想道德与法治”课程教学内容的针对性和吸引力。

1. 线上教学，更注重教学内容的基础性与稳定性。线上教学以“人生选择——理想信念——精神状态——价值理念——道德觉悟——法治素养”为主线，以章节基础知识学习为核心，打造若干原创微课和“见面课”，为校内“线上线下混合式”教学提供优质资源，为校外“SPOC”建设优化资源共享。

2. 课堂教学，更注重教学内容的高阶性与创新性。一是聚焦使命成人，重点设计“理响新时代，孕育好青年”专题内容，以新生活、新征程、新要求为主线，回应使命之问。二是聚焦思想成人，重点设计人生观的“解锁系列”，以解锁积极人生态度的“修为之道”、解锁创造人生价值的“进阶之

---

① 《新时代学校思想政治理论深改革创新实施方案》，中华人民共和国教育部网，2020 年 12 月 22 日，见 http://www.moe.gov.cn/srcsite/A26/jcj_kcjcgh/202012/t20201231_508361.html。

路”等专题内容，回应学生的人生青春之问；重点设计理想信念的“硬核系列”，以理想信念的硬核思量、科学信仰的硬核坚定、青春梦想的硬核飞扬等专题内容，回应学生的理想信念之问；重点设计中国精神的“学思践悟系列”，以厚学明理：中国精神的深刻内涵、睿思明智：伟大建党精神的深刻蕴意、细照笃行：做新时代的忠诚爱国者、颖悟致远：让改革创新成为青春远航的动力等专题内容，回应学生的精神力量之问；重点设计社会主义核心价值观的“升华系列”，以价值共识：社会主义核心价值观的科学内涵、价值自信：社会主义核心价值观的显著特征等专题内容，回应学生的价值判断之问。三是聚焦道德成人，重点设计“立德修身方致远，明晰道德的本质与功能”“百尺竿需进步，吸收借鉴优秀道德成果”“高山景行心向往，为道德模范打‘call’”等专题内容，回应学生道德理论和实践之问。四是聚焦法治成人，重点设计我国社会主义法律的特征和运行、习近平法治思想的核心要义与价值意蕴、“演绎”法治思维到法治素养的升华之路等专题内容，回应学生法治素养之问。

3. 实践教学，更注重教学内容的挑战度与转化性。一是精品化打造大学生讲思政课展示活动。围绕人生态度与人生价值、马克思逐梦前行的多重角色、中国精神的丰富内涵、社会主义核心价值观的科学内涵、道德实践面面观、法治建设成就、依法行使权利与履行义务等主题，以3—5人的团队形式，开展12分钟微课展示活动，对小组讲稿撰写、课件制作、课堂展示等情况进行小组自评、同伴互评及教师评分，并指导优秀学生、优秀成果参与全国高校大学生讲思政课公开课展示活动，以赛促学、以赛优学。二是常态化组织法庭旁听等特色移动思政课。结合法院庭审旁听案件，开展“德法融合”的移动思政课，设计“法官进课堂”及“崇德尚法”环节，学生能全面、真实地了解案件庭审过程，增强法治意识，树立和维护社会主义法律权威；参与学生以个人为单位提交心得体会，字数不少于2000字。三是持续性开展思政课研究性学习成果活动。坚持用党的创新理论铸魂育人，围绕党中央关注的重大问题，确立思政课研究性学习成果活动的相关选题，以5人的团队形式，指导学生进行相关调研活动，对小组调研成果文本、调研报告汇报等情况进行作业评价或竞赛评审。学生通过大学生讲思政课展示、庭审现场旁听、研究性学习成果展示等活动，能更好地在研究中学习、在学习中实践、在实践中验证，并通过团教协同、院系协同和专业协同，将实践教学打造成孵化创新项目的平台；及时总结实践教学成果，把优秀成果作为课堂教学的有益补充。

四、“思想道德与法治”课程教学重点

1. 用新时代党的创新理论教育人，增强政治自觉。党的二十大报告在总结新时代十年伟大变革的成功经验时，第一条就强调我们创立了新时代中国特色社会主义思想，并鲜明提出、科学阐述了一个具有深刻理论内涵和重大政治意义的命题“开辟马克思主义中国化时代化新境界”，对马克思主义中国化时代化实现新飞跃的客观过程、创新成果、重大意义、根本经验进行了深刻阐明。首次提出“两个行”的重大理论论断，即“中国共产党为什么能，中国特色社会主义为什么好，归根到底是马克思主义行，是中国化时代化的马克思主义行”，深刻揭示了科学理论对党和国家事业发展的根本指导意义；再次重申“两个结合”的重大理论观点，即“只有把马克思主义基本原理同中国具体实际相结合、同中华优秀传统文化相结合，坚持运用辩证唯物主义和历史唯物主义，才能正确回答时代和实践提出的重大问题，才能始终保持马克思主义的蓬勃生机和旺盛活力”，深刻指明了推进党的理论创新的根本途径；对把握好新时代中国特色社会主义思想的世界观和方法论，坚持好、运用好其中的立场观点方法提出了“六个必须坚持”的具体要求，即“必须坚持人民至上、必须坚持自信自立、必须坚持守正创新、必须坚持问题导向、必须坚持系统观念、必须坚持胸怀天下”，深刻体现了党的创新理论根本的价值立场、内在的精神特质、鲜明的理论品格、突出的理论特点、科学的思想方法、独有的格局境界。“思想道德与法治”课要引领大学生学深悟透“两个行”重大理论论断、“两个结合”重大理论观点的科学内涵及重要意义，在“增强对马克思主义、共产主义的信仰”、“社会主义核心价值

观的显著特征”等内容的教学中予以重点讲解，深入阐述确立和坚持马克思主义在意识形态领域指导地位的深刻道理，生动解读拥有马克思主义科学理论指导是我们党坚定信仰信念、把握历史主动的根本所在，旗帜鲜明地反对和抵制各种错误观点和错误思潮；引领大学生深刻领悟“两个确立”的决定性意义，增强“四个意识”、坚定“四个自信”、做到“两个维护”的政治自觉，坚定不移在思想上政治上行动上同以习近平同志为核心的党中央保持高度一致。

2. 用新征程党的奋斗目标激励人，明晰使命担当。为贯彻落实党的二十大作出的战略部署，中国共产党第二十届中央委员会第三次全体会议通过《中共中央关于进一步全面深化改革　推进中国式现代化的决定》，对进一步全面深化改革、推进中国式现代化问题做出了一系列重要决定。大学阶段重在培养学生使命担当，习近平总书记也一直深情寄语新时代青年，“坚定不移听党话、跟党走，争做有理想、敢担当、能吃苦、肯奋斗的新时代好青年，在推进强国建设、民族复兴伟业中展现青春作为、彰显青春风采、贡献青春力量，奋力书写为中国式现代化挺膺担当的青春篇章。”[①] 这是习近平总书记对新时代新征程上青年的准确判断、殷殷寄语，也是大学生使命担当的践行要求。“思想道德与法治”课要引导大学生深刻领悟“为中国人民谋幸福、为中华民族谋复兴”是中国共产党人的初心使命，是党的百年奋斗的主题，“为中国式现代化挺膺担当”是青年作为的迫切要求，要在“新时代呼唤担当民族复兴大任的时代新人”“增强对实现中华民族伟大复兴的信心”“为实现中国梦注入青春能量”“做改革创新的生力军”等内容的教学中予以重点讲解。当代中国青年是与新时代同向同行、共同前进的一代，是人生奋斗黄金期与强国梦想实现期高度契合、完全吻合的一代，是享有中国特色社会主义事业良好基础、丰富机遇的一代，是被党和人民高度信任、寄予厚望的一代，生逢盛世，肩负重任。要带领学生回望来路，明晰新时代的伟大成就

① 《习近平寄语新时代青年强调　奋力书写为中国式现代化挺膺担当的青春篇章　向全国广大青年致以节日祝贺和诚挚问候》，《人民日报》2024 年 5 月 4 日。

是党和人民拼出来、干出来、奋斗出来的，增强接续奋斗的自觉性；要带领学生立足现实，清醒地看到我们工作还存在的不足、我们发展还面临的困难，找准如何奋斗的切入点；要带领学生展望未来，全面建设社会主义现代化国家是一项伟大而艰巨的事业，明晰“空谈误国、实干兴邦”，“躺赢不可能、躺平不可取”，坚定团结奋斗的使命感。要引导大学生主动回应、自觉践行新时代新征程上党和人民的召唤，警惕“佛系”“躺平”“摆烂”“摸鱼”等心态造成的精神内耗，展现出自信自强、刚健有为的精神风貌，在科技创新、乡村振兴、绿色发展、社会服务、卫国戍边等各领域各方面勇当排头兵和生力军。

3. 用以人民为中心的思想指引人，凝聚复兴伟力。“人民”无疑是《思想道德与法治》内容的高频词汇，是贯穿教学内容设计的一条主线。“思想道德与法治”课要引领大学生深刻领悟人民性是马克思主义的本质属性，人民立场是党的根本政治立场，始终坚持人民至上，对于不断夺取中国特色社会主义新胜利、实现中华民族伟大复兴的中国梦，具有重要的理论和实践意义，因此要在“高尚的人生追求”“为什么要信仰马克思主义”“彰显人民至上的价值立场”“坚持以为人民服务为核心”“坚持中国特色社会主义法治道路必须遵循的原则”等内容的教学中予以重点讲解；深入阐释马克思主义的人民立场、中华优秀传统文化的民本思想、百姓日用而不觉的核心价值观的内涵、意义及关联；帮助认清拜金主义、享乐主义、极端个人主义等错误思想和腐朽观点的实质和危害，将以人民为中心的发展思想贯穿、联通大学生人生追求、理想信念、价值理念、道德观念、法治教育等专题内容，增强大学生服务人民、奉献社会的初心、信心和决心；引导大学生深刻领悟全面建设社会主义现代化国家，任重道远，要始终把实现人民对美好生活的向往作为自己奋斗的出发点和落脚点，始终保持同人民群众的血肉联系，始终同人民同呼吸、共命运、心连心，厚植人民情怀，凝聚复兴伟力。

4. 用伟大建党精神的魅力塑造人，增强历史主动。人无精神则不立，国无精神则不强。一百年前，中国共产党的先驱们创建了中国共产党，形成了坚持真理、坚守理想，践行初心、担当使命，不怕牺牲、英勇斗争，对党忠诚、不负人民的伟大建党精神，这是中国共产党的精神之源。中国共产党走过百年奋斗历程，不断传承和发扬伟大建党精神，构建起中国共产党人的精神谱系，记录了党的艰辛历程和发展轨迹，述说了党的重大成就和历史伟业，揭示了党的成功经验和历史规律，指引了党的理想坐标和奋斗方向。党的二十大报告开篇强调了“弘扬伟大建党精神”，并把“弘扬伟大建党精神”写进大会的主题。“中国共产党是中国精神的忠实继承者和坚定弘扬者”这一知识点也是2023版教材新增并深入阐述的内容。“思想道德与法治”课要引领大学生深刻领悟伟大建党精神的科学内涵、理论逻辑、时代价值，以及伟大建党精神与中国共产党人精神谱系、中国精神的内在关系，在“中国精神的丰富内涵”等内容教学中予以重点讲解，引导大学生用党的奋斗历程和伟大成就鼓舞斗志、指引方向，用党的光荣传统和优良作风坚定信念、凝聚力量，用党的历史经验和实践创造启迪智慧、砥砺品格。明晰全面建设社会主义现代化国家、全面推进中华民族伟大复兴，关键在党，引导学生坚定不移听党话、跟党走；明晰全面建设社会主义现代化国家，必须充分发挥亿万人民的创造伟力，引导学生树牢群众观点，始终保持同人民群众的血肉联系；坚信伟大建党精神激励中国共产党带领人民用伟大奋斗创造了百年伟业，也一定能用新的伟大奋斗创造新的伟业，引导学生务必不忘初心、牢记使命，务必谦虚谨慎、艰苦奋斗，务必敢于斗争、善于斗争，坚定历史自信，增强历史主动，谱写新时代中国特色社会主义更加绚丽的华章。

5. 用社会主义核心价值观培育人，明确价值准则。社会主义核心价值观体现了社会主义意识形态的本质要求，体现了社会主义制度在思想精神层面的质的规定性，以其先进性、人民性、真实性站在人类道义制高点上，彰显出独特而强大的价值观优势。“思想道德与法治”课要引领大学生深刻领悟社会主义核心价值观、全人类共同价值的科学内涵、认同基础、引领意义及践行原则，在“社会主义核心价值观的显著特征”“投身崇德向善的道德实践”等内容的教学中予以重点讲解，并要在大中小学思政课一体化的视域下实现社会主义核心价值观教育的有效衔接和高阶提升，着重在理论思辨、认同基础上下功夫；生动诠释社会主义核心价值观反映人类社会发展进步的价值理念，彰显人民至上的价值立场，因真实可信而具有强大的道义力量，引导学生从社会主义核心价值观的先进性、人民性、真实性中，深刻感悟社会主义核心价值观的真理魅力和实践伟力，以增强学生对社会主义核心价值观的情感认同、理论认同、实践认同；深入阐述把社会主义核心价值观融入法治建设、融入社会发展、融入日常生活的原则要求，引导学生明晰社会主义核心价值观是党和国家事业取得重大成就的价值遵循和思想保障；讲清楚全人类共同价值与西方所谓“普世价值”的本质区别，揭露西方资本主义国家“普世价值”的实质及其虚伪性，引领大学生用社会主义核心价值观铸魂育人。

6. 用崇德向善的道德实践鼓舞人，提高道德境界。社会主义道德不是凭空产生的，是马克思主义道德观与各种优秀道德成果的有益融合；高尚的道德实践不是一蹴而就的，是一代代先辈、一群群榜样用鲜血和生命、奋斗和奉献浇灌的。“思想道德与法治”课要引领大学生深刻领悟中华传统美德是社会主义道德建设的源头活水。阐释中华优秀传统文化中蕴含的天下为公、民为邦本、为政以德、革故鼎新、任人唯贤、天人合一、自强不息、厚德载物、讲信修睦、亲仁善邻等思想和观点是中国人民在长期生产生活中积累的道德观的重要体现，中华传统美德与科学社会主义主张具有高度契合性，帮助大学生理解中华优秀传统文化是中华民族的突出优势，是我们在世界文化激荡中站稳脚跟的根基，马克思主义道德观只有植根中华民族历史文化才能根深叶茂，使大学生明晰传承中华传统美德的重要性；通过分析运用马克思主义的立场观点方法对传统美德进行科学地分析、鉴别和扬弃，并结合时代要求进行创造性转换、诠释和激活，推动传统美德的创造性转化与创新性发展，使之成为中国特色社会主义文化的有机组成部分，帮助大学生理解社会主义道德建设必须坚持古为今用、推陈出新，才能不断夯实马克思主义道德观的现实基础和群众基础，使大学生明晰中华传统美德创造性转化和创新性发展的必要性。要引领大学生深刻领悟中国革命道德是社会主义道德的红色基因。阐释中国共产党人敢于斗争、善用斗争的宝贵经验，排除万难、无私无畏的坚定信念，帮助大学生理解坚持社会主义和共产主义理想不屈不挠的精神是革命道德的灵魂，使大学生明晰中国革命道德的本质内涵、历史意义和当代价值。要引领大学生深刻领悟明大德、守公德、严私德是践行社会主义道德，提高人民道德水准和文明素养，提高全社会文明程度的关键。阐释先进人物对践行道德修养的精神引领和典型示范作用，学习党和国家功勋荣誉表彰人物的先进事迹，结合经典人物案例和同辈群体案例，破除大学生对于学习道德模范中可亲可敬不可学的思想困惑，理解道德模范具备的优良品质、高尚人格并不是一蹴而就的，而是长期积累的过程，使大学生明晰要见贤思齐、学习模范、崇尚英雄、争做先锋。阐释新时代的大学生作为实现中华民族伟大复兴重任的中坚力量，其道德状态和精神风貌在很大程度上影响着整个社会的道德状态和精神风貌，结合大学生在提升道德境界、引领社会风尚方面存在的突出问题，使大学生明晰要以高度的主人翁精神，参与到培养时代新风新貌的建设中来。

7. 用习近平法治思想要义武装人，增强法治素养。习近平法治思想从历史和现实相贯通、国际和国内相关联、理论和实际相结合上深刻回答了新时代为什么实行全面依法治国、怎样实行全面依法治国等一系列重大问题，是全面依法治国的指导思想和根本遵循。“思想道德与法治”课要引领大学生学深悟透习近平法治思想的核心要义及其政治意义、理论意义、实践意义、历史意义等，深入阐释习近平法治思想是全面依法治国的指导思想和根本遵循的深刻道理；引导学生从党坚持依法治国、不断推进社会主义法治建设的历史进程与伟大成就中，深刻认识走向中国特色社会主义法治道路的历史必然性，为学习中国特色社会主义法治体系的主要内容与核心要义提供知识储备、奠定积极心态；引导学生从学习我国社会主义法律的本质特征、坚持中国特色社会主义法治道路必须遵循的原则、我国宪法的基本原则等知识点中，系统把握党的主张和人民意志的高度统一，整体理解党的领导、人民当家作主和依法治国的有机统一关系，理解党的领导是中国特色社会主义最本质的特征、社会主义法治最根本的保证，理解推进全面依法治国的根本目的是依法保障人民权益；引领大学生学好法治理论、弘扬法治精神、提升法治素养，争做社会主义法治的忠实崇尚者、自觉遵守者、坚定捍卫者。

五、“思想道德与法治”课程教学方法

丰富的教学内容能否真正达到沟通心灵、启智润心、激扬斗志的效果，离不开教学方法的多元应用和协同联动。

1. 理论讲授法，重在线上初讲与线下深讲相结合。课前，通过观看线上课程，学生初步了解相关主题的基础知识；课中，通过教师主体教授、师生互动研讨，学生深入探究相关主题的重点难点；通过前置理论自学、重点理论探究、前沿理论拓展，培养学生的归纳思维和演绎思维。

2. 问题导向法，重在理论问题与现实问题相结合。以问为靶，提前梳理学生学习的共性问题与个性问题、一般问题与重点问题，形成专题教学“问题链”；围绕专题学习的理论难点问题、现实启发问题，师生互动探究问题，层层深入剖析问题，形成课堂学习的“头脑风暴”；通过正视问题、研讨问题、解决问题，培养学生的批判思维和转化思维。

3. 案例分析法，重在多维案例与专业案例相结合。案例选取做到历史与现实、国内与国际、理论与实证、正面与反面、大众与特色、经典与同辈案例相结合，注重案例选取的可亲可敬亦可学；案例分析做到引入案例、探究分析、贯通深入、总结升华相结合，注重案例分析从情感共鸣到理性认同的升华；利用直播连线邀请学长学姐进课堂，用活案例式教学；通过多维案例融入、专业案例挖掘、同辈案例凸显，培养学生的推理思维和辩证思维。

4. 任务驱动法，重在创新驱动与协作驱动相结合。课前，学生自主完成线上课程知识点学习任务，学生分章节、分组创新设计、协同完成小组展示中的资料搜集、讲稿撰写、课件制作等任务；课中，学生应用课堂学习 APP 中头脑风暴、选人、抢答、投票等多功能参与课堂互动任务，学生基于前期师生打磨完成主题微课课堂展示任务；课后，学生通过翻转课堂习题布置和阅读推荐，进一步拓展学习与思考；通过全人员参与、多功能互动、整过程交流，培养学生的求证思维和递进思维。

在多种教学方法协同联动的基础上，充分应用信息化教学手段，持续优

化线上课程微课，提质线上线下混合式教学；分班、分模块打造翻转课堂，实时更新学习资源；围绕重大纪念活动、重要时间节点和重大事件，打造传承红色基因、聚焦时政热点的“云课堂”；借助国家虚拟仿真实验教学课程共享平台、学校全息投影教室等，实现“沉浸式”教学，满足多样性学习需求，推进教育数字化，赋能教育教学改革创新。

六、“思想道德与法治”课程教学资源

1. 翻转课堂资源。一是发布章节预习任务。教师按进度提前发布课前学习任务，重点督促学生完成线上课程相关知识点的学习与测试，提前熟悉本章内容的构成及要点，知晓本章主题性小组展示活动的相关要求。二是推送重要内容链接。教师实时精选课程专题相关理论文章、时政热点新闻推送，督促学生密切关注党中央关心的重大问题、全社会关切的热点问题，激发学生的前沿意识和使命意识；教师提前推送历届实践教学优秀成果，督促学生重点学习全国大学生讲思政课公开课展示、全国大学生网络文化节、“挑战杯”全国大学生课外学术科技作品竞赛红色专项活动、大学生思政课研究性学习成果活动等优秀作品，激发学生在优秀成果的学习和分析中，增强创新意识，提升创作自信，凝聚创造合力。三是启动实践教学项目。教师对学生自主选组、项目过程实施、小组作品提交、多元成绩评定，实施痕迹化、动态化、数据化管理。四是上传专题教学课件。在教学课件资源包中内置好教学视频素材、课堂互动题目等，让交互式教学更快捷、更高效。

2. 创新教案资源。基于“学情分析、教学目标、教学内容、教学重难点及解决措施、教学方法、教学过程、教学资源、教学板书、教学反思”等核心要素撰写专题教学创新教案。一是“学情分析”撰写中，重点关注已有知识分析、认知能力分析、心理需求分析。在已有知识分析中，基于大中小一体化纵向衔接，概括学生基础知识情况；基于线上线下教学横向贯通，概括学生新学知识情况；在认知能力分析中，概括学生知识记忆力与应用转化力、青春想象力与创新实践力、活跃观察力与综合判断力、失焦注意力与主

流关注力的平衡情况；在心理需求分析中，关注学生对内容说服力、形式联动力、资源吸引力的需求；整体概括学生已学、未学、想学、应学情况。二是“教学目标”撰写中，重点关注知识目标、能力目标、素质目标。在明晰教学目标基本结构的基础上，注意目标中各要素写作范畴，结合教学过程中的具象化教学内容，厘清语句逻辑层次，使用学生主动语态行文；注意教学目标各要素的内在关联与逐步升华，注意教学目标与教案其他部分内容的相互呼应与支撑达成。三是“教学内容”撰写中，重点关注顶层设计要求、整体设计思路、具体呈现方式。在顶层设计要求上，突出党的创新理论融入、紧扣思政课讲道理的本质、明晰主题相关文件的要求；在整体设计思路上，立足课程教材的重点难点、对标教育部统一课件要求、研究学生兴趣点和困惑点、回应社会热点焦点的关注、融入前沿理论点和创新点；在具体呈现方式上，做到总段引领与分段概括相统一，框架图示与内容概要相统一，具体阐述与重点突出相统一。四是“教学重难点及解决措施”撰写中，重点关注重难点来源的真实性、归纳的针对性、解决的操作性。将教材内容重难点、时政热点、学界前沿点作为教学重难点设定的根本依据，将学生互动和反馈中的共同兴趣点、困惑点作为教学重难点设定的一手资料，针对学生感兴趣的点讲深讲透，针对学生兴趣度不高的点讲新讲活，避免迎合学生，做到引领学生；在教学重难点部分的撰写中，还要避免将各环节都作为重难点，抓住“点”的真正含义；不要机械割裂重点难点，针对实际教学情况辩证把握；不要过于简略单一，要结合“教学过程”部分实际课堂教学内容，分层次、分步骤归纳好具体解决措施。五是“教学方法”撰写中，重点关注方法具体操作说明、方法应用目标思考、方法图文结合展现。避免仅写出具体方法名词，可以结合具体知识点讲授，描述教学方法真实使用的情况，归纳教学方法期望达成的目标；避免仅总结课中方法使用，可以结合课前、课中、课后全环节，对理论讲授法进行互补性分析，对问题导向法进行链条式设计，对任务驱动法进行贯通性梳理。六是“教学实施过程”撰写中，重点关注精彩的导入、详实的主体、突出的学理、生动的话语、高质的活动、巧思的图示、完整的流程。通过联系已学知识、阐述专题立意、巧妙融入热点、引出创意框架等展现精彩的导入；通过知识覆盖全面、重点内容突出、问题导向明确、案例分析深入、文字高度凝练、各段过渡流畅、互动功能多元、线上线下贯通、实践成果反哺等展现详实的主体；通过大学螺旋上升的理论深度、传统文化融入的理论厚度、前沿思想阐释的理论高度、学科交叉融合的理论广度等展现突出的学理；通过坚守思政话语规范、增强叙事话语精炼、关照学生话语习惯、吸收网络话语创意、挖掘视频话语细节、善用情景话语设问等展现生动的话语；通过考虑学生实际的活动数量、契合学生专业的活动类型、满足学生需求的活动指导、反映学生素质的活动汇报、用心点评的活动总结评价等展现高质的活动；通过归纳层次的框架图、彰显真实的数据图、交代操作的应用图、辅以说明的实例图、提升吸引的小图标展现巧思的图示；通过课前课中课后相统一、导入主体总结相贯通、教案各部分内容与实施过程具体内容相呼应等展现完整的流程。七是“教学资源与工具”撰写中，重点关注资源的来源、资源的数量、资源的类型、信息化教学手段的充分运用、资源与工具的图示。立足“思想道德与法治”（2023 版）教材，参考 2023 年全国思政课教指委统一教学课件，善用习近平系列讲话数据库相关内容等体现资源来源的权威力；标识参考理论文章、展示实践教学成果反哺课堂等体现教学应用的广泛性；梳理在线课程知识点，归纳翻转课堂专题相关资源，总结课堂互动 App 功能使用情况等体现工具应用的数字化。八是“教学板书”撰写中，重点关注板书内容的概要性、板书结构的逻辑性、板书设计的艺术性。基于条理性与重点性相结合，板书内容反映教学思路、概括教学内容；基于主板书与副板书相统一，板书结构厘清教学重点、说明教学难点；基于规范性与个性化相协调，板书设计注重表达直观、讲究字形色彩。九是“教学反思”撰写中，重点关注对教学理念、教学方法、教学过程的反思。以反映讲义内容的设计、实施、评价为主线，反思讲义内容是否贯彻了“以学生为中心”的教学理念，考察契合学生学情、符合学生学段、融合学生专业的情况，是否达成充分激发学生主体性；反思讲义内容是否配套有协同联动的教学方法，考察传统教学方法与信息化教学手段相结合、互动工具多元功能运用与学情数据转化相结合的情况，是否达成充分增强师生交互性；反思讲义内容是否落实到有效衔接的教学过程，考察课前内容、课中内容、课后内容的贯通情况，是否达成充分保障效果持续性。教学反思既要有对教师“教”的反思，又要有对学生“学”的反思；既要有对成功经验的总结，又要有对问题识别的分析；将用心、用情、用力的教学反思，作为特色教学保持与改进措施制定的有效依据。

3. 重要文献资源

《马克思恩格斯文集》第1—10卷，人民出版社2009年版。

《马克思恩格斯选集》第1—4卷，人民出版社2012年版。

《列宁全集》第1—60卷，人民出版社2017年版。

《毛泽东选集》第一—四卷，人民出版社1991年版。

《邓小平文选》第二卷，人民出版社1994年版。

《习近平谈治国理政》第一卷，外文出版社2018年版。

《习近平谈治国理政》第二卷，外文出版社2017年版。

《习近平谈治国理政》第三卷，外文出版社2020年版。

《习近平谈治国理政》第四卷，外文出版社2022年版。

习近平：《决胜全面建成小康社会　夺取新时代中国特色社会主义伟大胜利——在中国共产党第十九次全国代表大会上的报告》，人民出版社2017年版。

习近平：《在庆祝改革开放40周年大会上的讲话》，人民出版社2018年版。

习近平：《在纪念马克思诞辰200周年大会上的讲话》，人民出版社2018年版。

习近平：《在纪念五四运动100周年大会上的讲话》，人民出版社2019年版。

习近平：《在“不忘初心、牢记使命”主题教育工作会议上的讲话》，人民出版社2019年版。

习近平：《论坚持全面依法治国》，中央文献出版社2020年版。

习近平：《在庆祝中国共产党成立100周年大会上的讲话》，人民出版社2021年版。

习近平:《论党的青年工作》，中央文献出版社 2022 年版。

习近平:《在庆祝中国共产主义青年团成立 100 周年大会上的讲话》，人民出版社 2022 年版。

习近平:《高举中国特色社会主义伟大旗帜　为全面建设社会主义现代化国家而团结奋斗——在中国共产党第二十次全国代表大会上的报告》，人民出版社 2022 年版。

《新时代爱国主义教育实施纲要》，人民出版社 2019 年版。

《新时代公民道德建设实施纲要》，人民出版社 2019 年版。

《中共中央关于党的百年奋斗重大成就和历史经验的决议》，人民出版社 2021 年版。

中华人民共和国国务院新闻办公室:《中国的民主》，人民出版社 2021 年版。

中共中央宣传部、中央全面依法治国委员会办公室:《习近平法治思想学习纲要》，人民出版社、学习出版社 2021 年版。

中华人民共和国国务院新闻办公室:《新时代的中国青年》，人民出版社 2022 年版。

中共中央宣传部:《习近平新时代中国特色社会主义思想学习纲要》，学习出版社、人民出版社 2023 年版。

《中共中央关于进一步全面深化改革　推进中国式现代化的决定》，人民出版社 2024 年版。

七、“思想道德与法治”课程教学评价

注重提升教学评价的实效性和转化力，充分保障评价数据工具性与价值性的统一，以评促教，以评促学，以评促建，以评促改。

1. 从“理实一体”中评价学生学习效果。一是以成绩考核为主体。采取过程性评价与终结性评价相统一。通过课堂互动情况与线上课程学习考察学生平时成绩，掌握学生学习兴趣度与参与度，占总成绩的 30%；通过纸质

化考试考察学生期末成绩，掌握学生对课程知识的理解能力、思辨能力和分析能力，占总成绩的50%；通过小组活动成果展示考察学生的实践成绩，掌握学生对重点知识的应用能力和创新能力，占总成绩的20%。在小组展示活动中采取以教师评定为主，结合学生自评与同伴互评，学生在相互学习、对比分析中查漏补缺、共同进步。二是用以赛促学来赋能。指导学生参与研究性学习竞赛，引导学生深入学习前沿理论，开展调查研究，学生在研究性学习中提升理论学习的积极性，激发使命担当的主动性。指导学生参与全国性讲课活动，引导学生创新讲授移动思政课，创作拍摄主题微电影，学生在行走中、创作中、协作中深刻感悟中国共产党为什么能、马克思主义为什么行、中国特色社会主义为什么好；从学好“思想道德与法治”课到讲好“思想道德与法治”课，学生能深化对“思想道德与法治”课教学内容的认识和思考，展现新时代大学生的马克思主义理论素养和精神风貌。

2. 从“教赛研拓”中评价教师成长效果。一是自我评价与多元评价相结合。按照“政治强、情怀深、思维新、视野广、自律严、人格正”的总要求，聚焦“以学为中心、以教为主导”的教学理念，高阶性、创新性和挑战度的教学内容，准备充分、精神饱满的教学态度，讲述生动、互动高效、技术融合的教学方法，教学目标达成度高的教学效果等课堂教学评价重点，主动进行自我评价、及时反思学生评价、积极吸收同行评价、勇于寻求专家评价，并将评价建议作为持续优化教学的依据。二是日常苦练与竞赛提质相贯通。坚持不懈用习近平新时代中国特色社会主义思想铸魂育人，聚焦“上好一门课”，苦练教学基本功，领会“功夫在平时”，以赛促教、赛教融合。通过全国高校思想政治理论课教学展示活动、全国高校青年教师教学竞赛、全国高校教师教学创新大赛等平台，积极探索“思想道德与法治”课程改革创新，重点突破课程教学痛点堵点，切实提高课程教学的针对性和吸引力；并将竞赛成果反哺课堂，推动形成教师认真讲好思政课、学生积极学好思政课的良好育人生态。三是教学本领与学术能力相统一。秉持“重教学”以固其本，“强学术”以成其高，结合“思想道德与法治”课程教学实践，围绕教学内容重点难点、教学方法创新、混合式教学模式、善用“大思政课”路径、学情分析策略、大中小一体化有效衔接等问题，进行教学学术研究；在教学过程中发掘学术价值点，在学术研究中突破教学重难点，并及时将学术成果转化为教学内容，推动教学与学术有效转化、相互赋能，教师切实练就好“看家本领”，学生真实享受“教研盛宴”。四是本职工作与社会服务相协调。积极走出思政课小课堂、服务社会大课堂，增强服务于党的创新理论宣传、智库决策咨询的担当意识和能力，增强服务于大中小学思政课一体化建设、课程思政融入学科教育的协同意识和能力，在课程内外协同合作中、主流媒体报道推介中，加快课程服务力与社会影响力的提升与拓展。

专题一　理响新时代　孕育好青年

对应章节：绪论

计划学时：2 学时

教学对象：土木工程专业

一、学情分析

1. 已有知识分析。第一，基于大中小一体化纵向衔接，掌握基础知识情况。学生初中阶段在九年级上册《道德与法治》第八课“中国人　中国梦”中初步认识了中国梦、新时代的含义，以及实现中国梦的战略安排与中国特色社会主义进入新时代的重大意义；在九年级下册第五课“少年的担当”中初步感受到少年的品格之于国家未来发展的重要价值；在七年级、八年级内容中都涉及了道德与法律的具体要求，以及道德与法律对个人发展和社会稳定的重要价值。学生高中阶段在必修一《中国特色社会主义》第四课“只有坚持和发展中国特色社会主义才能实现中华民族伟大复兴”中进一步学习了新时代我国社会的主要矛盾、新时代的科学内涵、中国梦的本质，在选修二（选择性必修二）《法律与生活》整本书中进一步学习了法律在现实生活中的具体应用。第二，基于线上线下教学横向贯通，了解自学知识情况。学生通过线上知识点“我们处在中国特色社会主义新时代”“担当民族复兴大任的时代新人”的学习促新知构建；通过翻转课堂学习资源中有关新时代依据、内涵和意义的理论文章，以及学生获奖作品的链接促新知拓展。

2. 认知能力分析。第一，基础知识记忆力强，但系统分析能力还不足。学生对“新时代”的认知多停留在概念记忆中，对中国特色社会主义进入新时代这一伟大判断科学依据的理解有待深化，对其科学内涵的逻辑性分析有待增强。第二，发展成就认同度高，但主动践行能力还不强。学生为新时代发展成就而自豪，为胸怀大志的英雄而骄傲，但在结合自身实际规划时，容易犯理想间歇症，缺乏一定的自制力与方向感，将责任意识转化为实际行动的能力还有待提升。第三，课程学习内容较广，但综合运用能力还不强。学生从小学起便开始学习思政课，对思想、道德与法治等内容均有接触，但对课程持续性学习的价值仍心存困惑、对课程内容的理解尚缺乏深度、对课程学习方法的掌握还有待加强。

3. 心理需求分析。第一，思政课理论有效指导学习生活。学生希望通过对新时代依据、内涵和意义的学习，把握国家发展新方位对个人学习生活的具体影响；希望通过对时代新人高要求的学习，明确未来大学生涯的努力方向；希望通过对课程学习真困惑的破解，明晰本课程的学习内容、价值与方法。第二，热点与前沿巧妙链接理论课堂。学生希望通过融入专业相关经典案例增强学习的使命感；希望通过引入主题相关理论成果增强学习的时效性；希望通过社会热点进行互动研讨来增强学习的针对性。第三，信息化技术灵活贯穿专题讲授。学生期待线上线下混合式授课模式，希望通过线上课程提前预习，通过翻转课堂中优质学习资源的共享扩大学习面，通过课堂学习 App 的多功能灵活运用激发课堂教学活力。

二、教学目标

1. 知识目标。一是学生能在历史追溯与前沿引入、理论解读与实践成果相统一中明晰中国特色社会主义进入新时代的客观依据、重大意义，系统把握中国特色社会主义新时代的科学内涵，拓展对中学“国家发展新方位”这一已学知识的探理深度。二是学生能在典型案例与朋辈榜样的激励中明晰立大志、明大德、成大才、担大任四者之间的内在逻辑关系，明确其重大意义及实践要求，增强对线上“时代新人高要求”这一新学知识的剖析力度。三是学生能在教师解读和自主思考中掌握思想道德素质与法治素养辩证关系，理解思想政治理论课持续性学习的重大意义，明晰“思想道德与法治”课的主要内容和学习要求，提升对课堂“课程学习真要求”这一应学知识的掌握精度。

2. 能力目标。一是通过对中国特色社会主义进入新时代的科学依据、重大意义及中国特色社会主义新时代科学内涵的理论解读，对思想道德素质与法治素养的辩证分析，学生能提升逻辑推理、辩证思考、识别问题等高阶认知能力。二是通过线上学习任务的布置、翻转课堂学习资源的拓展阅读、“思想道德与法治”课程学习内容、方法的梳理，学生能提升独立思考、信息获取、意义建构等自主学习能力。三是通过同辈案例分享助力学生以目标规划引领成长方向，通过习近平总书记经典寄语激励学生以脚踏实地深厚人生底气，学生能提升融会贯通、智慧创造、敢想敢做的实践创新能力。

3. 素质目标。一是通过梳理新时代取得的伟大成就，回顾中华民族发展历程，放眼国际发展现状，展望未来发展前景，学生能涵养起深厚的自信意识与家国情怀。二是通过解读新时代的历史使命与世界担当，展示科研榜样及土木工程专业学姐学长的可敬事迹，回顾路桥建设的发展历程，学生能涵养起有为的责任意识与使命担当。三是通过对“思想道德与法治”课程学习内容和方法的梳理，对课程学习意义的阐释，学生能涵养起正确的学习态度和鲜明的进取品格。

三、教学内容

“理响新时代，孕育好青年”这一专题教学内容，立足教材“绪论：担当复兴大任　成就时代新人”的重点难点，贯通线上课程知识点“我们处在中国特色社会主义新时代”“担当民族复兴的时代新人”的已知未知，结合全国高校思政课教指委《思想道德与法治教学课件》专题一的要点亮点，关注学生对科学理论如何指导大学生活、知悉成长要求与落实行为实践的差异困惑，以明晰身在何处、走向何方、该做何事为设计主线，阐释了适应时代发展、思考青春成长、掌握课程赋能的内容、意义和方法。

【教学内容的设计要点】

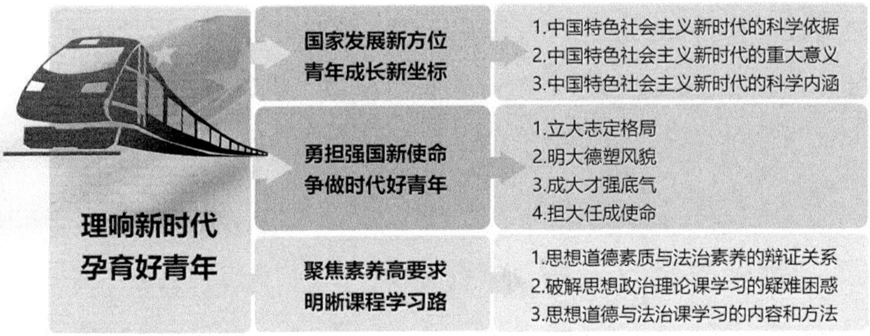

1. 国家发展新方位，青春成长新坐标。一是通过观看新时代伟大成就视频、查阅党的二十大报告，以及学习习近平总书记的相关论述，理解中国特色社会主义进入新时代的科学依据；二是通过思考习近平总书记对中国特色社会主义进入新时代的重大意义的论述，并结合专家学者对其重大意义的前沿解读，把握好中国特色社会主义进入新时代在中华民族发展史、世界社会主义发展史及人类发展史上的重大意义；三是从新时代的鲜明主题、战略安排、价值追求、历史使命及世界担当五个方面全面明晰新时代的科学内涵。

2. 勇担强国新使命，争做时代好青年。一是通过阅读思考青年马克思从“坏”小子到好学霸转变的故事，激励学生在播种理想的黄金时期树立远大志向，为实现中华民族伟大复兴的中国梦贡献青春力量；二是通过追溯不同历史时期伟人对崇高道德的追求，并结合习近平总书记关于道德的相关论述，引导学生明确大德的重要作用和具体要求、树立崇德向善的观念并力求落实；三是通过引入党的二十大报告中关于人才的重要论述，《中共中央关于进一步全面深化改革　推进中国式现代化的决定》中关于“深化人才发展机制体制改革”的相关要求，结合中国青年在前沿科技领域创新创造的典型案例，鼓舞学生刻苦学习钻研、夯实才识基础、练就过硬本领；四是通过重温桥梁建设发展历程、回顾同辈榜样奋斗事迹，推动学生自觉担当历史使命。

3. 聚焦素养高要求，明晰课程学习路。一是通过对思想道德素质与法治素养的概念界定，以及思想道德建设和法治建设关系的论述，明晰思想道德素质与法治素养的辩证关系；二是通过对思政课持续性学习的探讨，明晰高校思政课在落实教育根本任务、深化课程一体化建设、解决学生成长困惑中的重要价值；三是通过剖析“思想道德与法治”课的课程性质、课程内容、教学方式与学习建议，引导学生全面掌握课程学习内容和方法。

四、教学重难点及解决措施

1. 坚持前沿引入与对照对比统一，着重讲深中国特色社会主义新时代的科学内涵。第一，基于进入新时代以来的“变”与“不变”，结合习近平总书记对新时代党的理论与实践主题的论述，把新时代的鲜明主题讲深；第二，将过去“三步走”发展战略与全面建成社会主义现代化强国“两步走”战略安排进行对比，并结合学者对中国式现代化特征的分析，把新时代的战略安排讲深；第三，从中西方现代化道路的比较入手，阐明其底层逻辑的区别，把新时代的价值追求讲深；第四，从习近平总书记同各界优秀青年代表座谈时的讲话入手，并结合《新时代的中国青年》白皮书中对中国青年的点赞，把新时代的历史使命讲深；第五，从“一带一路”的实际成果入手，结合我国所提出的各项中国智慧与中国方案，把新时代的世界担当讲深。

2. 坚持典型案例与学生实际相结合，着重讲活时代新人如何树立远大志向。第一，从对“理想间歇症”的探讨入手，把寻找正确理想方向的紧迫性问题讲活；第二，从青年马克思实现“华丽”转变的案例分析入手，阐明理想对个人成长的重要价值，把为何立志的价值性问题讲活；第三，从立何大志这一提问入手，结合鲁迅的论述与人生经历，关照学生人生发展与强国梦想的时间表、路线图之间的紧密联系，把怎样立大志、如何将大志落实的问题讲活。

3. 坚持问题导向与逻辑梳理相融通，着重讲透课程价值与学习内容和方法。第一，从对大学为何要持续学习思政课之间的互动入手，从学理角度分析课程定位，阐明“思想道德与法治”课所关注的学生成长成才问题的特性，把本课程的学习意蕴讲透；第二，从“思想道德与法治”课教材内容分析入手，阐明教材内容构成及内在逻辑，把本课程的系统结构讲透；第三，从习近平总书记对思政课要求的理论分析入手，阐明本课程的教学方式、方法与资源，把本课程的学习要求讲透。

五、教学方法

1. 理论讲授法，重在线上初讲与线下深讲相结合。课前，通过观看线上课程，初步把握新时代的科学内涵以及时代新人如何担当民族复兴大任。课中，基于习近平总书记相关重要论述，结合专家学者的理论，分析中国特色社会主义进入新时代的科学依据、重大意义和内涵逻辑；基于学生实际，结合习近平总书记相关重要论述及名人名言，解读时代新人如何勇担复兴重任。课后，通过翻转课堂学习资源中的阅读推荐，进一步拓展学生对新时代新征程主题学习热点和前沿的认识和理解。通过前置理论自学、重点理论探究、前沿理论拓展，培养学生的归纳思维和演绎思维。

2. 问题导向法，重在个人之问与家国之问相结合。新课导入中，用问题“谈谈你对大学初始生活的感受”激发学生兴趣。新授环节中，以谈谈你对新时代的理解之问开启关于国家身在何处的探讨，从中国梦的破茧重生之问、战略安排的变化之问，帮助学生理解好时代发展趋势；以我们如何才能不负时代之问开启关于个体该走向何方的探讨，从代代青年投身祖国建设有何启发之问、青年马克思何以实现转变之问，助力学生明确如何把握青春发展机遇；以课程如何赋能时代新人勇担重任之问开启关于个体该做何事的探讨，从思想道德素养与法治素养辩证关系之问、高校思政课学习价值之问，推动学生领悟好素质发展要求。课后思考中，以你将如何利用自身专业技能为实现第二个百年目标贡献力量之问回应学生在大学阶段所面临的迷茫，进一步检验课堂教学目标达成情况。通过正视问题、研讨问题、解决问题，培养学生的批判思维和转化思维。

3. 案例分析法，重在国内案例与国际案例相结合。案例选取聚焦土木工程专业，关注土木工程发展成就、土木工程专业榜样人物。在阐述新时代依据、内涵及意义时，展示新时代伟大成就的现实案例，结合民族发展的历史案例，关照全球范围内的国际案例，以案例事实增强理论的可信性与说服力；在阐述时代新人如何勇担重任时，通过分析青年马克思的转变案例，回看百年路桥发展史及代代路桥人的奋斗史，发挥经典案例和朋辈案例的榜样引领。通过现实案例论证、国际案例拓展、行业案例聚焦，培养学生的推理思维和辩证思维。

4. 任务驱动法，重在自主学习与交互学习相结合。课前，学生完成线上课程中两个知识点、翻转课堂学习资源中三个热点焦点关注等自主学习任务，教师提前掌握学生新学知识情况；课中，学生应用课堂学习 App 中头脑风暴、选人、抢答等功能参与互动研讨，教师及时掌握学生课堂学习情况；课后，通过翻转课堂布置思考讨论与阅读推荐，教师持续掌握学生学习反馈情况。通过全人员参与、多功能互动、整过程交流，培养学生的求证思维和递进思维。

六、教学过程

【课前】

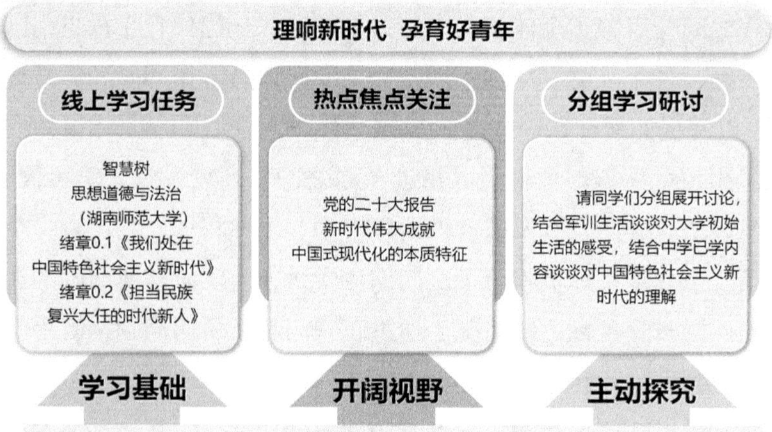

【课中】

环节一：新课导入

同学们好，欢迎来到“思想道德与法治”的课堂。首先恭喜大家正式开启大学生活。大家是否听过这样的话？当你望着尚未完成的、成堆的试卷和作业时，老师跟你说“等上了大学就好了”；当你披星戴月回到宿舍，迎着朝霞走进教室时，你对自己说“等考上大学就好了”；当你不碰电视、不玩手机、熬夜学习时，父母跟你说“等考上大学就好了”。终于，你进入大学了。

【互动讨论】谈谈你对大学初始生活的感受

【教师点评】同学们有欣喜的、有期待的，也有感觉困惑和不适应的。有同学说，大学像是黑暗中的一盏明灯，指引着我们前进的方向；有同学说，曾经千军万马同走独木小桥，如今单枪匹马徘徊十字街头。确实，“大学时期是新的人生阶段，也是一段特殊而宝贵的人生新旅，青春、梦想、友谊、爱情、学业、职业……这些人生中最珍贵而美好的课题，都将扑面而来，与你们相遇。”① 心理学研究表明，不少大学生存在不同程度的心理困惑，大学生的责任感与情绪控制能力还不相匹配，自觉独立性与对事物的辨析能力还存在落差。② 其实，这些困惑、迷茫都能被理解，这都是青春的印记，但徘徊、游移不能成为常态。

【教师总结】我们是与新时代同向同行、共同前进的一代，是享有中国特色社会主义事业良好基础、丰富机遇的一代，是被党和人民高度信任、寄予厚望的一代。可以说，生逢盛世，肩负重任。那如何理解好时代发展趋势？如何把握好青春发展机遇？如何领悟好素质发展要求？这些问题都是时代新人必须认真面对、持续解决的真问题，这样才能不负时代，不负韶华。

---

① 全国高校思想政治理论课教学指导委员会：《思想道德与法治教学课件》（专题一——担当复兴大任　成就时代新人）第 4 页。

② 参见冀文彦、刘林：《大学生心理困惑归因及高校心理健康教育策略研究》，《中国高等教育》2023 年第 Z2 期。

环节二：国家发展新方位，青春成长新坐标

【App 头脑风暴】基于中学知识积淀，谈谈你对“新时代”的理解？

【教师点评】从观点表达可以看出大家对新时代的发展成就很有感触，对新时代的社会主要矛盾变化和目标追求有所了解，这为我们整体把握和系统理解“我们处在中国特色社会主义新时代”这一知识点打下了很好的基础。

1. 中国特色社会主义新时代的科学依据

“新时代”是我们理解当前所处历史方位的关键词。“经过长期努力，中国特色社会主义进入了新时代”①。这个重要论断是习近平总书记在党的十九大报告中作出的重大判断。列宁强调，“只有首先分析从一个时代转变到另一个时代的客观条件，才能理解我们面前发生的各种重大历史事件。”②

一是根据我国发展成就作出的必然判断。正如马克思所言，“人们自己创造自己的历史，但是他们并不是随心所欲地创造，并不是在他们自己选定的条件下创造，而是在直接碰到的、既定的、从过去承继下来的条件下创造。”③

【视频资源】数说新时代——从这组数字看新时代的伟大成就④（1 分 31 秒）

【教师总结】新时代十年间，国内生产总值从五十四万亿元增长到一百一十四万亿元；我国经济总量占世界经济的比重达百分之十八点五，稳居世界第二位；制造业规模、外汇储备稳居世界第一；货物贸易总额居世界第一；在党的二十大报告第一篇章中，从“十六个方面”浓墨重彩地总结了新时代十年的伟大变革。我们还可以“数”读 2024 政府工作报告，这一组组亮眼数字背后，这一条条成功经验背后，不仅仅是发展成就的奋斗和见证，更是

① 习近平：《决胜全面建成小康社会 夺取新时代中国特色社会主义伟大胜利——在中国共产党第十九次全国代表大会上的报告》，人民出版社 2017 年版，第 10 页。

② 《列宁全集》第 26 卷，人民出版社 2017 年版，第 142—143 页。

③ 《马克思恩格斯选集》第 1 卷，人民出版社 2012 年版，第 669 页。

④ 《数说新时代｜从这组数字，看新时代的伟大成就》，2022 年 10 月 17 日，见 http://www.xinhuanet.com/2022-10/17/c_1129068529.htm。

奋力走好新时代、自信挺进新征程的底气和保障。

二是我国社会主要矛盾变化的必然结果。“人类社会是在矛盾运动中向前发展的，社会基本矛盾是社会发展的根本动力。”①“中国特色社会主义进入新时代，我国社会主要矛盾已经转化为人民日益增长的美好生活需要和不平衡不充分的发展之间的矛盾。”② 根据国家统计局数据显示，2013—2021年，我国对世界经济增长的平均贡献率达 38.6%，超过 G7 国家贡献率的总和，是推动世界经济增长的第一动力，这与过去“落后的社会生产”已不可同日而语。同时，人民对美好生活的需要日益广泛，“不仅对物质文化生活提出了更高要求，而且在民主、法治、公平、正义、安全、环境等方面的要求日益增长，不再局限于过去‘物质文化需要’的层面”③，现在更突出的是发展不平衡不充分的问题。我国社会主要矛盾的变化，是我国社会发展、特别是生产力发展的必然结果，是中国特色社会主义进入新时代的重要依据。

三是党对历史规律准确把握的必然遵循。“历史发展有其规律，但人在其中不是完全消极被动的。”④ 以习近平同志为核心的党中央，把马克思主义基本原理同当代中国具体实际和时代特点相结合，既遵循客观规律，又充分发挥主观能动性，以全新视野深化对共产党执政规律、社会主义建设规律、人类社会发展规律的认识，以创新洞见深化对世情国情党情深刻变化的把握，作出了中国特色社会主义进入新时代的重大政治判断，开辟了马克思主义的新境界。

2. 中国特色社会主义新时代的重大意义

“中国特色社会主义进入新时代，在中华人民共和国发展史上、中华民族发展史上具有重大意义，在世界社会主义发展史上、人类社会发展史上也

---

① 陈理：《深刻理解新时代的依据、内涵和意义》，《党的文献》2019 年第 3 期。

② 习近平：《决胜全面建成小康社会　夺取新时代中国特色社会主义伟大胜利——在中国共产党第十九次全国代表大会上的报告》，人民出版社 2017 年版，第 11 页。

③ 陈理：《深刻理解新时代的依据、内涵和意义》，《党的文献》2019 年第 3 期。

④ 习近平：《在庆祝改革开放 40 周年大会上的讲话》，人民出版社 2018 年版，第 3—4 页。

具有重大意义。”[①] 习近平总书记用三个“意味着”作了精辟概括。

一是从中华民族发展史来看。中国特色社会主义进入新时代，“意味着近代以来久经磨难的中华民族迎来了从站起来、富起来到强起来的伟大飞跃，迎来了实现中华民族伟大复兴的光明前景”[②]。

中华民族有五千多年的文明历史，中华民族在不短的时间里繁盛过，中国经济在不短的时间里富裕过，中国文化在不短的时间里拥有过独特而广泛的世界影响力。但近代我们怎么了？鸦片战争后，中国逐步沦为内忧外患的半殖民地半封建国家，一步步陷入民族危机的灾难中。为挽救民族危亡，无数仁人志士上下求索、前赴后继，但太平天国、洋务运动、戊戌变法、辛亥革命，都没能改变旧中国的社会性质和中国人民的悲惨命运。实现中华民族伟大复兴成为近代以来中华民族最伟大的梦想。

【师生互动】我们是怎样在山河破碎中实现了中国梦的破茧重生？

【教师总结】“中国共产党一经成立，就把实现共产主义作为党的最高理想和最终目标，义无反顾肩负起实现中华民族伟大复兴的历史使命。”[③] 新民主主义革命时期，党团结带领人民浴血奋战、百折不挠，实现了中国从几千年封建专制政治向人民民主的伟大飞跃，为实现中华民族伟大复兴创造了根本社会条件；社会主义革命和建设时期，党团结带领人民自力更生、发愤图强，实现了一穷二白、人口众多的东方大国大步迈进社会主义社会的伟大飞跃，为实现中华民族伟大复兴奠定了根本政治前提和制度基础；改革开放和社会主义现代化建设新时期，党团结带领人民解放思想、锐意进取，推进了中华民族从站起来到富起来的伟大飞跃，为实现中华民族伟大复兴提供了充满新的活力的体制保证和快速发展的物质条件；中国特色社会主义进

① 习近平：《决胜全面建成小康社会　夺取新时代中国特色社会主义伟大胜利——在中国共产党第十九次全国代表大会上的报告》，人民出版社 2017 年版，第 12 页。

② 习近平：《决胜全面建成小康社会　夺取新时代中国特色社会主义伟大胜利——在中国共产党第十九次全国代表大会上的报告》，人民出版社 2017 年版，第 10 页。

③ 陈扬勇：《深刻理解中国特色社会主义进入新时代的重大意义》，《光明日报》2017 年 12 月 13 日。

入新时代，党团结带领人民自信自强、守正创新，中华民族迎来了从站起来、富起来到强起来的伟大飞跃，实现中华民族伟大复兴具备了更为坚实的物质基础、更为完善的制度保证，实现中华民族伟大复兴进入了不可逆转的历史进程。①

二是从世界社会主义发展史来看。中国特色社会主义进入新时代，“意味着科学社会主义在二十一世纪的中国焕发出强大生机活力，在世界上高高举起了中国特色社会主义伟大旗帜”②。

【理论前沿】社会主义从开始作为一种思想提出到今天，已经有500余年的历史，经过了从空想到科学、从理论到实践、从一国实践到多国发展的过程，经历了辉煌，也有过曲折。20世纪90年代，东欧剧变、苏联解体，世界社会主义受到严重挫折。一时间社会主义崩溃论、终结论甚嚣尘上。中国共产党是经过反复比较和总结才选择了马克思主义和社会主义道路的，是历经千辛万苦、付出了各种代价才开创和发展了中国特色社会主义。党的十八大以来，随着我国综合国力迅速增强所带来的重大国际性影响，国际社会对中国特色社会主义的关注日益浓厚，中国特色社会主义的世界意义进一步显现。中国特色社会主义进入新时代这一事实本身表明：占世界四分之一的人口成功实践的社会主义道路，是对有关“历史终结论”的有力驳斥，社会主义中国步入国际舞台中心，是对世界社会主义力量的巨大鼓舞。“中国特色社会主义焕发出的强大生机和活力，将在世界更广的范围内高高扬起社会主义的旗帜。”③

三是从人类发展史来看。中国特色社会主义进入新时代，“意味着中国特色社会主义道路、理论、制度、文化不断发展，拓展了发展中国家走向现代化的途径，给世界上那些既希望加快发展又希望保持自身独立性的国家和

① 参见毛胜：《增加历史自信》，《学习时报》2022年1月10日。

② 习近平：《决胜全面建成小康社会 夺取新时代中国特色社会主义伟大胜利——在中国共产党第十九次全国代表大会上的报告》，人民出版社2017年版，第10页。

③ 陈扬勇：《深刻理解中国特色社会主义进入新时代的重大意义》，《光明日报》2017年12月13日。

民族提供了全新选择，为解决人类问题贡献了中国智慧和中国方案。”①

“世界各个国家和地区，不论其历史传统、社会制度、发展水平如何，都不可避免地、或早或晚地走上现代化道路。但现代化道路往哪个方向走、如何走，却有很大差异。在历史上，可以说西方国家在现代化道路上先行一步，其成功经验和积极成果是对人类发展的重要贡献。但据此认为西方道路是实现现代化的唯一‘普世之路’，其他国家别无选择、必须模仿跟随、亦步亦趋，则是完全错误的。西方现代化道路有着固有的矛盾弊端、制度局限和历史局限。一些追随西方、接受其提供的‘现代化方案’的国家，要么陷入‘中等收入陷阱’而发展长期停滞。”② 比如，阿根廷作为后发国家不仅一度跨越高收入门槛，且有较长时间接近甚至超过了发达国家的平均水平，但此后开始出现经济增长动力不足、经济发展波动大、贫富差距凸显、社会矛盾急剧增加、对外依赖度不断攀升等问题，截至 2024 年，阿根廷已滞留“中等收入陷阱”长达半个多世纪。③“要么成为依附于‘中心国家’、受其控制和支配而丧失了独立性。”④ 比如，“日美间缔结了严重不对等的军事同盟条约，美国在日本驻扎大规模军队，享有特权地位，日本外交上以对美关系为优先，军事上依赖美国保护，经济上较为依赖美国市场，国际事务中多与美国协调行动等。”⑤“要么在‘结构性调整计划’的猛药‘医治’下陷入破产。”⑥ 比如，斯里兰卡于 1977 年开始学习“新加坡模式”，积极发展以成衣制造为

① 习近平：《决胜全面建成小康社会　夺取新时代中国特色社会主义伟大胜利——在中国共产党第十九次全国代表大会上的报告》，人民出版社 2017 年版，第 10 页。

② 姜辉：《中国特色社会主义进入新时代在人类社会发展史上的重大意义》，《世界社会主义研究》2019 年第 4 期。

③ 参见郭金兴、王冠敏等：《中等收入陷阱视角下的“阿根廷之谜”：发展绩效与制度质量》，《新兴经济体研究会 2018 年会暨第 6 届新兴经济体论坛人类命运共同体论文集（下）》2018 年版，第 626 页。

④ 姜辉：《中国特色社会主义进入新时代在人类社会发展史上的重大意义》，《世界社会主义研究》2019 年第 4 期。

⑤ 项昊宇：《美日同盟中日本对美战略依附性考察》，《东北亚论坛》2022 年第 6 期。

⑥ 姜辉：《中国特色社会主义进入新时代在人类社会发展史上的重大意义》，《世界社会主义研究》2019 年第 4 期。

主的出口加工业，但随着印度、越南、孟加拉国等经济体快速切入国际纺织品加工市场，斯里兰卡出口结构单一、竞争力不足的问题越来越突出。为推动经济转型，大幅提高投资率，2006 年斯里兰卡政府开始降低对经常账户赤字目标的管控和加快资本账户开放，2010 年在国际上大举借债筹建大型基础设施，2019 年新政府实施更加开放的贸易政策；随着 2022 年初俄乌冲突的爆发，飞涨的国际粮食、燃油价格成为压垮斯里兰卡经济的“最后一根稻草”，其主权债务已大于其 GDP，终遭“国家破产”。[①]“要么在‘颜色革命’中陷入政治动荡和国家分裂。”[②] 比如，2004 年 10 月，乌克兰举行总统选举，美国借机一手策划并参与制造“橙色革命”；“橙色革命”后，乌经济发展遭到严重干扰，出现大规模失业与贫困，乌东部与西部地区的分歧和对立进一步加剧；2013 年至 2014 年，乌克兰又发生“广场革命”；两场“颜色革命”导致乌克兰局势反复动荡，地区矛盾一步步升级。[③]

中国共产党人始终坚持将马克思主义基本原理同中国具体实际相结合，同中华优秀传统文化相结合，既坚定不移地走自己的道路，又博采其他发展模式之众长，走出了一条人类历史上前所未有的现代化新路——中国式现代化。习近平总书记曾形象地讲到，“中国式现代化，打破了‘现代化 = 西方化’的迷思，展现了现代化的另一幅图景”[④]。中国式现代化是人口规模巨大的现代化，是全体人民共同富裕的现代化，是物质文明和精神文明相协调的现代化，是人与自然和谐共生的现代化，是走和平发展道路的现代化。[⑤] 这

① 参见刘小雪：《斯里兰卡为何陷入“国家破产”》，《中国金融》2022 年第 17 期。

② 姜辉：《中国特色社会主义进入新时代在人类社会发展史上的重大意义》，《世界社会主义研究》2019 年第 4 期。

③ 参见赵会荣：《“橙色革命”，把民众福祉作为地缘政治赌注》，《人民日报》2022 年 9 月 27 日。

④ 《习近平在学习贯彻党的二十大精神研讨班开班式上发表重要讲话强调　正确理解和大力推进中国式现代化》，《人民日报》2023 年 2 月 8 日。

⑤ 参见习近平：《高举中国特色社会主义伟大旗帜　为全面建设社会主义现代化国家而团结奋斗——在中国共产党第二十次全国代表大会上的报告》，人民出版社 2022 年版，第 22—23 页。

不同于以资本为中心的现代化、两极分化的现代化、物质主义膨胀的现代化、对外扩张掠夺的现代化，"中国式现代化道路打破了'国强必霸'的逻辑和'零和博弈'的思维，体现了社会主义理念与中国传统智慧的统一"，①这是中国特色社会主义为解决人类问题贡献的中国智慧和中国方案。

在党的二十大报告中，更从"三件大事"之一和"三个历史性胜利"的高度概括了"新时代"的重要意义，强调"这是中国共产党和中国人民团结奋斗赢得的历史性胜利，是彪炳中华民族发展史册的历史性胜利，也是对世界具有深远影响的历史性胜利。"②

3. 中国特色社会主义新时代的科学内涵

一是从新时代的鲜明主题来看。"新时代是承前启后、继往开来、在新的历史条件下继续夺取中国特色社会主义伟大胜利的时代"③。这个定位鲜明回答了在中国特色社会主义这个新的阶段，要举什么旗、走什么路，朝着什么样的目标前进的问题。④我们要把握好新时代之"新"中蕴含的"变"与"不变"。进入新时代，我国发展的历史方位变了，我国社会主要矛盾变了，但我国仍处于并将长期处于社会主义初级阶段的基本国情没有变，我国是世界最大发展中国家的国际地位没有变。所以，我们党的理论和实践的主题仍然是坚持和发展中国特色社会主义。"要牢牢把握社会主义初级阶段这个基本国情，牢牢立足社会主义初级阶段这个最大实际，牢牢坚持党的基本路线，即不能落后于时代，也不能脱离实际、超越阶段。"⑤因此，新时代坚持和发展中国特色社会主义，既是实现中华民族伟大复兴的必由之路，又是在新的历史起点上创造更加美好未来的根本保证。如何创造更美好的未来？这不是

① 邢云文：《中国式现代化道路的世界历史意义》，《天津社会科学》2022 年第 1 期。

② 习近平：《高举中国特色社会主义伟大旗帜　为全面建设社会主义现代化国家而团结奋斗——在中国共产党第二十次全国代表大会上的报告》，人民出版社 2022 年版，第 4 页。

③ 习近平：《决胜全面建成小康社会　夺取新时代中国特色社会主义伟大胜利——在中国共产党第十九次全国代表大会上的报告》，人民出版社 2017 年版，第 10—11 页。

④ 参见陈理：《深刻理解新时代的依据、内涵和意义》，《党的文献》2019 年第 3 期。

⑤ 《习近平新时代中国特色社会主义思想学习纲要》，学习出版社、人民出版社 2023 年版，第 35 页。

一蹴而就的，要分步骤、战略性前进。

二是从新时代的战略安排来看。新时代“是决胜全面建成小康社会、进而全面建设社会主义现代化强国的时代”①。“这个定位明确规定了这个阶段要完成什么任务、进行什么战略安排、实现什么目标的问题。”②在党的十九大报告中，综合分析国际国内形势和我国发展条件，对新时代中国特色社会主义发展作出新的战略安排。在全面建成小康社会的基础上，分两步走：从2020年到2035年，基本实现社会主义现代化；从2035年到本世纪中叶，把我国建成富强民主文明和谐美丽的社会主义现代化强国。党的二十大报告也强调了全面建成社会主义现代化强国“两步走”的战略安排。党的二十届三中全会的《中共中央关于进一步全面深化改革　推进中国式现代化的决定》更是从15个部分、60条、22000余字对全面深化改革、“推进中国式现代化等问题”提出了300多项重要改革举措。提到现代化发展战略，20世纪五六十年代，我们党明确要“把我国建设成为一个强大的社会主义国家”，并提出基本实现“四个现代化”战略；改革开放之后，党中央根据国际环境变化和我国发展实际，在党的十三大确定了“三步走”发展战略。

【互动讨论】从过去“三步走”的发展战略到全面建成社会主义现代化强国“两步走”的战略安排，思考有哪些变化及其意义？

【教师总结】第一，把基本实现社会主义现代化的时间足足提前了15年，这意味着我们的发展成就巨大、发展潜力无穷；第二，提出了全面建成社会主义现代化强国这一更高目标；从“现代化”到“现代化强国”，这意味着我们的目标不是建成一般意义上的社会主义现代化国家，而是能实现中华民族以强起来的伟大飞跃屹立于世界民族之林。从过去“三步走”到当前“两步走”，改变的是提速增效，不变的是民心所向，人民立场始终是我们在前进道路上的价值追求。

三是从新时代的价值追求来看。新时代“是全国各族人民团结奋斗、不

① 习近平：《决胜全面建成小康社会　夺取新时代中国特色社会主义伟大胜利——在中国共产党第十九次全国代表大会上的报告》，人民出版社2017年版，第11页。

② 陈理：《深刻理解新时代的依据、内涵和意义》，《党的文献》2019年第3期。

断创造美好生活、逐步实现全体人民共同富裕的时代”①。“这个定位明确规定了新时代的价值取向和人民立场，回答了新时代发展为了谁、依靠谁，发展成果由谁共享等基本问题。”② 价值追求的不同也是中国式现代化不同于西方现代化的一个重要特征。西方的现代化是按照“资本逻辑”展开的，中国式现代化是按照“人民逻辑”展开的。西方实行私有制，资本掌握在少数人的手中，是少数人获得最大利益的现代化；中国以公有制为主体、多种所有制经济共同发展，是人民群众获得最大利益。③ 新时代以来，我们不断“加强普惠性、基础性、兜底性民生建设，解决好人民最关心最直接最现实的利益问题，不断满足人民对美好生活的向往”④。正如《中共中央关于进一步全面深化改革　推进中国式现代化的决定》中所强调的，“在发展中保障和改善民生是中国式现代化的重大任务”⑤。也正是因为坚持人民至上的价值追求，才能凝聚起实现中华民族伟大复兴历史使命的最大共识、最强合力。

四是从新时代的历史使命来看。新时代“是全体中华儿女勠力同心、奋力实现中华民族伟大复兴中国梦的时代”⑥。中国梦是历史的、现实的，也是未来的；是国家的、民族的，也是每一个中国人的。“在革命战争年代，广大青年满怀革命理想，为争取民族独立、人民解放冲锋陷阵、抛洒热血。在社会主义革命和建设时期，广大青年响应党的号召，向困难进军，向荒原进军，保卫祖国，建设祖国，在新中国的广阔天地忘我劳动、艰苦创业。在改革开放历史新时期，广大青年发出团结起来、振兴中华的时代强音，为祖国

① 习近平：《决胜全面建成小康社会　夺取新时代中国特色社会主义伟大胜利——在中国共产党第十九次全国代表大会上的报告》，人民出版社 2017 年版，第 11 页。

② 陈理：《深刻理解新时代的依据、内涵和意义》，《党的文献》2019 年第 3 期。

③ 参见张涉涉：《聚焦二十大 | 中国式现代化与西方现代化差异何在?》，2022 年 10 月 19 日，见 http://www.beijingreview.com.cn/shishi/202210/t20221019_800310801.html。

④ 《中共中央关于进一步全面深化改革　推进中国式现代化的决定》，人民出版社 2024 年版，第 35 页。

⑤ 《中共中央关于进一步全面深化改革　推进中国式现代化的决定》，人民出版社 2024 年版，第 35 页。

⑥ 习近平：《决胜全面建成小康社会　夺取新时代中国特色社会主义伟大胜利——在中国共产党第十九次全国代表大会上的报告》，人民出版社 2017 年版，第 11 页。

繁荣富强开拓奋进、锐意创新。”[①]“在中国特色社会主义新时代，广大青年接过历史的接力棒，为实现民族复兴的历史宏愿矢志不渝，用臂膀扛起如山的责任，用青春和汗水创造新的奇迹。”[②] 在《新时代的中国青年》白皮书中，就点赞到新时代中国青年素质过硬、全面发展，勇挑重担、堪当大任，胸怀世界、展现担当。[③] 世界担当、人类关怀体现着中国梦不仅是民族梦也是惠及世界的梦。

五是从新时代的世界担当来看。新时代“是我国日益走近世界舞台中央、不断为人类作出更大贡献的时代。”[④]“这个定位明确规定了新时代中国与世界关系的深刻变化，回答了新时代中国在国际上处在一个什么样的地位、对人类要作出什么样贡献的问题。”[⑤] 为解决世界面临的发展赤字，中国提出“一带一路”倡议，为全球经济发展注入中国力量。比如，通过打造标志性工程，基础设施互联互通硕果累累，像中老铁路开通以来客货运输态势喜人，中欧班列保持安全高效畅通运行；“一带一路”倡议扩大了中国“朋友圈”，也让中国收获了“朋友点赞”。比如“一带一路”沿线有十多个国家把“中国造”印在他们的纸币上，纸币是国家的“名片”，承载了这个国家厚重的历史与文化，这是他们在用实际行动为中国的人类关怀点赞，这是他们在用文化高度礼遇中国的世界担当。中国还将继续“完善推进高质量共建‘一带一路’机制。继续实施‘一带一路’科技创新行动计划，加强绿色发展、数字经济、人工智能、能源、税收、金融、减灾等领域的多边合作平台建设。”[⑥] 为解决世界面临的治理赤字，中国倡导构建人类命运共同体。为解决世界面临的和平赤字，

---

① 习近平：《论党的青年工作》，中央文献出版社 2022 年版，第 17 页。

② 本书编写组：《思想道德与法治》，高等教育出版社 2023 年版，第 4 页。

③ 参见中华人民共和国国务院新闻办公室：《新时代的中国青年》，人民出版社 2022 年版，第 16—42 页。

④ 习近平：《决胜全面建成小康社会　夺取新时代中国特色社会主义伟大胜利——在中国共产党第十九次全国代表大会上的报告》，人民出版社 2017 年版，第 11 页。

⑤ 陈理：《深刻理解新时代的依据、内涵和意义》，《党的文献》2019 年第 3 期。

⑥ 《中共中央关于进一步全面深化改革　推进中国式现代化的决定》，人民出版社 2024 年版，第 27 页。

“中国人民愿意同世界各国人民和睦相处、和谐发展，共谋和平、共护和平、共享和平。”[①]2024年7月，在中方的邀请和主持下，巴勒斯坦各派代表在北京对话，在会议闭幕式上，共同签署了《关于结束分裂加强巴勒斯坦民族团结的北京宣言》，这是给巴勒斯坦人民带来正义与和平希望的象征，中国的这一外交举动也彰显了中国的大国责任和担当。因为，“中国共产党是为中国人民谋幸福的政党，也是为人类进步事业而奋斗的政党。”[②]

通过科学依据、重大意义、深刻内涵这三个方面的阐释，希望同学们能明晰国家发展新方位，青春成长新坐标。正所谓，理论是实践的先导，理响新时代，才能孕育好青年。那我们应该成为什么样的青年，才能在实现中华民族伟大复兴的征途中“C位”出道呢？

环节三：走向何方？勇担强国新使命，争做时代好青年

正所谓，“一代人有一代人的长征，一代人有一代人的担当。”[③] 让我们通过一段视频，走进党的百年征程，走进那些祖辈、父辈的时光。

【视频资源】建党100周年MV《少年》[④]（4分05秒）

【教师总结】我们看到20世纪10后、20后的少年兴学强国、慷慨救国，燃起了中国革命的希望星光；看到30后、40后的少年干惊天动地事、做隐姓埋名人；看到50后、60后的少年迎着改革东风，书写国家发展新篇章；看到70后、80后的少年正成为社会的中流砥柱；[⑤] 更看到90后、00后在全民抗疫中、奥运赛场上、卫国戍边中挥洒着汗水和青春。习近平总书记强调，“广大青年要肩负历史使命，坚定前进信心，立大志、明大德、成大才、

① 《习近平外交演讲集》第一卷，中央文献出版社2022年版，第171页。

② 习近平：《决胜全面建成小康社会　夺取新时代中国特色社会主义伟大胜利——在中国共产党第十九次全国代表大会上的报告》，人民出版社2017年版，第57页。

③ 习近平：《论党的青年工作》，中央文献出版社2022年版，第241页。

④ 《建党百年主题MV》，2021年3月10日，见https://tv.people.com.cn/n1/2021/0310/c61600-32047792.html。

⑤ 参见李娜、蒋川：《你，还是1919年的那个少年吗……》，《人民日报》2020年5月4日。

担大任，努力成为堪当民族复兴重任的时代新人。”① 党的二十大报告中再次强调，广大青年要“立志做有理想、敢担当、能吃苦、肯奋斗的新时代好青年”②。这是习近平总书记对新时代青年的准确判断、殷殷寄语，也是大学生使命担当的践行要求。

1. 立大志定格局

“立大志，就是要有崇高的理想信念，牢记使命，自信自励。”③ 立大志，是新时代好青年绘就青春蓝图之基。正如朱熹在《朱子语类》中说道：“为学须先立志。志既立，则学问可次第着力。立志不定，终不济事。”

进入大学后，从紧绷的高考到新奇的大一，有同学豪情万丈、立志干一番大事业，有同学只愿自己埋头苦读，也有同学安于做一个佛系少年犯上了理想间歇症，如何才能尽快地适应调整，找到自己的理想方向呢？课前，老师布置了阅读“翻转课堂”学习资源中《马克思靠谱》的第一篇章，思考求学时期马克思从“坏”小子到大学霸的转变。

【互动讨论】研讨代表发言

【教师总结】求学时期的马克思和我们一样，上学、恋爱、叛逆、迷惘，统统有过，但他从未丢弃过他的青春理想，从未放逐对人类幸福和世界未来的思考和探索。从看似“坏”小子到大学霸转变，离不开转学后柏林大学严谨学风的外在原因，更在于执着崇高理想信念追求的内因驱动。马克思从小博览群书，志存高远，十七岁时就语出惊人，要为人类幸福而工作！在马克思心里，如果我们选择了最能为人类而劳动的职业，那么，重担就不能把我们压倒，因为这是为大家而献身。那时我们所享受的就不是可怜的、有限的、自私的乐趣，我们的幸福将属于千百万人。④

---

① 《江山就是人民　人民就是江山：习近平总书记系列重要论述综述：2020—2021》，人民日报出版社2022年版，第238页。

② 习近平：《高举中国特色社会主义伟大旗帜　为全面建设社会主义现代化国家而团结奋斗——在中国共产党第二十次全国代表大会上的报告》，人民出版社2022年版，第71页。

③ 本书编写组：《思想道德与法治》，高等教育出版社2023年版，第5页。

④ 参见《马克思恩格斯全集》第1卷，人民出版社1995年版，第459—460页。

十七八岁的同学们，正是播种理想的黄金时期，是设计人生的关键阶段。只有胸中有崇高的理想信念，才会具有“咬定青山不放松”的干劲、“千磨万击还坚劲”的韧劲。“没有崇高的理想信念，就会导致精神上的‘软骨病’。”[①]那我们应当树立怎样的大志？“大志之大，非做大官、发大财之大，而在为国为民奉献之多、价值之大。”[②]鲁迅先生曾发声：“愿中国青年都摆脱冷气，只是向上走，不必听自暴自弃者流的话，能做事的做事，能发声的发声。有一分热，发一分光，就令萤火一般，也可以在黑暗里发一点光，不必等候炬火。”[③]放在现在的语境中就是希望青年既不佛系，更不躺平，始终奋斗有为，在他们的青春岁月里，家国和人民永远是心中唯一的“C 位”，永远的“大志”。正如人民日报微博评论，当年，一大批先进青年纷纷觉醒，造就了觉醒年代，如今，新时代青年刚健有为，让中国梦照进现实。

十七八岁的同学们，作为新时代青年，等到 2035 年基本实现社会主义现代化时，还不到三十岁；等到本世纪中叶把我国建成社会主义现代化强国时，还不到五十岁。可以看出，同学们人生发展的时间表、路线图与强国梦想的时间表、路线图是高度吻合的、完美契合的，我们不仅是强国梦想的见证者、受益者，更是强国梦想的参与者、建设者。大学生要始终保持对理想信念的激情和执着，避免“理想间歇”，杜绝“理想空乏”，要“树立与时代主题同向同行、共同前进的理想信念，主动把人生际遇同国家的前途、民族的命运紧密联结起来，自觉担负起这个时代赋予的历史责任和光荣使命，从而确保中国特色社会主义事业后继有人、代代相传。”[④]

志向格局指引我们前进的方向，那志向要靠什么素质的人来实现呢？德才兼备的人。党的二十大报告中强调，“培养造就大批德才兼备的高素质人

① 本书编写组：《思想道德与法治》，高等教育出版社 2023 年版，第 5 页。

② 全国高校思想政治理论课教学指导委员会：《思想道德与法治教学课件》（专题一——担当复兴大任　成就时代新人）第 30 页。

③ 《鲁迅文集》第一卷，人民文学出版社 2005 年版，第 341 页。

④ 沈壮海、刘灿：《实施“时代新人铸魂工程”的现实背景、重要意义及关键点位》，《中国高等教育》2023 年第 10 期。

才，是国家和民族长远发展大计。”① 我们党历来强调德才兼备，以德为先。做人做事第一位的是崇德修身，道德之于个人、之于社会，都具有基础性意义。正如习近平总书记告诫青年，“人而无德，行之不远。没有良好的道德品质和思想修养，即使有丰富的知识、高深的学问，也难成大器。”②

2. 明大德塑风貌

“明大德，就是要锤炼高尚品格，崇德修身，启润青春。”③ 明大德，是新时代好青年审视青春风貌之境。青年是引风气之先的社会力量，其道德水准和精神风貌直接影响一个民族的文明素养。④

“大德”体现脚下刻画着真善美，心中装着国家。“爱国，是人世间最深层、最持久的情感，是一个人立德之源、立功之本。”⑤“核心价值观，其实就是一种德，既是个人的德，也是一种大德，就是国家的德、社会的德。”⑥学生“只有把正确的道德认知、自觉的道德养成、积极的道德实践结合贯通，自觉树立和践行社会主义核心价值观，崇德修身，夯基固本，才能让青春的航船劈波斩浪、行稳致远。”⑦ 当我们面对变幻时势，要能明辨是非、恪守正道，不人云亦云、盲目跟风；当我们面对外部诱惑，要能保持定力、严守规矩，用勤劳和诚实创造美好生活，拒绝投机取巧、远离自作聪明；当我们面对幸福生活，要能饮水思源、懂得回报，感恩党和国家，感恩社会和人民；当我们面对时代使命，要能体察世间冷暖、民众忧乐、现实矛盾，从中找到人生真谛、生命价值、事业方向。⑧

---

① 习近平：《高举中国特色社会主义伟大旗帜　为全面建设社会主义现代化国家而团结奋斗——在中国共产党第二十次全国代表大会上的报告》，人民出版社 2022 年版，第 36 页。

② 习近平：《之江新语》，浙江人民出版社 2007 年版，第 64 页。

③ 本书编写组：《思想道德与法治》，高等教育出版社 2023 年版，第 6 页。

④ 参见本书编写组：《思想道德与法治》，高等教育出版社 2023 年版，第 6 页。

⑤ 习近平：《在北京大学师生座谈会上的讲话》，人民出版社 2018 年版，第 11 页。

⑥ 习近平：《青年要自觉践行社会主义核心价值观——在北京大学师生座谈会上的讲话》，人民出版社 2014 年版，第 4 页。

⑦ 本书编写组：《思想道德与法治》，高等教育出版社 2023 年版，第 6 页。

⑧ 参见本书编写组：《思想道德与法治》，高等教育出版社 2023 年版，第 6—7 页。

成为德才兼备的高素质人才，有了“德行”的铸就，还要有“才能”的加持。

3. 成大才强底气

“成大才，就是要有高强的本领才干，勤奋学习，全面发展。”[①] 成大才，是新时代好青年积蓄青春能量之要。党的二十大报告就实施科教兴国战略、强化现代化建设人才支撑进行专章部署，强调必须坚持人才是第一资源，并就深入实施人才强国战略作出详细部署。这是立足新时代新征程的历史方位作出的重要论断，鲜明标示了人才在国家全局中的突出战略地位。大学生是宝贵的人才资源，是现代化建设的重要生力军，大学生素质和本领的强弱，直接影响着民族复兴的进程。

作为大学生的我们，应该把学习作为首要任务，作为一种责任、一种精神追求、一种生活方式，让勤奋学习成为青春远航的动力，让增长本领成为青春搏击的能量。“学如弓弩，才如箭镞”，习近平总书记常用这 8 个字勉励青年人勤奋学习。我们必须承认我们绝大多数人都不是天才，我们的箭镞或许没有那么锋利，但我们可以努力让弓弩变得更有力量。那怎样才能打造有力量的弓弩呢？这就需要我们既打牢扎实基础又及时更新知识，既钻研理论知识又掌握实践技能，既向书本学又向实践学、向群众学，既向传统学又向现代学。我们不仅要博学多识，把本领扎稳，还要术业专攻，把功夫磨深。我们欣喜地看到，青年们正在各大领域攻坚克难。就像中国 5G 技术年轻的核心研发人员申怡飞，肩负起推动国家通信技术飞跃的使命；“中国牛人”舒畅，实现我国民营火箭领域零的突破；操控光子芯片的“魔术师”沈亦晨，引领光子芯片技术的发展潮流；石墨烯超导领域的“天才少年”曹原，破解百年物理难题；90 后清华女博士白蕊，攻克多个世界生物难题；从 5G 技术到光子芯片，从民营火箭到石墨烯超导，从勇攀物理高峰到攻克生物难题，中国青年以笔为剑、以梦为马，勤学不辍、追求卓越、矢志报国。

---

① 本书编写组：《思想道德与法治》，高等教育出版社 2023 年版，第 7 页。

大志已立、大德已明、大才已成，最终都是服务于担当复兴大任。

4. 担大任成使命

“担大任，就是要有天下兴亡、匹夫有责的担当精神，讲求奉献，实干进取。”① 担大任，是新时代好青年收获青春礼赞之需。作为土木工程专业的学子，我们对路桥建设、路桥发展应该很关注。都说“路桥通、百业兴”，我们能从路桥先辈中汲取担当力量，更能从路桥同辈中增强担当底气。

大家知道我国有多少座桥吗？有同学说5万座，也有说50万座，是近百万座！有的在悬崖峭壁，有的是横贯江海。或许我们很难想象一代代建设者们是如何突破地形、地质、水文、材料、结构、美学等种种条件的限制，即便在一穷二白的岁月里也能造出新技术。让我们从这一个个图片中回看百年路桥：革命时期的路桥人，筑起了中国的第一座现代化大桥——钱塘江大桥，见证了这个民族最深重的苦难；建设时期的路桥人，完成了第一座由中国自行设计建造的双层式铁路公路两用桥梁——南京长江大桥，见证了这个国家自力更生的决心；改革开放以来的路桥人，架起了中国第一座双塔双索面斜拉桥——南浦大桥，见证了那份拼命追赶世界的渴望；新时代的路桥人，完成了世界最长的跨海大桥——港珠澳大桥，书写了超级工程的世界奇迹。纵观我国桥梁发展史，从跨度66米的梁桥，到跨度超过300米的钢构桥，到跨越1000米的斜拉桥，到超越5000米的悬索桥，在每一个桥梁故事里，在每一个桥梁数字中，我们深知，如果没有造桥决心，战时物资便会缺乏生命通道；如果没有核心技术，路桥建设便会受制于人；如果没有内驱创新，中国路桥便会缺失话语权！当然，给予我们力量的人中有很多是同辈榜样，有学长一连两个月“泡”在施工现场，填补了技术空白；有学长积极响应“一带一路”倡议在非洲修路架桥。千千万万的路桥人，虽然他们不同年龄、跨越地域、历经春秋，但共通的是他们都能自觉树立国家意识、民族意识、责任意识，把个人的前途命运与国家、民族的前途命运紧紧地联系在一

① 本书编写组：《思想道德与法治》，高等教育出版社2023年版，第8页。

起；他们都能知行合一、求真务实、勇迎挑战；他们都能保持昂扬向上的精神状态，富有求新求变的朝气锐气，敢于站在变革前沿。

同学们，现在，当我们走在任何一条公路或铁路上，极大概率将和不止一座桥梁相遇，这架起的不只是路桥，更联通了交往、铺就了希望。路桥让我们通向天南海北，让我们去往四面八方，每当我们走过时，震撼的不只是路桥的物质力量，更感恩于背后的担当伟力。

立大志、明大德、成大才、担大任是我们每个人都要回答的时代课题，有学姐就这一问题做出了很好的回答：在第六届全国大学生网络文化节网文征集活动中，她聚焦“争做好网民，凝聚网络正能量，青春献礼二十大”主题，结合专题知识，文章《打出“YYDS”组合拳，拥抱中国梦》荣获全国一等奖。老师已经把这篇文章上传到了线上平台中，大家课后可以进一步拓展学习。这也给我们学好“思想道德与法治”课，知行合一，树立了榜样。

“思想道德与法治”课能如何助力我们成为新时代好青年，成为担当民族复兴大任的时代新人呢？

环节四：该做何事？聚焦素养高要求，明晰课程学习路

“要成为担当民族复兴大任的时代新人，大学生应通过思想道德素质和法治素养的不断提升，切实提高思想觉悟、道德水准和文明素养。”①

1. 思想道德素质与法治素养的辩证关系

“思想道德和法律都是调节人们思想行为、协调人际关系、维护社会秩序的重要手段。”“在我国，社会主义思想道德建设和法治建设紧密联系，相互补充、相互促进，为党和国家事业提供坚实的思想基础、精神支撑和制度保障。一方面，思想道德建设为法治建设提供思想指引和价值基础。思想道德为法律的制定、发展和完善提供价值准则，是社会主义法律正当性和合理性的重要基础；思想道德能够促进人们自觉尊法学法守法用法，维

① 本书编写组：《思想道德与法治》，高等教育出版社2023年版，第8页。

护法律权威；思想道德调整社会关系的范围和方式更加广泛灵活，与法治建设共同促进良好社会秩序的形成。另一方面，法治建设为思想道德建设提供制度支撑和法律保障，通过对思想道德的基本原则予以确认，为思想道德建设提供国家强制力保障。科学立法和民主立法，可以将思想道德有机融入法律体系，使法律具有鲜明道德导向，让法治成为良法善治；严格执法和公正司法，有利于维护社会公平正义，弘扬真善美、打击假恶丑，使思想道德要求在实践中得到切实遵循；全民普法和全民守法，有助于提高人们信守法律的思想道德水平，引导人们自觉履行法定义务、家庭责任、社会责任。”①

“思想道德素质是人们的思想观念、政治立场、价值取向、道德情操和行为习惯等方面品质和能力的综合体现，反映着一个人的思想境界和道德风貌，是促进个体健康成长、社会发展进步的重要保障。法治素养是指人们通过学习法律知识、理解法律本质、运用法治思维、依法维护权利与依法履行义务的品质和能力，对于保证人们尊崇法治、遵守法律具有重要的意义。”“良好的思想道德素质和法治素养是新时代大学生把握发展机遇、做好人生规划、书写时代华章的必备条件。”② 帮助大学生提升思想道德素质和法治素养，正是“思想道德与法治”课的特色任务，而且，“思想道德与法治”课是高校思政课体系中的先发课程。

2. 破解思想政治理论课学习的疑难困惑

【App 抢答】有人说：思政课离我们的学习、工作、生活太遥远，没什么用，学习思政课浪费时间。有人说：在中学已经学过思政课了，进入大学后没有必要再学习了。大家怎么看？③

一是基于成长困惑的持续性。面对世界的深刻复杂变化，面对信息时代各种思潮的相互激荡，面对纷繁多变、鱼龙混杂的社会现象，同学们辨别是

① 本书编写组：《思想道德与法治》，高等教育出版社 2023 年版，第 9 页。

② 本书编写组：《思想道德与法治》，高等教育出版社 2023 年版，第 10 页。

③ 全国高校思想政治理论课教学指导委员会：《思想道德与法治教学课件》（专题一——担当复兴大任　成就时代新人）第 41 页。

非、处理问题的能力并不会自动与年龄的成熟成正比。我们可以通过思政课系统学习马克思主义理论、中国化时代化的马克思主义，把握好新时代中国特色社会主义思想的世界观和方法论，坚持好、运用好贯穿其中的立场观点方法，为解决成长成才过程中遇到的思想困惑和实际问题提供根本遵循和行为指南。

二是立足课程定位的关键性。“思政课是落实立德树人根本任务的关键课程”①。高校思政课面对的又是处于人生“关键时期”的“关键群体”，培养的是这一“关键群体”的“关键素质”。从职业发展来看，大学生是未来社会各行各业的领军人才；从年龄轨迹来看，大学生是人生奋斗黄金期与强国梦想实现期完美契合的一代人，可以说，我们思考问题的方式不仅决定着我们自己人生发展的格局，更决定着未来社会发展的格局，所以是“关键群体”。“关键素质”体现在不仅是要有知识有能力，还要成长为有人民信仰、有家国情怀、有人类关怀的高素质人才。大学学习区别于中学学习一个很重要的特点就在于我们来自不同专业，需要吸收不同的专业理论，需要锻造不同的专业技能，但无论你的知识和能力水平如何，都必须建立在正确的世界观、人生观、价值观的基础上，都必须思考好我们的知识、能力为谁服务、为谁所用的问题。我们看到的不能仅是个人，要看到学校，看到行业，更要看到国家，还要放眼全人类。

三是对标课程要求的递进性。不同学段的思政课，“立德树人”这一根本任务没有变，但具体要求是变化的。小学、初中学习“道德与法治”课到高中学习“思想政治”课，再到现在大学阶段学习“思想政治理论课”，不仅仅是高校思政课从名称上增加了“理论”二字，更在于目标要求上实现了有效衔接、螺旋上升：小学启蒙式学习更注重道德情感的形成，初中体验式学习更注重思想基础的打牢，高中议题式学习更注重政治素养的提升，大学理实一体性学习更注重使命担当的增强。

① 习近平：《思政课是落实立德树人根本任务的关键课程》，人民出版社 2020 年版，第 2 页。

3.“思想道德与法治”课学习的内容方法

在高校思政课体系中，每门课都有自己的特色和内容，每门课都有自己关注学生成长成才的视角。“‘思想道德与法治’课是一门融思想性、政治性、科学性、理论性和实践性于一体的思想政治理论课。本课程针对大学生成长过程中面临的思想道德与法治问题，开展马克思主义的人生观、价值观、道德观和法治观教育，帮助大学生提升思想道德素质和法治素养，成长为自觉担当民族复兴大任的时代新人。”①“思想道德与法治”课所探讨的问题就是我们自己的问题，就是直接面对的、深入其中的、现实发生的，没有任何距离感的，实践性、沉浸性、生活性特别强的问题，比如如何立志、如何明德、如何成才、如何担大任，如何看待自己与时代、自己与国家、自己与集体、自己与他人、自己与自然等关系的问题，这些都是人一生中要面临的永恒问题。

“思想道德与法治”教材内容主要包含绪论和六章。第一章到第四章是思想教育板块，第五章是道德板块，第六章是法治板块。课程结构是“一体两翼”的关系。所谓“一体”，即是思想教育板块，之所以称之为“体”，主要是它解决大学生成长过程中的根本问题，如人的本质问题、理想信念问题、中国精神问题、社会主义核心价值观等，这是立德树人的大本大源问题或根本问题。所谓“两翼”，则是指道德教育和法治教育两个板块。道德和法治是人处理和协调各种关系，做到行为合规有度，所必须遵守的两大规范系统；这“两翼”不是简单的并列关系，而是内涵上有重叠、功能上有互补、目标上有同一。“学习本课程，有助于大学生领悟人生真谛、把握人生方向，追求远大理想、坚定崇高信念，继承优良传统、弘扬中国精神，广泛践行社会主义核心价值观；有助于大学生遵守道德规范、锤炼道德品格，把正确的道德认知、自觉的道德养成和积极的道德实践紧密结合起来，引领良好的社会风尚；有助于大学生学习法治思想、养成法治思维，自觉尊法学法守法用

① 本书编写组：《思想道德与法治》，高等教育出版社 2023 年版，第 10 页。

法，从而具备优秀的思想道德素质和法治素养。”[①]

习近平总书记强调，“思政课的本质是讲道理，要注重方式方法，把道理讲深、讲透、讲活，老师要用心教，学生要用心悟，达到沟通心灵、启智润心、激扬斗志。”[②] 为了更好地达成目标，课程教学联动各种方式方法：利用线上平台，开设在线开放课程，实现“混合式”教学；分班、分模块、分资源设置特色课堂，落细“翻转式”教学；应用课堂学习 App，各种功能灵活使用，增强交互式教学；采用直播连线榜样，发挥同辈群体效应，用好案例式教学；结合多种实践活动，以赛促教促学，提质启发式教学。通过课程学习，同学们要在博览群书中提升自我，厚实知识储备；在深思细悟中完善自我，做到三省吾身；在细照笃行中锤炼自我，提高实践能力。

环节五：课堂总结

通过本专题的学习，希望大家能更好地站定新时代这个“大舞台”，把握好时代新人的“正确打开方式”，自觉扎稳道德基石，扣牢法律准绳。同学们，回望来路，可以明晰新时代的伟大成就是党和人民拼出来、干出来、奋斗出来的，我们要增强接续奋斗的自觉性；立足现实，可以清醒地看到我们工作还存在不足、发展还面临困难，我们要找准如何奋斗的切入点；展望未来，可以确信全面建设社会主义现代化国家是一项伟大而艰巨的事业，“空谈误国、实干兴邦”，“躺赢不可能、躺平不可取”，我们要警惕“佛系”“躺平”“摆烂”“摸鱼”等心态造成的精神内耗，坚定团结奋斗的使命感。作为未来的“大国工匠”，我们要紧紧围绕党的二十大确定的各项重大目标、重大战略、重大部署，投身科技攻关最前沿、创新创业第一线、乡村振兴主战场、社会服务各领域，绘就人生发展“工程图”，共圆民族复兴中国梦。

---

① 本书编写组：《思想道德与法治》，高等教育出版社 2023 年版，第 10—11 页。

② 《习近平在中国人民大学考察时强调　坚持党的领导传承红色基因扎根中国大地　走出一条建设中国特色世界一流大学新路》，《人民日报》2022 年 4 月 26 日。

【课后】

1. 思考讨论

习近平指出，要立足中华民族伟大复兴战略全局和世界百年未有之大变局，心怀“国之大者”，把握大势，敢于担当，善于作为，为服务国家富强、民族复兴、人民幸福贡献力量。作为土木工程专业的学子，谈谈你将如何利用自身专业技能为实现第二个百年奋斗目标奉献青春力量。

2. 拓展阅读

《中共中央关于进一步全面深化改革　推进中国式现代化的决定》，人民出版社 2024 年版。

习近平：《高举中国特色社会主义伟大旗帜　为全面建设社会主义现代化国家而团结奋斗——在中国共产党第二十次全国代表大会上的报告》，人民出版社 2022 年版。

习近平：《论党的青年工作》，中央文献出版社 2022 年版。

七、教学资源

八、教学板书

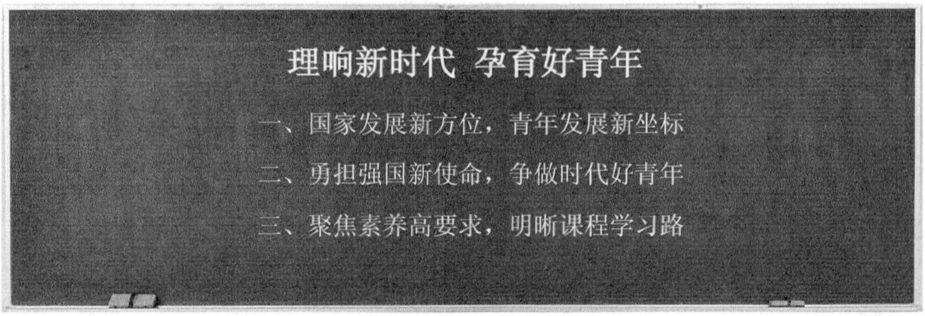

理响新时代 孕育好青年
一、国家发展新方位，青年发展新坐标
二、勇担强国新使命，争做时代好青年
三、聚焦素养高要求，明晰课程学习路

九、教学反思

1. 从基于学情的内容设计反思教学理念的贯彻，用心坚持“以学生为中心”的教学理念。把握了学生对应用丰富素材讲活内容、融入同辈案例拉近距离的兴趣点，教师通过“数说”新时代、对比人口规模、讲述外国纸币上的“中国造”、引入大学时期马克思的转变、梳理科技新星的“C 位出道”，增强了学生的自豪感和使命感；紧扣了学生对课程学习价值的困惑点，教师通过解读学生成长的持续性、课程定位的关键性、课程要求的递进性，增强了学生对大中小一体化背景下思政课学习要求与意义的思考和理解；满足了学生对理论学习指导生活实践与思政学习融合专业发展的需求点，教师通过贯通历史文化溯源、现实例证分析、发展困境启思、行业榜样聚焦，增强了学生对理论内容说服力与针对性的认同。但在如何利用土木行业发展的历程与成就、挑战与机遇，更一案到底、专业融通地讲好新时代科学内涵上，还有待进一步精细和深化。

2. 从教学目标的达成情况反思教学方法的贯行，用情联动“以现代化赋能”的教学方法。在传统教学方法应用上，通过理论讲授法，增强学生对新时代依据、内涵与意义，思想道德素质与法治素养辩证关系的理解深度，达成把握国家发展新方位、增强逻辑推理能力、涵养认同意识的目标；通过案例分析法，激发学生对经典案例与同辈案例、国内案例与国际案例、历史案例与现实案例的情感热度，达成把握时代新人高要求、增强辩证思考能力、涵养使命担当的目标；通过问题导向法，梳理学生对课程学习价值、内容与方法的问题向度，达成把握课程学习真要求、增强融会贯通能力、涵养进取品格的目标；通过任务驱动法，加大学生对课前线上预习、课后翻转拓展等主体性活动的发挥效度，达成把握正确的自学态度、增强深学进阶能力、涵养责任意识的目标。在信息化教学手段应用上，通过原创在线课程知识点的学习以提前了解学生已知未知情况；通过 App 中头脑风暴功能以实时把握学生内容认知程度，选人功能以切实提高学生学习紧迫意识，抢答功能以树立学生积极思考典型。但在如何结合专业领域的创新能力案例、反思启示案例，更进一步将对国家发展的认同转化为对个人前景的自信上，还有待进一步挖掘和融通。

3. 从课堂主阵地内外衔接反思教学过程的贯通，用力实施“全链条培育人”的教学过程。在课前，学生通过自学线上课程“我们处在中国特色社会主义新时代”“担当民族复兴大任的时代新人”，阅读翻转课堂“学习资源”中的前沿理论文章与党的二十大报告，初步了解专题学习的基础知识和前沿热点；在课中，学生通过“立何大志”“为何需要继续学习思政课”痛点问题互动研讨、“新时代内涵、依据、意义”重点问题教师讲授，逐步吸收专题学习的核心内容；在课后，学生通过思考习题、文献阅读，努力拓展专题学习的深度广度。通过课前、课中、课后的一体贯通，实现教师主导与学生主体相联动、线上教学与线下教学相融合、思政课小课堂与社会大课堂相衔接。在新课导入中，以“如何把握时代发展趋势、青春发展机遇、素质发展要求”三问，提高了学生参与课堂的兴趣度；在主体讲授中，以身在何处、走向何方、该做何事三环节回应导入三问，逐层解疑答惑，增强了学生深入研讨的启发性；在总结升华中，通过对知识进行总结、对问题进行反思、对担当进行寄语，激发了学生转化责任的使命感。通过新课导入、主体讲授、总结升华的一体贯通，实现问题导向、研究导向、成果导向、目标导向相统一。但在如何确保更广泛的学生高质量进行线上学习、高品质阅读前沿经典上，还有待进一步巧思和妙想。

专题二　解锁积极人生态度的“修为之道”

对应章节：第一章　第二、三节

计划学时：2 学时

教学对象：体育教育专业

一、学情分析

1. 已有知识分析。第一，基于大中小一体化纵向衔接，掌握基础知识情况。学生在初中阶段七年级上册第四单元第十课“绽放生命之花”的第一框“感受生命的意义”中初步认识了对待生命的正确态度、人与社会的关系；在八年级上册第一单元第一课“丰富的社会生活”的第二框“在社会中成长”中进一步理解树立积极的生活态度的重要性，养成亲社会行为的知识内容；在高中思想政治必修四《哲学与文化》第二单元第六课“实现人生的价值”的第二框“价值判断与价值选择”中进一步明确劳动是人类最基本的实践活动，也是人的存在方式。第二，基于线上线下教学横向贯通，了解自学知识情况。学生通过线上课程知识点“追求服务人民的崇高人生目的”“马克思主义人的本质观”“树立正确的生死观”的学习促新知构建；通过翻转课堂学习资源中“努力成长为对党和人民忠诚可靠、堪当时代重任的栋梁之才”等内容的链接促新知拓展。

2. 认知能力分析。第一，基础知识记忆力强，但系统分析能力还不足。学生对于人生态度的认识多停留在名词概念和意义阐述上，但在运用辩证思维、创新思维、务实思维等高阶思维能力树立正确的人生态度，以及正确处理学习精神与践行精神样态间的矛盾的认知和解惑能力有待提升。第二，榜样力量认同度高，但自主创新能力还不强。学生对于徐梦桃和国乒天团的拒绝消极躺平、奋勇向前的人生态度表示深刻认同，但将情感共鸣转化为持久性奋斗动力的能力、将认识层面的人生态度转化为社会实践层面的行动力和创新力的后劲仍需加强。第三，感性认知浸润性足，但应用转化能力还不实。学生对于树立正确人生态度有较高的认识度，但培养积极人生态度的知行合一和将对专业发展的问题导向转化为历史使命的意识有待增强。

3. 心理需求分析。第一，思政课理论有效指导学习生活。学生希望课程通过对于积极人生态度的探讨，能以积极态度面对自身体育训练与理论学习和课余生活中遇到的实际问题，更好适应大学生活。第二，热点与传统文化巧妙链接理论课堂。学生希望课堂能够选取蕴含体育教育专业元素的经典案例，结合传统文化内容讲清楚如何树立正确人生态度、怎样看待与解决人生中面临的几对矛盾等问题。第三，信息化技术灵活贯穿课程讲授。学生希望通过“马克思主义人的本质观”等线上课程知识点提前预习、课后复习；学生希望通过翻转课堂中学习资源的优质共享内容扩大学习面，希望通过课堂学习 App 多功能的灵活运用，例如头脑风暴、抢答等功能激发课堂教学活力。第四，创新性实践活动融入课堂教学。学生希望在采访身边的榜样力量、制作采访视频的实践创新活动中进一步明晰大学生要树立“认真、务实、乐观、进取”的人生态度，理解得与失、苦与乐、顺与逆、生与死、荣与辱等人生矛盾的正确处理方式。

二、教学目标

1. 知识目标。一是学生能在理论解读和鲜活事例中理解“认真、务实、乐观、进取”四种人生态度，整体把握四者的紧密关联，明晰这四种积极的人生态度如何助力个人价值目标的实现，拓展对中学“正确理解价值的实现和创造”这一已学知识的探理深度。二是学生能在小组分享和总结点评中感悟树立积极人生态度的重要意义，感悟奥运冠军、国乒天团的积极人生态度，明晰躺平这一社会现象的根源与破解之道，增强对线上“正确认识个人与社会的关系”这一新学知识的剖析力度。三是学生能在理论溯源中掌握破解人生矛盾的行为要求，明晰得与失、苦与乐、顺与逆、生与死、荣与辱五对人生矛盾的出场逻辑、整体关联，提升对“正确处理人生矛盾的关系问题”这一课堂应学知识的掌握精度。

2. 能力目标。一是通过师生互动研讨，对理性乐观和盲目乐观进行辩证分析，明晰生活中保持积极乐观的必要性和乐观心态需保持在理性范畴内的适度性，学生能提升识别问题、辩证思考、逻辑推理等高阶认知能力。二是全过程参与前置学习“追求服务人民的崇高人生目的”等线上课程、实践任务的分组探究身边榜样的积极人生态度、翻转课堂的互动交流，学生能提升独立思考、意义建构和协同合作的自主学习能力。三是通过小组展示中体育教育专业与思政主题的紧密勾连，通过逻辑理路与文本打磨的深耕细作、透彻案例与生动话语的叙事体现、老师点评和小组互评的师生认可，学生能提升融会贯通、敢想敢做和注重细节的实践创新能力。

3. 素质目标。一是通过自主学习“马克思主义人的本质观”这一线上课程，溯源奋斗精神等传统优秀文化品质，总结梳理新时代中国体坛运动员继承发扬优秀传统精神而绘就的辉煌画卷，学生能涵养起深厚的担当意识和家国情怀。二是通过梳理00后不断刷新历史纪录的群像描绘，结合观看《和自己赛跑》的励志视频，感受同辈青年的有为担当，学生能涵养起鲜明的进取品格和创新品质。三是通过分析运动员王某某以个人之“荣”危害国家之“荣”的不当行为，辩证思考在历史长河中逐渐形成的社会主义荣辱观的知行要求，学生能涵养起有为的使命意识和担当底气。

三、教学内容

“解锁积极人生态度的‘修为之道’”这一专题教学内容，立足教材“第一章第二节：正确的人生观”和“第三节：创造有意义的人生”的重点难点，贯通线上课程“追求服务人民的崇高人生目的”“马克思主义人的本质观”“树立正确的生死观”的已知未知，结合全国高校思政课教指委《思想道德与法治教学课件》专题二第二讲和第三讲的内容建议，关注学生对树立正确人生态度、处理人生矛盾的兴趣点困惑点，以积极人生态度的重要性、可为性、必要性为设计主线，阐释了人生态度对于日常生活和职业生涯的重要性，阐明了人生矛盾的处理之道。

【教学内容的设计要点】

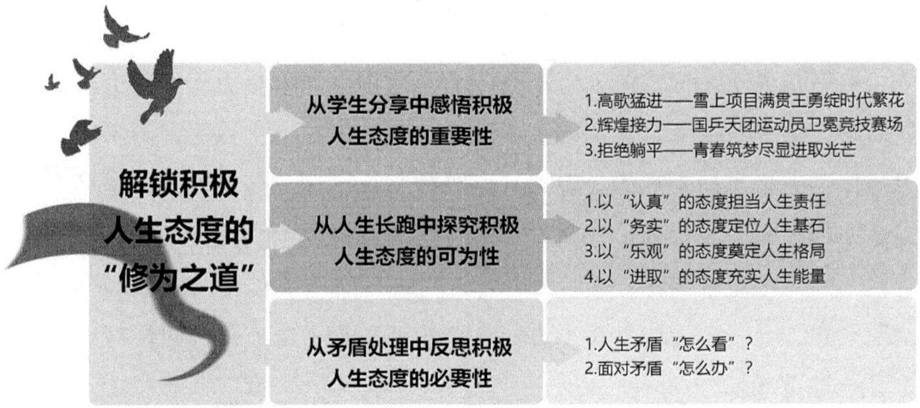

1. 从学生分享中感悟积极人生态度的重要性。一是通过空中自由式滑雪技巧冠军徐梦桃知难而进实现“人生的翻转”的事例，明晰在坎坷中勇于奋起的人生态度。二是通过追忆国乒天团的卫冕征途，明晰务实乐观、积极进取的人生态度所能汇聚的强大力量。三是通过对躺平的社会现象进行评析，对正反“躺平”进行辨析，明晰躺平不可取、躺赢不可能，奋斗正当时。

2. 从人生长跑中探究积极人生态度的可为性。一是通过“认真为何放在首位”的思考和古今事例中对于“认真”态度的重视，启发好以认真的态度刻画人生。二是通过追溯知行合一认识论的形成发展历程，结合当今对于网络热词“守馅人”的理解讨论，启发好以务实的态度开启人生。三是通过对理性乐观和盲目乐观两者进行对比，以及对徐梦桃、渭梅女等励志事例的解读，启发好以乐观的态度拥抱人生。四是通过分享视频“与自己赛跑”，以及观看当代 00 后书写的“刷新画卷”，启发好以进取的态度滋养人生。

3. 从矛盾处理中反思积极人生态度的必要性。一是通过设置面对生活中的矛盾困难如何抉择的教学情景，感悟好提高矛盾处理和应对能力的重要性。二是通过传统溯源与理论讲授，理解得与失、苦与乐、顺与逆、生与死、荣与辱等人生必经之矛盾，反思积极人生态度对处理人生矛盾的必要性，体味好积极人生态度的价值意蕴。

四、教学重难点及解决措施

1. 解析务实态度定位人生基石，着重讲深实事求是思想的理论来源与发展历程。第一，从知行合一的认识论在中国的发展历史入手，阐明实事求是思想作为毛泽东思想活的灵魂和马克思主义在中国的叙事方式，是马克思主义基本原理同中华优秀传统文化相结合的标志性产物，把务实精神的客观历史性、相对稳定性讲深；第二，从结合网络热词“守馅人”的互动研讨入手，阐明空想终会一事无成，实干方能行稳致远，把务实态度的时代特殊性与历史延续性讲深。

2. 解析认真态度担当人生责任，着重讲活认真的人生态度的重要价值。第一，设置“大学生讲思政课”课堂展示环节，激发学生自主探究能力。从冬奥冠军徐梦桃坎坷中勇于奋起的青春感悟入手，阐明没有认真的人生态度，再崇高的人生追求也难以实现，把认真是对梦想的回应、进取是对青春的诠释讲活。第二，融合本专业特色事例与榜样人物，关联自身大学生活实际和未来人生规划。设置问题情境，采取头脑风暴功能，激发学生讨论思考，进而总结升华实践经验，阐明大学生要为“尽全力”代言，力争不失毫厘、精益求精，将认真态度担当社会责任的道理讲活。师生互动有机融合，充分发挥大学生思考创造能力，引导学生树立积极人生态度。

3. 梳理人生中矛盾“得与失”的逻辑关系，着重讲透要正确看待“得与失”的人生矛盾。第一，从对中华优秀传统文化中“塞翁失马，焉知非福”的得失观点和陶渊明的旷达人生态度的叙述入手，阐明当今社会正确得失观的理论逻辑、历史逻辑与现实逻辑，把如何保持自身正确的得失观这一问题讲透；第二，从单纯计较个人利益得失与热爱集体、奉献社会的观念对比入手，阐明只有不过于计较狭隘的个人利益，关爱他人、热爱集体、真诚奉献，才能赢得他人和社会的尊重，创造有意义的人生，把为何要跳出对个人利益得失的计较这个问题讲透。

五、教学方法

1. 理论讲授法，注重线上浅讲和线下深讲相结合。在“马克思主义人的本质观”与“树立正确生死观”知识点中，通过探究人的本质，讲解了生命的意义在于真抓实干，学理分析了正确看待生与死的矛盾。在线下课堂中，分析探讨传统儒家文化生死观时引入前沿理论观点、关联古今思想发展，阐明人的生命价值在于个体生命付出背后的意义，辨析社会现实与生死观念形成发展的辩证关系，学生能对个体生命的时间长度的有限性和投身为人民服务、为人类进步贡献青春力量这一事业的无限性有深入了解。通过内涵阐释、前沿引入、逻辑梳理，培养学生的归纳思维和演绎思维。

2. 问题导向法，注重理论困惑与现实问题相结合。新课导入环节，聚焦“人生态度怎样对我们的人生产生影响？什么样的人生态度才能让我们收获‘滚烫’的人生？在面对生活的矛盾难题时我们该如何接招”的问题链条，激发学生思考。在主体讲授环节，回应导入的问题链，联系现实问题对问题链进行剖析解释。关联学习王楚钦夺取亚运会四项金牌、杨倩冲破训练瓶颈期为国家赢得荣誉的事例，激发学生关切人生态度相关问题与关注自身行为现状，破解行为困境；在环节四承接环节三对“人生态度”的思考阐释，紧密围绕“人生矛盾怎么看？面对矛盾怎么办？”的问题展开讲解。课后思考题与拓展阅读，设计紧接理论讲授过程，结合奥运热点，启发学生正确对待“顺与逆”，延伸课堂思考链条、拓宽格局视野。通过正视问题、研讨问题、解决问题，培养学生的批判思维和转化思维。

3. 案例分析法，注重个人案例和团队案例相结合。在讲解正确看待“顺与逆”的人生矛盾时回顾学生汇报时提到的徐梦桃人物案例，通过徐梦桃知难而进实现“人生的翻转”的事例，明晰在坎坷中勇于奋起的人生态度，发挥典型人物案例的榜样引领作用；通过学习国乒天团“爱国、进取、实干”的精神风貌，发挥优秀团体案例的标杆树立优势，引发学习榜样与成为榜样、精神认知与精神践行的差距反思。通过行业案例贯通、正向案例浸润，团体案例激励培养学生的推理思维和辩证思维。

4. 任务驱动法，注重自主思考与协同探究相结合。课前，学生自主学习线上课程知识点“追求服务人民的崇高人生目的”“马克思主义人的本质观”“树立正确的生死观”，对前置知识有初步了解；分组合作设计小组展示任务，对已学知识有所感悟。课中，运用上课 APP 中选人、头脑风暴等多功能互动，例如通过探究理性乐观和盲目乐观的区别等活动，学生积极参与课堂学习，教师及时把握学情状况。课后，通过翻转课堂布置习题思考和推荐阅读，师生进一步加强交流与学习。通过全人员参与、多功能互动、整过程交流，培养学生的求证思维和递进思维。

六、教学过程

【课前】

【课中】

环节一：新课导入

同学们好，欢迎来到“思想道德与法治”的课堂，这节课我们要讲的主题是“解锁积极人生态度的‘修为之道’”。

习近平总书记在2024年新年贺词中说到，在2023年我们“看到了美丽风景，取得了沉甸甸的收获”，特别是在体育方面，我们举办了声势浩大的杭州亚运会、亚洲残运会以及成都大运会等重大体育赛事，向世界亮出了我们中国体育的辉煌名片。从蹬地腾空的滑板，到稳准兼具的射击，从身姿轻盈的体操，到行云流水的武术……无论是传统优势的项目，还是在竞争激烈的领域，年轻运动员们在拼搏中坚持、在奋斗中成长。而我们作为大一新生，虽大多数没有直接参与到高级别体育竞技，但是我们也能在日常生活的体育锻炼中树立正确的人生态度，完成人生的翻转。

【视频资源】《热辣滚烫》官方预告（1分8秒）①

【教师点评】从这个片段，我们可以看出主人公通过学习拳击，不仅仅是在身材形象上实现了华丽蜕变，更是在人生态度上实现了巨大转变。从过去对于就业、自力更生的抗拒，到后来对于人生有了自身清晰的规划，她逐渐树立起积极进取的人生态度、锻造出了在坎坷中勇于奋起的乐观态度。从过去翻一个身就是一天的全部运动量到现在日复一日地在训练场馆加强自身的体能，这是她脚踏实地的认真态度的彰显。拳击给她带来了什么？不仅仅是强健的体魄，更是对待生活的态度转变。

【教师总结】不管是体育竞技还是体育锻炼，都是一场“持久战”，不可能一蹴而就、简简单单就取得成果。在这过程中，我们不免会身处不同的境遇。不论是叱咤风云的奥运冠军还是普普通通的我们，在面对同样的问题的时候是否会做出不同的选择？面对同样的问题能不能用同样的态度面对？这就涉及到了人生态度的抉择。那么人生态度是怎样对我们的人生产生影响

---

① 《热辣滚烫》官方预告，2024年1月16日，见 https://m.youku.com/video/id_XNjM2OTEyODg3Mg==?source=&refer=qita_market.qrwang_00003026_000000_ZNf6ji_19041800。

的？那是什么样的人生态度才能让我们收获“滚烫”的人生？在面对生活的矛盾难题时我们又该如何接招？我们主要从三个层面来解锁积极人生态度的“修为之道”。

环节二：从学生分享中感悟积极人生态度的重要性

课前，在翻转课堂中老师布置了“人生态度”主题的“大学生讲思政课”实践作业，了解同学们通过结合自身专业，感悟树立积极人生态度的重要意义，下面有请三组同学的代表来为大家做展示，欢迎大家积极参与到同伴互评中来。

【小组展示一】高歌猛进——雪上项目满贯王勇绽时代繁花

大家好，我们是不惧风雨组，我们组的汇报内容是：高歌猛进——雪上项目满贯王勇绽时代繁花。如果病痛持续困扰，那么你是否会继续逐梦？如果年龄不占优势，那么你是否仍有勇气参与竞争？有那么一个人，用自己的实际行动，做出了最肯定的回答。她就是冬奥会自由式滑雪空中技巧冠军——徐梦桃。“全场最高难度，这是创纪录的翻转，更是人生的翻转。”这是徐梦桃被评为2022感动中国十大人物的颁奖词。她用自身的那股韧劲和拼劲，实现了从“伤病员”到“满贯王”的人生翻转。

志存高远，瞄准冬奥金牌。徐梦桃筑梦16年，四次站上冬奥会的战场，不仅仅是与对手的交锋，更是与过去自己的对抗。2010年温哥华冬奥会排名第六，索契冬奥会摘得银牌，平昌奥运会排名第九……排名的上下浮动仿佛一把磨人的刀，在岁月中一次又一次挑战着徐梦桃的决心。但是，强者永远不会向时间低头。“我意识到自己还是放不下，离不开这个项目。”前路没有标识牌，一直走下去就是对自己的热爱最好的诠释。终于，在北京冬奥会自由式滑雪女子空中技巧决赛的最后一跳，徐梦桃做出了空中翻转三周外加转体三周的全场最高难度动作，稳稳落地。滑雪女王以高难度和高技巧终于取得了属于她的荣耀。如果没有那平时训练一次次尝试的翻转，在决赛的赛场上怎能惊艳所有人？没有平日的汗水浇灌梦想之花，它又怎会平白无故地绚丽绽放？

知难而进，克服伤痛依旧前行。在 2016 年第十三届全国冬运会上，徐梦桃左腿前十字交叉韧带撕裂，切除了将近 70%的左膝外侧半月板。2018 年平昌冬奥会后，她再次手术，左膝内侧 60%的半月板被切除。每一次手术之后，徐梦桃都花很长一段时间去康复治疗。也就是说，每一次都是从零开始，重新回到竞技状态。在国家体育总局秦皇岛训练基地的水池训练中，徐梦桃成百上千次从高台往水池里跳，一个动作不到位就反复去练直至形成肌肉记忆。伤痛的挑战，有时让她心有余而力不足，但是真正的战士能够在时机来临之时狠狠抓住、丝毫不放。

精益求精，为国争光奉献青春。国际雪联评价徐梦桃是“推动中国自由式滑雪空中技巧队取得赛季成功的领军者”。31 岁，已经没有了年龄的优势，面对外界的质疑，徐梦桃只是笑着说：“为什么不能呢？”她用实际行动也给予外界坚定的回应，只要你敢想、能去做，没什么是遥不可及的。北京冬奥周期，除了打磨技术动作之外，徐梦桃格外重视身体素质的提升，跑步等体能训练成为“必修课”。也正是平常充分良好的体能训练，让徐梦桃站在赛场上时更有底气和力量。直至闪光的金牌挂在胸前，一切的努力都有了最好、最闪光的证明。

莫道桑榆晚，为霞尚满天。徐梦桃证明了只要完成一次次翻转、坚持一天天体能训练，脚步永远踩在逐梦的康庄大道，就能迈向未来。认真的态度是对梦想最好的回应，进取的选择是对青春最好的诠释。

【教师点评】感谢第一组同学的汇报，他们从 2022 年感动中国十大人物徐梦桃的案例出发，让我们更深层次地感受到了徐梦桃在坎坷中勇于奋起、在为国争光中实现青春理想的人生态度。

【教师总结】的确，努力拼搏是最美姿态，超越自我是最佳状态。“没有积极进取的人生态度，再崇高的人生追求也难以真正实现。”① 我们作为体育教育专业的学生，不仅应该努力靠近徐梦桃身上彰显的体育精神，更要学习她在生活中所秉持的积极进取的人生态度。术业有专攻，每一个人虽然都在

① 本书编写组：《思想道德与法治》，高等教育出版社 2023 年版，第 24 页。

不同的领域上发光发热，但积极进取的人生态度，是每一个人越过生活中的沟壑、解决生活中的挫折的坚强支撑。也正如我们在前面提到的电影，人生何以“热辣滚烫”？其实，就是我们能够为了梦想去拼一把。

【小组展示二】辉煌接力——国乒天团运动员卫冕竞技赛场

大家好，我们是乒乓天团组，今天我们汇报的主题是辉煌接力——国乒天团运动员卫冕竞技赛场。2024 年 2 月 25 日晚，釜山世乒赛男团决赛中，王楚钦、樊振东、马龙组成的中国队摘得桂冠，实现了世乒赛男团的十一连冠，并成就了历史上第 23 次捧起斯韦思林杯的荣耀。这是一场“奥运摸底大考”，也是运动员们对自我的突破与超越，更是昂扬向上的青春赞歌，生动展现了青年运动员激情拼搏的人生态度！

艰苦奋战，登顶夺冠。赛场上，运动员樊振东碎步轻巧，挥拍如风，结实的手腕带动球拍下压，打出了一记完美的“霸王拧”。台上，是精彩纷呈的“一分钟”；台下，是咬牙坚持的“十年功”。在上学之前，樊振东的父母听说小学里有运动队，可以减免一些学费，就给他在少年宫报名学乒乓球。就这样，小樊振东与乒乓球结缘，在练习中对乒乓球逐渐产生了兴趣，一路从乒乓球重点小学打到体校，过着上午上课、下午训练的生活，经过艰苦卓绝的努力，不过几年，他便打进决赛对战马龙。哪怕风吹日晒、刮风下雪，小樊振东从未放弃追逐乒乓的梦想，以奋斗进取的人生态度刻苦训练，最终 16 岁完成青年大满贯，19 岁斩获世界杯男单冠军。走过寒冬酷暑，乒乓队员们竭尽全力投身训练，在疼痛中跌倒，在汗水中成长，他们用训练成果告诉我们：只有积蓄“千磨万击还坚劲”的韧性，抓铁有痕，一步一脚印，才能战胜怠惰的本性，活出精彩人生！

团队作战，共创辉煌。据有关人员采访，国家乒乓球队的队员不仅要在自身的技术上下苦功夫，还要锻炼提升团队作战能力，针对技术难点和自身弱点集体攻关；为提高女队训练质量，常常组织男女对练、男帮女练；为防止技战术僵化，在坚持主流打法的同时，积极尝试创新，主动适应世界乒坛的变化趋势……但通往胜利的道路并非总是一帆风顺。半决赛，面对强敌，中国男乒也曾一度陷入险境。在与东道主团队的过招中，面对对手的强势进攻，王楚钦首局告负，马龙也遗憾落败，中国队比分失利。面对这一不容乐观的境况，樊振东和再次上场的王楚钦顶住重压，鏖战韩国队，在关键时刻出色发挥，淘汰实力强悍的东道主队伍。在他们力挽狂澜的行动中我看到了乐观的人生态度，更窥见了在逆风翻盘背后的团队力量，还有在困难面前豁达开朗的心态，在紧急状况下的随机应变。

千锤百炼，接力传承。对于国乒今日的强盛，不少球迷心中难免暗自发问：为什么国乒天团能一如既往地取得耀眼的成绩？支撑着国乒天团团结奋战的精神内涵是什么？对于这个问题，最好的回答，便是传承。中国乒乓如神话一般，总是以常胜的姿态立于领奖台之巅，他们秉持着团结合作的精神，在千锤百炼中磨砺锋芒，与队友齐心协作，成就了连冠的神话。2024 年 7 月 30 日，在巴黎奥运会乒乓球混双决赛中，“小孩哥”王楚钦与“小孩姐”孙颖莎的“莎头组合”更是夺得中国奥运参赛史上首枚乒乓球混双金牌。

乒乓团队积极进取的人生态度让我肃然起敬，作为处于新时代的青年，我们更应该保持务实、乐观的人生态度，比如我曾在寒假积极参与社区组织的助返乡志愿服务活动，帮助外地的老乡托运行李，在雨雪冰冻天气协助车站工作人员疏散群众……这些都是我们实现人生价值的实践途径，变化的是形式，不变的是我们青年学子服务群众、无私奉献的人生追求，是昂扬向上的积极人生态度！

【教师点评】感谢第二组同学的汇报，他们从国家乒乓队的热血事例中带领我们一同感受新时代国乒人的生命力与战斗力。他们用爱国、进取、实干的精神风貌在筑梦之路上奋勇前行。“球不落地、永不放弃”“为祖国荣光而拼搏”，正是这样的团队精神和拼搏态度，让国乒运动员们一路丰收，在吃苦中享受摘金夺银、为国争光的快乐。老师关注到 App 上的同伴互评一栏，大家对于运动员们的傲人成就与精神面貌都是满满的点赞啊！老师相信，这不仅是大家对榜样人物的打“call”，还是大家对于自己要向榜样人物学习的坚定决心。接下来有请第三组同学开始你们的汇报。

【小组展示三】拒绝躺平——青春筑梦尽显进取光芒

大家好！我们是逐梦奋斗组，我们组汇报的内容是：拒绝躺平——青春筑梦尽显进取光芒。近年来，主流媒体关于“躺平”的讨论日益激烈。《光明日报》发表过《引导“躺平族”珍惜韶华奋发有为》，光明网发表过《年轻人选择“躺平”，也是在传递信号》，新华社发表过《谈“躺平族”：“未富先躺”须警惕!》。那么作为身处大好年华的大学生该如何深刻认识“躺平”、深刻理解“躺平”、自觉抵制“躺平”，寻求“不躺”“不平”的解决之策呢？

弄得清何为“躺平”，明晰具体表现。“躺平”是近年流行的网络流行词，词义上看也就是“身体平直地躺着”，不再热血沸腾、渴求成功。在现实生活中，“躺平”有许多表现。如职场白领逃离大城市，转身回到三、四线的家乡，从此过着与世无争的日子；日常生活中，没有什么目标感，每天应付完成基本任务即可；大龄男女青年不恋爱、不结婚、不买车、不买房，一个人挣钱一个人花……在我们大学生身边，躺平现象也较为常见。比如，面对繁重的课业压力，有同学选择逃课旷考，甚至走上作弊的歪路；还有同学不参加任何活动，每天关在寝室里打游戏追剧，丧失了奋进的动力和追求……可见，“躺平”在日常生活中可以窥见其萌芽之势。

搞得懂为何“躺平”，洞察思想根源。从外部条件来看，当今社会是一个信息大爆炸、人才辈出、竞争激烈的时代，在高压力、快节奏的运转中，“躺平学”作为一种生命状态应运而生；从内部条件来看，“躺平”是一种消极应对生活的方式，是指当下年轻人在世界经济下滑和社会问题突出的大背景下，出于对现实环境的失望而做出“无欲无求”的处世态度。他们通过无所谓、不作为来对抗生活压力，表现为满足最低生存需要就足够。造成“躺平”现象的原因有很多，从个体心理层面上分析，习得性无助、心理补偿、防御性是心理上“躺平”现象产生的重要原因。但面临人生如此多样的可能性，在困难面前一味地躺平真的能解决问题吗？答案是否定的，因为在网络上高呼“躺平”无法给予我们实际的帮助，“躺平”的做法并不会消解生活的困难，实际上是人们面对真实生活的快慰。

辩得明正反“躺平”，树立正确态度。面对躺平，年轻人群体里有很多声音。有人认为这是一种消极态度，会让人丧失斗志、沉迷享乐；也有人觉得这是一种淡然的态度，会让人更容易满足；甚至觉得自己的人生态度自己“买单”，跟其他人无关。但通过学习，我们意识到，人是社会的人，躺平任嘲是不可取的。但我们这里讲的“躺平”不是生理意义上的躺平，很累了“平躺”一下，适度休息这是可取的，我们强调的不能“躺平”指的是思想层面的、态度层面的。面对难题，相比于躺平，更应该选择“碾平”。新时代中国青年刚健自信、胸怀天下、担当有为，“躺平”的人生态度与新时代青年的特质格格不入。正所谓，熠熠明珠蒙尘，则光辉不再，唯余黯淡一片；人的思想蒙尘，则无法慎行致远，更别谈担当起时代大任。因而，拒绝躺平，我们新时代青年应该树立远大志向，祛除落后思想；应该激发奋斗动力，祛除停摆恶习；应该刻画进取力度，祛除发展瓶颈。

千难万难，只要重视就不难；大路小路，只有行动才有出路。“难”在哲学意义上是任何领域都面临的、是前进道路上永恒的问题。新时代青年更应该面对问题勇敢上，面对难题善于解，劈波斩浪、行稳致远。在挫折磨难中重新思考大学生活的初心，以开朗向上的姿态，拒绝躺平式人生，以奋斗姿态绽放青春之光！

【教师点评】感谢第三组同学的分享，他们用自身的理解解读了当今时代在年轻人当中出现的“躺平”现象。“‘躺平’作为一种生活态度，往往与年轻人在压力面前主动选择放弃、回避与退却有关。”① 正如同学们所认为的那样，躺平现象是一种消极的人生态度，一旦抱有躺平的态度，在生命中奋斗的动力就会消解。其实，自古以来，小到个人成长，大到民族发展，我们在哪一个阶段不需要面对难题？但中华民族从来不是“躺平”的民族，我们要深知，躺平不可取，躺赢不可能，奋斗正当时。

【教师总结】通过同学们的汇报分享，我们从一个冬奥冠军的追梦之路中体悟乐观人生态度蕴含的生命力，从国家乒乓球队的傲人成就中深思务实、认真人生态度彰显的战斗力，从对于“躺平”这一社会现象的剖析解读

① 本书编写组：《思想道德与法治》，高等教育出版社 2023 年版，第 26 页。

中感悟进取人生态度的驱动力。其实，乐观、务实、认真、进取，这就是我们强调的积极的人生态度。课前，大家在翻转课堂的学习资源里学习了"追求服务人民的崇高人生目的"这一理论课程，了解到大学生应该树立服务人民、奉献社会的人生目的来指引人生，因为，人生目的决定人生态度。那到底是什么人生态度？如何系统、全面地来理解好积极人生态度的含义，思考好积极人生态度的可为性？

环节三：从人生长跑中探究积极人生态度的可为性

所谓人生态度，就是指人们通过生活实践形成的对人生问题的一种相对稳定的心理倾向和精神状态。"虽然人生道路很长，但关键处只有几步；虽然人生问题很复杂，但要害在于把握住最基本的东西。"① 人生就好似一场长跑，我们的成绩如何就取决于我们是否一步一个脚印、脚踏实地地大步向前。因此，树立积极人生态度的第一步，就是要做到"认真"。

1. 以"认真"的态度担当人生责任

何谓"认真"？"认真"就是要严肃思考人的生命应有的意义，明确生活目标和肩负的责任。那么请同学们思考，为什么"认真"会排在人生态度的首位呢？首先，"认真"体现的是我们对于人生意义的思考，他不是一时兴起的，是需要恒心和毅力的。就特别像是大家平日做的体能训练，我们日复一日地练习，是为了形成肌肉记忆，让自己适应高强度的训练。其次，认真的人生态度就要求我们做到万事尽全力，这是我们出发的第一步，生活中有很多的偶然因素，而我们能做的，就是把自己能掌握的事情努力做到最好。那么，如何才能做到"认真"呢？首先，就要：

跟"差不多"说不，避免差之毫厘、谬以千里。《韩非子》中有这样一句话："千丈之堤，以蚁之穴溃；百尺之室，以突隙之烟焚。"无论是多高大坚固的堤岸，如果任由蚂蚁侵蚀，最终也会崩溃；同样，无论房间如何坚固，一旦出现烟囱缝隙，最终也会被烟火焚烧。由此可见，细节决定成败。我们在做

① 本书编写组：《思想道德与法治》，高等教育出版社 2023 年版，第 25 页。

任何事情的时候，不应忽视任何细节，不能用“差不多就行”的态度消极应付，否则最后可能一事无成。毛泽东同志在访问苏联时，也曾勉励莫斯科大学的数千名中国留学生和实习生做事要认真，强调世界上就怕“认真”二字。“认真”二字蕴含着无穷的力量，也包藏着无限的可能。

【App头脑风暴】请结合自身的生活实际考虑：“差不多”的人生是否真的差得不多？

【教师点评】反观我们自身，平时做事的态度，是不是也这样，有时看着差不多，但是差之毫厘，谬以千里。想象一下，在思想信念上“差不多”，我们就容易信念滑坡、思想退化；在学习工作中“差不多”，我们就只会虚度光阴、一事无成；在修身律己上“差不多”，我们就可能突破底线、身陷囹圄。拥有认真的态度，我们才能在面对任何结果的时候无愧于心，告诉自己“我已经努力了”。“差不多”容易做到，“一点也不差”较难落实，但这却是平庸和卓越的分水岭。对于我们体育教育专业的学生来讲，提升自己的体育素养固然重要，但我们在文化课学习上不能抱有“差不多”的心态，要做到两手抓、两者都兼顾。本质上来说，“差不多”就是一种不够负责任的态度，所以要做到“认真”关键还要：

为“尽全力”代言，力争不失毫厘、精益求精。如今，奋斗在新时代征程上的每一位劳动者，都在用认真态度为生活添彩。2024年新年贺词中，习近平总书记深情礼赞：“辛勤劳作的农民，埋头苦干的工人，敢闯敢拼的创业者，保家卫国的子弟兵，各行各业的人们都在挥洒汗水，每一个平凡的人都作出了不平凡的贡献！”就像是大家在汇报时所提到的榜样人物，如果不能在艰苦的训练环境坚持下来，又怎会有如今的自由式滑雪“满贯王”徐梦桃？如果国乒团队在平日的训练中总是认为“差不多”就行了，又怎能打造出技艺精湛、能顶住高压摘得桂冠的热血战队呢？我们深知“大学生要学会对自己负责，对亲人负责，对周围的人和更多的人负责，进而对民族、国家、社会负责，做一个有担当、负责任的人。”[①]只有社会中的每一个人都

① 本书编写组：《思想道德与法治》，高等教育出版社2023年版，第25页。

“尽全力”，整个社会才能“有力量”。

我们不仅要认真，我们还要在正确的事情上认真。把脚踩在实地上，我们才能不断向前迈进。也就是说，要想收获成功的人生，我们既需要认真负责，也需要丈量自身条件，根据自身实际去奋斗，做到求真务实。

2. 以“务实”的态度定位人生基石

何谓“务实”？“务实，就是要遵循客观规律，一切从实际出发，不图虚名，不务虚功，以科学的态度看待人生，以务实的精神创造人生。”① 由此可见，要做到“务实”，我们首先要学会：

以实事求是为根本。在中华传统文化中，知行合一的认识论是先人智慧的结晶。1938 年 10 月 14 日，毛泽东同志在中共六届六中全会上的报告中指出：“共产党员应是实事求是的模范，又是具有远见卓识的模范。因为只有实事求是，才能完成确定的任务；只有远见卓识，才能不失前进的方向。”1940 年 1 月，毛泽东同志又在《新民主主义论》中指出：“科学的态度是‘实事求是’。”所以，“务实”的人生态度要以实事求是为根本。“实事求是”作为毛泽东思想活的灵魂和马克思主义在中国的叙事方式，是马克思主义基本原理同中华优秀传统文化相结合，即“第二个结合”的标志性产物。② 在新时代，习近平总书记强调“坚持从实际出发、实事求是，不只是思想方法问题，也是党性强不强问题。”③

其实，对于我们每一个人来讲也是如此，我们“要坚持实事求是的基本原则，正确面对人生目的与现实生活之间的矛盾，更好地把人生梦想与个人情况和社会实际结合起来”④，不能好高骛远、空谈理想，否则就会脱离实际，一事无成。就拿大家平常训练来举例，相信大家都会给自己每一个阶段定一个小小的目标，如何制定科学的目标呢？那就需要我们关注自身的实际情况。目标过于远大，会让我们丧失信心；目标过于简单就能达成，

① 本书编写组：《思想道德与法治》，高等教育出版社 2023 年版，第 25 页。

② 参见田鹏颖：《实事求是开“第二个结合”的历史先河》，《理论月刊》2023 年第 12 期。

③ 《习近平谈治国理政》第四卷，外文出版社 2022 年版，第 527 页。

④ 本书编写组：《思想道德与法治》，高等教育出版社 2023 年版，第 25 页。

又会让我们缺乏动力。一根杆能够撑起的高度，一个迈步可以跨越的距离，一支箭能够射中的精度，不是我们妄想出来的，只有在自身能力范围内不断拔高才能实现。“亚洲飞人”苏炳添在每一个阶段都会根据自身训练情况给自己指定一个新目标，从跑进十秒，到跑进奥运决赛，再到对九秒大关发起挑战。每一个目标的实现，都是他对自身实力新一次的审视与刷新。空想终会一事无成，实干方能行稳致远。除了结合自身条件与客观实际设立目标、着眼于现实，我们还要能通过自己一次次的努力，突破原本的局限，将原本的目标变成如今的现实，进而在新的起点上继续奋进。

以真抓实干为要领。习近平总书记曾勉励青年学子：“不论学习还是工作，都要面向实际、深入实践，实践出真知；都要严谨务实，一分耕耘一分收获，苦干实干。”[①]“青年学生在将远大抱负落地落实的过程中，既要求得到真学问、练就真本领，又要有锲而不舍、自强不息的奋斗精神。不驰于空想、不骛于虚名、不输于细节，脚踏实地，从一点一滴做起。”[②]然而，不务实的教训比比皆是，想不劳而获的大有人在。我们身边存在着有些同学不通过自身的努力训练去获得突破，而是通过成日的幻想，等待哪一天自己能够摇身一变，成为站在奥运领奖台的“天之骄子”；甚至有些人，通过私下交易、打假比赛来取得所谓的“胜利”……如此种种现象，就像极了一个网络热词——“守馅人”。

【师生互动】如何看待网络热词“守馅人”？

【教师点评】当考前沉迷求神拜佛、转发锦鲤之时，也许就是成绩不佳、功败垂成之日；在生活中总祈愿天上掉馅饼、一夜暴富之时，或许就是地上有陷阱、落入万丈深渊之日。网络热词“守馅人”形容的就是不务实、想不劳而获的人。同学们，通过翻转课堂学习资源中“马克思主义人的本质观”这一知识点的学习，了解到劳动创造了人。务实的劳动、辛勤的耕耘，表面看是辛苦的，但人最根本的需要是从事自由自觉的劳动的需要，在自由自觉

① 习近平：《论党的青年工作》，中央文献出版社2022年版，第149页。

② 王易、单文鹏：《在深化“四个正确认识”中提高大学生思想政治素质》，《思想理论教育导刊》2017年第7期。

的劳动中，人的本质力量得以确证，人的主体地位得以表现。

【教师总结】所以，我们不能做“守馅人”。正如，党的二十大报告中强调的，“在全社会弘扬劳动精神、奋斗精神、奉献精神、创造精神、勤俭节约精神”①。这告诉我们，要在劳动中做到“真抓实干”，做到务实。不管是“滑雪女王”徐梦桃，还是国乒男团，正是因为这样一位位真抓实干的运动健儿，才造就了新时代中国体育迈向新辉煌。北京冬奥精神胸怀大局、自信开放；中国田径、网球、冰雪、赛车等项目突破瓶颈，大步走向世界先进水平；全民健身的大火项目广场舞走红神州，人人都找到自己的舞台……因此，身处新时代的我们，要把远大的理想寓于具体的行动中，“从小事做起，从身边的事做起，脚踏实地、一步一个脚印地实现人生目标。”② 在自身热爱并且擅长的领域，自我提升、真抓实干，不空想，大步迈向前。

“务实”为我们定位了人生基石，让我们立足当下，正确看待自身实际，树立人生目标。但人生不会一帆风顺，我们应以什么态度来面对不同的人生境遇呢？对，就是“乐观”，因此我们要：

3. 以“乐观”的态度奠定人生格局

所谓“乐观”，就是要心胸豁达，热爱生活，充满自信，这既是对自己、对生活、对社会的积极态度，又是我们能承受困难和挫折的心理基础。乐观不仅仅是个人对于自身发展抱有积极态度，更体现在对于自己的周围人、对于自己所处的社会，都怀揣着信心与希望。首先，就体现在：

生活中理性乐观。只有热爱生活的人，才能真正拥有生活。“人生是丰富多彩的，既会收获成功、体验快乐，也会面临各种矛盾和问题。”③ 在压力之下，我们要学会调整自己的心态，坚定不退缩地面对挫折。我们在中学阶段学习“唯物辩证法的发展观”这一知识点时，了解到“事物发展的前途是

① 习近平：《高举中国特色社会主义伟大旗帜 为全面建设社会主义现代化国家而团结奋斗——在中国共产党第二十次全国代表大会上的报告》，人民出版社 2022 年版，第 44—45 页。

② 本书编写组：《思想道德与法治》，高等教育出版社 2023 年版，第 25 页。

③ 本书编写组：《思想道德与法治》，高等教育出版社 2023 年版，第 25—26 页。

光明的，道路是曲折的”。因此，面对压力，我们应该及时调整好心态，积极面对压力。但是，这种乐观必须保持在适度的范围内，超出理性乐观范畴的盲目乐观，反而会导致消极态度和不作为的后果。

【App“选人”】理性乐观和盲目乐观的区分

【教师点评】盲目乐观是不对客观条件进行全面、理性分析，一味保持松懈的态度。无论面对什么，都坚信“没什么可担心的，一切都会变得很好”；而理性的乐观会根据客观和自身的主观条件进行分析，认为通过自身的努力大有可能将局面转变，“确实事情比较棘手，但是如果冷静去处理，也许能够化险为夷”，这就是理性乐观的体现。因此，我们常说的革命乐观主义，不是盲目乐观，而是建立在对社会发展规律和前途远见卓识的基础上，是对实现奋斗目标的必胜信念以及积极乐观的人生态度。

【教师总结】那么，为什么要强调在生活中理性乐观呢？“居安思危比盲目乐观要好得多”。盲目乐观意味着消极处事，面对挫折不作为，这样可能会让我们错过最佳行动时机。我们应始终保持对全局的关注和思考，抛弃盲目乐观这一观念的束缚，在自我的鞭策中实现对自我的超越。因此，在面对压力时我们需要做到理性乐观，那如果我们面临了人生重大挫折和坎坷呢？除了理性乐观，我们还应做到什么呢？还要做到：

坎坷中勇于奋起。“人生旅途中，许多事情不会总是尽如人意、一切顺遂，也会有失望和暂时的困难、挫折。”① 大家都知道，特别对于我们从事体育相关行业的人来说，健康的身体就是我们最大的资本。但请大家想象一下，如果你遭受巨大伤痛，仍在手术康复期，你是否会冒着二次受伤的危险，从零开始继续训练？自由式滑雪女王徐梦桃用行动给出了肯定答案；那如果你的身体状况无法支撑你进入赛场，你是否会一蹶不振、感觉生活黯淡无光？有这样一个人，她叫做消梅女，失去双腿的她，用手“走出”人生荆棘路，参加省市残疾人运动会，一人勇夺三枚金牌。身体健全的人也难以想象的荣耀，她做到了。正是她们有这样一种面对困境和挫折仍会竭尽全力永

① 本书编写组：《思想道德与法治》，高等教育出版社 2023 年版，第 26 页。

不气馁的决心，才能让石缝里开出娇花，在无声中实现突围。大家要相信，强者，总是从挫折中不断奋起、永不气馁。不管是徐梦桃还是渭梅女，她们都能让我们对“乐观”有更生动的感受。生活是“辣”的，有的时候还会辣到让我们不自主地流泪，但是，只要我们足够强大，光明总会到来，在坎坷中勇于奋起，我们就能够创造出属于自己的滚烫精彩的人生。

在他们身上我们可以了解到，虽然大家生活在与众不同的世界里，却都能通过自身独特的方式不断学习、不断追梦。其实，我们前面列举的那些榜样，他们之所以能够做到认真务实，能够做到在不同的人生境遇中仍旧乐观积极，就是因为他们日复一日、年复一年在和自己赛跑的过程中突破自己的瓶颈、冲破自己的局限，因此我们还要做到：

4. 以“进取”的态度充实人生能量

所谓“进取”，就是要“适应历史发展的趋势，以开拓进取的态度迎接人生的各种挑战，才能不断领悟美好人生的真谛，体验生活的快乐和幸福。”① 同时，这是树立人生态度的难点，难在哪？难就难在“始终”两字。有的学生高考前能做到只争朝夕，可进了大学后却容易自我松懈、追剧打游戏；有的同学在体能训练的初期信心满满，能够做到根据原定计划进行训练，但是到后期就出现了后劲不足甚至中途放弃的现象。进取，难就难在持之以恒。因此，怎么才能做到“进取”，首先就要：

跑出“进”的常态。就是要不满足现状，不贪图安逸。我想下面这段小视频能给我们以启发：

【视频资源】和自己赛跑（2 分 10 秒）②

【教师点评】正如视频中所说的那样，“赛场上，要超越对手，更要超越自己”。所以，什么是“进取”？进取就是要“与时间比拼”，要“与困难较量”，更要“与自己赛跑”。人生如逆水行舟，不进则退。“以不思进取、不想努力的消极态度面对人生难题，可能会带来一时安逸，但无助于个人发展、无益

① 本书编写组：《思想道德与法治》，高等教育出版社 2023 年版，第 26 页。

② 《和自己赛跑》，2022 年 3 月 10 日，见 http://politics.people.com.cn/n1/2022/0310/c1001-32371595.html。

于社会进步。”[①] 就像是大家在小组展示中讨论的“躺平”现象，面对如今时代竞争的时代浪潮，我们可能会心生焦虑、想要逃避，但是对于身处不同生活赛道的我们来说，与其嗟叹抱怨、不如奋起直追。不管在哪个生活赛道，都需要用自身的力量，为国家、为社会贡献自身的价值，而不是一遇到竞争就喊“内卷”，一遇到挫折就“躺平”，这样是永远爬不起来的。为国为民的青春就应奋进，这样才能：

创出“取”的姿态。这是强调不因循守旧，不固步自封。新时代的“进取”更体现在不断刷新的“进取”。习近平总书记曾指出：“青年是社会上最富活力、最具创造性的群体。”请看，这是一幅由00后书写的“刷新”画卷：潘展乐，20岁，兼顾学业和训练，以“拼命三郎”的冲劲在2023年杭州亚运会获得男子100米自由泳决赛冠军，刷新了亚洲选手在该项目上的最快纪录。王楚钦，24岁，曾因摔拍被禁赛三个月，但他在困境中浴火重生，在2023年亚运会中成为历史上第一位在同一届比赛中获得男单、男双、混双和男团四枚金牌的运动员，在2024年巴黎奥运会中更是有了新的突破。杨倩，24岁，克服基础训练瓶颈期，以过人天赋与数十年如一日的努力，在2020年全国射击冠军赛中获得女子10米气步枪个人冠军，决赛成绩刷新世界纪录。这些00后，让“年少有为”有了更加闪耀的定义。作为大学生，应该“积极进取，不断丰富人生的意义，不能贪图安逸、满足现状、因循守旧、故步自封，否则人生就会失去应有的光彩。”[②] 在以往做得好的方面，我们继续保持；在以往做得还不足的领域，我们继续开拓。青春无畏，不留遗憾地向上刷新，才能让青春之花不被束缚、勇敢盛放。

习近平总书记曾指出，青年学生需要“锤炼坚强的意志和品格，培养奋勇争先的进取精神，历练不怕失败的心理素质，保持乐观向上的人生态度，敢于面对各种困难和挫折。”[③] 在人生征途中，我们应秉持“认真”的态度，这样才能树立责任意识，增添精彩人生的持续动能；应秉持“务实”的态度，

---

① 本书编写组：《思想道德与法治》，高等教育出版社2023年版，第26页。

② 本书编写组：《思想道德与法治》，高等教育出版社2023年版，第26页。

③ 《习近平著作选读》第一卷，人民出版社2023年版，第543页。

这样才能端正科学态度，锚定精彩人生的科学目标；应秉持“乐观”的态度，这样才能调整积极心态，锤炼精彩人生的强大意志；应秉持“进取”的态度，这样才能培养开拓品质，收获精彩人生的不断刷新。因此，四者相互促进、缺一不可，都是我们在人生长跑中的强大精神引擎。

然而，人的一生很漫长，我们人生路上还会要处理好很多人生矛盾，每每矛盾产生的时候，我们要怎么样用积极的人生态度来处理人生矛盾呢？

环节四：从矛盾处理中反思积极人生态度的必要性

在中学阶段，我们在学习到马克思主义矛盾观这一知识点的时候，了解到“矛盾”是事物间普遍存在的互相对立统一关系，世界上时时有矛盾、处处有矛盾。冬小麦要经历发芽期、抽穗期、成熟期，每个时期内所需水分和养分比例都不同，供需矛盾始终贯穿整个生长期：一个人在小学要面临选择好初中的矛盾，中学又要面临高考难题，大学毕业需要抉择考研或者就业。在人的不同成长阶段都要面对不同的人生课题，这意味着我们必须解决人生矛盾，那么：

1. **人生矛盾“怎么看”**？

【App 头脑风暴】同学们，当你们在生活中遇到某些矛盾、困难时，是用怎样的态度面对的？

【教师总结】从马克思主义矛盾观的角度来看，不存在完满的人生。“金无足赤，人无完人”，没有十全十美的事物；“甘瓜抱苦蒂，美枣生荆棘”，香甜的瓜有苦的瓜蒂，美味的枣也是生在荆棘中。可见每个事物都是有矛盾的，这就是事事有矛盾。“不完满才是人生”道出了人生矛盾存在普遍性，人生实践中常常遭遇各种矛盾，并且矛盾是事物发展的动因，也是人生发展的动因，无矛盾不人生。①“‘看似寻常最奇崛，成如容易却艰辛。’大学生的人生成长之路还很长，未来前进途中，有平川也有高山，有缓流也有险

① 参见全国高校思想政治理论课教学指导委员会：《思想道德与法治教学课件》（专题二——领悟人生真谛，把握人生方向　第二讲　保持积极进取的人生态度）第 20 页。

滩，有丽日也有风雨。大学生要科学认识实际生活中的各种问题，勇敢面对和正确处理各种人生矛盾。”①

2. 面对矛盾“怎么办”？

真正的勇士是可以积蓄力量，见招拆招。首要便是抓住人生主要的几对矛盾：

（1）得不足喜，失不足忧——正确看待得与失

得与失是人生经常面临的经历。不要过于看重一时的“得”，一时所得不过尔尔，我们也不要惧怕或斤斤计较一时的“失”。

“正所谓‘吃一堑，长一智’‘塞翁失马，焉知非福’，得到了不一定是好事，失去了也不一定是坏事，一定意义上有舍才有得。”② 这样的例子在中华优秀传统文化中可以探寻到很多踪迹，陶渊明一生仕途坎坷，他宁愿放弃功名利禄，也不愿为“五斗米而折腰”，换回了怡然自得、豁达的生活。苏轼一生也屡次遭贬，但他语出惊人“一蓑烟雨任平生”，贬到岭南时，他也能富有诗意地吟出“日啖荔枝三百颗，不辞长作岭南人”。我们要跳出对个人得失计较。“个人利益的得失只能部分地衡量人生价值的大小，每个个体只有在奉献社会才能实现更大的人生价值。只有跳出对狭隘个人利益的计较，关爱他人，热爱集体，真诚奉献，才能赢得他人和社会的尊重，创造有意义的人生。”③

在现代物欲横流的社会，功利主义导向往往让我们只追求得到、索取，排斥贬低失去，比如为了更高的薪资，经常加班熬夜，漠视自己的身体健康，最后得不偿失。但同学们，有得必有失，失去也未尝不是更好地得到。我们也许因为平常的体能训练失去了休闲玩乐的时间，但也得到了技能的进步与身体的健康；也许因为某些赛事的失利没能达到自己的目标，但换个角度想想，这些失败帮助了你发现自己的不足和短板，让你有更清晰的改进方向。我们面对得失无须过度反应，青年在成长和奋斗中，会收获成功和喜

① 本书编写组：《思想道德与法治》，高等教育出版社 2023 年版，第 31 页。
② 本书编写组：《思想道德与法治》，高等教育出版社 2023 年版，第 31 页。
③ 本书编写组：《思想道德与法治》，高等教育出版社 2023 年版，第 32 页。

悦，也会面临困难和压力。要正确对待一时的成败得失，处优而不养尊，受挫而不短志，才能把人生之路走好；只有把小我融入大我，才会有海一样的胸怀，山一样的崇高。

（2）苦乐统一，吃苦耐劳——正确看待苦与乐

苦与乐既对立又统一，在一定条件下还可以相互转化。惟撑篙不已方能逆水行舟，惟奋斗不息方能冲出重围。“无数人生成功的事实表明，青年时代，选择吃苦也就选择了收获，选择奉献也就选择了高尚。青年时期多经历一点摔打、挫折、考验，有利于走好一生的路。”① 回顾同学们刚刚的展示汇报，若没有徐梦桃风里来雨里去的刻苦努力，怎会有摘金夺银的喜悦快乐？若没有樊振东一如既往地钻研打球技术，如何在赛场上力挽狂澜，惊险取胜？若没有国乒天团反复组织对抗训练、团结作战，怎会有乒乓天团的辉煌接力？好事尽从难处得，辉煌总自磨砺出。我们当保持积极乐观的心态，也就是从“苦”中探寻到成长历练的先机，于“乐”中觉察到隐蔽微弱的危险。

现代社会的物质条件远远优于以前，但社会上好逸恶劳、厌恶吃苦的风气时有滋生，作为新时代的大学生，应该懂得真正的快乐往往由奋斗的艰苦转化而来。若吃不了风吹日晒、咬牙训练的苦，怎能收获勇夺桂冠、实现人生价值的乐？若吃不了潜心钻研的苦，怎能收获考上心仪学校的乐？不经历风雨怎能见彩虹，不经历人生的苦难，怎能享受到人生的乐趣？因此，我们新时代大学生要担负起民族复兴之大任，更需要在磨炼中培养吃苦耐劳、乐观向上的优良品质。

（3）顺境不骄，逆境不馁——正确看待顺与逆

顺境与逆境是人生历程中两种不同的境遇。无论是顺境还是逆境，对人生的作用都是双面的，关键是怎样去认识和对待它们。只有善于利用顺境，勇于正视逆境和战胜逆境，梦想目标才能够实现。

古人云：“物随物蔽，尘随尘交，人生顺逆，皆是馈赠。”这告诉我们，

① 《习近平谈治国理政》第一卷，外文出版社 2018 年版，第 54 页。

顺境或者逆境都蕴藏着让自己成长的时机。现在我们常说的“顺境不骄、逆境不馁”，也就是在顺境时不能得意忘形，做到居安思危；在逆境中不能丧失信心，做到触底反弹。正如前面同学们的小组汇报中提到的徐梦桃，身处腿脚不便的逆境没有自暴自弃，而是找寻技巧、不断突破，最终在冬奥会上摘下自由式滑雪空中技巧的桂冠，收获了为国争光的快乐。

所以，面对人生的顺逆境该如何应对？“顺势而快上，乘风而勇进，这是身处顺境的学问，是善于抓住机遇不断丰富与完善自己的途径；处低谷而力争，受磨难而奋进，这是身处逆境的学问，是将压力变成动力之所为，要以‘踏平坎坷成大道，斗罢艰险又出发’的顽强意志去战胜一切艰难险阻。”①

（4）敬畏生命，不怕牺牲——正确看待生与死

生与死是人生的自然现象，是贯穿人生始终的一对基本矛盾。人的生命是有限的，而人生的意义是无限的。“如何认识、对待生与死，体现了一个人人生境界的高低，更直接影响着他的生活。”②

在传统文化中对生死有着多样的探讨，“孔子强调‘成仁’是生死价值观的标准，并对成仁的条件作出了阐释，即：保存生命与追求道义发生矛盾冲突时，在二者中必须做出选择时，要杀身成仁，成仁的道德比生命更重要。尽管‘仁’是孔子思想的核心，但是，孔子却强调‘仁’是通往‘道’的必经途径，‘道’是孔子思想中的最高范畴，从‘朝闻道，夕死可矣’也可以体现。”③“孔子谓‘杀身成仁’，孟子曰‘舍生取义’，司马迁讲‘人固有一死，或重于泰山，或轻于鸿毛’，这些千古名句说明，人的生命价值在于个体生命付出背后的意义。”④ 在复杂多样的社会背景下，中华文化的生死观里，有“未知生，焉知死？”的重今世观念，有“往生极乐”的重来世观念，亦有今世追求平静幸福、积德行善，来世享有福报的综合观念。社会现实深刻影响了人们的生死观念，生死观念亦反作用于社会现实，为解决社会

---

① 本书编写组：《思想道德与法治》，高等教育出版社 2023 年版，第 33 页。

② 本书编写组：《思想道德与法治》，高等教育出版社 2023 年版，第 34 页。

③ 武潇瑜：《儒家生死观对大学生生命观教育的启示》，《党史博采（理论）》2018 年第 3 期。

④ 本书编写组：《思想道德与法治》，高等教育出版社 2023 年版，第 34 页。

问题，推动社会发展提供帮助。

通过线上课程“树立正确的生死观”这一知识点的学习，相信同学们对于正确的生死观有了初步理解，明晰了死亡是我们每一个人的必然归宿，我们应该坦然面对，不惧怕死亡；明晰了我们还要做到死得其所，不贪生怕死；明晰了生命只有一次，我们应该珍惜生命，创造有价值的人生。正所谓，个体生命的时间长度总是有限的，但为人民服务、为人类进步事业贡献青春力量是无限的。“大学生应珍爱生命、珍惜韶华，在服务人民、投身民族复兴伟大事业中发掘生命所蕴藏的巨大潜能，努力给有限的个体生命赋予更大的意义。”①

（5）明荣知耻，以身作则——正确看待荣与辱

“荣”指荣誉或光荣，是人们对高尚的道德行为所作的客观评价和主观感受。“辱”指耻辱，是社会、集体或他人对违背公共利益的不道德行为的否定和贬斥，以及个人因自己行为的过失而在内心形成的羞愧体验。

古人云：“宠辱不惊，看庭前花开花落；去留无意，望天上云卷云舒。”一副对联，寥寥数语，却深刻道出了人生对事对物、对名对利应有的态度：宠辱不惊、去留无意。这样才可能心境平和、淡泊自然。而在集体社会形成的荣辱观是善恶、是非、美丑等价值观念在一个时代的具体体现，也是人们行为和自律的标尺，培塑正确的荣辱观才能对个人的思想行为具有鲜明的动力、导向和调节作用，做到正心修身、清介有守。

【App 头脑风暴】在 2021 年 8 月 26 日的赛外兴奋剂检查中，女子田径运动员王某某尿液检测呈阳性，B 样本检测结果仍为阳性。最终，中国田径协会对其进行禁赛 2 年的处罚（禁赛期从 2021 年 9 月 19 日至 2023 年 9 月 18 日），并承担 20 例兴奋检测剂的费用（26000 元）。对其教练和其所在的体育训练基地，也有相应的惩罚措施。

【教师点评】运动员王某某为了自己功名利禄的“荣”，违规使用兴奋剂，最终自取其辱，甚至可能毁掉自己的职业生涯。而作为一名国际上知名的运

① 本书编写组：《思想道德与法治》，高等教育出版社 2023 年版，第 34 页。

动员，她不仅给自己带来了耻辱，还使团队和国家荣誉受辱。不管是盛大赛事还是平常的小比赛，我们都应该自觉自查自省，堂堂正正比赛，清清白白获奖，自觉维护社会主义核心价值观，做一个明荣知耻的好青年。

【教师总结】作为新时代大学生，我们更应树立起正确的荣辱观，明确是非、对错、善恶、美丑的界限，因为这不仅关乎个人的思想道德品质，更是社会和谐发展的重要条件。“社会主义荣辱观所强调的，就是要建设与经济体制相适应、与物质生活相协调、与多样化发展相一致的道德规范，强调主导性与多样性、先进性与广泛性相结合的道德意识。这种新的道德观，突破了传统道德的封闭性与单一性局限。具有历时性和共时性的特点。”[①] 正如中国古人向来注重荣与辱，并通过“知耻”来进行道德评价和判断。“孔子提出‘知耻近乎勇’，孟子认为‘无羞恶之心，非人也’，管仲强调‘礼义廉耻，国之四维’，把知耻之心与人的文明程度、社会的治乱安危紧密联系在一起。”[②] 因此，我们更要不断提升自己的思想境界，积极进取，走好人生之路。

环节五：课堂总结

同学们，通过今天的课程，我们解锁了积极人生态度的“修为之道”。从小组分享中感受榜样力量、剖析社会现象，感悟积极人生态度的重要性。从人生长跑中把握积极人生态度的可为性，能以认真的态度，细致刻画人生；能以务实的态度，踏实开启人生；能以乐观的态度，微笑拥抱人生；能以进取的态度，活力滋养人生。还能在矛盾处理中反思积极人生态度的必要性。“看似寻常最奇崛，成如容易却艰辛”，大学生的人生成长之路还很长，未来前进途中，有平川也有高山，有缓流也有险滩，有丽日也有风雨。大学生要用“认真、务实、乐观、进取”的积极人生态度，勇敢面对和正确处理各种人生矛盾，在人生历练中成长，履好人生之责，走好人生之路，

---

① 郑永廷、袁本新：《社会主义荣辱观对传统道德价值观的历史超越及其意义》，《思想理论教育导刊》2006 年第 6 期。

② 本书编写组：《思想道德与法治》，高等教育出版社 2023 年版，第 35 页。

让青春在为祖国、为人民、为民族、为人类的奉献中焕发出更加绚丽的光彩。

【课后】

1. 思考讨论

2024 年的巴黎奥运会展示了体育健儿的靓丽风貌，其中不乏有夺金摘银的顺境，也有意外“滑铁卢”的逆境，请结合体育竞赛生活谈谈如何正确对待人生顺境与逆境的关系。

2. 拓展阅读

习近平：《在纪念五四运动 100 周年大会上的讲话》，人民出版社 2019 年版。

本书编写组：《习近平与大学生朋友们》，中国青年出版社 2020 年版。

中华人民共和国国务院新闻办公室：《新时代的中国青年》，人民出版社 2022 年版。

七、教学资源

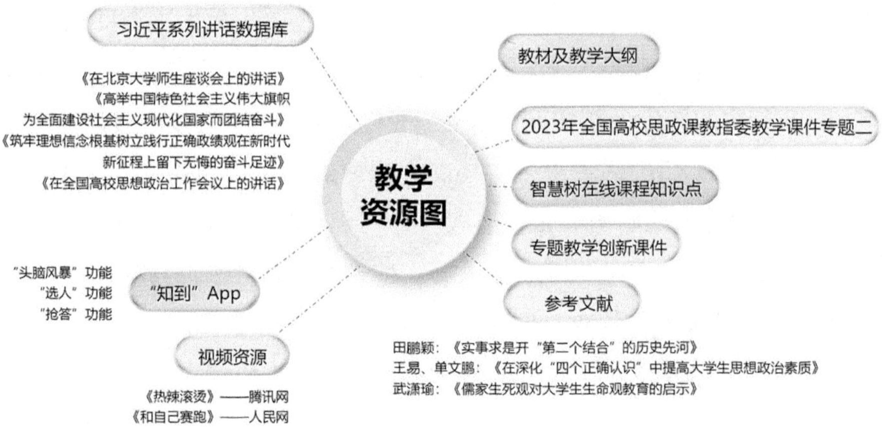

八、教学板书

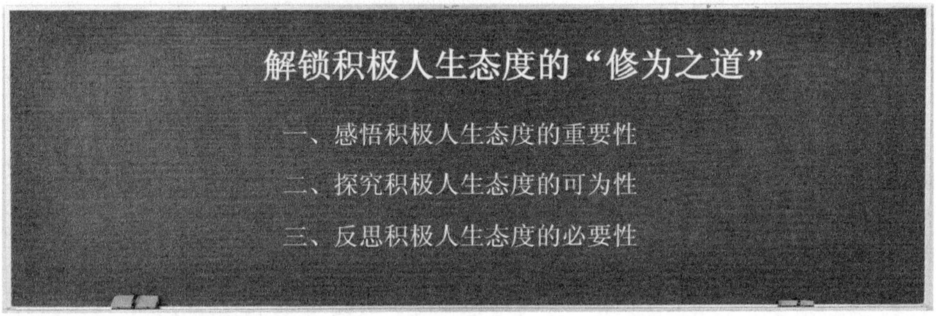

解锁积极人生态度的“修为之道”
一、感悟积极人生态度的重要性
二、探究积极人生态度的可为性
三、反思积极人生态度的必要性

九、教学反思

1. 从基于学情的内容设计反思教学理念的贯彻，用心坚持“以学生为中心”的教学理念。把握了学生对社会热点探讨和同辈榜样事迹的兴趣点，教师通过解读“热辣滚烫”预告视频、展示徐梦桃勇夺金牌为国争光、国乒天团代代传承捍卫国家荣誉的事迹，增强了学生的自豪感和使命感；紧扣了学生对如何树立积极人生态度的困惑点，教师通过解读人生态度的重要性、可为性和必要性，增强了学生对自身人生观念与态度运用于生活实践的思考和理解；满足了学生对理论学习指导生活实践与思政学习融合专业发展的需求点，教师通过引入传统文化中的生死观贯通历史文化溯源、分析“守馅人”这一网络热词、聚焦徐梦桃和国乒天团的行业榜样，增强了学生对理论内容说服力与针对性的认同。但在如何将体育教育专业的发展历程和特色亮点更好地融入内容设计，更一案到底、逻辑清晰地讲好“人生矛盾怎么做”上，还有待进一步完善与改进。

2. 从教学目标的达成情况反思教学方法的贯行，用情联动“以现代化赋能”的教学方法。在传统教学方法应用上，通过理论讲授法，增强学生对理解得与失、苦与乐、顺与逆、生与死、荣与辱等人生矛盾的辩证关系的理解深度，达成把握人生态度必要性内容、增强逻辑推理能力、涵养进取品格的目标；通过案例分析法，激发学生对经典案例与同辈案例、个体案例与群体案例的情感热度，达成把握树立积极人生态度的可为性、增强辩证思考能力、涵养使命担当的目标；通过问题导向法，梳理学生对“人生态度怎样对我们的人生产生影响？什么样的人生态度才能让我们收获‘滚烫’的人生？在面对生活的矛盾难题时我们该如何接招”的问题链条，达成把握树立积极人生态度的重要性、增强识别问题与自主思考能力、涵养担当意识的目标；通过任务驱动法，加大学生对课前线上预习、课后翻转拓展等主体性活动的发挥效度，达成把握正确的自学态度、增强深学进阶能力、涵养责任意识的目标。在信息化教学手段应用上，通过原创在线课程知识点的学习以提前了解学生已知未知情况；通过 App 中头脑风暴功能以实时把握学生的内容认知程度，“选人”功能以切实提高学生学习紧迫意识，抢答功能以树立学生积极思考典型。但在如何结合专业特色案例，更进一步将家国情怀与担当意识融入到个人积极的人生态度上，还有待进一步挖掘与引导。

3. 从课堂主阵地内外衔接反思教学过程的贯通，用力实施“全链条培育人”的教学过程。在课前，学生通过自学线上课程“追求服务人民的崇高人生目的”“马克思主义人的本质观”“树立正确的生死观”、阅读翻转课堂“学习资源”中的文章“努力成长为对党和人民忠诚可靠、堪当时代重任的栋梁之才”，初步了解专题学习的基础知识；在课中，针对网络热词“守馅人”折射的社会现象这一痛点问题展开互动研讨，围绕“积极人生态度的重要性”这一热点问题进行小组展示，针对“正确看待得与失的这一对人生矛盾”这一重点问题展开教师讲授，逐步吸收专题学习的核心内容；在课后，学生通过思考习题、文献阅读，努力拓展专题学习的深度广度。通过课前、课中、课后的一体贯通，实现教师主导与学生主体相联动、线上教学与线下教学相融合、思政课小课堂与社会大课堂相衔接。在新课导入中，从“热辣滚烫”主人公的态度转变切入，提高了学生参与课堂的兴趣度；在主体讲授中，设计从人生长跑中探究积极人生态度的可为性、从矛盾处理中反思积极人生态度的必要性等环节回应导入环节的问题链，增强了学生深入研讨的启发性；在小组展示中，围绕感悟积极人生态度的主题进行小组汇报，彰显了学生创新实践的执行力；在总结升华中，通过对知识进行总结、对问题进行反思、对担当进行寄语，激发了学生转化责任的使命感。通过新课导入、主体讲授、总结升华的一体贯通，实现问题导向、研究导向、成果导向、目标导向相统一。但在对教学效果的检测多停留在知识层面，在更进一步建立学习效果长期跟踪机制、完善学生意见反馈机制上，还有待创新和精进。

专题三　解锁创造人生价值的“进阶之路”

对应章节：第一章　第三节

计划学时：2 学时

教学对象：英语专业

一、学情分析

1. 已有知识分析。第一，基于大中小一体化纵向衔接，掌握基础知识情况。学生在中学阶段七年级上册第四单元第八课“探问生命”中初步认识了生命的追求与意义，明晰了实现自我价值的人生意义；初步了解了实现人生价值的方法，明晰了生命的伟大在于创造和贡献。通过高中思想政治必修四《哲学与文化》第二单元第六课“实现人生的价值”中第一框“价值与价值选择”以及第三框“价值的创造和实现”的学习，进一步明晰人生价值的内涵、价值观及其导向作用、价值判断与价值选择的关系，人生价值的创造与实现路径。第二，基于线上线下教学横向贯通，了解自学知识情况。学生通过线上课程知识点“人生境界和人生价值的领悟”“为什么要反对拜金主义”“追求服务人民的崇高人生目的”的学习促新知构建；通过翻转课堂“学习资源”中“2024 年提升全民数字素养与技能工作要点”等内容的链接促新知拓展。

2. 认知能力分析。第一，基础知识记忆力强，但系统分析能力还不足。学生对人生价值的认知多停留在名词概念和意义阐述上，对人生价值的深层意蕴、采用实际行动实现人生价值、破除错误人生思想观念的理解有待深化。第二，发展成就认同度高，但自主创新能力还不强。学生对外交天团在为国发声、捍卫国家利益的过程中实现人生价值、著名女翻译家唐笙开创新中国同声传译事业、新时代外交天团在国际舞台上坚守中国风度的外交成就表示高度的情感认同。但创新性地探寻自身利用专业特长实现人生价值的多元路径的能力还不足。第三，感性认知浸润性足，但应用转化能力还不实。学生通过课堂学习对于人生价值践行认识度高、意愿强，但真正做到实现人生价值的知行合一的能力有待提升，将对自身英语专业发展的问题导向转化为外语人才担当时代使命的意识有待增强。

3. 心理需求分析。第一，思政课理论有效指导学习生活。学生希望通过学习人生价值的多种实现途径，明晰专业之所能、技能之所用，激发对人生价值的思考并转换为社会实践，坚定自身专业规划，激发实现人生价值的强大动力。第二，热点与前沿巧妙链接理论课堂。学生希望课堂能够选取更多与自己专业相关的模范事例，解决如何利用自身所长实现人生价值的思想困惑。第三，信息化技术灵活贯穿课程讲授。学生更期待线上线下混合式授课模式，希望通过线上原创课程“追求服务人民的崇高人生目的”等章节提前预习、课后复习；学生希望通过翻转课堂中学习资源的优质共享内容扩大学习面，希望通过课堂学习 App 选人、抢答等功能灵活运用激发课堂教学活力。第四，创新性实践活动融入课堂教学。学生希望通过丰富多元的实践教学活动，例如采访身边的榜样人物，在积极参与、主动探索和协同合作中进一步明晰人生价值的实现路径、正确认识并克服错误人生思想观念的阻碍，创造人生价值。

二、教学目标

1. 知识目标。一是学生能在理论溯源和前沿引入中深化对以人民为中心的发展观的理解，掌握其是对传统民本思想的继承和超越，拓展对中学“人民主体思想”这一已学知识的探理深度。二是学生能在小组分享和总结点评中从大学生、外交官和翻译家利用自身专业特长创造人生价值的视角出发，明晰实现人生价值途径的多样性、个人价值和社会价值的统一性，增强对线上“追求服务人民的崇高人生目的”这一新学知识的剖析力度。三是学生能在正反案例的对比中反思树立人民至上理念的重要性和必要性，提升对课堂“人民至上是创造人生价值的初心使命”这一应学知识的掌握精度。

2. 能力目标。一是通过对不同职业的人创造人生价值的多元路径的思考，区分评价人生价值的一般标准和具体标准，探寻三种具体标准之间的逻辑理路，学生能提升逻辑推理、辩证思考、识别问题等高阶认知能力。二是通过前置学习“追求服务人民的崇高人生目的”“人生价值与人生境界的领悟”线上知识点，初步了解教学内容重点；分组探究“实现人生价值的多元路径”开展大学生讲思政课、全过程参与互动交流以激发自主思考，学生能提升独立思考、团队协作、意义建构等自主学习能力。三是通过小组展示中英语专业与思政主题的紧密勾连，联系身边同辈与榜样力量，对人生价值内涵意蕴进行协同思考，同时通过文本打磨的深耕细作，学生能提升融会贯通、智慧创造、善于发现的实践创新能力。

3. 素质目标。一是通过自主学习“追求服务人民的崇高人生目的”，明晰人只有在社会关系中才能生成自我、发展自我、创造自我，学生能涵养起自觉的奉献意识和大我情怀。二是通过行业案例用好本专业实现自身价值的青春作为，追溯历代外交天团的继往开来，感受翻译名家挖掘在诗歌中的传统语言之美，学生能涵养起有为的使命意识和担当底气。三是通过辩证分析互联网的工具性和价值性，反思“以网争光”和“为网而困”两种不同态度产生的根源，辩证思考信息时代更好顺应时代发展趋势的做法，学生能涵养起鲜明的进取品格和务实品质。

三、教学内容

“解锁创造人生价值的‘进阶之路’”这一专题教学内容，立足教材“第一章第三节：创造有意义的人生”的重点难点，贯通线上课程知识点“追求服务人民的崇高人生目的”“人生境界与人生价值的领悟”的已知未知，结合全国高校思政课教指委《思想道德与法治教学课件》专题二第三讲的要点亮点，关注学生对树立正确的人生观来指导大学生活、知悉身边榜样力量的指引作用的兴趣点困惑点，以人生价值的意蕴内涵、实现路径和需要警惕的错误人生观为设计主线，阐释了人民至上的初心使命、客观条件的价值遵循、坚定意志的强劲动力、价值评价的具体准则、实现价值的目标归宿这一价值实现路径，阐释了拜金主义、享乐主义和极端个人主义三种错误人生观的含义及其关系。

【教学内容的设计要点】

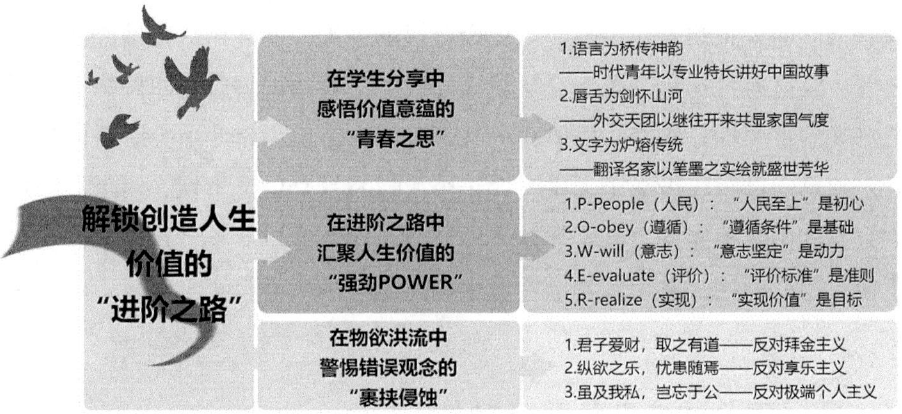

1. 在学生分享中感悟价值意蕴的“青春之思”。一是通过“语言为桥传神韵”的汇报，体悟外语青年探寻文化自信的认知高度、情感深度、践行维度，进而理解如何利用自身专业特长实现人生价值。二是通过“唇舌为剑怀山河”的汇报，以张骞出使西域到“同声传译第一人”唐笙再到新时代外交天团为抓手，进而感悟个人价值与社会价值的统一。三是通过“文字为炉熔传统”的汇报，感悟翻译名家许渊冲让世界领悟中华文化之美、让价值融入文化交流之河、用自信浇灌中华文化之树的人生理想，进而体会坚定意志对于人生价值实现的强大引擎作用。

2. 在进阶之路中汇聚人生价值的“强劲 POWER”。一是通过对传统民本思想和以人民为中心的发展观的对比反思，学习 P–people（人民）以

“人民至上”为创造人生价值的初心把握实现人生价值的标准。二是通过“以网争光”“为网而困”的互动研讨，学习O–obey（遵循）遵循条件从而把握创造人生价值的基础。三是通过翻译界的“保尔柯察金”——王志冲的事例，学习W–will（意志）要有坚定意志从而拥有创造人生价值的动力。四是通过对课堂模范力量的回顾梳理，掌握E–evaluate（评价）评价标准，从而遵循创造人生价值的准则。五是通过观看励志视频并总结反思，学习R–realize（实现）“实现价值”是目标从而掌握创造人生价值的意义。

3. 在物欲洪流中警惕错误观念的“裹挟侵蚀”。一是通过辨析拜金主义这一错误的思想观点，明晰应当成为金钱的主人，明确树立正确金钱观的重要性。二是通过辨析享乐主义是对人需要的一种错误理解，明确树立正确的消费观的重要性，培养积极健康的兴趣爱好，在努力奋斗中去获得成功与快乐。三是通过辨析极端个人主义对于个人以及社会的危害性，明晰在满足个人利益的同时不能损害社会和他人的利益。四是通过对三种错误人生观之间逻辑关系的阐述，坚定在物欲横流中保持定力的决心。

四、教学重难点及解决措施

1. 坚持前沿引入与古今对照相统一，着重讲深“人民至上”是创造人生价值的初心。第一，从专家学者对传统民本思想和以人民为中心的发展观治理出发点的对比入手，阐明以人民为中心的发展观对传统民本思想的继承和超越，把坚持人民至上、站稳人民立场的必要性讲深；第二，从《礼记》《尚书》等古籍中蕴含的传统民本思想入手，阐明以人民为中心的发展思想体现了“天下为公、民为邦本”的社会观同马克思主义人民主体思想的结合，把以人民为中心的发展观的时代性、先进性讲深。

2. 坚持成果展示与理论总结相结合，着重讲活外语人才实现人生价值的多元途径。第一，从外语青年以语言为桥讲好中国故事的青春感悟入手，阐明树立外语人文化自信的认知高度、情感深度、践行维度，把实现自我价值和社会价值、完善自身与贡献社会相统一讲活；第二，从外交天团以唇舌为剑收获外交新成就的青春感悟入手，阐明历代外交天团继往开来、为国发声的勇气与智慧，把以人民至上理念作为创造人生价值的初心讲活；第三，从翻译名家以文字为炉绘就盛世芳华的青春感悟入手，阐明人生自我价值的实现是个体为社会创造更大价值的前提，把意志坚定是创造人生价值的强劲动力讲活。

3. 坚持问题导向与师生互动相结合，着重讲透评价人生价值标准的三大原则。第一，从线上课程知识点的衔接与“何为有价值”的问题入手，阐明评价人生价值的根本尺度，是看一个人的实践活动是否符合社会发展的客观规律是否促进了历史的进步，把如何准确认识、评价人生价值这一问题讲透；第二，从能否把“贡献”作为统一标签评价人生价值这一问题入手，阐明评价人生价值要坚持能力有大小与贡献须尽力相统一、坚持物质贡献与精神贡献相统一、坚持完善自身与贡献社会相统一，把具体评价人生价值的三个原则讲透。

五、教学方法

1. 理论讲授法，重在线上浅讲与线下深讲相结合。课前，通过观看线上课程，从理论层面初步讲授了人生价值的实现问题，从人生境界领悟人生真谛。课中，基于习近平总书记相关重要论述，结合专家学者理论，巧用历史溯源，从学理上分析人生价值的实现方式；基于大学生生活实际，关联党的二十大报告，从理论层面解读三种错误的人生观的定义及关系。课后，通过翻转课堂学习资源中的阅读推荐，进一步拓展学生对于在个人价值与社会价值的统一中实现人生价值的理解与感悟。通过内涵阐释、前沿引入、逻辑梳理，培养学生的归纳思维和演绎思维。

2. 问题导向法，重在理论困惑与现实问题相结合。新课导入部分，抛出“如何理解人生价值？怎样的人生才是有价值的人生？”这一问题，引出在真正的人生答卷上，做好自己的人生“选择题”、价值“排序题”的做法探寻意识。课中讲授方面，聚焦“我们怎样在青春生活中理解人生价值的意蕴内涵、如何用实际行动去实现人生价值、如何在价值创造过程中破除错误观念”的问题链，在学生分享中感悟价值意蕴的“青春之思”，在进阶之路中汇聚人生价值的“强劲 POWER”，在物欲洪流中警惕错误观念的“裹挟侵蚀”，环环相扣回应学生对人生“选择题”、价值“排序题”的做法困惑。课后思考题部分，着重于对课堂所学的延伸，让学生自主思考作为新时代青年对个人价值和社会价值的统一实现的思考。通过正视问题、研讨问题、解决问题，培养学生的批判思维和转化思维。

3. 案例分析法，重在正面案例与反面案例相结合。学习契合英语专业学生的案例。在讲解“意志坚定”之于人生价值实现的动力作用时，运用“翻译界的保尔·柯察金”——王志冲的例子，与小组汇报中的翻译大家许渊冲的人物事例相呼应。正反对比大学生“以网争光”与“为网而困”现象，深入辨析运用互联网的正确方式与错误做法，指出创造人生价值要善用互联网，学生能产生对学习榜样与成为榜样、精神认知与精神践行的差距反思。通过行业案例贯通、正向案例浸润、反面案例审视，培养学生的推理思维和辩证思维。

4. 任务驱动法，重在自主思考与协同探究相结合。课前，学生自主学习线上课程知识点“追求服务人民的崇高人生目的”“人生境界和人生价值的领悟”，对前置知识有初步了解；分组合作设计小组展示任务，对已学知识有深度感悟。课中，运用课堂学习 App 中头脑风暴、选人、抢答等多功能互动，学生积极参与课堂，例如“以网争光”和“为网而困”的主题辩论，激发学生自主思考，教师及时把握学情状况；课后，通过翻转课堂布置习题思考和推荐阅读，师生进一步加强交流与学习。通过全人员参与、多功能互动、整过程交流，培养学生的求证思维和递进思维。

六、教学过程

【课前】

【课中】

环节一：新课导入

同学们好，欢迎来到“思想道德与法治”的课堂，这节课我们要讲的主题是“解锁创造人生价值的‘进阶之路’”。

【App 头脑风暴】你如何理解人生价值？你认为怎样的人生才是有价值的人生？

【教师点评】有同学说，去参加暑期三下乡活动，感受社情民意，感受国家脱贫攻坚成果；还有同学说，去参加学校抗疫志愿者活动，用自己的微薄力量助力防控疫情的大事。可以看出，我们每个人都可以在不同的领域创造价值，思考一下，从大家提到的这些有价值的事情中，虽然创造价值的方式不一，但体现价值的核心应该是什么？是服务、奉献。

【教师总结】通过线上课程“追求服务人民的崇高人生目的”知识点的学习，我们理解人生目的决定人生价值选择，要在服务人民、奉献社会中实现自己的人生价值。所以，当很多人还在思考人生价值究竟是什么时，脱贫攻坚的胜利告诉我们，要在吃苦中赢得收获；防控疫情的努力告诉我们，要在奉献中追求高尚；双奥赛场的喝彩告诉我们，要在拼搏中实现突破。

“吃苦、奉献、拼搏”，这些词在考试中，都能成为大家的理想答案，但在现实生活中，真正的人生答卷上，我们又会如何做好自己的人生“选择题”、价值“排序题”呢？我们怎样在青春生活中理解好人生价值的意蕴内涵呢？我们该如何用实际行动去实现人生价值呢？又该如何在价值创造过程中破除错误观念、走出思想误区呢？我们主要从三个层面来解锁创造人生价值的“进阶之路”。

环节二：在学生分享中感悟价值意蕴的“青春之思”

课前，老师在翻转课堂中布置了“人生价值”主题的“大学生讲思政课”实践作业，了解同学们心中对于自身的英语专业实现人生价值多样路径的思考，下面有请三组同学的代表来为大家做展示。老师也会打开 App 上的头脑风暴，大家可以为喜欢的小组汇报打“call”，也可以提出你们的困惑，欢迎大家积极参与到同伴互评中来。

【小组展示一】语言为桥传神韵——时代青年以专业特长讲好中国故事

大家好，我是以梦为马组的代表，我们小组的汇报主题是：语言为桥传神韵——时代青年以专业特长讲好中国故事。我们参加了大学生思政课研究性学习成果展示竞赛，并获得了一等奖。在学习过程中，我们通过文献研究扎实理论基础，通过问卷调查获得有效数据，总结得出外语学子坚定文化自信的“正确打开方式”。今天我们想与大家分享我们的所悟所思。

以语言的使命性，传递青年之声，提升外语人文化自信的认知高度。新时代外语青年明确并担当起外语人才的使命，例如某外语专业学子发挥外语专业优势，做雷锋精神国际传播的种子，在传播实践中构建“文本、情景、视听、学术、文创、实践”六位一体的雷锋故事叙事体系，面向来自俄罗斯、印度等十余个国家的留学生讲述雷锋故事，形成雷锋故事、纪念馆讲解词多语种翻译 20 万余字。我们作为英语专业的学生，可以积极挖掘身边的文化元素，用自身专长，用实际行动去践行“讲好中国故事、传播好中国声音，展现可信、可爱、可敬的中国形象”的青年责任，在文化自信的征途中实现着自己的人生价值!

以语言的交互性，激发共鸣之声，厚植外语人文化自信的情感深度。新时代外语青年增强自身对中华优秀传统文化的认同，培养文化自觉，并借助语言这一交际工具同国际友人交流思想，传递信息，沟通情感。令我记忆最深刻的，是在大学暑期“三下乡”社会实践活动中，英语专业的学生组成了一支特殊的中华优秀传统文化宣讲团，给双语学校的学生上了一堂别具一格的英语课，提供一场语言和文化的双重盛宴，展现了浓浓的课程思政味。

以语言的应用性，塑造专业之声，落细外语人文化自信的践行维度。第一，应当夯实知识根基，练好基本功，具备过硬的外语交际能力，提升听说读写译等专业能力，为语言的跨文化实际应用作好能力铺垫；第二，应当将学习好母语文化视为首要，以学好本民族文化为基础，为语言的跨文化实际应用提供充足的知识储备；第三，应当积极参加语言能力竞赛，主动投身语言实践活动，关心参与国际学术交流等。在行动中提高自己的语言能力及跨文化交际能力，提升文化修养，向世界传递外语专业学子的声音。

作为一名英专生，提升自我技能、淬炼专业素养是本分，涵养文化自信、维护民族文化本位是根基，投身语言实践、帮助中华文化“发声”是使命要求，这都是我们践行人生价值的载体，是将自我价值的沉淀转化为对社会贡献的踏板。踏板够结实，我们才能在社会、国家甚至国际的舞台上绽放青春之姿。

【教师点评】谢谢第一组同学的分享。我关注到同学们举到的例子，不管是“三下乡”实践活动还是为留学生讲述雷锋故事，都是我们发挥专长践行人生价值的体现。学习使用语言的过程不仅帮助我们开阔眼界、积累经验、完善自身，而在比赛过程中灵活运用课内知识、取长补短创新方式方法，也让我们的实践能力得到提升，我们的人生价值得以充分体现。

【教师总结】因为，“社会实践是实现人生价值的必由之路。”① 作为语言

① 全国高校思想政治理论课教学指导委员会：《思想道德与法治教学课件》（专题二——领悟人生真谛　把握人生方向　第三讲　创造有意义的人生）第 33 页。

的学习者与使用者，我们不仅要明晰精通语言对自身的益处，更应该了解到自身所面对的提升文化自信的时代要求，更应该明晰自身所肩负的文化传播的社会责任，这样才能真正做好自我价值和社会价值的统一，真正做到完善自身与贡献社会的统一。语言是沟通的桥梁，也是国家对外开放，融入世界舞台的利器，而中国外交天团正是运用语言智慧，舌战群儒，积极捍卫中国立场、表达中国态度，接下来有请第二组汇报：

【小组展示二】唇舌为剑怀山河——外交天团以继往开来共显家国气度

大家好，我是盛世华年组的代表，我们要汇报的主题是：唇舌为剑怀山河——外交天团以继往开来共显家国气度。陈独秀曾言："青年如初春，如朝日，如百卉之萌动，如利刃之新发于硎。"风卷云涌，潮起东方，广大青年当树立青云之志，而不是空花阳焰。万里蹀躞，始于足下，今天我们将走近中国外交历程，感悟人生价值意蕴，用远大志向绘就属于自己、属于社会、属于国家的碧海蓝天。

敢于走别人没走过的路——张骞带西域使团在"风雨兼程"中闯出丝绸之路。张骞奉命出使，开启了东方通往西方的"凿空之旅"。使命征途多艰险，风餐露宿、匈奴扣押；途经戈壁，成员倒毙。张骞"冀以尘雾之微，补益山海，荧烛末光，增辉日月"，将个人价值融入家国情怀，最终不负众望，在西域扩大了中国的影响。自此，不仅现今中国新疆一带同内地的联系日益加强，而且中国同中亚、西亚乃至南欧的交往也直接建立。后人正是沿着张骞与其使团的足迹，走出了誉满全球的"丝绸之路"。我们作为新时代青年，"生逢其时，重任在肩"，更应将个人价值汇入时代洪流，坚守好一个岗，散发自己的一束光。光束与光束交叠汇聚，迸发出更大的青春力量，成就更强的事业光谱。

敢于做别人难以做的事——"同声传译第一人"在外交风云中展现人民态度。电影《志愿军》中出现的新中国同声传译事业的开创者这一角色的原型，就是当时著名的女翻译家唐笙。唐笙学成回国后，曾在党的八大会议、亚非新闻工作者会议等重大会议上担任口译工作，填补了我国同声传译事业的空白。我们同为英语专业的学生，看到电影中唐笙扮演者在联合国会议上的精彩表现，特别是发言完毕的那一滴泪，深深感受到了自身所学所能产生的巨大力量，也更加坚定了追求为人民服务的人生目标。

勇于说别人想说出的话——新时代外交天团在国际舞台上坚守中国风度。“文有外交安天下”，他们是当代华夏气度的代言人，是中国立场的传递者，是中国青年的择“偶”标杆。他们坚定爱国的立场，诚实对待历史、客观认识事实。继承温顺谦和的中华语言艺术传统，但在国家主权、国家领土等原则问题上毫不退让半分。“该来的迟早会来，请大家少安毋躁”，是耿爽自信而又大气的发言；“谈，大门敞开；打，奉陪到底”，是华春莹和气又不失狠劲的回应。他们高到站在国际舞台上，为国发声；他们又近到与人民紧密相连。汪文斌在个人推特账号上发布了一段岳麓山雪景的视频，与众共赏“银装素裹、玉树琼枝”。更让我们骄傲的是，第 33 任新闻部发言人正是我们的师姐毛宁，这个身边的榜样无疑让我们更加坚定提升自我的决心，只要我们坚定为民初心、努力提升自我，我们也可以像她一样创造出属于自己的人生价值。

从张骞走出丝绸之路，到唐笙开创新中国同声传译事业，再到如今新时代外交天团的“战狼外交”，中国历代外交人的出圈之路也是国家复兴之路。从“韬光养晦”到“针锋相对”，中国外交的延拓发展之路离不开一代代外交天团的价值创造与实现，也深深鼓舞了我们英语专业的学生将自身所学转变为社会所用。那些不管是历史上，还是就在我们身边的模范人物，都在用自身的实际行动阐释着人生价值的实现，让我们为之震撼。

【教师点评】谢谢第二组同学的汇报。他们从中国历代外交发言人的继往开来中汲取个人价值实现与社会价值创造的辩证统一。榜样人物们将青春奉献给外交事业，在外交场上舌战群儒，坚决捍卫我国国家利益。这些榜样力量，有的虽已离我们远去，但依旧被我们深深铭记；有的虽在国际舞台上为国发声，但依旧在生活中被大众圈粉。老师也注意到汇报人提到了自己的学姐，学会从身边汲取榜样力量，非常不错。

【教师总结】在榜样人物的身上，相信同学们能够感受到他们用自己的力量为家国奉献，为人民群众服务。无论时代怎样变化，一代又一代外交发言人始终坚定中国立场，发出中国之声，彰显了“中国风度”“家国气度”“人民态度”。

【小组展示三】文字为炉熔传统——翻译名家以笔墨之实绘就盛世芳华

大家好，我是笔墨芳华组代表，我的汇报内容是：文字为炉熔传统——翻译名家以笔墨之实绘就盛世芳华。“五色交辉，相得益彰，八音合奏，终和且平。”[①] 作为一名英专生，我们要拥有开放交流的心胸、文化自信的心态，以在文化交流传播中锻造自身专业素质，实现自己的人生价值。

让世界领悟中华文化之美。翻译界泰斗许渊冲以翻译文字之美展现华夏文明之美，他不仅让一代代的中国读者认识了哈姆雷特、罗密欧与朱丽叶，更是把公认“不可译”的众多中国古典诗词曲赋分别翻译成英语法语，使无数外国友人体会到唐诗、宋词、元曲的美妙，领悟到中华文化的深刻内涵和中华民族的精神风貌。这让我思考，许渊冲先生正是通过自己过硬的专业素养，为人类精神文明宝库增光添彩，更实现了自己的人生价值，所以我们在日常生活中一定要艰苦学习，锻炼过硬的专业素养和能力。

让价值融入文化交流之河。许渊冲先生秉持着强烈的文化自信，一生致力于搭建中西方文化沟通的桥梁，将中华文化传递给世界，走出了一条贯通中西、守中化西之路，既秉持强烈的文化自信，又敞怀拥抱世界文明，我们新时代青年也应具有强烈的文化自信，而不是偏信“外国的月亮更圆”，学习许渊冲先生自信豁达的心态。

让自信浇灌中华文化之树。在了解许渊冲先生的事迹时，让我们印象深刻的是他“狂而不妄”的特点，他说“身为中国人就应该自信，就应该有点狂的精神”。在《论语》的英译本中，许渊冲把“狂”译为“radical”（激进的、奋发的），切中孔子“狂者进取”的内涵。人说许渊冲狂妄，许渊冲觉得自己狂而不妄。“狂”是放达、豪迈、高行，在这些言语中我发现他充满了自信豁达、乐观积极的人格魅力，更将人生价值和文化交流、文化自信紧密融

① 冯友兰：《国立西南联合大学纪念碑碑文》，1946 年。

合，我们青年一代更应有继承发扬中华民族优秀传统文化的信念，让人生价值在文化之河中发光发热。

百年如梦，许渊冲先生一生奉献给文学翻译事业，他用澎湃的激情，美丽的文字驾起一叶扁舟，载我们穿越于东西方文明之海，采摘文学的奇珍异宝，从一花一叶中看到大千世界。他挥洒着诗意，走过百岁人生，也给我们英专生以思考，汲取榜样力量，散发自身的光与热。

【教师点评】谢谢这组同学的分享。从许渊冲先生“狂而不妄”的特点里，我们看到一代翻译大师用尽毕生所学，燃烧自己的青春热血，将人生价值与文化命脉、传承交流紧密结合，让我们明白人生价值的意蕴不仅在于收获成功果实，更在于为文化传承、家国振兴贡献自己的青春力量。人生自我价值的实现是个体为社会创造更大价值的前提，正是许渊冲老先生夜以继日地扎根翻译事业，提升自己的翻译能力，才能够涌现如此多优秀的翻译作品，才能够让唐诗宋词这一中华文化瑰宝在国际舞台上更加出彩闪光。

【教师总结】通过展示，我深深感受到了大家认真的态度、炙热的情感和活跃的思维。我也关注到在 App 上大家互评都是满满的点赞！新时代大学生理应顺应历史潮流，增强使命担当，坚定“四个自信”，创造人生价值。大家在中学阶段已经对人生价值的内涵有了初步理解，通过线上课程的学习又加深了对基础知识的掌握，知晓“人生价值是指人的生命及其实践活动对于社会和个人所具有的作用和意义”①，由自我价值和社会价值组成。“人生的自我价值，是个体的人生活动对自己的生存和发展所具有的价值，主要表现为对自身物质和精神需要的满足程度。人生的社会价值，是个体的实践活动对社会、他人所具有的价值。”② 同学们汇报中所提及的榜样力量，不管是电视荧幕上的，还是我们身边的，他们都在奉献和服务社会的过程中实现着自我价值与社会价值的统一。

然而，也有同学在线上课程互动专区留言表示，能理解人生价值的要

① 本书编写组：《思想道德与法治》，高等教育出版社 2023 年版，第 18 页。

② 本书编写组：《思想道德与法治》，高等教育出版社 2023 年版，第 19 页。

义，但在实践中有差距，不少同学感叹说起来容易，做起来却很难。如何做到实现人生价值的知行合一，就让我们一起走进环节三中去解疑答惑。

环节三：在进阶之路中汇聚人生价值的“强劲 POWER”

那 power 当中的 P–O–W–E–R 都与人生价值有着怎样的联系呢？首先，“P”作为“power”打头的字母，要树立的就是创造人生价值的初心，我们的初心是什么？人民。服务人民、奉献社会的高尚人生目的决定了为人民这一价值创造的初心。就像大家在汇报分享中“唇齿为剑怀山河”的中国历代外交天团，即使跨越春秋、相隔万里，恒久支撑着他们的是为人民、为家国的信念。对于身在新时代的我们，创造价值的初心理应是人民。

1.P–people（人民）：“人民至上”是初心

在党的二十大报告中，习近平总书记提到了十个中国古语，这些古语体现了中国人民的宇宙观、天下观、社会观、道德观，蕴含着丰富的治国理政思想智慧，同科学社会主义价值观主张具有高度契合性。从社会观来看，我们深入贯彻以人民为中心的发展思想，这体现了天下为公、民为邦本的社会观同马克思主义人民主体思想的结合。所谓，“大道之行也，天下为公”，这描述的就是《礼记》中，孔子理想的“大同”景象，习近平总书记在很多场合都曾引用这句话，来表达人民至上的初心追求；“民为邦本”出自《尚书》，强调人民是国家的根本所在。如今，以人民为中心的发展思想，就是中国共产党，将唯物史观强调的“人民群众是历史创造者”这一基本观点，同中国传统民本思想的结合，这既是“天下为公、民为邦本”的社会治理准则的现代化表达，也是彰显人民主体地位的生动性实践。然而，要注意的是如今的民本理念并不只是对传统民本思想的简单延续，而是顺应时代发展的创造性转化和创新性发展。比如，就有学者在谈及如今民本理念与传统民本思想时做了分析与总结。

【前沿引入】传统民本提供的毕竟是以君主的需要为出发点的治理，不是以人民的需要为出发点的治理，它的检验标准是王朝稳定、政通人和。而如今，以人民为中心的发展观以人民满意度为检验标准，重视国家与社会发展给人民带来的幸福感、获得感与安全感。现代政治需要的是一种秉持以人民为中心的发展观的当代民本，这种民本应将“发展为了人民、发展依靠人民、发展成果由人民共享”为治理目标。①

【教师总结】“人民”无疑是党的二十大报告中的高频词汇，出现次数高达 177 次，是贯穿报告始终的一条主线。深入贯彻以人民为中心的发展思想，人民群众获得感、幸福感、安全感更加充实、更有保障、更可持续，是对新时代十年伟大变革的经验总结；必须坚持人民至上，要站稳人民立场、把握人民愿望、尊重人民创造、集中人民智慧，是继续推进实践基础上的理论创新的具体要求；中国式现代化是全体人民共同富裕的现代化，体现中国特色社会主义的本质要求；坚持以人民为中心的发展思想，维护人民根本利益，增进民生福祉，不断实现发展为了人民、发展依靠人民、发展成果由人民共享，让现代化建设成果更多更公平惠及全体人民，是经得起全面建设社会主义国家前进道路上重大考验的重大原则。这都为在价值创造进阶之路的初始指引了方向、锚定了目标，坚定“人民至上”这一价值创造的初心。

【App 抢答】当谈及初心时，为什么要反复强调要“不忘”初心？

【教师点评】因为在利益和诱惑面前，总有人容易忘记了“初心”的分量，打着为人民的名义，做着为人民币的勾当。就像《人民的名义》中的赵德汉：

【App 头脑风暴】《人民的名义》“小官巨贪”人物：赵德汉

【教师总结】赵德汉在金钱的面前，背弃了“人民至上”的初心，最终也将被人民抛弃，自食恶果。赵德汉这一角色的原型也因为涉受贿被公诉。“人民”决不能成为我们谋取个人经济利益的借口和名义。因为我们强调的价值不止个人价值更体现在社会价值。在党的二十大报告中，习近平总书记就掷地有声地讲到了，“我们开展了史无前例的反腐败斗争，以‘得罪千百人、不负十四亿’的使命担当祛疴治乱，不敢腐、不能腐、不想腐一体推进，

---

① 参见林红：《中国政治学知识体系的自主性建构与概念供给——以民本的传统性改造为例》，《贵州大学学报（社会科学版）》2023 年第 41 卷第 6 期。

'打虎'、'拍蝇'、'猎狐'多管齐下，反腐败斗争取得压倒性胜利并全面巩固，消除了党、国家、军队内部存在的严重隐患"[①]。

为什么要反复强调"人民至上"的初心？因为讲口号容易，要实践不易；做一时容易，长坚守不易。人民是我们的奋斗动力。在习近平总书记的心里，"民生无小事"。无论是粮食的国计民生，还是如厕的生活小事，只要是为了"人民"美好生活，都是值得我们去助力的大事。"我将无我，不负人民"不仅是习近平总书记不变的初心，更是坚定的行动。除此之外，人民还是我们的"灵感来源"。正如教材中所言，"只有走与人民群众相结合的道路，向人民群众学习，从人民群众中汲取营养，做中国最广大人民群众根本利益的维护者，才能使自己的人生大有作为。"[②]

初心是一种方向，它指引着我们去做对的事。实践是一种智慧，它推动着我们的初心落地生根。正如教材中提到的，"崇高的人生价值目标要靠社会实践才能转化为现实，辉煌的人生价值只有在创造性的社会实践中才能实现。"[③] 明确了"人民至上"的初心，我们就要思考我们能为人民做些什么？社会条件不同、每个人的能力不同，能做的事、能创造的价值也会各有差异，所以，人生价值的实现还要遵循一定的条件。

2.O–obey（遵循）："遵循条件"是基础

正如教材中所讲到的："人们的实践活动从来都不是随心所欲的，任何人都只能在一定的主客观条件下去实现自己的人生价值。"[④] 这里所遵循的条件既包括社会客观条件又包括个体自身条件，不仅如此，还应不断增强实现人生价值的能力和本领，也就意味着没有条件也要积极创造条件。

"人生价值是在社会实践中实现的，人的创造力的形成、发展和发挥都

① 习近平：《高举中国特色社会主义伟大旗帜　为全面建设社会主义现代化国家而团结奋斗——在中国共产党第二十次全国代表大会上的报告》，人民出版社 2022 年版，第 13—14 页。

② 本书编写组：《思想道德与法治》，高等教育出版社 2023 年版，第 39 页。

③ 本书编写组：《思想道德与法治》，高等教育出版社 2023 年版，第 40 页。

④ 本书编写组：《思想道德与法治》，高等教育出版社 2023 年版，第 29 页。

要依赖于一定的社会客观条件。”① 可以说，我们是最幸运的一代，因为我们处在一个什么样的时代？有着怎样的社会客观条件？中国特色社会主义新时代，新时代为我们创造人生价值提供了更高的舞台，给予了更大的包容。当今时代，我国经济发展质量稳步提升，政治建设、生态文明建设成效明显，人民生活水平日益提高。而大学生作为网络原住民，也深深感受到互联网所带来的影响。“2024 年是习近平总书记提出网络强国战略目标 10 周年，是我国全功能接入国际互联网 30 周年。”② 遥想几年前，电竞行业从业人员被社会主流认为是不务正业的一群人；而现在，年轻人能在电竞事业中为国争光，电竞项目也成为了亚运会项目。2023 年 10 月 2 日，杭州亚运会刀塔决赛在杭州电竞中心落幕，中国队让一追二战胜蒙古国队，获得该项目的冠军。中国队共摘得 4 金 1 铜，成为杭州亚运会电竞项目最大赢家。这群青年秉承着对行业的热爱、对梦想的执着、相互扶持，带领团队为中国赢得了一个又一个世界冠军。

然而，还有一群青年，他们也正享受着互联网的便利，也有着对互联网的狂热，但他们热衷做的事却不一样。

【App 选人】调查发现大学生上网多是刷抖音、玩游戏，用来学习的还没有上升到大比例，网络热词“手机 PUA”讲的就是深陷“网困”的人。那我们同学们如何看待“以网争光”与“为网而困”？

【教师点评】有同学讲到，我们身处互联网时代，互联网给予了我们广阔的平台，让我们有机会发出自己的声音。比如通过互联网传播汉服文化、通过田园短视频让传统文化“走出去”、通过网络将翻译成各种外文的唐诗宋词进行传播，让中国式浪漫充盈“国际范”；还有同学讲到，自控能力有限的青少年面对网络世界的虚拟性和娱乐性，极易掉入“沉迷其中无法自拔”的陷阱。

【教师总结】我们不应只看到互联网的“工具性”，而忽视甚至歪曲其“价

① 本书编写组：《思想道德与法治》，高等教育出版社 2023 年版，第 29 页。

② 张慧：《以完备的法治体系保障网络法治高质量发展》，《红旗文稿》2024 年第 17 期。

值性”。老师之所以在讲到社会客观条件时着重讲解互联网，是因为我们作为网络原住民，更应该真正地善用好互联网，可以从关键核心技术的突破上做贡献，也可以像为国争光的电竞团队那样，这才不会辜负互联网时代为我们创造的美好条件。

同时，我们每个人作为价值创造的主体，还要遵循个体自身条件。“大学生正处在自己一生中最美好的时期，长身体、长知识、长才干，风华正茂，每天都有新收获，每天都有新期待。”① 整体来说，思想道德素质铸就我们的灵魂，科学文化素质锻造我们的本领，生理心理素质是支撑我们坚定前行的利器，三者缺一不可。然而，每个个体的自身条件都不一样，“人的自身条件会有一定的差异，某一个具体的价值目标，对这个人来说是恰当的、比较容易实现的，而对另一个人来说却未必如此。”② 我们要认真对待个体自身条件的差异性，但这种差异性也是变化的、发展的。虽然，我们在创造价值的过程中不可避免地要受到自身条件的限制，但通过个人的主观努力，我们可以不断增强实现人生价值的能力和本领，可以不断突破极限、创造奇迹。这就要求我们在价值创造的过程中要不断发挥主观能动性。正如教材中所言，“个人的主观努力，在相当大的程度上决定着人生价值实现的程度。”③ 但这个过程是不轻松的，甚至是艰难的，那在人生价值创造过程中如何去攻坚克难呢？这就是我们要解读的第三个字母：

3.W–will（意志）：“意志坚定”是动力

因为，意志不坚定的人，常会用“佛系”“躺平”“摆烂”作为怠惰的借口；相反，意志坚定的人，困难和挫折都不会成为他退却的借口。

【人物案例】“翻译界的保尔 · 柯察金”——王志冲

【教师点评】对于同学们来讲，能够坐在椅子上学习是一件多么轻而易举的事情，但是有那么一位不幸的人，因为身体僵直，抬身后腿只能勉力够着地板，形成一个近似于半躺半坐的姿势，然后一点点把身后的棉被叠垫在背后作

① 本书编写组：《思想道德与法治》，高等教育出版社 2023 年版，第 29 页。
② 本书编写组：《思想道德与法治》，高等教育出版社 2023 年版，第 29 页。
③ 本书编写组：《思想道德与法治》，高等教育出版社 2023 年版，第 30 页。

为支撑，这样才能勉强在床上坐起来。这对于我们来讲，是不是难以想象？但是，他却出版了长达 80 万字的译作《尼古拉·奥斯特洛夫斯基书信集》以及其他优秀的作品，还曾获奋发文明进步奖，作品影响了几代人。他就是翻译家王志冲。15 岁突患强直性脊柱炎，无法有效阻止病势。面对病魔，王志冲并没有退缩。即使一时悲观，这种消极情绪也很快被强烈的求生欲望压倒。他曾说，“人啊，还要抓紧时间好好生活”，用自强一生证明了“钢铁是怎样炼成的”。

【教师总结】病魔缠身中的王志冲尚且能积极地面对人生，用顽强的意志不断增强实现人生价值的能力和本领，创造着他的人生价值，我们还在“学困”“网困”的同学们，是不是该好好反思。在生活当中，我们也不免会身处逆境，感受生活带来的苦。奋斗是艰辛的，艰难困苦、玉汝于成。

不管是出现在电视荧幕上的道德模范，还是在我们身边的榜样力量，他们身处的境遇不相同，创造人生价值的方式也不同，那么人生价值到底该如何来判断呢？这就涉及到了我们要讲的第四个字母——评价：

4.E–evaluate（评价）：“评价标准”是准则

在线上课程“人生境界和人生价值的领悟”这一个知识点中，我们讲到了觉解和人生价值的关系，对人生价值和意义的认识有赖于我们觉解程度的深浅。人的价值产生于他会自觉地去做自己认为“有价值”的事。何谓“有价值”？就是有益于集体和社会发展之事。所以，如何来评价人生价值呢？正如，教材中所言，“评价人生价值的根本尺度，是看一个人的实践活动是否符合社会发展的客观规律，是否促进了历史的进步。”① 马克思在《青年在选择职业时的考虑》中就强调，“历史承认那些为共同目标劳动因而自己变得高尚的人是伟大人物；经验赞美那些为大多数人带来幸福的人是最幸福的人”②。习近平总书记也曾寄语青年要“让青春年华在为国家、为人民的奉献中焕发出绚丽光彩”③。那能不能把“贡献”这一普遍性原则当作“公式化”的标签，机械地贴到各种人和事物上去评价人生价值呢？虽然，报国是主基

① 本书编写组：《思想道德与法治》，高等教育出版社 2023 年版，第 27 页。

② 《马克思恩格斯全集》第 40 卷，人民出版社 1982 年版，第 7 页。

③ 习近平：《论坚持人民当家作主》，中央文献出版社 2021 年版，第 162 页。

调、奉献是关键词，但也要做到具体问题具体分析，所以，关于具体如何评价人生价值，我们教材中梳理了三个原则：

坚持能力有大小与贡献须尽力相统一。“评价一个人的人生有无价值或价值大小，最根本的是看他对社会是否作出贡献及贡献大小。”①“评价人生价值，是对具体、现实的个人进行评价，每个人具体情况各有不同，不能一概而论。”② 我们不能简单地认为能力大的创造人生价值，能力小的就没有创造人生价值。每个人的职业不同、能力大小不同，对社会贡献的绝对量自然也就会有差异。像同学们在汇报分享中谈及的，不管是将唐诗宋词翻译成各种外文、坚定文化自信的翻译家，还是为国发声的外交官，还是融合专业特长与思政素养、以赛优学的我们，虽然职业不同，能力大小不同，但都在用自身的能力对社会作出贡献。我们在现阶段努力学习，就是在为以后更好地服务人民、奉献社会打基础、做积淀，就是创造价值。

坚持物质贡献与精神贡献相统一。虽然说，一个人能否为社会进步提供物质财富，无疑是评价其人生价值的重要依据。但是，我们不能忽视精神财富对社会的重大作用。作为英语专业的学生，将来大家投身的领域有翻译、外交、教师等等，这些偏向于精神生产劳动形态。“人生价值既体现在物质生产劳动之中，也体现在精神生产劳动之中，对人生价值的评价应兼顾对两者的考察。”③ 而且，“一定条件下，两种生产劳动成果还可以相互转化。”④ 比如，航天一线科学家、脱贫攻坚一线的扶贫者、奥运赛场的奋斗者，带给我们的不仅仅是有形的大国重器、金牌银牌，更有深入人心的科学家精神、脱贫攻坚精神、奥运精神，这些无形的精神力量都会转化成有形的利器，助力

---

① 本书编写组：《思想道德与法治》，高等教育出版社 2023 年版，第 27 页。

② 全国高校思想政治理论课教学指导委员会：《思想道德与法治教学课件》（专题二——领悟人生真谛　把握人生方向　第三讲　创造有意义的人生）第 12 页。

③ 全国高校思想政治理论课教学指导委员会：《思想道德与法治教学课件》（专题二——领悟人生真谛　把握人生方向　第三讲　创造有意义的人生）第 14 页。

④ 本书编写组：《思想道德与法治》，高等教育出版社 2023 年版，第 28 页。

我们奋勇前行。所以说，评价人生价值，既要看一个人对社会作出的物质贡献，也要看他的精神贡献。

坚持完善自身与贡献社会相统一。评价人生价值的大小主要看一个人对社会所做的贡献，但这难道意味着要否认对自我价值的追求吗？当然不是。教材中提到，“推动和实现人的全面发展是社会发展的根本目标，人的全面发展和素质提升离不开人的自我完善。人生自我完善的过程，既是人生自我价值实现的过程，也是为社会创造价值的过程。”① 前面，第三组同学分享了翻译家许渊冲的故事，我们可以感悟到：许渊冲的才识是他长期沉淀的硕果，他将唐诗宋词翻译为外文的文学创作已然成为了中国诗词的亮丽名片，是唐诗宋词这一华夏璀璨文明的时代新诠释。许渊冲不仅是一位翻译家，更成为了一位新时代的“多语诗人”。他的故事就很好地诠释了完善自身和贡献社会相统一的原则。

三大原则互为补充，回答了贡献什么、如何贡献等问题。回顾刚刚所讲，人民初心、遵循条件、意志动力、评价准则，都是为了铺就实现人生价值的“进阶之路”，让每一个人的价值创造都能得以“实现”：

5.R–realize（实现）：“实现价值”是目标

无论是电视荧屏的人物，还是平凡岗位的普通人；无论是我们聚焦的英雄楷模，还是进取的时代新人，只要能做到这几个方面的完美契合，都是值得点赞的，因为，大家都在用自己小小的 power 创造无限的人生价值。

【视频资源】《你是星火》（2 分 16 秒）②

【教师总结】“你是苍穹中的一粒星辰，尽管渺小，却闪耀着无可替代的光亮”，视频中的这句话掷地有声。星星之火，虽然只是小小的 power，但是万点星火却能汇聚起国家发展的磅礴力量。

同学们，在通过“power”对人生价值进行了“何谓”和“何为”的解读之后，我们就应该深思：在漫长的一生中，在纷繁芜杂的社会里，我们是

---

① 本书编写组：《思想道德与法治》，高等教育出版社 2023 年版，第 28—29 页。

② 《你是星火》，2023 年 5 月 3 日，见 http://www.news.cn/politics/2023–0 5/03/c_1129586383.htm。

否还要对错误的人生观念保持时刻警惕呢？就让我们一起走进：

环节四：在物欲洪流中警惕错误观念的"裹挟侵蚀"

习近平总书记曾说："要牢记'从善如登，从恶如崩'的道理，始终保持积极的人生态度、良好的道德品质、健康的生活情趣。"[①] 这启示我们在价值观形成的关键时期，要辨析各种社会思潮，自觉抵制错误观念。

1. 君子爱财，取之有道——反对拜金主义

拜金主义是什么？"拜金主义是一种认为金钱可以主宰一切，把追求金钱作为人生至高目的的思想观念。""拜金主义将金钱神秘化、神圣化，视金钱为圣物，往往把追逐和获取金钱作为人生的唯一目的和生活的全部意义。"[②] 在马克思主义看来，在以私有制为基础的商品经济中，商品所体现的人与人之间的社会关系，表现为物与物的关系。这些物具有了一种神秘的力量，它控制着商品生产者，支配着商品生产者的命运，为商品生产者崇拜和迷信。而拜金主义正是商品拜物教的表现形式，使人将幸福与物质紧密挂钩，为了财富不择手段乃至损害他人和社会的利益。[③]"近年来的拜金主义现象除了与市场经济发育不完善、配套监督机制尚未成熟有关外，主要还是由于重物质利益驱动轻精神激励造成的失误。"[④]

【App 投票】您认为在大学生中拜金主义现象如何？

【老师点评】可以看出选择"一般"和"较严重"比率不低，其实这种风气离我们并不遥远，比如有的同学攀比名牌包包，有的同学攀比谁家更富更有钱；我们如果不能端正对待金钱的观念，便会滑入拜金主义的深渊，就像我们刚刚讲到的贪官"赵德汉"。

【App 头脑风暴】如何评价赵德汉的"贪腐"人生？

【教师总结】赵德汉贪婪人民财富的背后是拜金主义的人生观。金钱作

---

① 习近平：《论党的青年工作》，中央文献出版社 2022 年版，第 22 页。

② 本书编写组：《思想道德与法治》，高等教育出版社 2023 年版，第 36 页。

③ 参见马克思：《资本论（第一卷）》，人民出版社 2004 年版，第 90 页。

④ 李培超：《当代中国"义利之辨"论析》，《湖南师范大学社会科学学报》1998 年第 5 期。

为物质财富，为人所创造并为人服务。但是，“人应当是金钱的主人，而不是金钱的奴隶。”① 如果将人与人的关系物化为赤裸裸的金钱利害关系，则易引发钱权交易、行贿受贿、贪赃枉法等丑恶现象。作为大学生，我们应当树立“君子爱财，取之有道”的观念，在投入社会的广大实践中身体力行地抵制拜金主义。试想，若我们过度放纵物欲，追求低级享受，又如何按质按量完成学业，更别说担当民族复兴大任了。由此观之，我们还要了解：

2. 纵欲之乐，忧患随焉——反对享乐主义

享乐主义是对人的需要的错误理解。教材中提到，“健康有益的、适度的物质生活和文化生活，是人的正当需要，也有利于促进经济社会的发展。享乐主义是一种把享乐作为人生目的，主张人生就在于满足感官的需求与快乐的思想观念。”② 是一种低层次的心理需求，更是错误的人生观。正如马斯洛心理需求理论中所区分的，人的需求是从生理的需要、安全的需要、归属和爱的需要、尊重的需要到自我实现的需要不断进阶的。“用享乐来诠释人生的根本意义，是对人的需要的错误理解。”③ 在大学生生活中，沉迷于网络游戏不可自拔、追求各种吃喝玩乐、超越财力贷款消费、盲目追逐名牌和奢侈品、比阔气讲排场等享乐主义现象不容忽视。这也引发了我们对一个问题的思考：

【App 抢答】消费越多，人生就越幸福吗？

【教师总结】“消费主义会使人丧失生活意义。将消费本身作为人生追求和生活的意义所在，影响正常生活。”④ 教材中也提及，“消费主义思潮把占有和消费物质产品作为个人自我满足和快乐的第一位要求，通过物质的占有和消耗来达到心理上的满足、感官上的享受，把消费当做人生的终极目标，

① 全国高校思想政治理论课教学指导委员会：《思想道德与法治教学课件》（专题二——领悟人生真谛，把握人生方向　第三讲　创造有意义的人生）第 17 页。

② 本书编写组：《思想道德与法治》，高等教育出版社 2023 年版，第 36 页。

③ 全国高校思想政治理论课教学指导委员会：《思想道德与法治教学课件》（专题二——领悟人生真谛，把握人生方向　第三讲　创造有意义的人生）第 20 页。

④ 全国高校思想政治理论课教学指导委员会：《思想道德与法治教学课件》（专题二——领悟人生真谛，把握人生方向　第三讲　创造有意义的人生）第 22 页。

把消费看作人生最大的幸福。”[①] 消费主义若不加以遏制，容易造成个人“价值观异化”，为消费而消费，以此获得精神慰藉，终将彻底沦为物质的俘虏。所以，我们当代大学生，要摒弃消费主义思想，理性消费、适当消费。同时，在大学这个集体里生活还不能唯私利至上，需要正确处理好个人与集体的关系：

3. 虽及我私，岂忘于公——反对极端个人主义

个人主义到底是什么？“个人主义是以个人利益为出发点和归宿的一种思想体系和道德原则，它主张个人需求就是目的，具有最高价值，社会和他人只是达到个人目的的手段”。“极端个人主义是个人主义的一种表现形式，它突出强调以个人为中心，在个人与他人、个人与社会的关系上表现为极端利己主义和狭隘功利主义。”[②] 我们前面所提及的赵德汉正是在巨大的金钱诱惑面前丧失党性原则，贪污巨大金额财产，为了个人不法利益不惜损害集体利益，造成国有财产损失。

【App 头脑风暴】拜金主义、享乐主义、极端个人主义等错误人生观的关系与实质是什么？

【教师总结】极端个人主义是拜金主义、享乐主义的深层次根源，而拜金主义、享乐主义是极端个人主义的具体表现。几种错误人生观的实质就在于没有正确把握人的本质、个人与社会的关系，对人的需要的理解极其片面和狭隘，出发点和落脚点全部落在一己私利上，不仅无法正确引导人们追求有意义的人生，反而会把人引入歧途。习近平总书记曾指出，新时代中国青年要自觉抵制拜金主义、享乐主义、极端个人主义、历史虚无主义等错误思想，追求更有高度、更有境界、更有品位的人生，让清风正气、蓬勃朝气遍布全社会。[③] 党的二十届三中全会中也强调，要“教育引导全社会自觉遵守法律、遵循公序良俗，坚决反对拜金主义、享乐主义、极端个人主义和历

---

① 本书编写组：《思想道德与法治》，高等教育出版社 2023 年版，第 37 页。

② 本书编写组：《思想道德与法治》，高等教育出版社 2023 年版，第 37 页。

③ 参见习近平：《在纪念五四运动 100 周年大会上的讲话》，人民出版社 2019 年版，第 12 页。

史虚无主义。”[①]创造人生价值的进阶之路还很长，要时刻警惕错误思潮的侵害，防止患上价值观念的“软骨病”。我们可以学习外交天团不慕荣华富贵，赤子之心报中华的高尚品质；学习青年学子不求享乐安逸，实践之行促自信的励志精神；在服务人民、奉献社会的人生实践中完善自我、创造人生的美好价值。

环节五：课堂总结

通过今天的课堂，我们在学生汇报中感悟价值意蕴的“青春之思”，同学们分享了英语专业的学生实现人生价值的多样途径和方式；我们还探寻进阶之路中汇聚人生价值的“强劲 POWER”：在互动讨论中厚植“人民至上”的初心，在大家的精彩辩论中明晰“遵循条件”的基础，在榜样力量中增强“意志坚定”的动力，厘清“合理评价”的准则，奔赴“实现价值”的目标。此外，生活在纷繁芜杂的社会中，还要能在物欲洪流中警惕错误观念的“裹挟侵蚀”，这样才能真正走好创造人生价值的“进阶之路”。

00 后的我们是与新时代共同成长的一代人，更是人生奋斗黄金期与强国目标实现期完美契合的一代人，带着知识和本领去到祖国和人民最需要的地方，理应成为我们的价值选择。正如习近平总书记指出，“只有当青春同党和人民事业高度契合时，青春的光谱才会更广阔，青春的能量才能充分迸发。”[②]我们可以学习张謇的“风雨兼程、使命必达”，尊重并顺应历史的选择，与历史同向；我们可以学习在国际舞台上为国发声的外交天团，与祖国同行；我们还可以利用自身专长在暑期社会实践的宣讲中实现“语言搭桥、文化传声”，与人民同在。“新时代的大学生应当砥砺奋斗、锤炼品格，释放火热青春的奋斗激情，彰显有志青年的人生价值。”[③]

---

① 《中共中央关于进一步全面深化改革　推进中国式现代化的决定》，人民出版社 2024 年版，第 33 页。

② 习近平：《在庆祝中国共产主义青年团成立 100 周年大会上的讲话》，人民出版社 2022 年版，第 9 页。

③ 本书编写组：《思想道德与法治》，高等教育出版社 2023 年版，第 41 页。

【课后】

1. 思考讨论

习近平总书记曾指出：“新时代中国青年要勇做走在时代前列的奋进者、开拓者、奉献者。”请结合英语专业的就业前景与自身的职业规划，具体谈谈你会如何发挥个人专长，处理好个人价值和社会价值的关系，成就出彩人生。

2. 拓展阅读

中央党校采访实录编辑室：《习近平的七年知青岁月》，中共中央党校出版社 2017 年版。

本书编写组：《习近平与大学生朋友们》，中国青年出版社 2020 年版。

中华人民共和国国务院新闻办公室：《新时代的中国青年》，人民出版社 2022 年版。

习近平：《论党的青年工作》，中央文献出版社 2022 年版。

七、教学资源

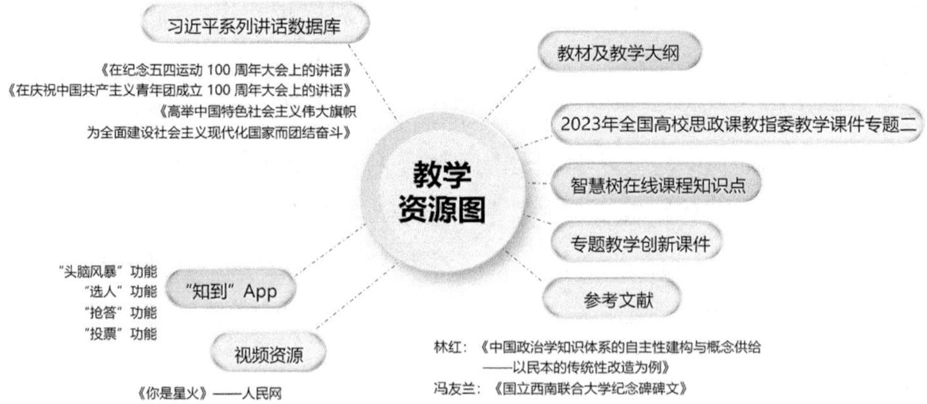

八、教学板书

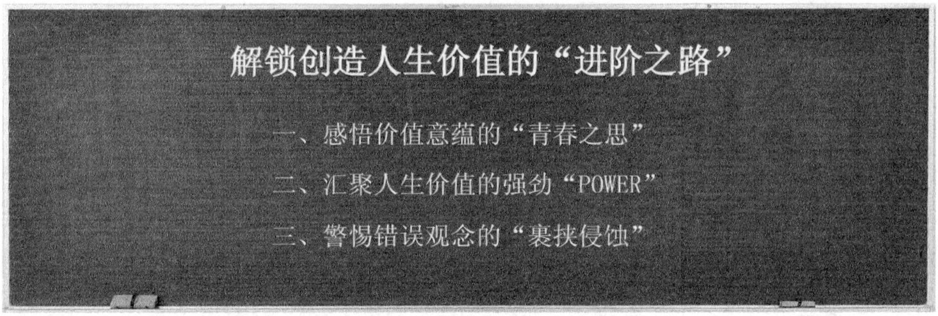
解锁创造人生价值的“进阶之路”
一、感悟价值意蕴的“青春之思”
二、汇聚人生价值的强劲“POWER”
三、警惕错误观念的“裹挟侵蚀”

九、教学反思

1. 从基于学情的内容设计反思教学理念的贯彻，用心坚持“以学生为中心”的教学理念。把握了学生对应用丰富素材讲活内容、融入同辈和经典案例拉近距离的兴趣点，通过开展“以网争光”和“为网而困”的主题辩论、“大学生讲思政课”的小组汇报寻找身边的榜样人物事例，增强了学生的自豪感和使命感；紧扣了学生对错误人生观的危害性这一困惑点，通过辨析大学生中的拜金主义行为，以及三种错误人生观的关系，增强了学生在物欲横流中辨析三种错误人生观、坚持正确人生观引领的思考和理解；满足了学生对理论学习指导生活实践与思政学习融合专业发展的需求点，通过贯通历史文化溯源、现实例证分析、行业榜样聚焦，增强了学生对理论内容说服力与针对性的认同。但在课堂中也存在着学生线上互动回答的答案过于简单、线下讨论语言组织与表达能力需要加强等问题，因此在课堂提问形式与内容上，还有待进一步改善与创新。

2. 从教学目标的达成情况反思教学方法的贯行，用情联动“以现代化赋能”的教学方法。在传统教学方法应用上，通过理论讲授法，增强学生对三种错误人生观的逻辑关系的理解深度，达成把握错误人生观的危害性、增强辩证分析能力、涵养使命担当的目标；通过案例分析法，激发学生对经典案例与同辈案例、历史案例与现实案例的情感热度，达成把握人生价值的意蕴内涵、增强自主思考能力、涵养认同意识的目标；通过问题导向法，梳理学生如何做好人生“选择题”、价值“排序题”的问题向度，达成把握人生价值的实现路径、增强融会贯通能力、涵养进取品格的目标；通过任务驱动法，加大学生对课前线上预习、课后翻转拓展等主体性活动的发挥效度，达成把握正确的自学态度、增强深学进阶能力、涵养责任意识的目标。在信息化教学手段应用上，通过原创在线课程知识点的学习以提前了解学生已知未知情况；通过 App 中头脑风暴功能以实时把握学生内容认知程度，选人功能以切实提高学生学习紧迫意识，抢答功能以树立学生积极思考典型，“投票”功能以增强学生自主思考意识。但在如何结合专业领域的创新能力案例、反思启示案例，更进一步将对榜样力量的认同转化为对个人实践的信念上，还有待进一步挖掘和融通。

3. 从课堂主阵地内外衔接反思教学过程的贯通，用力实施“全链条培育人”的教学过程。在课前，学生通过自学线上课程“追求服务人民的崇高人生目的”“人生境界和人生价值的领悟”“为什么要反对拜金主义?”、阅读翻转课堂“学习资源”中的《2024 年提升全民数字素养与技能工作要点》，初步了解专题学习的基础知识；在课中，学生通过大学生“为网而困”这一痛点问题互动研讨、围绕英语专业人才实现人生价值的多元途径进行热点问题小组展示、围绕“人民至上”是实现人生价值的初心使命的重点问题展开教师讲授，逐步吸收专题学习的核心内容；在课后，学生通过思考习题、文献阅读，努力拓展专题学习的深度广度。通过课前、课中、课后的一体贯通，实现教师主导与学生主体相联动、线上教学与线下教学相融合、思政课小课堂与社会大课堂相衔接。在新课导入中，围绕“你如何理解人生价值?你认为怎样的人生才是有价值的人生?”问题开展 App 头脑风暴活动，提高了学生参与课堂的兴趣度；在主体讲授中，设计针对大学生拜金主义现象的“投票”、对“小官巨贪”赵德汉行为开展“头脑风暴”、针对“为网而困”和“以网争光”开展主题辩论等活动，回应导入抛出的问题逐层解疑答惑，增强了学生深入研讨的启发性；在小组展示中，围绕英语专业人才实现人生价值的多元路径开展汇报，彰显了学生创新实践的执行力；在总结升华中，通过对知识进行总结、对问题进行反思、对担当进行寄语，激发了学生转化责任的使命感。通过新课导入、主体讲授、总结升华的一体贯通，实现问题导向、研究导向、成果导向、目标导向相统一。但在如何确保更广泛的学生高质量进行线上学习、高要求打磨展示作品、高品质阅读前沿经典上，还有待进一步巧思和妙想。

专题四　理想信念的硬核思量

对应章节：第二章　第一节

计划学时：1 学时

教学对象：信息与计算科学专业

一、学情分析

1. 已有知识分析。第一，基于大中小一体化纵向衔接，掌握基础知识情况。学生高中阶段在必修四第二单元第六课第三框“价值的创造和实现”中初步了解坚定正确理想信念的重要作用，明确创造实现人生价值需要有坚定理想信念，坚守马克思主义的精神追求更需要有坚定理想信念。第二，基于线上课程体系横向贯通，了解自学知识情况。学生通过线上课程知识点“理想信念是人一生的追求”“理想信念是精神之钙”的学习促新知构建；通过线上学习反馈“对于理想信念的学习仍存在思想困惑”促新知聚焦；通过线上翻转课堂学习资源“正确理解理想信念的科学含义”促新知拓展。

2. 认知能力分析。第一，基础知识记忆力强，但系统分析能力还不足。学生对理想信念的认知多停留在名词概念和意义阐述上，对理想与信念的逻辑关联的分析有待加强，对理想信念是精神之钙的理解有待深化。第二，发展成就认同度高，但自主创新能力还不强。学生对数字经济、数字技术等发展成就认同，为信息技术行业领军人物骄傲，但从线上学习反馈“对于理想信念的学习仍存在思想困惑”可知，学生积极摆脱在树立科学理想、坚定正确信念上的思想惰性，避免在学习生活中缺乏主动性、创造性，避免惯性思维、盲目思想的主观能动性有待提升。第三，感性认知浸润性足，但应用转化能力还不实。学生能结合实际对理想信念有充分的所感所悟，但坚持问题导向以应用于专业学习和生活实际的能力有待提升，将个人职业选择充分融入国家发展宏图，提升个人历史使命意识的能力有待增强。

3. 心理需求分析。第一，思政课理论有效指导学习生活。学生希望通过对理想信念内涵的学习，把握在大学阶段树立明确目标、确立科学理想、坚定正确信念的正确路径；希望通过对理想忧虑的反思，明确“技术发展服务于民”的就业理念，明晰专业相关岗位的职业意义，明白寓于个人发展规划之中的是个人理想追求；希望通过对理想信念重要性的学习，解决“如何坚定不移地坚持并努力实现我的理想信念”“为什么理想信念能给人那么大的驱动力”等思想困惑。第二，热点与前沿巧妙链接理论课堂。学生希望课堂能够选取信息技术领域的经典案例与前沿成果，结合数字经济、信息技术等社会热点焦点展开关于理想信念内涵等问题的互动研讨与头脑风暴，增强学习过程中的使命感、学习方向上的导向性。第三，信息化技术灵活贯穿课程讲授。学生更期待线上线下混合式授课模式，希望通过线上课程提前预习、课后复习，希望通过翻转课堂中优质学习资源的共享扩大学习面，希望通过课堂学习 App 中多功能灵活运用激发课堂教学活力。第四，互动性教学方式融入课堂教学。学生希望通过与教师的思维碰撞、交流探讨，在积极参与、主动探索和协同合作中进一步明晰理想信念的科学内涵和硬核功效。

二、教学目标

1. 知识目标。一是学生能在理论讲授和案例探讨中理解理想与信念的基本内涵，理清理想与信念辩证统一的逻辑关系，明晰理想信念的基本概念与重要作用，拓展对“创造和实现人生价值，需要有坚定的理想信念”等中学已学知识的探理深度。二是学生能在小组讨论和教师点评中明确职业理想的本质内涵、社会理想的深远意义，感受理想信念的具体内涵、时代刻画及专业融入，增强对"理想信念是人一生的追求""理想信念是精神之钙"等线上新学知识的剖析力度。三是学生能在教师解读与自主思考中掌握理想信念的知行要求，明确理想信念的硬核功效，理解理想信念必须坚定的实质意蕴，提升对理想信念的内涵裨益等课堂应学知识的掌握精度。

2. 能力目标。一是通过对行业榜样力量的感悟实现理想与信念内涵的具象化，学生能在认识基本内涵的同时积极思考深层内涵并联系自身实际，分析自身在理想信念确立方面的现实难题与解决办法，提升逻辑推理、辩证思考、分析问题等高阶认知能力。二是通过线上课程学习任务的布置、关于"如何坚定理想信念"等"头脑风暴"的困惑点探究、关于青年理想忧虑的小组分组思考探讨、翻转课堂互动交流的全过程参与以及老师点评和小组互评的师生认可，学生能提升现实反思、协同合作、意义建构等自主学习能力。三是通过将中国北斗发展历程的案例分享融入理想信念裨益的理论讲授，"理想信念提升境界"等理论解读结合学生生活实际，学生能提升融会贯通、学以致用、敢想敢做的实践创新能力。

3. 素质目标。一是通过梳理数字经济发展规划演变，回顾北斗导航系统的发展历程，学生能涵养起深厚的科技自信和家国情怀。二是通过"嫦娥奔月"等理想古今具体内容与实现方式的对比，景海鹏四巡太空与申怡飞研究极化码等榜样事迹的讲授，习近平总书记在同各界优秀青年代表座谈时的讲话中对青年的经典寄语的激励，学生能涵养起鲜明的进取品格和责任意识。三是通过学生自主思考与讨论展示，探讨青年理想应有之义与现实忧虑，坚持问题导向以辩证思考青年理想的困境与突破，学生能涵养起正确的学习态度和使命担当。

三、教学内容

"理想信念的硬核思量"这一专题教学内容，立足教材"第二章第一节：理想信念的内涵及重要性"的重点难点，贯通线上课程知识点"理想信念是人一生的追求”“理想信念是精神之钙”的已知未知，结合全国高校思想政治理论课教学指导委员会《思想道德与法治教学课件》专题三第一讲的要点亮点，关注学生对技术发展服务人民群众、理想信念补足精神之钙的兴趣点困惑点，以明晰理想信念的内涵和重要性为设计主线，阐释了理解理想信念、反思青春忧虑、体悟四重裨益的内容和意义。

【教学内容的设计要点】

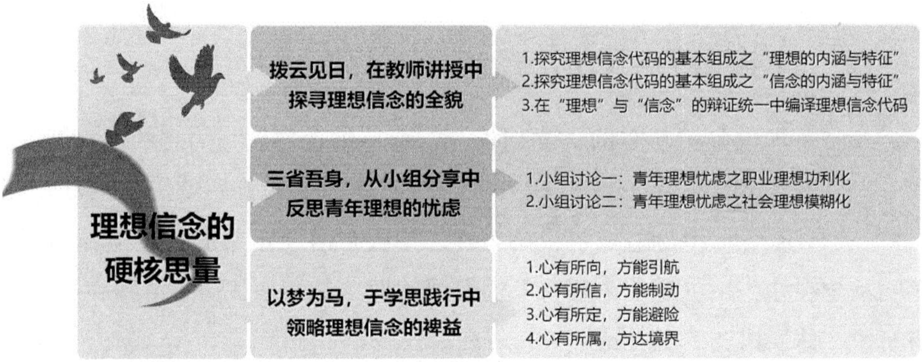

1. 理想信念的基本内涵。一是通过对理想定义逐句解读剖析，结合景海鹏“四巡太空第一人”身份背后的故事，梳理国家对于数字经济发展的规划演变，学生能理解理想的基本内涵与特征；二是通过对“知、情、意”三个环节解读剖析，结合感悟申怡飞实现5G技术突破与创新的事迹，学生能学习理解信念执着性与支撑性的概念界定，明晰信念的基本内涵与特征；三是通过结合景海鹏与申怡飞的故事进行学习分析，学生能掌握理想与信念的辩证统一关系。

2. 青年理想的现实忧虑。一是通过职业理想忧虑再思考、职业理想为何困于功利、职业理想何以破除牢笼的递进思考，学生能以现实为基础、以逻辑为线索探寻青年在职业理想方面的现实困境与破除方法；二是通过社会理想应坚定、社会理想有挑战、社会理想可践行三个方面的辩证反思，学生能全面客观地看待社会理想的内涵、意义、挑战与践行方式。

3. 理想信念的四重裨益。一是通过将部分学生没有明确目标而“佛系”

生活与北斗人为航天报国而不懈奋斗进行对比，学生能明晰理想信念昭示奋斗目标；二是通过学习北斗工程建设历程中先后遇到的三个难题与北斗人的应对措施，学生能理解理想信念催生前进动力；三是通过解读我国在重要领域先后发生的叛逃案与泄密案，学生能理解理想信念提供精神支柱；四是通过体会北斗人为国奉献的崇高境界，在联系自身实际中学生能体悟理想信念提升境界。

四、教学重难点及解决措施

1. 坚持理论分析与案例解读相统一，着重讲透理想与信念的内涵特征。第一，从对理想定义的理论分析入手，阐明理想概念背后的深层内涵，把“理想为什么是向往与追求”讲透；第二，从对信念定义的理论分析入手，阐明信念在知、情、意三个环节上的发展，把“信念是认知、情感和意志的有机统一体”讲透。

2. 坚持关系梳理与资源利用相结合，着重讲活理想与信念的逻辑关系。第一，从理想与信念的关系比喻入手，阐明离开理想则信念无从产生，离开信念则理想寸步难行，把“理想与信念总是相互依存”讲活；第二，从理想与信念的关系探讨入手，阐明理想与信念辩证统一的具体体现，把“理想与信念始终相统一”讲活；第三，从理想与信念的关系总结入手，阐明专家学者对理想与信念的理论解读，把“理想与信念各自的侧重辩证统一为理想信念”讲活。

3. 坚持纵向回顾与横向解读相融通，着重讲深理想信念提升精神境界。第一，从科研人员物质环境与精神追求的对比入手，阐明北斗人因为航天报国的理想信念而扎根大山二十年，学生能够主动反思自身精神境界；第二，从理想信念是人的精神世界的核心入手，阐明北斗先辈与青年后辈的接力担当，把“理想信念何以提升精神境界”讲深；第三，从中国青年的精神境界高度不仅体现在家国情怀也体现在人类关怀入手，阐明北斗工程二十年发展与成就中所体现出的人类关怀，把“理想信念所提升境界的层次”讲深。

五、教学方法

1. 理论讲授法，重在线上浅讲与线下深讲相结合。在线上课程中，着重阐述了“理想信念是人一生的追求”“理想信念是精神之钙”两个知识点，学生能初步认识理想信念的基本含义，初步体会理想信念的硬核功效；在线下教学中，学理分析理想与信念的内涵与特征，引入《正确理解理想信念的科学含义》等前沿理论，关联学生生活实际，深入探讨信念执着性与支撑性的本质区别，学生能对理想与信念的深刻内涵、逻辑关联有深入理解。通过理论阐释、前沿引入、逻辑梳理，培养学生的归纳思维和演绎思维。

2. 问题导向法，重在生活问题与学理问题相结合。新课导入中，了解学习了新时代国家信息技术的发展成就，回顾明晰了理想信念在其中发挥的中坚作用，并在分析线上学习反馈“对于理想信念的学习仍存在思想困惑”后捕捉学情问题点，以“理想信念到底是什么”的问题为导向，引导学生自主思考，激发学生学习动力；主体讲授中，以“理想是什么－信念是什么－理想与信念如何结合为理想信念－理想信念如何补足精神之钙”的问题链为学理性主体大框架，用专业学习的困难、自身理想的动摇、职业选择的关注等与学生生活实际密切相关的生活性小问题填充框架，把握好知识讲授从点到线、从线到面的内在逻辑，回应学生理论困惑；课后思考中，提问学生如何在机会与风险并存的今天正确对待理想发展与现实需求的冲突，引导学生关注现实实际与未来发展，破解学生发展困境。通过正视问题、研讨问题、解决问题，培养学生的批判思维和转化思维。

3. 案例分析法，重在热点案例与经典案例相结合。在解读理想与信念的概念内涵时分别结合景海鹏这一社会热点人物和申怡飞这一行业经典人物，在其四巡太空、突破 5G 的模范事迹分析中把理想与信念的概念内涵讲清；在解读理想的超越性特征时结合国家数字经济这一社会热点，在其发展规划演变的分析中把理想具有超越性讲实；在解读理想信念的硬核功效时结合中国北斗这一行业经典，在其二十年发展的艰辛成就分析中把理想信念的四重裨益讲深。通过行业案例聚焦、经典案例贯通、热点案例浸润，培养学生的推理思维和辩证思维。

4. 任务驱动法，重在线上了解与线下深入相结合。课前，学生通过自主学习线上课程知识点，对理想信念专题的前置知识有初步了解，分组合作进行思考讨论，对相关困惑进行实际探讨并形成相应讨论成果；课中，运用课堂学习 App 多种互动功能，对老师提问进行抢答，对同学展示提出思考，学生积极参与课堂学习，教师及时把握学情状况；课后，通过翻转课堂布置习题思考和推荐阅读，师生进一步加强交流与学习。通过全人员参与、多功能互动、整过程交流，培养学生的求证思维和递进思维。

六、教学过程

【课前】

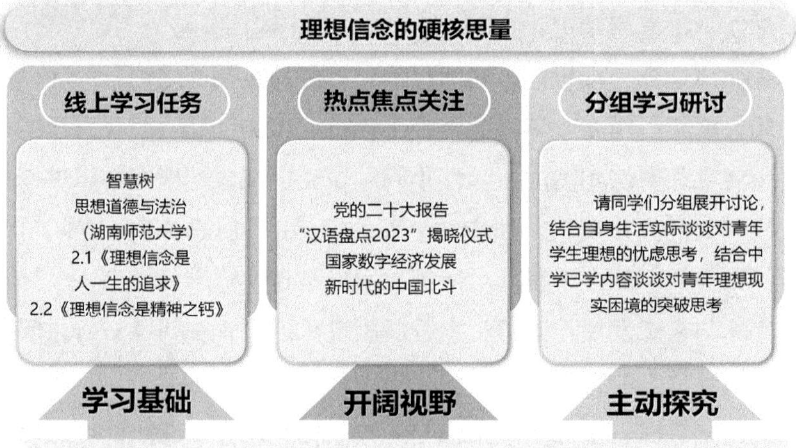

【课中】

环节一：新课导入

同学们好，欢迎来到“思想道德与法治”的课堂，今天我们讲授的主题是“理想信念的硬核思量”。“当今时代，信息科技发展一日千里，特别是汹涌澎湃的数字化浪潮、方兴未艾的人工智能，以空前的广度和深度影响和变革着人们的生产和社会生活方式”①。在国家语言资源监测与研究中心、商务印书馆等联合主办的“汉语盘点 2023”揭晓仪式中，“数字中国”“数智生活”“生成式人工智能”等来自信息科技领域的热词更是存在感十足，充分彰显了我国信息科技蓬勃向上的生长活力，也见证了社会发展日新月异的深刻变革。当前，信息与数据作为社会发展不可或缺的中坚力量，在 5G 技术的研发应用中厥功至伟，在人工智能的突破创新中穿云破雾、在墨子巡天的伟大壮举中发挥神威。习近平总书记指出：“科学技术从来没有像今天这样深刻影响着国家前途命运，从来没有像今天这样深刻影响着人民幸福安康。”②但没有实践奋斗，科学理论就不能证实，科学技术就不能发展。因此，归根结底科学技术之所以能取得如此巨大的成就、产生如此深远的影响，是人民奋斗的结果，人民生活能够如此幸福安康，更是人民奋斗的结果。几千年来，人们将困知勉行一以贯之，对美好生活世代追求，奋斗实干的理想信念早已扎根进了民族血脉之中，并在今天全面建设社会主义现代化国家的新征程中，擦亮了科学技术的价值底色，既推动我国科技“赛道”大放异彩，不断实现历史性飞跃，也让这条“赛道”始终因人民而生、为百姓而创！我们作为未来新时代科技工作者，更要坚定先辈们致力科技服务于民的理想，坚定本民族奋斗实干的信念，以新青年“在担当中历练，在尽责中成长”的亮丽底色为国家科技发展贡献自己的一份力量。

课前，大家在线上课程中学习了“理想信念是人一生的追求”和“理想信念是精神之钙”这两个知识点，对理想信念的基础概念有了前期的了解，但通过线上“头脑风暴”可以看到，大家对于理想信念的学习还不够深入、不够全面，不能很好地与专业学习、实际生活联系起来，存在着“理想信念是什么”“为什么理想信念能给人那么大的驱动力”等困惑。对于理想信念的涵义，同学们似乎都有话可说，但又似乎找不到完整而准确的回答。理想

①　张保淑：《年度热词出炉　科技成色十足》，《人民日报》（海外版）2024 年 1 月 8 日。

②　习近平：《在浦东开发开放 30 周年庆祝大会上的讲话》，人民出版社 2020 年版，第 6 页。

信念的样貌，似乎就在同学们面前，但又云雾缭绕看不完全。现在，就让我们一起拨云见日，在推己及人的同辈案例学习、追忆年华的美好记忆回顾中探寻理想信念的全貌。

环节二：拨云见日，在教师讲授中探寻理想信念的全貌

“理想信念是人类特有的精神现象。”①“理想信念是人的精神世界的核心，是人精神上的‘钙’。没有理想信念，理想信念不坚定，精神上就会‘缺钙’，就会得‘软骨病’。一个人精神上‘缺钙’，就容易精神空虚甚至陷入精神荒漠，既不可能感受精神生活的丰满充实，更不可能承担时代所赋予的历史重任。”② 那理想、信念是如何统一为理想信念的呢？我们在专业学习中已经知道，数字“0”与“1”的有序排列能够组成有意义的代码，如果说理想信念是一个具有重要意义的特殊代码，那“理想”和“信念”就是这个代码的基本组成。但它们并不是字面上的简单相加，而是在辩证统一中各有侧重，结合形成“理想信念”。我们首先来了解什么是理想。

1. 探究理想信念代码的基本组成之“理想的内涵与特征”

在科研者、工程师、宇航员等众多航天人的共同努力下，神舟十六、十七、十八号延续奇迹、陆续冲天，其中，航天员景海鹏实现了他人生的第四次航天飞行。作为“四巡太空第一人”，荣耀的背后是景海鹏一次次追逐飞天理想的执着。景海鹏的追求，就是飞天“理想”的追求，不同于“臆想”“空想”或者“幻想”的追求。

（1）理想的含义。“理想是人们在实践中形成的、有实现可能性的、对未来社会和自身发展目标的向往与追求，是人们的世界观、人生观和价值观在奋斗目标上的集中体现。”③ 如何来理解这句话呢？首先，理想不是人头脑中凭空产生的，也不是一旦产生就一成不变的，而是人们在实践中形成的产物，并依据实践活动而变化。正如没有火箭之时，屈原不会有实践“飞天”

① 本书编写组：《思想道德与法治》，高等教育出版社 2023 年版，第 43 页。

② 本书编写组：《思想道德与法治》，高等教育出版社 2023 年版，第 43 页。

③ 本书编写组：《思想道德与法治》，高等教育出版社 2023 年版，第 43—44 页。

的理想；没有进步科学理论与足够生产力时，万户亦不会有建造宇宙空间站的理想。中国人民对于宇宙探索目标的变化，正是理想“在实践中形成”的最好印证。其次，它不同于空想、臆想和幻想的最重要区别就在于前者是有实现可能性的，而后者“虽然可能是美好的，但却是不切实际的、胡乱的、不能够实现的。”[①]因此，在不可能实现飞天的古时，“嫦娥奔月”是幻想、是传说、是神话，而在理论科学、科技发展的今天，“嫦娥奔月”一步步从理想变成了现实，变成了探月工程的“嫦娥一号”“鹊桥二号”，为持续科学探测、中继通信做出了巨大贡献。但试想，若理论科学无人验证、科技发展无人实践，“嫦娥奔月”这一理想还能在今天实现吗？答案自然是不能的，这也正是理想“实现可能性”的另一层意思——理想具有“实现”的可能性，也具有“不实现”的可能性。所以确立了理想的我们依然会焦虑、会困惑，会因为“理想没有实现”的担忧害怕而感到失望和迷茫。纵使是“四巡太空第一人”景海鹏，也曾几度面临理想难以实现的境地，从飞行员的选拔到航天员的选拔，他都曾在不懈奋斗后遭遇淘汰和落选。但景海鹏从未放弃，飞行员遭遇淘汰，那就苦读再考一年，航天员遭遇落选，那就更加严格地要求自己。所以我们应在未看到结果时努力实践，为实现理想而不懈奋斗；也应在看到结果后平静对待，跟从内心对接下来的人生路做出正确的选择，同时认识到理想之意义在于追求理想的过程，而结果则是锦上添花。最后，理想作为一种向往和追求，是需要我们踮踮脚才能够得到的，而不是当下已经实现的现实。同时，这个“向往和追求”不是个人期望的小确幸，而是“对未来社会和自身发展目标的向往和追求”，是将个人发展目标融入国家发展宏图，代表着对我们未来行为的重要方向指引。而景海鹏所说的“一滴水只有融入大海才不会干涸，个人梦只有融入中国梦才更加出彩。”则无疑是对这句话最真切的现实印证。

（2）理想的特征。从理想的概念界定中，我们能体会到理想所具有的三

① 宇文利、金德楠：《“思想道德与法治”课程中理想信念教学的基本理路》，《思想教育研究》2021 年第 9 期。

个基本特征。第一，理想具有超越性。党的二十大报告指出，“加快发展数字经济，促进数字经济和实体经济深度融合，打造具有国际竞争力的数字产业集群。”① 这一目标产生于“我国数字经济迎来精细化发展”的现实，也是我国对“数字中国”这一未来社会的科学向往与追求。回顾国家对于数字经济发展的规划演变——1994 年，国家接入国际互联网，分别于 1999 年和 2001 年发布《关于加快移动通信产业发展若干意见的通知》和《关于促进我国国家空间信息基础设施建设和应用若干意见的通知》，以搭建信息化的基础设施体系，为进一步的通信技术发展以及衍生的产业转型夯实基础为目标；21 世纪初，信息基础设施逐步实现完善，国家分别于 2002 年和 2005 年发布《关于振兴软件产业行动纲要的通知》和《关于加快电子商务发展的若干意见》，以推动电子商务为代表的互联网经济蓬勃发展为目标；2015 年起，互联网经济繁荣并迎来转型，习近平主席在第二届世界互联网大会上首次提出中国将推进“数字中国”建设，此后一系列的国家政策包括 2016 年的《国务院关于深化制造业与互联网融合发展的指导意见》《国务院关于加快推进“互联网 + 政务服务”工作的指导意见》等均与“数字中国”建设的理想目标相一致。可以看到，科学的理想源于现实，也超越现实。而我们在实现这一阶段的理想，到达“未来的现实”后，又会在这一现实的基础上产生新的“超越现实”的理想，并继续为之不懈奋斗。因此，理想的超越性就体现在它“是人的主观能动性与社会发展客观趋势的一致性的反映，是在正确把握社会历史发展客观规律的基础上形成的合乎社会发展要求、合乎人民利益的价值追求。”② 那么，每一次追求、每一次超越又是怎么变成现实的呢？没错，实践。第二，理想具有实践性。“人们只有在改造客观世界和主观世界的实践过程中才能化理想为现实。”③ 设想，同学们在日常的专业学习中产生“开发软件”的理想，同样地，要实现这一理想，也离不开日常的专

① 习近平：《高举中国特色社会主义伟大旗帜　为全面建设社会主义现代化国家而团结奋斗——在中国共产党第二十次全国代表大会上的报告》，人民出版社 2022 年版，第 30 页。

② 本书编写组：《思想道德与法治》，高等教育出版社 2023 年版，第 44 页。

③ 本书编写组：《思想道德与法治》，高等教育出版社 2023 年版，第 44 页。

业学习。通过理论学习掌握知识，通过实践学习掌握本领，才能化理想为现实。如果不去实践，不去努力，那不管什么目标都不会实现，什么理想都会成为空想。因此，“理想在实践中产生，在实践中发展，而且也只有在实践中才能得以实现。”[①]实际上，我们为实现理想而进行的实践活动都是历史的、具体的，不能脱离现实的时代条件，这些在实践中实现的理想也是依托时代背景、促进时代发展的。第三，理想具有时代性。我们分别从国家视域和个人视域理解了理想的超越性与实践性，不管是国家“建设数字中国”的目标，还是个人“开发软件”的追求，我们都可以从中体会到社会的“现代气息”。事实上，这种“现代气息”正是我们当前所处的特定历史时代的烙印——科技发展的突飞猛进、信息社会的全面到来，乃至于国家的发展进步等。同样地，20 世纪三四十年代的抗战时期，人民的理想不会是“开发软件”，而是“抗战胜利”；20 世纪五六十年代的新中国成立初期，人民的理想就不再是“抗战胜利”，而是“吃饱穿暖”。可见，“理想同任何一种社会意识形式一样，都是一定时代的产物，都带着特定历史时代的烙印。”[②]“理想的时代性，不仅体现为它受时代条件的制约，而且体现为它随着时代的发展而发展。”[③]明确了理想的内涵特征，那么，理想又有哪些类型呢？

（3）理想的类型。理想是多方面和多类型的，根据时序的不同，可以分为近期理想和远期理想；根据对象的不同，可以分为个人理想和社会理想；根据内容的不同，可以分为生活理想、职业理想、道德理想、政治理想等多种理想。其中，职业理想是人们在职业上依据社会要求和个人条件，借想象而确立的奋斗目标，即个人渴望达到的职业境界；个人理想是指处在一定历史条件下和社会关系中的个体对于自己的未来物质生活、精神生活所产生的种种向往和设想；而社会理想则是指社会全体成员的共同理想，是全体社会占主导地位的共同奋斗目标。三者并不是相互独立、互不干扰的，职业理想

① 本书编写组：《思想道德与法治》，高等教育出版社 2023 年版，第 44 页。
② 本书编写组：《思想道德与法治》，高等教育出版社 2023 年版，第 45 页。
③ 本书编写组：《思想道德与法治》，高等教育出版社 2023 年版，第 45 页。

是实现个人理想的重要组成部分，而每一个人实现个人理想的过程，又是促进社会理想实现的过程。总的来说，个人理想包括个人具体的职业理想、生活理想和道德理想，而职业理想是人们实现个人理想的重要方法，也在一定程度上反映了社会理想的实现目标。

追求理想需要执着的态度，而执着来自信念。缺乏信念的人，容易对已经确立的理想发生动摇，或者缺乏使理想变为现实的信心和决心，因而无法转化为行为。即使在某一时期转化为行为，一旦遇到某种困难、挫折，便不能坚持下去，结果半途而废。所以，仅有对理想的向往和追求是不够的，还必须有坚定的信念。

2. 探究理想信念代码的基本组成之“信念的内涵与特征”

（1）信念的含义。“信念是人们在一定的认识基础上确立的对某种思想或事物坚信不疑并身体力行的精神状态。”① 可见，作为一种精神状态，信念的形成与坚定离不开“知、情、意”三个环节，这三个环节反映出人们对某种思想或事物“由表层向深层不断发展的状态”②。首先，“知”解决认知问题，是信念形成的基础。③ 对思想或事物认知充分、了解透彻，才能筑牢信念的“地基”。正如我们树立社会理想，对马克思主义理论的熟练掌握是基本，树立职业理想，对本专业知识的透彻理解是基础。尽管我们的社会理想尚未实现，但已经有许许多多的前辈或同辈们在不懈的奋斗与实干中为我们实现职业理想做出了表率。提起同辈表率，同学们都能想到谁呢？没错，其中令人钦佩的代表，无疑有中国 5G 技术青年科学家——申怡飞。他能够实现 5G 技术的突破与创新，或许“智慧”是优势、“师长”是助力、“情怀”是动力，但只有他对移动通信方面专业知识的不断积累与掌握，才是他实现理想、坚定信念的重要基础。因此，我们学习申怡飞，学习的是他对理论知识的好学不倦，学习的是他行为背后对信念的坚定。其次，“情”解决情感问题，是信念形成的关键。情感是人们心理结构的核心部分，人们的任何行为都伴随

① 本书编写组：《思想道德与法治》，高等教育出版社 2023 年版，第 45 页。

② 李泽泉：《践行核心价值观应抓好“知、情、意、行”》，《人民日报》2014 年 11 月 4 日。

③ 参见李泽泉：《践行核心价值观应抓好“知、情、意、行”》，《人民日报》2014 年 11 月 4 日。

着一定的情感。① 同学们，你们在学习专业知识的时候又伴随着怎样的情感呢？是对知识的渴求还是对理想实现的憧憬？申怡飞在漫长而枯燥的学习与计算中始终坚定着自己的理想信念，是伴随着自己对祖国赤诚的爱。高尚的情感坚定高尚的信念。试想，如果我们的学习只是伴随着对个人成绩排名的希望，那我们在反复遇到计算错误的难题、运行失败的代码时就不容易坚持下去；但如果我们的学习伴随着的是对科技服务于民的情感，我们还会这么容易地放弃吗？答案自然是不会的，因为此时的信念诞生于对人民的大爱，那么它所提供的力量，也是源自人民的伟力。最后，“意”解决意志问题，是信念形成的保障。面对欲望吞噬理想、多变动摇信念的“现代病”，② 一个人意志是否坚强，关乎其信念在现实生活中能否真正发挥作用、持续提供力量。但意志并不只有“是否坚强”这一简单判断准则，而是具体体现为“独立性、果断性、顽强性和自制力等意志品质。有了独立性，就会有主心骨，不人云亦云，不轻易屈从于外来压力；有了果断性，就会敢担当，在是非、善恶、荣辱面前作出正确选择，当战士而不当绅士；有了顽强性，就会不怕困难和挫折，锲而不舍、善作善成；有了自制力，就会掌握主动权，不被诱惑所困，能够自警自励，做到行所当行、止于当止。”③ 所以，“信念是认知、情感和意志的有机统一体，为人们矢志不渝、百折不挠地追求理想目标提供了强大的精神动力。”④

（2）信念的特征。“信念同理想一样，也是人类特有的精神现象”⑤，具有其基本特征。第一，信念具有执着性。信念一旦形成，就不会轻易改变。坚定的信念往往能使我们获得强大的精神定力，不为利益所动，不为诱惑所扰，不为困难所惧。申怡飞在 5G 技术上的突破与创新主要是极化码技术的应用，在决定参与研发极化码时，他面对“自身科研工作的巨大压力”与“极

① 参见李泽泉：《践行核心价值观应抓好“知、情、意、行”》，《人民日报》2014 年 11 月 4 日。
② 参见李泽泉：《践行核心价值观应抓好“知、情、意、行”》，《人民日报》2014 年 11 月 4 日。
③ 李泽泉：《践行核心价值观应抓好“知、情、意、行”》，《人民日报》2014 年 11 月 4 日。
④ 本书编写组：《思想道德与法治》，高等教育出版社 2023 年版，第 45 页。
⑤ 本书编写组：《思想道德与法治》，高等教育出版社 2023 年版，第 45 页。

化码相关课题研究的大量理论和数学推导”的双重困难，从没有想过放弃，反而始终以强大的精神动力奋战在科研前线，有时即使累得睁不开眼，但对5G成果的执着信念也会立马使他振作精神，投入到下一次的运算演习中去。在整整一年的执着研发下，申怡飞的努力才终于有了回报，“一开始一组数据需要2分钟才能计算完，到最后，一秒钟就能够解出20万组数据，成为当时全球最快的课题组速度!”① 可见，“信念因其执着而为信念。”②“当一个人抱有坚定的信念时，他就会全身心投入为实现目标而努力奋斗的事业中，精神上高度集中，态度上充满热情，行为上坚定不移。”③ 第二，信念具有支撑性。“任何一种理想的实现都不是轻而易举的，会遇到各种各样的困难和波折，人必须有坚定不移的决心和坚忍不拔的意志，才能不断战胜困难，把理想变为现实。”④ 从这个表述看，信念的支撑性与信念的执着性好像是一样的，但实际上它们存在着很大差别。首先，性质上，执着性以人为主体，通常意味着对某一特定的信念全心地投入与坚定的决心，即使面临困难那也会坚持下去，而支撑性以这一特定的信念为主体，更多地指这个信念是人们价值观的底色、行动的基础。其次，影响上，执着性更多地影响着人们的社交和生活方式，在人们做出决策、面对逆境时发挥作用；而支撑性则更多地引导着人们精神面貌的形成与自我认知的发展，在人们需要鼓舞和动力以完成一件事情时发挥作用。最后，在人们与外部环境的互动中，当外在环境发生变化时，执着性更多地推动人们无惧变化，更加坚守并传播自己的理念，而支撑性则更多地引导人们适应变化，在调整与完善中应对困难。总的来说，“执着”强调“不变”，更多的是情感的表达，它告诉我们“无论外界如何变化，我都不会改变、放弃”，而“支撑”推动我们前行，更多的是理性的思考，它给我们信心去迎接挑战。这两者都是信念的重要特征，是我们成长的重要部分。第三，信念具有多样性。正如同理想是多种多样的一样，信念也是多

① 王玉琴：《申怡飞：壮志报国的中国5G核心技术科学家》，《劳动保障世界》2020年第1期。
② 本书编写组：《思想道德与法治》，高等教育出版社2023年版，第45页。
③ 本书编写组：《思想道德与法治》，高等教育出版社2023年版，第45页。
④ 本书编写组：《思想道德与法治》，高等教育出版社2023年版，第45页。

样化的。“不同的人由于社会环境、思想观念、利益需要、人生经历和性格特征等方面的差异，会形成不同的信念，同时一个人在社会实践中会形成不同类型和层次的信念，并由此构成其信念体系。”① 在信念体系中，一个人的信念必然是多层次的，“高层次的信念决定低层次的信念，低层次的信念服从高层次的信念。信仰是最高层次的信念，具有最大的统摄力。”② 但“信仰有盲目和科学之分。盲目的信仰就是对虚幻的世界、不切实际的观念、荒谬的理论等对象的迷信和狂热崇拜，科学的信仰则来自人们对自然界和人类社会发展规律的正确认识。”③

3. 在“理想”与“信念”的辩证统一中编译理想信念代码

如果说社会是大海，人生是小舟，那么理想和信念就分别是引航的灯塔和远航的风帆，二者总是相互依存。④“理想是信念所指的对象，信念则是理想实现的保障。离开理想这个人们确信和追求的目标，信念无从产生；离开信念这种对奋斗目标的执着向往和追求，理想寸步难行。”⑤ 没有信念提供力量，景海鹏的理想，或许止步于两次选拔，或许止步于入选后的艰苦训练，绝无可能“四巡太空”；没有理想指引方向，申怡飞“矢志报国”的崇高信念也无从产生。理想与信念是相互依存的，也是辩证统一的。从农村少年到航天英雄，景海鹏一次次实现自己的理想，又一次次为新的理想冲锋。少年时期，他的理想是“成为飞行员”，凭借着追求职业理想的坚定信念，他历经两度选拔终于实现；青年时期，已经成为一名优秀歼击机飞行员的景海鹏将“成为航天员，参与飞天”定为自己新的理想，十年间他都始终以最高的标准要求自己，日复一日地进行魔鬼训练，即便遗憾落选也不气馁，时刻保持着最佳状态严阵以待，才在 2008 年终于圆梦；此后，已经圆梦的景海

---

① 本书编写组：《思想道德与法治》，高等教育出版社 2023 年版，第 46 页。

② 本书编写组：《思想道德与法治》，高等教育出版社 2023 年版，第 46 页。

③ 本书编写组：《思想道德与法治》，高等教育出版社 2023 年版，第 46 页。

④ 参见全国高校思想政治理论课教学指导委员会：《思想道德与法治教学课件》（专题三——追求远大理想　坚定崇高信念　第一讲　理想信念的内涵及重要性）第 28 页。

⑤ 全国高校思想政治理论课教学指导委员会：《思想道德与法治教学课件》（专题三——追求远大理想　坚定崇高信念　第一讲　理想信念的内涵及重要性）第 28 页。

鹏并未失去奋斗目标，而是持续将个人目标融入国家发展的宏图，凭借着报效祖国的崇高信念四巡太空，次次任务都圆满完成。一如 1988 年，他在五星红旗下的庄严宣誓：“把自己的一切奉献给祖国的载人航天事业！”可见，理想和信念都是价值观的集中反映，不同的是，“理想重在标志人与奋斗目标之间的关系，主要是指向未来的，为人们的行动指明方向；而信念则重在标志人对事物、观念的看法和态度，主要是面对现在的，为人们的行动提供精神支持。”① 而理想信念，不是单纯的词汇组合，是将二者各自的侧重辩证统一起来，“既注重对未来奋斗目标的追求，又注重现实生活中人们应秉持的信念支撑，实现了对理想和信念的超越。”② 是对人的精神目标和精神状态的统一描述。

景海鹏和申怡飞，一个是“航天英雄”，一个是“天才少年”，有些同学说似乎离我们自身有点遥远，在对榜样力量的学习中，在对标理想追求的差距中，我们自身又该如何以人为镜，正视自己的理想困惑呢？

环节三：三省吾身，从小组分享中反思青年理想的忧虑

习近平总书记对广大青年提出五点希望，第一条就是广大青年一定要坚定理想信念。青年学生追求理想的高度决定着中华民族未来发展的高度，青年学生坚定信念的程度影响着中国特色社会主义事业发展的进度。我们历来重视理想信念教育。《新时代的中国青年》白皮书指出：“新时代中国青年把树立正确的理想、坚定的信念作为立身之本，努力成长为党、国家和人民所期盼的有志青年。”③ 在中国共产党的带领下，在中国梦的引领下，当代大学生在理想信念主流上是健康的、积极向上的。大学生们认同理想信念的重要性且对理想信念有着发自内心的追求；绝大部分同学思想上要求进步，积极向党组织靠拢；很多同学都渴望为中国特色社会主义事业添砖加瓦。但与此

① 吴潜涛：《正确理解理想信念的科学含义》，《教学与研究》2011 年第 4 期。

② 吴潜涛：《正确理解理想信念的科学含义》，《教学与研究》2011 年第 4 期。

③ 中华人民共和国国务院新闻办公室：《新时代的中国青年》，人民出版社 2022 年版，第 16 页。

同时，部分学生的理想信念也存在很多突出问题，值得关注。可以看到在翻转课堂小组教学中，已经有两组同学完成了以问题意识为导向，以反思青年理想忧虑为主题的思考讨论，下面有请两组同学的代表来为大家做展示。老师也会打开 App 上的头脑风暴，大家可以为展示的小组点赞、打“call”，也可以提出你们的思考困惑，欢迎大家积极参与到同伴互评中来。

【小组讨论一】青年理想忧虑之职业理想功利化

老师好，我是“职业理想”小组的代表，我展示的内容是：青年理想忧虑之职业理想功利化。在正式展示前，我想请同学们回答一个问题：在选择职业时，你最关心的是什么？

【App 投票】薪酬福利、专业对口、弹性时间、地域发达、社会奉献、公司前景。

从现象看观念——职业理想忧虑再思考。从大家的选择中，我们不难看出，虽然大家都有各自的想法和选择，但是很明显，第一个选项——薪酬福利，在这几个选项中占了绝对的优势。事实上，从整个大学生群体来看，尽管大体上大家对于自己职业理想的确立有着自己的追求和向往，每年毕业季，选择参与西部计划、大学生村官等基层项目的人也不在少数，但职业理想的功利化倾向也不容忽视。可以看到，大部分的大学生选择职业时最关心的因素在近几年社会发展的影响下从以薪酬福利为主变成了以薪酬福利和工作稳定为主。

从现实看原因——职业理想为何困于功利。在部分即将求职或正在求职的大学生看来，“工作稳定意味着岗位稳定，不会有大的人事变动，工资收入稳定，也有一定的社会地位。这样有着稳定的经济来源和社交圈，对于社会环境的变化，有一定抵抗风险的能力。”① 可见，大学生追求工作稳定与关心工作薪酬的实质都是“将既定利益的追求视为行为的参照标准和驱动力”②。随着经济社会的飞速发展，职业变迁的速度不断变快。旧职业需求减

---

① 张皓云：《大学生职业理想现状调查与分析——以贵阳人文科技学院为例》，《人文与科技》第七辑。

② 李建民：《破除功利化　让教育回归育人本位》，《光明日报》2019 年 12 月 10 日。

少，新职业大量涌出。在机会与风险并存的今天，大学生追求工作的薪酬福利与稳定性无可厚非，但它们绝不应该成为大学生职业理想的决定性因素。过度追求职业的功利性势必造成大学生职业理想走向功利化，把职业作为追逐利益的手段，并依据功利的原则对职业理想的内容进行重新建构，以求效益和效率的最大化。但职业理想作为个人理想的重要组成部分，当它被禁锢在功利的牢笼之中，我们的个人理想又何以建立呢？①

从追求看出路——职业理想何以破除牢笼。马克思说：“如果我们选择了最能为人类福利而劳动的职业，那么，重担就不能把我们压倒，因为这是为大家而献身；那时我们所感到的就不是可怜的、有限的、自私的乐趣，我们的幸福将属于千百万人”②。在科学技术不断发展的今天，作为“信计”人，我们的专业技能必将应用于各种领域，因而我们的职业理想更应为便利人民生活与工作而生。在工程领域，信息与计算科学的应用可以在加快相关工程数据和工程模型的信息计算的同时确保准确性，促进高新科技发展与创新；在体育领域，信息与计算科学的应用可以帮助比赛数据的采集与整理，确保体育比赛的公平公正；在教育领域，信息与计算科学的应用可以创新教育管理模式、帮助建设数字校园等，促进教育事业的不断发展与进步……

当我们不再将眼光局限于个人，而是将眼光投到整个社会、人类中去，我们的职业理想就会变得高远，我们的个人理想就会变得高尚！

【教师点评】感谢“职业理想”小组所呈现的讨论思考，在展示中，我看到了你们对于“职业理想是什么”的理性思考，看到了你们对于“职业理想功利化”的现实反思，也看到了你们结合专业后对如何应对这一现实困境的积极探索。

【教师总结】“职业理想是人们对职业期待和价值目标的综合期待”③。我们应坚持“用发展的眼光看待自己，树立正确的职业理想和职业价值，在青

① 参见李建民：《破除功利化　让教育回归育人本位》，《光明日报》2019年12月10日。

② 《马克思恩格斯全集》第40卷，人民出版社1982年版，第7页。

③ 李丽莎：《大学生职业理想教育与思想政治教育的有效融合研究》，《大学》2022年第18期。

春奋斗、社会奉献、职业发展中实现社会价值和个人价值的统一。”[①] 在这个过程中，如何树立社会理想、树立什么样的社会理想将影响着我们的奋斗方向与最终目标。那么，当代大学生在社会理想方面是否存在着问题与忧虑呢？接下来请“社会理想”小组带来他们的展示。

【小组讨论二】青年理想忧虑之社会理想模糊化

老师好，我是“社会理想”小组的代表，我展示的内容是：青年理想忧虑之社会理想模糊化。社会理想是指一定社会、一定阶级集团对于社会制度和政治结构的追求设想和主张，对未来社会面貌的预见和想象，反映社会主体群体对未来发展趋势和共同价值追求的向往和构想。[②] 而我国的社会理想则是建成富强民主文明和谐美丽的社会主义现代化强国，实现中华民族伟大复兴中国梦。要实现这一理想，就必须坚持中国共产党的领导，坚持马克思主义的指导。因此，我们从大学生的政治认同状况和思想认同状况两方面出发，探讨当代大学生的社会理想。

追梦道路长而远，社会理想应坚定。在政治认同方面，大学生在总体上表现为“政治认知度高、政治立场坚定，具有一定的政治觉悟和政治素养。但在政治理论学习和政治活动参与方面缺乏主动性，践行度较差。”[③] 在思想认同方面，“大学生具有较高的思想认同，他们坚信马克思主义信仰，对马克思主义理论的知晓度还是比较高的，并且高度认同马克思主义在中国具有强大的生命力。”[④] 但部分大学生在坚信度和践行度上存在问题。总的来说，当代大学生的社会理想总体上是积极的、向上的。

道路荆棘多而繁，社会理想有挑战。当前，资本主义思潮、非主流意识形态、市场经济环境中的负面思想和网络新媒体中的负面舆论、低俗化信息

---

① 李丽莎：《大学生职业理想教育与思想政治教育的有效融合研究》，《大学》2022 年第 18 期。

② 参见甘泉：《当代大学生理想教育的路径》，《思想教育研究》2007 年第 3 期。

③ 霍广田、杨婷婷：《“00 后”大学生思想政治认同新态势及引导策略》，《中共济南市委党校学报》2023 年第 1 期。

④ 霍广田、杨婷婷：《“00 后”大学生思想政治认同新态势及引导策略》，《中共济南市委党校学报》2023 年第 1 期。

等给人们的思想观念、价值判断带来了严峻挑战，尤其给大学生社会理想的正确认识和实践笃行造成了巨大冲击。但究其根本，我们也要反思我们自身社会理想信念够不够坚定，有没有从心底认同中国特色社会主义共同理想，有没有深刻地"解其言、知其意、明其理"，对于许多是非问题能不能辩证地思考、客观地判断。只有当我们主动去深入了解我们国家的政治制度，积极参与我们国家的政治事务的时候，我们才能够用自己的大脑思考，站在正确的立场上坚定自己的社会理想。

脚踏之地实而稳，社会理想可践行。我们的社会理想从来不是看不见、摸不着的，而是深刻寓于我们的个人理想之中、融入我们的职业生活之中的。作为信息与计算科学专业的学生，我们早已在时代洪流的发展变迁中体会到了"科技是第一生产力"。如今，伴随着信息化时代和智能化时代的到来，信息与计算科学早已被广泛应用到了各行各业，加快了行业发展与社会进步。未来的我们走上岗位，不论是致力于教育发展还是投身于科技进步，实现中华民族伟大复兴中国梦的社会理想都将成为我们奋楫笃行、奋斗终生的方向引领与精神动力。

在政治上坚持党的全面引领，在思想上坚持马克思主义的指导，才能树立远大的社会理想，在有限的生命中创造出无限的价值！

【教师点评】谢谢"社会理想"小组的分享。这一小组从实际出发，探讨了大学生社会理想信念状况，既认可了当代大学生的社会理想总体上是积极的、正向的，又关注到"部分大学生在坚信度和践行度上存在问题"的要点，以科学严谨、求真务实的精神对"大学生社会理想模糊化"这一命题给出了精彩而恳切的回答。

【教师总结】"社会的进步离不开社会理想"①，"契合时代精神的社会理想是高远的，"② 也是现实且科学的。在追求社会理想的路途中，我们同时也在为个人理想而奋斗。但"只有将社会理想作为个人理想的参照系，才能在

① 刘梁剑：《社会理想的精神力量》，《光明日报》2024 年 1 月 29 日。
② 刘梁剑：《社会理想的精神力量》，《光明日报》2024 年 1 月 29 日。

现实基础上更好地施展自己的才华。”①

无论是才华的施展还是价值的实现，都离不开“理想”二字在其中的引领与保障。邓小平同志也说：“我们一定要经常教育我们的人民，尤其是我们的青年，要有理想。”这让我们不禁思考，理想信念对于我们来说，究竟有什么裨益呢？

环节四：以梦为马，于学思践行中领略理想信念的裨益

小时候，长辈们告诉我们，当找不到路的时候就抬头看看夜空中的北斗七星。其实，当我们在人生路途上迷茫无措时，北斗卫星也会在我们的心中点亮一盏盏理想信念之灯。

【视频资源】北斗星耀全球（4 分 28 秒）②

视频中，使命、突围、速度、星座、荣耀，一个个响当当的关键词都承载着无数北斗人的理想之光、信念之火。使命指引着北斗人的前进方向，突围、速度凝聚着北斗人的奋斗动力，星座更闪耀着北斗人的精神境界。这里体现出来的引航的方向、制动的力量、坚定的立场、高尚的境界正是我们今天要一起探讨的理想信念的硬核功效。

1. 心有所向，方能引航

“理想信念昭示奋斗目标。”③“理想信念是人的思想和行为的定向器，一旦确立就可以使人方向明确、精神振奋，即使前进的道路曲折、人生的境遇复杂，也能使人看到未来的希望和曙光，永不迷失前进的方向。”④我们来看这组数据，当被问及大一的你是否对自己的学习生活有明确的理想和目标时，绝大部分的同学都表示暂时没有明确的目标，有近 20%的同学表示理

---

① 邢林艳：《大学生个人理想与社会理想相统一的路径研究》，《改革与开放》2019 年第 8 期。

② 《37 年，55 颗中国星！》，2020 年 7 月 31 日，见 https://www.bilibili.com/video/BV1kT4y1j71H/?share_source=copy_web&vd_source=c3e752f7121ba4ed36e079ea795b35be。

③ 本书编写组：《思想道德与法治》，高等教育出版社 2023 年版，第 47 页。

④ 本书编写组：《思想道德与法治》，高等教育出版社 2023 年版，第 47—48 页。

想目标经常动摇，还有少数同学只愿安于做佛系少年。难怪都说大一的孩子容易有一种症，什么症？理想间歇症。从紧张的高考到新奇的大一，好像一下子找不到前进的方向、具体的目标。所以，理想信念的引领作用毋庸置疑，正如北斗三号卫星总设计师王平表示：“我们北斗从设计初期就是把国产部件、器件的国产，作为我们工作的目标。”① 无数北斗人将航天报国作为自己的理想信念，并将这样宏大的理想化作了一个个切实的目标——科研者夜以继日地技术攻关，工程师绝不松懈地信息把关，技术者精益求精地致力生产，才有了北斗三号全球卫星导航系统星座部署全面完成的成功。所以，有理想就有方向，就有实现的可能。然而，对于中国卫星导航发展事业来说，北斗卫星导航基本系统的全面建成和应用还只是一个阶段性胜利，提升系统性能及推广应用的任务，依然非常艰巨。虽然，我们不是每个人的梦想都是星辰大海，但为星辰大海奋斗的北斗榜样却为我们指引了前进的方向。所以，同学们也要尽早为自己设立理想清单，并为之努力奋斗。可以说，你有什么样的理想清单，就意味着会以什么样的期望和方式去改造自然和社会，塑造和成就自身。

2. **心有所信，方能制动**

“理想信念催生前进动力。”②“一个人有了崇高坚定的理想信念，才会以惊人的毅力和不懈的努力成就事业。”③ 我们一起来回顾北斗工程的建设历程，感受理想信念的制动效应。

第一个难题：解决无“星”之困，中国人必须要有自己的GPS。30多年前的海湾战争中，美国尚未成熟的GPS系统初露锋芒，它不仅帮助了以美国为首的联军精确打击伊拉克，震惊了世界，也为我国导航技术的发展敲响了警钟，让中国人深切认识到了“没有自己的卫星导航，等于把国防拱手送给别人”这个残酷现实。于是，1994年，中国制定“九五”规划时，定位导航系统“北斗”进入国家视野。北斗导航工程立项启动不久，一个不速

① 《北斗导航更广更精更强》，《中国日报》2018年12月4日。

② 本书编写组：《思想道德与法治》，高等教育出版社2023年版，第48页。

③ 本书编写组：《思想道德与法治》，高等教育出版社2023年版，第48页。

之客——信号“快捕精跟”问题跳了出来，严严实实地堵住了北斗一号的工程进展。就在所有人都一筹莫展的时候，3 位博士还未毕业的 20 多岁小伙子——王飞雪、雍少为和欧钢竟拿出了一套“全数字化”方案！相比于美国耗资 300 亿美元打造 GPS，这三个小伙子从北京抱回一台比较先进的计算机，仅拿了 4 万元的尝试经费，就开始了艰苦卓绝的攻关历程。他们把一个不到 10 平方米的仓库简单收拾一下当作实验室，每天工作 20 个小时左右，饿了就泡包方便面，累得实在坚持不住时才打开行军床。① 这场与数字进行的战斗持续了整整 3 年，才在 1998 年 5 月看到了胜利的曙光——他们测试得到的第一批“快捕精跟”数据远超预料！ 2003 年，第三颗卫星送入太空后，中国成为继美、俄之后第三个拥有导航卫星的国家。

第二个难题：解决缺“钟”之忧，北斗心脏原子钟必须中国造。如果说北斗一号是中国对定位导航卫星系统的探索，那么北斗二号的研发就是中国逐步打破美国 GPS 和俄罗斯 GLONASS 系统垄断地位的利器！其中最关键的核心技术就是作为北斗心脏的“原子钟”——如果原子钟有 1 秒误差，就意味着卫星定位会偏离 30 万公里！而技术封锁给了北斗团队当头一棒，他们认识到关键核心技术必须要自己突破，不能受制于人。于是，中国的年轻科学家在短短两年时间内就攻克了这项世界难题，而欧洲同时期的伽利略导航系统，却因原子钟故障，不得不补发卫星！外国人惊叹中国科研的神奇速度，但北斗人心里最清楚，这种能力是被逼出来的，是靠着不服输的骨气、玩命干的勇气拼下来的。现在，用在北斗三号上的原子钟，其精度已提升到每 300 万年才会出现 1 秒误差。北斗人有这样一句话：“六七十年代有原子弹，我们北斗人一定要有自己的原子钟。”②

第三个难题：解决布“站”之难，太空兄弟必须手拉手。北斗二代卫星稳固了我们的太空疆域，也让整个北斗团队开始放眼全球，2009 年，北斗

① 参见《平均 31 岁，玩命 26 年！北斗：连一颗螺丝钉都是我们自己的》，2020 年 6 月 24 日，见 https://www.chinanews.com.cn/gn/2020/06-24/9221228.shtml。

② 参见《平均 31 岁，玩命 26 年！北斗：连一颗螺丝钉都是我们自己的》，2020 年 6 月 24 日，见 https://www.chinanews.com.cn/gn/2020/06-24/9221228.shtml。

三号工程正式启动建设。可新问题来了，中国的地面站，在境外很难建立！这时，北斗团队年轻的 80 后们提出了大胆的想法：星间链路！让卫星与卫星之间建立起稳定的链接，将遍布全球的卫星编织成一张网，只要有一颗卫星在中国的领空，所有卫星便能通过它联系到国内地面站！然而，要在太空 7 万公里之间每两颗卫星实现建链与通信，这个难度可想而知。但历时 5 年攻关，北斗卫星全球组网的关键技术取得关键突破，不仅解决了没有地面站的问题，还实现了 7 万公里测距精度达到厘米级的定位精度！这是什么意思呢？相当于能看清几十公里外的一根头发丝！ 2015 年，是北斗系统里程碑的一年，搭载着星间链路技术的第 17 颗北斗卫星升空，运行星间链路的卫星 CPU，用的也是我国自主研发的“龙芯”！从这颗卫星开始，我国北斗卫星的所有核心部件，全是拥有自主知识产权的“中国创造”！北斗三号全球组网卫星，实现了核心元器件以及所有单机部件 100% 国产化！①

如今，经过多年发展，北斗系统已成为面向全球用户提供全天候、全天时、高精度定位、导航与授时服务的重要新型基础设施。不仅向亚太地区提供区域短报文通信、星基增强、精密单点定位、地基增强四种区域服务，还向全球用户提供定位导航授时、国际搜救、全球短报文通信三种全球服务。作为负责任的航天大国，中国不断提高北斗系统运行管理水平，保障系统连续稳定运行、保持系统性能稳步提升、保证系统信息公开透明，确保系统持续、健康、快速发展，提供高稳定、高可靠、高安全、高质量的时空信息服务。同时，北斗系统还广泛应用于经济社会发展各行业各领域，与大数据、物联网、人工智能等新兴技术深度融合，催生“北斗 +”和“+ 北斗”新业态，支撑经济社会数字化转型和提质增效，让人民生活更便捷、更精彩。② 真正实现了“中国的北斗、世界的北斗、一流的北斗”“走进千家万户、造福千秋万代”的建设目标。

---

① 参见《平均 31 岁，玩命 26 年！北斗：连一颗螺丝钉都是我们自己的》，2020 年 6 月 24 日，见 https://www.chinanews.com.cn/gn/2020/06–24/9221228.shtml。

② 参见《新时代的中国北斗》，人民出版社 2022 年版，第 1—19 页。

在我们的人生道路上，也会如北斗团队一般遇到一个又一个的难关，如果“没有坚定的理想信念，就会在乱云飞渡的复杂环境中迷失方向、在泰山压顶的巨大压力下退缩逃避、在糖衣炮弹的轮番轰炸下缴械投降。”①所以：

3. 心有所定，方能避险

“理想信念提供精神支柱，”②“能够使人们在遭遇挫折、经受考验的时候，做到知难而进、迎难而上，顽强奋斗直至战胜艰难险阻。”③那如果没有足够坚定的理想信念呢？2020年我国航空研究所副总设计师王丕宏与妻子因为移民外国的私心，没有抵挡住诱惑选择叛逃，对我国军事、科技安全造成重大威胁；2024年我国某涉密单位工作人员黄宇因为对领导的怨恨，没有经受住考验选择出卖核心机密，致使我国党政机关、军队、金融等行业有关保密通信、信息安全的大量信息机密泄露，给国家安全带来严重危害。两起案例，触目惊心，无不显示出一个人如果没有坚定理想信念的支撑，不仅容易毁了自己的一生，也容易为他人、为社会、为国家带来不可磨灭的伤害。“只有铸牢理想信念之魂，才能经受得住各种考验。”④所以，“同学们要在坚定理想信念上下功夫，为人生的发展筑牢信仰之基，补足精神之钙，把稳思想之舵。”⑤这样才能在实现理想目标的过程中不断提高精神境界。

4. 心有所属，方达境界

“理想信念提高精神境界。”⑥正所谓，“立志而圣则圣矣，立志而贤则贤矣。”理想信念是衡量一个人精神境界高下的重要标尺。我们来看看一组对比：这是《科技日报》的一则新闻：中国天眼十万年薪找不到驻地科研人才，

① 本书编写组：《思想道德与法治》，高等教育出版社2023年版，第49页。
② 本书编写组：《思想道德与法治》，高等教育出版社2023年版，第49页。
③ 本书编写组：《思想道德与法治》，高等教育出版社2023年版，第49页。
④ 本书编写组：《思想道德与法治》，高等教育出版社2023年版，第49页。
⑤ 本书编写组：《思想道德与法治》，高等教育出版社2023年版，第49页。
⑥ 本书编写组：《思想道德与法治》，高等教育出版社2023年版，第49页。

有的岗位甚至连续三年找不到人；我们都知道中国天眼位于哪里，贵州大山深处。我们再来回看同学们刚刚汇报的一组数据：当大学生被问到你就业时更关注什么？看到考虑薪酬待遇的最多。我们要对比什么呢？来看看这组图片：二十年，北斗从无到有；二十年，北斗人扎根大山两鬓霜染。

【App 抢答】这两页的对比能让我们反思什么？

【教师解读】理想信念作为人的精神境界世界的核心，一方面能使人的精神生活的各个方面统一起来，使人的精神世界成为一个健康有序的系统，避免精神空虚和迷茫；另一方面又能引导人们不断地追求更高的人生目标，并在追求和实现理想目标的过程中提升精神境界、塑造高尚品格。精神境界的高度就体现在能否把青春扎根在祖国和人民最需要的地方。时间或许早已洗去了北斗先辈的少年意气，但不变的始终是他们为之奉献一生的报国壮志。航天强国，是他们的精神境界，亦是他们留给祖国最真切的祝福。二十年后，我们接过了先辈的责任与担当，亦将同样在“为民为国”的崇高理想信念中磨砺精神意志，提升精神境界——或投身计算机与软件开发，在数据繁杂间寻找科技创新潮流；或矢志教育事业，在数字与现实的统一中解决教育实际问题；或响应国家号召，在远赴西北后致力区域发展。00 后的我们是人生奋斗黄金期与强国目标实现期完美契合的一代人，可以说，我们追求理想的高度就决定着中华民族未来发展的高度。因此，只有将个人蓝图融入国家发展的大宏图，精神境界才能从狭隘走向高远、从空虚走向充实、从犹疑走向执着。精神境界的高度还体现在中国青年不仅要有家国情怀也要有人类关怀。北斗人就展现出了这样的人类关怀。尽管从北斗一号到北斗三号，国外设置了重重技术封锁，但我们在自力更生、攻破一个个难关后，仍然愿意北斗服务惠及全球，因为“北斗既是中国的，也是世界的。”从北斗一号服务国内到北斗二号提供区域服务，再到北斗三号全球组网，如今，北斗已加入国际民航、国际海事、3GPP 移动通信三大国际组织，还将为全球提供免费的搜索救援服务。从巴基斯坦的港口管理、印度尼西亚的土地规划到中俄的农业自动化，放眼寰宇，从光耀亚太，到泽被非欧，北斗以广阔的姿态拥抱全球。

环节五：课程总结

通过今天的学习，我们从小组分享中明晰了理想信念的基本内涵，在教师讲授中领略了理想信念的硬核功效，青春有导航，人生必远航！我们有了清晰的奋斗目标，才能把稳理想信念的指引力，让青春明晰方向；我们有了强劲的前进动力，才能激发理想信念的驱动力，让青春斗志昂扬；我们有了坚定的精神支撑，才能增强理想信念的抗压力，让青春乘风破浪；我们有了较高的精神境界，才能提升理想信念的担当力，让青春砥砺前行。理想信念就是我们心中的"那道光"。

习近平总书记曾寄语青年："展望未来，我国青年一代必将大有可为，也必将大有作为。"① 同学们，历史使命的交接棒已经交到我们手中，如何跑出好成绩，交出时代满意、国家满意、人民满意的答卷，是每一位大学生都必须思考的问题。只有每一位大学生都担当起新时代赋予的历史使命，中华民族伟大复兴的光明前景才能早日实现。

【课后】

1. 思考讨论

"理想主义者少不了'面包'的支撑，现实主义者没有正确理想信念的引导，也容易误入歧途。"结合实际，谈谈如何正确对待理想发展与现实需求的冲突。

2. 拓展阅读

中共中央文献研究室：《习近平关于实现中华民族伟大复兴的中国梦论述摘编》，中央文献出版社 2013 年版。

习近平：《在纪念马克思诞辰 200 周年大会上的讲话》，人民出版社 2018 年版。

习近平：《在庆祝中国共产主义青年团成立 100 周年大会上的讲话》，人民出版社 2022 版。

---

① 习近平：《论党的青年工作》，中央文献出版社 2022 年版，第 18 页。

七、教学资源

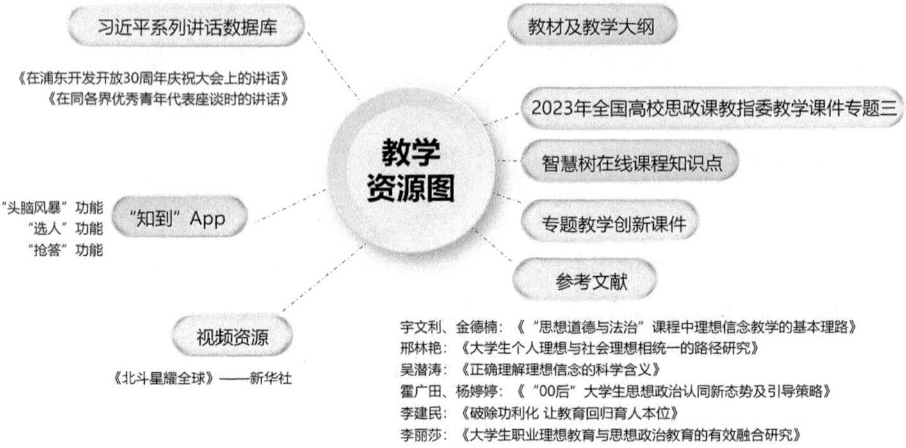

八、教学板书

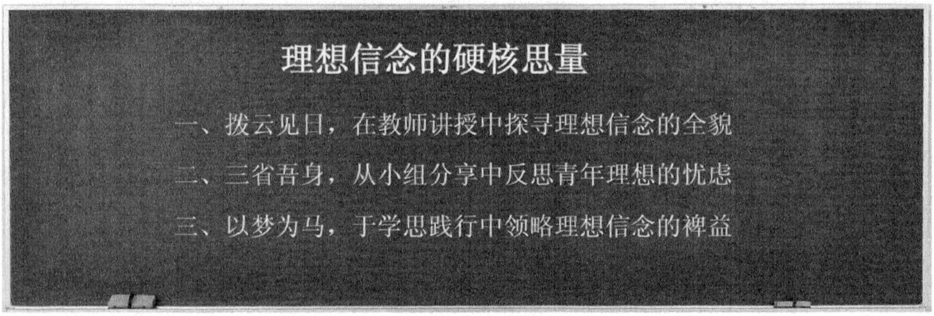

九、教学反思

1. 从基于学情的内容设计反思教学理念的贯彻，用心坚持“以学生为中心”的教学理念。把握了学生对课堂初印象的兴趣点，教师通过结合学生在专业学习中遇到的特有概念名词对阶段小标题进行设计，启发学生对理想和信念的逻辑关系有基本认识；紧扣了学生学习理想信念概念内涵的困惑点，教师通过融合经典素材与热点案例对相关理论进行全面解读，学生更好理解课堂应学理论知识；找准了学生对思想情感的共鸣点，教师通过选取北斗工程的发展历程具象呈现理想信念的裨益，充分融合学生的家国发展情怀、团结奋斗精神，激发学生昂扬进取斗志、坚定理想信念，但如何选取与学生专业密切相关的案例、积极契合学生职业发展需求，在关注“学生对理想信念重要性的理解”的基础上更关注理想信念对学生个人发展的引领作用，还有待进一步精细和深化。

2. 从教学目标的达成情况反思教学方法的贯行，用情联动“以现代化赋能”的教学方法。在传统教学方法应用上，通过理论讲授法，增强学生对理想、信念和理想信念三者认识的理解深度，达成把握理想信念内涵、增强辩证思考能力、涵养家国情怀的目标；通过案例分析法，激发学生对经典案例与同辈案例、行业案例与热点案例的情感热度，达成解决思想困惑、增强逻辑推理能力、涵养进取品格的目标；通过问题导向法，梳理学生对理想信念内涵与重要性的问题向度，达成把握课堂问题链、增强融会贯通能力、涵养使命担当的目标；通过任务驱动法，加大学生对课前线上预习、课后翻转拓展等主体性活动的发挥效度，达成把握正确自学态度、增强深学进阶能力、涵养责任意识的目标。在信息化教学手段应用上，通过原创在线课程知识点的学习以提前了解学生已知未知情况；通过 App 中头脑风暴功能以实时把握学生内容认知程度，投票功能以解决学生课堂互动积极性不足的问题，抢答功能以树立学生积极思考典型。但如何充分应用 App，在“理想、信念是如何统一为理想信念的呢？”“每一次追求、每一次超越又是怎么变成现实的呢？”等学生有一定思考的思辨性问题的回答上将课堂交给学生，更进一步增强师生、生生之间的交流互动，还有待进一步挖掘和融通。

3. 从课堂主阵地内外衔接反思教学过程的贯通，用力实施“全链条培育人”的教学过程。在课前，学生通过自学线上课程“理想信念是人一生的追求”“理想信念是精神之钙”、阅读翻转课堂学习资源《正确理解理想信念的科学含义》，初步了解专题学习的基础知识；在课中，学生通过“理想信念内涵”重点问题教师讲授、“青年理想忧虑”热点问题小组展示、“理想信念如何提升精神境界”痛点问题互动研讨，逐步吸收专题学习的核心内容。在课后，学生通过思考习题、文献阅读、实践活动，努力拓展专题学习的深度广度。通过课前、课中、课后的一体贯通，实现教师主导与学生主体相联动、线上教学与线下教学相融合、思政课小课堂与社会大课堂相衔接。在新课导入中，从信息技术的热词盘点切入，提高了学生参与课堂的兴趣度；在主体讲授中，设计理论讲授讲解理想信念内涵、案例解读体悟理想信念功效，增强了学生深入研讨的启发性；在小组展示中，围绕“青年理想忧虑”进行小组讨论展示，彰显了学生创新实践的执行力；在总结升华中，通过对知识进行总结、对问题进行反思、对担当进行寄语，激发了学生转化责任的使命感。通过新课导入、主体讲授、总结升华的一体贯通，实现问题导向、研究导向、成果导向、目标导向相统一。但在课后思考讨论环节如何设计提出学生在理想信念知行合一上遇到的实际问题，并从课堂全过程的全局视角出发对课中总结与课后拓展做及时调整与优化，还有待进一步巧思和妙想。

专题五　科学信仰的硬核坚定

对应章节：第二章　第二节

计划学时：2 学时

教学对象：经济学专业

一、学情分析

1. 已有知识分析。第一，基于大中小一体化纵向衔接，掌握基础知识情况。学生高中阶段在必修一《中国特色社会主义》第一课“社会主义从空想到科学、从理论到实践的发展”中初步了解了马克思主义的创立背景及过程，初步认识了马克思主义的理论特征，明确了马克思主义是中国共产党人的坚定信仰，实现共产主义是中国共产党人追求的最高理想。第二，基于线上线下教学横向贯通，了解自学知识情况。学生通过线上课程知识点“确立马克思主义的科学信仰”“胸怀共产主义的远大理想”“中国特色社会主义道路是历史的必然”“坚持中国特色社会主义的共同理想”的学习促新知构建；通过翻转课堂“学习资源”中“信仰的故事”“新中国是这样炼成的”等视频资源促新知拓展。

2. 认知能力分析。第一，基础知识记忆力强，但理解归纳能力还不足。学生对于马克思主义的认识停留在识记其产生前提以及《共产党宣言》的价值意义方面，对于马克思主义本质特征的具体内涵、共产主义远大理想的理解程度有待增强，对于马克思主义四个本质特征的系统学习、本质特征与科学信仰之间的关联性归纳有待深入。第二，科学信仰认同度高，但坚守坚信定力还不强。学生对马克思本人怀敬仰之情，对马克思主义持认同态度，但同时也因为马克思的高大形象与马克思主义产生的历史背景，认为马克思与自身距离遥远、马克思主义高深莫测，因而走近马克思主义经典人物增强情感共鸣、剖析马克思主义本质特征形成理性认同进而培养坚定科学信仰的定力有待提升。第三，感性认知浸润性足，但应用转化能力还不强。大多数学生认同并信任马克思主义，但通过课前困惑反馈可知学生运用马克思主义理论来指导经济学专业学习与生活的能力有待增强。

3. 心理需求分析。第一，思政课理论有效指导学习生活。学生希望通过课堂系统理解马克思主义信仰的科学性、人民性、实践性与发展开放性，充分掌握科学信仰的崇高价值，为自己的人生树立科学信仰，正确处理践行理想信念过程中的重大问题。第二，热点与前沿巧妙链接理论课堂。学生希望课堂能够选取“新质生产力”等理论热点以及“马克思主义中国化时代化”等前沿问题作为课堂素材，用于理解马克思主义理论所揭示的科学规律结合当代生产生活实际，仍能迸发出强大精神力量，持续指引社会发展，进而深化对于马克思主义科学性的理性认同。第三，信息化技术灵活贯穿专题讲授。学生更期待线上线下混合式授课模式，希望通过线上课程进行课前预习，熟悉“信仰”“信念”的内涵等基础知识，为课堂学习科学信仰夯实基础，希望通过课堂学习 App 头脑风暴、抢答等多功能的灵活运用有效参与课堂互动、活跃课堂氛围。第四，创新性实践活动融入课堂教学。学生希望通过大学生讲思政课、微视频展示等丰富有趣的实践活动，领悟马克思逐梦前行的力量，进一步明晰科学信仰的形象魅力。

二、教学目标

1. 知识目标。一是通过教师讲授和前沿引入，学生能明晰马克思主义本质特征的形成逻辑与共产主义的概念内涵，拓展对“马克思主义创立背景及特征概括”这一已学知识的探理深度。二是通过小组展示和教师点评，学生能探究马克思逐梦前行的三重角色，明确坚定信仰在马克思追求真理、不息战斗的一生中发挥的引领指向作用，增强对“确立马克思主义科学信仰”这一新学知识的剖析力度。三是通过深刻解读和困惑释疑，学生能系统掌握科学信仰的本质特征，破除对于共产主义远大理想的思想困惑，提升对“共产主义远大理想”这一应学知识的掌握精度。

2. 能力目标。一是通过深入剖析马克思主义信仰的科学性，基于马克思主义生产力理论理解“新质生产力”，把握新时代下生产力与生产关系的辩证关系、科学要素在生产力发展中的重要作用以及应当因地制宜发展生产力的客观规律，深化对于马克思主义穿越千年，仍然能与当代实际相结合并揭示科学规律的科学性的深刻认识，学生能提升识别问题、深度思考、追踪热点等高阶认知能力。二是通过课前观看线上课程、翻阅学习资源，课中紧跟问题链条、参与互动研讨，总结马克思主义经典要义、投诸当代中国实践发展，课后持续思考讨论、关注拓展阅读，学生能提升独立思考、逻辑分析、意义建构等探究学习能力。三是通过小组展示前期准备中的角色选取、资料收集，讲稿撰写中的框架建构、经典事例分析，课堂展示后的三重角色对比、角色异同点总结，展示全过程注重将经济学专业特色与马克思逐梦前行的多重角色相结合，求新求精、如琢如磨，学生能提升主动探索、大胆突破、思维跨界等实践创新能力。

3. 素质目标。一是通过小组展示生动诠释马克思逐梦前行的三重角色，感受科学信仰的形象魅力，学生能涵养起致敬伟人的情感温度与关爱人类的情怀高度。二是通过探析马克思主义的四个本质特征，明晰科学信仰的思想魅力，学生能涵养起刨根问底的思维深度与系统联系的视野广度。三是通过解疑释惑破除对共产主义远大理想的思想困惑，坚定科学信仰的梦想魅力，学生能涵养起坚定信仰的价值向度与砥砺奋进的实践精度。

三、教学内容

“科学信仰的硬核坚定”这一专题教学内容，立足教材“第二章第二节第一目：增强马克思主义、共产主义的信仰”重点难点，贯通线上课程知识点"确立马克思主义的科学信仰""胸怀共产主义的远大理想""中国特色社会主义道路是历史的必然""坚持中国特色社会主义的共同理想"的已知未知，结合全国高校思政课教指委《思想道德与法治教学课件》专题三第二讲的要点亮点，关注学生对科学信仰指导学习生活、把好人生方向与解决行动困惑的兴趣点困惑点，以感受科学信仰的形象魅力、明晰科学信仰的思想魅力、坚定科学信仰的梦想魅力为设计主线，阐释了马克思主义科学信仰的价值意义、本质特征，破除学生对于共产主义远大理想的思想困惑。

【教学内容的设计要点】

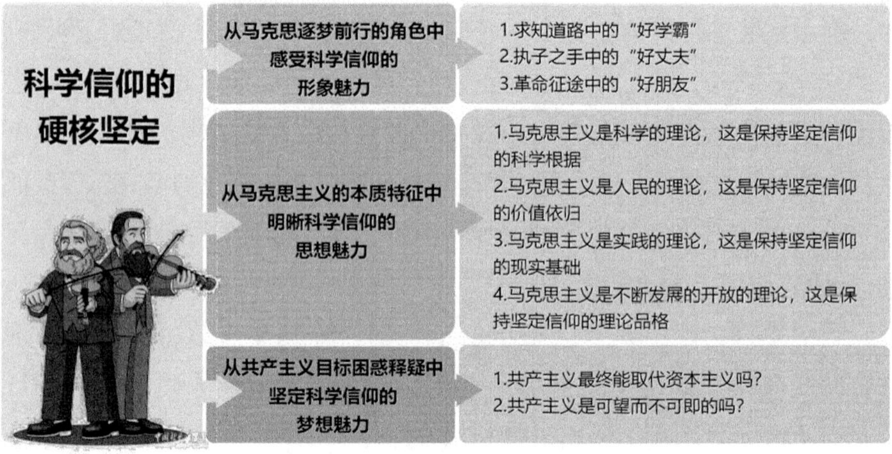

1. 从马克思逐梦前行的角色中感受科学信仰的形象魅力。一是通过学生展示一讲述马克思迷途知返、择善而从的求学经历，明晰青春理想对于"好学霸"角色的塑造作用；二是通过学生展示二回顾马克思与燕妮相知相恋、不离不弃的爱情史诗，品味信仰大爱对于"好丈夫"角色的滋养作用；三是通过学生展示三了解马克思与恩格斯精诚合作、患难与共的革命征途，体悟志同道合对于"好朋友"角色的升华作用。

2. 从马克思主义的本质特征中明晰科学信仰的思想魅力。一是通过讲明马克思主义对黑格尔哲学思想与费尔巴哈哲学思想的批判性吸收、对人类社会历史经验的全面总结，理解科学理论的形成基础，通过结合“新质生产力”理论解读马克思主义在新时代中国发挥的科学指引作用，理解科学理论的规律揭示，进而明确马克思主义的科学性是保持坚定信仰的科学根据；二是通过讲明马克思主义的理论立场根植人民、理论目标为了人民，理解马克思主义为人类求解放的问题，进而明确马克思主义的人民性是保持坚定信仰的价值依归；三是通过讲明社会主义由空想变成科学的发展历程、科学理论转变为社会实践的中国回答、严重挫折并未影响总体趋势的总结与创新以及马克思主义在中国缔造的实践伟力，理解马克思主义是如何指引人民改造世界的，进而明确马克思主义的实践性是保持坚定信仰的现实基础；四是通过结合前沿理论认识社会发展规律的发展，理解马克思主义蕴含的蓬勃生机，进而明确马克思主义的发展开放性是保持坚定信仰的理论品格。

3. 从共产主义目标困惑释疑中坚定科学信仰的梦想魅力。一是通过诠释共产主义的来源及含义，讲明共产主义的基本要义；二是通过分析共产主义取代资本主义的历史必然性和实践可能性，说明共产主义是现实运动和长远目标相统一的过程，破除青年学生的思想困惑与行动困惑。

四、教学重难点及解决措施

1. 坚持原理学习与现实聚焦相统一，着重讲深马克思主义的规律揭示。从马克思主义对人类社会发展规律的揭示入手，以“马克思主义生产力理论”为例，紧密关联马克思主义经典著作与我国推进高质量发展现实局面，阐明该理论与新时代中国发展实际相结合形成“新质生产力”理论，把马克思主义科学理论的规律揭示讲深。经典原文原理与实践发展成果融合讲述，促进学生深刻理解马克思主义的科学性。

2. 坚持前沿引入与历史回顾相融通，着重讲透马克思主义的发展开放性。从引入学界社会发展规律理论入手，分析马克思主义不断探索时代发展新课题，思考社会发展规律的发展历程；着重讲明习近平总书记对社会发展规律理论的探索是对新时代中国发展趋势的概括和总结，是在百年未有之大变局的背景下对人类发展趋势的概括与总结，强调我们坚持的不是一成不变的马克思主义，而是中国化时代化的马克思主义，把马克思主义是发展的开放的理论讲透。引入学界理论，串联马克思主义理论发展过程，促进学生深刻理解马克思主义的发展开放性。

3. 坚持成果展示与理论总结相结合，着重讲活信仰在马克思求学道路上的指引作用。第一，学生展示从马克思在求学道路上蜕变为“学霸”的青春感悟入手，结合马克思青少年时期立下的“为人类幸福而工作”的理想抱负，阐明青年马克思思想面貌的转变过程，把树立崇高理想追求的重要性讲活；第二，教师总结从马克思求学道路上的成长入手，讲明马克思求学成才过程中的经验，并将马克思的成长经验同经济学专业学子的发展培养结合起来，把坚定信仰并砥砺奋进的重要性讲活。师生互动有机融合，充分发挥大学生思考创造能力，促进学生深刻理解科学信仰树立的重要性与曲折性。

五、教学方法

1. 理论讲授法，重在线上初讲和线下深讲相结合。线上，通过讲解马克思主义信仰主题知识，学生能提前学习理论知识，初步形成对科学信仰的认同。线下，通过剖析马克思主义的科学性、人民性、实践性与发展开放性等四个本质特征，学生能对其形成系统理解，并将对科学信仰的情感共鸣上升到理性认同；通过讲明共产主义的来源与含义，学生能明确共产主义远大理想的思想内涵，体悟科学信仰的梦想魅力。通过前置理论自学、重点理论探究、前沿理论拓展，培养学生的探究思维和演绎思维。

2. 问题导向法，重在理论之问与现实之问相结合。新课导入中，以“如何学深、学透、学活信仰这一主题?”之问点明学生的思想困惑；新课讲授中，以“马克思、恩格斯为什么一生都在注视工人阶级的成长？要如何解决资本主义社会的本质问题和矛盾？马克思、恩格斯对中国问题有什么研究?”

等推动学生深度思考，学生能在理论之问中理解马克思主义的本质特征，领悟科学信仰的魅力；课后思考中，通过讨论青年一代为什么要树立共同理想和远大理想，学生能在现实之问中将对于科学信仰的高度认同转化为实践运用的素质能力。通过正视问题、研讨问题、解决问题，培养学生的批判思维和转化思维。

3. 情境教学法，重在视频情境和现场情境相结合。通过观看视频“从《林木盗窃案》看黑格尔哲学体系的裂痕”，学生能在情景交融中明晰马克思主义对于前人思想成果的批判性继承，通过观看“马克思对中国的‘预见’”，学生能在生动画面中将对于马克思主义科学性的感性认知转化为对于马克思主义理论学习的强劲动力；通过小组现场展示“马克思逐梦前行的三重角色”，学生能置身马克思求学之路、执子之手与革命征途的现实情境中，切实感受坚定信仰对于马克思逐梦前行的支撑引领作用。通过创设情境、体验情境、理解情境，培养学生的形象思维和创新思维。

4. 任务驱动法，重在自主任务和协作任务相结合。课前，通过自主学习“确立马克思主义的科学信仰”“胸怀共产主义的远大理想”等线上课程知识点，学生形成对为什么要坚定马克思主义信仰的初步认识，通过分组设计“马克思逐梦前行的三重角色”展示活动，学生协作搜索经典案例、精心打磨文稿；课中，通过紧跟教师思路，学生自主体悟原文原理的内涵意义，并结合中西方现实深度思考科学信仰的本质特征，通过互动研讨，学生形成对于“如何解决资本主义社会的本质问题和矛盾”的多维看法，最终揭示马克思主义对这一问题的科学回答，加深学生对科学信仰科学性的理解。课后，通过翻转课堂布置思考讨论和拓展阅读，学生在独立思考和交流研讨的有机融合中拓展视野。通过全人员参与、双任务驱动、整过程交流，培养学生的合作思维和求证思维。

六、教学过程

【课前】

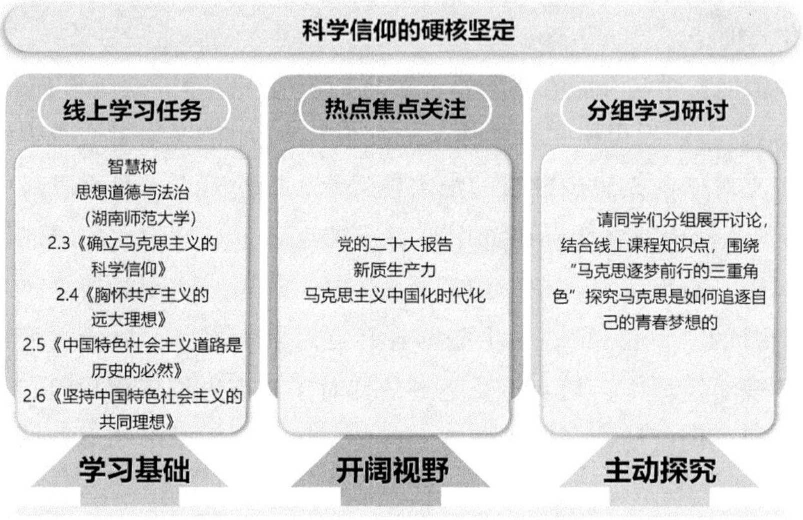

【课中】

环节一：新课导入

同学们好，欢迎来到“思想道德与法治”的课堂。今天我们讲授的主题是“科学信仰的硬核坚定”。中华民族历来就是崇尚信仰的民族。为信仰而生，为信仰而死，更是许多革命志士和共产党人矢志不渝的追求。习近平总书记强调，“信仰、信念、信心，任何时候都至关重要。小到一个人、一个集体，大到一个政党、一个民族、一个国家，只要有信仰、信念、信心，就会愈挫愈奋、愈战愈勇，否则就会不战自败、不打自垮。无论过去、现在还是将来，对马克思主义的信仰，对中国特色社会主义的信念，对实现中华民族伟大复兴中国梦的信心，都是指引和支撑中国人民站起来、富起来、强起来的强大精神力量。”① 这是习近平总书记第一次将“三信”一体来讲，这样

① 习近平：《在庆祝改革开放 40 周年大会上的讲话》，人民出版社 2018 年版，第 42—43 页。

的认识不是人们头脑中所固有的，而是在进行伟大实践活动中锻造而成的；这样的认识不是高谈阔论来的，而是在中国革命、建设、改革的艰辛历程中熔铸而成的；这样的认识不是人们一时感性所致、激情而发，而是在长期的深切感悟、理性升华中积淀而成的；因此，对于信仰、信念、信心的认识有着扎实的实践基础，有着深厚的历史底蕴，有着鲜明的理性支撑。这“三信”既相互区别，又相互联系，有机统一、同频共振，其中，发挥着引领作用的就是马克思主义信仰。因为，“中国共产党为什么能，中国特色社会主义为什么好，归根到底是马克思主义行，是中国化时代化的马克思主义行。”①

在中学阶段，我们已经知晓马克思主义是中国共产党人的坚定信仰，实现共产主义是中国共产党人追求的最高理想，同时，对于马克思主义的理论特征有初步了解。通过线上课程知识点，我们对“确立马克思主义的科学信仰”、“胸怀共产主义的远大理想”、“中国特色社会主义道路是历史的必然”“坚持中国特色社会主义的共同理想”等问题都进行了预习。然而，学习反馈中可以发现，对于“马克思主义信仰”这一主题的学习还存在很多思想困惑，“深奥、遥远、难懂”是反馈的高频词。因此，如何学深、学透、学活信仰这一主题？如何让科学信仰入脑、入心、入行？思想困惑的破除至关重要。我们将从形象魅力、思想魅力、梦想魅力三个层面来系统解读“科学信仰的硬核坚定”。

环节二：从马克思逐梦前行的角色中感受科学信仰的形象魅力

孟子曾说：“颂其诗，读其书，不知其人，可乎？是以论其世也。”② 这里强调的“知人论世”的道理，特别适用于我们学习马克思主义的过程。虽然，马克思主义不等于马克思的主义，但马克思作为马克思主义的主要创始人之一，是近代以来最伟大的思想家，我们从马克思这样一个标志性人物的成长发展，尤其从与同学们年龄相仿的青年马克思的成长谈起，有助于我们对马

① 习近平：《高举中国特色社会主义伟大旗帜 为全面建设社会主义现代化国家而团结奋斗——在中国共产党第二十次全国代表大会上的报告》，人民出版社 2022 年版，第 16 页。
② 《孟子》卷十《万章下》，第 212 页。

克思主义信仰主题学习的情感共鸣到理性认同的升华。在课前，结合线上课程知识点和实践教学要求，我们采用了大学生讲思政课的形式，让大家围绕“马克思逐梦前行的三重角色”来一起走进马克思的理想世界，来领悟他是如何追逐自己的青春梦想的。下面有请三组同学来分享学习成果。同时，老师在 App 上打开“头脑风暴”，同学们可以参与实时同伴互评，既可以为你喜欢的展示汇报点赞、打分，也欢迎大家踊跃提出你的困惑和反思。下面有请第一组汇报：

【小组展示一】求知道路中的“好学霸”

大家好，我是孜孜不倦小组的代表。我汇报的主题是“马克思——求知道路中的‘好学霸’”。首先我想问大家一个问题：在你们心中好学霸应该是怎样的呢？在大部分同学心中，好学霸应该是有良好的思想道德修养、刻苦钻研学习、成绩优异且遵纪守法的人。然而，如果真的以这一标准去衡量好学霸，那么在波恩大学求学期间，马克思能不能算是一个好学霸呢？他是如何成长为学霸的呢？

浪子回头，迷途知返。马克思在波恩大学生活的第一年，可谓是充满了年轻人的躁动与轻狂。他参加特里尔同乡会，与贵族学生发生争执，携带被禁止的武器，参与喝酒、决斗，甚至被关过禁闭，[①] 有时还花钱大手大脚。从与父亲的通信来看，马克思在波恩大学一年就花掉了 700 塔勒。700 塔勒是什么概念？如果按照购买力平价来算，相当于现在的 14 万人民币。[②] 因此种种，马克思的父亲决定把他转到一个学风更好的学校——柏林大学。在柏林大学严谨学风的影响下，马克思的思想面貌发生了巨大改变。他几乎把所有时间都交给了紧张的学习。他专心研究古希腊哲学，做了一万多字学习笔记，以此为基础跳级完成了博士论文；他自学英语和意大利语，大量阅读名著，翻译了许多著作。那马克思的转变是怎么实现的呢？

性本良善，近朱者赤。主要有两个方面的原因：从内因来说，马克思本

① 参见何莹：《【给 90 后讲讲马克思】第 3 讲：问题少年到学霸》，东广新闻台，2018 年 4 月 19 日。

② 参见内蒙轩：《马克思靠谱》，东方出版社 2018 年版，第 2 页。

身就非常注重精神追求，有着明确的人生目标。实际上，马克思从小接受过良好的家庭教育，又受到了父亲亨利希推崇启蒙思想的影响，青年时期的马克思便抱有“为人类幸福而工作”的理想。[①] 并且马克思少年时期看似的“坏”，只是“怀揣理想，但面对理想与现实的落差，理想一时难以实现，又想不通而形成的叛逆与发泄。”[②] 从外因来看，柏林大学为马克思营造了专心于学术研究的良好氛围。黑格尔甚至曾经说过，没有洪堡大学，就没有光辉灿烂的德意志文明。由此可见，一个优良的学习环境对于青年成长和人格塑造是多么重要。除此之外，马克思自身始终在追求真理的道路上步履不停：

吾爱吾师，更爱真理。马克思刚上大学时，是康德和费希特的铁杆粉丝，甚至曾经想自创一个抽象的哲学体系。然而在随后的实践中，马克思发现他们的哲学观念太过虚空。[③] 马克思因无法解决这个问题而一度烦恼不已，甚至病倒了。在患病期间，马克思再度翻阅了黑格尔的著作，在翻阅的过程中，马克思受到了极大的启发，他发现黑格尔的辩证法克服了康德哲学中抽象与具体的对立，同时他也开始了对黑格尔哲学的批判性研究。[④] 在批判吸收前人知识经验的基础上，马克思还通过领导工人运动积累实践经验，这些经历为马克思主义提供了大量的理论素材来源。马克思从物质、现实、实践出发，完成了对黑格尔客观唯心主义的辩证法的改造，把辩证法推进到一个新的高度：唯物辩证法。

见贤思齐，择善而从。我们小组通过大量查阅资料和学习，深刻领会到：第一，立远大理想是根本。马克思正是因为有了“为人类幸福而工作”的理想指引，才能在求知道路上不断前进。第二，博览群书是基础。马克思所读的书涉及多个领域，比如法学，经济学，哲学甚至数学。比如，在经济学领域，马克思深入研究了资产阶级政治经济学代表人物的著作，包括亚

① 参见内蒙轩：《马克思靠谱》，东方出版社 2018 年版，第 4 页。

② 内蒙轩：《马克思靠谱》，东方出版社 2018 年版，第 17 页。

③ 参见吴宏政：《读懂马克思：马克思的“傲慢”与“谦卑”》，2018 年 4 月 29 日，见 https://news.12371.cn/2018/04/29/ARTI1524954850278172.shtml。

④ 参见内蒙轩：《马克思靠谱》，东方出版社 2018 年版，第 6 页。

当·斯密的《国富论》和大卫·李嘉图的《赋税原理》等等，并留下了大量摘录笔记；除了对于古典经济学的研究之外，马克思对于英国的麦克库洛赫和西尼尔、德国的李斯特、法国的巴师夏、美国的凯里等的著述和理论做过多方面的了解和研究。[①] 这也启发我们要像马克思研究众多经济学著作一样深入体悟马克思主义政治经济学的魅力。第三，实践出真知是王道。马克思主义的创立离不开马克思、恩格斯对于资本主义的实地研究与对工人运动的经验总结。结合我们的专业背景来看，成为一个“好学霸”不仅需要有扎实的理论基础，还需要在未来生活中将经济学理论与我国经济社会发展实践紧密结合起来，在深入基层的实地调研中应用知识，在持续不断的经验总结中收获成长。

【教师点评】谢谢第一组同学的汇报。他们从马克思的求学经历入手，为我们生动展现了青年马克思如何实现“超级学霸”的转变。在同学们谈及对马克思主义信仰主题的学习困惑时，不少人谈及了到底“如何用马克思主义指导具体的生活实践?”其实，青年时期的马克思和我们一样，有过对学习的困惑、爱情的困惑、择友的困惑，因为，“马克思是顶天立地的伟人，也是有血有肉的常人。”[②] 他跟很多年轻人一样，也曾有过彷徨、迷茫，但他的“问题”并不是面对现实的冷酷，放弃青春理想后的自我躺平或堕落[③]，“他从未丢弃过他的青春理想，从未放逐对人类幸福和世界未来的思考和探索。”[④] 他博览群书，积极吸收前人思想的合理内核；敢于质疑，但是基于实践应用后的质疑。马克思不仅深入了解哲学社会科学各个学科知识，还研究各种自然科学知识。所以，我们不能局限于阅读本专业书籍，不能局限于只学好专业课，应该像海绵一样，多面地吸收知识，跨学科丰富素养，把自己培养成复合型、创新型人才。

在马克思的一生中有两个特别重要的人，接下来有请第二组同学汇报：

---

① 参见顾海良：《马克思经济学的来源》，《光明日报》2013 年 10 月 11 日。

② 习近平：《在纪念马克思诞辰 200 周年大会上的讲话》，人民出版社 2018 年版，第 5 页。

③ 参见内蒙轩：《马克思靠谱》，东方出版社 2018 年版，第 7 页。

④ 内蒙轩：《马克思靠谱》，东方出版社 2018 年版，第 7 页。

【小组展示二】执子之手中的“好丈夫”

大家好，我们是相濡以沫组。我们要汇报的主题是“马克思——执子之手中的‘好丈夫’”，从马克思与燕妮的一生相守来品味理想信念的坚守。

情意绵绵诚可著，越阶级，赴未来。最好的爱情不是物质上的门当户对，而是精神上的势均力敌。马克思和燕妮的爱情便是最好的印证。燕妮与马克思，一个是出身名门望族、举止优雅、气质非凡的“白富美”，另一个却是貌不出众、家不显赫的“平民学生”，[①]即便受到了各方力量的阻挠，两人仍毅然选择结为终身伴侣，一同奔赴共同的革命事业。

现实惶惶困难多，不言弃，见真情。当代社会，我们看到许多人在爱情的考量中往往把经济实力放在第一位，经济基础一旦坍塌，爱情也随之分崩离析。那马克思和燕妮在感情中是如何思量的呢？又经历了哪些困难呢？

【视频资源】不朽的马克思：马克思与燕妮　让人动容的爱情[②]（4分17秒）

面临接踵而至的艰险与危机时，马克思与燕妮未曾退缩；遭受长期瘟疫般的政治迫害时，两人未曾言弃；在四处流亡辗转的生活中，两人都不曾埋怨身边最亲近的伴侣。是什么让他们从不哀于贫贱？又是什么铸就了这段世间最可贵、最崇高的爱情？

信仰敦敦实可践，历岁月，为大爱。我们常在纠结一个问题，爱情和面包哪个更重要？看完马克思和燕妮的爱情，我们不禁领悟到在这两个选择之外，还有一种更能发人深省、激人奋进的答案，那就是——“信仰”。相知相恋时，经济实力的悬殊未曾隔断这对伴侣的磅礴爱情；相守相伴时，经济状况的窘迫拮据也未曾击碎他们的共同信仰，正是因为共同的革命信仰，他们的结合才能跨越阶级的障碍，他们的理想才能克服重担的压力，他们的爱

① 参见孟宪生：《读懂马克思：燕妮——马克思的亲密爱人》，2018年4月29日，见https://news.12371.cn/2018/04/29/ARTI1524954969274182.shtml。

② 《时空对话：不朽的马克思：马克思与燕妮　让人动容的爱情》，2018年5月3日，见http://v.cctv.com/2018/05/03/VIDE8R9rg8X22DGzZVxXUQON180503.shtml。

情才能抹平岁月的痕迹。即便到了暮年，容颜老去、疾病缠身，他们的爱情依然浓烈。燕妮曾表示，那些帮马克思誊写“潦草的文稿”的日子是她一生中最快乐的时光。

同学们，我们未来在追求生活理想的过程中，在寻觅理想伴侣的过程中也要能够深刻领悟马克思和燕妮的浪漫境界，不囿于个人爱情的小确幸，而要能够拥有你爱着全人类，我爱着你的大情怀。

【教师点评】通过第二组的汇报，我们感受到马克思与燕妮的爱情也许少了些天真浪漫，但却在革命考验中温暖燃烧。了解马克思的爱情，并不是来看马克思与燕妮是怎么谈情说爱的，而是希望同学们能领悟到在“执子之手好丈夫”的角色中，坚定信仰是如何助力马克思与燕妮相知相守的？是如何助力一个人从“小丈夫”升华到“大丈夫”的？他们不囿于物质追求，而是精神追求；他们能舍小家为大家，为人类解放事业共同努力。

在马克思一路打怪升级的过程中，除了有燕妮，还有一个含金量最高、忠诚度最好的好友。让我们继续进入第三组的汇报：

【小组展示三】革命征途中的“好朋友”

大家好，我是竭诚相待小组的代表。今天我们组要汇报的主题是“马克思——革命征途中的‘好朋友’”。列宁曾说：“古老传说中有各种非常动人的友谊故事。欧洲无产阶级可以说，它的科学是由这两位学者和战士创造的，他们的关系超过了古人关于人类友谊的一切最动人的传说。”[①]显而易见，这两位学者和战士的名字，就是马克思和恩格斯。如果没有恩格斯无私的经济支持，《资本论》的写作任务难以完成；如果没有恩格斯耗尽心血的整理编辑，《资本论》的第二、三卷便难见天日；如果没有恩格斯为成就马克思的事业作出的巨大牺牲，马克思主义政治经济学的创立就难以实现。接下来就让我们一起来了解这段革命友谊。

初次见面，十分冷淡。充满戏剧性的是马克思和恩格斯的初次会面并不愉快，甚至马克思的态度称得上冷淡。究其原因有两点：其一是马克思对鲍

① 《列宁选集》第1卷，人民出版社2012年版，第95页。

威尔唯心主义的英雄史观持批判态度，而恩格斯因与鲍威尔兄弟有书信来往而被认为是他们的盟友，也因此恩格斯对马克思有所怀疑。其二是马克思当时非常反对以黑格尔绝对唯心主义为出发点的自由人团体，而恩格斯曾一度与之关系密切。所以，马克思和恩格斯的初次会面就以不欢而散收场。那他们是如何成为挚友的呢？

恩想共鸣，友情升温。在那次十分冷淡的“初次会面”后，1843年，恩格斯给马克思所在的《德法年鉴》编辑部寄去了一份题为《国民经济学批判大纲》的稿件。这篇文章不仅指明了政治经济学研究对于探究当代资本主义的重要性，更考察了这门学科的产生和发展的历史，同时站在新的立场上透析了政治经济学的基本范畴。这篇在政治经济学‘这门科学方面内容丰富而有独创性的著作’给马克思留下了极其深刻的印象。[①] 与恩格斯的这篇文章同时发表在《德法年鉴》第一、二合刊号上的，还有马克思的两篇文章，即《〈黑格尔法哲学批判〉导言》和《论犹太人问题》，恩格斯拿到杂志样刊，在阅读了马克思的文章后，也意识到鲍威尔兄弟在理论上的巨大缺陷，并从马克思的文章中看到了德国革命的前景和希望，领会了革命民主主义转向共产主义、唯心主义转向唯物主义的必要性，并从此改变了对马克思的印象。此后，两人不断通信交换意见，发现彼此对基本理论问题与实际斗争策略的看法竟高度一致。所以，才有了1844年8月底，恩格斯在巴黎逗留10天与马克思深入交流。[②]

生活扶持、共克时艰。可以说，马克思一辈子研究“金钱”，缺的却恰恰是“金钱”。在马克思的眼里，加官晋爵、金钱诱惑，那都是浮云。他所支持的道路为当局所不容，于是他只能拖家带口，带着他的共产主义理想四处流亡。[③]“恩格斯为了维持马克思的生活，宁愿经营自己十分厌恶的商

---

① 参见刘秀萍：《恩格斯与马克思的“政治经济学转向”》，《光明日报》2020年7月6日。

② 参见许静波：《【马克思的故事】马克思和恩格斯的初次会面》，2018年5月12日，见https://news.cnr.cn/native/gd/20180512/t20180512_524230735.shtml。

③ 参见《关于马克思的冷知识，你知道几个?》，2018年5月2日，见http://www.qstheory.cn/2018-05/02/c_1122771457.htm。

业，把挣来的钱源源不断寄给马克思。”[①] 无私的“第二提琴手”恩格斯甘愿把二十多年的宝贵光阴耗费在经商上，只为帮助自己的战友完成伟大的革命事业。他们不仅在生活中相互扶持，更在事业上形成合力，成就了举世瞩目的黄金搭档。

志同道合，彼此成就。马克思还没有精通英文时，恩格斯就帮他翻译。恩格斯从事著述时，马克思也放下自己的工作，帮他编写其中的某些部分。马克思说：“我却很喜欢你我二人目前所处的公开的真正的离群索居状态。这种状态完全符合我们的立场和我们的原则。”[②] 恩格斯也回信道：“我们不需要声誉，不需要任何国家的任何政党的任何支持，我们的立场完全不取决于这类小事情。”[③]

这伟大的友谊令人赞叹，同时也让我们明白共同的革命信仰是维系深厚友情的精神纽带，与真挚的革命友情相比，当代青年群体中盛行的“搭子文化”则显脆弱。如何增强现实沟通、交流不同理想，获得“细水长流”的深厚友谊，成为了青年群体亟待解决的成长之问。同学们，如果有崇高的理想，我们将看得更高；如果有志同道合的朋友，我们将会走得更远。也许，我们实践理想的方式都会不一样，但让我们像马克思恩格斯一样，朝着信仰之光一同努力！

【教师点评】谢谢第三组的汇报，“交友”之困确实是大学生的青春之问，第三组也抓住了重点，真正的友谊在于“志同道合”。这个“志”毫无疑问是为人类幸福而工作的大志，这个“道”是共产主义大道。正如，马克思曾言“如果我们选择了最能为人类福利而劳动的职业，那么，重担就不能把我们压倒”[④]。

【教师总结】通过三组同学对于马克思“好学霸”“好丈夫”“好朋友”三重身份的精彩演绎，我们感受到了“马克思的一生，是胸怀崇高理想、为

① 杨晨、郑杰川：《马克思革命生涯中的伟大友谊与不朽爱情》，《祖国》2018 年第 9 期。

② 《马克思恩格斯全集》第 48 卷，人民出版社 2007 年版，第 190 页。

③ 《马克思恩格斯全集》第 48 卷，人民出版社 2007 年版，第 194 页。

④ 《马克思恩格斯全集》第 40 卷，人民出版社 1982 年版，第 7 页。

人类解放不懈奋斗的一生。”[①]“马克思的一生，是不畏艰难险阻、为追求真理而勇攀思想高峰的一生。”[②]“马克思的一生，是为推翻旧世界、建立新世界而不息战斗的一生。”[③]

然而，真正要读懂、读清马克思，学深、学透马克思主义，绝不是梳理概括经典人物的成长历程、简单背诵经典文本的具体词句就行了，而是要从马克思主义科学信仰的思想魅力中掌握看待问题、分析问题、解决问题的世界观和方法论。

环节三：从马克思主义的本质特征中明晰科学信仰的思想魅力

习近平总书记在纪念马克思诞辰 200 周年大会上指出，马克思主义是科学的理论、是人民的理论、是实践的理论、是不断发展的开放的理论。[④] 我们就从这“四个是”中来系统理解科学信仰的思想魅力。

（一）**马克思主义是科学的理论，这是保持坚定信仰的科学根据**

“马克思主义是科学的理论，创造性地揭示了人类社会发展规律。”[⑤]

【App 抢答】我们来思考这样一个问题：“今天，我们谈论奴隶社会取代原始社会、封建社会取代奴隶社会、资本主义社会取代封建社会是历史必然，容易被大多数人理解和接受，因为人类数千年的历史已经充分证明了这个论断。但是，我们要说社会主义必然取代资本主义、人类社会最终进入共产主义是科学的真理，就会有人持有疑问，因为人们容易相信已经发生了的事实，而往往对正在发生的、将来发生的事情持怀疑态度”[⑥]，同学们怎么看这个观点？

---

① 习近平：《在纪念马克思诞辰 200 周年大会上的讲话》，人民出版社 2018 年版，第 3 页。
② 习近平：《在纪念马克思诞辰 200 周年大会上的讲话》，人民出版社 2018 年版，第 4 页。
③ 习近平：《在纪念马克思诞辰 200 周年大会上的讲话》，人民出版社 2018 年版，第 5 页。
④ 参见习近平：《在纪念马克思诞辰 200 周年大会上的讲话》，人民出版社 2018 年版，第 7—9 页。
⑤ 习近平：《在纪念马克思诞辰 200 周年大会上的讲话》，人民出版社 2018 年版，第 7 页。
⑥ 汪亭友：《筑牢信仰之基　补足精神之钙　把稳思想之舵》，2019 年 7 月 18 日，见 http://www.71.cn/2019/0718/1050835.shtml。

【教师解读】“这是人之常情，也符合认识规律，人类正是在这样的心理作用下不断探究世界的奥秘，才使科学得以不断发展进步的。这一问题的关键，不在于允不允许人们持有疑问甚至否定意见，而在于马克思主义揭示的人类社会发展规律是不是科学的真理、能不能经受住实践和历史的检验。只有搞清楚这个问题，我们才能用科学的态度对待马克思主义。”①

1. 科学理论的形成基础

“马克思主义是在批判地吸收前人优秀思想成果、总结人类历史经验的基础上，创立的科学理论。”②

（1）批判地吸收前人优秀思想成果。马克思批判地继承德国古典哲学、英国古典政治经济学、法国空想社会主义，汲取细胞学说、能量守恒和转化定律、进化论等科学成果，创立了马克思主义哲学、政治经济学和科学社会主义。③

比如对黑格尔哲学思想的批判性吸收。在前面小组展示中，我们了解到，因为对哲学观念有了更深认识，马克思从康德和费希特的铁杆粉丝转为了把黑格尔比作“新的神”。黑格尔是什么人？他是德国著名的哲学家，曾经是柏林大学校长。黑格尔认为有一种永恒存在的世界精神，一切现实事物都是从世界精神派生出来的，他把这种世界精神叫做“绝对精神”，认为“绝对精神”是自然界和社会的一切现象的基础，“绝对”是黑格尔哲学的核心概念。黑格尔又认为，“绝对精神”不是静止不动的，而是处于运动、发展之中的，也正是因为这种辩证思维让青年黑格尔派的博士生们为之振奋。那马克思又是为什么会从崇拜黑格尔哲学思想到对黑格尔法哲学思想的批判呢？一方面，从黑格尔辩证法的本身来说是不彻底的。虽然，黑格尔认为“绝对精神”是运动的、发展的，但他认为这个发展就只是“绝对精神”自己认识自己的过程，是以人的自我意识为起点，最终又回归于“绝对精

① 汪亭友：《筑牢信仰之基　补足精神之钙　把稳思想之舵》，2019 年 7 月 18 日，见 http://www.71.cn/2019/0718/1050835.shtml。

② 本书编写组：《思想道德与法治》，高等教育出版社 2023 年版，第 52 页。

③ 参见曹健华：《马克思主义的灿烂光辉》，《学习日报》2018 年 6 月 6 日。

神”；而且，他认为这种发展不是无限的，当它达到自我意识的时候，发展就终止了；黑格尔辩证法的这个“发展”讲的并不是现实世界和人类认识的发展，而是作为“绝对精神”的各种规定或形式的纯粹概念、范畴的发展，因此，这样从纯粹思维出发的辩证法，它在本质上是唯心的。另一方面，从黑格尔辩证法的实践来说是不好使的。这还得从马克思的工作经历说起。马克思在《莱茵报》工作的经历让他的哲学思想产生了巨大转变。工作期间，他写了大量文章，触及了社会中的很多现象，但在与一些具体社会问题过招的时候，马克思发现，自己在大学里跟黑格尔研习的套路并不能做到应对自如。[①] 比如：

【视频资源】从《林木盗窃案》看黑格尔哲学体系的裂痕（4 分 30 秒）[②]

【教师解读】《林木盗窃案》事件让马克思看清了当时法律的虚伪性，让他对作为“理性”化身的法律失望；后来，马克思在《莱茵报》发表的一系列反映摩塞尔地区农民贫困状况的文章，反映出了他对政府的失望。在那些文章里他不再单纯地指责私人利益，他发现国家本身就有很多“缺陷”，他看到了农民贫困其实是政府治理下的贫困。也正是因为对法律的失望、对政府的失望，让马克思意识到，要揭示物质利益和国家立法之间的真实关系，仅仅依靠黑格尔哲学是无能为力的，也正是这些难题促使他逐步研究政治经济学。[③] 这也启示我们，经济学学子，培养服务于国家发展的思想高度、磨砺着眼于社会现状的问题敏感度、增加慰藉于全人类福祉的实践温度，同样至关重要。虽然，马克思对黑格尔的理论产生了怀疑，但在有人质疑或恶称黑格尔的时候，他仍能勇敢地说自己是黑格尔的徒弟，[④] 马克思是典型的“吾爱吾师，吾更爱真理”。

比如对费尔巴哈哲学思想的批判性吸收。费尔巴哈坚持的核心思想观

① 参见内蒙轩：《马克思靠谱》，东方出版社 2018 年版，第 40 页。

② 【《领风者》第 2 话　捍卫自由—哔哩哔哩国创】，2019 年 1 月 28 日，见 https://www.bilibili.com/bangumi/play/ep261466/?share_source=copy_web。

③ 参见内蒙轩：《马克思靠谱》，东方出版社 2018 年版，第 43 页。

④ 参见内蒙轩：《马克思靠谱》，东方出版社 2018 年版，第 43 页。

点就是哲学的真正原则是取决于实在的、有限的、确定的存在。他强调，人是自然界的产物，人的感性与理性是不可分割地联系在一起的，注重实践在认识理论中起到的至关重要的作用。然而，费尔巴哈被认为是半截子的唯物主义。为什么是“半截子”呢？因为费尔巴哈在自然观上坚持了唯物主义立场，在社会历史观上却是唯心主义立场。在自然观上，他承认世界是由物质组成，但又只把物质看成一种纯客观，一种独立于人的存在，并没有把物质看成是人的实践对象。在社会历史观上，他认为人的精神是起决定作用和占主导地位的，他没有把历史发展过程也看作是物质性的过程。①

马克思、恩格斯他们吸取了黑格尔哲学中辩证法的合理内核而摈弃其唯心主义，他们吸取费尔巴哈哲学中的唯物主义而摈弃其形而上学和社会历史问题上的唯心观点，共同创立了辩证唯物主义哲学。

（2）深刻地总结人类社会历史经验。马克思和恩格斯不仅对自己生活周遭的欧洲发展进行了研究，还对自己不曾到过的亚洲情况进行了了解。

从对欧洲工人运动的关注来看。18 世纪下半期英国进入产业革命，随之而来的是机器大工业取代工厂手工业，新兴的工人阶级力量出现。那当时的工人阶级境遇怎样呢？马克思、恩格斯为什么一生都在注视着这个阶级的成长呢？

【视频资源】欧洲三大工人运动及其失败（3 分 37 秒）②

【教师解读】可以说，工人运动是马克思主义总结人类历史经验的鲜活素材。通过视频，我们可以感受到，这个时期资本主义经济已经发展起来了，那这些经济财富主要是谁创造的呢？每天劳动十五六个小时的工人阶级。那是不是劳动得越多工资就越多，生活越宽裕呢？并不是。马克思曾经这样讲到，“劳动为富人生产了奇迹般的东西，但是为工人生产了赤贫。劳动创造了宫殿，但是给工人创造了贫民窟。劳动创造了美，但是使工人变成

① 参见杨诗羽、周新梅：《对〈关于费尔巴哈的提纲〉第二条的理解与探究》，《智库时代》2018 年第 27 期。

② 【十九世纪欧洲的三大工人运动—哔哩哔哩】，2021 年 6 月 16 日，见 https://www.bilibili.com/video/ BV1K64y1r75P?vd_source= 999c1c4080256536414a56419c722877。

畸形。劳动用机器代替了手工劳动，但是使一部分工人回到野蛮的劳动，并使另一部分工人变成机器。劳动生产了智慧，但是给工人生产了愚钝和痴呆。”[①] 我们来看看这些词：奇迹和赤贫、宫殿与棚舍、美与畸形、智慧与愚钝，形成了强烈的对比。我们可以清晰地认识到，工人付出的劳动越多、生产得越多，失去的反而会越多，劳动的付出与劳动的所得之间存在巨大的落差。在资本家眼里，工人只是追求利润最大化的工具，只能是被压榨和剥削的对象。正如，视频中所讲到的，哪里有压迫哪里就有反抗，工人们如何反抗的呢？我们思考，捣毁厂房、机器和住宅，能不能解决实质问题、真正矛盾呢？并不能。实质问题是什么？就在于生产发展的趋势是社会化，但生产资料却是资本家私人占有。随着资本主义的发展，社会分工不断加深、经济联系日益密切，使得生产越来越具有社会性；每一件产品都是由一群工人共同生产出来的，生产出来的产品供社会消费，生产上需要的物资由社会提供；生产力的这种性质，客观上要求由社会占有生产资料。但是，在资本主义条件下，生产资料却由资本家私人占有，所以，生产资料私有制才是实质问题所在，生产方式同占有方式间的矛盾，才是资本主义社会一切弊病的总根子。[②]

【App 头脑风暴】要如何解决这个问题和矛盾呢？

【教师总结】在《共产党宣言》中提到，“共产主义革命就是同传统的所有制关系实行最彻底的决裂”[③]。列宁也强调，“工人阶级要获得真正的解放，必须进行资本主义全部发展所准备起来的社会革命，即消灭生产资料私有制”[④]。马克思恩格斯认为，消灭私有制、建立公有制，是生产力的社会性质及其发展的客观要求，是社会发展的规律，是历史的必然趋势。

那马克思、恩格斯并没有来过中国，他们对中国问题有什么研究呢？

---

① 《马克思恩格斯全集》第 42 卷，人民出版社 1979 年版，第 93 页。

② 参见《科学理解马克思主义所有制理论——访中国人民大学周新城教授》，《马克思主义研究》2018 年第 4 期。

③ 《马克思恩格斯文集》第 2 卷，人民出版社 2009 年版，第 52 页。

④ 《列宁全集》第 6 卷，人民出版社 2013 年版，第 193 页。

从对中国革命问题的关注来看。阅读《马克思恩格斯全集》可以发现，马克思、恩格斯虽然没有来过中国，但马恩全集中 800 多处提到了中国。

【视频资源】马克思对中国的“预见”① （1 分 10 秒）

【教师解读】他们以历史唯物主义的战略眼光对其所处的时代和世界进行了深入考察，并开始关注、研究中国的国情，客观评论了鸦片战争，分析预测了中国革命的发生、“中国社会主义”的到来等问题。马克思、恩格斯还运用“世界历史”分析方法，预见到太平洋经济中心时代到来，主张把中国放在这种世界格局转变中来看待。

2. 科学理论的规律揭示

“马克思主义深刻揭示了自然界、人类社会、人类思维发展的普遍规律，为人类社会发展进步指明了方向”②。我们学习“马克思主义基本原理”时会比较详细地学到这些内容，现在简要以马克思主义生产力理论相关观点为例来理解。

第一，对经济规律的研究要结合生产力发展来进行。马克思认为，生产力的发展水平不同，生产关系和支配生产关系的规律也就不同。“随着新的生产力的获得，人们便改变自己的生产方式，而随着生产方式的改变，他们便改变所有不过是这一特定生产方式的必然关系的经济关系。”③ 这些论述阐明了生产力决定生产关系，是决定社会历史发展最重要的推动力④，同时指出生产关系要与生产力发展要求相适应。新时代产生新课题，新形势诞生新要求。在新一代信息技术加速突破应用、先进制造技术加速产业转型的新发展阶段，在构建新发展格局、推进高质量发展的关键时期⑤，习近平总书记指出，“发展新质生产力是推动高质量发展的内在要求和重要

① 150 年前马克思是如何预言新中国的?【毒舌的南瓜】，2023 年 7 月 8 日，见 https://www.bilibili .com/video/ BV1Jg4y1w7Kq?vd_source=999c1c4080256536414a56419c722877。

② 习近平：《在哲学社会科学工作座谈会上的讲话》，人民出版社 2016 年版，第 8 页。

③ 《马克思恩格斯全集》第 47 卷，人民出版社 2004 年版，第 441 页。

④ 参见卫兴华：《马克思的生产力理论超越了西方经济学》，《人民日报》2017 年 4 月 10 日。

⑤ 参见于凤霞：《加快形成新质生产力：是什么、为什么、做什么?》，《新经济导刊》2023 年第 10 期。

着力点。”[①]

第二，要十分重视科学的发展及其在生产中的应用。马克思反复讲科学是生产力，“生产力中也包括科学”“大工业则把科学作为一种独立的生产能力与劳动分离开来”“随着科学作为独立的力量被并入劳动过程而使劳动过程的智力与工人相异化”。[②] 习近平总书记依据对新质生产力展开的一系列重要论述，对马克思主义关于生产力的科学要素的内涵做出了新的发展和拓展。新质生产力以科技创新特别是颠覆性技术和前沿技术催生新产业、新模式、新动能为基础，是包含新质态要素的生产力。从劳动者的因素看，劳动者的劳动能力在科技创新推动下提升到新高度，高素质劳动者包括引领科技、创造先进生产工具的创新型人才和具备多维知识结构、熟练掌握新型生产工具的技能型人才；从劳动资料看，劳动资料在新技术、新产业等的作用下发生质变，知识形态的科学技术转化过来的生产工具在劳动资料中起主要作用，标志着生产力发展水平的客观尺度，也是区分经济时代的客观依据；从劳动对象看，劳动对象的范围和领域在科技创新推动下发生重要变化，得益于科技创新广度延伸、深度拓展、精度提高和速度加快。[③] 因此，发展新质生产力的关键在于科技创新，用不断涌现的科技创新成果推动高质量发展。

第三，要充分重视好自然力这一生产力发展的要素。“马克思把自然力也作为生产力发展的要素，认为‘大工业把巨大的自然力和自然科学并入生产过程’，如利用水力、风力发电，利用太阳能等。”[④] 当前，我国各地在资源禀赋、产业基础、科研条件方面都存在差异，发展新质生产力不能“一哄而上”盲目干，也不能模式移植同质化，而要“因地制宜发展新质生产力”[⑤]。

---

① 习近平：《发展新质生产力是推动高质量发展的内在要求和重要着力点》，《求是》2024 年第 11 期。

② 参见卫兴华：《马克思的生产力理论超越了西方经济学》，《人民日报》2017 年 4 月 10 日。

③ 参见崔友平：《马克思主义生产力理论的重大创新》，《学习时报》2024 年 3 月 20 日。

④ 卫兴华：《马克思的生产力理论超越了西方经济学》，《人民日报》2017 年 4 月 10 日。

⑤ 《习近平在参加江苏代表团审议时强调　因地制宜发展新质生产力》，《人民日报》2024 年 3 月 6 日。

从科学阐述生产力和生产关系的基本原理，到突出强调科学对于生产力发展的重要价值，再到关注自然力的基础作用，马克思主义生产力理论科学揭示了人类社会发展的客观规律；从强调“发展新质生产力”，再到强调“因地制宜发展新质生产力”，“习近平总书记关于新质生产力的重要论述是马克思主义生产力理论在当代中国的创新与发展，深化了对生产力发展规律的认识，进一步丰富了习近平经济思想的内涵。”① 这对于我们经济学子来说，是要进一步拓展和学习的内容，要及时地关注和研究的热点。

【教师总结】从理论基础来说，马克思主义批判性地吸收了前人优秀思想成果；从实践基础来说，马克思主义总结了人类历史经验；它的科学性更体现在对规律的挖掘。“马克思创建了唯物史观和剩余价值学说，揭示了人类社会发展的一般规律，揭示了资本主义运行的特殊规律”②。时代在变化，社会在发展，但马克思主义基本原理依然是科学真理。马克思主义既来源于那个时代又超越了那个时代。尽管我们所处的时代同马克思所处的时代相比发生了巨大而深刻的变化，但从世界社会主义 500 年的大视野来看，我们依然处在马克思主义所指明的历史时代，这是我们对马克思主义、共产主义保持坚定信仰的科学根据。

（二）**马克思主义是人民的理论，这是保持坚定信仰的价值依归**

“马克思主义博大精深，归根到底就是一句话，为人类求解放。”③ 为什么马克思要致力于人的解放问题呢？在资本主义工业体系中，工人们创造商品，但生产出来的商品却不属于工人，而被资本家无偿占用，而资本家还利用工人生产出来商品的价值来对工人形成了制约和限制。马克思在社会关系中看到了劳动被“异化”的现象。这种劳动“异化”使人丧失能动性，人的个性不能全面发展，只能片面甚至畸形发展，马克思试图从根本上改

① 史小宁、朱少云：《新质生产力：当代马克思主义理论阐释与实践路径》，《中国社会科学报》2024 年 3 月 22 日。

② 习近平：《在纪念马克思诞辰 200 周年大会上的讲话》，人民出版社 2018 年版，第 8 页。

③ 习近平：《在纪念马克思诞辰 200 周年大会上的讲话》，人民出版社 2018 年版，第 8 页。

变人的这种被“异化”的状态，要把人从“异化”中解放出来，恢复人真正的自由。

理论立场根植人民。其实，为什么人的问题，这是一个根本问题。“与以往服务于少数统治者的理论家不同，马克思、恩格斯不仅深谙人民大众疾苦，怀有厚重的人民情怀，而且还善于从被剥削被压迫的人民大众自身利益诉求出发来构建科学理论，将‘人民解放’奉为自身理论的宗旨和使命。”①按黑格尔的说法，国家和法律是“理性”的化身，普鲁士政府是一个“理想国家”，它会永远坚持公平和正义，永远代表着绝大多数人的利益。但现实却大大出乎马克思的意料，之前视频中提到的《林木盗窃法》坚定地站在了林木所有者一边，而不是穷苦人民一边。马克思、恩格斯在《共产党宣言》中指出：“过去的一切运动都是少数人的，或者为少数人谋利益的运动。无产阶级的运动是绝大多数人的，为绝大多数人谋利益的独立的运动。”②“马克思主义第一次站在人民的立场探求人类自由解放的道路，以科学的理论为最终建立一个没有压迫、没有剥削、人人平等、人人自由的理想社会指明了方向。”③

发展目标为了人民。人民性是马克思主义的本质属性，这与中国古代哲人描绘的“大道之行、天下为公”的大同社会理想也是相契合的，这也是当年马克思主义作为共产主义学说何以能传入中国，何以能在各种社会思潮的激荡中被中国人民所选择的重要文化背景。马克思主义中国化时代化也积极顺应了人民对美好生活需要的期望。以习近平同志为核心的党中央始终把人民群众的利益高高举起，始终把是否有利于民生福祉放在制定经济政策的第一位，着力解决人民最关心最直接最现实的利益问题，呼应人民群众“急难愁盼”的现实难题。《中共中央关于进一步全面深化改革　推进中国式现代化的决定》中明确指出，“在发展中保障和改善民生是中国式现代化的重大

① 贺敬垒：《为什么说马克思主义是人民的理论》，《光明日报》2021 年 10 月 28 日。

② 马克思、恩格斯：《共产党宣言》，人民出版社 2018 年版，第 39 页。

③ 习近平：《在纪念马克思诞辰 200 周年大会上的讲话》，人民出版社 2018 年版，第 8 页。

任务。”[①] 所以，马克思主义之所以具有跨越国度、跨越时代的影响力，就是因为它始终根植于人民、一切为了人民，这是我们对马克思主义、共产主义保持坚定信仰的价值依归。

（三）马克思主义是实践的理论，这是保持坚定信仰的现实基础

在马克思墓碑上镌刻着马克思的一句名言：“哲学家们只是用不同的方式解释世界，问题在于改变世界。”[②] 这鲜明地表达了马克思重视实践、以改造世界为己任，实践性是马克思主义理论区别于其他理论的显著特征。

1. 社会主义由空想变成科学

在科学社会主义之前，空想社会主义者早已存在。“从 1516 年莫尔发表《乌托邦》到 1849 年欧文出版他的最后一部总结性力作，是空想社会主义时期。”[③] 莫尔是开创先河的空想家。莫尔出身富人家庭，但他坚决地反对了他所属的阶级，站到了劳动人民这一边。他的《乌托邦》被认为全面阐述了空想社会主义，用这种超越性的眼光看到资本主义矛盾，提出代替它的是社会主义。[④] 康帕内拉是不惧酷刑的空想家。康帕内拉出身底层，了解底层，不顾残废的手和周身的创伤，在监狱里写下了《太阳城》,[⑤] 他是社会主义思想史上第一个提出劳动光荣思想的人。[⑥] 圣西门是叛逆博学的贵族空想家。圣西门主动放弃了他早年一直为傲的贵族称号，他很博学，把做生意赚的钱都主要用来学习，既跨多门学科学，又跨多个国界学。虽然到了晚年，他期望

① 《中共中央关于进一步全面深化改革　推进中国式现代化的决定》，人民出版社 2024 年版，第 35 页。

② 《马克思恩格斯文集》第 1 卷，人民出版社 2009 年版，第 502 页。

③ 朱书缘、赵晶：《关于社会主义 500 年历史的答问》，《北京日报》2013 年 6 月 24 日。

④ 参见《〈梦回·正道〉第一期：谱写空想社会主义悲歌的伟大志士》，2013 年 5 月 28 日，见 http://www.71.cn/2013/0528/716125.shtml。

⑤ 参见《〈梦回·正道〉第一期：谱写空想社会主义悲歌的伟大志士》，2013 年 5 月 28 日，见 http://www.71.cn/2013/0528/716125.shtml。

⑥ 参见《〈梦回·正道〉第一期：谱写空想社会主义悲歌的伟大志士》，2013 年 5 月 28 日，见 http://www.71.cn/2013/0528/716125.shtml。

的社会主义事业还没找到影子，他也坚信所从事的事业一定能成功。傅立叶是充满哲理的空想家。在傅立叶的著作中，每一页都闪烁着对资本主义文明制度的讽刺与批判。长期从事商业活动，让他对资本主义商业活动的自私、贪婪有着切身体会。他认识到资本主义的内在矛盾，就是生产过剩和需求不足。[①] 欧文是热衷实验的空想家。欧文从打工到管理一个工厂到管理一个企业集团，[②] 他的“企业家”身份，在客观上促使他成为热衷于实验的思想家。1824 年，他带着一批人到美国的印第安纳州搞“新和谐公社”实验。1839 年，他在英格兰汉普郡组织了一个“皇后林新村”，又坚持做了五年的共产主义实验，但最终以失败告终了。

空想社会主义家们对理想社会有很多美好的设想，但由于没有揭示社会发展规律，没有找到实现理想的有效途径，因而难以真正对社会发展发生作用。[③] 但是“这 300 多年间总的发展趋势是空想成分愈益减少，科学因素愈益增多，这就为科学社会主义的诞生创造了较为充分的思想条件。”[④]1848 年 2 月，《共产党宣言》的发表，第一次比较全面地阐述了马克思、恩格斯的科学社会主义理论，是科学社会主义诞生的标志。

2. 科学理论转变为社会实践

马克思主义产生后与工人运动深入结合，推动工人运动由自发到自觉的转变，实现了社会主义由理论到现实、由一国到多国的发展。[⑤]1917 年，俄国十月革命胜利，实现了社会主义从理想到现实的伟大飞跃，也给中国送来了马克思主义。然而，马克思主义的实践历程并不是一帆风顺的，它从产生那天起就被一切反动势力不择手段地围堵、封锁，在中国的发展过程也是一

---

① 参见《〈梦回 · 正道〉第一期：谱写空想社会主义悲歌的伟大志士》，2013 年 5 月 28 日，见 http://www.71.cn/2013/0528/716125.shtml。

② 参见《〈梦回 · 正道〉第一期：谱写空想社会主义悲歌的伟大志士》，2013 年 5 月 28 日，见 http://www.71.cn/2013/0528/716125.shtml。

③ 参见《〈梦回 · 正道〉第一期：谱写空想社会主义悲歌的伟大志士》，2013 年 5 月 28 日，见 http://www.71.cn/2013/0528/716125.shtml。

④ 朱书缘、赵晶：《关于社会主义 500 年历史的答问》，《北京日报》2013 年 6 月 24 日。

⑤ 参见贺敬垒：《深刻认识马克思主义的科学性真理性》，《解放军报》2021 年 08 月 23 日。

路腥风血雨。"一百年来，党领导人民浴血奋战、百折不挠，创造了新民主主义革命的伟大成就；自力更生、发愤图强，创造了社会主义革命和建设的伟大成就；解放思想、锐意进取，创造了改革开放和社会主义现代化建设的伟大成就；自信自强、守正创新，创造了新时代中国特色社会主义的伟大成就。"[①]中国共产党带领中国人民以马克思主义指导中国革命、建设和改革事业，用科学理论指导实践，在广泛实践中检验真理，再把实践经验进行理论升华，推动马克思主义中国化时代化。

3. 严重挫折未影响总体趋势

"上个世纪80年代末90年代初，苏联解体、苏共垮台、东欧剧变，不仅导致第一个社会主义国家和东欧社会主义国家不复存在，而且对向往社会主义的广大发展中国家带来严重冲击"[②]。"苏联为什么解体？苏共为什么垮台？一个重要原因就是意识形态领域的斗争十分激烈，全面否定苏联历史、苏共历史，否定列宁，否定斯大林，搞历史虚无主义，思想搞乱了，各级党组织几乎没任何作用了，军队都不在党的领导之下了。最后，苏联共产党偌大一个党就作鸟兽散了，苏联偌大一个社会主义国家就分崩离析了。这是前车之鉴啊！"[③]从1978年中国改革开放开始，世界上有越来越多国家的共产主义、社会主义政党切实汲取教训，探索符合本国国情的社会主义新路。

4. 马克思主义在中国的实践伟力

"回顾党的百年奋斗史，我们党之所以能够在革命、建设、改革各个历史时期取得重大成就，能够领导人民完成中国其他政治力量不可能完成的艰巨任务，根本在于掌握了马克思主义科学理论，并不断结合新的实际推进理论创新，使党掌握了强大的真理力量。"[④]在马克思主义科学真理指引下，中

---

① 《中共中央关于党的百年奋斗重大成就和历史经验的决议》，人民出版社2021年版，第1—2页。

② 习近平：《坚持和发展中国特色社会主义要一以贯之》，《求是》2022年第18期。

③ 《习近平著作选读》第一卷，人民出版社2023年版，第79页。

④ 习近平：《开辟马克思主义中国化时代化新境界》，《求是》2023年第20期。

国从一穷二白到世界第二大经济体，从濒临“被开除球籍的危险”到“日益走近世界舞台的中央”，从“8 亿人吃不饱”到“14 亿人吃不完”；尤其是党的十八大以来，幼有所育、学有所教、劳有所得、病有所医、老有所养、住有所居、弱有所扶，共同富裕取得新成效；中国用发展理念、发展道路、发展模式的影响力、吸引力，验证了马克思主义的实践伟力，社会主义没有辜负中国，中国也没有辜负社会主义，这是我们对马克思主义、共产主义保持坚定信仰的现实基础。

（四）马克思主义是不断发展的开放的理论，这是保持坚定信仰的理论品格

“马克思主义是不断发展的开放的理论，始终站在时代前沿。”[①] 只有把坚持马克思主义和发展马克思主义统一起来，才能始终保持马克思主义的蓬勃生机和旺盛活力。[②] 我们可以结合社会发展规律理论来理解：

【学界理论】首先，马克思、恩格斯所创立的元形态的关于社会发展规律的理论，其揭示了人类社会发展的一般规律及部分特殊规律。[③] 比如，唯物史观深刻揭示了人类历史发展的一般规律，揭示了人民群众的历史主体作用，找到了实现社会变革的正确途径；剩余价值学说深刻揭示了资本主义生产方式的特殊规律和资本主义剥削工人的秘密，找到了变革资本主义旧社会的力量和通往社会主义新社会的途径。此后，列宁发现了资本主义经济政治发展不平衡的规律，提出了社会主义革命有可能首先在几个或者在单独一个资本主义国家获胜的论断。在中国，毛泽东从具体实际出发研究和阐明中国革命战争的特殊规律及其指导规律。[④] 就像为什么俄国十月革命积累起来的“城市中心论”的历史经验在俄国行得通，在中国却行不通？回顾历史，大革

① 习近平：《在纪念马克思诞辰 200 周年大会上的讲话》，人民出版社 2018 年版，第 9 页。

② 参见《习近平关于社会主义精神文明建设论述摘编》，中央文献出版社 2022 年版，第 62 页。

③ 参见邱耕田：《习近平对人类社会发展规律的探索和理论贡献》，《社会科学辑刊》2022 年第 4 期。

④ 参见邱耕田：《习近平对人类社会发展规律的探索和理论贡献》，《社会科学辑刊》2022 年第 4 期。

命失败后，从1927年到1929年间，中国共产党领导的城市和农村的大大小小起义，无论在城市发动的，还是在农村举行的，基本上是以占领城市为目标，但以占领中心城市为目标的起义很快就失败了。[①] 其中缘由就有，当时在欧洲和俄国，无产阶级是革命的领导力量也是革命的主力军，但在中国，无产阶级虽然已经成长壮大，革命主力军仍是占人口80%以上的农民；当时在欧洲和俄国，是统一的资本主义市场经济，政治、经济、文化中心都在城市，城市可以完全控制农村，但在中国，是政治、经济发展不平衡的半殖民地半封建大国，广大农村仍基本是自给自足的自然经济，在经济、政治上都可不依赖城市而自立。所以，在大部分起义失败后，以毛泽东同志为主要代表的中国共产党人基于从事农民运动的经验，从实际出发，在敌人统治力量较弱的井冈山建立了革命根据地，提出了工农武装割据、建立红色政权、建立根据地思想，对于中国革命道路是极为重要的探索，到1930年，关于农村包围城市、武装夺取政权的思想基本上形成了。新时期，以邓小平、江泽民、胡锦涛同志为主要代表的中国共产党人全面总结我国社会主义胜利和挫折的历史经验，并以其他国家社会主义兴衰成败为历史借鉴，着眼改革开放和社会主义现代化建设的主流实践，继承和发展了马克思主义的发展规律理论。[②] 比如，邓小平坚持了马克思主义关于生产力是社会历史发展的最终决定力量的规律理论，确立了“一个中心、两个基本点”这一党在社会主义初级阶段的基本路线。新时代，习近平总书记对社会发展规律理论的探索，其形成的客观条件和时代背景与之前有着重大不同：其一，这一理论是对新时代中国发展趋势的概括和总结，是要解决在全面建成小康社会之后、在已经发展起来了的大环境下，中国发展还存在着什么样的规律趋势的问题，这与毛泽东所处的比较落后的经济文化国情以及邓小平等开始探索改革开放与社会主义现代化建设道路时的

① 参见张海鹏：《我们党开创中国革命理论的伟大历史意义》，《光明日报》2021年5月26日。

② 参见邱耕田：《习近平对人类社会发展规律的探索和理论贡献》，《社会科学辑刊》2022年第4期。

实际情况有明显不同。其二，这一理论是在百年未有之大变局的时代背景下对人类发展趋势的概括与总结。经济全球化方兴未艾、国家间关系日益密切，我们对社会发展规律的探索，不能不由国内场域转移到国际场域，从而使我们对社会发展规律的探索体现出世界历史的宏大性和人类发展的高远性，这一点，又和毛泽东、邓小平等主要优先解决国内的革命、建设和改革的发展问题是有所不同的。[①] 党的十八大以来，习近平总书记提出了一系列治国理政新理念新思想新战略。比如："针对新的历史条件下我们党面临的'四大考验''四种危险'，创造性地提出全面从严治党，在新时代把党的自我革命推向深入；针对发展方式粗放、供给体系质量不高等问题，创造性地提出贯彻新发展理念、推进供给侧结构性改革，推动我国经济在高质量发展上不断迈出新步伐；针对农村贫困人口的实际情况，创造性地提出精准扶贫精准脱贫，指引脱贫攻坚战取得全面胜利、如期全面建成小康社会"[②]。还创造性提出"新质生产力"，培育经济发展新产业、新技术、新动能。

【教师解读】从对社会发展规律的实践探索中，我们可以感受到一部马克思主义发展史就是马克思、恩格斯以及他们的后继者们不断根据时代、实践、认识发展而发展的历史，是不断吸收人类历史上一切优秀思想文化成果丰富自己的历史。因此，马克思主义能够永葆其美妙之青春，不断探索时代发展提出的新课题、回应人类社会面临的新挑战。[③] 我们坚持的不是一成不变的马克思主义，是中国化时代化的马克思主义；我们所走的道路，不是俄国道路的翻版，而是马克思主义同中国实际相结合、同中华优秀传统文化相结合的道路。只有做到这"两个结合"，马克思主义在中国大地上才能持续

① 参见邱耕田：《习近平对人类社会发展规律的探索和理论贡献》，《社会科学辑刊》2022年第4期。

② 艾四林：《马克思主义的开放性和时代性在中国得到充分彰显》，《人民日报》2022年1月24日。

③ 参见习近平：《在纪念马克思诞辰200周年大会上的讲话》，人民出版社2018年版，第9—10页。

焕发出强大的生命力、创造力和感召力，这是我们对马克思主义、共产主义保持坚定信仰的理论品格。

【教师总结】通过对马克思主义本质特征“四个是”的学习，我们可以深刻领悟到，“马克思主义的命运早已同中国共产党的命运、中国人民的命运、中华民族的命运紧紧连在一起，它的科学性和真理性在中国得到了充分检验，它的人民性和实践性在中国得到了充分贯彻，它的开放性和时代性在中国得到了充分彰显！”[①]中国共产党自成立之日起就将马克思主义作为指导思想，就确立了共产主义的远大理想，始终团结带领中国人民朝着这个伟大理想前行。然而，对于这样一个远大的理想目标，还有不少同学存在思想困惑，我们应该如何理解呢？

环节四：从共产主义目标困惑释疑中坚定科学信仰的梦想魅力

“马克思认为，人类社会已经历经了‘亚细亚的、古希腊罗马的、封建的和现代资产阶级的生产方式’，而‘共产主义’则是代表着人类历史未来发展趋势的高级社会形态。”[②]

【思想困惑 1】共产主义最终能取代资本主义吗？

【教师总结】对于这个思想困惑，同学们应加强两个方面的理解：一方面，对“两个必然”的理解。资产阶级的灭亡和无产阶级的胜利是不可避免的。马克思主义认为，人类社会的发展与自然界的演进一样遵循其固有的规律，并不以人类主观意志为转移。社会形态由低级形式向高级形式转变，归根结底是人类社会基本矛盾辩证运动的结果。尽管这个过程是曲折的、漫长的，但历史发展的总趋势不会变，奴隶社会取代原始社会、封建社会取代奴隶社会、资本主义社会取代封建社会以及大量事实充分证明了这一点。资本主义终将被更高级的社会形态所取代是不可阻挡的历史趋势，尽管这一过程是曲折的、漫长的。资本主义必然被社会主义、共产主义所取代，源自唯物

① 习近平：《在纪念马克思诞辰 200 周年大会上的讲话》，人民出版社 2018 年版，第 14 页。

② 陈彬：《马克思主义如何理解“共产主义”》，《学习时报》2022 年 12 月 19 日。

史观揭示的“生产关系一定要适合生产力的性质”的规律，资本主义自身并不能克服生产力与生产关系之间的矛盾，也就是生产社会性与生产资料私人占有之间的矛盾，[①] 解决这一矛盾的唯一办法就是使占有形式适应生产形式，按照生产力的社会性质的客观要求，用公有制代替私有制，用社会主义取代资本主义。[②] 事实证明，资本主义社会的基本矛盾不但没消失，反而在不断激化，资本主义依然在爆发周期性的经济危机。另一方面，对“两个绝不会”的理解。“无论哪一个社会形态，在它所能容纳的全部生产力发挥出来以前，是决不会灭亡的；而新的更高的生产关系，在它的物质存在条件在旧社会的胎胞里成熟以前，是决不会出现的。”[③] 共产主义只有在社会主义社会充分发展和高度发达的基础上才能实现。

【思想困惑 2】共产主义是可望而不可即的吗？

【教师总结】习近平总书记曾经形象地阐述过，“共产主义决不是‘土豆烧牛肉’那么简单，不可能唾手可得、一蹴而就，但我们不能因为实现共产主义理想是一个漫长的过程，就认为那是虚无缥缈的海市蜃楼，就不去做一个忠诚的共产党员。革命理想高于天。实现共产主义是我们共产党人的最高理想，而这个最高理想是需要一代又一代人接力奋斗的。如果大家都觉得这是看不见摸不着的东西，没有必要为之奋斗和牺牲，那共产主义就真的永远实现不了了。我们现在坚持和发展中国特色社会主义，就是向着最高理想所进行的实实在在努力。”[④] 所以，共产主义是长远目标和现实运动相统一的过程。

环节五：课堂总结

同学们，通过今天的学习，我们廓清了为什么要信仰马克思主义，又

---

① 参见汪亭友：《筑牢信仰之基　补足精神之钙　把稳思想之舵》，2019 年 7 月 18 日，见 http://www.71.cn/2019/0718/1050835_2.shtml。

② 参见周新城：《全面准确把握马克思关于“两个决不会”的论断》，《世界社会主义研究动态》，2005 年 1 月 31 日。

③ 《马克思恩格斯选集》第 2 卷，人民出版社 1995 年版，第 33 页。

④ 习近平：《做焦裕禄式的县委书记》，中央文献出版社 2015 年版，第 5 页。

为什么要胸怀共产主义远大理想的思想迷雾，解读了马克思主义是科学的理论、是人民的理论、是实践的理论、是不断发展的开放的理论，从中感悟到了科学信仰的形象魅力、思想魅力与梦想魅力。党的二十大报告强调，“我们坚持以马克思主义为指导，是要运用其科学的世界观和方法论解决中国的问题，而不是要背诵和重复其具体结论和词句，更不能把马克思主义当成一成不变的教条。”① 我们既要回头看，明确坚定科学信仰所取得的伟大成就，也要向前看，只有坚定马克思主义科学信仰、胸怀共产主义远大理想才能实现民族复兴梦想。让我们在科学信仰的硬核坚定中，做不畏山高路远的跋涉者，更做不惧风高浪急的弄潮儿，为崇高理想信念踔厉奋发!

【课后】

1. 思考讨论

习近平总书记指出：“青年的理想信念关乎国家未来。青年理想远大、信念坚定，是一个国家、一个民族无坚不摧的前进动力。青年志存高远，就能激发奋进潜力，青春岁月就不会像无舵之舟漂泊不定。”② 结合实际，谈谈青年为什么要坚定共产主义远大理想和中国特色社会主义共同理想。

2. 拓展阅读

习近平：《在纪念马克思诞辰200周年大会上的讲话》，人民出版社2018年版。

习近平：《在庆祝中国共产主义青年团成立100周年大会上的讲话》，人民出版社2022年版。

① 习近平：《高举中国特色社会主义伟大旗帜 为全面建设社会主义现代化国家而团结奋斗——在中国共产党第二十次全国代表大会上的报告》，人民出版社2022年版，第17页。

② 《习近平谈治国理政》第三卷，外文出版社2020年版，第334页。

七、教学资源

八、教学板书

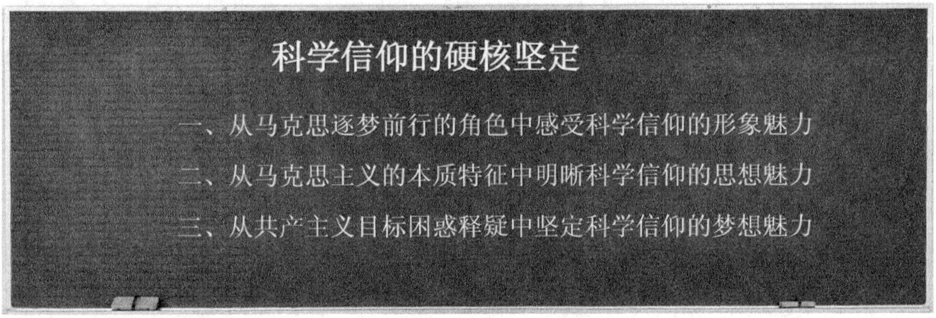

九、教学反思

1. 从基于学情的内容设计反思教学理念的贯彻，用心坚持“以学生为中心”的教学理念。把握了学生基于经济学专业背景开展信仰主题学习的兴趣点，教师通过讲明马克思主义对于资本主义生产和剥削秘密的深刻揭示、以马克思主义生产力理论为例阐述科学理论的规律揭示，激发了学生的学习热情；紧扣了学生对科学信仰如何指导学习与生活的困惑点，教师通过指导学生设计大学生讲思政课“马克思逐梦前行的三重角色”的小组展示活动，助力学生走近遥远的马克思，增强了学生对马克思主义科学信仰能指导解决自身学习、恋爱与交友困惑的思考与理解；满足了学生对树立坚定科学信仰的需求点，教师通过解读经典原文、结合当代发展、链接前沿热点、破除思想困惑，增强了学生对理论内容说服力与针对性的认同。但在如何依据经济学领域的现状与问题、挑战与机遇，更情境动人、专业融通地讲好马克思主义的本质特征上，还有待进一步完善与精进。

2. 从教学目标的达成情况反思教学方法的贯行，用情联动“以现代化赋能”的教学方法。在传统教学方法应用上，通过理论讲授法，增强学生对马克思主义科学性、人民性、实践性和发展开放性四个本质特征的形成逻辑与共产主义远大理想的概念内涵的理解深度，达成把握马克思主义创立背景及特征概括、增强深度思考能力、涵养认同意识的目标；通过情境教学法，激发学生对视频情境与现实情境的情感热度，达成把握马克思主义科学信仰的坚定树立、增强意义建构能力、涵养情怀高度的目标；通过问题导向法，梳理学生对共产主义远大理想的思想困惑的问题向度，达成把握共产主义是现实运动和长远目标相统一的过程、增强主动探索能力、涵养进取品格的目标；通过任务驱动法，加大学生对课前线上预习、课后翻转拓展等主体性活动的发挥效度，达成把握正确的自学态度、增强深学进阶能力、涵养责任意识的目标。在信息化教学手段应用上，通过原创在线课程知识点的学习以提前了解学生已知未知情况；通过 App 中头脑风暴功能以实时把握学生内容认知程度，抢答功能以树立学生积极思考典型。但在如何结合专业领域的生动现实情境、丰富视频情境，更进一步让学生沉浸式置身相应场景、深度性思考相关问题上，还有待进一步挖掘与斟酌。

3. 从课堂主阵地内外衔接反思教学过程的贯通，用力实施“全链条培育人”的教学过程。在课前，学生通过自学线上课程“确立马克思主义的科学信仰”“胸怀共产主义的远大理想”“中国特色社会主义道路是历史的必然”“坚持中国特色社会主义的共同理想”、观看翻转课堂“学习资源”“信仰的故事”“新中国是这样炼成的”，初步了解专题学习的基础知识；在课中，学生通过“马克思、恩格斯对中国问题的研究”等痛点问题互动研讨、“马克思逐梦前行的三重角色”热点问题小组展示、马克思主义的规律揭示以及发展开放性等重点问题教师讲授，逐步吸收专题学习的核心内容；在课后，学生通过思考习题、文献阅读、实践活动，努力拓展专题学习的深度广度。通过课前、课中、课后的一体贯通，实现教师主导与学生主体相联动、线上教学与线下教学相融合、思政课小课堂与社会大课堂相衔接。在新课导入中，从信仰、信念、信心“三信”的逻辑关联入手，提高了学生参与课堂的兴趣度；在主体讲授中，设计“从马克思逐梦前行的角色中感受科学信仰的形象魅力”“从马克思主义的本质特征中明晰科学信仰的思想魅力”“从共产主义目标困惑释疑中坚定科学信仰的梦想魅力”三个环节内容回应导入抛出的问题逐层解疑答惑，增强了学生深入探讨的启发性；在小组展示中，围绕“马克思逐梦前行的三重角色”开展大学生讲思政课活动，彰显了学生创新实践的执行力；在总结升华中，通过对知识进行总结、对问题进行反思、对担当进行寄语，激发了学生转化责任的使命感。通过新课导入、主体讲授、总结升华的一体贯通，实现问题导向、研究导向、成果导向、目标导向相统一。但在如何结合专业前沿热点设计课后问题、鼓励学生课后积极思考讨论上，还有待进一步巧思与妙想。

专题六　青春梦想的硬核飞扬

对应章节：第二章　第三节

计划学时：2 学时

教学对象：社会学专业

一、学情分析

1. 已有知识分析。第一，基于大中小一体化纵向衔接，掌握基础知识情况。学生在初中九年级上册《道德与法治》课程中学习了第八课“中国人　中国梦”中第一框“我们的梦想”，初步认识了少年梦想的特点、实现梦想的重要性以及如何实现梦想。学生在高中必修一学习了第四课“只有坚持和发展中国特色社会主义才能实现中华民族伟大复兴”中第二框“实现中华民族伟大复兴的中国梦”，进一步理解了中国梦的本质，实现中国梦的伟大意义及要求。第二，基于线上课程体系横向贯通，了解自学知识情况。学生通过线上课程知识点“坚持个人理想与社会理想相统一”“以青春梦助推中国梦”的学习促新知构建，进一步完善知识体系；通过翻转课堂学习资源中“做有理想敢担当能吃苦肯奋斗的新时代好青年”“凝聚同心共圆中国梦的强大合力”相关理论文章及时政热点事件等内容的链接促新知拓展。

2. 认知能力分析。第一，基础知识记忆力强，但系统分析能力还不足。学生对理想的认知多停留在名词概念和意义阐述上，但对理想与现实的辩证关系、个人理想与社会理想的关系等知识的辩证看待、系统学习、理论分析能力有待深化。第二，对中国梦认同度高，但艰苦奋斗意识还不强。学生对实现中华民族伟大复兴中国梦高度认同，但摆脱思想惰性，以及怀抱梦想艰苦奋斗的主动性、自觉性有待加强。第三，感性认知浸润性足，但应用转化能力还不实。学生对实现个人理想的价值、追求社会理想的意义有较高认同，但对实现个人理想和社会理想的实践能力有待提升，对专业发展的问题导向转化为使命担当的境界需要提升。

3. 心理需求分析。第一，思政课理论有效指导学习生活。学生希望课程所讲授的艰苦奋斗与知行合一相关知识点能够解决“理想怎么实现”的思想困惑，指导大学阶段知行合一的生活实践；学生希望能在课堂学习中明晰个人理想方向，期待在社会学领域有所建树、成为满足社会需求的专业学者。第二，热点与前沿巧妙链接理论课堂。学生希望课堂能够选取蕴含专业元素的经典案例与前沿成果，并结合新文科建设社会学专业发展的社会热点焦点展开互动研讨与头脑风暴。第三，信息化技术灵活贯穿课程讲授。学生更期待线上线下混合式授课模式，通过对线上原创课程的学习对本专题所学内容进行提前预习，通过在课后进行线上的思考讨论达到课后复习的效果，通过翻转课堂中优质学习资源的共享扩大学习面，丰富学生追求中国梦、放飞青春梦的知识储备、提升学习主动性。第四，创新性实践活动融入课堂教学。学生希望通过丰富多元的实践教学活动、充实有趣的大学生讲思政课展示活动提高个人素养，激励自我追求理想并落细落实到实践中来，在展示活动中积极参与、主动探索和协同合作，进一步明晰理想的实现路径。

二、教学目标

1. 知识目标。一是学生能在案例分析和前沿引入中理解理想的基本内涵，明晰理想与现实的辩证关系、个人理想与社会理想的关系，拓展对中学“接力奋斗实现中国梦”这一已学知识的探理深度。二是学生能在小组分享和总结点评中明确艰苦奋斗是实现理想的重要条件，结合自己调研经验明晰艰苦奋斗的现实意义，拓展对线上“以青春梦助推中国梦”这一新学知识的应用广度。三是学生能在“理想是什么”的困惑释疑和“该如何艰苦奋斗”的困境破除中掌握将个人理想与社会理想结合的知行要求，明晰顺应时代号召落细落实青春筑梦的“硬核方式”，把握对“知行合一追求中国梦、放飞青春梦”这一应学知识的逻辑向度。

2. 能力目标。一是通过学习理想与现实、个人理想与社会理想的辩证关系，学生能提升系统分析、辩证思考、识别问题等高阶认知能力。二是通过对线上课程“坚持个人理想与社会理想相统一”“以青春梦助推中国梦”的前置学习、实践任务分组探究艰苦奋斗这一重要条件、翻转课堂互动交流的全过程参与，学生能提升独立思考、协同合作、意义建构等自主学习能力。三是引导学生从美丽中国的色彩入手，紧抓基础建设、科技创新、生态保护、国际援助几个方面，刻画各个领域艰苦奋斗的青春榜样，展现我国科学技术发展的创新成果，并通过老师点评和小组互评的师生认可，学生能提升融会贯通、智慧创造、以评促优的实践创新能力。

3. 素质目标。一是通过结合中国梦实现路上伟大成就的相关案例，从高铁联通“幸福”、北斗环绕地球、生命守护生命的具体内容入手，学生能涵养起深厚的文化自信和家国情怀。二是通过小组展示“艰苦奋斗的多彩画卷”，看到复兴路上各个领域的榜样群像艰苦奋斗的案例，领悟到先辈的奋斗、同辈的付出，学生能涵养起鲜明的进取品格和奋斗品质。三是通过结合调查研究，在丰富的素材中、人间的百态中，品味榜样的追梦故事、探究同辈的破困之思、领悟梦想的知行合力，学生能涵养起有为的使命意识和担当底气。

三、教学内容

“青春梦想的硬核飞扬”这一专题教学内容，立足教材“第二章第三节：在实现中国梦的实践中放飞青春梦想”的重点难点，贯通线上课程知识点“坚持个人理想与社会理想的统一”“以青春梦助推中国梦”的已知未知，结合全国高校思政课教指委《思想道德与法治教学课件》专题三第三讲的要点亮点，关注学生对正确理想指导大学生活、确定个人理想的要求与落实艰苦奋斗的兴趣点困惑点，以辩证看待理想现实、树立正确个人理想、知行合一追求理想为设计主线，阐释了追求理想要立足于现实、社会理想大于个人理想、实现理想更要躬身实践的内容、意义和方法。

【教学内容的设计要点】

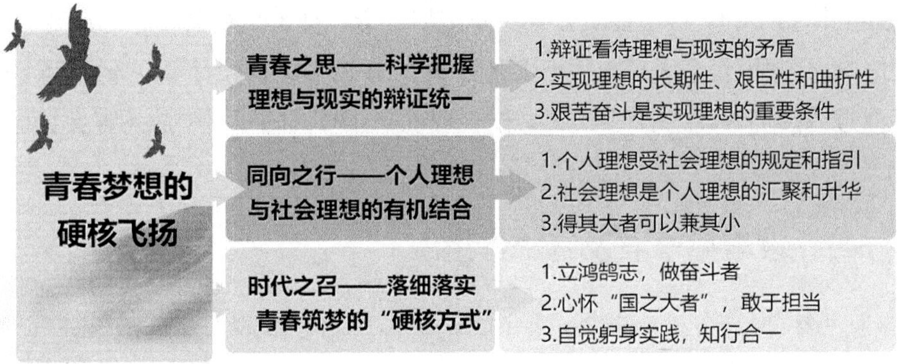

1. 理想与现实的辩证统一。一是通过互动讨论，提问学生在现阶段对理想有哪些困惑，主动思考理想与现实的关系；通过讲解中国社会学家费孝通的案例，学生能更好地理解理想与现实的关系；二是通过结合马克思主义基本原理的矛盾知识点，明晰理想与现实的对立统一关系以及实现理想的长期性、艰巨性和曲折性；三是通过学生结合调研经验，以“艰苦奋斗的多彩画卷”为主题进行课堂展示，明晰艰苦奋斗是实现理想的重要条件。

2. 艰苦奋斗是实现理想的重要条件。一是通过叙述中国基建人以齐心聚民的艰苦奋斗，描绘联通千家万户的基建“银”的案例，感受中国基建人以“利民”为出发点，在不断奋斗中建起幸福千万家的伟大；二是通过叙述科技人以精心惠民的艰苦奋斗，描绘奔赴星辰大海的科技“蓝”的案例，感受到中国科技者用汗水奋力打造利国惠民科技创新高地的伟大以及矢志不移、精益求精的精神；三是通过叙述生态环境保护者以恒心利民的艰苦奋斗，描绘筑牢永续发展的生态“绿”的案例，感受到中国生态文明建设的成就以及生态环境保护者们的不懈奋斗；四是通过叙述中国青年以关怀人类的艰苦奋斗，描绘彰显青春担当的中国“红”的案例，感受到中国青年在为梦想艰苦奋斗中的家国情怀和人类关怀。

3. 个人理想与社会理想相统一的知行困惑。一是从“个人理想受社会理想的规定和指引”“社会理想是个人理想的汇聚和升华”和“得其大者可以兼其小”三个部分讲述“个人理想与社会理想的关系”以及“如何坚持个人理想与社会理想的有机结合”；二是通过知识点讲述，结合费孝通及相关榜样群体的案例，学生能更好地理解把握“个人理想是社会理想的规定和指引”“社会理想是个人理想的汇聚和升华”，知道“得其大者可以兼其小”；三是通过讲授实现理想的“硬核方式”，明确要在时代的号召中放飞青春梦想。

四、教学重难点及解决措施

1. 坚持原理分析与案例论证相统一，着重讲深理想与现实的辩证统一。第一，通过明晰理想与现实的关系问题，着重解决远大理想的实现与客观现实的差距问题，把理想与现实的对立统一关系讲深；第二，从中国社会学家费孝通的案例入手，阐明理想不是虚无缥缈徒劳无功的，是以现实条件为基础的，理想是突破现实困境的精神支撑，通过分析专业领域先辈将专业知识与现实条件相结合的重要做法，明确要科学把握理想与现实的辩证统一关系的知识点，把理想与现实的矛盾问题讲深。

2. 坚持成果展示与理论总结相结合，着重讲透艰苦奋斗是实现理想的重要条件。第一，从中国基建人以齐心聚民的艰苦奋斗入手，把中国基建人的努力付出、艰苦奋斗讲透；第二，从中国科技人以精心惠民的艰苦奋斗入手，把中国科技人矢志不移、精益求精的精神讲透；第三，从生态环境保护者恒心利民的艰苦奋斗入手，把生态建设者持之以恒、久久为功的付出与奉献讲透；第四，从中国青年以关怀人类的艰苦奋斗入手，把中国人的艰苦奋斗与大爱付出讲透；通过对以上现实案例的分析以及教师总结，强调在理想面前艰苦奋斗的重要性，把学生能通过艰苦奋斗能拉近理想与现实的距离讲透。

3. 坚持实例分析与理论解读相融通，着重讲活躬身实践、知行合一的自觉行动。第一，通过线上资源共享，学生能自主学习先辈人物的奉献精神、朋辈群体的奋斗精神，将个人理想同社会理想相结合，把实现个人理想与追求社会理想的关系讲活。第二，从大学生奋斗于基层的案例入手，在学生的亲身经历中探究奉献精神、奋斗意识，看到小我迸发出的大能量，将个人理想与社会理想相结合，在追求理想的过程中躬身实践、知行合一；通过对追求理想进程中的优秀前辈和同辈群体的分析，强调自觉躬身实践对于落细落实青春理想的重要作用，把躬身实践对于实现中国梦、放飞青春梦的重要作用讲活。

五、教学方法

1. 理论讲授法，重在线上浅讲与线下深讲相结合。在线上课程中、从学理上分析个人理想与社会理想的有机统一，并在分析个人理想与社会理想基本特征时引入前沿理论观点、关联古今思想发展，学生能树立起切实可行的个人理想，并为实现社会理想而艰苦奋斗；在线下讲授中深入探讨在实现中华民族伟大复兴的新征程上时代青年所具备的个人理想与社会理想之间的内在关联，学生能对实现中国梦、放飞青春梦形成切实可行的方案，将个人理想与社会理想相结合，做新时代的艰苦奋斗者。通过前置理论自学、重点理论探究、前沿理论拓展，培养学生的归纳思维和演绎思维。

2. 问题导向法，重在学习之问与现实之问相贯通。在导入中观看习近平总书记关于调查研究重要性论述的视频，思考生活实践中如何做到“摸实情”“得真言”“见真知”；在主体讲授中聚焦实现个人理想与社会理想之间的逻辑关系，明确实现中国梦、放飞青春梦的硬核方式，回应学生在理想和现实、主义和问题、利己和利他、小我和大我、民族和世界等方面遇到的思想困惑，同时关联学生专业知识，在切实的调查研究中找到实现梦想的正确方式，以破解学生面临的“大我”与“小我”的抉择困境，设计专题学习“问题链”；在课后思考中探究梦想与实干的关系，学生能在解决问题的过程中自觉地去寻找答案、通过亲身的调查研究来解决问题。通过正视问题、研讨问题、解决问题，培养学生的批判思维和转化思维。

3. 案例分析法，重在先辈案例与同辈经历相结合。刻画实现中华民族伟大复兴征途上时代青年奉献、奋斗的形象，拉近学生与实现中国梦的距离，发挥经典群像案例的榜样引领作用；通过总结生态建设成果、科技创新成果等内容，解读费孝通践行“美美与共”、追求“天下大同”的实践调查活动，分析立鸿鹄志的重要性，学生能认识到以社会理想为指引追求个人理想的实现，引发学生对于学习榜样与成为榜样、理想认知与理想践行的差距反思。通过追求理想的案例贯通、先辈群体的案例浸润、青年同辈的案例解读，培养学生的推理思维和辩证思维。

4. 任务驱动法，重在问题思考与展示实践相贯通。课前，学生自主学习线上课程知识点“坚持个人理想与社会理想相统一”“以青春梦助推中国梦”，对实现中国梦、放飞青春梦的前置知识有初步了解；分组合作设计小组展示任务，将追求青春梦想的榜样作为分享展示内容，学生对朋辈群体追求理想的实践有深度感悟。课中，运用课堂学习 APP 头脑风暴功能互动，学生积极参与课堂学习，教师及时把握学情状况；课后，通过翻转课堂布置习题思考和推荐阅读，师生进一步加强交流与学习。通过全人员参与、多功能互动、整过程交流，培养学生的求证思维和递进思维。

六、教学过程

【课前】

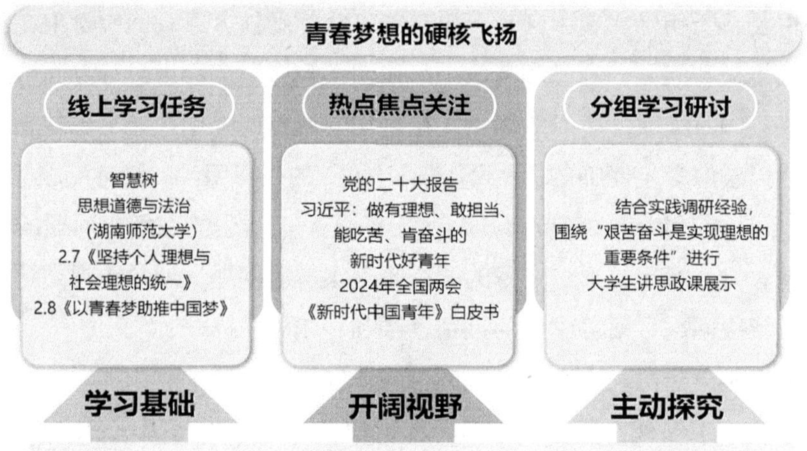

青春梦想的硬核飞扬
线上学习任务
智慧树
思想道德与法治
（湖南师范大学）
2.7《坚持个人理想与社会理想的统一》
2.8《以青春梦助推中国梦》
学习基础
热点焦点关注
党的二十大报告
习近平：做有理想、敢担当、能吃苦、肯奋斗的新时代好青年
2024年全国两会
《新时代中国青年》白皮书
开阔视野
分组学习研讨
结合实践调研经验，围绕“艰苦奋斗是实现理想的重要条件”进行大学生讲思政课展示
主动探究

【课中】

环节一：新课导入

同学们好，欢迎来到“思想道德与法治”的课堂，今天我们要讲的主题是“青春梦想的硬核飞扬”。课前，通过学习线上课程“坚持个人理想与社会理想相统一”“以青春梦助推中国梦”，对如何坚持个人理想和社会理想的统一以及如何将个人理想与中国梦相结合有了初步理解。今天就更深入、系统地来学习有关理想实现的知识，以破解同学们在理想和现实、利己和利他、小我和大我、民族和世界等方面遇到的思想困惑。那如何才能更好地破解追梦困惑，在新时代新天地中施展抱负呢？调查研究就是一个重要法宝。通过调查研究，在丰富素材中、人间百态中，品味榜样的追梦故事、探究同辈的破困之思、领悟梦想的知行合力。

【视频资源】跟着总书记用好调查研究这个“传家宝”①（2 分 24 秒）

【教师总结】调查研究是做好各项工作的基本功，也是习近平总书记多年来一以贯之的坚持。“滹沱河畔，太行深处，南海之滨，雪域高原……从农村大队党支部书记到党中央总书记，习近平同志一路走来，始终不忘百年大党的优良传统，足迹遍布大江南北，身影常在人民之中，为全党大兴调查研究作出光辉榜样。”② 大家是社会学专业的学生，在现在的专业学习中学到了很多调查研究的知识技能。我相信其中有一大部分人梦想成为一名社会学者，希望在以后的学习工作中，通过对社会现象进行调查研究来解决社会问题，为国家、社会的发展贡献一份自己的力量。但做好调查研究并不简单，需要大家深入田间地头，俯身躬行，在“踏破铁鞋”中“摸实情”；要走进人民群众，深耕基层，在“刨根问底”中“得真言”；要聚焦社会问题，勤思善思，在笔耕不辍中“见真知”。

只有在“摸实情”“得真言”“见真知”之中，在真调实查、深言细究中，

① 唐宋、任一林：《跟着总书记用好调查研究这个“传家宝”》，2023 年 8 月 11 日，见 http://cpc.people.com.cn/nl/2023/081l/c164113-40054645.htmi?spm=O.O.O.O.18UFKv。

② 新华网：《22 个故事讲述习近平的调研之道》，2023 年 7 月 4 日，见 http://www.news.cn/politics/leaders/2023-07/04/c_1129731382.htm。

我们才能发现问题、解决问题，才能担当责任，实现我们的人生理想。那作为新时代大学生，在追求理想的道路上，我们如何科学把握理想与现实的关系？如何在社会调研中将个人理想与社会理想有机结合？如何将青春梦的实现融入中国梦的建设中？我们将从以下三个层面来解读：

环节二：青春之思——科学把握理想与现实的辩证统一

【App头脑风暴】青年以梦为马。作为新时代青年，我们更加自信自强、富于思辨精神，同时也面临各种社会思潮的现实影响，产生了一些思想困惑。那现阶段的你们对理想有哪些困惑呢？老师发了一个头脑风暴谈谈你的理想困惑。

【教师总结】在词云图中，可以看到几个关键词“骨感”“没有”“现实”“差距”，这说明在追求理想的过程中，大家常常会感受到理想与现实之间的矛盾，这就需要我们正确认识理想与现实的关系。那理想与现实之间到底是什么关系呢？让我们先从学科领域榜样人物的力量中来探寻。

【案例资源】中国社会学家——费孝通

古人云：“志不立，天下无可成之事。”人生因为有了光辉理想，而能成其大、飞其高、达其远。没有了理想的牵引和激发，青春岁月就会像无根之萍、无翼之鸟。费孝通先生是中国社会学和人类学的奠基人，是中国社会学的一代宗师，“走一趟，写一篇”、以调查的形式来探寻中国改革发展的道路，是费孝通学术生命的真实写照，在他的身上理想的光芒熠熠生辉。第一，理想不是虚无缥缈的，理想是以现实条件为基础的。青年时期，费孝通先生最初的理想是成为一名医生。但随着社会形势的变化，费孝通在实践中逐渐发现人的病痛不仅来自身体，来自社会的病痛更加重要。于是，他决心用社会科学去治疗社会的疾病，弃医从文，勤学苦练，成为了社会学中国化的开创者，人类学中国的开创者。第二，理想不是徒劳无功的，理想是突破现实困境的精神支撑。“理想很丰满，现实很骨感。”在追求理想的过程中，我们时常会面临现实的重重阻碍，但这并不是我们放弃理想的理由。20世纪40年代，费孝通和同事们在云南研究中国的社会问题时，曾这样描绘当时的工作环境：地板踩上去嘎吱作响，墙缝里藏着小虫，叮得人浑身发痒。但就是在这样艰苦的环境里，他们始终没有放弃，做出了巨大的成就。那个年代做田野调查，没有动车，没有高铁，费孝通先生不知疲倦地奔走于大江南北、老少边穷之地。在深入到大江南北、边疆地区调查研究的基础上，费孝通用十几年时间写出了《小城镇四记》《边区开发四记》等重要著作，这些著作是北京大学文科领域的高水平研究成果，为国家决策提供了重要依据，推动了我国社会经济事业的发展。20世纪50年代，中国社会学受到了挫折，专业教学和科研工作中断了近30年。1979年，古稀之年的费孝通重燃二次学术生命，为重建和发展中国社会学殚精竭虑。三年后，他正式转任北京大学社会学系教授，领衔承担中国社会学学科重建工作。念念不忘，必有回响，在他的努力推动下，社会学不仅在燕园生根发芽，也在全国生意盎然。费孝通先生在实现理想的过程中经历了许多磨难，但他没有因为现实困难而放弃理想，他用实践印证了“山再高，往上攀，总能登顶；路再长，走下去，定能到达。”①

“理想在左，现实在右”，以本专业相关人物中国社会学奠基者之一费孝通先生的经历为案例，以便同学们更好地来理解理想与现实的辩证关系。

1. 辩证看待理想与现实的矛盾

我们对于个人理想以及人生的奋斗目标，总是充满了各种设想和向往。理想是美好的，但现实并不总是那么一帆风顺。正确面对理想与现实的差距，要厘清“理想与现实是对立统一的”② 关系。

其一，理想和现实存在着对立的一面。“理想高于现实，‘应然’和‘实然’必然存在矛盾。理想越高远，‘应然’和‘实然’之间的差距越大，就需要付出更大的努力。”③ 费孝通先生在中国社会学面临危机时挺身而出，想

① 习近平：《在第十三届全国人民代表大会第一次会议上的讲话》，人民出版社2018年版，第5页。

② 本书编写组：《思想道德与法治》，高等教育出版社2023年版，第61页。

③ 全国高校思想政治理论课教学指导委员会：《思想道德与法治教学课件》（专题三—追求远大理想　坚定崇高信念　第三讲　在实现中国梦的实践中放飞青春梦想），第9页。

要重振社会学。这里的“实然”指的是“中国社会学面临危机”，“应然”指的是“重振中国社会学”。“中国社会学面临危机”和“重振中国社会学”之间存在着矛盾，有着对立的一面。

其二，理想与现实又是统一的。“现实中包含着理想的因素，孕育着理想的发展”①，“理想中也包含着现实的胚芽”②，“在一定的条件下，理想可以转化为未来的现实”③。中国社会学发展面临危机的同时，也给学者提供了机遇，社会现实孕育着费孝通先生梦想的萌芽；费孝通先生在追求个人理想时，也推动了社会学的重建，理想中也包含着现实的胚芽；费孝通先生从实求知、深耕学术，为社会学的恢复重建及蓬勃发展作出了重要的贡献，实现了自己的理想，此时，理想转化为了现实。

同学们厘清了理想与现实的对立统一关系，就能避免出现“以理想来否定现实”“以现实来否定理想”两种错误认识，正确看待理想与现实的矛盾问题。毋庸置疑，理想要到达现实的彼岸不是一蹴而就的，理想的实现是一个过程。纵观人类社会发展史，任何一种理想的实现都不是轻而易举的，必然会遇到各种各样的困难和波折，充满着艰险和坎坷。④ 因此，我们还要全面认识到实现理想的过程是具有长期性、艰巨性和曲折性的。

2. 实现理想的长期性、艰巨性和曲折性

长期性是指“理想的实现是一个过程”，“理想越是远大，它的实现过程就越复杂，需要的时间也就越漫长”；艰巨性是指“任何一种理想的实现都不是轻而易举的，必然会遇到各种各样的困难和波折，充满艰险和坎坷”；曲折性是指“理想变为现实不是一帆风顺的，往往会遭遇波澜和坎坷”。⑤在线上课程中，我们学习过理想的定义：“理想是人们在实践中形成、以现

① 本书编写组：《思想道德与法治》，高等教育出版社 2023 年版，第 62 页。

② 全国高校思想政治理论课教学指导委员会：《思想道德与法治教学课件》（专题三—追求远大理想　坚定崇高信念　第三讲　在实现中国梦的实践中放飞青春梦想），第 10 页。

③ 本书编写组：《思想道德与法治》，高等教育出版社 2023 年版，第 62 页。

④ 参见本书编写组：《思想道德与法治》，高等教育出版社 2023 年版，第 63 页。

⑤ 参见本书编写组：《思想道德与法治》，高等教育出版社 2023 年版，第 63 页。

实条件为基础的，有可能实现的、对未来社会和自身发展的向往和追求。”其中，在“有可能实现”“向往”“追求”三个词中，足以窥见理想的长期性、艰巨性、曲折性。在高中，我们也学习过马克思主义哲学中否定之否定规律，强调事物发展是前进性和曲折性的统一。前进性指的是事物发展的总趋势是上升的，曲折性指的是事物发展的道路是曲折的，事物的发展不是直线式前进，而是螺旋式上升。这就告诉我们，实现理想的过程不是一帆风顺的，前进的路上必将遇到许多困难，但是前途是光明的，我们要满怀信心。在刚刚的案例资料中，我们了解到，“在物质条件极其艰苦的环境下调研走访”体现了费孝通先生实现理想的艰巨性和曲折性；“用十几年时间，写出重要著作”体现了实现理想的长期性。因此，我们可以明晰，在追求理想的路上会有“欲渡黄河冰塞川，将登太行雪满山”的艰难险阻，如果把实现理想设想得过分容易，对前进道路上的困难缺乏思想准备，遭遇到一点困难就灰心丧气、悲观失望，那就会影响理想的实现；拥有“咬定青山不放松，立根原在破岩中”的坚韧精神，才能实现自己的理想与目标。历史和实践告诉我们，实现理想没有捷径，唯有奋斗。

3. 艰苦奋斗是实现理想的重要条件

党的二十大报告强调，广大青年要“立志做有理想、敢担当、能吃苦、肯奋斗的新时代好青年”[①]，这是习近平总书记对新时代青年的准确判断、殷切勉励，也是大学生使命担当的践行要求，奏响了新征程青年艰苦奋斗的号角！

【课堂展示】为什么要艰苦奋斗？如何去艰苦奋斗？这既是时代的叩问，也是青年的课题。作为社会学的学子，同学们把青春课题写在了祖国大地上，通过调研资料发现，历史的画卷，总是在接续奋斗中铺展；精彩的华章，总是在艰苦奋斗中书写；一代代青年披荆斩棘的艰苦奋斗，奠定了中国革命、建设、发展的鲜亮底色，更描绘了复兴画卷的缤纷多彩。下

---

① 习近平：《高举中国特色社会主义伟大旗帜　为全面建设社会主义现代化国家而团结奋斗——在中国共产党第二十次全国代表大会上的报告》，人民出版社2022年版，第71页。

面我们就有请四个小组代表，看他们如何用不同色彩来表达生动的调研感悟。

【小组展示一】以齐心聚民的艰苦奋斗，描绘联通千家万户的基建"银"

大家好，我是基建狂魔组的代表，我们小组汇报的主题是"以齐心聚民的艰苦奋斗，描绘联通千家万户的基建'银'"。从"山沟沟"的脱贫难到致富天路的开凿，从"久旱逢甘雨"的听天命到南水北调工程的突破壮举，从"纸短情长"的通信难到光纤网络全覆盖，我们小组经过实地调研，查询资料发现：中国基建不断发展进步，"千万工程"的接力棒从未停歇，它在广袤的神州大地上深入传递，造福千家万户。现在，就让我们一起来看看中国基建以"利民"为出发点，在不断奋斗中建起的幸福路。

从落后到惊艳，解决行路难。一方面，银色中国路托举致富发展梦。百年前，孙中山先生在《建国方略》中提出要修建约 16 万公里的铁路，修建 160 万公里的公路，建设三峡大坝，建设三个世界级大港等，但在旧中国，这些宏大构想是无法实现的。当今中国取得的许多成就超越了孙中山先生的设想。党的二十大报告中指出，新时代十年，我们"建成世界最大的高速铁路网、高速公路网，机场港口、水利、能源、信息等基础设施建设取得重大成就"①。据报道，"我们加快建设'八纵八横'高速铁路主通道，国家高速公路主线、世界级港口群、世界级机场群，综合交通运输网络的总里程超过 600 万公里。这十年，铁路、公路增加里程约 110 万公里，相当于绕行地球赤道 27 圈半，高速铁路、高速公路对 20 万以上人口城市的覆盖率均超过了 95%。"我们实现了"小康路上不让任何一地因交通而掉队"的庄严承诺。就像在贵州遵义草王坝村，老支书黄大发带领村民立下愚公志，用整整 36 年的奋斗开凿出"生命渠"，拔掉了世代贫困的穷根；位于湖南西北边陲、地处武陵山脉腹地的张家界桑植县是孕育了贺龙等老一辈革命家的革命老区，也是典型的贫困山区，其地貌环境被称为"九山半水半分田"，贫困

---

① 习近平：《高举中国特色社会主义伟大旗帜　为全面建设社会主义现代化国家而团结奋斗——在中国共产党第二十次全国代表大会上的报告》，人民出版社 2022 年版，第 8 页。

并未击垮被长征精神深深鼓舞着的老区人民，他们凭着吃苦耐劳、勇于拼搏的长征精神，凿山开路、移山造田，如今已经从无国道、无铁路、无高速公路的“三无县”华丽转身，桑植百姓期盼多年的“高速梦、高铁梦”变为现实。路跨不过的鸿沟桥来连。另一方面，银色云中桥连通幸福家庭道。“幸福”和“家庭”是湖南省的两个苗族自然寨，坐落在德夯大峡谷两侧高山之上。十年前，“幸福”村的小伙子要迎娶“家庭”村的姑娘得从天蒙蒙亮，一直赶路到日照西斜；而十年后的今天，一座云中天桥横跨峡谷，实现“天堑变通途”的伟大壮举。站在“矮寨大桥”一侧的山岭上远眺，这座主跨 1176 米，没有任何桥墩的大桥如同“悬挂”在峡谷上方 300 多米的高空中；这座开创出世界筑桥技术史多项“先河”的大桥的建成通车，打通了湘、渝两地交通瓶颈；可以说如果没有矮寨大桥，周边苗寨群众不会知道外面的世界有多精彩，也不会那么快摆脱贫困。

从顺天到水利，保障水安全。一方面，南水北调打破时空限制大动脉。有关数据显示，南水北调东线一期工程全面通水 8 年多来，累计调水量突破 600 亿立方米，惠及沿线 42 座大中城市 280 多个县，直接受益人口超过 1.5 亿人。曾经我们水资源夏汛冬枯、北缺南丰，直到南水北调工程横跨三峡，畅通水网，巩固和保障了北方地区的水安全。另一方面，农田灌溉稳住粮食生产基本盘。水利是农业发展的命脉，是乡村振兴的关键。2022 年，水利系统全力推进乡村振兴水利工作，安排 832 个脱贫县水利建设投资 1106.4 亿元，实施 1.6 万个水利项目，新增、恢复和改善灌溉面积 526.3 万亩，水利管理服务能力不断提升，乡村振兴水利基础不断夯实。

从依赖到引领，提质新发展。这句话印证在让全民通信跳跃指尖的光纤覆盖中。在 1G 时代，我们落后发达国家数十年，核心技术和标准被外企牢牢掌握。2009 年，进入 3G 时代，中国才拥有了首个移动国际标准，在克服一个又一个困难过程中，中国通信技术得到了快速发展，而中国也逐渐成为全球 5G 标准制定过程中不可或缺的力量。中国移动的基站建设，北到中国黑龙江漠河，南到海南的三沙，高到 6500 米的珠峰，低到地下 900 米的煤矿，新时代十年，中国移动已经投入近 20000 亿进行信息网络设施建设，已建设590万个基站，覆盖大江南北，全国各地，国内人口覆盖率超99%，光纤覆盖超6亿家庭。5G对老百姓来说，就是网络快一点，可是这个快一点，可以有更复杂的应用，最终，革命性地改变未来人们的生活方式。光纤网络的覆盖不仅仅为全民通信一线牵，还为数字经济发展腾飞提供高质量“光底座”的支撑。实时远程遥控井下的绞车，打造少人化、无人化的智慧矿山；5G网络采集水氧含量、酸碱度等信息，提供智慧农业服务……用数字化的“四两拨千斤”去破解诸多生活和发展难题。

展大国之器，望大国之利。一批批中国建设者们挥洒汗水创造了一个又一个的“基建奇迹”，“万家灯火”的亮度无疑是“千万工程”深度的最佳表彰！

【教师点评】感谢基建狂魔组同学的分享。基建狂魔组的同学通过实地考察与资料搜集，寻找中国基建的成就，探寻基建人的艰苦奋斗。他们从“道路建设”“水利工程建设”“通信技术建设”三个方面入手，结合具体案例进行展示，充分展现了中国基建的伟大力量。我们可以看到，中国基建成就的背后离不开基建者们的努力付出，他们以“不破楼兰终不还”的决心和“吹尽狂沙始到金”的信心，一步接着一步走，一天接着一天干，让千万工程落地开花结果。

【小组展示二】以精心惠民的艰苦奋斗，描绘奔赴星辰大海的科技“蓝”

大家好，我是科技之刃组的代表，我们小组汇报的主题是“以精心惠民的艰苦奋斗，描绘奔赴星辰大海的科技‘蓝’”。从“东方红一号”声震寰宇到北斗系统全面开通，从天宫一号到空间站天和核心舱，从嫦娥一号首次绕月探测到天问一号着陆火星，从逐梦九天到深海深地探测，我们小组针对中国科技的发展进行了调研考察，在调查研究中深刻感受到中国科技者矢志不移、精益求精的精神，他们用汗水奋力打造利国惠民的科技创新高地。

“两弹一星”创奇迹，开辟攻克尖端之路。从一穷二白中起步，在内外交困中崛起，新中国“两弹一星”事业的成功，令全世界惊叹。在那个条件艰苦的年代，他们不怕狂风飞沙，不惧严寒酷暑，没有人才，以老带新；没有仪器，自主制造；没有资料，刻苦钻研。回顾东方红一号诞生的历史，它的顺利研制和成功发射，离不开毛泽东同志等老一辈无产阶级革命家的大力支持和热切关怀。2020 年 12 月 25 日，神舟十号载人飞船返回舱在韶山顺利交接，并长期展陈于韶山毛泽东同志纪念馆，这是对关心和支持中国航天事业发展的毛泽东同志等老一辈无产阶级革命家最好的告慰。

“两弹一星”在国际上创造了“中国传奇”，我国的航天事业从无到有、从小到大、从弱到强，也取得了举世瞩目的伟大成就。

“神舟飞宇”探天河，续写万户飞天之志。同学们，虽然我们的梦想并不都是星辰大海，但每个人的梦想就像宇宙中的星辰——看似遥不可及，但只要你努力，有一天你就能触摸到它。就像中国航天事业的成功，不是靠喊口号喊出来的，而是一代代航天人的创新创造攻下来的，是靠几十万科技大军不分昼夜、默默奋斗出来的。浩瀚太空令人神往，但是它对人类的要求极为苛刻。很多人都知道，飞船返回地球时，人要承受自身重量数倍的压力，但可能不知道，在“超重耐力”训练中，航天员在高速旋转的离心机里要承受 40 秒 8 个 G 的重力加速度，而常人只能承受 3 到 4 个 G。

载人航天在浩瀚宇宙不断刻下“中国印迹”，“探月探火”工程也正在不断谱写航天事业壮丽篇章。

“嫦娥天问”联深空，成就揽月摘星之梦。“日月安属？列星安陈？”两千三百年前，诗人屈原面对未知的浩瀚星空写下《天问》。斗转星移，如今一代代航天人开启了奔赴星辰大海的征途。这是一部艰辛与荣耀并存的历史，长征五号团队历经两次归零，908 天含泪奔跑，最终战胜至暗时刻，“华丽涅槃”，飞向天际，助力嫦娥五号、载人空间站和首次火星探测成功执行。无数探月人从青春年少到满鬓白霜，为中国航天几近奉献一生。探索火星的难度很大，到目前为止国际上历次火星探测任务整体的成功率仅有 50%左右，而“天问一号”通过一次任务的实施，追上了国外 60 年的探测脚步。

中国航天在太空书写下一个个“中国浪漫”，北斗组网则创造了人民共享创新成果的幸福生活。

“北斗导航”指方向，绘制星耀全球之迹。茫茫星空，北斗熠熠。从启动建设到跻身全球四大卫星定位系统，中国北斗孜孜跋涉 26 年。为了建设中国人自己的定位导航系统，三个 20 多岁的“毛头小子”，从北京抱回一台比较先进的计算机，拿了 4 万元的尝试经费，把一个不到 10 平方米的仓库当作实验室，每天工作二十个小时左右，饿了就泡包方便面，累得实在坚持不住时才打开行军床，解决了困扰十多家单位、数十位专家、数十年时间的问题：用三年时间解决了无“星”之困；为了打破技术封锁，中国的年轻科学家从零开始，日夜兼程，仅用两年时间搞出了领先世界的北斗心脏的“原子钟”，解决了缺“钟”之忧；为了形成全球组网，北斗团队年轻的 80 后们提出了大胆的想法：星间链路，历时 5 年攻关，解决了布“站”之难。

北斗导航在全球领域造就了“中国之星”，在海洋、荒原的广袤世界里还有无数追梦人挺进深海、进军深地。

“深海深地”破极限，拓展探寻宝藏之域。深海是巨大资源宝库，也是前沿科学探索对象。早在 20 世纪 80 年代，湖南多个高校和科研院所就开始参与海底采矿研究。如今，在海底矿产资源研究开发领域，80%的科研力量来自湖南。时间，是在海洋争夺战中取胜的关键，为了抢时间，我国“海牛”项目组首席科学家万步炎和团队在船上工作经常白天连着黑夜，几十个小时不沾床；实在困了，就在甲板上躺几分钟，找个矿泉水瓶子当枕头。几十年如一日，像“海牛”的钻头一般钻透一切困难。万步炎胸怀沧海，超两千米深海中往下 231 米，刷新科研高度。

在时光中回望，科技强国梦里凝聚着每一代科技人的心力汗水，他们努力、学习、钻研，以科技为刃，开辟了一条中国科技发展之路!

【教师点评】感谢科技之刃小组的分享。科技之刃组的同学针对中国科技的发展进行了调研考察，他们在调查研究中深刻感受到中国科技者矢志不移、精益求精的精神。这组同学举出“神舟飞宇”“嫦娥天问”“北斗导航”“深海深地”的案例，展现了中国科技“上天入地”的成就。而在这其中，“航天员刻苦训练”“北斗团队花尽心思心血解决问题”“‘海牛’项目组专家夜以继日进行研究”都足以窥见其背后科技人的付出，中国取得的科技成就是一代代科技人的创新创造攻下来的，是靠几十万科技大军不分昼夜、默默奋斗出来的!

【小组展示三】以恒心利民的艰苦奋斗，描绘筑牢永续发展的生态“绿”

大家好，我是绿水青山组的代表，我们小组汇报的主题是“以恒心利民的艰苦奋斗，描绘筑牢永续发展的生态‘绿’”。“绿水青山就是金山银山”①，习近平总书记强调：“美丽中国就是要使祖国大好河山都健康，使中华民族世世代代都健康。”② 作为新时代青年，我们希望用自己的力量为保护生态环境贡献一份力量，因此，我们聚焦生态领域进行资料整理，在丰富素材中看到了中国生态文明建设的成就，生态保护者们的不懈奋斗，收获满满。

守护河湖碧绿清波。万里长江，难在洞庭，湖南却在洞庭湖上提交了一份优秀的生态答卷。1954 年的夏天，三湘大地暴雨连绵、洪水泛滥，灾情之后，痛定思痛，一场重建家园恢复生产的战斗很快打响；以“1955 修湖甲等劳动模范”阳光忠为代表，全省有 80 多万民工、1 万多名干部投身于洞庭湖治理的伟大工程；那时的阳光忠如出山猛虎，干活不惜力气，一担土，上百斤，他挑起就走；早出工，晚收工，每天劳动 12 个小时以上；即使隆冬结冰的大堤上，他一天也要挑满 220 担，往返 110 多里路。湖南省洞庭湖水利管理局总工程师，时代楷模余元君也生于洞庭、逝于洞庭，为了一湖碧水，余元君在无数个加班熬夜、出差调研中，奉献了他 25 年的工作时光和宝贵的生命。正是因为有像阳光忠、余元君一样的干部接续奋斗、艰苦奋斗，如今的洞庭湖绿意奔涌、人鸟相依，一幅水清、岸绿、滩净、景美的“美丽岸线”画卷徐徐展开。

荒漠林海绿色奇迹。“黄沙遮天日，飞鸟无栖树”，你可以想象这是哪？也许你并不会把这幅景象与如今的塞罕坝联系起来。提到承德的塞罕坝机械林场，大家可以列出一连串荣誉：“国有林场建设标兵”、联合国“地球卫士奖”“全国脱贫攻坚楷模”……然而，上世纪 50 年代的塞罕坝曾是一片茫茫荒漠，几代塞罕坝人在荒漠地上驰而不息，渴饮沟河水，饥食黑莜面。白天忙作业，夜宿草窝间，以青春、汗水乃至生命筑起为京津阻沙涵水的“绿色

① 《习近平谈治国理政》第二卷，外文出版社 2017 年版，第 544 页。

② 习近平：《论坚持人与自然和谐共生》，中央文献出版社 2022 年版，第 273 页。

长城”，创造了黄沙遮面蜕变成天净水清的绿色奇迹。塞罕坝已经成为华北地区耀眼的绿宝石：森林面积达 115 万亩，森林覆盖率 82%，每年可涵养水源、净化水质 1.37 亿立方米，固定二氧化碳 74.7 万吨，释放氧气 54.5 万吨，可供 199.2 万人呼吸一年之用，空气负氧离子是城市的 8 至 10 倍。如今的塞罕坝绿意盎然、万物竞发，一幅树绿、草青、震撼的“广阔林海”图景缓缓呈现。

一代代中国人坚决扛起美丽中国建设的责任，在生态文明建设过程中站出来、冲上去、顶得住，将一张蓝图干到底，以实干担当书写绿色奇迹！

【教师点评】感谢绿水青山组同学的分享，他们出于用自己的力量为保护生态环境贡献一份力量的目的，聚焦生态领域进行资料搜集，收获颇丰。在展示中，他们分“守护河湖碧绿清波”“荒漠林海绿色奇迹”两个部分进行汇报。在“1955 修湖甲等劳动模范阳光忠”“时代楷模余元君”以及“塞罕坝成为‘绿色奇迹’”等案例中，我们可以感受到艰苦奋斗的力量。生态建设者持之以恒、久久为功，是他们让我们的祖国天更蓝、山更绿、水更清，让美丽中国“美”无止境。

【小组展示四】以关怀人类的艰苦奋斗，描绘彰显青春担当的中国“红”

大家好，我是中国担当组的代表，我们小组汇报的主题是“以关怀人类的艰苦奋斗，描绘彰显青春担当的中国‘红’”。青年向上，国家向前，世界向好。青年既要有家国情怀，也要有人类情怀，以关怀人类的艰苦奋斗为世界贡献智慧力量、向世界展现青春担当的中国“红”。我们小组围绕“中国担当”进行调查研究，希望在以往的成就中汲取经验，

基础建设，“中国红”遍插精建工程。我们知道，“一带一路”中巴经济走廊上有一座大型水电站：卡洛特水电站。然而从大江截流、厂房封顶到首台机组转子吊装、导流洞下闸蓄水……7 年时间，中巴两国建设者不辞辛劳，克服新冠肺炎疫情等各种困难挑战，才使它得以建成，甚至提前实现全面投产发电。还有中国承建的阿尔及利亚大清真寺享誉世界，被称为阿尔及利亚“千年工程”、地中海畔的耀眼明珠，甚至被印在了阿尔及利亚新版 1000 第纳尔的纸币上；同时印在科威特 5 第纳尔纸币上，由中方建造的科威

特中央银行新总部大楼也意义非凡，它象征着科威特向世界展示重建的信心。纸币是国家的“名片”，每张纸币上的图案都承载了厚重的历史与文化，我想这是他们在用实际行动为中国的人类关怀点赞，这是在用文化，高度礼遇中国的世界担当。

医疗援非，“中国红”高扬人道主义。中国作为世界上最大的发展中国家，始终肩负大国重任，我国从1963年至今始终坚持医疗援非，当埃博拉病毒造成死伤千万的恶劣影响，援非医疗队面临的困难不仅有高原反应和40度以上高温，还有医疗防护简陋、流动水缺乏、社会动荡等客观条件，然而白衣勇士却说干就干。比如，湖南省人民医院派出中国第20批援津巴布韦医疗队，为非洲结核病防治出力；湖南省儿童医院采用中国儿科模式，对“一带一路”发展中国家的儿科发展进行全面援建。医疗援非不仅保护着非洲人民的生命安全，还守护着发展中国家的希望与未来。

国际维和，“中国红”彰显责任担当。中国维和部队30年来始终坚持“人道主义救援”，为世界和平贡献力量。阳光下总有荫蔽之处，这个世界上的某些局部地区依然听得到战斗机的飞行声、俯冲轰炸的轰鸣声，声声惊心动魄，但中国维和部队始终坚信：“要创造人类的幸福，全靠我们自己！”不少维和警察在维和行动中殊死拼搏，光荣地获得了联合国和平勋章。

正如，习近平总书记在党的二十大报告中指出：“中国共产党是为中国人民谋幸福、为中华民族谋复兴的党，也是为人类谋进步、为世界谋大同的党。”① 所以，中国青年在为梦想艰苦奋斗中不仅要有家国情怀，还要有人类关怀。

【教师点评】感谢中国担当组同学的分享。这组同学的汇报逻辑清晰，思路流畅，他们从“基础建设”“医疗援非”“国际维和”三个部分展开阐述。在“基础建设”部分举出“中国帮助巴基斯坦修建卡洛特水电站”的案例；在“医疗援非”中举出“埃博拉病毒造成死伤千万的恶劣影响时，中国援非

① 习近平：《高举中国特色社会主义伟大旗帜　为全面建设社会主义现代化国家而团结奋斗——在中国共产党第二十次全国代表大会上的报告》，人民出版社2022年版，第21页。

医疗队挺身而出"的案例；在"国际维和"部分举出维和警察的案例。这些案例都生动展现了中国担当与中国力量，其中足以窥见中国人的艰苦奋斗与大爱付出。

【教师总结】这四组同学以不同的领域为例，在调研考察和资料整理的基础上讲述了自己对于艰苦奋斗的理解。"基建银""科技蓝""生态绿""中国红"，共同绘就了艰苦奋斗的多彩画卷。这其中，有无数青春榜样勇于担苦、担难、担重，用奋斗浇灌梦想，交出了一份份无愧祖国、无愧人民、无愧时代的答卷。我们不仅要学习榜样，更要将这种追梦力量、奋斗精神落细落实在行动中，哪里有需要我们就到哪里去担当，哪里有困难我们就到哪里去作为。

回望来路，我们可以明晰新时代的伟大成就是党和人民拼出来、干出来、奋斗出来的，这是坚定接续奋斗的历史经验；立足现实，我们也要清醒地看到，我们的发展还面临着困难和不足，这将是坚定艰苦奋斗的现实依据。我们要紧紧围绕党的二十大确定的各项重大目标、重大战略、重大部署，投身科技攻关最前沿、创新创业第一线、乡村振兴主战场、社会服务各领域，"自信自强、守正创新，踔厉奋发、勇毅前行，为全面建设社会主义现代化国家、全面推进中华民族伟大复兴而团结奋斗"①。

环节三：同向之行——个人理想与社会理想的有机结合

习近平总书记寄语青年："青年一代有理想、有本领、有担当，国家就有前途，民族就有希望。"② 青年一代正在社会理想的指引下追求个人理想，为实现共同的理想目标在努力奋斗。

1. 个人理想受社会理想的规定和指引

我们"追求个人理想的实践活动都是在社会中进行的，个人理想的确立不能只凭个人的主观愿望，而要顺应社会发展的客观规律和趋势要求；个人

① 习近平：《高举中国特色社会主义伟大旗帜　为全面建设社会主义现代化国家而团结奋斗——在中国共产党第二十次全国代表大会上的报告》，人民出版社 2022 年版，第 1 页。

② 《习近平谈治国理政》第三卷，外文出版社 2020 年版，第 54 页。

理想的实现不仅仅是个人奋斗的事情，而是要担当时代赋予的社会责任和历史使命。”[①] 当人民的健康需要守护之时，广大医护人员毅然“出征”、奔赴一线，正是他们每一个人的坚定守护才保卫了人民健康；生态环境需要拯救之际，生态建设者持之以恒追求青山绿水、守护广阔林海，正是他们每一个人的艰苦奋斗才守住了碧水清波；站稳脚跟需要实力支撑，科技工作者不断创新突破瓶颈、追求科技强国，正是他们每一个人的不懈追求才绘就了科技强国的画卷；民族要复兴、国家要富强，千千万万名中国人奔走在基层一线、调研民生民情，正是我们每一位同胞的坚定选择才实现了全面小康、在民族复兴的道路上行稳致远。作为社会学专业的我们，要将社会理想作为指引，积极响应党的号召，将田野调查落到实处，将人民需求放进心里，将社会责任担在肩上，做社会发展的建设者、推动者，“个人理想只有同国家的前途、民族的命运相结合，个人的向往和追求只有同社会的需要和人民的利益相一致，才可能变为现实”[②]。

2. 社会理想是个人理想的汇聚和升华

“社会是个人的联合体，社会理想与个人理想密不可分。社会理想不是凭空产生的，也不是由外在力量强加的，而是建立在广大社会成员的个人理想基础之上的。”[③] 我们每一个人的追梦之旅都是社会发展进程中闪耀的星：费孝通为了实现重建社会学的理想坚持做好调查研究，在实现个人理想的过程中为传承优秀文化做出巨大贡献；黄大发为了实现脱贫致富的理想坚持开凿“生命渠”，在实现个人理想的过程中为实现全面小康开创致富之路；阳光忠为了实现洞庭湖治理的理想不断进行尝试，在实现个人理想的过程中为追求绿水青山守住碧绿清波……个体的力量是弱小的，但我们肩负同样的使命、胸怀远大的理想，就必然能让星星之火形成燎原之势，从而实现我们的社会理想。但社会理想的实现不是个人理想的简单相加，而是全体社会成员的共同努力。我们在蓝天碧水净土保卫战中的不懈努力，汇聚成了绿水青山

① 本书编写组：《思想道德与法治》，高等教育出版社 2023 年版，第 65 页。

② 本书编写组：《思想道德与法治》，高等教育出版社 2023 年版，第 65 页。

③ 本书编写组：《思想道德与法治》，高等教育出版社 2023 年版，第 65 页。

的社会理想；在两弹一星、神舟飞船、北斗导航建设过程中的艰苦奋斗，汇聚成了科技强国的社会理想；在援非援建、国际维和进程中的大爱拼搏，汇聚成了美美与共的社会理想。我们要摆正个人理想与社会理想的关系，在实现社会理想的实践中兼顾个人理想的实现，使二者能够相得益彰。

3. 得其大者可以兼其小

社会理想的实现为我们追求个人理想提供了更多可能，“个人只有把人生理想融入国家和民族的事业中，才能最终成就一番事业”①，“年青一代要把个人梦同中国梦结合起来，只有实现中国梦，才能实现个人梦；只有融入中国梦，个人梦才有生命力”②。我们每一年的“感动中国十大人物”就是其真实写照，青年一代更是其中的主力军，在科研高地、银河星空、绿水青山、基层一线都有青年人的身影。正值青年的我们是国家和民族的希望，我们要为实现社会理想而不懈奋斗，也要在社会理想之中彰显自我价值、实现个人理想。“大学生要在社会理想的指引下，珍惜韶华、奋发有为，勇于追求个人理想，实现社会理想的过程中努力实现个人理想，”③ 在时代的号召中，放飞青春梦想。

环节四：时代之召———落细落实青春筑梦的“硬核方式”

在中学阶段，我们学习了“少年当自强”，明确了“少年强　中国强”，要实现中华民族伟大复兴的中国梦，需要一代又一代有志青年接续奋斗。这个“奋斗”指的就是为中国梦而奋斗，我们在青春奋斗中也珍藏着青春筑梦的点点滴滴。那么青春筑梦该如何开启，什么样的硬核方式才能实现我们的青春梦呢？我们主要从三个层面来解读：

1. 立鸿鹄志，做奋斗者

高远之志贵在胸怀远大。我们众志成城为“绿水青山”不懈奋斗，为“科技强国”持续探索，为“国富民强”艰苦奋斗，正是我们心怀“共同富裕”

① 本书编写组：《思想道德与法治》，高等教育出版社 2023 年版，第 66 页。
② 胡顺成：《习近平总书记重要讲话引用名句解读（三）》，《共产党员》，2015 年第 6 期。
③ 本书编写组：《思想道德与法治》，高等教育出版社 2023 年版，第 66 页。

的远大理想，才激励我们躬身实践，把自身前途与民族的命运紧密相连，在田野调查里挥洒汗水、奉献青春，在时代浪涌中自强不息、奋斗不止。然而，筑梦不仅仅需要远大方向的指引，更需要顽强意志的支撑。

高远之志重在意志顽强。筑梦的过程不可能一帆风顺，难免会遭受挫折困难。费孝通在田野调查中践行“美美与共”，追寻“天下大同”，并在71至92岁高龄之间坚持进行了24次调查访问，如此顽强的意志支撑他在生命的旅途中为实现远大志向持续奋斗。如果说，高远之志指引了青春筑梦的高度，那大事之志则决定了青春筑梦的精度。

2. 心怀“国之大者”，敢于担当

心怀“国之大者”，需与大道同行。虽然，不同时代、不同时期，青年放飞梦想、追逐大道的方式不一，但他们与大道同行的信心和底气从未改变。可以说，中国共产党的百年奋斗历程就是求索大道、建设大道、改革大道、幸福大道的过程，正是一代代青年始终把为人民谋幸福、为民族谋复兴作为自己的初心和使命，才有了现在的幸福大道，并为世界各国所瞩目。所以，这个“大者”就意味着把追求个人幸福与投身建设新时代中国特色社会主义的实践统一起来。“无论从事什么具体、平凡的工作，只要是与中国特色社会主义伟大事业相联系、服务于祖国和人民的，就值得我们去做。”① 在新时代新征程，是要为中国式现代化挺膺担当，这就是在做大事。

心怀“国之大者”，需要以小成大。俗话说，天下难事，必做于易；天下大事，必做于细。社会学建设发展的背后，正是一份份的调查研究数据的支撑，一步步走访调查的成就；北斗导航星耀全球，能够让山高水远有行迹，海阔天空知何处，正是一颗颗螺丝钉都追求国产的严谨、一次次实验的精益求精；“海牛”能够实现深海深地的背后，正是一寸一寸的探索、一米一米的开拓；天更蓝水更清山更绿，也正是一点一滴的治理、一草一木的养护。我们的90后、00后，也许还是家长眼中永远长不大的孩子，有时总觉得“做大事”离自己很遥远，但在危险来临之时，一直受保护的90后、00

① 本书编写组：《思想道德与法治》，高等教育出版社2023年版，第67页。

后也开始学着大人的模样保护世界。他们在医院救人，在路上执勤，在火神山扛沙袋，在雷神山安空调，在客运站做志愿者，在各个社区当网格员，在自己的岗位上做着一件件平凡的“小事”，却成就着防控疫情的不凡“大事”。我想，这就应该是年轻人该有的模样、该有的姿态，让做“心怀‘国之大者’”不流于口号，而能以小成大，我们所遇到的每一次危机，都是一次大考，“‘大我’为‘小我’指明道路和方向，‘小我’在成长发展中自觉融入‘大我’洪流。”① 然而，像这样的攻坚克难它也许不是最后一次，在我们树立鸿鹄之志的漫长征途中仍然需要踏实躬行、全力奋斗。

3. 自觉躬身实践，知行合一

正如，习近平总书记的殷殷寄语：“现在，青春是用来奋斗的；将来，青春是用来回忆的。”② 这两句朴素的话语，既是对我国传统文化中知行合一精神的继承和弘扬，也是对马克思主义科学实践观的运用和发展。青年时期，我们选择了躬行，就选择了未来的收获，选择了奋斗，就选择了珍贵的回忆。作为社会学专业的学生，我们更应该在扎实的调查研究中，致敬青春、砥砺青春。

聚焦“学习载体”提素质，在理论上“真懂”。要联系实际情况在社会提供的“大平台”上充分开展调查研究，要在研究中学习，在学习中实践，在实践中验证。要“立足中国实际，使用科学的社会调查方法，在实践中寻找问题，并通过社会调查实践来解答。事实证明，只有通过经验研究来观察和认识中国的实际，才能真正立足中国实际，中国社会学才有用武之地，发挥学以致用的功能，这样的社会学建设才能体现中国特色、中国风格、中国气派，打造中国特色社会学学科体系、学术体系、话语体系，增强学科自信，引领新时代我国社会学的健康发展”③。只有在实践中检验、发展理论才

① 沈壮海、洪志劭：《论对青年的政治引领及其加强——学习习近平总书记关于加强对广大青年政治引领的重要论述》，《青年学报》2023 年第 5 期。

② 《习近平谈治国理政》第一卷，外文出版社 2018 年版，第 54 页。

③ 杨文笔：《社会学建设的中国经验——费孝通关于“人民社会学”的探索及其启示》，《北方民族大学学报》，2024 年第 1 期。

能达到“真懂”，实现理论与实践的融合。

围绕“调查载体”办实事，在行动上“真干”。“社会学重视社会实践，学生关于‘做社会学’的知识以及对社会的认识多来源于社会实践”①，有学者表示，“面对‘全球在地化’时代，我们需要培养拥有‘全球化视野、本地化执行’思维，‘胸怀天下，民胞物与’的社会学人才。”②我们既要有往上实践的眼光也要有往下实践的毅力。“田野调查不是实习和实践教学的加强版，而是对社会教学过程全要素、全环节、全流程的再造和重组，要长期扎根田野基地实实在在去开展。”③只有在科学理论的指导下沉到一线，将调查研究落细落实，才能做到“真干”，实现往上实践与往下实践相融通。我们的实践不仅要在国内实现上下融通，也要在国际上实现空间上的联通。

紧盯“服务载体”解难题，在境界上“真高”。“我国社会学服务于中国人民，推动中国社会发展与进步，服务中华民族伟大复兴，唯有此才是真正有应用价值的中国特色社会学”④。我们做好调查研究的最终目的就是要将专业知识用于实践，在实践中服务人民、服务社会，要做到民有所呼，我有所应，“真正把民之所忧、民之所盼作为帮群众办实事、解难题的着力点，才能不断增强人民群众的获得感、幸福感、安全感。”⑤正如马克思所说，我们的幸福将属于千百万人，我们的事业将默默地、但是永恒发挥作用地存在下去。⑥在为人类事业办实事、解难题的实践中放飞青春梦想，正是青春梦得以实现的硬核方式。

青春筑梦不拘泥于我们生活的那一方小世界。我们到西部、到基层、到祖国和人民最需要的地方去，去寻找问题、解决问题，在走千村、访万户中

---

① 魏霞：《社会学本科教学中的“协同合作研究”》，《内蒙古师范大学学报（教育科学版）》，2022年第3期。

② 吴楠：《着力构建中国特色社会学》，《中国社会科学报》，2022年12月21日。

③ 吴楠：《着力构建中国特色社会学》，《中国社会科学报》，2022年12月21日。

④ 杨文笔：《社会学建设的中国经验——费孝通关于“人民社会学”的探索及其启示》，《北方民族大学学报》，2024年第1期。

⑤ 《把好事办实，把实事办好》，《人民日报》，2021年5月24日。

⑥ 参见《马克思恩格斯全集》第1卷，人民出版社1995年版，第459页。

察民情、解民忧，最终实现帮民富、促振兴。在艰苦的边远山区、在乡村振兴的一线，“奔波”的岗位或许没有C位那样耀眼，“追梦”的方式也没有“摘金”那样夺目，但新时代的我们，与时代同行，用俯身躬行、担当奉献生动阐释了“青春无问西东，奋斗自成芳华”。

环节五：课程总结

通过今天的讲课，希望大家能把握好青春筑梦的硬核方式：立鸿鹄之志，让青春增添厚重之彩；怀“国之大者”，让青春焕发斑斓之光；强躬行之力，让青春守望幸福之果。同学们，“恰同学少年”的青春年华，见证着你们“少年辛苦终身事，莫向光阴惰寸功”的寒窗苦读。然而，新时代新征程，老师更期待大家能用一摞摞沾满泥土味的民情日记，去记录你们“济困扶贫挥雨露，走村串户历山川”的辛勤脚步，让青春之花绽放在祖国最需要的地方，在实现中国梦的伟大实践中书写别样精彩人生，这，才是青春筑梦的硬核方式！

【课后】

1. 思考讨论

2024年全国两会期间，习近平总书记再次强调深入调查研究，要找到最大公约数、画出最大同心圆，请你运用专业知识进行大学生理想职业与社会需求现状调研，谈谈青年学生该如何在职业选择中处理好个人理想与社会理想的关系？

2. 拓展阅读

中共中央文献研究室：《习近平关于实现中华民族伟大复兴的中国梦论述摘编》，中央文献出版社2013年版。

习近平：《高举中国特色社会主义伟大旗帜　为全面建设社会主义现代化国家而团结奋斗——在中国共产党第二十次全国代表大会上的报告》，人民出版社2022年版。

习近平：《论党的青年工作》，中央文献出版社2022年版。

习近平：《在庆祝中国共产主义青年团成立100周年大会上的讲话》，人民出版社 2022 年版。

七、教学资源

八、教学板书

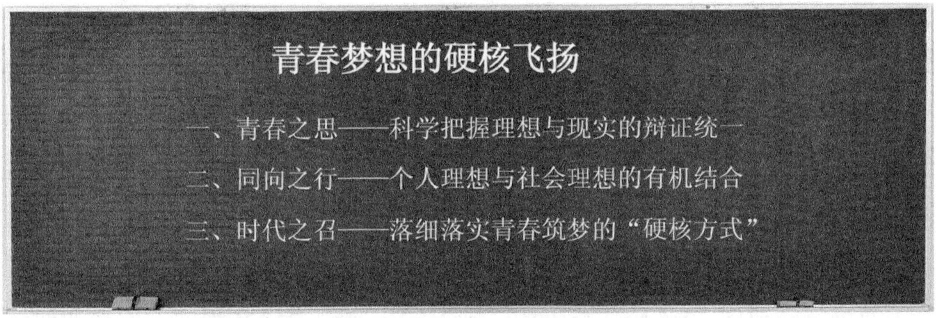

九、教学反思

1. 从基于学情的内容设计反思教学理念的贯彻，用心坚持"以学生为中心"的教学理念。把握了学生基于社会学专业背景树立远大理想、深入田野调查的兴趣点，教师通过讲明理想与现实的关系、厘清个人理想与社会理想的辩证关系，以社会学学者费孝通的人生经历为例，解答好理想的现实性问题，激发了学生的学习热情；紧扣了学生对理想如何变为现实的困惑点，教师通过指导学生设计大学生讲思政课“艰苦奋斗的多彩画卷”的小组展示活动，助力学生落实调查研究形成独特思考并进行展示，增强了学生对个人理想与社会理想的实现要落实艰苦奋斗的思考与理解；满足了学生在专业学习中开展调查研究实践的需求点，教师通过解读学生展示活动中同辈群体的实践之力，破除理想和现实、利己和利他、小我和大我、民族和世界等方面的思想困惑，增强了学生对理论内容说服力与针对性的认同。但在如何利用社会学专业调查研究方法来指导实践的现状与问题上，更专业融通地讲好中国梦与青春梦的重要联系上，还有待进一步优化与精进。

2. 从教学目标的达成情况反思教学方法的贯行，用情联动“以现代化赋能”的教学方法。在传统教学方法应用上，通过理论讲授法，增强学生对理想与现实的辩证统一、个人理想与社会理想有机结合、青春筑梦的重要方式的理解深度，达成把握个人理想与社会理想实现有机结合真理论、增强深度思考能力、涵养认同意识的目标；通过案例分析法，激发学生专业学科认同感、学科未来信念感以及成才成功使命感，达成把握落细落实青春梦想高要求、增强意义建构能力、涵养情怀高度的目标；通过问题导向法，梳理学生对课程学习价值、内容与方法的问题向度，达成把握实现中国梦放飞青春梦要真实干、增强主动探索能力、涵养进取品格的目标；通过任务驱动法，加大学生对课前线上预习、课后翻转拓展等主体性活动的发挥效度，达成把握正确的自学态度、增强深学进阶能力、涵养责任意识的目标。在信息化教学手段应用上，通过原创在线课程知识点的学习以提前了解学生已知未知情况；通过 App 中头脑风暴功能以实时把握学生的内容认知程度。但在如何结合专业领域的生动现实情境、丰富视频情境，更进一步让学生沉浸式开展田野调查、深度性思考相关问题上，还有待进一步挖掘与融通。

3. 从课堂主阵地内外衔接反思教学过程的贯通，用力实施“全链条培育人”的教学过程。在课前，学生通过自学线上课程“坚持个人理想与社会理想相统一”“以青春梦助推中国梦”、学习翻转课堂“学习资源”中“做有理想敢担当能吃苦肯奋斗的新时代好青年”“凝聚同心共圆中国梦的强大合力”等文章，初步了解专题学习的基础知识；在课中，学生通过“青年成长的理想困惑”痛点问题互动研讨、“艰苦奋斗的多彩画卷”热点问题小组展示、心怀“国之大者”重点问题教师讲授，逐步吸收专题学习的核心内容；在课后，学生通过思考习题、文献阅读、实践活动，努力拓展专题学习的深度广度。通过课前、课中、课后的一体贯通，实现教师主导与学生主体相联动、线上教学与线下教学相融合、思政课小课堂与社会大课堂相衔接。在新课导入中，从调查研究“摸实情”“得真言”“见真知”三境界入手，提高了学生参与课堂的兴趣度；在主体讲授中，设计“青春之思”“同向之行”“时代之召”三个环节内容回应导入提出的问题逐层解疑答惑，增强了学生深入探讨的启发性；在小组展示中，围绕“艰苦奋斗的多彩画卷”开展大学生讲思政课活动，彰显了学生创新实践的执行力；在总结升华中，通过对知识进行总结、对问题进行反思、对担当进行寄语，激发了学生转化责任的使命感。通过新课导入、主体讲授、总结升华的一体贯通，实现问题导向、研究导向、成果导向、目标导向相统一。但在如何结合专业前沿热点设计课后问题、鼓励学生课后积极思考讨论上，还有待进一步巧思与妙想。

专题七　厚学明理：中国精神的丰富内涵

对应章节：第三章　第一节

计划学时：1 学时

教学对象：航空航天工程专业

一、学情分析

1. 已有知识分析。第一，基于大中小一体化纵向衔接，掌握基础知识情况。初中阶段，学生在九年级上册《道德与法治》第二课“创新驱动发展”中初步认识了创新的重要价值，在第五课“守望精神家园”中初步了解了坚定文化自信、守望中华民族共同精神家园的重要意义，初步体会了中华民族精神的内涵、品格以及力量。高中阶段，学生在高一年级必修四《哲学与文化》第七课“继承发展中华优秀传统文化”中进一步学习了中国精神的重要作用、民族精神的丰富发展以及民族精神与中华文化的内在关系。第二，基于线上线下教学横向贯通，了解自学知识情况。学生通过线上课程知识点“中华民族重精神的优良传统”的学习促新知构建；通过翻转课堂学习资源中习近平总书记 2024 年新年贺词、新时代十年航空航天发展成就等内容的链接促新知拓展。

2. 认知能力分析。第一，基础知识记忆力强，但系统分析能力还不足。学生对中国精神的认知多停留在概念识记和意义阐述上，对民族精神与时代精神的辩证统一、四个伟大精神的逻辑关联的理解有待深化。第二，发展成就认同度高，但自主创新能力还不强。学生认同航天发展成就，给航天精神谱系点赞，为航天英雄骄傲，但在专业学习的过程中难以摆脱思想惰性，钻研航空航天理论知识、创新航天科研实验研究与突破航天工程技术创造瓶颈的主观能动性有待提升。第三，感性认知浸润性足，但应用转化能力还不实。学生虽然能在载人航天优秀事迹分享中深刻领悟中国精神内涵，但是在现实生活实践中，难以将感性认知转化为解决问题的实际动力，尤其是面对新时代中国精神具体内涵赋予的新任务时，学生实践担当的主动性还不足，将学习精神转化为践行精神的能力有待提升。

3. 心理需求分析。第一，思政课理论有效指导学习生活。学生希望通过“中国精神的基本内涵”的学习，明确自己的价值追求和行为准则；希望通过“中国精神的具体体现”的学习，清晰自己的责任和使命，从而更好地规划人生道路；希望通过“对中国精神解疑答惑”的学习，培养创新意识和实践能力，助力航空航天类专业发展规划。第二，热点与前沿巧妙链接理论课堂。学生希望课堂能够选取蕴含航空航天专业元素的经典案例，如航天领域的大国工匠事迹等，增强学习使命感；希望结合与航空航天行业有关的最新科技成就和最新前沿成果等社会热点焦点展开互动研讨，增强学习针对性。第三，信息化技术灵活贯穿课程讲授。学生更期待线上线下混合式授课模式，希望通过线上原创课程提前预习、课后复习，希望通过翻转课堂中优质学习资源的共享扩大学习面，希望通过课堂学习 App 中选人、抢答等多功能灵活运用激发课堂教学活力。第四，创新性实践活动融入课堂教学。学生希望通过大学生讲思政课、实践教学活动，在积极参与、主动探索和协同合作中进一步明晰中国精神的丰富内涵。

二、教学目标

1. 知识目标。一是学生能在理论溯源和前沿引入中理解中国精神的基本内涵，明晰民族精神与时代精神的基本概念、显著特征及内在关系，拓展对中学“正确认识中华传统文化”这一已学知识的探理深度。二是学生能在小组分享和总结点评中明确中国精神的具体体现，明晰四种“伟大精神”的具体内涵、时代刻画及专业融入，增强对线上“中华民族重精神的优良传统”

这一新学知识的剖析力度。三是学生能在困惑释疑和困境破除中掌握中国精神的知行要求，明晰四种"伟大精神"的出场逻辑、整体关联，理解学情相关领域载人航天精神的实质意蕴，提升对课堂"中国精神的知行要求"这一应学知识的掌握精度。

2. 能力目标。一是通过对民族精神与时代精神、四种"伟大精神"的辩证分析，载人航天精神内涵认知与青春践行、发展瓶颈与战略需求的反思叩问，学生能提升辩证思考、逻辑推理、识别问题等高阶认知能力。二是通过对线上课程"中华民族重精神的优良传统"前置学习、实践任务围绕"伟大创造精神、伟大奋斗精神、伟大团结精神、伟大梦想精神"主题的"大学生讲思政课"分组探究、翻转课堂"在学习生活中是否做到了四个'特别'"互动交流的全过程参与，学生能提升独立思考、协同合作、意义建构等自主学习能力。三是通过小组展示中航天专业与思政主题的紧密勾连，逻辑理路与文本打磨的深耕细作，透彻案例与生动话语的叙事体现，老师点评和小组互评的师生认可，学生能提升融会贯通、智慧创造、以评促优的实践创新能力。

3. 素质目标。一是通过自主学习"中华民族重精神的优良传统"，传统溯源民族精神与时代精神的基本特征，总结梳理四种"伟大精神"的历史脉络，学生能涵养起深厚的文化自信和家国情怀。二是通过大国重器的新年点赞、航天发展的青春感悟、榜样群像的攻坚克难，学生能涵养起鲜明的进取品格和创新品质。三是通过对比分析航天人精神践行的正向刻画与网瘾人精神践行的偏离反思，辩证思考航天历程的发展成果与未来突破的问题导向，学生能涵养起有为的使命意识和担当底气。

三、教学内容

"厚学明理：中国精神的丰富内涵"这一专题教学内容，立足教材"第三章第一节：中国精神是兴国强国之魂"的重点难点，贯通线上课程知识点"中华民族重精神的优良传统"的已知未知，结合全国高校思政课教指委《思想道德与法治教学课件》专题四第一讲的要点亮点，结合专业特色探索兴趣点，结合专业要求识别困惑点，明晰中国精神的基本内涵、中国精神的具体体现、中国精神的知行困惑为设计主线，阐释了中国精神的内涵要义、生动体现和青春反思。

【教学内容的设计要点】

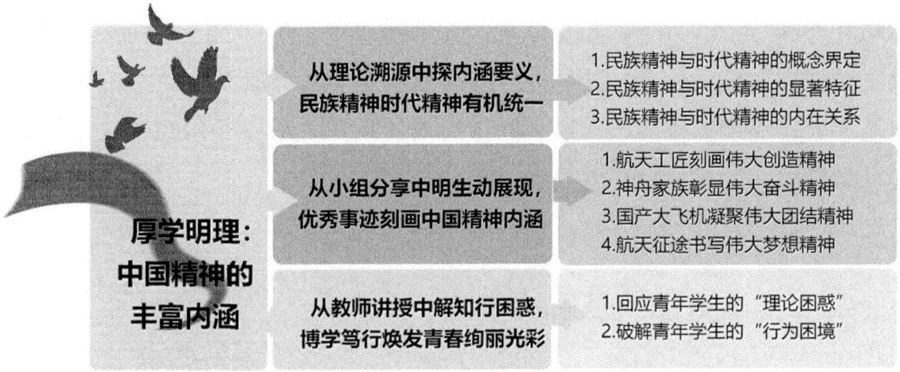

1. 从理论溯源中探内涵要义，民族精神时代精神有机统一。一是通过对民族精神与时代精神的概念界定，明晰中国精神是民族性和时代性的有机统一；二是通过引入学者对民族精神与时代精神显著特征的解读，明晰内涵特质来源于民族底蕴、刻画于时代成就；三是通过阐述民族精神与时代精神的紧密关联、相互转化与相互促进，明晰中国精神基本内涵的内在逻辑。

2. 从小组分享中明生动展现，优秀事迹刻画中国精神内涵。一是通过航天工匠凝神静气心专注、精雕细琢求创新、千钧利器作国骄的细节叙事，明确伟大创造精神是中国人民革故鼎新、与时俱进等思想观念和实践智慧的集中体现；二是通过神州家族为“立国”奋斗、为“富国”奋斗、为“强国”奋斗的使命传承，理解伟大奋斗精神是激励中国人民在征服与改造自然、面对强敌入侵等困难和险境时敢于斗争、勇于拼搏、坚忍不拔、永不言败的动力源泉；三是通过国产大飞机“出道”背后的共克时艰、各施所能、守望相助的合力彰显，明晰伟大团结精神是团结一心、同舟共济、同心同德的精神品质；四是通过航天征途中航天员“感觉良好”、总体人“国家需要”、牧星者“人民放心”的追梦姿态，彰明伟大梦想精神是敢于有梦、勇于追梦、不畏险阻、顽强拼搏的精神品质。

3. 从教师讲授中解知行困惑，博学笃行焕发青春绚丽光彩。一是从历史逻辑和现实逻辑两个层面，分别阐释了四种“伟大精神”源自于中华民族的特质禀赋与文化基因，熔铸于中华民族的复兴历程与梦想征途，总结梳理为什么四种“伟大精神”系统展现了中国精神内涵；二是在四种“伟大精神”的相互关联与辩证统一、相互促进与互助联通中，辩证思考中国精神内涵四个生动展现间的定位和作用；三是将部分青年学生沉浸游戏梦幻的星辰大海与航天人攻克现实领域的星辰大海进行对比反思，形象领悟精神认知与精神践行有机统一的重要性、必要性与可为性。

四、教学重难点及解决措施

1. 坚持前沿引入与古今对照相统一，着重讲深民族精神与时代精神的显著特征。第一，从专家学者对民族精神特征的理论分析入手，阐明民族精神是历史地形成的而不是主观建构的，把民族精神的客观历史性、相对稳定性以及社会主导性讲深；第二，从专家学者对时代精神特征的理论分析入手，阐明载人航天精神内涵的四种“特别”具有鲜明的时代特征和深沉的民族基因，把时代精神的历史阶段性、思想变革性及时代特殊性讲深。

2. 坚持成果展示与理论总结相结合，着重讲活中国精神内涵“四个伟大”的生动展现。第一，从航天工匠刻画伟大创造的青春感悟入手，阐明伟大创造精神体现于中国人民的革故鼎新、与时俱进，把伟大创造精神讲活；第二，从神州家族彰显伟大奋斗的青春感悟入手，阐明伟大奋斗精神体现于中国人民的敢于斗争、勇于拼搏，把伟大奋斗精神讲活；第三，从国产大飞机凝聚伟大团结的青春感悟入手，阐明伟大团结精神体现于中国人民的团结一心、同舟共济，把伟大奋斗精神讲活；第四，从航天征途书写伟大梦想的青春感悟入手，阐明伟大梦想精神体现于中国人民的敢于有梦、勇于追梦，把伟大梦想精神讲活。

3. 坚持问题导向与逻辑梳理相融通，着重讲透中国精神主题学习中的知行合一。第一，从中国精神内涵生动体现的出场逻辑入手，阐明四种“伟大精神”的历史逻辑与现实逻辑，把四种“伟大精神”何以成为中国精神内涵生动体现的标识性特质这一问题讲透；第二，从载人航天精神的四种“特别”与网络游戏成瘾的四个“特别”对比入手，阐明要将“特别能吃苦、特别能战斗、特别能攻关、特别能奉献”的精神特质在学习、生活、工作中落小落细落实，把大学何以做到标识性精神理论认知与青春践行的知行合一这一问题讲透。

五、教学方法

1. 理论讲授法，重在线上初讲与线下深讲相结合。线上，重点解读了“中华民族重精神的优良传统”知识点，为线下学习奠定理论基础；线下，学理分析民族精神与时代精神的有机统一，并在分析其基本特征时引入前沿理论观点、关联古今思想发展；通过教师总结和教材解读，深度阐释四种“伟大精神”的具体内涵体现，深入探讨四种“伟大精神”的内在关联；从历史逻辑、现实逻辑分析四种“伟大精神”系统展现中国精神内涵的原因，学生能对中国精神内涵及其生动体现的出场逻辑与标识意义有深入理解。通过内涵阐释、前沿引入、逻辑梳理，培养学生的归纳思维和演绎思维。

2. 问题导向法，重在问题引领与探疑求真相结合。新课导入环节，通过问题链“如何在历史长河中追忆中国精神？如何在时代成就中体悟中国精神？如何在知行合一中把握中国精神？”展开深入思考。主体讲授环节，从民族精神与时代精神的关系等问题入手，讲明民族精神与时代精神的概念、特征和关系；从中国精神内涵有哪些具体生动展现之问入手，设计围绕四种“伟大精神”为主题的“大学生讲思政课”实践作业；从为什么是这四种“伟大精神”系统展现中国精神内涵之问入手，阐明四种“伟大精神”的出场逻辑；从如何做到“知行合一”之问入手，关联学习载人航天精神内涵与践行载人航天精神样态、关切学生行为问题与关注行业发展瓶颈，破解学生行为困境。课后思考环节，提问学生如何在以中国式现代化全面推进中华民族伟大复兴的征程中弘扬中国精神，进一步激发学生的爱国情怀。通过正视问题、研讨问题、解决问题，培养学生的批判思维和转化思维。

3. 案例分析法，重在典型案例和现实启迪相结合。刻画航天工匠的伟大创造精神、神州家族的伟大奋斗精神、国之重器的伟大团结精神、航天征途的伟大梦想精神，发挥典型人物和经典群像的榜样引领；对比航天人四个“特别”品质与网瘾人四个“特别”表现，引发学习榜样与成为榜样、精神认知与精神践行的差距反思。通过行业案例贯通、正向案例浸润、反面案例审视，培养学生的推理思维和辩证思维。

4. 任务驱动法，重在自主学习与交互学习相结合。课前，学生自主学习线上课程知识点“中华民族重精神的优良传统”，对前置知识有初步了解；分组合作设计小组展示任务，对应学知识有深度感悟。课中，运用课堂学习App的头脑风暴功能互动，学生积极参与课堂学习，教师及时掌握学生课堂学习情况。课后，通过翻转课堂布置思考讨论和拓展阅读，教师持续掌握学生学习反馈情况。通过全人员参与、多功能互动、整过程交流，培养学生的求证思维和递进思维。

六、教学过程

【课前】

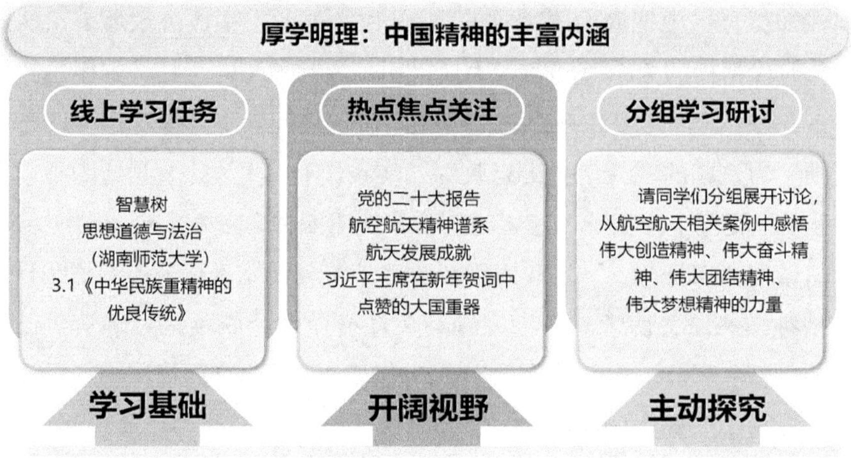

【课中】

环节一：新课导入

同学们好，欢迎来到“思想道德与法治”的课堂，今天的主题是“厚学明理：中国精神的丰富内涵”。课前，大家在翻转课堂学习资源里学习了习近平总书记近十年的新年贺词。新年贺词中，“上天入海陆上”的大国重器、重大工程总能被总书记点赞。2024 年新年贺词中，C919 大飞机商飞、神舟家族太空接力，更是中国航空航天的高光时刻。

【视频资源】中国航天事业的高光时刻①（2 分 34 秒）

【教师总结】从古代嫦娥奔月的传说到明朝万户飞天的故事，从“东方红”一号卫星升起到“神舟”飞船进入太空……中国航天事业一路筚路蓝缕，成就一个又一个“高光时刻”。回顾我们的航天逐梦之旅，我们不仅震撼于一个个大国重器，更骄傲于一个个航天英雄。是他们，一次次向科学难题发起进攻，一次次向生理极限发起挑战，“手可摘星辰”的“飞天梦”才得以照进现实，中共中央宣传部授予航天员群体“时代楷模”荣誉称号。党的二十大报告中指出，要“发挥党和国家功勋荣誉表彰的精神引领、典型示范作用，推动全社会见贤思齐、崇尚英雄、争做先锋。”②航天人昂扬奋发的精神风貌、矢志不渝的精神追求，从不因岁月流逝而失色、从不因时代变迁而黯淡。

通过线上课程“中华民族重精神的优良传统”这一知识点的学习，我们了解到中华民族历来就是崇尚精神的民族。精神的力量，在任何时代、任何领域都不容忽视。“对于个体来说，精神可以给我们提供追求理想、战胜困难的动力，克服诱惑、排除干扰的定力。”③“精神”对于中华民族共同体来说，更是凝聚每一个个体的精神纽带。回溯过往，中华民族之所以能够在

---

① 《150 秒看中国航天逐梦之旅》，2021 年 4 月 29 日，见 https://m.news.cctv.com/2021/04/27/ARTIwi1tbefWPCzJDmTczIze210427.shtml。

② 习近平：《高举中国特色社会主义伟大旗帜 为全面建设社会主义现代化国家而团结奋斗——在中国共产党第二十次全国代表大会上的报告》，人民出版社 2022 年版，第 45 页。

③ 全国高校思想政治理论课教学指导委员会：《思想道德与法治教学课件》（专题四——继承优良传统 弘扬中国精神 第一讲 中国精神是兴国强国之魂）第 12 页。

五千多年的历史长河中生生不息、薪火相传，很重要的原因，就是拥有孕育于中华民族悠久辉煌历史文化中的伟大中国精神。那作为新时代的航天学子，我们如何在历史长河中追忆中国精神？如何在时代成就中体悟中国精神？如何在知行合一中把握中国精神呢？我们将从以下三个层面来解读。

环节二：从理论溯源中探内涵要义，民族精神时代精神有机统一

同学们在中学已经对中华民族精神的内涵与品格、中国精神的重要作用以及民族精神的丰富发展等问题有了初步了解，但对于民族精神与时代精神的内在关系、中国精神的知行合一等问题还存在困惑。

1. 民族精神与时代精神的概念界定

民族精神以爱国主义为核心，“是一个民族在长期共同生活和社会实践中形成的，为本民族大多数成员所认同的价值取向、思维方式、道德规范、精神气质的总和，是一个民族赖以生存和发展的精神支柱。”① 时代精神以改革创新为核心，“是一个国家和民族在新的历史条件下形成和发展的，体现民族特质并顺应时代潮流的思想观念、价值取向、精神风貌和社会风尚的总和。”② 中国精神是民族精神和时代精神的有机统一。

2. 民族精神与时代精神的显著特征

民族精神的基本特征主要体现在客观历史性、相对稳定性和社会主导性，这就是说民族精神是历史地形成的而不是主观建构的，是能在整个民族的历史发展中保持恒常不变，是能在社会发展中发挥思想主导作用的精神。③ 时代精神的基本特征主要体现在历史阶段性、思想变革性和时代特殊性，这就是说每个历史时代都有其特定的精神原则，新的时代精神总在历史

---

① 全国高校思想政治理论课教学指导委员会：《思想道德与法治教学课件》（专题四——继承优良传统　弘扬中国精神　第一讲　中国精神是兴国强国之魂）第 24 页。

② 全国高校思想政治理论课教学指导委员会：《思想道德与法治教学课件》（专题四——继承优良传统　弘扬中国精神　第一讲　中国精神是兴国强国之魂）第 24 页。

③ 参见左亚文：《师生对（之六十二）：“民族精神”与“时代精神”》，2016 年 11 月 21 日，见 https://mp.weixin.qq.com/s/KECL5YNeL8L3c3oQCFkvKA。

阶段的变革中形成，不同的时代精神都是民族精神在特定历史阶段的具体体现。[①] 比如，形成于改革开放与社会主义现代化建设新时期的载人航天精神，不仅具有鲜明的时代特征，也体现着中华民族精神的深厚底蕴。"特别能吃苦"诠释了航天人热爱祖国、为国争光的坚定信念，与中国古代先贤提出的"为天地立心，为生民立命，为往圣继绝学，为万世开太平"等理念有着内在关联；"特别能战斗"诠释了航天人独立自主、敢于超越的进取意识，是勤劳勇敢的民族精神的具体体现；"特别能攻关"诠释了航天人攻坚克难、勇于登攀的品格作风，是自强不息的民族精神的体现，这都继承发扬了无数仁人志士所体现出的"威武不能屈""苟利国家生死以，岂因祸福避趋之"的大无畏精神；"特别能奉献"诠释了航天人淡泊名利、默默奉献的崇高品质，是爱国主义的有力证明，与中国古代"大同"有着内在一致性。

3. 民族精神与时代精神的内在关系

一是两者紧密关联，共同构成了中华民族的精神支柱。民族精神与时代精神都是我们中华民族赖以生存和发展的精神支柱，民族的发展进步、国家的繁荣昌盛始终离不开民族精神与时代精神的支撑，两者紧密联系、缺一不可。二是两者相互转化，共同丰富了中国精神的科学内涵。一切民族精神都曾是一定阶段中带动潮流、引领风尚、推动社会发展的时代精神，一切时代精神都将随着历史的变迁逐步融入民族精神的长河之中，并不断丰富和发展民族精神的内涵。三是两者相互促进，共同推动了中国精神的发展进步。民族精神赋予中国精神以民族特质，是中国精神独立性得以保持的重要保证；时代精神赋予中国精神以时代内涵，是中国精神拥有强大生命力的活水源流；中国人民在大力传承民族精神与弘扬时代精神的互促中，共同推动了中国精神的发展进步。

回溯千年历史，我们可以有底气和自信地说，中国人民用勤劳和智慧书写的伟大创造精神、伟大奋斗精神、伟大团结精神、伟大梦想精神，传承了

---

① 参见左亚文：《师生对（之六十二）："民族精神"与"时代精神"》，2016 年 11 月 21 日，见 https://mp.weixin.qq.com/s/KECL5YNeL8L3c3oQCFkvKA。

中华民族的宝贵精神基因，汲取了时代的丰厚精神滋养，是中国精神内涵的生动展现。

环节三：从小组分享中明生动展现，优秀事迹刻画中国精神内涵

课前，在翻转课堂小组教学中，有四组同学围绕“伟大创造精神、伟大奋斗精神、伟大团结精神、伟大梦想精神”主题，完成了“大学生讲思政课”实践作业，下面有请这四组同学的代表来为大家做展示，欢迎大家积极参与到同伴互评中来。

【小组展示一】航天工匠刻画伟大创造精神

同学们好，我是万象更新组的代表，我要汇报的是“航天工匠刻画伟大创造精神”。在汇报前，我想问大家一个问题：说到“整形”你会想到什么？隆鼻子？还是割双眼皮？那你能想到对火药整形是什么样吗？有这样一个人，他把每件航天产品都当作工艺品一样“精雕细刻”，被誉为雕刻火药的大国工匠——徐立平。

凝神静气心专注，一末微毫手细雕。“1 万多个日日夜夜，徐立平和他的同事们用心做着一件事，‘给发动机药面进行微整形，按工艺要求用特制刀具对已经浇注固化好的推进剂药面进行精细修整，以满足导弹飞行的各种复杂要求。’”[①] 工艺要求将误差控制在0.5毫米以内，徐立平却硬是控制在了 0.2 毫米以内，这是个什么概念？ 0.2 毫米，就只是一张纸的厚度。

精雕细琢求创新，大国工匠展风华。徐立平的一位工友曾因刀具不慎碰到金属壳体，导致发动机剧烈燃烧而当场牺牲，这成为他多年不愿提起的痛。徐立平从此立志发明出更好用、更安全的刀具。他会从木匠的刀具上找灵感，他会在厂房一遍遍试验，他会四处请教前辈。一天，因为儿子用削皮机削苹果给了他灵感，就带领大家设计、加工，反复调整刀片角度，终于，

① 姜峰：《雕刻火药一把刀（时代先锋）——记航天特级技师徐立平》，《人民日报》2017 年 3 月 28 日。

一套半自动整形专用刀具诞生了，还被命名为“立平刀”。徐立平根据发动机的不同类型、整形的不同阶段和不同部位，设计、制作和改进了几十种刀具，其中9种申请了国家专利。①

千钧利器作国骄，人民称颂立最高。这位大国工匠“把个人梦和航天梦、强国梦紧密结合”②，在三十年如一日的精益求精中成就实践智慧，刻画伟大创造精神。从一人看众人，现今，我国日新月异的发展变化离不开十四亿中国人民的伟大创造。只有坚持在实践中变通革新、与时俱进，让伟大创造精神持久发力，才能推动更加深刻而广泛的社会变革，为中华民族伟大复兴提供磅礴伟力。

【教师点评】谢谢第一组同学的汇报。他们从航天工匠谈了伟大创造精神，主要讲述了中国人民的实践智慧。国家发展的日新月异、民族复兴的阔步向前，不仅镌刻在生动的实践智慧中，也沉淀在深厚的思想观点中。

【教师总结】伟大创造精神是中国人民“变通求新、革故鼎新、与时俱进等思想观念和实践智慧的集中体现。”③“在几千年历史长河中，中国人民始终辛勤劳作、发明创造，我国产生了老子、孔子、庄子、孟子、墨子、孙子、韩非子等闻名于世的伟大思想巨匠，发明了造纸术、火药、印刷术、指南针等深刻影响人类文明进程的伟大科技成果，创作了诗经、楚辞、汉赋、唐诗、宋词、元曲、明清小说等伟大文艺作品”④，还建设了万里长城、都江堰、大运河、故宫、布达拉宫等气势恢宏的伟大工程。

然而，创新创造的过程不会一蹴而就，创造的过程本身就是奋斗的过程。接下来有请第二组同学汇报——伟大奋斗精神。

---

① 参见白国龙、陈晨：《“雕刻”火药30年航天工匠“一把刀”——记以国为重的大国工匠徐立平》，《光明日报》2017年3月28日。

② 《中宣部授予徐立平“时代楷模”荣誉称号》，《人民日报》2017年3月31日。

③ 全国高校思想政治理论课教学指导委员会：《思想道德与法治教学课件》（专题四——继承优良传统　弘扬中国精神　第一讲　中国精神是兴国强国之魂）第28页。

④ 本书编写组：《思想道德与法治》，高等教育出版社2023年版，第72—73页。

【小组展示二】神舟家族彰显伟大奋斗精神

大家好，我是自强不息组的代表，我们展示的主题是：神舟家族彰显伟大奋斗精神。

奋斗为“立国”——从“苦难与坚定”中回忆神舟一号的奋斗精神。逐梦航天，一直是一项伟大的事业，更是一个艰辛的工程。“在‘死亡之海’塔克拉玛干沙漠、‘魔鬼城’罗布泊和海拔5000米以上的‘生命禁区’，印刻着航天人的足迹；深夜灯火通明的实验室、马达轰鸣的装备间，都有航天人辛劳的身影。由于工作的特殊性和保密要求，他们在荒凉、苦寒的荒漠里，默默承受着难以想象的困难和压力，终于在河西走廊上建起能够担负载人航天任务的东风航天城，并突破众多技术难关，研制开发出神舟系列飞船。”①1999年11月20日，指挥长刘明山铿锵有力地宣布：神舟一号发射任务取得圆满成功。这是中国实施载人航天工程的第一次飞行试验，是中国航天事业迈出的重要步伐。

奋斗为“富国”——从“英勇与顽强”中感悟神舟家族的奋斗精神。从神舟一号一波三折地发射，到神舟五号首次载人航天；从神舟六号首次“多人飞天”，到神舟十八再立新功。二十载，航天人们接力奋斗——神八副总设计师贾世锦为攻克交会对接这一世界航天领域难题，以高度紧张的状态持续工作三年；神十二航天工程师李晓林与同事加班加点、保质保量地完成测试任务，将测试时间由14天缩短为11天，为型号的整体进度争取了宝贵时间；神十五航天员邓清明以“不破楼兰终不还”的意志拼搏奋斗二十五载，在一次次锤炼中奔赴星辰。继往开来，神舟系列从未止步。

奋斗为“强国”——从“砥砺与进取”中共勉当代青年的奋斗精神。2023年10月26日，神舟十七号载人飞船发射升空。登录搜索网站，输入“神舟十七”这四个字，与“神舟十七”紧紧挨在一起的，还有另一个词条“最年轻乘组”。事实上，不止航天员们越来越“年轻”，全体航天人都在越

① 《神舟十三号凯旋：60多年来，中国航天人逐梦星辰的秘密往事》，2022年4月29日，见 https://mp.weixin.qq.com/s/Hgt7N3-zXgfkRd8YDdpZ5Q。

来越“年轻”。一批“80后”“90后”甚至“00后”担起了重任，在蓬勃发展的事业中成长为零号指挥员、系统总师、医监医保专家和高级技师。青年突击队队长李晓林说：“普通而坚韧，努力把飞船扛在肩上，砥砺前行。”新人飞船工程师王梦晨说：“奋斗的日日夜夜，都不曾虚度。”

神舟二十载，奋斗正青春。青年人们正奋进在充满光荣和梦想的新征程上，一步一个脚印实现航天梦想，谱写航天强国建设新篇章！

【教师点评】第二组同学从神舟发展如何融入“立国”“富国”“强国”的征途中展现了伟大奋斗精神。让我们感受到了，在时序轮替中，始终不变的是奋斗者的身姿；在历史坐标上，始终清晰的是奋斗者的步伐。

【教师总结】伟大奋斗精神是“激励中国人民在征服与改造自然、面对强敌入侵等困难和险境时敢于斗争、勇于拼搏、坚忍不拔、永不言败的动力源泉。”① 正是因为时刻秉持伟大奋斗精神，中国人民才能在几千年的历史长河中，“开发和建设了祖国辽阔秀丽的大好河山，开拓了波涛万顷的辽阔海疆，开垦了物产丰富的广袤粮田，治理了桀骜不驯的千百条大江大河，战胜了数不清的自然灾害，建设了星罗棋布的城镇乡村，发展了门类齐全的产业，形成了多姿多彩的生活。中国人民自古就明白，世界上没有坐享其成的好事，要幸福就要奋斗。”②

我们每个人都是奋斗者，而这种奋斗不是以个人为中心的奋斗，而是以集体为中心的奋斗，因为只有有了共同的目标，才能最大范围地凝聚奋斗共识，才能最大程度地凝结团结伟力。接下来让我们从第三组汇报中来感悟伟大团结精神。

【小组展示三】国产大飞机凝聚伟大团结精神

大家好，我是众志成城组的代表。我要汇报的内容是：国产大飞机凝聚伟大团结精神。2023年5月28日，C919大型客机成功完成首次商业载客飞行。“国产大飞机翱翔天际的背后，是全国二十多个省市、1000多家企事业单位、

① 全国高校思想政治理论课教学指导委员会：《思想道德与法治教学课件》（专题四——继承优良传统　弘扬中国精神　第一讲　中国精神是强国兴国之魂）第29页。

② 本书编写组：《思想道德与法治》，高等教育出版社2023年版，第73页。

30多万人的共同努力。”①

共克时艰，回身向后立不移。2007年，大型飞机重大专项正式立项。2008年，为实施专项中大型客机项目，中国商飞公司成立。随后，首型国产大飞机被命名为C919。而控制律团队这支年轻的队伍，锚定的是飞机的“大脑”控制律。他们从零开始，经历过“不知道自己不知道什么”的无措状态，但团队成员在总设计师吴光辉的带领下始终上下一心、迎难而上。正因为有他们，控制律从一项项技术指标、一张张三维图纸蜕变成一套完整的系统，C919拥有了“中国大脑”。

各施所能，千人同心千人力。C919的成功试飞与商用，凝聚了全体民航人的心血。华越灭火器团队提供灭火器装机技术支持，C919燃油系统适航验证团队以3倍试验量完成飞机燃油系统的设计与验证，飞机防火团队在经过多方研究与多轮测试后才最终通过飞机防火测试研发试验与适航目击试验……无数个个体为同一个梦想凝结为团队，无数个团队为同一个梦想再凝结为更大的团队。

守望相助，同心共圆民航梦。从1970年我国自主研制的“运十”飞机立项，到2022年C919成功交付，民航梦穿越了52个春秋。五十二年前，中国民航科研技术才刚起步，来自约几十个不同单位的上百名技术人员以及航空学院的教师齐集上海，开始了大型民用客机的设计。没人有大型民用客机的设计经验，但没人曾试图退出这程荆棘满地的追梦之途。三十八年前，因为种种因素而被迫搁置的民航梦再度重启。从支线中小型飞机ARJ21到国产大飞机C919，民航人始终和衷共济，守望相助，为这场未竟的圆梦征途贡献自己的力量与智慧。

【教师点评】感谢同学的展示，确实，“大飞机”这件国之重器的成功，离不开中国民航人半个世纪以来始终不变的团结一心、同舟共济，相信未来中国民航会走得更久、更远、更稳！

【教师总结】伟大团结精神是“团结一心、同舟共济、同心同德、守望

① 翟壮、李宁、丛威娜：《大飞机何为“大”?》，《北京日报》2023年5月28日。

相助的精神品质。”[①]“在几千年历史长河中，中国人民始终团结一心、同舟共济，建立了统一的多民族国家，发展了56个民族多元一体、交织交融的融洽民族关系，形成了守望相助的中华民族大家庭。特别是近代以后，在外来侵略寇急祸重的严峻形势下，我国各族人民手挽着手、肩并着肩，英勇奋斗，浴血奋战，打败了一切穷凶极恶的侵略者，捍卫了民族独立和自由。”[②]历史和现实都鲜明地告诉我们，“团结就是力量，团结才能前进”[③]。“团结奋斗是中国人民创造历史伟业的必由之路”[④]。接下来，让我们在最后一组的汇报中去感受航天伟业。

【小组展示四】航天征途书写伟大梦想精神

大家好，我是飞天逐梦组的代表，我展示的是“航天征途书写伟大梦想精神”。“日月安属？列星安陈？”两千三百年前，屈原面对未知的浩瀚星空就曾写下《天问》；六七百年前，万户为实现航天梦献出生命；五十三年前，中国第一颗人造地球卫星“东方红一号”终于发射成功。可见，追梦的征途从来不是一蹴而就的。如今，每每航天员出征或归来时，我们都会听到这样一句回复，“感觉良好”。很多人疑惑，航天员为何要说“感觉良好”？这意味着什么？

【视频资源】感觉良好[⑤]（32秒）

航天员的“感觉良好”。“感觉良好”意味着克服困难、收获成功的喜悦。怎样才能达到“感觉良好”呢？很多人都知道，飞船返回地球时，人要承受自身重量数倍的压力，但可能不知道，在“超重耐力”训练中，航天员在高速旋转的离心机里要承受40秒8个G的重力加速度，而常人只能承受3到

---

① 全国高校思想政治理论课教学指导委员会：《思想道德与法治教学课件》（专题四——继承优良传统　弘扬中国精神　第一讲　中国精神是兴国强国之魂）第31页。

② 本书编写组：《思想道德与法治》，高等教育出版社2023年版，第74页。

③ 本书编写组：《思想道德与法治》，高等教育出版社2023年版，第74页。

④ 习近平：《高举中国特色社会主义伟大旗帜　为全面建设社会主义现代化国家而团结奋斗——在中国共产党第二十次全国代表大会上的报告》，人民出版社2022年版，第70页。

⑤ 《英雄归来：感觉良好》，2022年04月16日，见http://v.people.cn/n1/2022/0416/c61600-32400841.html。

4 个 G；很多人都知道，被称为“太空穿针”的手控交会对接任务极具挑战，但可能不知道，“神九”任务中，航天员为完成这项任务，在地面模拟训练了 1500 多次。征战未知的太空，是什么支撑着航天员始终不畏艰险、无惧考验，相信大家有了答案。

总体人的“国家需要”。从 38 岁受命领衔研制我国第一颗人造卫星“东方红一号”到 75 岁一肩挑着“北斗”，一肩压着“探月”，中国航天的“大总师”孙家栋始终践行着自己的诺言：“国家需要，我就去做。”一代代总体人以舍我其谁的心态，赓续航天强国接力棒；以全力拉满的状态，躬耕载人航天发展史。我国航天事业，从无到有、从无人到载人，处处都有航天总体人的身影。

牧星者的“人民放心”。有这样一群人，他们不需要聚光灯的闪耀，不需要粉丝们的追捧，甚至不需要留下姓名，他们作为航天牧星团队的一员，矢志不忘“人民放心”的无悔誓言。大家都知道卫星发射只是第一步，守护才是常态，而呵护在太空飞行的卫星，就是卫星测控中心“牧星者”的使命。这份使命，复杂、艰巨且困难，但在他们悉心照料下，我国许多卫星都超龄工作，有的工作时间甚至超过预估寿命的两倍。牧星者们在通往宇宙的静谧和安宁中凭着一腔热情，从不避风雨、从不问归期，他们在天南地北守望星空，成就了世人瞩目的航天奇迹。

【教师点评】谢谢第四组同学的汇报，其实，无论是无名坚忍的牧星者、远望人，还是执着铿锵的天路者、总体人，全体航天人都始终怀抱着敢上九天揽月的情怀，在探索浩瀚宇宙的旅途中彰显着伟大梦想精神。

【教师总结】伟大梦想精神是“敢于有梦、勇于追梦、不畏险阻、顽强拼搏的精神品质。”① 这种伟大梦想精神，不仅鲜活于飞天逐梦中，还经久流传于神农尝草、精卫填海、愚公移山等古代神话中，更生动刻画在中国人民近代以来同敌人血战到底的气概中、光复旧物的决心中、自立于世界民族之

① 全国高校思想政治理论课教学指导委员会：《思想道德与法治教学课件》（专题四——继承优良传统　弘扬中国精神　第一讲　中国精神是兴国强国之魂）第 33 页。

林的能力中。面向新征程，只要14亿人能在伟大梦想精神的践行中团结奋斗，中华民族伟大复兴中国梦就一定能实现。

然而，也有同学有疑惑，能理解精神要义，但实践上有差距，怎么办？让我们到环节四中一起去解疑答惑。

环节四：从教师讲授中解知行困惑，博学笃行焕发青春绚丽光彩

1. 回应青年学生的“理论困惑”

问题一：为什么是这四种“伟大精神”系统展现了中国精神内涵？

从历史逻辑来看，这四种“伟大精神”源自于中华民族的特质禀赋与文化基因。“创造”是中华民族一以贯之的重要禀赋，“穷则变，变则通，通则达”“不日新者必日退”等深刻蕴含着发展基因；“奋斗”是中华民族生生不息的赓续动力，“天行健，君子以自强不息”“艰难困苦，玉汝于成”等持续提供着发展动力；“团结”是中华民族同源同流的天然本质，“千人同心，则得千人之力”“能用众力，则无敌于天下”等不断缔结着发展合力；“梦想”是中华民族历久弥新的力量之源，“路漫漫其修远兮，吾将上下而求索”“人人相亲，人人平等，天下为公”等始终锚定着发展目标。从现实逻辑来看，这四种“伟大精神”熔铸于中华民族的复兴历程与梦想征途。国家存亡之际、民族觉醒之时，仁人志士上下求索、救亡图存，民族独立、国家富强的梦想成为振奋国人思想状态的精神力量；一穷二白之时、百废待兴之际，党和人民实事求是、与时俱进，破旧立新、改天换地的创造激发改革创新的精神动力；洪水肆虐之际、地震突发之时，中华民族同舟共济、共克时艰，万众一心、众志成城的团结成为凝聚中国力量的精神纽带；百年变局之际、历史机遇之时，中华民族矢志不渝、顽强拼搏，踔厉奋发、勇毅前行的奋斗成为推进复兴伟业的精神支柱。

问题二：如何整体把握好这四种“伟大精神”的内在逻辑关联？

在这四种“伟大精神”中，伟大创造精神排在首位。近代以来的中国历史鲜明地证明了一点，没有创新创造不行，创新创造慢了也不行。离开了伟大创造精神这一基础，奋斗、团结、梦想将止步不前。创造的过程本就是奋斗的过程，富有创造的奋斗是高效率的奋斗。离开了伟大奋斗精神这一动力，任何创造、团结、梦想都将成为一纸空文。离开了伟大团结精神这一保障，我们的创造、奋斗、梦想将难以实现。而伟大梦想精神则是指引创造、奋斗、团结的航标。四者相互关联、辩证统一。以航天事业发展为例，中国航天“从无到有”，体现航天人始终革故鼎新、与时俱进，以伟大创造精神推动航天事业不断实现历史性突破；中国航天“从弱到强”，体现航天人始终敢于斗争、勇于拼搏，以伟大奋斗精神推动航天事业不断取得实质性进展；中国航天“从一到众”，体现航天人始终尽职尽责、代际传承，以伟大团结精神凝聚航天事业发展合力；中国航天“从古至今”，体现航天人始终自立自强、高瞻远瞩，以伟大梦想精神引领航天征途宏伟愿景。正如，伟大事业都始于梦想，基于创新，成于实干。所以，我们要从整体性角度来把握好中国精神内涵四个方面的生动展现。

2. 破解青年学生的“行为困境”

如何做到知行合一？这是同学们在谈及主题学习困惑时的高频词。

【App 头脑风暴】载人航天精神是指特别能吃苦、特别能战斗、特别能攻关、特别能奉献，请问同学们在学习生活中是否做到了这四个“特别”呢？

【教师总结】暑期实践中，青年“特别能吃苦”，从繁华都市一头扎进乡村大山；学习生活中，青年“特别能战斗”，顶着巨大的学习压力勇毅前行；专业比赛中，青年“特别能攻关”，聚力科技赋能将专业知识活学活用；疫情大考中，青年“特别能奉献”，主动承担起了“守护家园”的责任。然而，我们身边也有一些同学的“吃苦”“攻关”偏离了方向。比如，游戏网瘾青年。玩游戏的时候不管网吧环境多恶劣，都能“吃苦”；不管对手装备多强，都能“战斗”；不管策划设置了多少障碍，都能“攻关”；不管生活费多少，要“奉献”给游戏的一分都不会少。这就说明，有些同学并不是吃不了苦，只是吃不了多做一个实验的苦、多改一遍论文的苦；有些同学的梦想也是星辰大海，只不过不是攻克现实中的星辰大海，而是沉浸在游戏梦幻的星辰大海。所以，学习精神要义是前提，践行精神特质才是目的。在哪践行？哪里有需要就到哪里担当，哪里有困难就到哪里作为。比如，从创新发展来看，我国航天事业还需要“加快关键核心技术创新应用，增强要素保障能力，培育壮大产业发展新动能”[①]，建设航天强国。从商业应用来看，我国航天事业还需要致力“打造全球覆盖、高效运行的通信、导航、遥感空间基础设施体系，建设商业航天发射场。”[②] 这理应成为我们“喷射”力量的岗位，成为我们“燃烧”青春的战场。

环节五：课堂总结

通过今天的课堂，希望同学们能从理论溯源中理解民族精神与时代精神的有机统一，能从小组分享中明晰中国精神内涵生动体现的四个方面，能从师生研讨中解决理论困惑、走出行为困境，从而达到对中国精神丰富内涵的厚学明理。同学们，追古忆今，一代代航天人，探索永无止境，追梦永不停息。作为“中国航天人”的一分子，我们更要以奉献报国的使命感、奋勇争先的责任感、只争朝夕的紧迫感、不进则退的危机感，全力推进航天强国的建设，用航天梦助力中国梦！

【课后】

1. 思考讨论

2024 年 6 月 25 日，嫦娥六号返回器准确着陆于内蒙古四子王旗预定区域，工作正常，标志着探月工程嫦娥六号任务取得圆满成功。习近平总书记向嫦娥六号任务全体工作人员表示祝贺：“你们作出的突出贡献，祖国和人民将永远铭记！”结合实际，谈一谈新时代中国精神在嫦娥六号任务中有哪些生动体现？

2. 拓展阅读

习近平：《关于青年工作重要论述综述》，《人民日报》2021 年 5 月 4 日。

---

① 《中华人民共和国国民经济和社会发展第十四个五年规划和 2035 年远景目标纲要》，人民出版社 2021 年版，第 28 页。

② 《中华人民共和国国民经济和社会发展第十四个五年规划和 2035 年远景目标纲要》，人民出版社 2021 年版，第 31 页。

习近平:《奋力书写为中国式现代化挺膺担当的青春篇章》,《人民日报》2024年5月4日。

七、教学资源

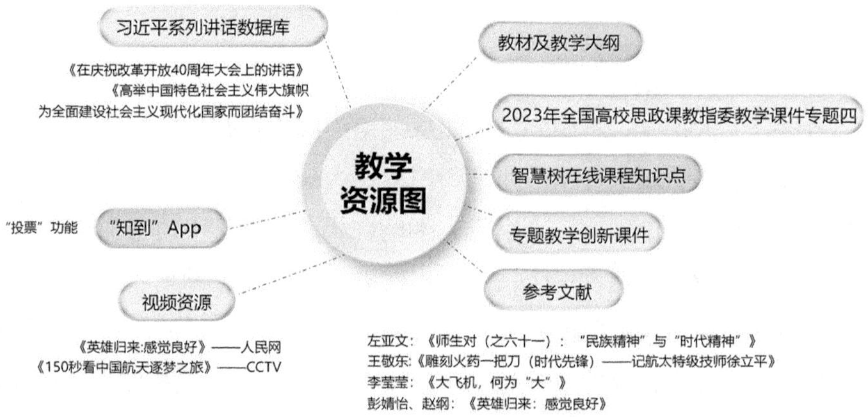

八、教学板书

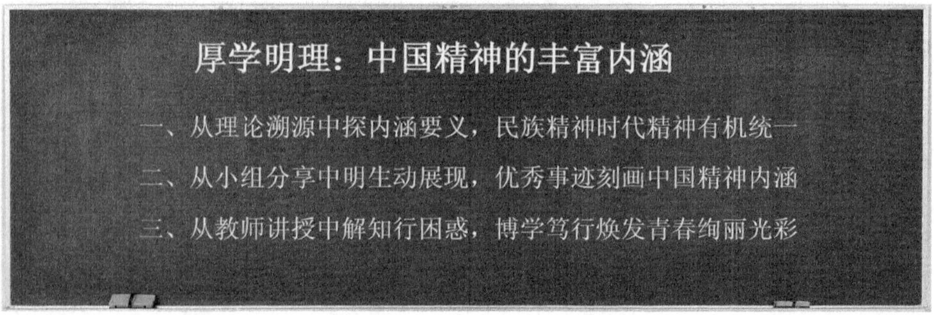

九、教学反思

1. 从基于学情的内容设计反思教学理念的贯彻，用心坚持“以学生为中心”的教学理念。把握了学生对中国航空航天相关内容的兴趣点，教师通过总结“四个特别”的载人航天精神、回应四种“伟大精神”系统展现中国精神内涵，增强了学生的自豪感和使命感；紧扣了学生对四种“伟大精神”的理论困惑点，教师通过解答为什么是这四种“伟大精神”以及四种“伟大精神”的内在逻辑关联，增强了学生对四种“伟大精神”内涵与关系的思考和理解；满足了学生对理论学习指导生活实践与思政学习融合专业发展的需求点，教师通过贯通历史文化溯源、现实例证分析、发展困境启思、行业榜样聚焦，增强了学生对理论内容说服力与针对性的认同。但在如何利用航空航天工程专业发展的历程与成就、挑战与机遇，更一案到底、专业融通地讲好中国精神的丰富内涵上，还有待进一步精细和深化。

2. 从教学目标的达成情况反思教学方法的贯行，用情联动“以现代化赋能”的教学方法。在传统教学方法应用上，通过理论讲授法，增强学生对民族精神与时代精神的概念界定、显著特征、内在关系的理解深度，达成把握中华民族精神的内涵与品格、提升辩证思考能力、涵养文化自信的目标；通过案例分析法，激发学生对经典案例与同辈案例、历史案例与现实案例的情感热度，达成把握中华民族重精神的优良传统、提升融会贯通能力、涵养担当底气的目标；通过问题导向法，梳理学生对四种“伟大精神”的“理论困惑”和“行为困境”的问题向度，达成把握中国精神的知行要求、提升识别问题能力、涵养进取品格的目标；通过任务驱动法，加大学生对课前线上预习、课后翻转拓展等主体性活动的发挥效度，达成把握正确的自学态度、增强深学进阶能力、涵养责任意识的目标。在信息化教学手段应用上，通过原创在线课程知识点的学习以提前了解学生已知未知情况；通过 App 中投票功能以解决学生知识点混淆的问题。但在如何对多功能课堂学习数据进行深入分析，归纳梳理不同学生对于四种“伟大精神”的理论困惑与行为困境，更进一步运用数字化技术手段提高归纳效率上，还有待进一步挖掘和融通。

3. 从课堂主阵地内外衔接反思教学过程的贯通，用力实施“全链条培育人”的教学过程。在课前，学生通过自学线上课程“中华民族重精神的优良传统”、阅读翻转课堂“学习资源”“新时代十年航空航天发展成就”，初步了解专题学习的基础知识；在课中，学生通过“如何将中国精神做到知行合一”痛点问题互动研讨、“航天精神如何刻画中国精神内涵”热点问题小组展示、“四种‘伟大精神’的内在逻辑关联”重点问题教师讲授，逐步吸收专题学习的核心内容；在课后，学生通过思考习题、文献阅读，努力拓展专题学习的深度广度。通过课前、课中、课后的一体贯通，实现教师主导与学生主体相联动、线上教学与线下教学相融合、思政课小课堂与社会大课堂相衔接。在新课导入中，从中国航天事业的高光时刻切入，提高了学生参与课堂的兴趣度；在主体讲授中，设计“从理论溯源中探内涵要义，民族精神时代精神有机统一”“从小组分享中明生动展现，优秀事迹刻画中国精神内涵”“从教师讲授中解知行困惑，博学笃行焕发青春绚丽光彩”三个环节内容回应导入抛出的问题逐层解疑答惑，增强了学生深入研讨的启发性；在小组展示中，围绕四种“伟大精神”的具体内涵进行“大学生讲思政课”的展示活动，彰显了学生创新实践的执行力；在总结升华中，通过对知识进行总结、对问题进行反思、对担当进行寄语，激发了学生转化责任的使命感。通过新课导入、主体讲授、总结升华的一体贯通，实现问题导向、研究导向、成果导向、目标导向相统一。但在如何基于学生反馈的共性问题建立长效解答机制，激励学生结合航空航天工程专业背景进行以赛促学上，还有待进一步巧思和妙想。

专题八　睿思明智：伟大建党精神的深刻意蕴

对应章节：第三章　第一节

计划学时：1 学时

教学对象：历史学专业

一、学情分析

1. 已有知识分析。第一，基于大中小思政课一体化纵向衔接，掌握基础知识情况。初中阶段，学生在九年级上册《道德与法治》第四单元第八课“中国人　中国梦”第一框“我们的梦想”中，初识伟大建党精神。进入高中后，学生在必修三《政治与法治》第一单元第二课“中国共产党的先进性”的学习中，知晓了党的奋斗历程和党的先进性所在，对伟大建党精神和精神谱系有了更加深入的理解，明晰了伟大建党精神是中国共产党的精神之源。第二，基于线上线下课程体系横向贯通，了解自学知识情况。学生通过线上课程知识点“中华民族重精神的优良传统”“中国精神的丰富内涵”的学习促新知构建；学生通过翻转课堂学习资源中在庆祝中国共产党成立 100 周年大会上的讲话、《觉醒年代》视频片段等内容的链接促新知拓展。

2. 认知能力分析。第一，基础知识记忆力强，但深入分析能力还不足。学生能结合百年党史简单理解伟大建党精神的内涵，能够列举并解释建党初期的历史事件、重要人物及其贡献；然而，在深度分析方面，学生对于伟大建党精神的生成逻辑模糊，对于伟大建党精神推动党和国家事业发展中的重要作用等方面的认识有待深化。第二，对百年党史认同感强，但对时代性内涵把握不到位。学生对中国百年党史拥有较强的情感认同，充分肯定党领导人民做出的巨大贡献，但对于伟大建党精神在新时代背景下，所蕴含的深刻内涵与实践要求掌握不到位。第三，传承伟大建党精神的意愿强烈，但创新发展能力亟需增强。学生对党的历史、文化和精神表示强烈认同和尊重，对继续发扬和传承伟大建党精神有着坚定信念。然而，在落实伟大建党精神传承和创新发展方面，学生实践担当能力有待提升。

3. 心理需求分析。第一，思政课理论有效指导学习生活。学生希望课堂深度剖析伟大建党精神的内涵意蕴，厘清伟大建党精神的内在逻辑；希望课堂结合百年党史的发展历程来分析伟大建党精神的应用与延伸拓展，深入理解共产党人的精神谱系在各时期发挥的强大动力，坚定历史责任感。第二，热点与前沿巧妙链接理论课堂。希望课堂链接时代发展成就，明晰伟大建党精神在新时代的创新发展；希望课堂解读党的创新理论，把握新时代对伟大建党精神的传承与弘扬。第三，信息化技术灵活贯穿课程讲授。希望通过线上原创课程“中华民族重精神的优良传统”等进行预习，通过课堂学习 App 中头脑风暴、抢答等多种功能增强自身体验感和参与感，通过翻转课堂学习资源板块补充学界关于伟大建党精神的前沿理论，拓展自身理解的深度与广度。第四，创新性实践活动融入课堂教学。学生希望将创新性实践活动融入课堂教学中，通过亲自探究、走访调研进一步明晰伟大建党精神的形成逻辑和时代展现。

二、教学目标

1. 知识目标。一是学生能在教师讲授结合事实案例，全面阐明伟大建党精神的内核实质中，明晰伟大建党精神如何助力历史发展，为学生的专业素养提升、理论知识答疑解惑提供遵循，拓展对中学“伟大建党精神的内涵”这一已学知识的探理深度。二是学生能在理论溯源中明晰中国共产党人精神谱系的形成脉络，厘清伟大建党精神与共产党人精神谱系和中国精神的关系，增强对线上“中国精神的丰富内涵”这一新学知识的剖析力度。三是学生能在困惑释疑和问题解决中，明晰伟大建党精神的时代意蕴，掌握伟大建党精神的知行要求，提升对课堂“新时代践行伟大建党精神的路径”应学知识的掌握精度。

2. 能力目标。一是通过对伟大建党精神的生成逻辑、内涵意蕴与共产党人的精神谱系的发展进行深刻解读，在情感认同与矢志践行中把握伟大建党精神的关键要义，学生能提升逻辑推理、辩证思考、识别问题的高阶认知能力。二是通过对线上课程前置学习、实践任务分组探究、翻转课堂互动交流的全过程参与，学生能提升独立思考、意义建构和协同合作的自主学习能力。三是通过小组合作分享伟大建党精神的形成历程，从理论来源与实践基础展开探究，经过讲理深入与话语生动的叙事方式，教师点评和学生互评的师生互动，深化对伟大建党精神形成的理解，增强赓续伟大建党精神的时代使命感，学生能提升主动探究、协同合作、敢想敢为的实践创新能力。

3. 素质目标。一是通过回顾中国共产党成立的历史，学生能增强对伟大建党精神的崇敬之情、对革命先辈的敬仰之情、对报效国家的奉献之情，学生能涵养起强烈的历史认同和价值共识。二是通过思考马克思主义真理的重要意义、伟大建党精神中“坚持真理、坚守理想”的具体内涵，学生能明晰党思想理论先进、理想信念坚定的独特优势，学生能涵养起高度的自省意识和价值自信。三是通过结合自身实际解读新时代语境中的“不怕牺牲、英勇斗争”，学生能涵养起坚定的担当意识和价值自觉。

三、教学内容

“睿思明智：伟大建党精神的深刻意蕴”这一专题教学内容，立足教材“第三章第一节第三目：中国共产党是中国精神的忠实继承者和坚定弘扬者”的重点难点，贯穿线上课程知识点“中华民族重精神的优良传统”“中国精神的丰富内涵”的已知未知，结合全国高校思政课教指委《思想道德与法治教学课件》专题四第一讲的要点亮点，关注学生对党史学习和新时代如何践行伟大建党精神的兴趣点困惑点，明晰伟大建党精神从何而来、有何意蕴、如何发展为设计主线，阐释了追寻起源发展、明晰内涵意蕴、把握丰富拓展的内容、意义与做法。

【教学内容的设计要点】

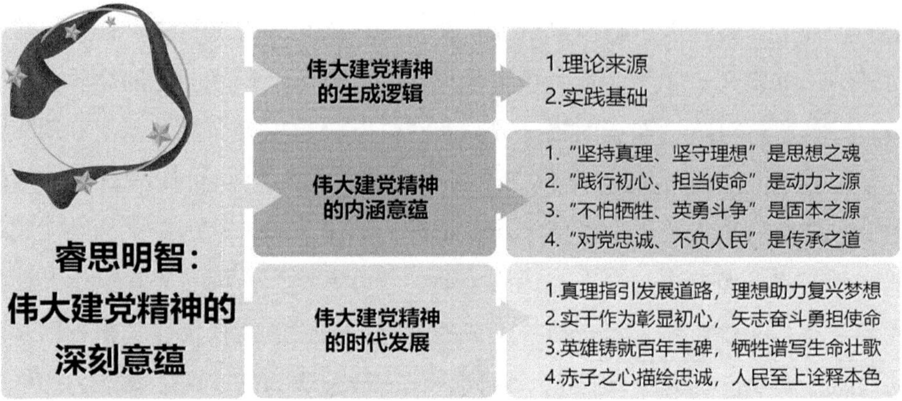

1. 从小组分享中领略中国共产党成立的伟大历史，探索“伟大建党精神”的生成逻辑。一是通过“有为青年”小组探寻马克思主义在中国的传播，知晓伟大建党精神的理论基础，启发大家要坚定理想信念；二是通过“自强青年”小组从人物主体视角出发，阐明伟大建党精神形成的实践基础，呼吁广大青年要践行马克思主义。

2. 从重点讲授中领会中国共产党发展的政治品格，把握“伟大建党精神”的内涵意蕴。一是通过讲解中国共产党的百年征程，讲明“坚持真理、坚守理想”思想之魂的地位；二是通过感悟“半条被子”的故事及其延续，讲明“践行初心、担当使命”动力之源的作用；三是通过追溯不同历史时期的牺牲奉献，结合新时代现状，阐明“不怕牺牲、英勇斗争”的内涵与时代意蕴；四是通过引入习近平总书记在建党百年上的讲话，从历史、理论和实践三方面厘清“对党忠诚、不负人民”传承之道的遵循。

3. 从人物群像中刻画中国共产党人精神谱系，解读“伟大建党精神”的时代发展。一是通过大别山精神、塞罕坝精神的具体刻画，阐明共产党人用行动坚守真理与信仰，凝结起强大的精神力量；二是通过南泥湾精神、焦裕禄精神、青藏铁路精神和脱贫攻坚精神的故事解读，阐明共产党人以初心使命为指引，书写举世瞩目的成绩；三是通过抗美援朝精神和抗疫精神的生动讲解，阐明共产党人依靠斗争创造历史；四是通过雷锋精神和抗洪精神的细致描绘，阐明共产党人胸怀人民，践行矢志初衷与不渝信念。

四、教学重难点及解决措施

1. 坚持本质内涵与时代意蕴相统一，着重讲深科学内涵与实践运用的知行统一。第一，从马克思主义传入中国到中国共产党的建立这一历史过程入手，阐述伟大建党精神的生成逻辑，把伟大建党精神和建党伟业的关系讲深；第二，从伟大建党精神具体内涵的透彻讲解入手，阐述伟大建党精神四个层面的地位与相互关系，把伟大建党精神的深刻意蕴与重要意义讲深；第三，从伟大建党精神的时代发展入手，阐述伟大建党精神在新时代所发挥的强大精神价值，把伟大建党精神价值彰显讲深。

2. 坚持成果展示与理论总结相结合，着重讲活伟大建党精神的生成逻辑。第一，从马克思主义传入中国并广泛传播这一史实入手，阐述马克思主义真理的曙光照亮伟大建党精神的萌芽过程，把伟大建党精神的理论基础讲活；第二，从各阶层人群助力中国共产党成立的具体史实入手，阐述各阶层思想动态与实际行动的转变，把伟大建党精神的实践基础讲活。

3. 坚持历史发展和现实彰显相呼应，着重讲透精神谱系在时代发展中增光添彩。第一，从大别山精神和塞罕坝精神入手，阐述中国共产党的理想追求和无畏精神，把伟大建党精神“坚持真理、坚守理想”的时代价值讲透；第二，从南泥湾精神、焦裕禄精神、青藏铁路精神和脱贫攻坚精神入手，阐述中国共产党的使命在肩与奋斗风采，把伟大建党精神“践行初心、担当使命”的时代价值讲透；第三，从抗美援朝精神和抗疫精神入手，阐述中国共产党的牺牲品格与英勇气概，把伟大建党精神“不怕牺牲、英勇斗争”的时代价值讲透；第四，从雷锋精神和抗洪精神入手，阐述中国共产党的情系人民与造福百姓，把伟大建党精神“对党忠诚、不负人民”的时代价值讲透。

五、教学方法

1. 理论讲授法，注重线上初步理解与线下深入解读相结合。线上，重点解读了"中华民族重精神的优良传统""中国精神的丰富内涵"两个知识点，为线下学习奠定理论基础。线下，基于习近平总书记相关重要论述，结合专家学者理论，解读将"坚持真理、坚守理想"放在首位的原因；基于学生的思想实际，从不同年代的英雄人物刻画入手，阐明了"不怕牺牲、英勇斗争"的本质内涵与时代践行；基于共产党人的精神谱系发展完善，从讲述不同时代的动人故事入手，探讨"共产党人的精神谱系"与伟大建党精神的关系。通过线上知识初步自学，线下理论深刻体悟，培养学生的归纳思维与推理思维。

2. 问题导向法，注重理论之问与现实之问相结合。新课导入环节，通过"是什么让中国共产党成为最牛'创业团队'"的问题，激发学生的学习热情。主体讲授环节，以"如何理解新时代语境中的'不怕牺牲、英勇斗争'"，聚焦新时代青年佛系、躺平的生活状态，创新解读了"不怕牺牲、英勇斗争"的时代内涵，为学生过有意义的生活提供指引；把握学生践行伟大建党精神的实践困惑，引导学生勇做新时代"答卷人"，赓续党的百年荣光。课后思考环节，通过翻转课堂提出课后思考在后续关于伟大建党精神的学习中如何克服历史虚无主义，助力学生多角度解读伟大建党精神的新时代意蕴。通过正视问题、研讨问题、解决问题，培养学生的批判思维和转化思维。

3. 案例分析法，注重历史史料和时代热点相结合。案例选取聚焦历史学专业、关注党史故事、革命英雄人物。在讲述"践行初心、担当使命"的内涵时，解读百年党史中"半条被子"的故事，展示了中国共产党在兹念兹的初心使命；在阐述"不怕牺牲、英勇斗争"的要义时，通过对比"百年党史中不同时期先锋力量不怕牺牲、英勇斗争的形象"与当代"躺平"青年的现状，讲清了"不怕牺牲、英勇斗争"的本质内涵与时代新义。通过历史案例论证、现实案例解读、正反案例对比，培养学生的辩证思维和推理思维。

4. 任务驱动法，注重自学任务与协作任务相结合。课前，学生自主学习线上课程知识点“中华民族重精神的优良传统”“中国精神的丰富内涵”，对前置知识有初步了解；学生完成翻转课堂学习资源中四个热点焦点关注，分组学习研讨伟大建党精神的形成过程，教师充分了解学生前置知识掌握情况。课中，运用课堂学习 App 头脑风暴功能，学生积极参与讨论，教师及时掌握学生思想动态。课后，通过翻转课堂布置课后阅读任务，教师持续关注学生课后反馈情况。通过全人员参与、多功能互动、整过程交流，培养学生的求证思维和递进思维。

六、教学过程

【课前】

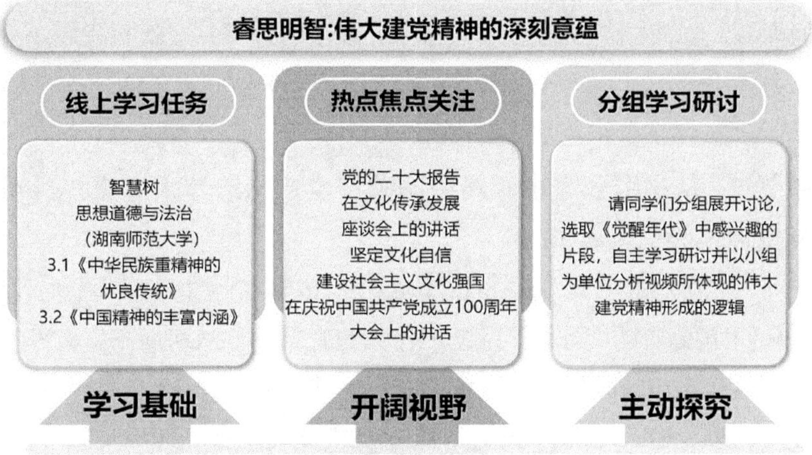

【课中】

环节一：新课导入

同学们好，欢迎来到“思想道德与法治”的课堂，今天我们要学习的主题是“睿思明智：伟大建党精神的深刻意蕴”。有这样一个“创业团队”，从一艘小船到一个大党，由创业之初的50多人到2023年底团队人数9918.5万，员工遍布全国各地①，大家知道这是哪个创业团队吗？没错，正是中国共产党。从1921年到如今新时代，中国共产党创造出一个个人间奇迹，成为史上“最牛创业团队”。在这一“创业”过程中，是什么让中国共产党人经历生死斗争，依然一往无前？是什么鼓励他们不断艰苦奋斗，勇于挑战困难？又是什么让他们积极应对各种风险考验，不断前进呢？这离不开精神的力量，离不开中国共产党的先驱们用自己的鲜血和生活铸就的伟大建党精神。如今，“弘扬伟大建党精神”② 更是写进了党的二十大报告的主题中。

课前，大家在翻转课堂学习资源里观看了《觉醒年代》，了解了伟大建党精神产生于中国共产党的伟大实践，贯穿于中国共产党的历史进程之中。对于我们历史学的同学来讲，通过中学的学习，大家对于党的百年征程已经有了初步的认知，了解各个阶段的重大事件和代表人物，理解百年党史的重要意义，但对于伟大建党精神内涵及其内在关联的系统理解仍有欠缺。那如何在建党伟业中探寻伟大建党精神的来源？如何在百年党史中领悟伟大建党精神的内涵？如何在新征程上传承好伟大建党精神呢？这就是我们今天要讲的主要内容。

环节二：从小组分享中领略中国共产党成立的伟大历史，探索“伟大建党精神”的生成逻辑

课前，老师在翻转课堂发布了任务：观看《觉醒年代》，以小组为单位，分享令你们印象深刻的剧情，讨论“伟大建党精神”从何而来，有两组同学从理论来源和实践基础进行了剖析。首先，我们有请第一组的分享：

【小组展示一】立足时代环境，明晰伟大建党精神的理论来源

同学们好，我是“有为青年”小组的代表，要展示的主题是“立足时代环境，明晰伟大建党精神的理论来源”。汇报前，我们先来观看一段视频：

---

① 参见全国高校思想政治理论课教学指导委员会：《思想道德与法治教学课件》（专题四——继承优良传统　弘扬中国精神　第一讲　中国精神是兴国强国之魂）第35页。

② 习近平：《高举中国特色社会主义伟大旗帜　为全面建设社会主义现代化国家而团结奋斗——在中国共产党第二十次全国代表大会上的报告》，人民出版社2022年版，第1页。

【视频资源】李大钊与工人们过除夕，宣传马克思主义①

20世纪初的中国，饱受西方列强的入侵，山河破碎、民不聊生。为了救亡图存，中华民族的仁人志士奋起反抗，无论是学习西方的器物，还是学习西方的社会制度，抑或进行资产阶级思想启蒙，各种救国方案都以失败告终。直到俄国“十月革命”的胜利，将马克思主义带到中国，让部分知识分子看到了胜利的曙光。马克思主义在中国的早期传播发生于近代中西文化交流的时代环境中，是一个涉及多层次、多维度、多面向的立体的传播过程，主要包括以下三个环节：

秉持“早期传播”之初心，将真理火种播撒中国大地。俄国“十月革命”的一声炮响，将马克思主义带到中国，以李大钊、陈独秀为代表，积极开展对马克思主义的学习、介绍、研究和宣传。1918年2月，李大钊先后在北京几所大学开设了“唯物史观”“马克思的历史”“马克思主义经济学”等课程，受到学生的热烈欢迎。1919年8月，李大钊发表《再论问题与主义》，系统地批驳了胡适反马克思主义的观点，并公开表明“我是喜欢谈谈布尔什维主义的”；1919年9月，李大钊在《新青年》上发表了《我的马克思主义观》一文，对马克思主义作出了较为系统的介绍。为方便广大知识分子对马克思主义进行更深层次的研讨，1920年，李大钊率领一批先进分子着手创办马克思学说研究会。在多种思想相互较量、相互打压的条件下，如何才能让马克思学说研究会宣传更多先进思想呢？这群先进的革命战士选择了一个非常巧妙的方法——借用近音字或者同音字，比如将存放马克思主义书籍的屋子叫做“亢慕义斋”（音同communism），正因为这一系列有趣的名字，才躲过了反动当局一次又一次的搜查，各种学习活动才能继续。马克思主义逐渐成为当时社会思潮的主要流向，莹莹微光大有照亮未来前路之势。马克思主义不是书斋里的学问，社会主义和共产主义理想的实现更需要民众的大联合。

① 《觉醒年代》（第15集），2021年2月1日，见https://tv.cctv.com/2021/02/02/VIDAJNNHiuXByYkLTOs0zo2k210202.shtml。

心怀“人民解放”之希冀，让真理立场站定中国大地。在北京，有这样一个地方，它是20世纪初北京城的西南门户，更是工人运动的摇篮，没错，正是长辛店——马克思主义与工人邂逅的地方。视频中的情节正好发生在长辛店，李大钊和工人们一起过除夕，一起动手劳动，和面、切菜、擀皮、包馅，自然而然地和大伙聊起日常生活、前途命运。有这样一个细节，李大钊关于马克思主义的介绍，不是直接从理论出发，而是从马克思的“大胡子”讲起，再和工人慢慢分析马克思的思想理论。在李大钊与工人群众的畅聊中，马克思主义进驻了中国的工人阶级队伍之中，以至于现场有人大呼，“李大钊就是那个大胡子”，这正是心灵相通后的无拘无束，也是觉醒中的润物无声。随着马克思主义传播向纵深推进，工人运动发展势头迅猛，对以往的地方性组织形成冲击，将工人经济层面的工团意识改变升华为革命层面的无产阶级意识。① 马克思主义的光就这样撕裂当时中国黑暗的天空，点点微光照亮前行的道路。

书写“先进思想”之篇章，使真理理论植根中国大地。马克思主义理论的传播仅是手段，而运用马克思主义改造中国才是目的。因此，在坚定马克思主义立场的基础上，更重要的是将马克思主义与中国实际相结合。《先驱》发刊词强调，要以马克思主义为指导，“求得一最合宜的实际的解决中国问题的方案”；在党的二大当中，更是创造性地提出了中国革命分两步走的战略，制定了彻底的民主革命纲领，这一纲领标志着马克思主义中国化结出了初步的成果。②

一百年前，李大钊毅然决然举起马克思主义真理的火炬，一路披荆斩棘，照亮中华民族的未来；百年后的今天，在迈向新征程的道路上，马克思主义真理正放射出更加灿烂的真理光芒。

【教师点评】感谢第一组同学的汇报，你们的展示是宏观叙事和微观叙

① 参见孙珊：《马克思主义早期传播与伟大建党精神起源的整体性逻辑》，《思想理论教育》2023年第7期。

② 参见陈晨、徐方平：《马克思主义在中国早期传播的历史意义与现实意义》，《湖北日报》2021年11月11日。

事的结合。选择马克思主义，并非一时兴起，而是经过长期探索以后做出的唯一正确选择。在近代史上，一次次变革，虽然都缓慢推动历史的进步，但都以失败告终，而失败的根本原因就在于没有科学的理论指导实践，直到马克思主义的出现并与工人阶级相结合，这才拥有了科学的指南，才真正走上一条正确的道路。

【教师总结】马克思主义的传播，推动了中国共产党的成立，为伟大建党精神的形成提供了理论基础。

【小组展示二】站定主体视角，描摹伟大建党精神的实践基础

大家好，我们是“自强青年”小组，看完《觉醒年代》，我们更明晰中国共产党的成立并非一日之功，更不是单打独斗能实现的，而是依靠广大先进革命志士的共同努力。下面我们就通过剧中角色，沉浸式领略伟大建党精神的实践基础。

英勇无畏，工人群体的革命实践。我是葛树贵，长辛店工人，一个有骨气的工人。在我这一生中，有这样一个贵人——李大钊，他不仅当掉衣服帮我筹齐孩子看病的钱，更重要的是，他将马克思主义传播给我们工人。在李大钊的讲述中，我明白了只有我们工人团结起来，一起打碎旧的机器，才能迎来属于我们的时代；只有通过斗争，我们才能摆脱吃了上顿没下顿的生活，才能真正地当家做主。在大钊先生的号召下，我们长辛店的工人纷纷罢工，走上街头，为被关押的学生请命，为自己请命！

上下求索，有志青年的道路选择。我是毛泽东，剧中踏雨而来的那个人就是我。1918 年冬，我第一次来北京，不为别的，就希望能够组织湖南这一批青年成功赴法勤工俭学。也就是在这一年，我在天安门听到了北大图书馆主任李大钊发表的题为《庶民的胜利》的演说，在恩师杨昌济的引荐下，我到了北大图书馆担任助理员，进一步认识了李大钊先生，并在他的宣传下开始具体了解十月革命和马克思主义。马克思主义好像很在理，但无政府主义好像更被提倡，先不管这么多了，我还是先慢慢研读吧。在北京没待多久我就回到了长沙，在长沙我做了一件极为重要的事，在各种斗争实践中，研究、比较和检验了各种主义学说，马克思主义更能引领我们走向光明的未来。如今，我因“驱张运动”再次来北京，在“亢慕义斋”中阅读了大量有关共产主义和十月革命的书籍，《共产党宣言》《阶级斗争》《社会主义史》这三本书建立起我对马克思主义的信仰，在理论上，而且在某种程度的行动上，我已成为一个马克思主义者了。

铮铮誓言，革命导师的建党意愿。我是陈独秀，没错，就是那个出场时身穿西装但胡子拉碴的男人。前不久我参加演讲，向人们灌输反政府的思想，被警察厅的人发现，他们想对我实行监视。和守常兄商议后，决定让他护送我离开北京。前面应该快到黄河了吧，但为何放眼望去河堤上全是逃难的人？中华民族怎么沦落到这种程度啊，饿殍遍野，满目疮痍。我想通了，为了他们能够幸福地活着，我们得建党，建一个用马克思主义学说武装起来的先进政党，一个能把中国引向光明，让中国人能够过上好日子的无产阶级政党……为了中华民富国强，为了民族再造复兴，我愿意奋斗终生！

从默默无闻的底层工人到登上历史舞台，从无政府主义者到马克思主义者，一批批知识分子的觉醒，讲述着中国共产党的成立过程，更阐明了伟大建党精神的实践基础。一代代共产党人用实际行动践行了心中的主义，中国共产党人的初心使命在历史的长河中奔腾激荡，生生不息，而我们，作为新时代的青年，为了国富民强，为了中华民族的明天，更有义务将这份使命继续传承！

【教师点评】感谢第二组同学的展示，让我们走近这些伟大的先驱，感受到他们忧国忧民的情怀、坚如磐石的信念和舍生赴死的气概。“一百年前，一群新青年高举马克思主义思想火炬，在风雨如晦的中国苦苦探寻民族复兴的前途。一百年来，在中国共产党的旗帜下，一代代中国青年把青春奋斗融入党和人民事业，成为实现中华民族伟大复兴的先锋力量。”①

【教师总结】一部中国共产党创建史，就是一部伟大建党精神的形成史。

① 习近平：《在庆祝中国共产党成立100周年大会上的讲话》，人民出版社2021年版，第21页。

“伟大建党精神从萌芽到形成，与中国共产党从酝酿到成立，在时间上是同步发生的，在逻辑上是历史和理论的有机结合”①；与此同时，伟大建党精神深埋中华优秀传统文化之基因，是马克思主义与中华优秀传统文化相结合的时代产物；“是早期共产党人探索救亡图存之道、把马克思列宁主义建党学说与中国实践相结合、在创建中国共产党的过程中迸发出来的‘精气神’”。②

在高中《哲学与文化》一书中，通过学习“弘扬民族精神”这一知识，我们知道了伟大建党精神是民族精神的丰富与发展，也明晰了伟大建党精神是中国共产党的精神之源。那伟大建党精神的内涵到底应该如何解读？

环节三：从重点讲授中领会中国共产党发展的政治品格，把握“伟大建党精神”的内涵意蕴

在庆祝中国共产党成立 100 周年大会上，习近平总书记用 32 个字精辟概括伟大建党精神的深刻内涵。

1. 坚持真理、坚守理想，是伟大建党精神的思想之魂

“坚持真理、坚守理想，就是坚持马克思主义的科学真理，坚守共产主义远大理想和中国特色社会主义共同理想”③。这 8 个字集中体现了我党理论上的卓越先进和信念上的坚如磐石。为什么将这八个字放在伟大建党精神内涵的首位呢？正所谓，思想是行动的先导，理论是行动的指南。

百余年前，把马克思主义写在自己的旗帜上，是中国共产党的早期创立者，经过亲身实践、审慎思考、反复推求作出的决定；“中国共产党人一旦选择了马克思主义，就一以贯之、坚定不移地坚持它、发展它、维护它，从来没有动摇过、改变过、放弃过”④；在马克思主义的指导下，中国共产党确

① 徐光寿：《论伟大建党精神的形成历程与内在构成》，《思想理论教育》2022 年第 1 期。

② 刘红凛：《伟大建党精神的形成过程、科学内涵与赓续发展》，《马克思主义研究》2021 年第 12 期。

③ 陶文昭：《弘扬伟大建党精神　全面建设社会主义现代化国家》，《光明日报》2023 年 6 月 30 日。

④ 本书编写组：《思想道德与法治》，高等教育出版社 2023 年版，第 75 页。

定了自己的理想目标——实现共产主义。中国共产党之所以叫共产党，就是因为从成立之日起我们党就把共产主义确立为远大理想。从此，不论是严酷的战争环境，还是艰苦的建设时期，抑或改革开放和新时代，始终坚守，不畏惧、不退缩。从党成立之初的50多名党员到如今世界第一大执政党，从一穷二白到华丽蜕变为全球第二大经济体，从饿殍遍野到全面脱贫、乡村振兴蓝图正在擘画，从技术掣肘到部分核心技术完全自主研发，从闭关自守到逐步迈向世界舞台中央……中国共产党既锚定远大目标，又脚踏实地，始终以昂扬奋进的精神状态创造了无数人间奇迹。① 习近平总书记曾指出：“我们党之所以能够经受一次次挫折而又一次次奋起，归根到底是因为我们党有远大理想和崇高追求。”②

“坚持真理、坚守理想”始终是共产党人安身立命的根本。踏上全面建设社会主义现代化国家的新征程，面对前所未有的挑战与艰巨繁重的任务，“坚持真理、坚守理想”仍是风雨无阻的强大动力。习近平总书记勉励我们：“山再高，往上攀，总能登顶；路再长，走下去，定能到达。”③ 然而，攀登不同于闲庭信步、肆意奔跑，“一切向前走，都不能忘记走过的路；走得再远、走到再光辉的未来，也不能忘记走过的过去，不能忘记为什么出发。”④ 我们党一百年来所做出的一切努力，都是为了人民幸福、民族复兴。

2. 践行初心、担当使命，是伟大建党精神的动力之源

践行初心、担当使命，就是坚持为中国人民谋幸福、为中华民族谋复兴。这8个字，揭示了我党一以贯之的历史担当和百年奋斗的根本目的。

“作为马克思主义政党，中国共产党摆脱了以往一切政治力量追求自身特殊利益的局限，一经诞生就把为中国人民谋幸福、为中华民族谋复兴确立

① 参见本书编写组：《思想道德与法治》，高等教育出版社2023年版，第75页。

② 习近平：《在庆祝中国共产党成立95周年大会上的讲话》，人民出版社2016年版，第10页。

③ 习近平：《在第十三届全国人民代表大会第一次会议上的讲话》，人民出版社2018年版，第5页。

④ 习近平：《在庆祝中国共产党成立95周年大会上的讲话》，人民出版社2016年版，第8页。

为自己的初心使命。”[①]一代代中国共产党人，以初心为笔，以使命为墨，绘制出一幅幅激荡人心的壮美画卷。一段铁路，穿越苍茫的雪域高原，连接东西，它是民族团结的坚固纽带，更是筑梦者们初心不渝、矢志前行的生动见证；一座大桥，横跨浩渺的长江，化天堑为通途，它是区域发展的交通枢纽，更是工程师们肩负使命、勇攀科技高峰的坚定信念；一座英雄城市，在抗疫的烽火中屹立不倒，守护着生命的绿洲与希望之光，它是抗击疫情的坚固堡垒，更是共产党人初心如磐、使命在肩的生动展现……无数这样的奇迹，犹如璀璨的星辰，点缀在中国共产党人百年奋斗的辉煌天空，共同见证了中国共产党人对初心的坚守、对使命的担当。比如，“半条被子”的故事刻画着军民的鱼水情深，也见证着共产党人永恒的初心与崇高的使命。学长学姐依托第十七届全国大学生“挑战杯”活动，前往“半条被子”故事发生地——沙洲村，进行实地调研，实践成果获得全国二等奖。

【视频资源】从“半条被子”到“幸福路子”的胜利密码[②]

【教师点评】我们党就是只有一条被子，也要剪下半条给老百姓的人。“半条被子”的故事，是中国共产党以人民为中心、为人民谋幸福的真实写照。过去红军给了我们半条被子，现在党给我们带来了幸福日子。

【教师总结】“我们的目标很宏伟，也很朴素，归根到底就是让老百姓过上更好的日子”[③]。回顾百年党史，就是一部生动践行初心，无畏担当使命的历史。“中国共产党在腥风血雨中绝境重生，在惊涛骇浪中坚如磐石，在攻坚克难中创造奇迹”[④]，更在艰难困苦中练就了不怕牺牲、英勇斗争的优良品格，筑起一座座英雄丰碑。

3. 不怕牺牲、英勇斗争，是伟大建党精神的固本之源

不怕牺牲、英勇斗争，就是把个人利益、生死置之度外，不畏强敌、不

① 本书编写组：《思想道德与法治》，高等教育出版社 2023 年版，第 75—76 页。

② 陈莹、连李等：《从“半条被子”到“幸福路子”的胜利密码》，第十七届“挑战杯”全国大学生课外学术科技作品竞赛红色专项活动二等奖作品，2021 年。

③ 《国家主席习近平发表二〇二四年新年贺词》，《人民日报》2024 年 1 月 1 日。

④ 本书编写组：《思想道德与法治》，高等教育出版社 2023 年版，第 76 页。

惧风险、敢于斗争、敢于胜利，随时准备为党和人民牺牲一切。[①]这8个字，深刻揭示了我党无比坚强的革命意志和不可战胜的强大力量。

新民主主义革命时期，中国共产党人不怕牺牲，与敌人做斗争，在伟大步行中走出"长征精神"，在保家卫国中杀出"抗战精神"，表现出"红军不怕远征难，万水千山只等闲"的豪迈。在社会主义革命和建设时期，中国共产党人不怕牺牲，与落后做斗争，在荒漠大烟谱写"两弹一星精神"，在太行绝壁凿出"红旗渠精神"，表现出"为有牺牲多壮志，敢教日月换新天"的魄力。在改革开放和社会主义现代化建设新时期，中国共产党人不怕牺牲，与灾难做斗争，在暴洪中刻画了不惧风险的"抗洪精神"，在病魔前刻画了不惧感染的"抗击非典精神"，表现出"明知征途有艰险，越是艰险越向前"的勇毅。进入中国特色社会主义新时代，中国共产党人不怕牺牲，与瓶颈做斗争，一次次攻坚克难，一次次突破封锁，刻画了新时代的"探月精神""北斗精神"，展现了"上可游九天揽星辰，下可巡五湖纵云海"的自信。

如今，最让人的欣慰是90后、00后也用汗水诠释了什么是不怕牺牲、英勇斗争。在疫情防控中，面对病魔，有年轻的战士们连夜整装待发，赶赴抗疫战场；有年轻的医护人员彻夜未眠，守护病患身旁；还有年轻的志愿者们在路上执勤、在社区做网格员，每个人都在用自己的小小力量，不惧生死与病魔作斗争。

【APP头脑风暴】结合自身实际，谈谈你如何理解新时代语境中的"不怕牺牲、英勇斗争"？

【教师点评】新时代的"不怕牺牲、英勇斗争"是顽强意志的体现，是遇到困难时毫不退缩；也是公平正义的彰显，敢于同歪风邪气作斗争；更是小我与大我的融合统一，以千千万万个人之力，托举起国家之梦。

【教师总结】其实，牺牲不仅指牺牲生命，有时是牺牲"小我"；斗争不仅是跟敌人的战斗，有时是跟自己较量，是努力奋斗与躺平摆烂之间的斗争，是吃苦耐劳与安于享乐的斗争！作为新时代的青年我们更要学习共产党人的不

① 参见李洪峰：《历史自信的最好诠释和最好证明》，《解放日报》2022年1月18日。

怕牺牲、英勇斗争的风骨和品质，这是我们党能够战胜一切困难的精神优势。

每一位共产党员在入党之时都曾面对党旗，庄严宣誓要“对党忠诚”“随时准备为党和人民牺牲一切”，这不是口头承诺而是需要每一位党员用使命与担当来诠释与刻画。

4. 对党忠诚、不负人民，是伟大建党精神的传承之道

对党忠诚、不负人民就是忠诚于党，永不叛党，把最广大人民根本利益放在首位。这 8 个字揭示了我党立党为公、执政为民的高尚品格和全心全意为人民服务的根本宗旨，展现了我党强大的道德优势和人格力量。①

“我们党一路走来，经历了无数艰险和磨难，但任何困难都没有压垮我们，任何敌人都没能打倒我们，靠的就是千千万万党员的忠诚。”② 从历史的视角来看，对党忠诚、不负人民是中国共产党历代领导人和党员们坚守的光荣传统，这一百年来始终深深烙印在我们的精神血脉中。从理论层面来解读，对党忠诚与不负人民是相辅相成的，它们从根本上展现了党和人民之间不可分割的血肉联系，凸显了马克思主义政党的独特品质。而在实践中，对党忠诚、不负人民是无论面临多大的牺牲和代价都始终坚守的行动准则，是党员们用鲜血和生命捍卫的坚定信念。

【教师总结】一百年前，中国共产党的先驱们创建了中国共产党，形成了伟大建党精神。“坚持真理、坚守理想”之道属于思想层面的内容，是伟大建党精神的灵魂；“践行初心、担当使命”之志属于政治层面的内容，是伟大建党精神的根本；“不怕牺牲、英勇斗争”之勇属于精神层面的内容，是伟大建党精神的支撑；“对党忠诚、不负人民”之忠属于道德层面的内容，是伟大建党精神的底线。③ 百年来，中国共产党弘扬伟大建党精神，带领人民创造了一系列伟大成就，在奋斗中铸就了中国共产党人的精神谱系。

---

① 参见求是网评论员：《百年大党的精神之源》，2021 年 9 月 4 日，见 http://www.qstheory.cn/wp/2021-09/05/c_1127829745.htm。

② 《习近平关于全面从严治党论述摘编》（2021 年版），中央文献出版社 2021 年版，第 155 页。

③ 参见郭庆松：《伟大建党精神的方法论意蕴》，《毛泽东邓小平理论研究》2022 年第 1 期。

环节四：从人物群像中刻画中国共产党人精神谱系，解读“伟大建党精神”的时代发展

在百余年的非凡奋斗历程中，一代又一代中国共产党人顽强拼搏、不懈奋斗，涌现了一大批视死如归的革命烈士、一大批顽强奋斗的英雄人物、一大批忘我奉献的先进模范，形成了井冈山精神、长征精神、遵义会议精神、延安精神、西柏坡精神、红岩精神、抗美援朝精神、‘两弹一星’精神、特区精神、抗洪精神、抗震救灾精神、抗疫精神、脱贫攻坚精神等伟大精神，构筑起了中国共产党人的精神谱系。①

1. 真理指引发展道路，理想助力复兴梦想

用行动诠释共产党人的真理坚守与信仰高地，用实践验证中国共产党的理想追求和无畏精神，百年征程描摹“坚持真理、坚守理想”的伟大精神。在马克思主义真理和共产主义理想的指引下，大别山区人民在党的领导下创造了 28 年红旗不倒和 22 年革命武装斗争不间断的传奇，孕育出以“坚守信念”为首要内涵的大别山精神；在理想信念的照耀下，塞罕坝人以改善生态，造福人民为已任，在风沙肆虐的荒僻高岭艰苦奋斗，矢志践行绿水青山就是金山银山的生态发展理念，将茫茫荒原变为葳蕤林海，铸就了伟大的塞罕坝精神。于乱世之中寻求真理，在艰苦时刻寻找希冀，“坚持真理、坚守理想”贯穿百年风华，镌刻精神烙印，指引一代又一代中国共产党人勇毅前行。

2. 实干作为彰显初心，矢志奋斗勇担使命

用行动诠释共产党人的初心如磐与责任担当，以成效展现中国共产党的使命在肩与奋斗风采，百年征程拓印“践行初心、担当使命”的伟大精神。新民主主义革命时期，在南泥湾精神的画卷中，一把锄头，见证着南泥湾的蝶变，讲述着中国共产党人带领人民群众于困境中奋起，在艰苦中奋斗，为经济建设积累经验的故事；社会主义革命和建设时期，在焦裕禄精神的画卷中，一棵泡桐树，见证着“心中装着全体人民、唯独没有他自己”的

① 参见《习近平著作选读》第二卷，人民出版社 2023 年版，第 423—424 页。

公仆情怀，讲述着中国共产党人为官一任，造福一方，满腔热血干实事的故事；改革开放和社会主义现代化建设新时期，在青藏铁路精神的画卷中，一段铁路，见证着“人民铁路为人民”的决心，讲述着中国共产党人勇闯生命禁区，勇攀世界高峰的故事；中国特色社会主义新时代，在脱贫攻坚精神的画卷中，一架钢梯，见证着“悬崖村”从大凉山深处走向外面世界，讲述着中国共产党人行民之所盼，解民之所难的故事。回首百年征程，以初心为指引，以使命为坚守，共产党人团结带领全国各族人民书写了一个又一个举世瞩目的成绩。

3. 英雄铸就百年丰碑，牺牲谱写生命壮歌

用生命诠释共产党人的高尚气节与斗争热血，用成就印证中国共产党的牺牲品格与英勇气概，百年征程刻画“不怕牺牲、英勇斗争”的伟大精神。在朝鲜战争中，中国人民志愿军在敌我实力悬殊的恶劣处境下，毅然选择奔赴朝鲜支援，用年轻的生命抵挡着敌人的炮火与枪弹，用无畏与勇敢描摹抗美援朝精神。正因为这种精神使中国人民树立了不畏强敌、不惧牺牲的英勇气概，为新中国赢得了长期稳定的发展环境。2019 年底，突如其来的新冠疫情席卷中国，中国人民同舟共济，以共克时艰的决心，奋斗在这个没有硝烟的战场，形成了伟大的抗疫精神。正因为这种精神，使得中国人民怀揣盱奉献和牺牲的毅力与意志，向着胜利进军。回溯过往，立足当下，我们党依靠斗争创造历史，更要依靠斗争赢得未来。

4. 赤子之心描绘忠诚，人民至上诠释本色

用赤诚描绘共产党人的矢志初衷与不渝信念，用本心印证中国共产党的情系人民与造福百姓，百年征程彰显“对党忠诚、不负人民”的伟大精神。在雷锋的日记本上，每一件小事都清晰可循，每一笔花销都精确到分，每一个战友都善良生动，他一生忠于共产主义和社会主义事业，毫不利己专门利人，全心全意为人民服务，刻画了雷锋精神。这种精神，激励了一代代青年甘做“螺丝钉”，为党为民奉献终身。在抗洪抢险斗争中，各级领导干部身先士卒，跋涉危难；共产党员冲锋在前，奋勇当先；广大官兵和人民群众不顾危险，严防死守，最终夺取了伟大胜利，铸就了抗洪精神。正是因为这种精神，他们将内心的情感与热忱倾注于每一处祖国和人民最需要的地方。

“在百年波澜壮阔奋斗历程中，中国共产党人一以贯之、坚定不移地弘扬伟大建党精神，构筑起独特精神谱系，为立党兴党强党提供了丰厚滋养，为救国治国兴国点亮了奋进明灯。”① 中国共产党人精神谱系中的每一个精神标识都是伟大建党精神在不同时代条件下的生动注脚，面向新征程，我们更要在继往开来中学习好、弘扬好、践行好伟大建党精神。既要练好“学”字功，汲取精神内核；还要练好“讲”字功，传播党史价值；更要练好“干”字功，答好时代答卷。

环节五：课堂总结

通过今天的学习，希望同学们能够明晰伟大建党精神的内涵与价值所在；能从先进模范与英雄人物的事迹理解伟大建党精神的现实意蕴；能从重点内容的讲授中感悟中国共产党人精神谱系的时代发展，并厘清中国精神、中国共产党人精神谱系与伟大建党精神的内在关联。勿忘昨日的苦难辉煌，无愧今天的使命担当。世界发展大势不可逆转，中国发展前路险象环生，为更好赓续伟大建党精神，我们要以问为靶，在破除发展难题中“坚持真理，坚守理想”；在解决人民群众的急难愁盼中“践行初心，担当使命”；在守卫国家安全与前行坦途中“不怕牺牲，英勇斗争”；更要在中国特色社会主义的长期发展中“对党忠诚，不负人民”，增强做中国人的志气、骨气和底气，苦练本领、增长才干，在新的历史起点走好新时代的长征路。

【课后】

1. 思考讨论

党的二十大以来，伟大建党精神作为热点议题，相关研究及实践弘扬已取得较为丰硕的成果。同时，习近平总书记多次强调要旗帜鲜明地反对历史虚无主义。作为历史学专业的学生，我们在后续关于伟大建党精神的学习中应该如何自觉抵制并克服历史虚无主义呢？

---

① 沈壮海、刘灿：《传承弘扬伟大建党精神》，《中国高等教育》2021 年第 Z2 期。

2. 拓展阅读

《中共中央关于党的百年奋斗重大成就和历史经验的决议》，人民出版社2021年版。

习近平：《在庆祝中国共产党成立100周年大会上的讲话》，人民出版社2021年版。

七、教学资源

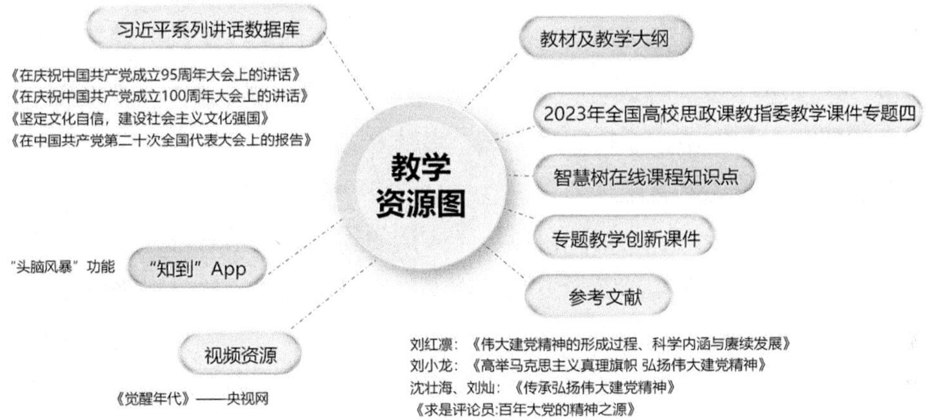

八、板书设计

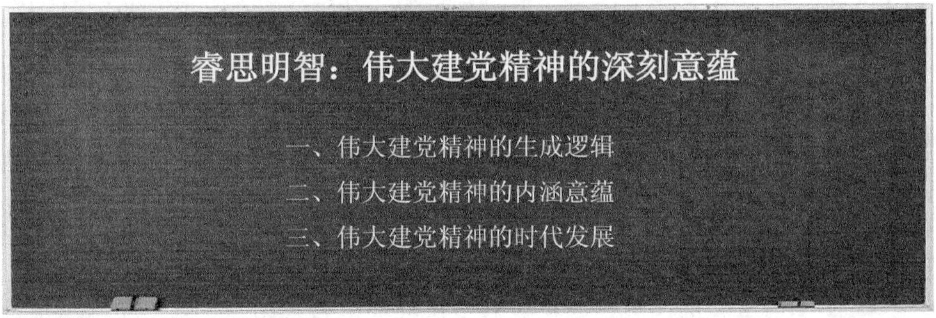
睿思明智：伟大建党精神的深刻意蕴
一、伟大建党精神的生成逻辑
二、伟大建党精神的内涵意蕴
三、伟大建党精神的时代发展

九、教学反思

1. 从基于学情的内容设计反思教学理念的贯彻，用心坚持“以学生为中心”的教学理念。把握了学生对结合历史史料、解读热点事件拓展知识广度的兴趣点，教师通过讲解党史中的英雄事件，中国共产党人精神谱系，增强了学生的自豪感和使命感；紧扣了学生对打破“躺平”“佛系”现状的困惑点，教师通过阐述不同历史时期中国共产党人的牺牲奉献、当代战士的英勇无畏、新时代青年的斗争方式，增强了学生对“不怕牺牲、英勇斗争”的思考和理解；满足了学生对理论学习指导生活实践与思政学习融合专业发展的需求点，教师通过精准定位历史史料、充分引用现实例证、积极引导学生行为反思、生动融入榜样案例，增强了学生对理论内容说服力与针对性的认同。但在如何利用学生话语习惯、适应学生思维方式、提升学生参与度，更深入理解马克思主义的强大精神力量上，还有待进一步打磨和完善。

2. 从教学目标的达成情况反思教学方法的贯行，用情联动“以现代化赋能”的教学方法。在传统教学方法应用上，通过理论讲授法，增强学生对伟大建党精神的内涵、与时代发展关系的理解深度，达成正确把握伟大建党精神、提升辩证思考能力、涵养价值共识的目标；通过案例分析法，激发学生对榜样案例与朋辈案例、历史案例与现实案例的情感热度，达成认知共产党人精神谱系、提升逻辑推理能力、涵养价值认同的目标；通过问题导向法，梳理学生对奋斗精神提振、思想行为践行的问题向度，达成明晰伟大建党精神时代践行、提升识别问题能力、涵养自省意识的目标；通过任务驱动法，加大学生对课前线上预习、课后翻转拓展等主体性活动的发挥效度，达成把握正确的自学态度、增强协同合作、涵养历史自觉的目标。在信息化教学手段应用上，通过原创在线课程知识点的学习以提前了解学生已知未知情况；通过 App 中头脑风暴功能，以实时把握学生的内容认知程度。但在如何熟练使用信息化教学手段，更进一步提升学生兴趣、增强课堂学习效果上，还有待进一步精进与融合。

3. 从课堂主阵地内外衔接反思教学过程的贯通，用力实施“全链条培育人”的教学过程。在课前，学生通过自学线上课程“中华民族重精神的优良传统”“中国精神的具体内涵”、阅读学习资源《在庆祝中国共产党成立100周年上的讲话》、党的二十大报告等相关内容，初步了解专题学习的基础知识；在课中，学生通过“不怕牺牲，英勇斗争的时代践行”痛点问题互动研讨、“伟大建党精神的生成逻辑”热点问题小组展示、“伟大建党精神的时代发展”重点问题教师讲授，逐步吸收专题学习的核心内容；在课后，学生通过思考习题、文献阅读、实践活动，努力拓展专题学习的深度广度。通过课前、课中、课后的一体贯通，实现教师主导与学生主体相联动、线上教学与线下教学相融合、思政课小课堂与社会大课堂相衔接。在新课导入中，通过中国共产党这一“最牛创业团队”切入，提高了学生参与课堂的兴趣度；在主体讲授中，设计伟大建党精神的生成逻辑、内涵意蕴、时代发展三个环节内容，回应导入抛出的问题逐层解疑答惑，增强了学生深入研讨的启发性；在小组展示中，围绕伟大建党精神的形成过程设计大学生讲思政课的活动，彰显了学生创新实践的执行力；在总结升华中，通过对知识进行总结、对问题进行反思、对担当进行寄语，激发了学生转化责任的使命感。通过新课导入、主体讲授、总结升华的一体贯通，实现问题导向、研究导向、成果导向、目标导向相统一。但在如何确保更广泛的学生高质量进行线上学习、高要求打磨展示作品、高品质阅读前沿经典上，还有待进一步巧思和妙想。

专题九　细照笃行：做新时代的忠诚爱国者

对应章节：第三章　第二节

计划学时：4 学时

教学对象：音乐专业

一、学情分析

1. 已有知识分析。第一，基于大中小一体化纵向衔接，掌握基础知识情况。学生初中阶段在九年级上册《道德与法治》第三单元第五课“守望精神家园”中，基本理解了以爱国主义为核心的民族精神的内涵与品格、力量与作用，初步体验了中华文化的博大精深和源远流长。学生高中阶段在必修四《哲学与文化》第七课第三框“弘扬中华优秀传统文化与民族精神”中，进一步理解了爱国主义的精神内涵、深远影响以及与民族复兴的紧密联系，加深了对爱国主义的历史渊源和现实意义的认识。第二，基于线上线下教学横向贯通，了解自学知识情况。学生通过线上课程“坚持爱国主义与拥护中国共产党的领导相统一”“坚持爱国主义与爱社会主义相统一”“爱国主义的科学内涵”“增强国家安全意识”的学习促新知构建；通过翻转课堂学习资源中新时代爱国主义教育实施纲要、第六届全国高校大学生讲思政课公开课展示活动获奖作品的链接促新知拓展。

2. 认知能力分析。第一，基础知识记忆力强，但深入分析能力还不足。学生对“爱国主义”的认知多停留在名词概念表述上，对深入思考分析“爱党爱社会爱国主义的本质一致性问题、中华民族整体利益与多民族特色的关系、爱国与爱中华民族历史文化的关系、践行忠诚爱国与对外开放的关系”

等相关问题的能力有待提升。第二，具体史实认同度高，但热点关注敏锐度还不强。学生普遍认同并尊重爱国主义史实，明白爱国主义是中华民族精神的核心，但由于泛娱乐化环境的影响，学生关注热点时事、坚定使命担当的主观能动性有待提升。第三，理论积累深厚扎实，但实践转化力度尚显不足。学生对爱国主义的了解较为全面，但将忠诚爱国的基本要求转化为日常行为准则和发展导向的能力有待提升。

3. 心理需求分析。第一，思政课的理论知识有效指导学习生活。学生希望通过解读爱国爱党爱社会主义的关系，理解新时代爱国主义的本质要求，为践行忠诚爱国提供遵循；学生希望通过课程学习厘清中华优秀传统文化发展的主题主线，增强自身的文化自觉与文化自信。第二，热点与前沿巧妙链接理论课堂。学生希望通过融入音乐专业的经典案例增强自身使命感，希望围绕热点焦点进行互动研讨增强学习的针对性，希望通过引入与主题相关的理论成果增强学习的时效性。第三，信息化技术灵活贯穿课程讲授。学生期待线上线下融合的授课模式，希望通过线上课程提前预习、课中积极互动、课后复习的完整流程强化知识理解，促进完整知识逻辑的构建；希望通过翻转课堂中学习资源的优质共享扩大学习面；希望通过课堂学习 App 中头脑风暴、选人多功能灵活运用激发课堂教学活力。第四，丰富实践活动融入课堂教学。学生希望通过开展形式多样的实践教学活动，实现亲身参与、主动探索和小组合作，更深刻地理解忠诚爱国的深远意义和具体行为，在实际生活中落实时代青年的爱国行动。

二、教学目标

1. 知识目标。一是学生能在理论解读、前沿拓展和实例辅证中领悟爱国主义的丰富内涵，把握爱国主义的核心要义，拓展对中学“爱国主义的基本内涵”这一已学知识的探理深度。二是学生能在教师讲授中明确爱国与爱党、爱社会主义高度一致的理论逻辑、历史逻辑与实践逻辑，增强对线上新学知识“爱国与爱社会主义相统一”“爱国与拥护共产党的领导相统一”等新学知识的剖析力度。三是学生能在小组分享中识别爱国主义在当代社会的多维表达，在问题探讨和难题解决中把握践行爱国主义的重大意义与基本要求，提升对课堂“深刻把握爱国主义基本要求”这一应学知识的掌握精度。

2. 能力目标。一是通过深入剖析爱国主义的历史渊源、时代意义与实践要求，探讨爱国主义与爱党、爱社会主义的内在联系，以及对时代浪潮中具有典型教育意义的热点事件进行深度讲解，学生能提升逻辑推理、历史分析和批判思考等高阶认知能力。二是通过线上课程学习任务的布置、翻转课堂中学习资源的拓展阅读、“思想道德与法治”课程学习内容的梳理以及课堂互动交流的全过程参与，学生能提升独立思考、信息整合、意义建构等自主学习能力。三是小组展示中现实案例与专业术语紧密结合，典型案例和理论知识密切关联，框架构建和文本打磨的精耕细作，学生能提升融会贯通、创新意识和团队协作的实践创造能力。

3. 素质目标。一是通过自主学习线上课程“爱国主义的基本内涵”“坚持爱国主义与拥护中国共产党的领导相统一”“坚持爱国主义与爱社会主义相统一”，体会新时代爱国主义的本质特征，学生能涵养起高度的责任意识和深厚的家国情怀。二是通过探索爱国歌曲的百年变迁、追寻优秀传统文化的千年传承，学生能涵养起坚韧的意志品质与深沉的文化自信。三是通过对比分析英雄榜样践行爱国主义的正向刻画与失足青年行为危害国家安全的偏离反思，汲取先辈模范的高尚追求，明确未来发展的行为准则，学生能涵养起正确的使命责任和坚毅的进取品格。

三、教学内容

“细照笃行：做新时代的忠诚爱国者”这一专题教学内容，立足教材“第三章第二节：做新时代的忠诚爱国者”的重点难点，贯通线上课程知识点“爱国主义的科学内涵”“坚持爱国主义与爱社会主义相统一”“坚持爱国主义与拥护党的领导相统一”等已知未知，结合全国高校思政课教指委《思想道德与法治教学课件》专题四第二讲的要点亮点，关注学生对爱国主义音乐发展过程与爱国主义融入音乐创作的兴趣点困惑点，以明晰何为爱国主义、如何践行爱国主义为设计主线，阐释爱国主义的内涵、践行爱国主义的基本要求与在专业发展中落实爱国主义的具体途径。

【教学内容的设计要点】

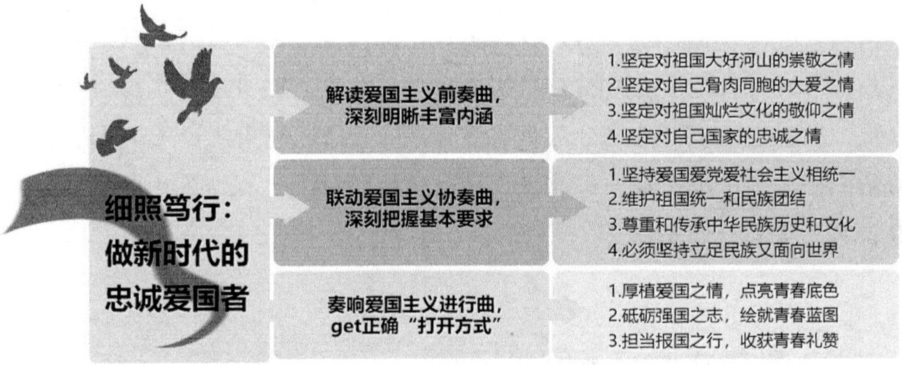

1. 解读爱国主义前奏曲，深刻明晰基本内涵。一是通过观看“中国到底有多美”的视频，结合习近平总书记的相关论述，讨论“中国一点都不能少”的意义，理解大好河山是爱国的自然要素，刻画着爱国主义的美丽画卷；二是通过解读党的二十大报告、结合新时代党对人民的关怀，知晓骨肉同胞是爱国的社会要素，跃动着爱国主义的鲜活灵魂；三是通过中华优秀传统文化的时代新发展，明晰中华优秀传统文化是爱国的文化要素，根植着爱国主义的精神内核；四是通过讲述对国家的情感依存、与国家的利益一致，明晰国家是爱国的政治要素，蕴藏着爱国主义的深厚基因。

2. 联动爱国主义协奏曲，深刻把握基本要求。一是通过理论逻辑、历史逻辑和现实逻辑三个层面，结合习近平总书记关于爱国主义的讲话内容，阐明爱国爱党爱社会主义的高度一致性，解读好爱国主义的本质要求；二是通过分析港澳地区推行“一国两制”的成功经验，结合对待台湾问题的正确方式，融入“中华旋律聚人心，民族和声共长吟”的小组展示，阐明祖国统一、民族团结的重要意义，解读好维护祖国统一和民族团结的要求；三是通过观看“以棋制胜筑牢文化自信，以史为根坚定爱国情怀”大学生讲思政课的获奖作品，结合习近平文化思想，阐明正确对待历史文化的重要性、必要性和紧迫性，解读好传承中华民族历史和文化的要求；四是通过分析总体国家安全观，结合世界舞台上的中国贡献，阐明弘扬爱国主义与倡导对外开放的关系，解读好必须坚持立足民族又面向世界的要求。

3. 奏响爱国主义进行曲，get 正确“打开方式”。一是通过观摩跨越祖国河山的青春大合唱，重温时代发展历程，掌握厚植爱国之情、点亮青春底色的具体方式；二是通过传唱爱国歌曲的经典旋律，学习爱国歌曲创作的深沉意蕴，勇担砥砺强国之志、绘就青春蓝图；三是通过指明音乐学子未来需用真情创作歌颂祖国山河、以悠扬旋律讲述中国故事，涵养落实报国之行、收获青春礼赞的发展力量。

四、教学重难点及解决措施

1. 坚持学理论证与实例印证相结合，着重讲透爱国主义和爱党、爱社会主义的关系。第一，从马克思主义国家学说对爱国主义的阐释入手，结合马克思主义中国化的理论成果，阐明政党、国家及国家制度的关系，把爱国和爱党、爱社会主义的理论一致性讲透。第二，从近代以来中国人民选择中国共产党和社会主义道路的历史进程入手，阐明社会主义道路的选择过程，把爱国和爱党、爱社会主义的历史必然性讲透。第三，从改革开放 40 多年来的伟大成就入手，阐明如今的发展成就源于坚强的领导核心和特色的发展道路，把爱国和爱党、爱社会主义的现实必要性讲透。

2. 坚持正面说理与反面举例相结合，着重讲深正确对待中华民族历史文化的方式。第一，从中华民族历史变迁中蕴含的爱国主义传统入手，阐明中华优秀传统文化的重要意义和重大贡献，把理解和认同祖国深厚文化的重要性讲深。第二，从习近平文化思想入手，阐明要在继承中创新、在创新中发展优秀传统文化，把传承和创新传统文化的必要性讲深。第三，从否定“四史”、抹黑革命先烈、宣扬封建迷信等乱象入手，批驳历史虚无主义与文化复古主义，把警惕和抵制错误思潮的紧迫性讲深。

3. 坚持学生分享与教师讲授相结合，着重讲活坚持民族大团结的意义。第一，从学生探究“民族大团结”的实践行动入手，阐明中华儿女写就民族团结的传奇，把“铸牢中华民族共同体意识”是中华儿女矢志不渝的使命讲活。第二，从教师讲授建好共有的物质和精神家园入手，阐明经济的发展是各民族共同富裕的基础、中华文化是各民族文化的集大成者，把推进民族团结要坚持物质家园和精神家园协同发展讲活；第三，从教师分析西方关于“涉疆问题”“涉藏问题”的谬论入手，阐明中华民族大团结是历史的主流与总趋势，把与分裂祖国的言行做斗争是青年的担当讲活。

五、教学方法

1. 理论讲授法，注重线上浅讲和线下深讲相结合。通过观看线上课程“坚持爱国主义与拥护中国共产党的领导相统一”“坚持爱国主义与爱社会主义相统一”，解读新时代爱国主义的本质特征，建立学生对新时代忠诚爱国主义者的初步理解；基于习近平总书记重要论述，结合学者观点，从学理上分析忠诚爱国的基本要求；课后，通过翻转课堂学习资源中的拓展内容，进一步从理论层面深化学生对做新时代忠诚爱国者的认识和分析。通过线上知识初体验、线下知识深解读，培养学生的归纳思维和演绎思维。

2. 问题导向法，注重理论之问与现实之问相结合。在新课导入中，聚焦“如何解读爱国主义的丰富内涵”“如何把握新时代爱国主义的基本要求”“如何领悟践行爱国主义的核心要素”的问题链条，吸引学生注意力。在新课讲授环节，聚焦学生疑惑，探讨中国人均 GDP 的增长与社会主义制度优越性的关联，理解经济发展与社会主义制度间的互动逻辑；着眼国家统一局势，思考爱国与反对分裂的紧密联系，明确个人的责任担当；直面小部分网友扭曲历史的现象，旗帜鲜明地反对文化复古主义与历史虚无主义。在环节四当中，更是贴近音乐专业学生的现实困惑，回答好如何实现爱国主义融入专业发展。课后思考中，要求学生结合专业思考，如何将中华优秀传统文化融入歌曲编排，进一步检验学生知识掌握情况与转化能力。通过正视问题、研讨问题、解决问题，培养学生的转化思维与批判思维。

3. 案例分析法，注重榜样示范和朋辈警示相结合。追溯百年党史中爱国歌曲生成的青年力量，感悟音乐人的远大抱负；明晰最美逆行者的奋斗历程，感悟骨肉同胞间的大义之情；着眼中华民族的团结发展，感悟党员干部的责任担当，以榜样示范激励青年学子涵养忠诚爱国的高尚品格。列举部分青年国家安全意识淡薄的相关表现，引发保守国家秘密、维护国家安全、担当重任的行为反思；以朋辈失范警醒青年学子审视自身行为，纠正错误行为，以正确方式做新时代合格的忠诚爱国者。通过专业案例融入、正向案例浸润、反面案例审视，培养学生的推理思维和辩证思维。

4. 任务驱动法，注重自学任务和协作任务相结合。课前，通过线上自主学习，初步明晰新时代爱国者的内涵与要求，明晰铸牢中华民族共同体意识的具体作为；课中，运用课堂学习 App 抢答、选人、头脑风暴等功能，学生积极参与讨论，教师及时掌握学习情况；课后，通过翻转课堂布置思考讨论、通过线上交流心得感悟，教师更好掌握教学效果。通过全人员参与、多功能互动、全过程交流，培养学生的求证思维和递进思维。

六、教学过程

【课前】

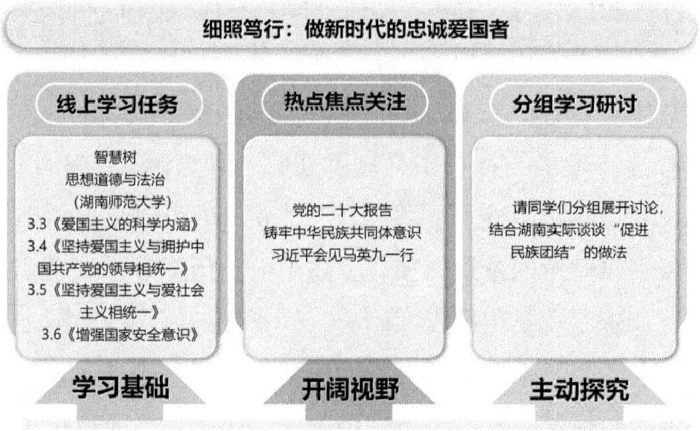

细照笃行：做新时代的忠诚爱国者
线上学习任务
智慧树
思想道德与法治
（湖南师范大学）
3.3《爱国主义的科学内涵》
3.4《坚持爱国主义与拥护中国共产党的领导相统一》
3.5《坚持爱国主义与爱社会主义相统一》
3.6《增强国家安全意识》
学习基础
热点焦点关注
党的二十大报告
铸牢中华民族共同体意识
习近平会见马英九一行
开阔视野
分组学习研讨
请同学们分组展开讨论，结合湖南实际谈谈“促进民族团结”的做法
主动探究

【课中】

环节一：新课导入

爱国之心，千载不变；立志报国，终生不悔。穿梭千年时空，回到先秦时期，我们聆听屈原“长太息以掩涕兮，哀民生之多艰”的悲叹民生；在唐朝，我们体悟杜甫“国破山河在，城春草木深”的悲愤填膺；在宋朝，我们感受岳飞“靖康耻，犹未雪。臣子恨，何时灭”的满腔热忱；在明朝，我们清晰于谦“粉骨碎身浑不怕，要留清白在人间”的豪情壮志……时代更迭，波澜流转，我们见证了无数爱国志士的铿锵誓言，无数爱国故事的情感价值，其中永远不变的是爱国的主旋律与每一位忠诚爱国者的矢志不渝。我们以党史为纵，以红色经典歌曲为横，以爱国歌曲为载体，以歌颂党和祖国为原点，紧贴祖国的心房，歌颂人民英雄的荣光，见证如他们所愿的梦想。①新民主主义革命时期，《义勇军进行曲》以慷慨悲愤的英雄气概吟唱着“起来！不愿意做奴隶的人们，把我们的血肉筑成我们新的长城”，革命烈士用鲜血和生命证明坚定报国的决心；社会主义革命和建设时期，《学习雷锋好榜样》描绘出的“学习雷锋好榜样，忠于革命忠于党，爱憎分明不忘本，立场坚定斗志强”，彰显着人民群众对党的绝对拥护和大力支持；改革开放和社会主义现代化建设新时期，《爱我中华》传唱着的“五十六个兄弟姐妹是一家，五十六种语言汇成一句话，爱我中华”，是56个民族用实际行动践行着的团结图景；进入新时代，“战旗上写满铁血荣光”是中国军人的热血肝胆，“我们都是追梦人”是中华人民奋力实现中华民族伟大复兴的坚定信念，“我的名字就是站立的地方”更是中国青年的坚毅与责任担当。

一首首爱国歌曲，饱含着无数中华儿女礼赞国家的深情，蕴含着动人心魄的激情。然而，在现实生活中，我们也会不可避免地面对林林总总的纷扰、形形色色的诱惑，时有出现的偏激言论与观点很容易左右人们的价值判断，那么，我们该如何解读爱国主义的丰富内涵？如何把握新时代爱国主义

① 参见全国高校思想政治理论课教学指导委员会：《思想道德与法治教学课件》（专题四——继承优良传统　弘扬中国精神　第二讲　做新时代的忠诚爱国者）第25页。

的基本要求？如何领悟践行爱国主义的核心要素？接下来请同学们跟随老师走进今天的课堂。

环节二：解读爱国主义前奏曲，深刻明晰丰富内涵

“爱国主义体现了人们对自己祖国的深厚感情，揭示了个人对祖国的依存关系，是人们对自己家园以及民族和文化的归属感、认同感、尊严感和荣誉感的统一，是调节个人与祖国之间关系的道德要求、政治原则和法律规范。爱国主义是中华民族的民族心、民族魂。”① 这种感情可以从四个方面来理解：

1. 坚定对祖国大好河山的崇敬之情

大好河山是爱国的自然要素，刻画着爱国主义的美丽画卷。对祖国大好河山的崇敬之情居于“四情”之首，骨肉同胞、灿烂文化与国家的存在发展都依托于祖国河山，首先就要懂得领略她的美，感受她的好：

（1）对美丽河山的欣赏。老师先带领同学们通过一段视频，云游祖国的美丽河山，看看这美丽画卷中是否有你曾经的足迹？是否有你向往的远方？

【视频资源】《中国到底有多美》②（2 分钟）

【教师点评】从极北到极南，直线距离 5500 公里，是中国冷与热的热量变化，我们从寒温带到热带，从极寒冰川到炎热海岛，从广袤梯田到无垠牧场。从至东到至西，直线距离 5200 公里，是中国干与湿的降水变化，我们从海洋到沙漠，一路上鱼虾雀跃到牛羊成群，从鱼米之乡的温婉到西北大漠的豪壮。九州四海、千古风韵、宝藏荟萃，神州大地风采尽显。

（2）对完整河山的维护。正所谓，“皮之不存，毛将焉附？”“祖国的大好河山不仅是自然风光，还是主权、财富、民族发展和进步的基本载体。”③

① 全国高校思想政治理论课教学指导委员会：《思想道德与法治教学课件》（专题四——继承优良传统　弘扬中国精神　第二讲　做新时代的忠诚爱国者）第 9 页。

② 《中国到底有多美》，2021 年 12 月 21 日，见 https://baijiahao.baidu.com/s?id=1719848438194227648&wfr=spider&for=pc。

③ 本书编写组：《思想道德与法治》，高等教育出版社 2023 年版，第 79 页。

【App 头脑风暴功能】“中国，一点都不能少”的图片，得到广大网友的热议和转发，大家怎么看？

【教师点评】没错。“中国，一点都不能少”这是每一个公民应知的常识，更是每一个公民都要坚守的底线。“中国，一点都不能少”的情感表达体现的正是对完整河山的维护之情，这才是中国地图的正确打开方式。维护祖国领土的完整和统一，是每个人的神圣使命和义不容辞的责任。

【教师总结】对祖国大好河山的崇敬之情，既要求我们为欣赏大好河山的青春足迹“打 call”，更为维护完整河山的青春作为“点赞”。秀丽的自然风光与壮美的雅致景观，离不开人与自然的和谐共生，更离不开每一个骨肉同胞的维护与坚守。正所谓，情归故土，心系人民。

2. 坚定对自己骨肉同胞的大爱之情

骨肉同胞是爱国的社会要素，跃动着爱国主义的鲜活灵魂。爱骨肉同胞不仅要爱父母、亲人、朋友，更要有大爱，爱祖国、爱人民。“骨肉同胞之爱反映了对民族利益共同体的自觉认同，是检验一个人对祖国忠诚程度的试金石。”①

（1）复兴征途中的人民立场。中国共产党自成立以来，始终把人民立场作为党的根本政治立场，正如，习近平总书记强调，“江山就是人民，人民就是江山。中国共产党领导人民打江山、守江山，守的是人民的心。”②同时，“我们开展了史无前例的反腐败斗争，以‘得罪千百人、不负十四亿’的使命担当祛疴治乱”③，就是要确保党和人民赋予的权利始终都是要用来为人民谋幸福的。

（2）同舟共济中的最美逆行。对骨肉同胞的大爱不仅体现在顶层设计中的人民立场，更落小落细落实在 14 亿人共克时艰中的同舟共济。在地震

① 本书编写组：《思想道德与法治》，高等教育出版社 2023 年版，第 79 页。

② 习近平：《高举中国特色社会主义伟大旗帜　为全面建设社会主义现代化国家而团结奋斗——在中国共产党第二十次全国代表大会上的报告》，人民出版社 2022 年版，第 46 页。

③ 习近平：《高举中国特色社会主义伟大旗帜　为全面建设社会主义现代化国家而团结奋斗——在中国共产党第二十次全国代表大会上的报告》，人民出版社 2022 年版，第 13 页。

救援现场，武警战士逆行冲向塌方地段；在无情大火时，消防战士逆行冲向火场；在狂风暴雨中，抗洪战士的星夜驰援；在疫情危难时，白衣天使“请战”逆行；在边疆凛冽中，边防战士的清澈之爱发出青春强音……其实，在灾难、危险面前，人的本能是恐惧的，但正因为心中的“大爱之情”，才会有一次次的坚定“逆行”。这种“大爱”之情，也体现在海外撤侨时。可以说，在撤侨问题上我国一点都不含糊，无论是战争撤侨、地震撤侨还是疫情撤侨，中国每次撤侨的速度被世界点赞；大家都在感慨：有一种速度叫中国撤侨，有一种感动叫祖国带我回家。同学们想想，能把海内外中国人民紧紧联系在一起的除了我们浓浓的同胞情还有什么？那就是我们文化的根，可以说，政党立于不败之地的秘诀是坚持以人民为中心，而民族立于不败之地的秘诀则是源远流长的文化。

3. 坚定对祖国灿烂文化的敬仰之情

灿烂文化是爱国的文化要素，根植着爱国主义的精神内核。“文化是一个国家、一个民族的灵魂，是一个国家民族得以延续的精神基因，是涵养民族心理、民族个性、民族精神的摇篮，是民族凝聚力的重要基础。”①

（1）对灿烂文化的认同内化。中华文明是唯一一个没有中断的伟大文明，我们有举足轻重的秦汉文明，它使行政权力与文明融合，实现了文明的持续发展；我们有意义非凡的孝文改革，使多民族再次融合，实现了文明的多元价值；我们有光芒万丈的盛唐文明，它使中华文明与世界文化交融，实现了文明的中心化；我们有走向世界的宋元文明，它使中华文明全球化发展。古老的传统文化赋予中国人浓郁深厚的爱国主义，如此充满魅力的灿烂文化，怎能不被我们所爱？正如习近平总书记指出的，“古往今来，中华民族之所以在世界有地位、有影响，不是靠穷兵黩武，不是靠对外扩张，而是靠中华文化的强大感召力和吸引力”②。

【App 抢答】作为“国宝推荐人”，习近平主席经常在各种场合生动讲述

① 本书编写组：《思想道德与法治》，高等教育出版社 2023 年版，第 79 页。

② 习近平：《在文艺工作座谈会上的讲话》，人民出版社 2015 年版，第 3 页。

文化瑰宝背后的中国故事。2023 年 5 月，中国与中亚五国领导人“长安复携手”。在赠送给中亚国家元首的礼品中，有一件“何尊”。大家对“何尊”了解多少？

【教师点评】何尊是西周著名的礼器，器内底部有 122 字的铭文，其中一句“宅兹中国”，是已发现的“中国”一词的最早文字记录。习近平主席深谙何尊之美，以“尊”为礼，让世界了解“何以中国”。[①] 一件中华优秀传统文物不仅见证了中亚之间的友谊长存，体现了中华文明与亚洲文明的交流互鉴，更激发了中华儿女的文化自信。优秀的传统文化不仅值得我们品味，更需要我们再造和发展。

（2）对灿烂文化的再造发展。当前，无论是火爆一时的综艺节目《国家宝藏》《典籍里的中国》，还是深受年轻观众喜欢的纪录片《我在故宫修文物》《假如故宫会说话》，抑或“故宫淘宝”上那些妙趣横生的文创产品，还有青绿千里入画、山河无垠新卷的《新千里江山图》……进入网络时代，文物和典籍仿佛开始了“逆生长”。

【App 选人】这些节目和产品为什么能火速出圈？为什么能深入人心？

【教师总结】大家都说他们找到了传统文化的“正确打开方式”，通过古老沉淀中的年轻视角、匠人精工中的心灵对话、“复活”技术中的新生焕发和创意用品中的百姓共享，使传统文化的形态实现了丰富和再造。这就说明，灿烂文化的再造发展不是与公众的简单互动，而是触及心灵的文化转型；不是用技术的简单修补，而是融入现代的匠心注入。习近平总书记曾寄语青年大学生，要以中国为观照、以时代为观照，不断推动中华优秀传统文化创造性转化、创新性发展。还强调，“在新的起点上继续推动文化繁荣、建设文化强国、建设中华民族现代文明，是我们在新时代新的文化使命。”[②] 要坚定文化自信、担当使命、奋发有为，共同努力创造属于我们这个时代的新文化，建设中华民族现代文明。

---

① 参见《何以中国｜“国宝推荐人”习近平》，2023 年 7 月 10 日，见 https://news.cctv.com/2023107110/ATRIx277efhNY31REPifcOBI2307206.shtml。

② 习近平：《在文化传承发展座谈会上的讲话》，人民出版社 2023 年版，第 10 页。

总结我们刚才学习的对大好河山的崇敬之情，对骨肉同胞的大义之情，对灿烂文化的敬仰之情，这都是要同我们的国家联系在一起的，我们每个人的发展也都时刻同国家的发展进步紧密相连。

4. 坚定对自己国家的忠诚之情

国家是爱国的政治要素，蕴藏着爱国主义的深厚基因。虽然爱国主义在不同历史时期和文化背景下具有不同内容，但脱离社会制度、超越阶级属性抽象的爱国主义是不存在的。在当代中国，对中国共产党领导的社会主义中国的忠诚之情是爱国主义的根本归属，更是爱国主义情感的最高境界。

（1）对国家的情感依存。你在这个国家里出生、成长，国家给了你特定的种族遗传、生活基础、社会关系、价值观念、文化修养，因此，你与祖国有着情感上的依存，国家养育了你，这是天然的、无可争辩的爱国理由。

（2）与国家的利益一致。对内，祖国的繁荣发展得靠子女们的辛劳建设；对外，一国既处于世界之林，必然会有各种利益冲突和竞争，甚至会遭受欺侮和侵略，祖国必须有人保卫，个人利益与国家利益有着高度一致性。因此，生在中国，为国效力，这是深刻的、不容置疑的爱国理由。

【教师总结】大好河山，为我们创造伟业铺就广阔舞台；骨肉同胞，与我们并肩前行打造强大中国；灿烂文化，为我们奋勇前进提供强大力量；亲爱的祖国，为我们成长发展保驾护航。

作为新时代大学生，我们肩负着实现中华民族伟大复兴中国梦的历史使命，必须秉承爱国初心、赓续前行之路，那应该如何把握新时代爱国主义的基本要求呢?

环节三：联动爱国主义协奏曲，深刻把握基本要求

“大力弘扬新时代爱国主义，必须坚持爱国爱党爱社会主义相统一、维护祖国统一和民族团结、尊重和传承中华民族历史文化、坚持立足中国又面向世界。”[①] 深刻把握做忠诚爱国者的基本要求，就可以从这四个方面来理解：

1. 坚持爱国爱党爱社会主义相统一

着重解答爱国爱党爱社会主义的本质一致性问题。“当代中国，爱国主义的本质就是坚持爱国和爱党、爱社会主义高度统一。”[②]

（1）爱国和爱党、爱社会主义的理论一致性。拥有共同一致的理论渊源。中国共产党是马克思主义政党，社会主义制度是马克思主义理论制度体系中最高级别制度的初级形态，中国以马克思主义作为国家发展的根本指导思想，三者都将马克思主义作为其理论渊源。拥有一脉相承的理论内容。中国共产党在马克思主义的指导下，将其与中国具体实际相结合，与中华优秀传统文化相结合，形成了与马克思主义一脉相承的毛泽东思想、中国特色社会主义理论体系、习近平新时代中国特色社会主义思想作为指导思想；“首创‘两个结合’，开辟了马克思主义中国化新境界，是中华文化和中国精神的时代精华。”[③] 拥有与时俱进的理论品格。我国在中国共产党的领导下，在中国特色社会主义的指引下，实现了前所未有的持续繁荣，而这一切成果也恰恰离不开党的指导思想和中国特色社会主义理论体系的与时俱进。

（2）爱国和爱党、爱社会主义的历史必然性。历史是最好的教科书。“爱国爱党爱社会主义统一于实现中华民族伟大复兴的历史进程。”[④] 从鸦片战争到中国共产党成立，这八十年间，中华民族处于艰难前行的深重苦难中；无数仁人志士为寻求救国救民真理而尝试各种主义和思潮，但历次探索都举足无措，均以失败告终。直到十月革命胜利，给中国送来了马克思列宁主义，中国先进分子在彷徨中找到一线光明——走十月革命开辟的社会

① 本书编写组：《思想道德与法治》，高等教育出版社 2023 年版，第 82 页。

② 习近平：《在纪念五四运动 100 周年大会上的讲话》，人民出版社 2019 年版，第 7 页。

③ 王虎学、何锟伦：《准确深刻理解马克思主义中国化的三次理论飞跃》，《广州日报》2021 年 12 月 8 日。

④ 本书编写组：《思想道德与法治》，高等教育出版社 2023 年版，第 83 页。

主义道路。新民主主义革命时期，在党的领导下，人民群众克服万难、前仆后继，推翻帝国主义、封建主义和官僚资本主义的反动统治，把黑暗的旧中国改造成光明的新中国，[①]“没有共产党就没有新中国”的动人旋律更是响彻大江南北；社会主义革命和建设时期，在党的领导下，完成了社会主义“三大改造”，社会主义制度在中国初步确立，“歌唱我们亲爱的祖国，从今走向繁荣富强”的美好愿景逐步变为现实；改革开放和社会主义现代化建设新时期，在党的领导下，坚定不移推进改革开放，解放和发展社会生产力，中国迎来发展“春潮”，“炊烟在新建的住房上飘荡”的景象令人憧憬；步入新时代，在中国共产党的坚强领导下，证明着“坚持党的全面领导是坚持和发展中国特色社会主义的必由之路，中国特色社会主义是实现中华民族伟大复兴的必由之路”[②]，“新征程千帆竞发”的昂扬状态萌发新生力量。回首爱国主义奋斗史，党和人民用实际行动证明了社会主义道路是中国人民在党的领导下经过长期艰苦奋斗的选择，爱国与爱党、爱社会主义相统一，是近代以来爱国主义在斗争中发展的最新成果，是爱国主义在当代最本质的特征。

（3）爱国和爱党、爱社会主义的现实必要性。从七十多年前的一穷二白到现在“国内生产总值超过 126 万亿元”[③]，经济总量稳居世界第二位，中国的发展给世界打了个样。

【App 头脑风暴】当前我国 GDP 总量跃居世界第二，但仍有人因为人均 GDP 世界排位还不靠前对社会主义制度优越性有质疑。同学们怎么看？

【教师总结】任何国家现实的经济发展水平，既同当前的社会制度有关，也同历史基础有关。如同一个人无法选择自己的出身一样，一个国家的基础也是历史的积淀。2023 年 GDP 全球五强中，3 个国家都是老牌资本主义国家，

① 参见本书编写组：《思想道德与法治》，高等教育出版社 2023 年版，第 84 页。

② 习近平：《高举中国特色社会主义伟大旗帜　为全面建设社会主义现代化国家而团结奋斗——在中国共产党第二十次全国代表大会上的报告》，人民出版社 2022 年版，第 70 页。

③ 《政府工作报告——2024 年 3 月 5 日在第十四届全国人民代表大会第二次会议上》，人民出版社 2024 年版，第 2 页。

其中美国从《独立宣言》发表至今已有240多年历史，日本从明治维新至今已有150多年，德国从统一至今已有150多年历史，而且他们中的有些国家还通过鸦片战争的大肆掠夺增加了很多的原始积累；而中华人民共和国到目前只有70多年的历史，并且还是建立在一个一穷二白的半殖民地半封建国家的基础上，可以说基础差、底子薄、起步晚，但我们只用了几十年的时间便成为世界第二大经济体。此外，我国人均GDP从突破1000美元到突破5000美元，再到跃上1万美元的台阶，仅用了19年，[①] 取得如此伟大的成就，这是很多资本主义国家都做不到的。

【教师总结】70多年，我们创造了民生改善的伟大奇迹，幼有所育、学有所教、劳有所得、病有所医、老有所养、住有所居、弱有所扶，人民生活全方位改善。70多年，我们创造了科技进步的伟大奇迹，基础研究和原始创新不断加强，一些关键核心技术实现突破，战略性新兴产业发展壮大，载人航天、探月探火、深海深地探测、超级计算机、量子信息、核电技术、新能源技术、大飞机制造、生物医药等取得重大成果，进入创新型国家行列。70多年，我们增强了在世界舞台的影响力。新时代十年，我国与沿线共建国家双向投资超3800亿美元，中欧班列已通达欧洲25个国家217个城市，累计开行超过7.8万列。[②]

辉煌的发展成就让我们坚信中国特色社会主义道路的正确性和优越性，深刻认识到党的坚强统一领导，是中国繁荣和发展的根本政治保障；深刻体会到中国特色社会主义是当代中国发展进步的根本制度保证；深刻领悟到中国共产党是爱国主义精神最坚定的弘扬者和实践者。所以，从现实角度看，国家的命运和党的命运、社会主义的命运是密不可分的。我们爱国，爱的是一个整体的中国，爱的是中国共产党领导的社会主义中国。只有深刻理解爱国爱党爱社会主义的高度一致性，才会拥有更为理性和深刻的爱国情感，才

---

① 参见《新的里程碑！我国人均GDP突破1万美元》，见https://www.gov.cn/xinwen/2020-01/17/content_5470242.htm。

② 参见《数据梳理共建“一带一路”10年来亮眼成绩单》，2023年10月11日，见https://news.cctv.com/2023/10/11/ARTIa03H9zKZns1WPHJwVrSA231011.shtml。

能更自觉捍卫国家的根本利益。

2. 维护祖国统一和民族团结

着重解答中华民族的整体利益与多民族特色的关系问题。"弘扬新时代爱国主义，要坚持以维护祖国统一和民族团结为着力点，维护全国各族人民大团结的政治局面，巩固和发展最广泛的爱国统一战线，不断增强对伟大祖国、中华民族、中华文化、中国共产党、中国特色社会主义的认同，坚决维护国家主权、安全、发展利益，旗帜鲜明反对分裂国家的图谋、破坏民族团结的言行，筑牢国家统一、民族团结、社会稳定的铜墙铁壁。"①

（1）维护和推进祖国统一，共圆中华儿女的美好心愿

一是推进港澳"一国两制"成功实践行稳致远。一国两制——"一个国家，两种制度"，是为实现国家和平统一而提出的基本国策，这一伟大构想首先成功运用解决了香港、澳门问题。1997 年和 1999 年，香港、澳门先后顺利回归祖国。回归以来，香港、澳门依托祖国的强大支持，成功应对了各种风险和挑战，与内地一同发展，共同繁荣。香港 GDP 一直平稳增长，2023 年 2.99 万亿港元，② 较 1996 年升了超过一倍。而澳门这块"弹丸之地"，不论是经济总量、财政收入、生产总值或人均 GDP 都出现了翻天覆地的变化，从回归前的连续 4 年负增长，到回归后的连年跨越式增长。③ 习近平总书记指出，"'一国两制'是经过实践反复检验了的，符合国家、民族根本利益，符合香港、澳门根本利益，得到 14 亿多祖国人民鼎力支持，得到香港、澳门居民一致拥护，也得到国际社会普遍赞同。这样的好制度，没有任何理由改变，必须长期坚持！"④ 党的二十大报告也指出，"面对香港局势动荡变化，

---

① 本书编写组：《思想道德与法治》，高等教育出版社 2023 年版，第 84—85 页。

② 参见周亮：《经济总量突破 14 万亿元　粤港澳大湾区竞逐世界一流》，《上海证券报》2024 年 4 月 8 日。

③ 参见申明浩：《澳门："一国两制"先进示范和大湾区建设重要引擎》，2019 年 12 月 18 日，见 https://cn.chinadaily.com.cn/a/201912/18/WS5df97a3ca31099ab995f21b4.html。

④ 习近平：《在庆祝香港回归祖国二十五周年大会暨香港特别行政区第六届政府就职典礼上的讲话》，人民出版社 2022 年版，第 4 页。

我们依照宪法和基本法有效实施对特别行政区的全面管治权，制定实施香港特别行政区维护国家安全法，落实‘爱国者治港’原则，香港局势实现由乱到治的重大转折，深入推进粤港澳大湾区建设，支持香港、澳门发展经济、改善民生、保持稳定。”① 其实，这一切都来之不易。比如，“爱国者治港”原则的落实就经历了一个较长的法治化过程，之所以推动“爱国者治港”原则法治化，是为了确保“一国两制”方针不会变、不动摇；为了确保“一国两制”实践不变形、不走样。在“一国两制”方针的持续推进中，街头黑暴遁形，外部势力被有效震慑，国家主权得到有效维护；在“一国两制”的框架下，粤港澳大湾区共同繁荣，香港、澳门更好融入国家发展大局。“香港、澳门与祖国内地的命运始终紧密相连。实现中华民族伟大复兴的中国梦，需要香港、澳门与祖国内地坚持优势互补、共同发展，需要港澳同胞与内地人民坚持守望相助、携手共进。”②

二是遵循解决台湾问题的重要方针和有效路径。70 多年来，中国共产党人在解决台湾问题上不断探索，从“一纲四目”到叶剑英同志有关和平统一台湾“九条方针政策”，到邓小平同志关于祖国和平统一“六点设想”、江泽民同志“八项主张”、胡锦涛同志两岸关系和平发展思想，再到习近平同志“新时代党解决台湾问题的总体方略”，对台方针政策不断丰富、完善、成熟。首先，坚持一个中国原则和“九二共识”是两岸关系的政治基础。在以对话取代对抗、以合作取代争斗、以双赢取代零和的时代大势下，“和平统一、一国两制”方针是实现两岸统一的最佳方式。其次，推进两岸交流合作。比如，2018 年大陆出台“31 条惠台措施”以来，越来越多台湾同胞选择到大陆工作、生活、创业、就业。两岸关系好，台湾才会好，已成为绝大多数台湾同胞共识。最后，促进两岸同胞团结奋斗。40 多年前，两岸结束军事对峙、走出烽火硝烟，离不开血浓于水的天然情感与对和平发展的真挚期盼；40 多年后，我们更应从中华民族整体利益和

① 习近平：《高举中国特色社会主义伟大旗帜 为全面建设社会主义现代化国家而团结奋斗——在中国共产党第二十次全国代表大会上的报告》，人民出版社 2022 年版，第 3 页。

② 《习近平谈治国理政》第一卷，外文出版社 2018 年版，第 227 页。

长远发展的高度把握两岸关系大局，秉持“两岸一家亲”理念，秉持同胞情、同理心，以正确的历史观、民族观、国家观化育后人，让支持和追求国家统一成为全体中华儿女的自觉行动。2024年4月10日，习近平总书记会见马英九一行时发表重要讲话，强调“我们始终以台湾同胞福祉为念，率先同台湾同胞分享中国式现代化发展机遇，共享祖国大陆发展进步成果，积极为台湾同胞办实事、做好事、解难事，让台湾同胞利益更多、福祉更实、未来更好。”①

三是高度重视两岸关系问题上不容挑战的红线。党的二十大报告指出，“面对‘台独’势力分裂活动和外部势力干涉台湾事务的严重挑衅，我们坚决开展反分裂、反干涉重大斗争，展示了我们维护国家主权和领土完整、反对‘台独’的坚强决心和强大能力，进一步掌握了实现祖国完全统一的战略主动，进一步巩固了国际社会坚持一个中国的格局。”②面对佩洛西窜访台湾，中国人民群情激愤，国际社会普遍反对；外交部宣布对向台湾地区售武的美国通用原子航空系统公司、通用动力陆地系统公司采取反制措施，引发微博热议。这是人民群众对一个中国原则不容忽视的坚定态度，寄托着中华儿女对祖国统一、两岸共同发展的美好憧憬。习近平总书记在会见马英九一行中，更是寄语两岸青年，“两岸同胞有共同的血脉、共同的文化、共同的历史，更重要的是我们对民族有共同的责任、对未来有共同的期盼。”③希望两岸青年要增强做中国人的志气、骨气、底气，同心同行，跑好历史的接力棒，为实现民族复兴贡献青春力量。④

（2）珍视和促进民族团结，共创中华民族的繁荣昌盛

在中国这样一个多民族国家，维护民族团结有着特别重要的意义：其

① 鞠鹏、谢环驰：《习近平会见马英九一行》，《人民日报》2024年4月11日。

② 习近平：《高举中国特色社会主义伟大旗帜　为全面建设社会主义现代化国家而团结奋斗——在中国共产党第二十次全国代表大会上的报告》，人民出版社2022年版，第3—4页。

③ 鞠鹏、谢环驰：《习近平会见马英九一行》，《人民日报》2024年4月11日。

④ 参见鞠鹏、谢环驰：《习近平会见马英九一行》，《人民日报》2024年4月11日。

一，民族团结是国家统一的重要保证；其二，民族团结是社会稳定的重要前提；其三，民族团结是各项社会事业发展的重要保障。[①] 课前，老师在翻转课堂中发布了以"民族团结"为主题的大学生讲思政课的任务，下面有请"石榴花开"小组进行展示，老师也会打开 App 的头脑风暴，欢迎大家积极参与到同伴互评中来。

【小组展示一】中华旋律聚人心，民族和声共长吟

老师好，同学们好，今天要和大家分享的内容是"中华旋律聚人心，民族和声共长吟"。我们的成员都来自少数民族，今天我们将以湖南为例，看看三湘大地上流转着怎样动听的和声。党的十八大以来，湖南牢记习近平总书记对湖南民族工作的殷殷嘱托，以铸牢中华民族共同体意识为主线，共填民族繁荣同心词、共唱民族团结同心律、共传民族复兴同心曲。

三湘儿女共填繁荣词，同心筑梦民族团结情。"三沟两岔穷旮旯，红薯土豆苞谷粑，要想吃餐大米饭，除非生病有娃娃。"这首苗族民歌是早年十八洞村村民生活的真实写照，那个时候大山围成的圈就是村民的全世界，村头到村尾的路就是他们思维的直径。直到 2013 年，习近平总书记来到湖南花垣县十八洞村考察，首次提出"精准扶贫"，多方携手助力脱贫，十八洞村终于步入发展"快车道"。因地制宜发展产业，猕猴桃走出大山，黄金茶跨越山海，苗绣再绽光芒，十八洞村开拓出一条"家门口"的致富路；文旅融合实现家门口就业，十八洞村携手张吉怀高铁，打造"风景这边独好"的苗寨风情；脱贫致富吸引人才回流，曾经远走他乡的十八洞人纷纷返乡就业创业，农家乐老板、讲解员、带货主播成为返乡青年的首要选择，年轻的一代，与巍巍大山有了更深的羁绊。从一穷二白到全面脱贫，从"等靠要"到自食其力，十八洞村的脱贫秘诀，由各族儿女共同写就。三湘儿女不仅在湖湘本土写就民族大团结的传奇，还奔赴边疆唱响团结旋律。

---

① 参见国务院新闻办公室：《中国的民族政策与各民族共同繁荣发展》，《光明日报》2009 年 9 月 28 日。

湘音远扬共唱团结律，援藏入疆携手前行路。从湖南出发，向西 3500 公里，再向上 3500 米，才能到达的地方是西藏山南，“这是湖南第九批援藏队扎根的坐标，是对口援藏 27 年来共同奔赴的同一处山河。”① 曾经，一条几百米长的街道，两旁散落着一些低矮的房子，便是山南的全貌；一年里半年之久处于封山，这是下设村镇的常态；怪石嶙峋、寸草不生，这是山南恶劣的自然状况。但有这样一群人的到来，山南开始它的蝶变：从第四批干到第六批，华学健连续 3 届援藏，昏倒在抗雪救灾现场；3 年干完又义无反顾留下来加入第八批队伍，覃歇民即使肺水肿也坚守岗位，创造出独属于西藏的“桃花源”。30 年来，在数以千计的援藏干部帮助下，现在的西藏山南，湖南大道取代了泥泞山路，人们出行更加方便；藏式新居代替了低矮房屋，人们笑颜更加灿烂；胡杨绿草取代了怪石嶙峋，人们生活更加美好。我们再从山南向北出发，在 3000 公里外，吐鲁番瓜果飘香，硕果累累，无声诉说着天山脚下的“湘疆情”。“从源自吐鲁番的翦氏子孙明初落籍常德桃源枫树乡，到湘军将领左宗棠率部收复新疆；从‘八千湘女上天山’的戍边壮志，到湖南对口援助吐鲁番的‘湘疆情’……相隔 3000 多公里的吐鲁番与湖南两地交往源远流长，两地人民从来就有割舍不断的缘分。”② 一代代的湘籍驻边人，用青春和汗水换来边疆繁荣，用真心与坚守谋取民族大团结。

华夏和鸣共传复兴曲，民族同心共筑中国梦。党的二十大报告中指出，“团结奋斗是中国人民创造历史伟业的必由之路”③，铿锵的话语指引着中华民族实现大团结与大联合。新时代十年，各族儿女齐心协力书写了一个个彪炳史册的人间奇迹：在甘肃临夏回族自治州布楞沟村，15 公里的自来水管带

---

① 何超、朱丽萍：《医疗援藏：白衣执甲高原路，每一步都算数》，2022 年 7 月 6 日，见 https://www.rednet.cn/content/2022/07/06/11497130.html。

② 《天山脚下“湘疆情”——湖南对口援助新疆吐鲁番市见闻》，2021 年 8 月 25 日，见 https://www.peopleweekly.cn/html/2021/gongyi_0825/85931.html。

③ 习近平：《高举中国特色社会主义伟大旗帜　为全面建设社会主义现代化国家而团结奋斗——在中国共产党第二十次全国代表大会上的报告》，人民出版社 2022 年版，第 70 页。

来了人民群众的饮水安全；在云南省贡山独龙族怒族自治县独龙江乡，一条条通城公路斩断了贫穷与落后；在四川凉山彝族自治州，一架出山钢梯连通了幸福与富裕。无论是雪域高原、戈壁沙漠，还是悬崖绝壁、大石山区，脱贫攻坚和全面小康的乐曲传到了每一个角落，民族八省区农村贫困人口全部实现脱贫，民族地区累计减贫 3000 多万人，全国民族自治地方 420 个贫困县全部脱贫摘帽。①

回首过往，全国各族儿女“像石榴籽那样紧紧抱在一起”②，面向新征程，希望同学你我继续铸牢中华民族共同体意识，唱响民族团结大和声！

【教师点评】感谢少数民族同学带来的精彩分享，让我们看到了三湘儿女不仅致力于湖南少数民族聚居区的发展，更以高度责任感投入边疆建设，更让大家明白了，“团结”是一个民族生生不息的基本前提，铸牢中华民族共同体意识不是喊口号，而是落到实处。要真正理解好维护民族团结，我们还要系统地来看：

【教师总结】一是维护民族团结，必须铸牢中华民族共同体意识。中国历史上，也曾经历多次严重考验，但凭着各族人民之间的血肉相连、休戚相关，“统一”始终是中国历史的主流与总趋势，每次分裂之后都形成更巩固的统一，这是不争的事实，中华民族共同体意识早已深深镌刻在各族人民的骨子里。二是维护民族团结，必须建好共有物质和精神家园。创造各民族共有的物质家园。中国发展经济、缩小差距的实践是为了各民族人民共享改革开放的成果，使各民族老百姓过上好日子，为大家庭创造各成员共享的物质基础，即共有的物质家园。习近平总书记曾强调，“要解决好民族问题，物质方面的问题要解决好，精神方面的问题也要解决好”③。共同建设各民族共有的精神家园。这就需要树立各美其美的意识，让每一个民族的文化都受到尊重。每个民族都有自己的文化传统，文化认同是从本民族文化开始的，没

① 参见李昌禹：《“决不让一个兄弟民族掉队”——民族地区决战决胜脱贫攻坚综述》，《人民日报》2021 年 2 月 23 日。

② 《习近平关于社会主义政治建设论述摘编》，中央文献出版社 2017 年版，第 173 页。

③ 《习近平著作选读》第一卷，人民出版社 2023 年版，第 284 页。

有对本民族文化的认同，也不可能有对中华文化的认同。把汉文化等同于中华文化、忽略少数民族文化，把本民族文化置于中华文化之外、对中华文化缺乏认同，都是不对的。中华文化是“各民族文化的集大成”，文化认同是最深层次的认同，文化认同问题解决了，对伟大祖国、对中华民族、对中国特色社会主义道路的认同就会巩固。三是维护民族团结，必须反对各种分裂图谋。近年来，美西方一些别有用心之人再次鼓噪所谓“西藏主权未定论”的伪命题① 与关于涉疆问题的二十多条谎言②“炮制散布大量涉疆虚假信息，抹黑中国形象，诋毁中国治疆政策，干涉中国内政，企图蒙骗国际社会、干扰破坏新疆稳定发展。”③ 我们要正确认识我国民族关系的主流，多看民族团结的光明面，“不能把某个民族区域自治地方局部出事同这个民族区域自治地方整体捆绑在一起，不能把某一少数民族中极少数人闹事同这个民族全体捆绑在一起，不能把发生在少数民族人员身上的事同实践已经证明并长期行之有效的民族政策捆绑在一起。”④ 在实现第二个百年目标的奋斗征程中，必须建强维护祖国统一、反对分裂的意识形态阵地，有力驳斥国际敌对势力各种污蔑造谣、诋毁黑化我国的卑劣行径，“引导全体中华儿女为实现民族伟大复兴、推进祖国和平统一而共同奋斗。”⑤

3. 尊重和传承中华民族历史和文化

着重解答爱国与爱中华民族历史文化的关系问题。“对祖国悠久历史、深厚文化的理解和接受，是培育和发展爱国主义情感的重要条件。”⑥ 党的二十届三中全会中更是鲜明指出，要“发展社会主义先进文化，弘扬革命文化，传承中华优秀传统文化，加快适应信息技术迅猛发展新形势，培育形成

---

① 参见边巴拉姆：《所谓西藏主权未定是彻头彻尾的伪命题》，《光明日报》2023 年 3 月 27 日。

② 参见《关于涉疆问题的谎言与事实真相》，《人民日报》2021 年 2 月 5 日。

③ 《关于涉疆问题的谎言与事实真相》，《人民日报》2021 年 2 月 4 日。

④ 《习近平关于社会主义政治建设论述摘编》，中央文献出版社 2017 年版，第 152—153 页。

⑤ 中共中央国务院：《新时代爱国主义教育实施纲要》，人民出版社 2019 年版，第 8 页。

⑥ 本书编写组：《思想道德与法治》，高等教育出版社 2023 年版，第 90 页。

规模宏大的优秀文化人才队伍，激发全民族文化创新创造活力。”[①]在第六届全国高校大学生讲思政课公开课展示活动中，有这样几位优秀的学生，设计了“以棋制胜筑牢文化自信，以史为根坚定爱国情怀”的微课录制，生动解读如何尊重和传承中华民族历史文化，并取得全国二等奖的荣誉，下面我们来一起观看：

【小组展示二】以棋制胜筑牢文化自信，以史为根坚定爱国情怀[②]

老师好，同学们好，今天很荣幸能和大家一起交流。今天我将从文化自信的“先手棋”“关键棋”“制胜棋”运筹帷幄驾驭棋局，让落子无悔的每一小步走出文化自信的一大步，使小小的文化之棋折射出大大的爱国光辉。现在，让我们跟随历史的脚步来走进中华传统文化的长廊。

回溯千年历史，定好文化自信“先手棋”。“宁输数子，勿失一先”，先手棋是围棋博弈中占领先导权的关键一棋，而以千年为养分，定下“先手棋”，是我们爱国自豪感的来源。且看秦朝大一统，汉字成为强大文化烙印，影响东亚汉文化圈上千年；西汉张骞通西域，让传统工艺作为中国符号辐射周边，“China”由此得名；大唐盛世，文学艺术登峰造极，遣唐使来华络绎不绝将诗词歌赋吟诵千里。我们从千年历史文化中汲取力量，倍感作为中华儿女的自豪。中华优秀传统文化给我们带来丰厚滋养，然而，它也曾在战火纷飞的动荡中几经磨难。圆明园作为传统建筑之瑰宝，在八国联军侵华中被英法联军付之一炬，断壁残垣如中华文化的伤口汩汩流血，让我们明白唯有强国才能抵御炮火，守护文化根脉；洋务运动时期追求自强求富，却闹出“马拉火车”的笑话，犹如长鞭入骨，让我们明白唯思想觉醒才能真正救国。那是谁带领中国人民救国兴国的呢？对，是中国共产党于风雨飘摇中担当重任，成为了优秀传统文化的坚定继承者和弘扬者。

思忆百年，落好文化自信“关键棋”。“关键棋”是对弈中扭转局势的关

① 《中共中央关于进一步全面深化改革　推进中国式现代化的决定》，人民出版社 2024 年版，第 32 页。

② 胡云天、李姝洁等：《以棋制胜筑牢文化自信，以史为根坚定爱国情怀》，第六届全国高校大学生讲思政课公开课展示活动二等奖作品，2023 年。

键落子。回望百年党史，新民主主义革命时期，中华优秀传统文化通过与革命文化、马克思主义相结合，将中国革命转危为安，落好了关乎革命方向的关键棋；社会主义革命和建设时期，“双百方针”的提出让文艺事业百花齐放，百家争鸣，百姓在建设祖国的激情中深刻认识到只有“社会主义才能救中国，只有社会主义才能发展中国”，落好了关乎制度基础的关键棋；在改革开放和社会主义现代化建设新时期，社会主义文化大发展、大繁荣的提出落好了关乎文化自觉的“关键棋”；进入中国特色社会主义新时代，文化发展质量提高，党提出“创造性转化、创新性发展”的文化发展战略，落好了关乎发展动力的关键棋。

奔赴强国征途，掌握文化自信“制胜棋”。该如何掌握文化“自信棋”？我们认为，需要作为执棋者的时代新人以“本手”夯基础，以“妙手”焕新生，以“俗手”鸣警铃，三手落子，赓续爱国血脉。一是夯实本手，巩固基础。本手就是指在棋局当下选择中庸的一手，是合乎棋理的正确下法。中华传统文化是中华文明成果根本的创造力，也是民族历史上道德传承、各种文化思想、精神观念形态的总体。其中的思想观念、人文精神、道德规范等不仅承载着先辈们的智慧精髓，更是滋养当代中国人精神世界、提振当代中国人精神力量的源头活水和不竭动力。尊重中华优秀传统文化，就是尊重中华民族的历史根脉与精神追求。抛弃中华优秀传统文化，我们将成为无源之水、无本之木。二是精炼妙手，焕发新生。妙手就是指在大部分对局中并不常见的出乎意料的精妙下法。在传统文化创造性转化、创新性发展的过程中，我们有精益求精的老匠，也有奇思妙想的新人，有技术精妙的改造，也有天马行空的呈现。我们可以看到，有故宫工匠以工匠精神延续文物生命力；有时代青年用文创产品让传统文化与时代同频共振；还有数字化技术为敦煌插上数字翅膀焕发新生；更有《只此青绿》让千里江山图“舞”入人心。三是规避俗手，坚定自信。俗手是指庸俗的一手，是一种从全局来看通常会受损的下达。在文化博弈中，也不乏落下俗手的棋手。文化虚无主义者搬弄是非，通过全盘西化和否认传统文化宣扬他们自己的文化观念，实则踏入谬误，迷失根本。也有“国嘲”以及“国抄”事件层出不穷：网红徐大宝打国潮之名身披国旗装蹭戛纳红毯；披着高端外衣的国货品牌“挚爱女王”却100%抄袭日本品牌CPB……这些事件无不令人愤慨，也告诫我们新时代中华传统文化的发展也必须脚踏实地，规避俗手，坚定文化自信。

希望同学们能落好“先手棋”以历史经验定下开局，把好“关键棋”以党的奋斗突破死局，定好“制胜棋”以三手落子掌控全局。以棋制胜筑牢文化自信，以史为根坚定爱国情怀，运筹帷幄，做新时代忠诚爱国者。

【教师点评】非常感谢优秀的榜样，他们以棋为喻，探源中华文化的千年积淀，带领我们理解和接受了历史文化的重要性；重温百年发展以及分析未来走向，帮助我们体会传承和创新传统文化的必要性；从时代局势中明晰警惕和反对错误思潮的紧迫性。这恰是我们理解尊重和传承中华民族历史文化的重要方面。

（1）理解和认同历史文化的重要性。习近平总书记曾以“镜子”“智者”为喻，强调以史为鉴才能更好地看清世界、参透生活、认识自己，才能更好地了解过去、把握当下、面向未来[①]。清代思想家龚自珍曾说：欲要亡其国，必先灭其史，欲灭其族，必先灭其文化。我们不仅要理解历史、正视历史，还要接受文化、守护文化。5000多年绵延不绝、灿烂辉煌的中华文化，不仅为中华民族生生不息、发展壮大提供了精神滋养，也为人类文明作出了不可磨灭的重大贡献。纵览千年，没有统一强盛的中国，就没有张骞通西域、郑和下西洋，推动中外交流的底气；没有汉字和诗词歌赋的千年积淀，就没有东亚汉文化圈的丰富多样；中国古代的科技成就也对西方近代科学和工业革命的发展产生了巨大的推动作用。中华民族在几千年历史中创造和延续的中华优秀传统文化，是中华民族的根和魂，是我们在世界文化激荡中站稳脚跟的根基。

然而，“传统文化在其形成和发展过程中，不可避免会受到当时人们的认识水平、时代条件、社会制度的局限性的制约和影响，因而也不可避免会

① 参见习近平：《在中国文联十大、中国作协九大开幕式上的讲话》，人民出版社2016年版，第9页。

存在陈旧过时或已成为糟粕性的东西。这就要求人们在学习、研究、应用传统文化时坚持古为今用、推陈出新”①。

（2）传承和创新传统文化的必要性。所谓“推陈”，即立足于当代，扬弃那些不适合今天需要的东西；所谓“出新”，即对那些至今仍有借鉴价值的内涵和陈旧的表现形式加以改造，赋予其新的时代内涵和现代表达形式，激活其生命力。在《中国诗词大会》《唐宫夜宴》等节目中，用古人之志抒今人之情，用创新表达方式传播经典内容；在良渚、大唐不夜城等旅游胜地，用云展览、新文创等方式让优秀传统文化可亲可感；在敦煌莫高窟、故宫博物院等历史见证地，以科技力量为文物“活起来”保驾护航，为优秀传统文化“火起来”赋能增效。在创造性转化与创新性发展中，我们致力于使中华民族最基本的文化基因与当代文化相适应、与现代社会相协调，这正是自觉坚持和积极实践“第二个结合”的重要指向。②在庆祝中国共产党成立100周年大会上，习近平总书记首次提出“两个结合”，其中“第二个结合”即马克思主义基本原理同中华优秀传统文化相结合，③可以说，“两个结合”的重要论述不仅“为时代新人新征程尊重和传承中华民族历史文化指明了根本路径和具体要求”，更“为习近平文化思想的形成提供了重要方法论原则”④，只有全面、具体和深入地认识两个结合的相互关系，才能在理解“第二个结合”时避免历史虚无主义、文化复古主义的风险，才能深入把握习近平文化思想的逻辑起点。⑤在尊重和传承中华民族历史和文化的过程中，文化复古主义、历史虚无主义等是我们需要时刻警惕的错误思潮。

---

① 《习近平谈治国理政》第二卷，外文出版社2017年版，第313页。

② 参见沈壮海：《“第二个结合”的丰富蕴含与实践要求》，《人民日报》2023年9月1日。

③ 参见习近平：《在庆祝中国共产党成立100周年大会上的讲话》，人民日报出版社2021年版，第13页。

④ 参见杨晓慧：《习近平文化思想的内在理路》，《马克思主义理论学科研究》2023年第9期。

⑤ 参见《在“第二个结合”的理论与实践中勇担新的文化使命》，2024年2月14日，见https://www.guizhou.gov.cn/ztzl/xxgcxjpxsdzgtsshzysxztjy/xxgc/202402/t20240214_83812306.html。

（3）警惕和反对错误思潮的紧迫性。一方面，要时刻警惕文化复古主义。在学术层面，某些学者主张将马克思主义儒学化或儒学化马克思主义；[①]在社会层面，培训机构为青少年儿童开设女德班，“父母之命，媒妁之言”仍被宣扬，网络算卦看相、求神拜佛等活动屡受追捧……这种文化复古主义思潮表面打着“弘扬传统文化”的旗号，实质上却是以落后的封建主义文化否定社会主义先进文化，蚕食当代青年对现代文化的正确认知；以历史倒退取代历史进步，混淆了“人类总是不断发展的”[②]的重要理论，阻碍了青年与现代社会的融合与发展。归根结底，这是排斥马克思主义世界观和方法论指导，是怀疑和否定中国特色社会主义制度、理论、道路和价值观念。另一方面，要鲜明反对历史虚无主义。比如，曾经有网友调侃国耻，恶搞“南京条约”给明星评论；还有毒教材、毒试卷进学校、进课堂，企图以抹黑英雄扭曲事实，亵渎为国家和民族献身的英雄烈士。他们打着“反思历史”“还原真相”等旗号肆意调侃、诋毁、歪曲事实，亵渎为国家和民族献身的英雄烈士。这些不断挑衅民族底线、损害国家尊严、伤害民族感情的行为，这些鼓吹历史虚无主义的言论，这些否定党史、国史、革命史以及抹黑革命先烈、诋毁英雄人物的现象，实质是从根本上否定马克思主义指导地位和中国共产党的领导。对此，我们要透过现象看本质，有理有据地还原历史真相、澄清错误认识、戳穿历史谎言，警惕和反对错误思潮。我们不能数典忘祖，妄自菲薄，要坚信祖国是人民最坚实的依靠，英雄是民族最闪亮的坐标。要树立好大历史观和正确党史观，准确把握党的历史发展的主题主线、主流本质，深刻领悟中国共产党为什么“能”、中国特色社会主义为什么“好”、马克思主义为什么“行”、中国特色社会主义为什么好的历史逻辑、理论逻辑、实践逻辑，真正理解历史、把握历史，增强历史自觉和历史自信。[③]

4. 必须坚持立足民族又面向世界

着重解答弘扬爱国主义与倡导对外开放的关系问题。《新时代爱国主义

① 参见左玉河：《警惕两种错误的文化倾向》，《北京日报》2023 年 6 月 26 日。

② 《毛泽东文集》第八卷，人民出版社 1999 年版，第 325 页。

③ 参见本书编写组：《思想道德与法治》，高等教育出版社 2023 年版，第 91—92 页。

教育实施纲要》强调，“一个国家、一个民族，只有开放兼容，才能富强兴盛。”①

（1）维护国家发展主体性

一是从复杂局势中明晰维护国家发展主体性的必要性。在当前国际背景下，经济全球化是人类社会发展的必然趋势，但“国家仍然是民族存在的最高组织形式，是国际社会活动中的独立主体”，② 代表着各不相同的经济利益和政治立场。“在经济全球化背景下，各个国家之间的利益冲突和竞争强度没有减弱”③，霸权主义和强权政治也并未消失，而且以新的形式表现出来。比如，美西方凭借各种理由干涉他国内政，鼓吹政治霸权；在经济领域大搞关税壁垒，维护经济霸权；大搞科技垄断打压、技术封锁④，维护科技霸权；通过多层次、多圈层的意识形态渗透鼓吹“普世价值”，强调西方文化的优越，推行文化霸权。所以，对于许多国家特别是发展中国家来说，经济全球化是把“双刃剑”。我们要深刻明晰经济全球化不等于政治全球化，更不意味着政治一体化，只要国家存在，爱国主义就有坚实的基础和丰富的意义。世界上无论哪一个国家“用一种政治制度、价值观念和意识形态去统一世界，不仅是对别国的侵害，而且也是根本行不通的，只会危害世界的和平与发展。”⑤

二是从历史经验中把握维护国家发展主体性的必要性。新民主主义革命时期，以毛泽东同志为主要代表的中国共产党人，成功开辟了农村包围城市、武装夺取政权的中国革命道路，经过 20 多年的斗争，革命取得胜利，建立了新中国⑥；1978 年，以邓小平同志为主要代表的中国共产党人，作出了改革开放的历史性决策，明确提出走自己的路、建设中国特色社会主义，迎来了中国的腾飞；进入发展新时期，党中央更是坚持将马克思主义与中国

① 《十九大以来重要文献选编》（中），中央文献出版社 2021 年版，第 313 页。

② 本书编写组：《思想道德与法治》，高等教育出版社 2023 年版，第 93 页。

③ 本书编写组：《思想道德与法治》，高等教育出版社 2023 年版，第 93 页。

④ 参见韩旭：《美对华科技遏制打压暴露“发展不自信”》，2023 年 9 月 25 日，见 https://opinion.huanqiu.com/article/4EgXiuTikqQ。

⑤ 本书编写组：《思想道德与法治》，高等教育出版社 2023 年版，第 93 页。

⑥ 参见颜晓峰：《百年奋斗的历史结论：走自己的路》，《光明日报》2021 年 8 月 12 日。

具体实际相结合，走独立自主的发展道路，深入发展中国特色社会主义；步入新时代，以习近平同志为主要代表的中国共产党人，系统回答了新时代坚持和发展什么样的中国特色社会主义、怎样坚持和发展中国特色社会主义，建设什么样的社会主义现代化强国，怎样建设社会主义现代化强国，建设什么样的长期执政的马克思主义政党、怎样建设长期执政的马克思主义政党等重大时代课题，创立了习近平新时代中国特色社会主义思想[①]，团结带领中国人民又踏上了新的赶考之路，以中国式现代化推动中华民族的伟大复兴。百年的波澜壮阔，证明着中国的问题必须从中国基本国情出发，由中国人自己来解答[②]。

三是从梦想蓝图中坚定维护国家发展主体性的必要性。一方面，维护国家发展主体性不等于“闭门造车”，我们必须虚心学习借鉴国外的有益经验，博采众长、兼收并蓄，为中国发展进步提供源源不断的养分和活力；另一方面，维护国家发展主体性意味着“我命由我”，我们必须“坚定民族自尊心和自信心，不信邪、不怕压，坚决维护国家的主权和尊严，按照本国国情坚持、发展自己的政治制度和民族文化，把中国发展进步的命运始终牢牢掌握在自己手中。”[③]

在推进中国式现代化的道路上，没有国家安全作为坚实后盾，任何发展和进步都是空中楼阁。因此，我们追求国家发展主体性的同时，更要筑牢国家安全这一民族复兴的根基，确保国家的长治久安和人民的幸福安康。

（2）自觉维护国家安全

“国家安全是指一个国家不受内部和外部的威胁、破坏而保持稳定有序的状态。”[④] 党的二十大报告中，统筹“全局”与“变局”、发展和安全，将国家安全单列专章进行安排，并在其他部分也都有阐述，这在党的历次代表大会上还是第一次，表明维护国家安全已经上升为全党意志和国家战略。党

① 参见《中国共产党章程》，人民出版社 2022 年版，第 5 页。
② 参见本书编写组：《思想道德与法治》，高等教育出版社 2023 年版，第 93 页。
③ 本书编写组：《思想道德与法治》，高等教育出版社 2023 年版，第 93 页。
④ 本书编写组：《思想道德与法治》，高等教育出版社 2023 年版，第 94 页。

的二十届三中全会中更是强调，“必须全面贯彻总体国家安全观，完善维护国家安全体制机制，实现高质量发展和高水平安全良性互动，切实保障国家长治久安。”①

一是确立总体国家安全观。总体国家安全观是发展的安全观。安全是发展的前提，发展是安全的基础。“文景之治”“大唐盛世”“康乾盛世”等辉煌时代，哪个不是在较长时期内国家安全、社会稳定的有力保障下创造出来的？总体国家安全观是辩证的安全观。总体国家安全观是唯物辩证法在国家安全领域的最新实践，强调“既要重视外部安全，又要重视内部安全”“既重视国土安全，又重视国民安全”“既重视传统安全，又重视非传统安全”“既重视发展问题，又重视安全问题”“既重视自身安全，又重视共同安全”。总体国家安全观是包容的安全观。强调以促进国际安全为依托，摒弃了零和博弈、绝对安全、结盟理论等旧思维，超越了“你输我赢，你兴我衰”，而是“既重视自身安全，又重视共同安全，打造命运共同体，推动各方朝着互利互惠、共同安全的目标相向而行”②。总体国家安全观是人民的安全观。新时代新征程，人民美好生活需要日益广泛，国家安全必须主动顺应这些新期待，不断提高人民群众的安全感、幸福感。因为，国家安全工作归根结底是保障人民利益，要坚持国家安全一切为了人民、一切依靠人民，为群众安居乐业提供坚强保障。

二是增强国防意识。国无防不立，民无防不安。“强大的国防是国家生存与发展的安全保障。”③ 在祖国大地上，有千千万万的边防战士、武警官员，他们为国防事业作出了巨大贡献。有被习近平总书记点赞的“孤岛卫士”王继才夫妇，有在蓝天守护领土完整的空军航空兵某团飞行二大队，有在祖国西南边防用“清澈的爱只为中国”铸就起钢铁防线的喀喇昆仑卫士，有驻守中建岛 20 年的“天涯哨兵”贺亚辉，还有“一带一路”上的忠诚卫士英

① 《中共中央关于进一步全面深化改革　推进中国式现代化的决定》，人民出版社 2024 年版，第 40 页。

② 《习近平关于总体国家安全观论述摘编》，中央文献出版社 2018 年版，第 5 页。

③ 本书编写组：《思想道德与法治》，高等教育出版社 2023 年版，第 95 页。

塔尔边防连官兵。这些人为我们国家的边防、海防和空防建设作出了巨大贡献。强大的国防也是中华儿女在外的有力依靠，“2011 年，利比亚爆发内战，中国政府启动国家一级响应，仅用 275 个小时就把 3 万多名侨胞安全接回；2017 年，超级飓风横扫加勒比岛国多米尼克，中国救援队逆风而行助 400 多名受困同胞全部撤离；2022 年，乌克兰危机升级，从炮火与废墟中一同被接回的，还有中国公民的外籍配偶、父母与子女。”[①] 这样的真实经历也让所有国民笃信，强大的国防是人民最可靠的保障。

三是履行维护国家安全的义务。根据《中华人民共和国宪法》第 54 条：中华人民共和国公民有维护祖国的安全、荣誉和利益的义务，不得有危害祖国的安全、荣誉和利益的行为。我国宪法明确规定了公民维护国家安全的基本义务，我国的《国家安全法》《网络安全法》《保守国家秘密法》《国防法》《兵役法》《反间谍法》等法律明确规定了公民维护国家安全的各项具体的法律义务。在当今时代，尽管大多数人都致力于维护国家安全，但不可否认的是，仍有部分青年忽视了法律与道德的底线，做出了危害国家安全、损害国家利益的行为。在网络安全领域，网络黑客犯罪层出不穷，电信网络诈骗屡禁不止，一些流量网红为追求关注度，不惜编造谎言抹黑国家形象，严重破坏了网络空间的清朗与国家安全；在保守国家秘密方面，有青年因安全意识薄弱或受金钱诱惑，被不法分子游说收买，导致泄密事件时有发生，给国家安全带来了严重威胁；在履行兵役义务方面，一些青年的担当精神和责任意识明显下滑，他们通过文身、故意答错测试题、消极怠工等方式试图逃避兵役，这种行为无疑会削弱国家的国防后备力量；更令人痛心的是，少数涉世未深的青年学生受到煽动蛊惑，不慎落入陷阱，被裹挟参与敌对活动，成为境外反华势力的“棋子”。要切记，维护国家安全，谁都不是旁观者。

（3）推动构建人类命运共同体

人类命运共同体，是指中国坚持对话协商，推动建设一个持久和平的

① 杜梨：《强大祖国是国人最坚实的依靠》，《北京日报》2023 年 4 月 28 日。

世界；坚持共建共享，推动建设一个普遍安全的世界；坚持合作共赢，推动建设一个共同繁荣的世界；坚持交流互鉴，推动建设一个开放包容的世界；坚持绿色低碳，推动建设一个清洁美丽的世界。[①] 习近平总书记指出，“志同道合，是伙伴。求同存异，也是伙伴。朋友多了，路才好走。”[②] 和平、发展、合作、共赢不可阻挡的历史潮流充分说明构建人类命运共同体的历史必然性；在和平赤字、发展赤字、安全赤字、治理赤字等人类面临的共同难题中充分体现推动构建人类命运共同体的现实必要性；中国共产党的大国担当中充分彰显推动构建人类命运共同体的发展可为性，再次凸显中国共产党是为中国人民谋幸福、为中华民族谋复兴的党，也是为人类谋进步、为世界谋大同的党。在和平共处五项原则发表 70 周年纪念大会上，习近平总书记更是强调“构建人类命运共同体已经从中国倡议扩大为国际共识，从美好愿景转化为丰富实践，有力推动世界走向和平、安全、繁荣、进步的光明前景”[③]。这也要求我们青年要有更加宽广的世界胸怀和全球视野，“始终做世界和平的建设者、全球发展的贡献者、国际秩序的维护者”[④]。

通过前面的讲述，我们深刻理解了爱国主义的丰富内涵，系统把握了新时代爱国主义的基本要求，那如何将对内涵的理解、对要求的把握转化为音乐学子的行为自觉呢？这就要切实把握好情、志、行的核心要素。

环节四：奏响爱国主义进行曲，get 正确“打开方式”

正如，习近平总书记所强调的“爱国情、强国志、报国行”。

---

① 参见国务院新闻办公室：《携手构建人类命运共同体：中国的倡议与行动》，《新华日报》2023 年 9 月 26 日。

② 《习近平外交演讲集》第一卷，中央文献出版社 2022 年版，第 205 页。

③ 习近平：《弘扬和平共处五项原则　携手构建人类命运共同体——在和平共处五项原则发表 70 周年纪念大会上的讲话》，人民出版社 2024 年版，第 5 页。

④ 习近平：《携手迎接挑战　合作开创未来——在博鳌亚洲论坛 2022 年年会开幕式上的主旨演讲》，人民出版社 2022 年版，第 9 页。

1. 厚植爱国之情，点亮青春底色

我们应该记得，从白河之畔到黄河之岸，从黄浦江头到浏阳河尾，从大明湖畔到白山黑水间……全国大中小学师生们齐声高唱《今天是你的生日》，以青春洋溢的歌声为祖国献上最真挚的祝福。① 这场跨越了祖国南北东西、翻山越岭的青春大合唱，不仅是对祖国广袤大地的深情歌颂，更是对共和国辉煌历程的深刻传承，万千师生用歌声传递出对祖国的热爱与报效之情。

2. 砥砺强国之志，绘就青春蓝图

新民主主义革命时期，自强不息是音乐人热衷的主基调，他们即使身处牢狱，依旧坚持用音乐激发人民斗争意志②，《长征组歌》《义勇军进行曲》唱出了战士们勇往直前、不惧牺牲的壮志豪情，歌颂着波澜壮阔的革命历程；社会主义革命和建设时期，建国创业是音乐人追求的主旋律，他们或许缺衣少食，但依旧积极投身社会主义建设浪潮，《我为祖国献石油》《歌唱祖国》唱出了人民群众自力更生、发愤图强的崇高品格，传唱着热火朝天的奋斗年华；改革开放和社会主义现代化建设时期，改革创新是音乐人探索的主曲目，他们踏访五湖四海，聆听蝶变之声，《春天的故事》《长江之歌》唱出了举国上下积极进取、奋发向前的精神风貌，彰显了锐意进取的时代活力；步入新时代，伟大复兴是音乐人奔赴的最强音，他们厚植强国梦想，心怀复兴希冀，面对艰难险阻，依旧冲锋在前，《迎来这一天》《我们都是追梦人》唱出了中华儿女的忠诚担当、远大抱负，见证着举世瞩目的时代成就。这些歌曲都是历史的见证，歌词里记录着党领导人民走向富强的奋斗历程，韵律中流淌出中国共产党人的精神史诗，节奏中传递出强国之志的坚定信念。

3. 担当报国之行，收获青春礼赞

身为音乐学子的我们，可以以真情创作歌颂祖国山河的秀美，用动人歌

---

① 参见《唱响新时代 奋进报祖国——“青春，为祖国歌唱”网络拉歌活动展现青年学子爱国情报国志》，《中国教育报》2019 年 6 月 10 日。

② 参见蔡梦：《聂耳：用音乐吹响中国革命号角》，《光明日报》2022 年 8 月 3 日。

词展现人民生活的幸福，凭真才实学拓展报国之行的广度；以创新激活传统文化的活力基因，用动人旋律探寻优秀传统文化的内涵，以责任担当挖掘报国之行的深度；以真心收集人民群众的美好期盼，以敬业乐业创作喜闻乐见的作品，用使命担当传唱报国之行的温度；以行动坚定祖国利益至上的崇高信念，用赤子之心传递动听的中国声音，以悠扬旋律在全球范围讲述中国故事，凭自信之姿攀登报国之行的高度。

环节五：新课总结

通过本堂课，我们在爱国主义前奏曲中明晰丰富内涵，在爱国主义协作曲中把握基本要求，在爱国主义前进曲中领悟核心要素。希望同学们能够真正有所思、有所学、有所获，感悟音乐的魅力不仅在于动人的歌喉与优美的曲调，更是在于穿越百年依旧摄人心魂的震撼力量与歌词中的字字珠玑与磅礴动力。面向新征程，希望同学们用心、用情、用力走好未来的每一步，以躬行践履之姿落实报国之行，以行而不辍之志奏响发展强音，以青春之力合唱强国旋律！

【课后】

1. 思考讨论

巴黎奥运会上，艺术体操队将国风配乐带上了赛场，让全世界人听到了带有中国元素的音乐。请同学们结合专业思考，如何将国风更好融入歌曲编排中，让更多人感受到中华优秀传统文化的魅力？

2. 拓展阅读

《新时代爱国主义教育实施纲要》，人民出版社 2019 年版。

习近平：《在庆祝香港回归祖国二十五周年大会暨香港特别行政区第六届政府就职典礼上的讲话》，人民出版社 2022 年版。

习近平：《在文化传承发展座谈会上的讲话》，人民出版社 2023 年版。

七、教学资源

八、板书设计

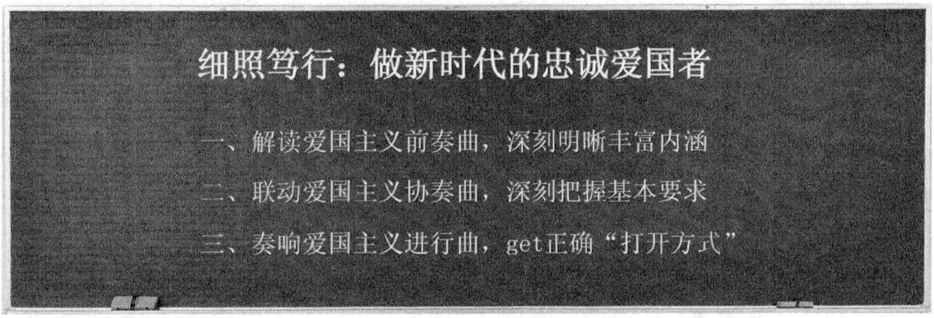

九、教学反思

1. 从基于学情的内容设计反思教学理念的贯彻，用心坚持“以学生为中心”的教学理念。把握了学生对结合专业素材讲活内容的兴趣点，教师结合建党百年的爱国主义歌曲发展，简要分析爱国主义歌曲的创作故事，增强了学生的自豪感和使命感；紧扣了学生对践行爱国主义的困惑点，教师通过解读爱国主义的本质特征和基本要求，分析当前社会与爱国主义相背离的情况，增强了学生对自身行为的反思、对新时代背景下爱国主义践行的思考和理解；满足了学生对理论学习指导生活实践与思政学习融合专业发展的需求点，教师通过专业案例分析、朋辈困境启思、现实例证剖析，增强了学生对理论内容说服力与针对性的认同。但在如何更好结合专业案例，充分应用专业术语，更充分融合音乐专业的典型人物讲好爱国主义的践行方式上，还有待进一步打磨和深化。

2. 从教学目标的达成情况反思教学方法的贯行，用情联动“以现代化赋能”的教学方法。在传统教学方法应用上，通过理论讲授法，增强学生对爱国主义的内涵、本质特征和基本要求的理解深度，达成深入解读爱国主义、增强历史分析能力、涵养责任意识的目标；通过案例分析法，激发学生对历史案例与现实案例、正面案例与反面案例、榜样案例与朋辈案例的情感热度，达成提高实践创造能力、培养辩证思考、涵养文化自信的目标；通过问题导向法，梳理学生对国家安全维护、青年失范的问题向度，达成明晰爱国主义基本要求、提升独立思考、涵养进取品格的目标。通过任务驱动法，加大学生对课前线上预习、课后翻转拓展等主体性活动的发挥效度，达成把握正确的自学态度、增强深学进阶能力、涵养责任意识的目标。在信息化教学手段应用上，通过原创在线课程知识点的学习，以提前了解学生已知未知情况；通过 App 中头脑风暴功能以实时把握学生内容认知程度，选人功能以切实提高学生学习紧迫意识，抢答功能以树立学生积极思考典型。通过翻转课堂学习资源中的知识自学，解决热点关注敏锐度不够的问题。信息化的教学方法运用极大提升了学生的主动性，促进了学生观点的表达，但在如何对头脑风暴数据进行精准分析还需加强，以此更好掌握学生思想动态。

3. 从课堂主阵地内外衔接反思教学过程的贯通，用力实施“全链条培育人”的教学过程。在课前，学生通过自学线上课程“坚持爱国主义与拥护中国共产党的领导相统一”“坚持爱国主义与爱社会主义相统一”“爱国主义的科学内涵”“增强国家安全意识”，阅读翻转课堂学习资源在文化传承发展座谈会上的讲话、“第二个结合”的丰富蕴含与实践要求，初步了解专题学习的基础知识；在课中，学生通过破坏国家安全痛点问题互动研讨、铸牢中华民族共同体意识热点问题小组展示、爱国主义本质要求重点问题教师讲授，逐步吸收专题学习的核心内容；在课后，学生通过思考习题、文献阅读、实践活动，努力拓展专题学习的深度广度。通过课前、课中、课后的一体贯通，实现教师主导与学生主体相联动、线上教学与线下教学相融合、思政课小课堂与社会大课堂相衔接。在新课导入中，以历史为脉络，引用不同时期的爱国歌曲，提高了学生参与课堂的兴趣度；在主体讲授中，设计明晰爱国主义丰富内涵、把握基本要求与领悟核心要素三个环节内容，回应导入抛出的问题逐层解疑答惑，增强了学生深入研讨的启发性；在小组展示中，围绕“民族大团结”展开了大学生讲思政课活动，彰显了学生创新实践的执行力；在总结升华中，通过对知识进行总结、对问题进行反思、对担当进行寄语，激发了学生转化责任的使命感。通过新课导入、主体讲授、总结升华的一体贯通，实现问题导向、研究导向、成果导向、目标导向相统一。但在如何确保更广泛的学生高质量进行线上学习、高要求打磨展示作品、高品质阅读前沿经典上，还有待进一步巧思和妙想。

专题十　颖悟致远：让改革创新成为青春远航的动力

对应章节：第三章　第三节

计划学时：2 学时

教学对象：机械制造专业

一、学情分析

1. 已有知识分析。第一，基于大中小一体化纵向衔接，掌握基础知识情况。学生在初中九年级上册《道德与法治》第一单元第二课“创新驱动发展”的学习过程中，初步认识了创新的重要价值，了解了科技的基本概念、发展历程以及对社会产生的巨大影响。学生在高中必修一《中国特色社会主义》第三课第一框“伟大的改革开放”的学习过程中，大致掌握了中国改革开放的发展脉络和历史进程，在必修二《经济与社会》第三课“我国的经济发展”中，明晰了创新对于经济发展具有重要引领作用，也是实现中国式现代化的重要手段。第二，基于线上线下教学横向贯通，了解自学知识情况。学生通过线上课程“创新创造是中华民族最深沉的民族禀赋”“改革创新是时代的要求”的学习促新知构建；通过翻转课堂“学习资源”“人类减贫的中国实践”、我国机械制造业发展变迁视频以及挑战杯、大学生讲思政课、研究性学习获奖作品的链接促知识新知拓展。

2. 认知能力分析。第一，基础知识记忆力强，但系统分析能力还不足。学生能够结合机械制造业的瞩目成果简要说明改革开放的伟大成就，但对于成就取得的根本原因、制造业发展的历史脉络等方面，有待增强认识广度和理解深度。第二，发展成就认同度高，但自主创新能力还不强。学生们对于国家在高端装备制造等领域的突破感到自豪，但克服思维惯性，培养大胆突破意识，不断开拓创新的能力有待提升。第三，感性认知浸润性足，但应用转化能力还不实。学生对于改革创新的价值意义认同度高，也能够为在机械制造领域获得的巨大成就点赞，但将创新热忱与创新意识转化为科技报国的能力还需要增强。

3. 心理需求分析。第一，思政课理论有效指导学习生活。学生希望课堂解析"改革开放取得伟大成就的根本原因"，帮助自己理性认识改革开放以来我国机械制造业发展实现飞跃的关键缘由，激发学生深入学习和研究机械制造领域的热情，明确自身作为机械制造专业学子在新时代新征程的奋斗方向。第二，热点与前沿巧妙链接理论课堂。学生希望课堂链接科技发展前沿，明晰改革创新意义的最新诠释；希望课堂选取社会热点如"新质生产力"理论，坚定增强创新能力的信心和决心。第三，信息化技术灵活贯穿课程讲授。学生对信息化技术在教学中的应用充满期待与兴致，学生希望通过线上原创课程进行预习，通过课堂学习 App 头脑风暴、抢答等多种功能来为课堂增添活力，通过翻转课堂"学习资源"巩固已学知识。第四，创新性实践活动融入课堂教学。学生渴望将创新性实践活动融入课堂教学中，通过亲身参与、实践应用进一步明晰改革创新的丰富内涵，培养学生的创新思维和实践能力，为将来的职业发展打下坚实的基础。

二、教学目标

1. 知识目标。一是学生在探析工业发展奥秘过程中能够深入理解改革开放的重要价值，在学习改革开放成就过程中能够理解创新发挥的关键性作用，拓展对"改革创新的价值""科技的基本概念和发展历程"等中学已学知识的探理深度。二是学生能够在回顾千年发展历程中明晰变革开放总体上是中国历史的常态，理解创新意识在中华民族发展史上的不朽意义，增强对"创新创造是中华民族最深沉的民族禀赋"等线上新学知识的剖析力度。三是学生能够在大学生讲思政课中探秘中国制造争做民族复兴的改革创新生力军，厘清技术创新与改革发展之间的逻辑关系，理解机械制造领域中的创新案例和成功经验，磨砺对“如何应对我国严峻的科技创新发展现状”等课堂应学知识的实践精度。

2. 能力目标。一是通过对机械制造技术创新案例的深入剖析，学生能够独立思考改革创新的有效性和可行性，提升逻辑推理、辩证思考、识别问题等高阶认知能力。二是通过参与机械制造发展历程探究、团队合作研究等活动，学生能够在实践中不断积累经验，提升解决问题的能力，提升独立思考、协同合作、意义建构等自主学习能力。三是通过机械制造专题教学中的创新实践成果展示，学生能够将所学知识运用到实际项目中，推动机械制造技术的创新发展，提升融会贯通、智慧创造、以评促优的实践创新能力。

3. 素质目标。一是通过学习机械制造领域的历史沿革和技术变革，学生能够对机械制造行业产生浓厚的兴趣和热爱，涵养起深厚的工匠精神和创新意识。二是通过展示机械制造创新实践项目，学生能够在面对困难和挑战时保持积极向上的态度，涵养起勇于探索、敢于创新的进取品格。三是通过追寻机械制造的艰辛历程，学生能够理性分析机械制造创新中的风险与机遇，为未来的职业发展奠定坚实的基础，涵养起辩证看待问题的思维方式。

三、教学内容

“颖悟致远：让改革创新成为青春远航的动力”这一专题教学内容，立足教材“第三章第三节：让改革创新成为青春远航的动力”的重点难点，贯通线上课程知识点“创新创造是中华民族最深沉的民族禀赋”“改革创新是时代的要求”的已知未知，结合全国高校思政课教指委《思想道德与法治教学课件》专题四第三讲的要点亮点，关注学生在成长成才实际中对如何深化改革、守正创新和如何应对当前社会的“阿喀琉斯之踵”的兴趣点困惑点，以明晰改革开放、创新开拓的意识究竟根植于哪里、作用于何处、未来又将走向何方为设计主线，阐释了认识当代中国人民最鲜明的精神标识、理解发展进步的活力之源、思考成长为时代先锋的内容、意义和方法。

【教学内容的设计要点】

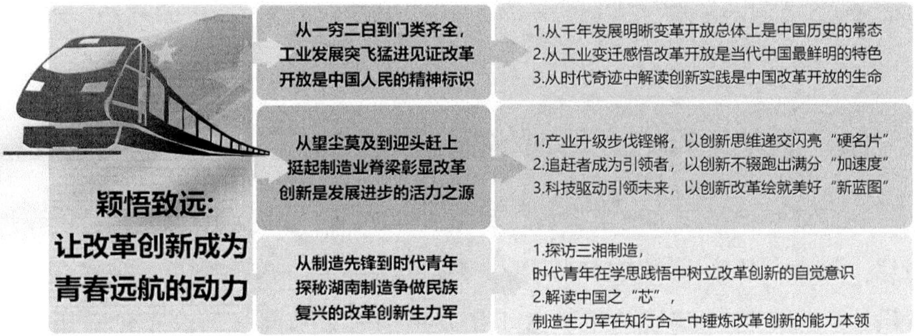

1. 从一穷二白到门类齐全，工业发展突飞猛进见证改革开放是中国人民的精神标识。一是通过深入学习和理解改革创新精神的价值意蕴和深刻内涵，阐述我国机械制造发展中民族精神和时代精神的融合的理论价值；二是通过改革创新精神在机械制造领域的具体表现进行概念界定，明晰其精神在机械制造工人身上的充分体现与推动机械制造技术进步的实践价值；三是通过引入专家学者对机械制造领域的改革创新精神显著特征的前沿解读，阐述内涵特质来源于中华民族深厚的文化底蕴，增加对当代机械制造行业的辉煌成就的情感价值。

2. 从望尘莫及到迎头赶上，挺起制造业脊梁彰显改革创新是发展进步的活力之源。一是通过刻画机械制造产业发展历程，分析其背后的推动力量，阐述创新是推动人类社会发展的重要力量；二是通过对比全球主要国家制造业增加值所占比重并分析内在原因，阐述创新能力是当今国际竞争优势的集中体现；三是通过聚焦当前我国制造业领域面临的问题，结合习近平总书记的讲话精神，阐述改革创新是赢得未来的必然要求。

3. 从制造先锋到时代青年，探秘湖南制造争做民族复兴的改革创新生力军。一是通过探索集群产业的发展成就与发展力量，揭示创新精神、创新思维与创新能力是行业发展、企业进步的动力源泉，激励青年树立创新意识；二是通过解读中国芯片产业的腾飞发展，讲好创新赋能芯片产业发展的生动故事，鼓励青年夯实创新基础；三是通过回应机械制造专业学生所面临的知行困惑，解读好当前中国制造业的发展困局，鼓励青年投身创新实践。

四、教学重难点及解决措施

1. 厘清穿梭千年的改革进程，着重讲深中国工业进程中创新精神的发展脉络。第一，从解读史实材料入手，在对政治变革、文化变革、技术变革的探寻中，明晰在中华民族上下五千年发展历程中被浸润的改革创新历史故事，在阐明中华文明的基因血脉与创新赓续中，把创新精神的根源与史证讲深；第二，从人类文明史入手，在中华文明在世界各地播撒的辉煌成就与创新故事中，明晰改革和开放在历经时代变迁依旧熠熠生辉、具有活力的密码，把改革开放的生动价值讲深。

2. 对比中国工业的发展变迁，着重讲活改革创新力量迸发对于物质生活推动的巨大作用。第一，从“改”工业颓靡之现状，“开”欣欣向荣之生面创始，以实际的变化数据与对应政策的出台，把工业发展与经济体系建设历程讲活；第二，从“改”农村落后之景象，“开”乡村振兴之蓝图描绘，在对比乡村发展振兴的现实状况中，把伟大改革开放序幕所带来的巨大变迁讲活；第三，从“改”人民困苦之面貌，“开”殷实富足之门路解码，发掘中国人民物质生活产生的重大改变，把攻坚脱贫的实证数据与目标兑现讲活。

3. 纵观全球版图的机械创举，着重讲透各国改革创新战略的价值意蕴和时代策略。第一，从制造业增加值图表分析入手，阐明当前各国在处于你追我赶的激烈竞争下，我国依旧能够拔得头筹的战略，把我国发展进程中所具有的独特优势的现象讲透；第二，从全球重构创新版图，重塑经济结构入手，阐明当前各国为促进发展所采取的创新战略与我国所发现的自身不足与短板，将我国采取针对性措施实现科技突破的成就讲透；第三，从未来科技发展全球化趋势入手，阐述我国发展“新质生产力”的举措和进一步规划未来创新蓝图，把实现创新驱动发展战略的做法讲透。

五、教学方法

1. 理论讲授法，注重线上浅讲和线下深讲相结合。在线上课程中，重点解读“创新创造是中华民族最深沉的民族禀赋”“改革创新是时代的要求”两个知识点，阐述了改革创新的重要意义。在线下课程中，从学理上分析变革开放是历史常态，并引入前沿理论观点；通过对工业、民生、文化等多维刻画，阐释改革开放是当代中国最鲜明的底色；通过教师总结和教材解读，明晰改革创新与机械制造历程的内在联系，阐明改革创新的具体作用。通过理论讲授、知识理解、榜样学习，培养学生的情感共识与理性认同。

2. 问题导向法，注重理论困惑与现实问题相结合。新课导入环节，通过“央视朋友圈的重器”提问中国制造到底有多酷，激发学生兴趣；在主体讲授环节，以精神标识之问开启关于改革开放的历史发展探讨，从中华优秀传统文化绵延之问、改革开放取得成功的原因之问，在历史与现实的交织中理解好改革开放的深层次力量；以中国改革开放进程之问开启对改革创新重要性的探讨，从制造业发展取得成功的原因之问、如何面对科技发展严峻现状之问，在成就认同与困境破解中坚定改革创新意识；以学生创新能力培养的需求之问开启关于培养创新能力的讨论，从湖南制造业取得成功的动力之问、芯片产业创新突破的原因之问，在环节四紧抓环节三对于“科技创新”的必要性阐述，在学生汇报与教师总结中掌握创新方法。课后思考中，从“如何推进新兴行业的发展”进行发问，拓宽学生研究视野，进一步检测学生学习效果。通过提出问题、证实问题、解决问题，培养学生推理思维和转化思维。

3. 案例分析法，注重个体案例和团队案例相结合。在环节三中通过分析中国制造业发展存在的风险挑战与应对策略，各国在发展中采取的措施进行案例分析，展示改革创新的必要性。在环节四中联系当前机械制造发展热点与成就，选取湖南机械制造领域的行业发展案例，企业创新案例，个人勇攀科技高峰案例，阐明践行改革创新的具体方式。通过制造业发展案例贯通、企业奋起拼搏的正向案例浸润、局势紧迫下面临风险的反面案例审视，培养学生的辩证思维和实践能力。

4. 任务驱动法。课前，学生自主学习“创新创造是中华民族最深沉的民族禀赋”“改革创新是时代的要求”等线上课程，围绕机械制造行业的改革创新分组进行调研，教师初步了解学生新学知识情况；课中，运用课堂学习App头脑风暴、选人等互动功能，引导学生积极参与课堂讨论，分享小组展示成果，教师及时掌握学生思想困惑；课后，布置习题思考和推荐阅读，引导学生深入思考机械制造行业的改革创新趋势和挑战，教师持续掌握学生学习反馈情况。通过全过程任务驱动，各任务主动学习，各环节主动探索，培养学生的求证思维和独立思维。

六、教学过程

【课前】

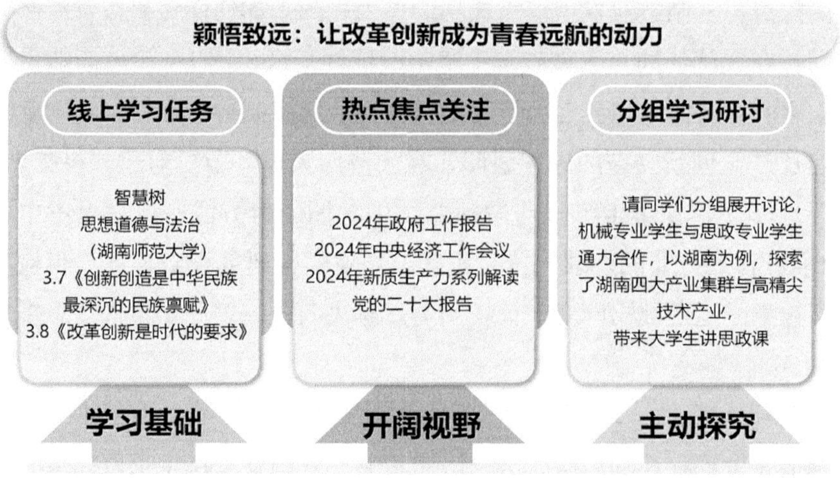

颖悟致远：让改革创新成为青春远航的动力
线上学习任务
智慧树
思想道德与法治
（湖南师范大学）
3.7《创新创造是中华民族最深沉的民族禀赋》
3.8《改革创新是时代的要求》
学习基础
热点焦点关注
2024年政府工作报告
2024年中央经济工作会议
2024年新质生产力系列解读
党的二十大报告
开阔视野
分组学习研讨
请同学们分组展开讨论，机械专业学生与思政专业学生通力合作，以湖南为例，探索了湖南四大产业集群与高精尖技术产业，带来大学生讲思政课
主动探究

【课中】

环节一：新课导入

同学们好，欢迎来到“思想道德与法治”的课堂，今天我们讲授的主题是“颖悟致远：让改革创新成为青春远航的动力”。2024 年初，央视新闻的‘朋友圈’里有这样一个分组特别活跃，国产大飞机 C919 翱翔蓝天，宣告首次海外试飞圆满完成；中国天眼 FAST 再传捷报，已经发现 883 颗脉冲星，定下今年发现达到 1000 颗的目标；‘甬舟号’盾构机穿上龙年限定，投身世界最长海底隧道工程；“复兴号”加强保暖防冻研发，现身东北冰雪大世界……[①]这都是他们充满科技范儿的日常，描述到这里，大家知道这是央视新闻的哪一个分组了吗？没错，正是“大国重器”。2023 年，一批又一批的大国重器惊艳亮相，被无数国人称作最酷的中国制造。那中国制造，到底有多酷？高铁网络的触角日益伸展，八纵八横日益完善，悄然间缩短了城市间的距离；火箭一次次冲破云霄，点燃着国人的热情与期待，承载着中国人探寻九天苍穹的无限梦想；在辽阔的“蓝色国土”上，重器频频下海，探索着神秘而深邃的海洋世界，用实力诠释着中国的自信与力量。在超酷的中国制造背后，改革创新一直发挥着举足轻重的作用。

课前，大家在线上课程学习了“改革创新是时代的要求”明晰了创新发展是国家兴衰的经验所得，知晓了创新发展是国际竞争的大势所趋，我们必须着力实现发展动力的转换，把发展基点放在创新上；坚定了创新是民族复兴的国运所系，在新征程上，抓创新就是抓发展，谋创新就是谋未来。那作为未来制造行业的生力军，在现有的专业知识基础上，如何认识当代中国人民最鲜明的精神标识？如何理解改革创新是发展进步的活力之源？如何争做堪当民族复兴重任的时代先锋？我们将从以下三个层面进行解读。

① 参见王瑄、杨惠珺：《这些朋友圈也太好刷了吧～》，2024 年 3 月 7 日，见 https://mp.weixin.qq.com/s/8tuAnYsHXZo–Gd6oGXZ2Gg。

环节二：从一穷二白到门类齐全，工业发展突飞猛进见证改革开放是中国人民的精神标识

同学们在中学阶段已经初步了解了改革开放的发展全过程，明确了改革开放的深远意义。而对于如何深刻理解改革开放的丰富实践，如何把学习所得转化为推动改革开放实践新发展的强大动力，这是我们还需要深入思考和仔细探究的问题。那么首先我们将从大家最熟悉的领域切入，从机械制造业发展史的视角去认识当代中国人民最鲜明的精神标识。

何为精神标识？“精神标识是民族国家价值表达的外显形式，它以思想的记号和价值的标志，指谓了具体民族生存与发展的价值定位和价值主张。”① 改革开放 40 余年来，在党的带领下中国人民解放思想、实事求是，大胆地试、勇敢地改，用几十年时间走完了发达国家几百年走过的工业化历程。“建国 70 年来，在中国共产党的领导下，新中国在几乎一穷二白的基础上，建立起门类齐全的现代工业体系，实现了由一个贫穷落后的农业国成长为世界第一工业制造大国的历史性转变。”② 那么在这一段波澜壮阔、举世瞩目的历史中，究竟凸显了中国人民怎样的精神标识？是什么赋予了我国工业前所未有的生机与活力？又是什么指引中国人民谱写了中国制造业的壮丽篇章？答案是显而易见的。1978 年党的十一届三中全会作出改革开放的伟大决策，让我国工业插上了腾飞的翅膀。习近平总书记深刻指出：“改革开放铸就的伟大改革开放精神，极大丰富了民族精神内涵，成为当代中国人民最鲜明的精神标识！”③ 决策虽在一夕之间，但其积累与准备过程，其特色与深远意义值得我们深入探究。

1. 从千年发展中明晰变革开放总体上是中国历史的常态

在探索我国工业的伟大飞跃之前，我们不能不注意到：中华上下五千年

---

① 詹小美：《中华精神标识的要义凝练与国际传播》，《人民论坛 · 学术前沿》2018 年第 17 期。

② 《工业经济跨越发展　制造大国屹立东方——新中国成立 70 周年经济社会发展成就系列报告之三》，中华人民共和国中央人民政府网，2019 年 7 月 10 日，见 https://www.gov.cn/xinwen/2019-07/10/content_5407835.htm。

③ 习近平：《在庆祝改革开放 40 周年大会上的讲话》，人民出版社 2018 年版，第 14 页。

早已被变革创新的精神所浸润。“以数千年大历史观之，变革和开放总体上是中国的历史常态。”① 回溯千年文明长河，“革故鼎新”“与时俱进”是中华民族的真实写照，“苟日新，日日新，又日新”是中华文明创新意识的不朽呈现，历史上的数次变革，更揭示了中华文明绵延至今的精神密码——变革和开放。

在政治变革的篇章中，秦国商鞅变法一举打破旧制，开启封建君主专制统治的历史新篇；北宋王安石变法力破阻挠，锐意进取，探求国富民强的新路径。我们不难发现，中华民族在政治变革道路上留下了“时代不息，变革不止”的点点印迹。在文化变革的图景里，百家争鸣，争奇斗艳，生动展现了中华民族思想的多元性与包容性；从先秦诗经、楚辞，到汉赋、唐诗、宋词，再到元曲和明清小说，每一种新的文学形式的盛行都代表着一个时期的文化特色和艺术成就铸就的新辉煌。我们不难窥见，中华文明的光彩焕发离不开传承与创新、积累与突破的紧密结合。在技术变革的史诗里，“纸圣”蔡伦汲取湖湘故土竹文化，发掘造纸新工艺，唱响技术创新的旋律；长沙彩瓷营造自然山水空灵意境，奏响匠心独创的强音……我们不难得出，每一项发明与创造都得益于创新精神的有力践行。

在人类文明史上，辉煌灿烂的中华文明享誉世界。在其赓续绵延的历史进程中，变革创新精神发挥了不可或缺的作用。虽然近代史上中华文明一度蒙尘，但中国共产党人带领人民在改变民族命运的顽强奋斗中，用马克思主义真理的力量激活了中华文明，使中华文明再次迸发出强大生命力。古往今来，创新故事早已写满了中华大地，创新基因早已沉淀于民族血脉。正如习近平总书记指出的，“创新是一个民族进步的灵魂，是一个国家兴旺发达的不竭动力，也是中华民族最深沉的民族禀赋。”② 当我们站在历史的十字路口时，中华民族五千多年优秀传统蕴含的变革和开放精神为我们指明了一条正确道路，那就是改革开放的必由之路。

① 本书编写组：《思想道德与法治》，高等教育出版社 2023 年版，第 97 页。

② 《习近平谈治国理政》第一卷，外文出版社 2018 年版，第 59 页。

2. 从工业变迁中感悟改革开放是当代中国最鲜明的特色

习近平总书记曾指出：“改革开放是党在新的历史条件下领导人民进行的新的伟大革命，是决定当代中国命运的关键抉择”①。

【App 头脑风暴】为帮助同学们更好地理解这一内容，老师在课前布置了翻转课堂任务，请同学们搜集中国工业改革开放以来的变化发展，并在课堂上与老师和同学分享自己的所获所得。

【教师点评】感谢同学们的精彩分享。在大家的分享中，我看到了改革开放以后，我国工业增加值从 1978 年的 1622 亿元到 39 万亿元② 的巨大突破，看到了我国制造业的世界所占份额从 2.7%到“30.5%”③ 的大幅增长，看到了我国从只能生产十分有限的工业产品到今天空调、彩电、冰箱、智能手机等各色产品层出不穷。是的，我国工业总量变化翻天覆地，制造业在全球占比跃居世界第一，许多产品生产从无到有再到蓬勃发展。新时代这十年，中国制造更是步履铿锵，实现了从量变到质变的飞跃，高端化迈进取得新突破，大型飞机、载人航天、电力装备等领域实现创新突破；智能化升级迈出新步伐，灯塔工厂、人工智能、无人驾驶等相继问世；绿色化转型取得新进展，降碳、减污、扩绿、增长协同推进④，制造大国正阔步迈向制造强国。这些振奋人心的历史性跨越绝不是中国人民白日做梦想出来的，也不是赤手空拳造出来的，而是我党团结带领全国各族人民无惧风高浪急、无畏艰难险阻、审时度势做决策，聚精会神搞建设，铆足干劲谋发展⑤ 的伟大成果。四十余年风雨兼程，四十余年硕果累累。今昔对比的震撼人心，改革开

① 《十八大以来重要文献选编》下，中央文献出版社 2018 年版，第 386 页。

② 参见：《中华人民共和国 2023 年国民经济和社会发展统计公报》，国家统计局，见 https://app.www.gov.cn/govdata/gov/202403/01/512478/article.html。

③ 联合国工发组织：《中国竞争性工业绩效指数全球排名第 2，制造业份额占全球近三分之一》，《中国国际贸易促进委员会》2022 年 10 月 25 日。

④ 参见郭兆晖：《坚持降碳减污扩绿增长协同推进》，《经济日报》2023 年 5 月 16 日。

⑤ 参见：《波澜壮阔四十载　民族复兴展新篇——改革开放 40 年经济社会发展成就系列报告之一》，国家统计局，2018 年 8 月 27 日，见 https://www.stats.gov.cn/zt_18555/ztfx/ggkf40n/202302/t20230209_1902581.html。

放的伟大成就，或许通过视频更能知晓明晰。

【视频资源】改革开放40年之工业辉煌[①]

【教师总结】视频总结了改革开放四十年为中国带来的深刻改变。步入新时代新征程，以习近平同志为核心的党中央持续纵深推进改革开放，“开启了气势如虹、波澜壮阔的改革进程，以前所未有的力度打开了崭新局面。”[②]

改革开放——“改”工业颓靡之现状，“开”欣欣向荣之生面。改革开放为我国工业发展注入了强大动力，为经济繁荣赋予了蓬勃生机。从传统轻工业到现代重工业，从基础制造业到高新技术制造业，我国工业体系不断完备，工业结构不断完善，产业链日益健全。制造业作为实体经济的重要组成部分，是一个国家的立国之本、强国之基，同时也是现代化经济体系建设的主要内容。“改革开放以来，我国制造业在优胜劣汰的竞争环境下完成原始积累并已具有较高的制造水平”，[③] 实现了由制造小国到制造大国的转变，正朝着由制造大国向制造强国的关键转变而不懈奋斗。

改革开放——“改”农村落后之景象，“开”乡村振兴之蓝图。我们在高中思想政治课程《中国特色社会主义》一书中，通过学习“伟大的改革开放”这一知识，就已经了解到：1978年，在安徽凤阳小岗村里诞生了土地家庭联产承包责任制，就此拉开了中国改革的序幕。从顿顿吃不饱饭到年年有盈余，从基础设施匮乏到网络四通八达，从忧心日常生计到追求富有的精神生活，改革开放书写了农村发展的辉煌历史，为新时代推进乡村全面振兴奠定了坚实基础，为推动农业农村现代化建设擘画了崭新蓝图。

改革开放——“改”人民困苦之面貌，“开”殷实富足之门路。一个国家、一个民族要振兴，就必须在历史前进的逻辑中前进、在时代发展的潮流中发

---

① 《【发展相册】改革开放40年之工业辉煌》，2018年11月19日，见http://guoqing.china.com.cn/2018-11/19/content_73646785.htm。

② 《以前所未有的力度打开了崭新局面——写在改革开放45周年之际》，《人民日报》2023年12月16日。

③ 耿德伟、傅娟：《我国制造业高质量发展面临的挑战与对策》，《中国经贸导刊》2021年第3期。

展。一国人民要实现物质生活富足安康，精神力量充盈富有，也必须抓住时代发展机遇，迎接改革开放滚滚浪潮。幸运的是，中国人民在中国共产党的带领下做出了最正确的选择。改革开放以来，我国 7.7 亿农村贫困人口摆脱贫困，占同期全球减贫人口 70%以上。到 2020 年底，我国如期完成新时代脱贫攻坚目标任务，现行标准下 9899 万农村贫困人口全部脱贫，832 个贫困县全部摘帽，12.8 万个贫困村全部出列，区域性整体贫困得到解决，完成了消除绝对贫困的艰巨任务。① 直至 2024 年，两会报告鲜明指出：2023 年脱贫地区农村居民收入增长 8.4%，居民人均可支配收入稳步增长，城乡居民收入差距继续缩小。脱贫攻坚成果巩固拓展，民生福祉得到更好保障。② 就业人数稳定增加，社会保障体系健全完善，城乡人居环境明显改善。总的来说，“中国进行改革开放，顺应了中国人民要发展、要创新、要美好生活的历史要求”③，是当代中国最壮丽的气象！

如此种种都在向我们证明：改革开放为当代中国带来了翻天覆地的变化，改革开放是当代中国最鲜明的特色，是决定当代中国命运的关键抉择。

改革开放取得如此成就的根本原因在哪？让我们一起：

3. 从时代奇迹中解读创新实践是中国改革开放的生命

“一部改革开放史就是一部创新史，没有创新，就没有改革开放的启动、展开和深化。”④ 习近平总书记指出：“创新是一个复杂的社会系统工程，涉及经济社会各个领域。”⑤ 换言之，创新这一系统工程包括政治、经济、科技、

---

① 参见国务院新闻办公室：《人类减贫的中国实践》白皮书，人民出版社 2021 年版，第 13 页。

② 参见李强：《政府工作报告——2024 年 3 月 5 日在第十四届全国人民代表大会第二次会议上》，人民出版社 2024 年版，第 3 页。

③ 习近平：《开放共创繁荣　创新引领未来——在博鳌亚洲论坛 2018 年年会开幕式上的主旨演讲》，人民出版社 2018 年版，第 5 页。

④ 全国高校思想政治理论课教学指导委员会：《思想道德与法治教学课件》（专题四——继承优良传统　弘扬中国精神　第三讲　让改革创新成为青春远航的动力）第 14 页。

⑤ 习近平：《在省部级主要领导干部学习贯彻党的十八届五中全会精神专题研讨班上的讲话》，人民出版社 2016 年版，第 12 页。

文化等各个领域。要想坚持创新在我国现代化建设全局中的核心地位，既要重视理论创新，也要重视与我国工业发展、科技进步息息相关的实践创新，还要重视文化创新、制度创新等等，全面发挥创新的第一动力作用。①

第一，灿若明灯，理论创新指引马克思主义中国化道路。理论创新在马克思主义中国化道路上发挥着指明灯的作用。它帮助我们正确认识和把握社会主义建设的科学规律，破解社会主义发展难题，推动经济社会持续健康发展。在回答什么是社会主义、怎样建设社会主义的关键时刻，邓小平理论破时而出，做出了探索出一条建设中国特色社会主义道路的巧妙回答；在推进党的建设新的伟大工程的时代呼唤中，“三个代表”重要思想应运而生，加深了对建设什么样的党、怎样建设党的认识；在全面建成小康社会进程中，科学发展观直面问题，深刻认识和回答了实现什么样的发展、怎样发展等重大问题。新时代不断产生新课题，新课题不断催生新思想。走进中国特色社会主义新时代，坚持和发展什么样的中国特色社会主义、怎样坚持和发展中国特色社会主义成为新的时代课题。②这一时代背景下诞生的习近平新时代中国特色社会主义思想凝结了全党全国人民智慧，紧紧围绕重大时代课题展开，集中体现了新时代中国共产党人与时俱进推进理论创新的辉煌成就。守正基础上的理论创新极大丰富了马克思主义的理论宝库，为中国特色社会主义建设指明了前进方向。

第二，坚如磐石，实践创新助力改革开放事业蓬勃发展。习近平总书记指出：“中国特色社会主义是改革开放以来党的全部理论和实践的主题”③。中国特色社会主义建设不仅需要先进理论做指导，更呼吁令人耳目一新的实践创新持续迸发。大家试想，如果没有国家的敢于突破，又怎会有我国经济体制破茧成蝶，挣脱束缚，向着社会主义市场经济的广阔天地振翅高飞？如果没有工匠的首创精神，又怎会有我国机械制造业从最初的铁砧敲击到如今的

① 参见邓恒、姚芳遥：《习近平总书记关于创新的理论阐释及其实践理路研究》，《中国软科学》2024 年 S1 期。

② 参见陶文昭：《书写新时代重大课题的优异答卷》，《经济日报》2022 年 1 月 5 日。

③ 《习近平谈治国理政》第二卷，外文出版社 2017 年版，第 59 页。

智能制造？如果没有企业的自主创新，又怎会有制造湘军领跑全球，在世界范围内传递中国温度？由此可见，坚如磐石的实践创新，是改革开放事业蓬勃发展的不竭动力。

第三，润如甘泉，文化创新浇灌时代盛放之花。在庆祝中国共产党成立一百周年大会上，习近平总书记首次提出：“坚持把马克思主义基本原理同中国具体实际相结合、同中华优秀传统文化相结合”① 的重要论断，党的二十大报告对“两个结合”做出初步阐释，在文化传承发展座谈会上，习近平总书记进一步指出：“‘第二个结合’是又一次的思想解放”②。如果说，中国具体实际是文化创新的时代基础，那么中华优秀传统文化便是文化创新的源头活水。作为机械制造专业的学子，我们已经对于机械制造业的专业基础知识以及瞩目成就有了较为深刻的理解，与此同时，我们也不能忽视中华优秀传统文化这一深厚土壤，“第二个结合”内含着对于中华优秀传统文化这一文化瑰宝的价值肯定。更应认识到，现有的工业成就离不开中华优秀传统制造文化，如《天工开物》《梦溪笔谈》等书为机械制造提供古老智慧。当前，我国正处在从工业大国向工业强国迈进的关键时期，传承和弘扬中华优秀传统文化中的宝贵工匠精神，培育和树立严谨认真、精益求精、追求完美的工匠态度，对于建设制造强国具有重要意义。③ 由此我们也能知晓，中华文明的丰富内涵与宝贵价值从未消散。正因如此，推动中华优秀传统文化创造性转化、创新性发展，使之与时代相适应、与人民需求相结合，具有不言而喻的时代意义。

第四，稳如泰山，制度创新完善国家制度和治理体系。理论创新、实践创新和文化创新都离不开中国特色社会主义制度的保障。改革开放以来，从经济体制的深刻变革到政治体制的持续完善，从社会管理的创新实践到文化体制的不断开放，每一项制度创新都如同坚固的基石，稳稳地支撑着国家制

① 习近平：《在庆祝中国共产党成立 100 周年大会上的讲话》，人民出版社 2021 年版，第 13 页。

② 习近平：《在文化传承发展座谈会上的讲话》，人民出版社 2023 年版，第 8 页。

③ 参见《新知新觉：大力弘扬工匠精神》，《人民日报》2017 年 8 月 7 日。

度和治理体系的大厦。在机械制造领域，制度创新同样为推动其高质量发展保驾护航。《国务院关于印发〈中国制造2025〉的通知》指出，“完善以企业为主体、市场为导向、政产学研用相结合的制造业创新体系。”①《关于推动先进制造业和现代服务业深度融合发展的实施意见》指出，“提升装备制造业和服务业融合水平。推动装备制造企业向系统集成和整体解决方案提供商转型。”②2023年颁布的《工业和信息化部等八部门关于加快传统制造业转型升级的指导意见》进一步指出，“促进传统制造业与现代服务业深度融合，培育推广个性化定制、共享制造、全生命周期管理、总集成总承包等新模式、新场景在传统制造业领域的应用深化。”③党的二十届三中全会中进一步强调，“坚持以制度建设为主线，加强顶层设计、总体谋划，破立并举、先立后破，筑牢根本制度，完善基本制度，创新重要制度”④。只有以制度创新破除制造业发展的体制机制障碍，才能推动我国制造业加快发展新动能，培育新优势；只有坚持完善和发展中国特色社会主义制度，才能不断发挥和增强我国制度优势，在健全国家制度和治理体系的基础上实施理论、实践与文化创新。

理论为灯，实践作基，文化如泉，制度维稳，“改革开放创造的奇迹不是天上掉下来的，而是来自中国共产党和中国人民的理论创新、实践创新、制度创新、文化创新以及各方面创新。”⑤这些创新并不是孤立存在的，而是相互依存、辩证统一。近代以来的中国历史已经充分证明，没有科学理论的

① 《国务院关于印发〈中国制造2025〉的通知》，中华人民共和国中央人民政府网，2015年5月8日，见https://www.gov.cn/gongbao/content/2015/content_2873744.htm。

② 《15部门印发〈关于推动先进制造业和现代服务业深度融合发展的实施意见〉》，中华人民共和国中央人民政府网，2019年11月15日，见https://www.gov.cn/xinwen/2019-11/15/content_5452459.htm。

③ 《工业和信息化部等八部门关于加快传统制造业转型升级的指导意见》，中华人民共和国中央人民政府网，2023年12月28日，见https://www.gov.cn/zhengce/zhengcekn/202312/content_6923270.htm。

④ 《中共中央关于进一步全面深化改革　推进中国式现代化的决定》，人民出版社2024年版，第6页。

⑤ 本书编写组：《思想道德与法治》，高等教育出版社2023年版，第98页。

指导，改造世界的活动便无法实现；没有实践创新的迸发，理论、文化、制度都无法付诸现实并丰富发展；没有文化的滋养，任何创新都将是索然无味、机械主义的；而没有制度的保障，理论创新、实践创新与文化创新都将是空中楼阁。可见，这一系列创新是相互关联，缺一不可的。改革开放四十余年，我们始终坚持统筹多方面创新，“坚持理论联系实际，及时回答时代之问、人民之问，廓清困扰和束缚实践发展的思想迷雾，不断开辟马克思主义发展新境界。”①

毋庸置疑，改革开放是当代中国最鲜明的底色，是当代中国人民最鲜明的精神标识。不忘创新创造的民族禀赋，明晰改革开放奇迹的核心要素，我国制造业正以他们的方式向世界证明：改革创新是发展进步的活力之源。

环节三：从望尘莫及到迎头赶上，挺起制造业脊梁彰显改革创新是发展进步的活力之源

1. 产业升级步伐铿锵，以创新思维递交闪亮“硬名片”

“创新决胜未来，改革关乎国运”。② 在过去，中国依靠服装、家电、家具“老三样”，以巨大的出口量与精湛的工艺，点亮了中国制造的发展前景。而如今，新能源汽车、锂电池、光伏产品等外贸产品成为“新三样”，以其突出的创新性与技术的高端性使得产品升级不断加速，走出国门。在“老三样”到“新三样”的跨越巨变中，浓缩着时代的深刻印记，彰显着发展的不停步履。

【App 头脑风暴】“现在，我国已转入高质量阶段，全面深化改革，推进国家治理体系和治理能力现代化，必须将改革进行到底，攻克体制机制上的顽瘴痼疾，突破利益固化的藩篱，进一步解放和发展社会生产力，进一步激发和凝聚社会创造力。”③ 作为机械制造专业学子的你们，想必对于我国机械装备的发展史具有深刻的认识，那么请同学们分享在课前收集到的相关

① 本书编写组：《思想道德与法治》，高等教育出版社 2023 年版，第 98 页。
② 本书编写组：《思想道德与法治》，高等教育出版社 2023 年版，第 98 页。
③ 本书编写组：《思想道德与法治》，高等教育出版社 2023 年版，第 98 页。

资料。

【教师点评】感谢同学们的精彩分享。在分享过程中，我们看到了从1954年抚顺挖掘机厂制造出的第一台机械式挖掘机到如今我国的“神州第一挖”徐工XE7000液压挖掘机，我国成为继德国、日本、美国后，第四个具备700吨级以上液压挖掘机研发制造能力的国家。[①]中国挖掘机凭借自身重量的不断增加，一斗一斗地挖出了科技创新的“力度”；从1958年大连机车车辆工厂试制成功的“巨龙”号电传动内燃机车到如今时速可达420公里的复兴号列车全面投入运行，世界首次智能型动车组实现时速350公里自动驾驶，全球首个时速400公里可变轨距高速动车组下线。[②]中国高铁凭借自身速度的不断提升，一迈一迈的跑出了科技创新的“速度”；从1995年因受到德国技术掣肘，到中国研制出了第一台国产盾构机“中国中铁1号”，再到如今造世界最好的盾构机，向海外进发，中国盾构机已走向世界舞台，在全球盾构机市场占比达70%，成为全球最大盾构机市场，[③]在欧美以及东南亚等发达国家的对手面前有了真正的竞争力。中国盾构机凭借自身直径的不断延伸，打出了科技创新的“深度”。

那么，同学们有没有想过我国的机械制造在时代浪潮中不断发展进步，取得辉煌成就，其背后的源泉动力究竟是什么呢？

【教师总结】“创新是推动人类社会发展的重要力量。”[④]正如习近平总书记所言：“纵观人类发展历史，创新始终是一个国家、一个民族发展的重要力量，也始终是推动人类社会进步的重要力量。”[⑤]在我国机械制造发展的历程中，产品迭代升级的历程清晰可显，创新实践所得的成果充盈坚实，而创新作为引领发展的第一动力，便成了最好的印证。党中央高度重

① 参见《【顶梁柱·看挖掘机械】徐工挖机以高质量发展跑出“中国速度”》，《徐工新闻》2023年3月27日，见https://www.xcmg.com/news/news-detail-1127035.htm。

② 参见陆娅楠：《中国铁路，丈量大国前行步伐》，《人民日报》2022年11月22日。

③ 参见矫阳、刘莉等：《深瞳丨掘进，一路向前——中国盾构机走向世界始末》，《科技日报》2023年11月9日。

④ 本书编写组：《思想道德与法治》，高等教育出版社2023年版，第98页。

⑤ 《习近平谈治国理政》第二卷，外文出版社2017年版，第267页。

视制造业创新发展，在不同历史时期，都作出了富有时代特色的重大部署，我国推进工业化的历程，本身就是探索创新发展的过程。[①] 我国的科技也在一次次技术创新与改革发展中，赋能更多产业实现升级换代，实现转型蝶变。

同样，世界各国也是在一次次科技和产业革命的进程中，实现着技术突破与成果问世，并以此使自身政治经济力量不断强盛，前途命运愈加明朗。栉风沐雨，浴火成钢。我国的机械工业在改革创新的进程中实现了从追赶到超越的转变，在世界舞台上拥有了一席之地。那么接下来请同学们跟随老师的脚步去探寻我国是如何实现如此大的突破。

2. 追赶者成为引领者，以创新不辍跑出满分“加速度”

【APP 头脑风暴】“在激烈的国际竞争中，惟创新者进，惟创新者强，惟创新者胜。”[②] 中国国际金融股份有限公司 2022 年发布过一张记录全球主要国家制造业增加值占世界比重的相关数据图，其中中国制造业占全球比重持续提升。从这张图中，我们能发现什么？

【教师总结】感谢同学们的回答。在同学们对该图表的分析中我们可以发现，我国制造业在持续发展的进程中增加值占全球比重约 30%，且连续 14 年位居全球首位。同时各国竞争十分激烈，始终在你追我赶的超越之中。在如今国际竞争如此激烈的情境之下，我国何以站得住脚跟，始终屹立于国际前列呢？没错，需要不断强化自身创新能力，推出新产品，锻造新技术，走向世界并得到认可。在同学们之前中学政治课必修二《经济与社会》的学习过程中，对创新、协调、绿色、开放、共享的新发展理念进行了深刻的内涵解读与学习，我们必须完整、准确、全面贯彻新发展理念，始终以创新、协调、绿色、开放、共享的内在统一来把握发展、衡量发展、推动发展，在新时代新征程上创造新的更大奇迹。党的十八大以来，我国在创新和高技术发展领域也的确取得巨大成就，实现了高技术产业体量更大、高技术产品质

① 参见《国家发展改革委：坚定不移推动制造业高质量发展》，《中国发展网》2022 年 10 月 10 日。

② 《习近平谈治国理政》第一卷，外文出版社 2018 年版，第 59 页。

量更优、高技术产业基础更牢、创新创业创造活力更强。①

2024年《政府工作报告》明确指出：我国科技创新实现新的突破，国家实验室体系建设有力推进。关键核心技术攻关成果丰硕，航空发动机、燃气轮机、第四代核电机组等高端装备研制取得长足进展，人工智能、量子技术等前沿领域创新成果不断涌现，创新驱动发展能力持续提升。改革开放向纵深推进，新一轮机构改革中央层面基本完成，地方层面有序展开。② 鲜明的数据与有力的实证，正是我国能够屹立于世界制造前列、跑出满分“加速度”的原因所在。

放眼全球，如今“新一轮科技革命与产业变革正在重构全球创新版图，重塑全球经济结构，”③ 德国工业4.0以利用物联信息系统，将生产中的供应，制造，销售信息数据化、智慧化，最后达到快速，有效，个人化的产品供应，其制造业正不断向智能化转型；美国制定美国制造业创新网络计划，计划建设由45个制造创新中心和一个协调性网络足额挂全国性创新网络，专注研究3D打印等有潜在革命性影响的关键制造技术；法国采用“新工业法国”战略，力图解决能源、数字革命和经济生活三大问题，以期通过创新重塑工业实力，使法国处于全球工业竞争力第一梯队；英国以“英国制造业2050”战略，推进服务+再制造；把握新的市场机遇，可持续发展，加大力度培养高素质劳动力。④ 各国都采用适宜自身科技发展现状的创新策略，不断提升自身实力，为获得长足发展奠定基础。由此可见，“创新战略竞争在综合国力竞争中的地位日益重要”⑤。

① 参见全国高校思想政治理论课教学指导委员会：《思想道德与法治教学课件》（专题四——继承优良传统　弘扬中国精神　第三讲　让改革创新成为青春远航的动力）第23页。

② 参见李强：《政府工作报告——2024年3月5日在第十四届全国人民代表大会第二次会议上》，人民出版社2024年版，第2页。

③ 本书编写组：《思想道德与法治》，高等教育出版社2023年版，第99页。

④ 参见《〈中国制造2025〉解读之三：我国制造业发展面临的形势和环境》，中华人民共和国工业信息化部网，2015年5月26日，见https://www.miit.gov.cn/ztzl/iszt/zgzz2025/zcjd/art_9655862fb210499c8fb3ab79188ef7a9.thml。

⑤ 《习近平谈治国理政》第一卷，外文出版社2018年版，第120页。

当前我国科技创新正在蓬勃发展，不断突破技术，取得显著成果。“但也要看到，与新时代战略发展需要和日趋激烈的国际竞争要求相比，当前我国科技创新在支撑构建新发展格局、推动高质量发展方面还存在着原始创新能力不强、科技投入产出效益较低等亟待解决的突出问题，科技人才队伍结构、科技评价体系、科技生态环境也需要进一步完善。”① 对标新时代的创新型人才目标，我们要时刻坚持问题导向，铭记创新使命。

3. 科技驱动引领未来，以创新改革绘就美好“新蓝图”

“抓创新就是抓发展，谋创新就是谋未来。”新一轮科技产业革命带来了技术创新与产业变革，5G、工业互联网、云计算等数字新技术层出不穷，但同时，当前我国科技发展依旧存在巨大的发展空间，也正处于创新进步的关键时期。就同学们最熟知的机械制造来说，当前我国机械制造产业技术创新能力依旧存在不足，尽管我国在制造业中具备了较强的制造能力，但与发达经济体相比，在核心技术和创新能力方面仍然相对薄弱。且中国制造业的创新主要集中在低附加值领域，而在高端技术和自主研发方面，与高端技术和高附加值生产的比例相对较低，与发达经济体相比还有一定差距，制约了中国制造业整体质量和盈利能力的提升。②

面对我国如此严峻的科技创新发展现状，“要牢牢把握高质量发展这个首要任务，因地制宜发展新质生产力”，习近平总书记 3 月 5 日在参加十四届全国人大二次会议江苏代表团审议时强调。习近平总书记从 2023 年在地方考察时提出“新质生产力”到在中央经济工作会议上强调“发展新质生产力，要以科技创新推动产业创新，特别是以颠覆性技术和前沿技术催生新产业、新模式、新动能，发展新质生产力”，从 2024 年 1 月主持中央政治局第十一次集体学习时对新质生产力作出系统阐述到 3 月在全国两会上强调“因地制宜发展新质生产力”，习近平总书记关于发展新质生产力的一系列重要论述，

① 潘教峰：《科技创新支撑构建新发展格局、推动高质量发展存在的主要问题及对策建议》，《创新研究》，2024 年 1 月 4 日，见 https://baijiahao.baidu.com/s?id=1787125384509268446&wfr=spider&for=pc。

② 参见《终于有人关注中国制造业的短板了》，《环球时报》2021 年 3 月 29 日。

深刻回答了“什么是新质生产力、为什么要发展新质生产力、怎样发展新质生产力”的重大理论和实践问题，也引起了学界的广泛探讨与热议。相信同学们在习近平总书记的讲话中，一定捕捉到了“新质生产力”这一关键词，那到底什么是新质生产力？新质生产力代表生产力的跃迁，对应的是新的生产方式、新的科学技术和新的产业形态，其核心就是数字化、智能化。[①] 加快形成新质生产力，则需要增强创新这个第一动力。

在 2024 年两会落下帷幕后，习近平总书记首站来到了湖南长沙，走进了巴斯夫杉杉电池材料有限公司，了解当地加快发展新质生产力、扩大高水平对外开放等情况。“加快发展新质生产力，必须坚持科技创新引领，实现人才强、科技强进而促进产业强、经济强，要加快实现高水平科技自立自强，支撑引领高质量发展，为全面建设社会主义现代化国家开辟广阔空间。”[②] 当前我国正加快实现高水平科技自立自强，以科技体制改革为突破，不断强化企业科技创新主体地位，提高科技成果转化水平，开辟出新赛道，增强了新动能，打造起新优势，才能在培育新产业这一支撑点上，在科技成果转化这一强抓手上，加快形成新质生产力。同时当前我国正进一步“强化企业科技创新主体地位，建立培育壮大科技领军企业机制，加强企业主导的产学研深度融合，建立企业研发准备金制度，支持企业主动牵头或参与国家科技攻关任务。”[③] 相信在未来，随着创新政策的不断细化落实，创新举措的不断落地实施，创新活力的不断激发涌现，我国的科技创新进程在风雨兼程中将愈加坚韧，也终将晴空万里，绘就新时代的美好蓝图。

同学们，创新驱动战略得以稳步推进，一个个“大国重器”竞相惊艳问世，离不开每一位建设者的辛勤耕耘与刻苦钻研。未来的改革创新发展，需

---

① 参见张辛欣、严赋憬：《习近平总书记首次提到“新质生产力”》，2023 年 9 月 10 日，见 http://www.news.cn/politics/leaders/2023-09/10c_1129855743.htm.

② 戴小河、胡喆、吴慧珺：《坚持科技创新引领发展——加快形成新质生产力系列述评之一》，2023 年 9 月 18 日，见 http://www.news.cn/2023–09/18/c_1129869895.htm。

③ 《中共中央关于进一步全面深化改革　推进中国式现代化的决定》，人民出版社 2024 年版，第 15 页。

要如今在座的每一位同学合力建设，使中国走向更加灿烂辉煌的明天。

环节四：从制造先锋到时代青年，探秘湖南制造争做民族复兴的改革创新生力军

习近平总书记指出：“青年是社会中最有生气、最有闯劲、最少保守思想的群体，蕴含着改造客观世界、推动社会进步的无穷力量。”① 科技兴则民族兴，科技强则民族强，科技创新正当时，大学生是我国现代化建设的强大生力军，是具有自主创新能力的高层次人才，青年自主创新意识的确立对我国创新型国家的建设具有基础作用。② 相信我们在座的各位同学既是亲历者，更是追梦人。

1. 探访三湘制造，时代青年在学思践悟中树立改革创新的自觉意识

那新时代青年是如何助力制造强国梦的实现？新时代青年又该如何投入创新实践呢？基于以上问题，课前老师在翻转课堂上发布了有关创新的小组任务，鼓励机械专业学生与思政专业学生通力合作，探索产业集群与高精尖技术产业，带来别样的大学生讲思政课。其中，“向新出发”小组，以改革创新为主题，走访家乡制造业四大产业集群，完成了一份出色的作品，在“第七届全国高校大学生讲思政课公开课展示活动”中荣获国家特等奖。我们有请“向新出发”小组为大家带来优秀作品展示。

【小组展示一】华章日新赓续湖湘血脉，激扬意气谱写制造创举③

老师好，同学们好，我们是“向新出发”小组，今天为大家带来的分享是“华章日新赓续湖湘血脉，激扬意气谱写制造创举”，请大家跟随我们的脚步，一起去探寻湖湘大地上的创新力量。

创新决胜未来，改革关乎国运。100 年，英国实现工业化；118 年，美

---

① 习近平：《在庆祝中国共产主义青年团成立 100 周年大会上的讲话》，人民出版社 2022 年版，第 9 页。

② 参见郑永廷：《论大学生自主创新精神及其培养》，《思想政治教育研究》2012 年第 28 期。

③ 参见秦莉媛、范科邑等：《华章日新赓续湖湘血脉，激扬意气谱写制造创举》，第七届全国高校大学生讲思政课公开课展示活动特等奖作品，2024 年。

国成为工业强国；而中国仅用61年，成为全球第一制造业大国。新时代十年，中国制造业发展愈加迅猛，湖南制造更是异军突起。45个国家先进制造业集群，湖南占据4席。是什么让一个缺少区位优势的内陆省份，在先进制造业集群培育中跑进全国前列？是什么推动湖湘制造实现从奋力划桨到领航掌舵的伟大飞跃呢？带着疑问，我们紧跟习近平总书记湖南之行的步伐、重巡湖南制造奋斗航线、感受湖湘大地上创新蔚然成风。

是什么让湖南工程机械实现“乌蒙磅礴走泥丸”？我们走进“山河智能”，领略用超级装备建超级工程，山河智能从无到有、从小到大，他们的创新精神给习近平总书记留下深刻印象。同学们，如果给你不到10人的技术团队，一间租赁的废旧厂房，东拼西凑的50万资金，你能否办起一个世界级企业？或许你会摇头，但这是山河智能起步时所有的力量，也正是在这种情况下，山河智能凭借先导创新的理念，迎来了发展的曙光——2003年，国产首台一体化潜孔钻机在山河智能下线，填补国内空白。“关键核心技术必须牢牢掌握在我们自己手中，制造业也一定要抓在我们自己手里”，山河智能始终牢记习近平总书记嘱托，三年来，坚持自主创新发展，累计申请专利700多件、发明专利200余件，成功下线多种智能装备。湖南工程机械，以创新为要，为中国发展提质增效。

是什么让湖南数字星河“因知算法通天地”？我们来到国家超级计算长沙中心，体悟超级算力服务我省经济社会高质量发展的强力引擎作用。从天气预报到地震预测，从现代化教育到生物基因工程，人民生活的方方面面离不开超级算力的加持。从最开始运算速度不过每秒200万次，到如今每秒20亿亿次，长沙超算由银河脱胎，向天河出发，为全国众多领域持续提供算力保障。[①] 湖南超算，以创新为驱动，释放中国发展新活力。

又是什么让湖南轨道交通畅游“坐地日行八万里”？此时此刻，我想化

① 参见王昊昊：《国家超算长沙中心天河新一代超级计算机系统运行》，《中国科学报》2022年10月12日。

身导游，带着大家从西藏山南出发，穿越广袤的草甸，跨越高耸的山巅，直达美丽的雪域江南，现在有两种出行方式供大家选择，你是愿意在3000米的海拔上徒步几天几夜，还是在普通火车上颠簸6小时？中车株机给我们提供了更好的选择——复兴号以7200千瓦的牵引功率飞驰在雪域高原。从和谐号飞驰，到“复兴号”进藏入疆，我们惊叹于中车株机的卓越成就。平均年龄仅有29岁的中车人面对技术打压、资金不足等问题，攻坚三年，在两万多张图纸中诞生了中国自己的高速列车。湖南轨道交通，让创新先行，掌握世界交通技术话语权。

在中国动力谷株洲，不仅有驰骋九州的湖南轨道交通集群，还有翱翔天空的中小航空发动机集群，那又是什么让湖南中小航空发动机助力“鲲鹏扶摇九万里”？我们前往中国航发南方，探寻航发人“动力强军、科技报国”的力量源泉。2021年，株洲研发的发动机助力直升机首飞达到8000米，满足了世界上海拔最高的民用机场的使用需求，破解了中小型飞机“上天难”的问题。面对科技创新和产业革命的新趋势，中小航发以创新突围，塑造中国竞争新优势。

又是什么助力北斗系统“巡天遥看一星河”？我们走近国防科技大学北斗青年创新团队，回顾青年人的“问天征程”。在共和国北斗卫星导航系统成长的年轮上，镌刻着这样一群年轻人的创新历程：平均年龄不到30岁的他们，主动请缨攻克北斗导航核心关键技术；他们与时间赛跑、与自己角逐，从北斗一号卫星导航系统一路披荆斩棘走到北斗三号卫星导航系统；他们夜以继日、弦歌不辍，从3个“毛头小子”发展成长为300人的“国家队”。①在制造强国的奋进路上，这样一群“数星星”的青年，以创新为青春底色，打造中国发展新利器。

改革创新是赢得未来的必然要求。湖湘大地上，山河智能发挥创新“神助攻”，天河超算贡献创新“云智慧”，中车株机高举创新“护旗手”，北斗

① 参见吕超：《一群年轻人的“问天征程”——记国防科技大学北斗青年创新团队》，《光明日报》2019年5月4日。

团队点亮创新“长明灯”，然而他们的平均年龄32岁不到。制造湘军锚定技术创新这一关键词，结出制造硕果，助力湖南着力打造国家重要先进制造业高地；对于迈向第二个百年目标新征途的我们来讲，更要从制造湘军身上汲取创新力量，增强改革创新责任感，以青春之力挺膺国家担当。改革创新充满艰辛、奉献甚至牺牲，没有强烈的责任感，很难克服和战胜改革创新过程中的艰难曲折。因此，作为未来生力军的我们，要摒弃安于现状、不思进取、随波逐流的思想，以不甘落后、奋勇争先、追求进步的责任感在时代大潮中力争上游、拼搏进取，以时不我待、只争朝夕的紧迫感投身改革创新的实践，[①] 接续奋斗点亮青春理想，在中国制造的宏伟叙事中实现青春价值，与建设制造强国同频共振、同舟而行。我们的汇报到此结束，谢谢大家！

【教师点评】感谢第一组同学为我们带来的精彩分享，跟随你们的步伐，我们看到在创新动力的驱使下，湖南制造不断树立行业发展新标杆，赋能生活方方面面，联通世界创造奇迹。同时也明晰了在湖南制造业的发展过程中，青年力量越来越发挥着举足轻重的作用，正是一批批湖湘青年的锐意进取、创新创造，在制造业发展史上书写出了一页页绚丽的篇章。

【教师总结】如今，越来越多的时代青年在科技创新的舞台上，敢为人先、敢于突破，不断成长为科技创新的有生力量。那对于我们机械制造专业的同学来说，应该如何成为科技创新的中坚力量呢？树立改革创新的自觉意识是我们需要迈出的第一步。我们不仅要增强改革创新的责任感，更要树立敢于突破陈规的意识。敢于大胆突破陈规甚至常规，敢于大胆探索尝试，善于观察发现、思考批判，不唯书、不唯上、只唯实，这是大学生在学习与实践中创新创造的重要前提。在社会的发展中，陈规最易束缚人的思维和手脚，创新创造的过程往往充满艰辛。要创新，就要有强烈的创新意识，以打破砂锅问到底的劲头，敢于质疑现有定论，勇于开拓新的方向，攻坚克难，

① 参见本书编写组：《思想道德与法治》，高等教育出版社2023年版，第102页。

追求卓越。[1] 但突破陈规意识不等于随意批判、盲目地创新创造，而要从打牢基础入手，在坚实的理论基础上、在科学的理论指引下，开辟新天地。与此同时，树立大胆探索未知领域的信心。创新就是要走前人没有走过的路。要创新，就要有强烈的创新自信。如果总是跟踪模仿，既谈不上创新，也是没有出路的。未知常常令人心生怯意，人们常常因充满未知的风险而停下探索和求新的脚步，但未知领域也往往蕴含着发现的沃土和创新的机遇。[2] 只有在日常生活实践中树立不断挑战极限的意识，强化在迷航中领航，在无人区生存的信心，以“上下而求索”的勇气创新创造，不等待、不观望、不懈怠，紧跟时代步伐、洞察时代变化，既大胆探索又脚踏实地，勇做改革创新的生力军。

2. 解读中国之“芯”，制造生力军在知行合一中锤炼改革创新的能力本领

“知是行之始，行是知之成”，因而投身创新实践，不仅要树立改革创新的自觉意识，更要淬炼创新本领，落实创新行动。为坚定成为改革创新生力军的决心，我们“中国之芯”的同学与学长学姐进行了深入交谈，了解到学长学姐在老师的指导下，对湖南芯片进行了调研并撰写出优秀的调研报告，获得“湖南省第九届大学生思想政治理论课研究性学习成果展示竞赛”二等奖：

【小组展示二】奔赴科创新征程，夯筑湖湘“芯”高地

学弟学妹们大家好，今天很荣幸能够站在讲台和大家进行研究性学习成果分享，希望我们的分享能够为大家带来新的思考。在正式进行分享之前，我想问大家一个问题：能否在指甲盖大小的微小之地，布局上亿根晶体管和数公里长的导线？或许五十年前，这件事无异于天方夜谭，但在如今，已经变为现实，没错，实现这一不可能的，正是芯片。乾坤日月当依旧，昨夜今朝却异同，科技发展的力量不容小觑，湖南“三高四新”战略坚持创新引领

① 参见本书编写组：《思想道德与法治》，高等教育出版社 2023 年版，第 102 页。
② 参见本书编写组：《思想道德与法治》，高等教育出版社 2023 年版，第 103 页。

开放崛起，将省会长沙打造成国内“创芯之城”。

立足“三力”明“芯”事，夯筑“芯”高地的认知基础。“芯”算力底座“亟待强健”，运算能力决定芯片的基础功能，我国芯片产业的初生期较国外落后四十余年，芯片发展水平具有“两代人的差距”。国外传统芯片厂商借助领先地位追求“算法加速”“大型算法”发展目标的标配，遥遥领先于我国芯片产业顶层。在对我国芯片制造实力有了清晰认知之后，湖南锚定强国目标，发挥“芯”实力“奋起直追”。湖南省半导体产业协会着力打通企业“内循环”，急企业之所求，打造生产闭环；放眼寻求国际“外循环”，补企业之所缺，筑造创新桥梁。与此同时，稳步激发“芯”产力动能，推动芯片产业发展的可持续性。微小的芯片背后折射出的是宏大的国家能力——“芯算力”彰显科技实力，“芯实力”展示民族智慧，“芯产力”带来国际发言权。建设科技强国道路上这“三力”缺一不可。

青年同心闯“芯”路，夯筑“芯”高地的实践力量。青年的命运与国家的命运紧密相连，湖湘青年以赤忱中国心，砥砺创造中国“芯”。一群“90”后，以甘于奉献的科技攻关精神，跑出创新“加速度”。飞腾嵌入式研发团队作为我国自主核心芯片研发的主力军，面对国外技术封锁、国内技术空白的窘境，他们勇挑“在针尖上跳舞”的重任，62 名队员凝结 400 多个日夜的心血，让只有两个指甲盖大小的中央处理器（CPU），每秒钟可完成浮点运算 5880 亿次，① 在封锁打压中突出重围，实现从缺少“芯魂”到与国际并肩的伟大飞跃。对于高导“芯”材创新创业团队来讲，在千度高温的锅炉旁一站就是 3 小时是常态，800 余次实验，在推倒重试反复改进中，工匠精神激励这群青年砥砺前行，成功自主研发国产芯片散热材料。从主动切入国家战略布局，紧盯制约产业发展的关键领域，到响应湖南省提出“打造三个高地，践行四新使命”的口号，湖湘青年发挥青春合力，解决国产芯片“卡脖子”难题，推进中国“芯”制造再上层楼。

乘势而上谋“芯”局，夯筑“芯”高地的行动指南。在 2024 年政府工

① 参见刘茜、陈建强：《智造中国“争气芯”的“芯片青年”》，《光明日报》2020 年 6 月 20 日。

作报告中，“新质生产力”成为关键词，新质生产力最主要的特点则在于创新，尤其是人才创新。芯片是当前全球高科技领域较量的焦点，而“发丝上建高楼”的高端芯片设计更需要新质生产力、新质人才助力。因而，在向好态势中，我们应意识到众多龙头企业仍无法将核心技术“把握在自己手中”，实现芯片行业的长期可持续发展还需要积极围绕“新路子”“新担当”来开好头，起足势，长久有效地打造好中国式“芯”出路。

未来属于青年，希望同学们将个人梦与中国梦相结合，将马克思主义科技观和习近平新时代中国特色社会主义思想相结合，发展并丰富新时代科技观，积极响应湖南省“三高四新”战略，下定建设“科技强国”的决心，争做“有理想，敢担当，能吃苦，肯奋斗”的好青年，助力现代化强国建设！

【教师点评】感谢优秀的学长为大家带来精彩的分享，在学长的分享中，我们可以看到他们紧跟行业发展前沿，在原有的调研基础上，生动融合了2024年《政府工作报告》中关于新质生产力的内容，注意到芯片产业是发展新质生产力的一个关键产业。希望在座的同学们，不仅能从前辈身上汲取创新精神，也能从朋辈力量中树立创新意识，提高创新本领，向优秀学长学姐看齐，创造出更多优秀的创新作品。更希望你们以赤忱热烈的爱国之心，投入创新实践，参与中国之“芯”的研发，助力中国芯片走出国门，与全球竞争者同跑。

【教师总结】“芯”青年的实践证明，创新不只是停留在思想层面的空中楼阁，更是付诸实践的青春担当。“青年一代有理想、有本领、有担当，国家就有前途，民族就有希望。广大青年既是改革开放的见证者和受益者，也是将改革开放进行到底的参与者和贡献者。”① 改革开放继续跋山涉水要求青年在脚踏实地中奋勇直追，不断增强改革创新的能力本领。

广大青年要不断夯实创新基础，在脚踏实地中奋发有为。树高千尺唯根

① 参见《国务院新闻办公室发布〈新时代的中国青年〉白皮书》，新华网，2022年4月21日，见 http://www.news.cn/politics/2022-04/21c_1128580359.htm。

深，任何一项创新都是在前人积累的专业知识基础上诞生的，也在创新者的知识积淀中焕发新生。如果“无视或轻视专业知识学习，不可能担负改革创新的重任。大学生作为改革创新的生力军，应从扎实系统的专业知识学习起步和入手”,[①] 以深厚的专业知识积淀和才能积累作为指导创新的科学理论。我们不仅要夯实创新基础，更要培养创新思维，在时代号召中尽责必为。何谓创新思维？创新思维是一种注重求异批判、善于发现问题、灵活而开放、发散而多维的思维方式。[②] 中国制造业的高质量发展，仍面临着许多问题：创新要素流动机制亟待完善、关键核心技术攻关亟待破局、高端人才有效供给亟待扩大。青年则要在时代号召中以问为靶，培养创新思维。实践出真知，实践长才干。置身于世界新一轮科技革命和产业变革同我国转变发展方式的历史性交汇期,[③] 我们更要投身创新实践，在广阔天地中大有可为。坚持以长远的发展眼光开辟科技创新的新领域、新赛道，练就过硬的科技本领，找准自身短板，攻克创新难题，推动科技创新特别是先导性、原创性科技创新，进一步强化科技创新的责任意识与自信心态，以更加敏锐的洞察力把握世界科技创新的发展趋势，以深厚的创新基础与创新能力积极投身新质生产力发展，为国家的发展和民族的复兴贡献自己的力量。

环节五：课堂总结

在2024年解放军和武警部队代表团全体会议上，习近平总书记强调“要强化使命担当，深化改革创新，全面提升新兴领域战略能力。”[④] 通过今天的学习，我们从千年穿梭中探寻变革开放的起点，从工业变革中感悟改革开放的伟力，从时代成就中领会改革创新的重要，从更迭变换中凝聚科技创新的成果，更从发展进步中明晰青年担当的责任。相信通过这堂课，同

① 本书编写组：《思想道德与法治》，高等教育出版社2023年版，第103页。

② 参见本书编写组：《思想道德与法治》，高等教育出版社2023年版，第103—104页。

③ 参见本书编写组：《思想道德与法治》，高等教育出版社2023年版，第104页。

④ 张汨汨、梅常伟、李刚：《习近平在出席解放军和武警部队代表团全体会议时强调　强化使命担当　深化改革创新　全面提升新兴领域战略能力》，《人民日报》2024年3月8日。

学们能从创新成果汲取信心，从发展短板中树立决心，从改革进程中守住耐心，从学长学姐的殷切寄语中收获暖心。在学习中，同学们对所学专业一定也有了更加深刻地认识，也会更加坚定所肩负的创新使命。希望同学们能够在未来的学习生活中，牢牢把握每一节课堂，紧紧抓住每一次实训，深深铭记每一个创新，将改革创新化作逐梦前行的船桨，使其成为青春远航的不竭动力！

【课后】

1. 思考讨论

习近平总书记在长沙市巴斯夫杉杉电池材料有限公司考察时强调，科技创新、高质量发展是企业不断成长壮大、立于不败之地的关键所在。请结合专业特色，谈谈作为未来科技人才应如何进一步推进新兴行业的创新发展？

2. 拓展阅读

习近平：《习近平谈治国理政》第一卷，外文出版社 2018 年版。

习近平：《在庆祝改革开放 40 周年大会上的讲话》，人民出版社 2018 年版。

七、教学资源

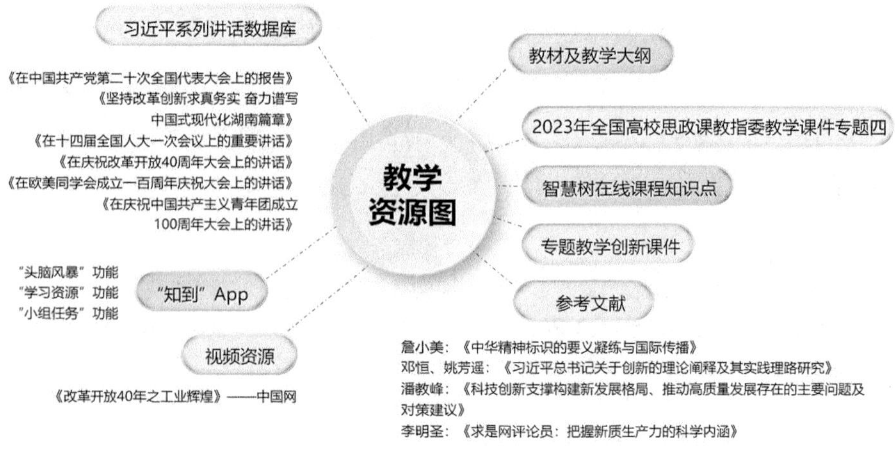

八、板书设计

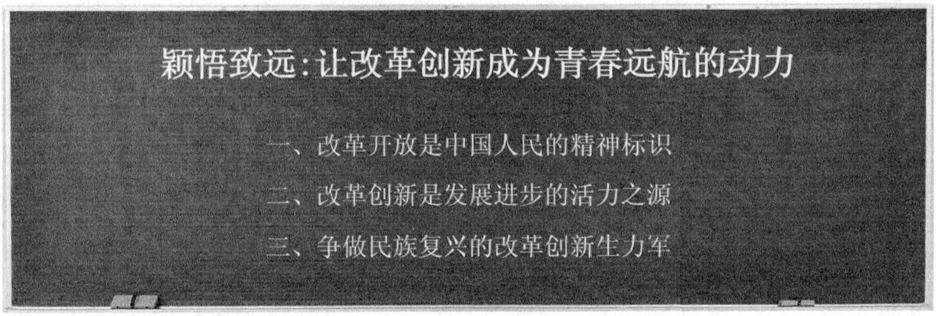

颖悟致远:让改革创新成为青春远航的动力
一、改革开放是中国人民的精神标识
二、改革创新是发展进步的活力之源
三、争做民族复兴的改革创新生力军

九、教学反思

1. 从基于学情的内容设计反思教学理念的贯彻，用心坚持“以学生为中心”的教学理念。把握了学生对中华民族千年以来创新传承的困惑点，教师通过追溯变革开放的千年历程、举例辉煌灿烂的创新故事、讲述中国创新基因的历史渊源，增强学生的民族自豪感和使命感；紧扣了学生对中国机械制造“从 0 到 1”的崛起历程的兴趣点，教师通过具体数据印证中国制造的飞跃成就、梳理改革开放以后的发展脉络、挖掘理论文化渊源、对比中外制造业发展增加值数据，增强了学生对爱国热情和创新意识的思考和理解，满足了学生对理论学习指导创新实践与思政学习融合专业发展的需求点。但在“探讨不同国家制造业增加值占比”的头脑风暴中，对如何增强学生回答的全面性，及时掌握学生思想动态，更结合当前制造业发展现状和机械制造专业特色地精准分析上，还有待进一步细化与提升。

2. 从教学目标的达成情况反思教学方法的贯行，用情联动“以现代化赋能”的教学方法。在传统教学方法应用上，通过理论讲授法，增强学生对改革创新的理论依据、具体内涵和意义、技术创新与改革发展逻辑关系的理解深度，达成把握国家发展新成就、增强独立思考能力、涵养工匠精神的目标；通过案例分析法，激发学生对历史案例和现实案例、国内国外数据对比案例、制造业辉煌成就案例的情感热度，达成把握时代先锋高要求、增强辩证思考能力、涵养担当复兴重任的目标；通过问题导向法，梳理学生对改革创新价值、作用与意义的问题向度，达成把握自主创新真要求、增强融会贯通能力、涵养自强品格的目标；通过任务驱动法，加大学生对课前线上预习、课后翻转拓展等主体性活动的发挥效度，达成把握正确的自学态度、增强深学进阶能力、涵养责任意识的目标。在信息化教学手段应用上，通过原创在线课程知识点的学习以提前了解学生已知未知情况；通过 App 中头脑风暴功能以实时把握学生内容认知程度，互动研讨功能以切实提高学生合作探究意识。但在如何结合机械制造专业的创新能力案例、反思启示案例，更进一步将对国家机械制造成就的自豪转化为个人青春远航的动力上，还有待进一步深化与贯通。

3. 从课堂主阵地内外衔接反思教学过程的贯通，用力实施“全链条培育人”的教学过程。在课前，学生通过自学线上课程“创新创造是中华民族最深沉的民族禀赋”“改革创新是时代的要求”、阅读翻转课堂学习资源人类减贫的中国实践、我国机械制造业发展变迁视频以及挑战杯、大学生讲思政课、研究性学习获奖作品，初步了解专题学习的基础知识；在课中，学生通过“各国制造业增加值激烈竞争的对比图”这一痛点问题头脑风暴、“创新理论如何指导创新实践”的热点问题小组展示、重点问题教师讲授，逐步吸收专题学习的核心内容；在课后，学生通过思考习题、文献阅读，努力拓展专题学习的深度广度。通过课前、课中、课后的一体贯通，实现教师主导与学生主体相联动、线上教学与线下教学相融合、思政课小课堂与社会大课堂相衔接。在新课导入中，通过“央视新闻的朋友圈——大国重器”视频切入，提高了学生参与课堂的兴趣度；在主体讲授中，设置千年发展的创新基因、工业变迁的伟大飞跃、创新成就的时代奇迹的环节内容回应导入抛出的问题逐层解疑答惑，增强了学生深入研讨的启发性；在小组展示中，围绕“探秘湖南制造争做民族复兴的改革创新生力军”主题进行将竞赛实践成果转化为理论内核价值的展示，彰显了学生创新实践的执行力；在总结升华中，通过对知识进行总结、对问题进行反思、对担当进行寄语，激发了学生转化责任的使命感。通过新课导入、主体讲授、总结升华的一体贯通，实现问题导向、研究导向、成果导向、目标导向相统一。但在如何确保更广泛的学生高质量进行线上学习、高能力转化获奖作品、高品质阅读前沿经典上，还有待进一步巧思和妙想。

专题十一　价值共识：社会主义核心价值观科学内涵

对应章节：第四章　第一节

计划学时：2 学时

教学对象：临床医学专业

一、学情分析

1. 已有知识分析。第一，基于大中小一体化纵向衔接，掌握基础知识情况。学生初中阶段在七、八年级内容中初步认识了法治概念以及法治作为社会层面的价值取向的重要作用；在九年级上册《道德与法治》第三单元第五课“守望精神家园”中初步了解了社会主义核心价值观的基本内容特别是国家层面的价值准则。学生高中阶段在必修二《经济与社会》第一单元第二课“我国的社会主义市场经济体制”中进一步深化了对诚信作用的认识；在必修四《哲学与文化》第二单元第六课“实现人生的价值”中进一步学习了践行社会主义核心价值观的具体行动要求以及培育和践行社会主义核心价值观的重要意义。第二，基于线上线下教学横向贯通，了解自学知识情况。学生通过线上知识点“社会主义核心价值观从哪来?”“社会主义核心价值观是什么?”的学习促新知构建；通过翻转课堂学习资源中有关“一切人的自由发展”的理论文章、时政热点“2022 年美国民主情况”等内容的链接促新知拓展。

2. 认知能力分析。第一，基础知识记忆力强，但系统分析能力还不足。学生对社会主义核心价值观的认知多停留在名词概念和意义阐述上，对相关概念的辩证关系及国家、社会、个人三个层面内容辩证统一关系的理解有待深化。第二，价值共识认同度高，但自主创新能力还不强。学生对抗疫生动实践中医护人员无私奉献的价值共识深感认同，能够明晰非凡抗疫答卷中社会主义核心价值观的鲜明体现，但将社会主义核心价值观科学内涵与临床诊疗伦理、医患关系伦理、前沿医学技术应用伦理创新融通的能力有待提升。第三，感性认知浸润性足，但应用转化能力还不实。学生虽然能通过审阅抗疫非凡答卷充分领悟伟大抗疫精神，和抗疫英雄强烈共鸣，但是仅停留在感性认知层面，对将临床医学专业发展的问题导向转化为真正成为一名悬壶济世的人民医生、助力国家创新发展的意识有待增强。

3. 心理需求分析。第一，思政课理论有效指导学习生活。学生希望通过学习社会主义核心价值观的相关概念、科学内涵、精神指引，树立正确的世界观、人生观和价值观，解决如何培养医德、践行医德的思想困惑，助力临床医学专业的生涯具体路径规划以及涵养人文关怀。第二，热点与前沿巧妙链接理论课堂。学生希望课堂能够选取蕴含临床医学专业元素的经典案例与相关前沿成果，并结合“中医文化登上春晚舞台”“八段锦养生”“中国援外医疗队代表春晚发言”等社会热点焦点展开互动研讨。第三，信息化技术灵活贯穿专题讲授。学生更期待线上线下混合式授课模式，希望通过线上原创课程提前预习、课后复习，希望通过翻转课堂中“学习资源”的优质共享扩大学习面，希望通过课堂学习 App 中多功能灵活运用激发课堂教学活力。第四，创新性实践活动融入课堂教学。学生希望通过丰富多元的实践教学活动，在积极参与、主动探索和协同合作中进一步明晰社会主义核心价值观的科学内涵和使命担当。

二、教学目标

1. 知识目标。一是学生能在理论溯源和前沿引入中理解价值观的含义和特性，厘清社会主义核心价值观与社会主义核心价值体系的辩证关系，明晰社会主义核心价值观三个层面的具体内涵和相互关系，拓展对中学“社会主义核心价值观基本含义”这一已学知识的探理深度。二是学生能在小组分享和总结点评中明确社会主义核心价值观在疫情下的具体体现，明晰社会主义核心价值观的时代表现及专业融入，增强对线上“社会主义核心价值观从哪来”这一新学知识的剖析力度。三是学生能在困惑释疑和困境破除中把握社会主义核心价值观精神指引的知行要求，明晰社会主义核心价值观的出场逻辑、整体关联，理解临床医学领域社会主义核心价值观的实质意蕴，提升对课堂“社会主义核心价值观的科学内涵”这一应学知识的掌握精度。

2. 能力目标。一是通过对社会主义核心价值观相关概念和科学内涵的理论解读，对社会主义核心价值观和社会主义核心价值体系的辩证分析，对社会主义核心价值观三个层面逻辑关系的系统梳理，学生能提升逻辑推理、辩证思考、识别问题等高阶认知能力。二是通过线上课程前置学习、实践任务分组探究、翻转课堂互动交流的全过程参与，学生能提升独立思考、协同合作、意义建构等自主学习能力。三是通过小组展示中临床医学专业与思政主题的紧密勾连、逻辑理路与文本打磨的深耕细作、透彻案例与生动话语的叙事体现，老师点评和小组互评的师生认可，学生能提升融会贯通、智慧创造、以评促优的实践创新能力。

3. 素质目标。一是通过溯源社会主义核心价值观，聚焦其社会主义属性，厘清其科学内涵和内在关系，明晰其在抗疫中的关键作用，学生能涵养起统一的价值共识和家国情怀。二是通过生动展示国家疫情防控的磅礴伟力、社会众志成城的团结感悟、榜样群像的攻坚克难，学生能涵养起鲜明的进取品格和创新品质。三是通过对比分析抗击疫情中中国同世界各国携手合作的正向刻画与西方资本自私自利不顾大局的偏离反思，坚持问题导向以辩证思考中国社会主义核心价值观的发展成果与未来突破，学生能涵养起有为的使命意识和担当底气。

三、教学内容

“价值共识：社会主义核心价值观科学内涵”这一专题教学内容，立足教材“第四章第一节：全体人民共同的价值追求”的重点难点，贯通线上课程知识点“社会主义核心价值观从哪来？”“社会主义核心价值观是什么？”

的已知未知，结合全国高校思政课教指委《思想道德与法治教学课件》专题五第一讲的要点亮点，关注学生对明晰国家层面价值目标、社会层面价值取向、个人层面价值准则的具体内涵要求指导人际交往、理想追求、社会生活的兴趣点，解析学生在遵循价值准则时的困惑点，以概念解读、内涵剖析、精神指引为设计主线，阐释了如何从抗疫答卷中厘清社会主义核心价值观相关概念、如何从抗疫故事里明晰社会主义核心价值观具体内涵以及如何从时代启示中领悟重要作用。

【教学内容的设计要点】

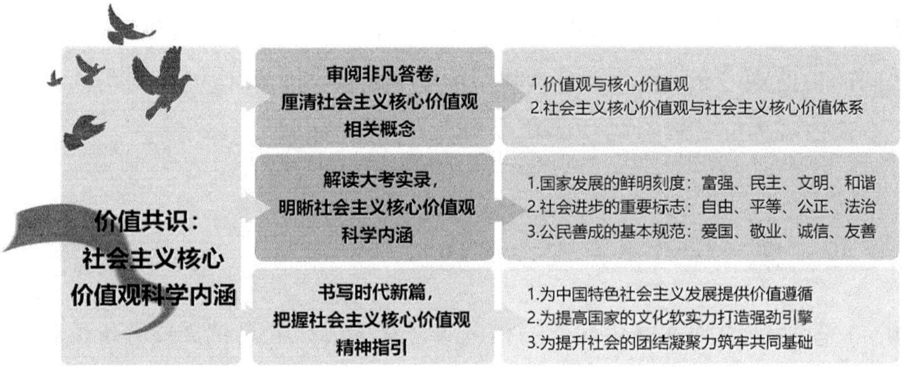

1. 审阅非凡答卷，厘清社会主义核心价值观相关概念。一是通过以学生视角写给钟南山院士的一封信的细节叙事，明晰价值观与核心价值观的概念；二是通过对核心价值观具体要义的概念界定，明晰与经济基础和政治制度相适应的核心价值观的价值取向；三是通过阐述社会主义核心价值观与社会主义核心价值体系的紧密关联、相互转化与相互促进，把握社会主义核心价值观的内涵与辩证关系。

2. 解读大考实录，明晰社会主义核心价值观科学内涵。一是通过从理论逻辑、历史逻辑、实践逻辑三个维度对 12 个词的理论阐述进行深入剖析。一是从理论逻辑出发，深入探讨每个词在整体框架中的地位，进而探寻这些词汇在历史发展脉络中的演变，它们如何熔铸于中华民族百年间的复兴历程，并伴随着新时代的崭新征途而不断焕发新的生机与活力；二是通过分析这三个层面相互关联、辩证统一、相互促进的内容，明晰每个价值理念发挥的重要作用，共同构成新时代的价值体系；三是通过抗疫大考下中国调整防疫政策与美国举措进行对比，形象领悟中国对于人类共同价值的真正认知与践行有机统一的必要性。

3. 书写时代新篇，把握社会主义核心价值观精神指引。一是通过学习思考习近平总书记对社会主义核心价值观的阐释以及社会主义核心价值观根植于中国特色社会主义的实践和发展的细节叙事，明确社会主义核心价值观为中国特色社会主义发展提供价值遵循；二是通过学习习近平总书记在全球抗击新冠疫情背景下的讲话，结合教材内容理解基础概念，阐明社会主义核心价值观为提高国家的文化软实力打造强劲引擎；三是通过全国各族人民共同认同的价值观“最大公约数”，联系历史和现实的实际认可，阐明社会主义核心价值观为提升社会的团结凝聚力筑牢共同基础。

四、教学重难点及解决措施

1. 坚持理论阐述与生动比喻相融通，着重讲活社会主义核心价值观与社会主义核心价值体系的辩证关系。从社会主义核心价值观和社会主义核心价值体系的含义入手，以“巨轮”“灯塔”“底座”为喻，结合教材内容分析和学者理论解读，阐明社会主义核心价值观和社会主义核心价值体系的内在统一性，把两者的辩证关系讲活。

2. 坚持成果展示与理论总结相结合，着重讲透“富强”的强劲首发作用。第一，从对“一本白皮书，‘数说’国家富强”的展示点评入手，结合《人民至上、生命至上的中国答卷——从白皮书看中国抗击疫情历程》新闻资源，阐明中国在抗疫过程中体现的国家富强，把富强的强劲作用讲透；第二，从富强的概念入手，梳理富强一词的历史发展和新时代体现，通过理论总结，把富强的首发作用讲透。

3. 坚持实践回顾与逻辑梳理相统一，着重讲深社会主义核心价值观三个层面的逻辑关系及每一层面词语间的内在建构。第一，从社会主义核心价值观各词的概念入手，阐明该词的历史文化渊源、近代发展、新时代体现和抗疫中的实践，把国家层面的四个价值目标讲深；第二，从中华民族历史思想、近代探索、现实实践三个方面入手，阐明自由是“活力源”、平等是“镇定剂”、公正是“定心丸”、法治是“防护网”，把社会层面的四个价值取向讲深；第三，从溯源历史典籍、回顾抗疫实践入手，阐明爱国是“脉动”、敬业是“刀刃”、诚信是“防线”、友善是“神经”，把个人层面的四个价值追求讲深。

五、教学方法

1. 理论讲授法，重在线上初讲与线下深讲相结合。课前，通过观看线上课程，从理论层面初步把握社会主义核心价值观的由来以及社会主义核心价值观的内涵；课中，基于马克思恩格斯经典理论阐述，从学理上分析价值观内涵与特性，并在解读社会主义核心价值观与社会主义核心价值体系辩证关系后引入前沿理论观点、关联古今思想发展、对比中西思维差异，深入探讨社会主义核心价值观的深刻内涵。通过内涵阐释、前沿引入、逻辑梳理，培养学生的归纳思维和演绎思维。

2. 问题导向法，重在问题引领与探疑求真相结合。新课导入中，用问题“你们为什么学医”引发学生思考。新授环节中，以是什么支撑着榜样们不顾生命危险，毅然前行之问开启关于价值观含义、特性的探讨，在生动比喻下帮助学生理解好社会主义核心价值观相关概念；以什么是富强之问开启关于社会主义核心价值观富强观的探讨，在理论与实践的统一下助力学生明晰社会主义核心价值观具体内涵；以丰富的内涵何以得以彰显之问开启关于社会主义核心价值观精神指引的探讨，在习近平总书记思想指引下推动学生领悟社会主义核心价值观重要作用。课后思考中，以“思考科技伦理与社会主义核心价值观的科学内涵存在哪些契合点？”回应学生在知行合一中的思想困惑，进一步检验课堂教学目标达成情况，教学重难点突破效果。通过正视问题、研讨问题、解决问题，培养学生的批判思维和转化思维。

3. 案例分析法，重在正面案例和反面案例相结合。充分选取临床医学专业的抗疫故事案例，在社会主义核心价值观理论概念阐述中抛出案例，在社会主义核心价值观具体内涵讲解中呼应案例，做到一脉贯穿。刻画“钟南山院士挺身抗疫”、依托“一本白皮书，‘数说’国家富强”，发挥典型人物案例和经典群像案例的榜样引领作用，引发学习榜样与成为榜样、精神认知与精神践行的差距反思；对比中西方在抗疫时的不同表现以及民主自由观的实践差异，激发价值导向与行动逻辑的差异反思。通过典型案例贯通、正向案例浸润、反面案例审视，培养学生的推理思维和辩证思维。

4. 任务驱动法，重在自主学习与交互学习相结合。课前，学生自主学习线上课程两个知识点、翻转课堂“学习资源”中四个热点焦点关注等自主学习任务，教师提前掌握学生新学知识情况；课中，学生应用课堂学习 App 中的头脑风暴、选人等多功能参与课堂互动和研讨，教师及时掌握学生课堂学习情况；课后，通过翻转课堂布置课后思考和推荐阅读，教师持续掌握学生学习反馈情况。通过全人员参与、多功能互动、整过程交流，培养学生的求证思维和递进思维。

六、教学过程

【课前】

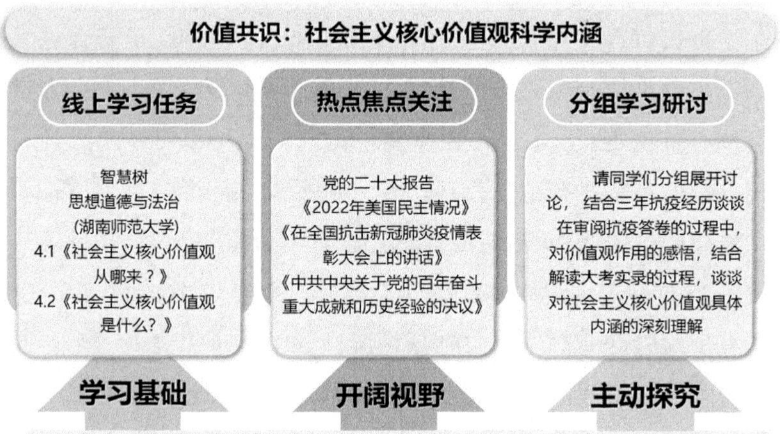

【课中】

环节一：新课导入

同学们好，欢迎来到“思想道德与法治”的课堂，今天我们要学习的主题是“价值共识：社会主义核心价值观科学内涵”。2024年2月9日20时，中央广播电视总台《2024年春节联欢晚会》为全国广大观众献上了一场精彩纷呈的文化盛宴。《健康到到令》中出现了中华传统健身功法八段锦，微电影《争春》中医技法针灸、拔罐“亮相”，中医文化登上春晚的舞台，刮起了中医养生的“大浪潮”。同时，出现在春晚现场的还有“时代楷模”中国援外医疗队群体代表王振常。当他被问到有什么新年愿望时，这位白衣勇士面对镜头露出了腼腆的笑容：“我是医生，所以希望全国人民都健康。”“我是医生”，多么铿锵有力的一句话。

【App选人】同学们，你们为什么选择学医呢？

【教师点评】有的同学是因为那些默默无闻、无私奉献的医者榜样，他们以仁心仁术，守护着每一个生命，用实际行动诠释着医者的使命与担当，让我们看到了医学的崇高与神圣；有的同学是因为亲身经历，深切地感受到了医学的力量与温暖，当病痛侵袭，是医生用他们的专业与细心，驱散了阴霾，因此想要成为那个能为他人带去希望与光明的人；我还听到有的同学说是因为抗疫时期的特殊感受，面对突如其来的疫情，医护人员挺身而出，冲锋在前，他们的身影成为最美的风景线，让我们看到了医学的使命与价值。

【教师总结】确实，三年抗疫如同一座丰碑，深深地镌刻在我们每个人的生命画卷中，成为不可磨灭的印记。抗疫更是一堂天然的、生动的实践课。2020年，一场新冠肺炎疫情突袭大江南北，我们能看到，面对疫情，国家迅速反应，调动各方资源，十余天建成火神山医院、雷神山医院，展现了强大的国家实力和高效的治理能力；国家坚持人民至上、生命至上的原则，全力保障人民的生命安全和身体健康，彰显了民主的价值；我们注重科学防控、信息公开，展现了文明的态度；全国上下万众一心，共同抗击疫情，营造了和谐的氛围。我们能看到，在抗疫过程中，我们尊重每个人的自由权利，但同时也强调个人的责任和义务；我们平等对待每一个感染者，为他们提供及时有效的治疗；我们坚持公正原则，对疫情进行公开透明的报道，防止谣言的传播；各级政府依法依规开展疫情防控工作，维护了社会的稳定和秩序，法治精神得到了充分体现。我们能看到，面对前所未见的对手，各地医疗工作者化身“最美逆行者”在请愿书上留下一个个指印，不计报酬，不论生死，舍小家顾大家，展现了高尚的爱国情怀；广大医护人员日夜奋战在抗疫一线，用自己的实际行动诠释了敬业精神的真谛；广大民众自觉遵守防疫措施，诚实守信地报告自己的健康状况，展现了诚信的品质；邻里之间互帮互助、共克时艰，彰显了友善的社会风尚。习近平总书记指出，“抗疫斗争伟大实践再次证明，社会主义核心价值观、中华优秀传统文化所具有的强大精神动力，是凝聚人心、汇聚民力的强大力量。”① 今天，我们就结合全民抗疫来生动解读社会主义核心价值观的科学内涵。

环节二：审阅非凡答卷，厘清社会主义核心价值观相关概念

在国际社会中，我们听到了这样的声音：“中国采取了历史上最勇敢、最灵活、最积极的防控措施。”“中国人民在抗击疫情中展现的巨大力量和勇气令人赞叹。”“中国对国际社会的贡献有目共睹。”……究竟是一份怎样的答卷，让世界惊叹于中国力量并给予高度赞扬。带着这个疑问，今天就让我们一起从答卷人转换为阅卷人，共同审阅抗疫斗争中的这份“非凡答卷”。

1. 价值观与核心价值观

南山之巅，钟声荡漾，他用专业和担当谱写着医者仁心的赞歌。大家猜到他是谁了吗？没错，他就是钟南山。课前，在翻转课堂“小组教学”中，有三组同学选择了社会主义核心价值观主题的实践作业。有这样一个小组，他们将心中所想凝结成了一封给钟南山的信，接下来，请这组同学诉说他们的真情。同时，老师也会打开 App 上的头脑风暴，大家可以为汇报的小组点赞、打“call”，也可以提出你们的思考困惑，欢迎大家积极参与到同伴互评中来：

① 《习近平关于社会主义精神文明建设论述摘编》，中央文献出版社 2022 年版，第 90 页。

【小组展示一】写给钟南山的一封信

写给钟南山的一封信

敬爱的南山爷爷：

您好！

我是一名在读的00后医学生，自新冠肺炎疫情中得知您的事迹后，一直想写一封信给您。您是我心中的英雄，是义无反顾的战士。

实事求是凝科学，健康所系展专业。2003年初，非典袭来之际，面对前所未有的疾病，您以专业学养和丰富经验，否定了“典型衣原体是非典型肺炎病因”的观点，为及时制定救治方案提供了决策依据。敢下判断，是因为您“查看过每一个病人的口腔”。在抗击新冠肺炎疫情中，无数像您一样的白衣前辈们也以科学专业的精神为广大民众构筑起了看不见的“智慧防线”：您实地考察武汉后，宣布这种新型的肺炎病毒会“人传人”；王辰院士经过调研后首次提出建立方舱医院，应收尽收，应治尽治；张伯礼院士提出的中西医结合方案，有效降低了轻症转重症的比例。正是这实事求是的科学精神，为我国的疫情防控指明了方向。

大医精诚写大爱，躬身入局勇担当。从17年前那一句“把最危重的病人转到我这来”，到17年后“抗击疫情，医生就是战士，我们不冲上去谁冲上去？”您肩上始终扛着医者的担当。您说：“我最大的幸福，是始终站在治病救人一线。”您这么说，也真正做到了。我敬佩无数和您一般的医者前辈的担当。华中科技大学同济医学院附属协和医院医生“请赴一线”的申请书，彰显了医者仁心的责任与担当；“我必须跑得更快，才能从病毒手里抢回更多的病人”，身患渐冻症的张定宇院长，以其不停奔波的脚步，诠释了院长的担当；“我是党员，我不去谁去？”病毒消杀专家王新彪，在赶赴武汉前说与妻子的这句话，体现了党员的担当。可敬的白衣前辈们，用实际行动书写了当代医者的“硬核”担当。

逆行出征战新冠，生命相托显仁心。和现实中的风尘仆仆相映衬，您老在网络世界里也很“忙”，您的名字反复出现在各种“提醒”“呼吁”中，大到“目前不要出行”，小到摘口罩的方式，仿佛都想听您一言、看您一行。

是啊，我们看不到您如何作战，我们只知道我们的对手是病毒，是死神。但有您在，我们就很安心。让人欣慰的是，这场没有硝烟的战争并非一个人的孤军奋战，而是无数如您一样的逆行者们的携手同行，并肩作战。不眠不休，坚持不怠，责任扛肩上奔波不歇的领导干部，用心用情服务群众；戎装笔挺，神情威严，夜半黎明下执勤值守的派出所民、辅警，一丝不苟护佑平安；主动请缨，大义凛然，大街小巷里无私奉献的志愿群体，红甲飞舞传递温暖。无数生命“守护者”顶着风险不退缩，用使命责任勾勒出最暖人心的色彩，构筑起防疫最美的风景。

南山爷爷，我想告诉您，作为一名医学生，我和同学们一直以您为榜样。面对疫情的严峻挑战，我们学院的学长学姐们也能毅然决然地投入到发热门诊的排查工作中、核酸检测工作中，他们的行动也让我感受到了医者新星们的仁心。

我相信，在无数优秀的榜样引领下，我也能够成为一名优秀的医者，为人类的健康事业贡献自己的力量。

此致

敬礼！

2024 年 5 月 19 日

一名十分敬仰您的医学生

【教师点评】谢谢这一组同学的汇报。他们用书信的独特方式向钟南山爷爷诉说肺腑之言，《人民日报》这样评价：84 岁的钟南山，有院士的专业，有战士的勇猛，更有国士的担当。同学们的字里行间也流露出对千万医护人员及各行各业生命“守护者”的敬佩与赞美之情。

那同学们，是什么支撑着榜样们不顾生命危险，毅然前行呢？归根结底是因为坚韧高尚的价值观。那么，价值观是什么？它又有怎样的特性呢？

价值观的含义：“我们生而为中国人，最根本的是我们有中国人的独特精神世界，有百姓日用而不觉的价值观。”[①]“价值观就是主体对客体有无价

① 习近平：《论党的青年工作》，中央文献出版社 2022 年版，第 74 页。

值、价值大小的立场和态度，是对价值及其相关内容的基本观点和看法。”①

价值观的特性：第一，价值观反映着特定的时代精神。马克思主义认为，“随着每一次社会秩序的巨大历史变革，人们的观点和观念也会发生变革”②。“有什么性质的社会存在，就会有什么性质和内容的价值观。抽象的、超历史的、一成不变的价值观是不存在的。”③面对疫情大考，从白衣天使到人民子弟兵，从科研人员到社区工作者，从志愿者到工程建设者，从古稀老人到90后、00后青年一代，无数人以生命赴使命、用挚爱护苍生，将涓滴之力汇聚成磅礴伟力，构筑起守护生命的铜墙铁壁，反映出伟大的抗疫精神。第二，价值观体现着鲜明的民族特色。“一个民族在长期的共同生活和实践的基础上，逐渐形成具有该民族特色的价值观，并通过历史的积淀和升华，使之成为该民族文化传统的核心和灵魂。”④在抗疫考验中彰显出“仁、和、精、诚”的中医药价值观，体现了医者仁心的传统美德和追求天人合一、和谐共生的理念，展示了中医药对精湛医术的追求和中医药行业诚实守信的职业操守，蕴含着中华民族深厚的文化底蕴和独特的伦理道德，深刻体现了鲜明的民族特色。第三，价值观蕴含着特定的阶级立场。马克思、恩格斯在《德意志意识形态》一书中谈到：“统治阶级的思想在每一时代都是占统治地位的思想。”⑤疫情之下，特定的阶级立场体现在集体主义和个人主义的对比中。中国的集体主义体现了社会整体利益至上的价值观，凸显了人民团结的阶级立场；西方文化中的个人主义则与这种价值观背道而驰。

核心价值观的含义：“任何一个社会都存在多种多样的价值观念和价值取向，要把全社会意志和力量凝聚起来，必须有一套与经济基础和政治制度相适应并能形成广泛社会共识的核心价值观。”“核心价值观是一定社会形态、

① 本书编写组：《思想道德与法治》，高等教育出版社2023年版，第108页。
② 《马克思恩格斯全集》第10卷，人民出版社1998年版，第253页。
③ 本书编写组：《思想道德与法治》，高等教育出版社2023年版，第108页。
④ 本书编写组：《思想道德与法治》，高等教育出版社2023年版，第108页。
⑤ 《马克思恩格斯选集》第1卷，人民出版社2012年版，第178页。

社会性质的集中体现，在一个社会的思想观念体系中处于主导地位，体现着社会制度的阶级属性、社会运行的基本原则和社会发展的基本方向。”①“核心价值观，其实就是一种德，既是个人的德，也是一种大德，就是国家的德、社会的德。”②通过遵循核心价值观，人们能够建立和维护良好的人际关系，促进社会的和谐与稳定。因此，核心价值观被视为一种道德标准，将核心价值观归结为一种德，是对核心价值观本质的高度提炼和概括。

2. 社会主义核心价值观与社会主义核心价值体系

通过线上课程“社会主义核心价值观从哪来?”这一知识点的学习，我们了解了社会主义核心价值观的来源，但要深入理解社会主义核心价值观，要重点从核心价值观的社会主义属性的角度去理解。

社会主义核心价值观的含义：中华人民共和国成立以来特别是改革开放以来，中国共产党带领全国人民在长期的理论与实践中走出一条中国特色社会主义道路，与之相适应，是能主导全社会思想道德观念和行为方式的核心价值观。党的十八大提出，“倡导富强、民主、文明、和谐，倡导自由、平等、公正、法治，倡导爱国、敬业、诚信、友善，积极培育和践行社会主义核心价值观。”③

社会主义核心价值体系的含义：如果社会是一艘巨轮，那么社会主义核心价值观则是它明亮的灯塔，而社会主义核心价值体系就是它坚固的底座。巨轮的底座由“马克思主义指导思想、中国特色社会主义共同理想、以爱国主义为核心的民族精神和以改革创新为核心的时代精神、社会主义荣辱观”④共同构成。

社会主义核心价值观与社会主义核心价值体系的辩证关系：巨轮的底座与灯塔并非孤立存在，它们相互依存，共同维系船只的航行安全。从社会主义核心价值体系到社会主义核心价值观，不仅是对理论的深化和完善，更是

① 本书编写组：《思想道德与法治》，高等教育出版社 2023 年版，第 108—109 页。
② 《习近平关于社会主义精神文明建设论述摘编》，中央文献出版社 2022 年版，第 103 页。
③ 《习近平关于社会主义精神文明建设论述摘编》，中央文献出版社 2022 年版，第 97 页。
④ 本书编写组：《思想道德与法治》，高等教育出版社 2023 年版，第 110 页。

对实践的总结和提高。“社会主义核心价值观是社会主义核心价值体系的精神内核；它体现了社会主义核心价值体系的根本性质和基本特征；反映了社会主义核心价值体系的丰富内涵和实践要求，是社会主义核心价值体系的高度凝练和集中表达。”① 而社会主义核心价值观的璀璨光芒，又反过来滋养着社会主义核心价值体系。“社会主义核心价值观与社会主义核心价值体系具有内在一致性，都体现了社会主义意识形态的本质要求，体现了社会主义制度在思想和精神层面的质的规定性，是全面建成中国特色社会主义现代化强国、实现第二个百年奋斗目标的价值引领。”②

通过学习中小学思政课，我们早已把社会主义核心价值观这 24 个字熟记于心，但却对其丰富内涵、辩证关系、价值思辨等还缺乏深入理解和系统把握，所以，结合抗疫大考，更深入、更全面地明晰社会主义核心价值观的科学内涵尤为重要。

环节三：解读大考实录，明晰社会主义核心价值观科学内涵

“社会主义核心价值观把涉及国家、社会、公民的价值要求融为一体，体现了社会主义本质要求，继承了中华优秀传统文化，吸收了世界文明有益成果，体现了时代精神，是对我们要建设什么样的国家、建设什么样的社会、培育什么样的公民等重大问题的深刻解答。”③

1. 国家发展的鲜明刻度：富强、民主、文明、和谐

主要“回答了我们要建设什么样的国家这一重大问题，揭示了当代中国经济社会发展的价值目标，从国家层面标注了社会主义核心价值观的时代刻度。”④

（1）强壮富强“筋骨”，挺起国之“脊梁”

欣赏完第一组的真情书信，还有另外两组同学也有话要说，下面有请第

① 本书编写组：《思想道德与法治》，高等教育出版社 2023 年版，第 110 页。

② 本书编写组：《思想道德与法治》，高等教育出版社 2023 年版，第 110 页。

③ 本书编写组：《思想道德与法治》，高等教育出版社 2023 年版，第 110—111 页。

④ 本书编写组：《思想道德与法治》，高等教育出版社 2023 年版，第 111 页。

二组同学的代表来为大家做展示。

【小组展示二】一本白皮书，“数说”国家富强

大家好，我是国泰民安组的代表。2020 年 6 月 7 日发布的《抗击新冠肺炎疫情的中国行动》白皮书，以约 3.7 万字的篇幅，记录中国人民抗击疫情的伟大历程。白皮书通篇用事实说话、用数据说话，今天，就让我们一起翻阅这本“白皮书”，用三组数据数说抗疫时期的国家“富强”。

10 天时间——“基建狂魔”再创新迹，展示国家富强之基。2020 年的冬天，我们见证了 10 天从无到有，建成了一座占地 34000 平方米、拥有 1000 个床位的传染病医院——火神山医院。这在全球范围内通常至少需要两年时间，而中国仅用了 10 天。为确保建设工地的电力供应，国家电网调配 260 余名电力职工连续 24 小时不间断工作，确保电缆铺设与医院建设同步推进；为满足现场通信需求，中国移动、中国电信、中国联通等通讯企业齐心协力，在短短 36 小时内实现了 5G 信号的全面覆盖，确保了通讯的稳定与顺畅；当工地缺乏原材料，顺丰、中通等企业紧急开通绿色通道，从海内外各地向武汉运输救援物资。

83 个项目——“科技领跑”助力抗疫，彰显国家富强之力。白皮书指出，科学技术是人类同疾病较量的锐利武器，人类战胜大灾大疫离不开科学发展和技术创新。中国充分利用大数据、人工智能等新技术，进行疫情趋势研判，开展流行病学调查，努力找到每一个感染者、穷尽式地追踪密切接触者并进行隔离。追风逐电，那是日新月异的科技智慧。

14 亿人民——“东方巨龙”和衷共济，铸牢国家富强之盾。人民是中国抗疫斗争的最大底气和力量源泉。短短两个月，全国共调集 346 支国家医疗队、4.26 万名医务人员、900 多名公共卫生人员驰援湖北。14 亿中国人民，不分男女老幼，不论岗位分工，都自觉投入抗击疫情的人民战争，坚韧团结、共克时艰，凝聚起抗击疫情的磅礴力量。14 亿中国人民都是抗击疫情的伟大战士。

白皮书中一个个令人惊叹的数据展现出“大考”之下的中国行动，这既是一个国家抗疫历程的全景记录，更凝结着 14 亿国人共同的“战斗”记忆，也体现了国家富强的磅礴力量。秉持在战“疫”中锻造的信念，积淀在斗争中淬炼的启示，我们必将战胜前进路上一切艰难险阻，书写中华民族复兴伟业新的辉煌。

【教师点评】谢谢第二组同学的汇报。他们从白皮书中谈了中国在抗疫过程中体现的国家富强。“各行各业”的建筑伟力为抗疫穿上“防护铠甲”，展现国家富强之基；“科技领跑”的技术攻关为抗疫植入“智慧大脑”，彰显国家富强之力；“和衷共济”的民族后盾为抗疫挺起“钢筋铁骨”，铸牢国家富强之盾。我们看到，国家富强并非偶然，它来自各行各业的齐心协力，来自科学技术的智慧加持，更来自无数国人的责任担当。

【教师总结】所以，什么是富强？“富强，就是人民富裕和国家的强盛。富强在于富民，即人民富裕。社会主义生产力的发展，国家财富的创造，其根本目的都在于丰富人民的物质生活和精神生活。富强还在于强国，即国家强盛，体现为国家拥有强大的综合国力。”“富强是促进社会进步、人的自由全面发展的物质基础。”①“富强”这一中国人民不懈的价值追求不是凭空而来的，也不是头脑中所固有的，而是有着深厚的文化渊源。如《管子》称：“主之所以为功者，富强也。”屈原在《九章》中写道：“国富强而法立兮。”中国历史有过的辉煌篇章，如文景之治、贞观之治、开元盛世等，都展现了国家繁荣与人民富足的壮丽图景。经历过近代中华民族面临的危难关头，中国共产党自成立以来，就把国家富强这一目标写进了不同时期的党的大会报告或《党章》中。如今，“富强”作为“富强民主文明和谐美丽的社会主义现代化强国”奋斗目标的打头之词，是社会主义现代化建设的基本价值目标，“是民主、文明、和谐的物质保障和坚实基础”②。

（2）找准民主“穴位”，打通国之“经络”

“民主指的是社会主义民主，是人民当家作主，不是由别人作主，也不

---

① 本书编写组：《思想道德与法治》，高等教育出版社2023年版，第111页。

② 桂理昕：《富强民主文明和谐：国家层面的核心价值追求》，《广西日报》2014年2月27日。

是由少数人作主。"[①] 如果说富强是民主、文明、和谐的物质保障和坚实基础，那么"民主就是富强、文明、和谐的活力之源和制度支撑。"[②]

民主思想，如长河之水，浸润着中华民族的历史脉络。中国长期实行封建制度，在君主专制下也包含着丰富的民本政治思想，比如《尚书·五子之歌》中强调"民惟邦本，本固邦宁"，《孟子·尽心下》提出"民为贵，社稷次之，君为轻"，《荀子》中讲到"天之生民，非为君也；天之立君，以为民也"等。它们不仅对君权进行了有效制约，同时也体现了中华民族朴素的民主理念。近代以来，中国人民一直追求着民主政治。辛亥革命推翻了清朝封建帝制，建立了中华民国，初步尝试了民主共和政体；"五四运动"促进了民主思想的传播，激发了民众对民主的追求；而新中国成立，中国共产党领导全国各族人民建立了人民民主专政的国体，实现了人民当家作主，打下人民民主的政治前提，后来的社会主义改造更是为人民民主奠定了制度基础。党的十一届三中全会以来，我们开创了中国特色社会主义民主发展的新道路。进入新时代，中国特色社会主义民主政治展现出了更加旺盛的生命力和更加辉煌灿烂的发展前景。

习近平总书记更是深刻指出："我们走的是一条中国特色社会主义政治发展道路，人民民主是一种全过程的民主"[③]。什么是全过程人民民主？"全过程人民民主，实现了过程民主和成果民主、程序民主和实质民主、直接民主和间接民主、人民民主和国家意志相统一，是全链条、全方位、全覆盖的民主，是最广泛、最真实、最管用的民主。"[④] 最广泛？最真实？最管用？孰真孰假？可以说，在新冠疫情这场百年未有的世界公共安全危机中，民主的孰真孰假清晰可见。"我们倡导的民主是广泛的民主，绝不以牺牲多数人利益为代价来保护少数人的利益，同时又尊重和照顾少数人，充分反映和协调

① 本书编写组：《思想道德与法治》，高等教育出版社 2023 年版，第 112 页。

② 桂理昕：《富强民主文明和谐：国家层面的核心价值追求》，《广西日报》2014 年 2 月 27 日。

③ 《习近平关于尊重和保障人权论述摘编》，中央文献出版社 2021 年版，第 25 页。

④ 本书编写组：《思想道德与法治》，高等教育出版社 2023 年版，第 112 页。

各方面的意愿和利益。”① 在疫情高峰期间，医疗资源紧张，政府通过科学调度，确保医疗资源的公平分配，既保障了重症患者的救治，也关注到了轻症患者和疑似患者的需求，体现最广泛的民主实践。“我们倡导的民主是真实的民主，没有门槛，不受财产、地位、民族、性别、宗教等因素限制，使每个人都享有平等的政治权利。”② 在疫情防控期间，政府积极倾听民意，及时回应人民关切，科学决策，制定并实施了一系列有效的防控措施，这些措施既保障了人民的生命安全和身体健康，又尊重了人民的知情权、参与权和监督权，体现最真实的民主实践。“我们倡导的民主是高效的民主，既真切全面地反映人民意愿，又致力于尽快形成统一意志、统一行动，以解决实际问题。”③ 在疫情防控的关键时刻，为有效阻断病毒传播链，各大城市果断采取封城居家隔离措施，迅速统一了全市的防控行动，有效遏制了疫情的扩散，同时政府积极倾听民众声音，通过线上渠道广泛收集并响应居民的生活需求，调整和优化物资配送策略，确保居民在居家隔离期间的基本生活得到保障，体现最管用的民主实践。

如果说，富强和民主如同璀璨的明珠，那么文明则是镶嵌其中的耀眼之光。可以说，富强、民主与和谐得以实现离不开文明的精神动力和智力支持。④

（3）温养文明“丹田”，坚实国之“魂魄”

“文明是社会进步的重要标志，也是社会主义现代化国家的重要特征。社会主义核心价值观倡导的文明包括物质文明、政治文明、精神文明、社会文明、生态文明，是全面建设社会主义现代化国家的题中应有之义，是实现中华民族伟大复兴的重要支撑。”⑤

---

① 人民日报社评论部：《任仲平十年精选》，人民出版社 2016 年版，第 61 页。

② 人民日报社评论部：《任仲平十年精选》，人民出版社 2016 年版，第 61 页。

③ 人民日报社评论部：《任仲平十年精选》，人民出版社 2016 年版，第 61 页。

④ 参见桂理昕：《富强民主文明和谐：国家层面的核心价值追求》，《广西日报》2014 年 2 月 27 日。

⑤ 本书编写组：《思想道德与法治》，高等教育出版社 2023 年版，第 112—113 页。

中华文明积淀深厚，汉语中的“文明”一词，最早出自《易经》。《乾》卦：“见龙在田，天下文明”。远古时期，祖先们创造了灿烂的原始文明，夏商周三代相继兴起，青铜文化、礼乐制度、文字书法繁荣，奠定中华文明基石；春秋战国时期百家争鸣，思想空前繁荣，秦汉一统天下，万里长城、兵马俑等文化瑰宝，让中华文明迈入新纪元；唐宋元明清更是中华文明的巅峰时期，唐诗、宋词、元曲、明清小说，中华文明熠熠生辉，四大发明、医学药学等科技文明为人类文明做出巨大贡献。在近代中国，文明的发展经历了曲折而坚定的历程。随着西方文明的传入和本土文化的自我革新，中国逐渐摒弃了封建残余，迈向了现代化的大门。教育普及、科技进步、文艺繁荣、社会制度变革等多个方面共同推动了文明的进步。新中国成立后，中国迅速投身于社会主义建设的伟大事业中，文明的发展进入了一个崭新的阶段。正是薪火相传的文明火种，孕育了泱泱中华五千年文明古国。随着时代变迁，社会主义核心价值观的“文明”观念如春风拂面，为古老的文明注入生机与活力，形成了符合时代的社会主义文明观，不仅继承传统文明智慧，更张开双手拥抱现代文明。党的二十大报告指出，“中国式现代化是物质文明和精神文明相协调的现代化。”[①] 在推进中国式现代化的大道上，我们要“改进创新文明培育、文明实践、文明创建工作机制”[②]，还要构建中华文明标识体系。如今，中国不仅在物质文明上取得了举世瞩目的成就，更在精神文明、政治文明、社会文明和生态文明等方面取得了全面进步。面对疫情，一方有难、八方支援，这种集体主义精神，正是中华文明深厚底蕴的体现；科学家们夜以继日地研究病毒特性、开发疫苗和药物，医护人员不畏艰险、冲锋在前，体现了中华文明尊重自然、顺应自然的哲学思想；文明的力量不仅为抗击疫情提供了有力支撑，也为推动社会文明进步、构建人类命运共同体贡献了中国智慧和中国方案。

① 习近平：《高举中国特色社会主义伟大旗帜　为全面建设社会主义现代化国家而团结奋斗——在中国共产党第二十次全国代表大会上的报告》，人民出版社2022年版，第22页。

② 《中共中央关于进一步全面深化改革　推进中国式现代化的决定》，人民出版社2024年版，第33页。

富强、民主、文明要得以实现离不开和谐的环境和条件。①

（4）工于和谐“稍节”，调和国之“气血”

“和谐是中华文明的核心价值理念。社会主义核心价值观倡导的和谐，是人与人、人与社会、人与自然以及人的自我身心的有机统一。和谐的中国，是民主与法治相统一、公正与效率相统一、活力与秩序相统一、人与自然相统一的社会主义国家。和谐的中国，秉持世界持久和平的理想，心系人类共同繁荣的命运，担当可持续发展的历史责任。”②

习近平总书记指出，“中华民族历来是爱好和平的民族，中华文化崇尚和谐”。③中国“和”文化源远流长，蕴涵着天人合一的宇宙观、协和万邦的国际观、和而不同的社会观、人心和善的道德观。比如，儒家的“仁民爱物”、道家的“道法自然”等都将人与自然和谐共生作为最高境界，蕴涵着天人合一的宇宙观；孟子主张“春秋无义战”，提倡王道，倡导国与国之间和平共处、互利共赢，蕴涵着协和万邦的国际观；“君子和而不同，小人同而不和”，尊重多样性，追求共识而非一致，蕴涵着和而不同的社会观；《大学》上说：“大学之道，在明明德，在亲民，在止于至善”，这句话强调了人与人之间的善意与和睦，蕴涵着人心和善的道德观。中国近代的和谐思想，与当时的社会动荡、民族危机紧密相连。孙中山先生提出的“三民主义”强调通过改善民众生活，实现社会的和谐与稳定；毛泽东也提出了“工农联盟”“人民民主专政”等思想，旨在通过实现人民内部的和谐，推动社会的整体进步；进入新时代，和谐思想在中国焕发出新的活力，它致力于解决人民群众最关心的问题，让发展成果惠及全体人民；注重人与自然的和谐共生，推动绿色发展，保护生态环境；在国际舞台上，中国秉持和平发展理念，积极参与全球治理，为构建人类命运共同体贡献力量。这种“和”文化，既是中国人民的精神支柱，也是中华民族贡献给世界的和平与智慧的宝

① 参见桂理昕：《富强民主文明和谐：国家层面的核心价值追求》，《广西日报》2014 年 2 月 27 日。

② 本书编写组：《思想道德与法治》，高等教育出版社 2023 年版，第 113 页。

③ 《习近平外交演讲集》第一卷，中央文献出版社 2022 年版，第 170 页。

贵财富。

在抗疫过程中，全国上下齐心协力、众志成城，这种团结互助、共克时艰的精神风貌，正是和谐思想所倡导的和谐社会的生动写照。同时，中国及时分享防控经验和治疗方案，向其他国家提供力所能及的帮助，这种国际的和谐与合作，不仅有助于共同应对全球公共卫生挑战，也促进了国际社会的和谐稳定。

在国家层面中，“富强”如强健的筋骨，为国家提供坚实的物质基础，挺起国之脊梁，那是我们坚定的信仰和追求；“民主”如同精准的穴位，调节社会秩序，确保国家平稳运行，打通国之经络，让国家的政策和制度能够畅通无阻地运行；“文明”则如深厚的丹田，蕴藏着国家的文化底蕴和精神力量，坚实国之魂魄，塑造了国家的精神面貌和价值观念；“和谐”则如灵活的稍节，使国家各部分协调统一，调和国之气血，确保了国家的发展和稳定。这四者像一根根坚实的支柱，支撑着国家的繁荣与稳定。然而，国家的繁荣稳定离不开社会的发展进步。

2. 社会进步的重要标志：自由、平等、公正、法治

这一层面“反映了人们对美好社会的期望和憧憬，是衡量现代社会是否高度发展、充满活力、和谐有序的重要标志。这一价值追求回答了建设什么样的社会的重大问题，与实现国家治理体系和治理能力现代化的要求相契合，揭示了社会主义社会发展的价值取向。”①

（1）涵养社会自由，蓄足“活力源”

社会主义核心价值观倡导的自由，不是少数人的、形式上的、虚伪的自由，而是绝大多数人的、实质上的、真实的自由；不是凌驾于社会利益之上的、绝对的个人自由，而是受到法律和规范制约、权利和义务对等的自由；不是超越发展阶段和现实承受能力的自由，而是与一定的经济社会发展条件相适应的自由；不只是追求物质生活的改善，更重要的是保证人民充分享

① 本书编写组：《思想道德与法治》，高等教育出版社 2023 年版，第 113 页。

有发展自我、实现自我的机会，使每个人都能人生出彩、梦想成真。[①] 党的十八大把“自由”上升到社会主义核心价值观，充分体现了“自由是社会活力之源，是社会主义的价值理想。”[②]“自由作为社会层面核心价值观的第一要素，是平等、公正、法治的目标追求，也是“社会活力和创造力生成的基本前提”[③]。

梳理中华民族数千年文明史，我们可以明确，“中华民族是有自由精神和自由传统的”[④]。孔子“追求一种率性而为、自然和谐的自由境界”[⑤]，提出“从心所欲不逾矩”；老子追求无欲无为、回归自然的自由境界，主张“人法地，地法天，天法道，道法自然”等，这些观念都蕴含了丰富的自由思想。近代以来，中华儿女更是为争取民族独立、人民自由不屈不挠，先后“夺取新民主主义革命伟大胜利、完成社会主义革命和推进社会主义建设、进行改革开放和社会主义现代化建设、开创中国特色社会主义新时代”[⑥]，促进了人的自由全面发展，人民自由在中国特色社会主义事业中得到了切实的保障和真正实现，从古至今，“自由”始终流淌在中华民族的血液中。

然而，中国倡导的“自由”不同于西方文化的“自由”，马克思认为，资产阶级的自由观念建立在“私有财产神圣不可侵犯”的基础上，是狭隘、局限的自由，而中国的自由建立在社会主义的基础上，是每个人都享有的自由。中国的自由是共同的自由，“是人类社会的美好向往，也是马克思主义追求的社会价值目标”[⑦]。那我们怎样做才能涵养社会共同自由呢？

（2）保障社会平等，注入“镇定剂”

“社会主义核心价值观倡导的平等，是兼顾效率与公平的平等，不是‘不

① 参见本书编写组：《思想道德与法治》，高等教育出版社 2023 年版，第 114 页。

② 本书编写组：《思想道德与法治》，高等教育出版社 2023 年版，第 114 页。

③ 《自由平等公正法治：社会层面的核心价值追求》，《广西日报》2014 年 3 月 4 日。

④ 魏建国：《自由：社会主义核心价值观的一个基本要素》，《理论学刊》2014 年第 3 期。

⑤ 史为磊：《论作为社会主义核心价值观的“自由”》，《中共福建省委党校学报》2013 年第 4 期。

⑥ 当代中国研究所：《新时代这十年（2012—2022）》，人民出版社 2023 年版，第 56 页。

⑦ 布和朝鲁：《富民论》，人民出版社 2013 年版，第 213 页。

患寡而患不均’的绝对平均主义；是实实在在的平等，不是落在法律文本上的‘形式上的平等’；是要让人人都能公平行使社会权利、履行社会义务、分享社会成果，政治上平等参与、经济上共同富裕、文化上共建共享，同祖国和时代一起成长进步。平等体现了人类追求的美好状态。”①

什么是社会平等？溯源传统文化，是《墨子·尚贤上》中“官无常贵而民无终贱，有能则举之，无能则下之”的机会平等；是《法经》中“不别亲疏，不殊贵贱，一断于法”的法律平等；是《论语·卫灵公》中“有教无类”的教育平等。

什么是社会平等？追溯奋斗历程，有我们手中紧握着女性人大代表这一身份的象征；有听到孙中山感叹：“余致力国民革命，凡四十年，其目的在于求中国之自由平等”；有见证中国共产党带领人民‘打土豪，分田地’，最终废除了封建土地所有制；心里明白，中华民族矢志不渝地追求着社会平等。立足中国特色社会主义新时代，人民平等参与、平等发展权利取得显著进展：城乡区域发展和居民生活水平差距明显缩小，基本公共服务实现更加均等化，高等教育也步入了普及化阶段。习近平总书记特别强调，“全面建成社会主义现代化强国，一个民族也不能少。”②

什么是社会平等？回顾新冠疫情，中国始终坚持生命至上的理念，无论是新生婴儿还是百岁老人，都全力以赴地保护他们的生命，让人的生命、价值和尊严得到平等尊重。中国也坚持一律平等原则，“向其他出现疫情的国家和地区提供了力所能及的援助——得知日方新冠病毒核酸检测试剂不足，中方紧急捐赠一批检测试剂盒；韩国大邱疫情形势严峻，中方紧急筹备大量医用口罩；伊朗疫情暴发，中方紧急捐赠一批核酸检测试剂盒及医疗设备，并派出中国专家组驰援……”③ 中国的这些平等保障行动，为国际社会注入了一剂安全的“镇定剂”。

① 本书编写组：《思想道德与法治》，高等教育出版社 2023 年版，第 114 页。

② 习近平：《铸牢中华民族共同体意识　推进新时代党的民族工作高质量发展》，《求是》2024 年第 3 期。

③ 《战“疫”行动，需要平等之光照耀》，《人民日报》2020 年 3 月 2 日。

究竟人民在什么样的条件下才能实现真正的社会自由平等呢？“存在剥削制度和剥削阶级的社会中，平等不可能真正实现。资本主义私有制是社会分配不公的制度根源，必然导致社会贫富分化和阶级对立。只有在社会主义社会中，生产资料公有制代替私有制，剥削制度不复存在，人民才有真正实现平等的可能。”①

（3）维护社会公正，服下“定心丸”

社会主义核心价值观倡导的公正，不只是强调机会平等和程序正义的公正，更是兼顾结果的公正，体现在社会生活各个领域、各个层次、各个方面的公正。所以，公正是人类社会进步的标尺，是社会主义制度的本质要求。② 公正是“社会自由平等的条件”③，也是“法治的生命线”④。

作为共同理想的公正思想，与中国古代《礼记》描述的“大道之行也，天下为公”的大同理想相契合。《论语·季氏》中说：“有国有家者，不患寡而且患不均。”《淮南子·修务训》中写道，“公正无私，一言而万民齐。”中国古代先哲对公平正义这样理解。那中华儿女是怎么一步步将公正的理想转化为生动实践的呢？新民主主义革命时期，中国共产党消除内乱、打倒军阀，建设公正和平社会；社会主义革命和建设时期，党进入公正的探索阶段，如在政治层面，党通过建立人民民主专政的国体，确立人民代表大会制度为政体，确保了政治上的公平正义；在改革开放和社会主义现代化建设新时期，探索进一步发展，以经济制度为例，党提出了以公有制经济为主体、多种所有制经济共同发展的经济制度和以按劳分配为主体、多种分配方式并存的分配制度，推进了经济上的公平正义；进入中国特色社会主义新时代，党对社会公正的探索也进入创新阶段，主要集中在经济公正、司法公正和社会公正以及国际社会公正等方面。如党的十九届五中全会在提出“十四五”时期经济社会发展必须遵循的原则时就明确了“促进社会公平，增进民生福

① 本书编写组：《思想道德与法治》，高等教育出版社 2023 年版，第 114 页。

② 参见本书编写组：《思想道德与法治》，高等教育出版社 2023 年版，第 115 页。

③ 《自由平等公正法治：社会层面的核心价值追求》，《广西日报》2014 年 3 月 4 日。

④ 《习近平关于尊重和保障人权论述摘编》，中央文献出版社 2021 年版，第 145 页。

祉”的内容。一系列的探索和发展，一个个新阶段的更替，中国共产党筑牢了社会公正的精神支柱，契合人民对于新时代的向往追求。

在抗疫这场艰苦卓绝的大战中，有人问，全球范围内突发的疫情伴随着远超现有人力和物力资源的医疗保健需求，应对这一紧急局面，究竟是遵循先到先得的原则平等地对待所有人？①还是以资本占有的多少来选择进入重症监护病房的患者？回顾公正的内涵，可以说社会主义核心价值观的公正始终是以保护公众生命安全与健康为思考起点，平等公正地对待每一个人。那如果出现挑战公正底线的情况该如何应对？

（4）建设社会法治，织密“防护网”

社会主义核心价值观倡导的法治，不是片面强调司法独立、推行三权分立，更不是对资本主义法治理念的照抄照搬，而是立足中国的社会现实和文化传统，坚持党的领导、人民当家作主、依法治国的有机统一。②“法治是人类政治文明的重要成果，是现代社会的主要特征。”③从四者关系来看，法治是自由、平等、公正最有效的保障。

中华优秀传统法律文化就蕴含着丰富的法治思想。比如，“国无常治，又无常乱，法令行则国治，法令弛则国乱。”“法，国之权衡也，时之准绳也。权衡所以定轻重，准绳所以正曲直。”无不体现着对法律、规则的重视。新中国成立后，党带领人民确立“五四宪法”等一系列重要法律，“实现从‘旧法统’到‘新法制’的历史性转变”④；改革开放时期，形成中国特色社会主义法律体系。今天，法治建设进入了全面依法治国新时期，习近平总书记在党的二十大报告中指出，“社会主义法治国家建设深入推进，全面依法治国总体格局基本形成，中国特色社会主义法治体系加快建设，司法体制改革取

① 参见肖巍：《新冠肺炎疫情下的“生命公正”》，《社会主义核心价值观研究》2020年第3期。

② 参见任仲平：《凝聚当代中国的价值公约数——论培育和践行社会主义核心价值观》，《人民日报》2015年4月20日。

③ 本书编写组：《思想道德与法治》，高等教育出版社2023年版，第115页。

④ 是说新语：《一文梳理法治体系建设的发展脉络》，2022年02月20日，见http://www.qstheory.cn/laigao/ycjx/2022-02/20/c_1128397551.htm。

得重大进展，社会公平正义保障更为坚实，法治中国建设开创新局面。”① 党的二十届三中全会更是强调，“法治是中国式现代化的重要保障。必须全面贯彻实施宪法，维护宪法权威，协同推进立法、执法、司法、守法各环节改革，健全法律面前人人平等保障机制，弘扬社会主义法治精神，维护社会公平正义，全面推进国家各方面工作法治化。”②

疫情关头，我国充分发挥法治的保障作用，依法防控、依法治理。在立法方面，出台了包括传染病防治法、动物防疫法、突发公共卫生事件应急条例等一系列法律法规，建立起比较完备的公共卫生事件应急工作法律制度体系；在执法、司法环节，严厉打击惩处暴力伤医、故意传播病毒、利用疫情牟取暴利等违法行为，使疫情防控始终在法治轨道上运行。正是因为心中明法，行为守法，社会法治“防护网”才能真正牢不可破。

在社会层面中，“自由”是平等公正法治的追求，“平等”是自由公正法治的基础，“公正”是自由平等法治的前提，“法治”则是自由平等公正的保障，四者相互支撑，相互促进，共同指向一个活力四射的现代社会。但国家层面的富强民主文明和谐、社会层面的自由平等公正法治，都离不开个人层面的价值践行。

3. 公民善成的基本规范：爱国、敬业、诚信、友善

“这一价值追求回答了我们要培育什么样的公民的重大问题。有了这样的价值追求，人们才能更好地处理个人与国家、社会、他人的关系，不断提升自己的人生境界。”③

（1）激发爱国“脉动”，筑牢民族“精神脉络”

“爱国是最深沉、最持久的情感，是每个公民应当遵循的最基本的价值

---

① 习近平：《高举中国特色社会主义伟大旗帜　为全面建设社会主义现代化国家而团结奋斗——在中国共产党第二十次全国代表大会上的报告》，人民出版社 2022 年版，第 10 页。

② 《中共中央关于进一步全面深化改革　推进中国式现代化的决定》，人民出版社 2024 年版，第 29—30 页。

③ 本书编写组：《思想道德与法治》，高等教育出版社 2023 年版，第 115 页。

准则，也是中华民族的优良传统。”[①] 社会主义核心价值观倡导的爱国，并非一种抽象的情感，而是一种具体的行动指南。今天的我们，在“优化英模人物宣传学习机制，创新爱国主义教育和各类群众性主题活动组织机制”[②] 上持续发力。只有坚持不懈地培育和践行“爱国”的价值理念，才能“增强各族群众对伟大祖国的认同、对中华民族的认同”[③]，朝着社会主义核心价值观的国家和社会层面的目标迈进。

“‘爱国’最早见于《战国策·西周策》，‘周君岂能无爱国哉？’”[④] 在漫长的历史长河中，爱国演化为“入则无法家拂士，出则无敌国外患者，国恒亡”的国家生死存亡的忧患意识，“居庙堂之高则忧其民，处江湖之远则忧其君”的期盼国泰民安的忧国忧民情感，“家国一体”“为国尽忠”的家国情怀等等。鸦片战争后，面对帝国主义列强反复蹂躏，在山河破碎、风雨飘摇之中，“爱国主义演化成关天培、葛云飞、邓世昌等将领的‘殚竭血战’，演化成三元里人民以及义和团等抵抗外侮的斗争，演化成‘师夷之长技以制夷’、向西方学习先进技术的自强求富的努力，演化成振衰去弊的喋血维新、变法图强，演化成结束帝制、开创共和的资产阶级民主革命。”[⑤] 面对帝国主义的入侵，中华民族为救亡图存进行了不屈不挠的爱国斗争。时间镌刻崭新年轮，“爱国”的价值追求深深刻在人民心间，在重庆山火前，志愿者“偏向火山行”义无反顾；在四川地震时，救援队伍“飞夺泸定桥”舍生忘死；在冬奥赛场上，运动员“只要你赢了，我就不算输”全力以赴……“浓浓爱国情、拳拳爱国心，浓缩在国家砥砺奋进的征程上，镌刻在人民日新月异的生活中，系于个人与国家之间的深刻联结，彰显出家国情

① 本书编写组：《思想道德与法治》，高等教育出版社 2023 年版，第 116 页。

② 《中共中央关于进一步全面深化改革　推进中国式现代化的决定》，人民出版社 2024 年版，第 33 页。

③ 《习近平关于社会主义精神文明建设论述摘编》，中央文献出版社 2022 年版，第 70 页。

④ 祁萌：《新时代厚植爱国主义情怀的基本逻辑》，2021 年 12 月 25 日，见 https://guancha.gmw.cn/2021-12/25/content_35415180.htm。

⑤ 刘正斌：《今天，我们要知道怎么样爱国》，《解放军报》2019 年 5 月 17 日。

怀的现实力量。”①

作为未来的医师，同学们要把“爱国”的追求不囿于情感的表达，更要成为一生的精神的引领和职业的坚守。

(2) 磨砺敬业“刀刃”，锻造职业“骨骼架构”

“敬业是对待生产劳动和人类生存的一种根本价值态度。”② 国富民强、社会安定，都离不开兢兢业业的工作行为、恪尽职守的敬业态度。“敬业是爱国价值观得以实现的载体，敬业又同时以诚信和友善为前提。”③

敬业，自古以来就是我国传统文化中一个重要的价值观念。《礼记·学记》提到，“三年视敬业乐群”。《论语》记载孔子言论，“敬事而信”“言忠信，行笃敬”。《朱子语类》里讲，“‘敬’字功夫，乃是圣门第一义”④。纵观古今，有无数敬业奉献的佳话和励志故事。古有治水十三年三过家门而不入的大禹，有鞠躬尽瘁死而后已的诸葛亮；今有“要把有限的生命，投入到无限的为人民服务中去”的雷锋，有面对突如其来的新冠肺炎疫情，与病毒鏖战、与死神较量、与时间赛跑的新时代“活雷锋”。正是各行各业扎根于心的“敬业”观念，成为我们打赢这场战争的强大支撑。敬业作为社会主义核心价值观的基石，不仅铸就了职业道德的灵魂，更是诚信品质的体现。

(3) 坚守诚信“防线”，滋养社会“信任根系”

“诚信是个人立身处世的基本价值规范，是社会存续发展的重要价值基石。社会主义核心价值观倡导的诚信，就是要以诚待人、以信取人，说老实话、办老实事、做老实人。”⑤

诚信如古玉温润，朱熹曰：“诚者，真实无妄之谓。”“诚”是尊重事实、

---

① 岚山：《培养爱国之情　砥砺强国之志　实践报国之行》，2022 年 10 月 2 日，见 http://opinion.people.com.cn/n1/2022/1002/c223228-32538722.html。

② 本书编写组：《思想道德与法治》，高等教育出版社 2023 年版，第 116 页。

③ 洪向华：《辩证认识公民层面的核心价值观准则》，《解放军报》2014 年 11 月 14 日。

④ 何雄：《传承中华优秀传统文化发扬光大敬业精神》，2017 年 7 月 5 日，见 http://theory.people.com.cn/n1/2017/0705/c40531-29383355.html。

⑤ 本书编写组：《思想道德与法治》，高等教育出版社 2023 年版，第 117 页。

真诚待人，既不自欺也不欺人。张载曰：“诚善于心谓之信。”“信”是忠于良心、信守诺言。自古以来，诚信在华夏大地上以多种方式熠熠生辉，无论是孔子所言“言必信，行必果”的儒家风范，还是商鞅立木为信的变法承诺，都彰显了古人对诚信的坚守与崇尚。这种诚信的精神，也在后人的传承中得到了延续和发扬。我国各行各业不断涌现出守信践诺、以诚立身的榜样。当疫情来袭，这场全民参与的战斗更是成为检验新时代诚信与责任的试金石。在抗击疫情的过程中，广大公民诚实守信，严格落实各项防疫政策；广大商家经营者诚信经营，全力守护公民的“米袋子”“菜篮子”“药匣子”；广大党员干部要诚信履职，争当疫情防控“红色先锋”……正是由于绝大多数国人的诚信精神和高度的责任感，我国的疫情防控举措才能够落地生根、卓见成效。诚信是个体的道德品质，也是社会的伦理资源，在社会形成和发展中起着重要的支撑和聚拢作用。① 同时，我们也要时刻警惕在各个领域可能出现的诚信危机或诚信缺失，要积极倡导和培育以“诚信”为道德基础的核心价值观，加强以诚信为主要内容的公民道德建设。

（4）培育友善“神经”，构建人际“和谐生态”

社会主义核心价值观倡导的友善，是对人类以往友善理念的继承和发展，是社会主义条件下处理人际关系的基本价值准则，是我们建设和谐家园、实现民族梦想的重要精神条件和价值支撑。“友善要求人们善待亲友、他人，对社会抱有善意，与自然和谐共处。”② 友善是爱国、敬业、诚信的本质要求和外在表现。

“在甲骨文中，‘友’字的造型是顺着一个方向的两只手，意为二手协同或以手相助。”③ 在中华优秀传统文化中，友善流淌在孔孟之道的教诲中，体现在“仁者爱人”的哲学里，渗透在“己所不欲，勿施于人”的日常行为准

① 参见宇文利：《从个人诚信到社会信任：价值观内在伦理秩序的建构》，《伦理学研究》2020 年第 6 期。

② 本书编写组：《思想道德与法治》，高等教育出版社 2023 年版，第 118 页。

③ 沈壮海、刘水静：《培育和践行社会主义核心价值观——友善：处理人际关系的基本准则》，2014 年 2 月 17 日，见 http://theory.people.com.cn/n/2014/0217/c40531-24375386.html。

则中，更烙印在“礼之用，和为贵”的社会观念中。在抗击疫情中，普通民众自觉遵守防控规定，积极配合防疫工作，共同维护社区的安全与健康；社会以守望相助的团结，奋力厚植帮扶互助的和睦之道；中国同世界各国携手合作、共克时艰，尽己所能为国际社会提供各种援助，为全球抗疫贡献了智慧和力量。这一切无不彰显着中华民族的友善底色。

在个人层面中，我们要激发“爱国”脉动，照亮前行道路；磨砺“敬业”刀刃，锐化专业技能；坚守“诚信”防线，绽放信任之花；培育“友善”神经，流淌心中大爱。这四个方面，犹如个人成长的四大基石，相互支撑、相互促进，共同引领着我们追求真善美的人生境界。

学习完科学内涵后，我们不难发现：三个层面其实互为条件、相互融合，共同构成了一个不可分割的有机整体。“国家层面的价值理想是社会和个人价值追求的总体性目标；社会层面的价值取向是沟通国家价值目标和个人价值准则的必然环节；个人层面的价值准则是国家价值目标和社会价值取向得以实现的基础。”① 丰富的内涵何以得以彰显？理论价值终会在实践中发挥着精神指引作用。

环节四：书写时代新篇，把握社会主义核心价值观精神指引

党的二十大报告强调要发挥社会主义核心价值观凝聚人心、汇聚民力的强大力量。② 那社会主义核心价值观的强大力量体现在哪些方面呢？

1. 为中国特色社会主义发展提供价值遵循。习近平总书记在北京大学师生座谈会上强调，“如果一个民族、一个国家没有共同的核心价值观，莫衷一是，行无依归，那这个民族、这个国家就无法前进。”③ 一方面，社会主义核心价值观作为一种上层建筑，根植于中国特色社会主义的实践和发

① 周丹：《论社会主义核心价值观三个层面的相互关系》，《党政干部学刊》2019 年第 7 期。

② 参见习近平：《高举中国特色社会主义伟大旗帜　为全面建设社会主义现代化国家而团结奋斗——在中国共产党第二十次全国代表大会上的报告》，人民出版社 2022 年版，第 44 页。

③ 习近平：《论党的青年工作》，中央文献出版社 2022 年版，第 71 页。

展，体现了人民群众对美好生活的追求。另一方面，社会主义核心价值观作为中国精神的集中体现，对坚持和发展中国特色社会主义事业发挥着指引作用。①

2. 为提高国家的文化软实力打造强劲引擎。“核心价值观是文化软实力的灵魂、文化软实力建设的重点。这是决定文化性质和方向的最深层次要素。一个国家的文化软实力，从根本上说，取决于其核心价值观的生命力、凝聚力、感召力。”② 可以说，核心价值观是文化软实力的内生动力，培育和践行社会主义核心价值观实际上就是在为提高国家文化软实力打造强劲引擎。“培育和践行社会主义核心价值观，有利于增进国际社会对中国的理解，扩大中华文化的影响力，展示社会主义中国的良好形象；有利于增强社会主义意识形态的竞争力，维护国家文化利益和意识形态安全，不断提高我们国家的文化软实力。”③

3. 为提升社会的团结凝聚力筑牢共同基础。“我国是一个有着 14 亿多人口、56 个民族的大国，确立反映全国各族人民共同认同的价值观‘最大公约数’，使全体人民同心同德、团结奋进，关乎国家前途命运，关乎人民幸福安康。”④ 习近平总书记在全国抗击新冠肺炎疫情表彰大会上指出，“历史和现实都告诉我们，只要不断培育和践行社会主义核心价值观，始终继承和弘扬中华优秀传统文化，我们就一定能够建设好全国各族人民的精神家园，筑牢中华儿女团结奋进、一往无前的思想基础。”⑤

环节五：课堂总结

通过今天的课堂，希望大家能在审阅非凡答卷中理解社会主义核心价值

---

① 参见全国高校思想政治理论课教学指导委员会：《思想道德与法治教学课件》（专题五：明确价值要求　践行价值准则　第一讲　全体人民的共同的价值追求）第 62 页。

② 《习近平谈治国理政》第一卷，外文出版社 2018 年版，第 163 页。

③ 本书编写组：《思想道德与法治》，高等教育出版社 2023 年版，第 120 页。

④ 本书编写组：《思想道德与法治》，高等教育出版社 2023 年版，第 121 页。

⑤ 习近平：《在全国抗击新冠肺炎疫情表彰大会上的讲话》，人民出版社 2020 年版，第 21 页。

观的概念辨析，在解读大考实录下领悟社会主义核心价值观的科学内涵，在书写时代新篇里把握好社会主义核心价值观的精神指引。“历史和现实一再表明，只有建立共同的价值目标，一个国家和民族才会有赖以维系的精神纽带，才会有统一的意志和行动，才会有强大的凝聚力、向心力。”① 同学们，未来要成为医者的你们，要将社会主义核心价值观与专业学习和发展相结合，将社会主义核心价值观贯穿于一生的医德信仰和践行中，能以“悬壶济世无悔意”的铮铮誓言，书写拳拳初心；能以“医者仁心行善举”的伦理观念，涵养仁术善心；能以“逆行冲锋勇无畏”的使命担当，托举生命之重，成为健康“守门员”、生命“警报员”、医防“保障员”。只有充分认识到社会主义核心价值观的科学内涵和重大意义，我们才能更加坚定价值观立场，坚定价值观自信。

【课后】

1. 思考讨论

请结合基因编辑技术在临床医学的突破，思考科技伦理与社会主义核心价值观的科学内涵存在哪些契合点？

2. 拓展阅读

习近平：《培育和弘扬社会主义核心价值观》，《习近平谈治国理政》第一卷，外文出版社 2018 年版。

中共中央办公厅、国务院办公厅：《关于进一步把社会主义核心价值观融入法治建设的指导意见》，2016 年 12 月 25 日。

中华人民共和国国务院新闻办公室：《中国的民主》，人民出版社 2021 年版。

① 全国高校思想政治理论课教学指导委员会：《思想道德与法治教学课件》（专题五：明确价值要求　践行价值准则　第一讲　全体人民共同的价值追求）第 69 页。

七、教学资源

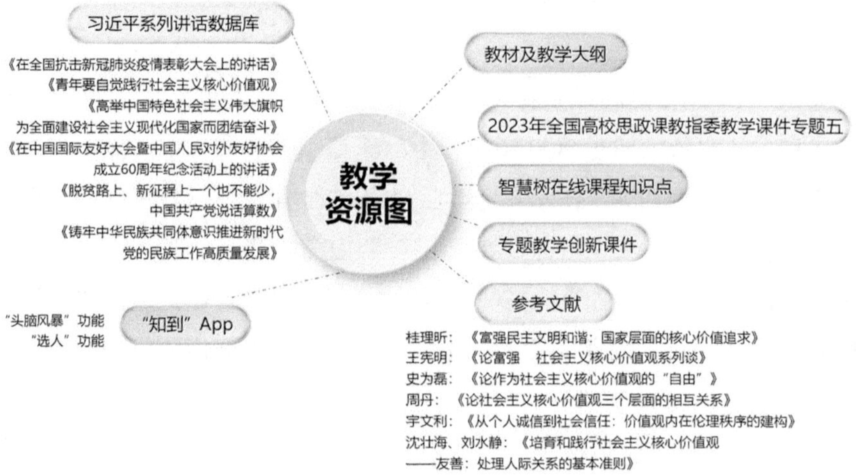

八、教学板书

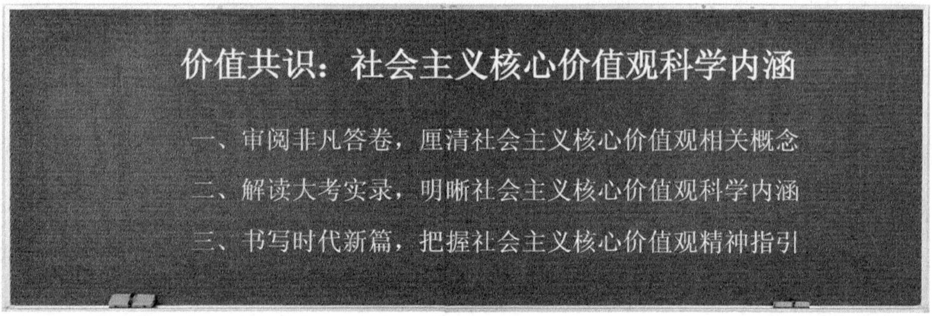

九、教学反思

1. 从基于学情的内容设计反思教学理念的贯彻，用心坚持“以学生为中心”的教学理念。把握了学生对结合中国实践讲活内容、融入榜样案例拉近距离的兴趣点，教师通过审阅抗疫答卷数说中国实践、解读中国抗疫成就、引入国际话语点评、总结钟南山等医者前辈的责任担当，增强了学生的价值共识和价值自信；紧扣学生对遵循价值准则的困惑点，教师通过梳理每一个词的整体地位、历史沿革、现实实践以及相互的逻辑关系，增强了学生对社会主义核心价值观科学内涵的思考和理解；满足了学生对理论学习指导生活实践与思政学习融合专业发展的需求点，教师通过贯通历史文化渊源、现实例证分析、中西思维对比、行业榜样聚焦，增强了学生对理论内容说服力与针对性的认同。但在如何面对学生纷繁复杂的思想困惑、价值取向，更深入结合临床医学专业的典型案例和课堂学生的亲身经历讲好社会主义核心价值观的现实逻辑上，还有待进一步精细和深化。

2. 从教学目标的达成情况反思教学方法的贯行，用情联动“以现代化赋能”的教学方法。在传统教学方法应用上，通过理论讲授法，增强学生对社会主义核心价值观相关概念、内涵与意义，社会主义核心价值体系与社会主义核心价值观辩证关系的理解深度，达成把握社会主义核心价值观科学内涵、增强辩证思考能力、树立价值共识的目标；通过案例分析法，激发学生对榜样案例与同辈案例、正面案例与反面案例、历史案例与现实案例的情感热度，达成把握社会主义核心价值观价值导向、增强独立思考能力、涵养使命担当的目标；通过问题导向法，梳理学生对应用社会主义核心价值观指导职业选择的问题向度，达成把握社会主义核心价值观精神指引、增强融会贯通能力、涵养进取品格的目标；通过任务驱动法，加大学生对课前线上预习、课后翻转拓展等主体性活动的发挥效度，达成把握正确的自学态度、增强深学进阶能力、涵养责任意识的目标。在信息化教学手段应用上，通过原创在线课程知识点的学习以提前了解学生已知未知情况；通过 App 中头脑风暴功能以实时把握学生内容认知程度，通过选人功能以切实提高学生学习紧迫意识。但在如何利用情境教学，使学生身临其境，更进一步将学生对社会主义核心价值观的理论认同转化为个人解决问题的实践认同上，还有待进一步挖掘和融通。

3. 从课堂主阵地内外衔接反思教学过程的贯通，用力实施“全链条培育人”的教学过程。在课前，学生通过自学线上课程“社会主义核心价值观从哪来”“社会主义核心价值观是什么”、阅读翻转课堂学习资源“2022 年美国民主情况”，初步了解专题学习的基础知识；在课中，学生通过“为什么选择学医”痛点问题互动研讨、“社会主义核心价值观在疫情下的具体体现”热点问题小组展示、“社会主义核心价值观三个层面的逻辑关系”重点问题教师讲授，逐步吸收专题学习的核心内容；在课后，学生通过思考习题、文献阅读，努力拓展专题学习的深度广度。通过课前、课中、课后的一体贯通，实现教师主导与学生主体相联动、线上教学与线下教学相融合、思政课小课堂与社会大课堂相衔接。在新课导入中，结合中医文化登上春晚舞台与中国援外医疗队代表春晚发言的热点切入，提高了学生参与课堂的兴趣度；在主体讲授中，设计“审阅非凡答卷”“解读大考实录”“书写时代新篇”三个环节的内容，回应导入抛出的问题逐层解疑答惑，增强了学生深入研讨的启发性；在小组展示中，围绕社会主义核心价值观主题进行“上台演讲”展示，彰显了学生创新实践的执行力；在总结升华中，通过对知识进行总结、对问题进行反思、对担当进行寄语，激发了学生转化责任的使命感。通过新课导入、主体讲授、总结升华的一体贯通，实现问题导向、研究导向、成果导向、目标导向相统一。但在如何确保更广泛的学生高质量进行线上学习、高要求打磨展示作品、高品质阅读前沿经典上，还有待进一步巧思和妙想。

专题十二　价值认同：坚定社会主义核心价值观自信

对应章节：第四章　第二节

计划学时：2 学时

教学对象：农学专业

一、学情分析

1. 已有知识分析。第一，基于大中小一体化纵向衔接，掌握基础知识情况。学生初中阶段在九年级上册《道德与法治》第三单元第五课“守望精神家园”中初步认识了社会主义核心价值观的价值取向，重点了解了社会主义核心价值观的产生、重要性以及青少年培育和践行社会主义核心价值观的具体要求。学生高中阶段在必修四《哲学与文化》第二单元第六课“实现人生的价值”中进一步理解了社会主义核心价值观的强大力量，明确了培育和践行社会主义核心价值观所遵循的基本原则。第二，基于线上线下教学横向贯通，了解自学知识情况。学生通过线上课程知识点“‘自由、平等、公正、法治’是西方翻版吗?”的学习促新知构建；通过翻转课堂学习资源中有关社会主义核心价值观特征的理论文章，以及“《中国三农报道》一年之计——2024 年中央一号文件解读”和“2023 年我国农业农村发展实现稳中向好、稳中有进”视频的链接促新知拓展。

2. 认知能力分析。第一，基础知识记忆力强，但系统分析能力还不足。学生对于社会主义核心价值观的特征、西方“普世价值”与全人类共同价值的区别多停留在概念记忆上，对社会主义核心价值观特征的内在逻辑关系及其区别于西方"普世价值"的系统理解有待深化。第二，精神风貌认同度高，但自主创新能力还不强。学生对社会主义核心价值观高度认同，为脱贫攻坚战中彰显的国家实力、社会合力和个人伟力自豪，但对于自身应当如何发挥专业优势推进乡村振兴事业、如何在具体实践中培育践行社会主义核心价值观仍需要激发创新思维、思考创新路径。第三，课程学习内容详细，但应用转化能力还不实。学生虽然能通过乡村振兴与"三农"问题从特征和对比上充分领悟社会主义核心价值观，但对于在乡村振兴的实践中将坚定价值观自信转化为为农爱农助农的实践能力有待提升，将社会主义核心价值观融入农学专业发展中的多个方面，转化为提出推动新型工业化、信息化、城镇化、农业现代化同步发展的社会责任担当与农业前沿发展意识有待增强。

3. 心理需求分析。第一，思政课理论有效指导学习生活。学生希望从脱贫攻坚的历史性成就中厚植爱农为农、矢志奋斗的朴素情怀，解决思想困惑、坚定理想信念；从"人民至上"的价值立场中激发民为邦本、人民至上的人文情怀，提升职业素养、赋能成才增智；从无数"新农人"发挥生力军作用、各个行业扎根农村帮助解决"三农"问题中激发责任担当，强化对农业农村情感认同、增强行动自觉。第二，热点与前沿巧妙链接理论课堂。学生希望课堂能够紧密关注并选取蕴含农学专业元素的农业领域，例如"三农"问题等热点问题和前沿发展相结合展开互动研讨，来增强学习针对性。第三，信息化技术灵活贯穿专题讲授。学生期待线上线下混合式授课模式，希望通过线上课程提前预习，通过翻转课堂中优质学习资源的共享扩大学习面，通过课堂学习 App 中多功能灵活运用激发课堂教学活力。

二、教学目标

1. 知识目标。一是学生能在理论解读与实践成果中明晰坚定社会主义核心价值观自信的三重依据，拓展对中学"坚定社会主义核心价值观自信的价值支点、中国价值观"这一已学知识的探理深度。二是学生能在自主思考和教师解读中深入理解社会主义核心价值观的先进性，体现在社会主义本质属性、扎根于中华优秀传统文化、吸纳了世界文明有益成果，增强对线上“社会主义核心价值观的三个来源”这一新学知识的剖析力度。三是学生能在困惑释疑和辩证分析中明晰社会主义核心价值观的三个特征，将价值共识转换为价值自信，从而在情感上认可、在心理上敬畏，在实践中更加笃定地践行，提升对课堂“坚定社会主义核心价值观自信”这一应学知识的掌握精度。

2. 能力目标。一是通过对脱贫攻坚中价值观在不同层面上的作用阐述、对社会主义核心价值观显著特性的内在逻辑梳理、对于中西方价值观的系统比较，学生能提升逻辑推理、辩证思考、系统整合等高阶认知能力。二是通过线上学习任务的布置、翻转课堂“学习资源”的拓展阅读、“思想道德与法治”课程学习内容、方法的梳理，学生能提升独立思考、团队协作、意义建构等自主学习能力。三是通过小组展示中学生对《山海情》原型闽宁镇脱贫原因的深入探究、对稻田艺术中体现中华优秀传统文化的内在探寻、对社会主义核心价值观与世界文明有益成果联系的融通分析，并通过师生对于小组展示认真细致的点评总结，学生能提升融会贯通、智慧探究、以评促优的实践创新能力。

3. 素质目标。一是通过探究乡村振兴辉煌成就背后社会主义核心价值观发挥的重要作用，从社会主义核心价值观的三个显著特征中系统理解价值自信的内涵，学生能涵养起深厚的价值自信和家国情怀。二是通过合作完成以“社会主义核心价值观的先进性”为主题的实践作业，创造性地将实践案例与理论知识联系，提升职业素养，学生能涵养起鲜明的进取品格和创新品质。三是通过对比分析中西民主的文化底蕴、现实实践，深刻感悟西方“普世价值”与社会主义核心价值观的巨大差异，学生能涵养起有为的使命意识和担当底气。

三、教学内容

“价值认同：坚定社会主义核心价值观自信”这一专题教学内容，立足教材“第四章第二节：社会主义核心价值观的显著特征”的重点难点，贯通线上课程知识点"'自由、平等、公正、法治'是西方翻版吗?"的已知未知，结合全国高校思政课教指委《思想道德与法治教学课件》专题五第二讲的要点亮点，关注学生对坚定社会主义核心价值观自信的具体来源、显著特征以及价值践行的兴趣点困惑点，以把握社会主义核心价值观的先进性、人民性、真实性为设计主线，阐释了社会主义核心价值观蕴含的价值理念、彰显的价值立场、经得起考验的价值践行。

【教学内容的设计要点】

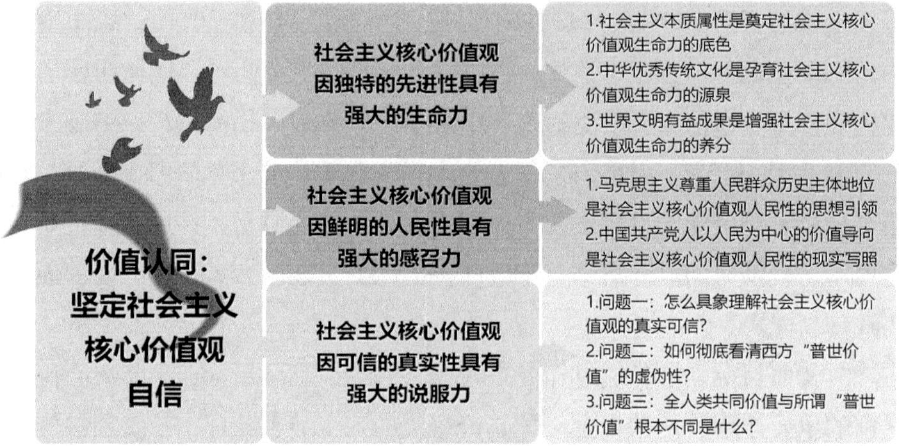

1. 社会主义核心价值观因独特的先进性具有强大的生命力。通过学理把握科学社会主义在人类历史中开创的多个"第一次"，明晰社会主义核心价值观遵循着人类历史发展的轨迹。一是通过学生展示以闵宁镇互助扶贫成就背后的原因解读中国式现代化的乡村探索，明晰社会主义核心价值观生成于中国特色的生动实践；二是通过学生展示基于乡村振兴背景下的农业大地景观设计，以美学农业发展和美学农业园区建设下的稻田艺术赋能乡村振兴，明晰社会主义核心价值观扎根于中华优秀传统文化土壤；三是通过学生展示基于"一带一路"建设下中外文化交流，以古今中外人文交流形成的人文关怀、包容互鉴及和谐共生等的文化基因与时代意蕴，明晰社会主义核心价值观吸纳世界文明有益成果。

2. 社会主义核心价值观因鲜明的人民性具有强大的感召力。一是通过回顾习近平总书记不间断的新年贺词，集中展现社会主义核心价值观“人民至上”的价值立场；二是通过马克思主义唯物史观对于历史规律的揭示，解读人民群众创造历史的决定作用，牢牢把握坚持人民至上的深刻意蕴；三是通过中国共产党依靠人民创造的脱贫攻坚战的历史伟业，解读以人民为中心的根本政治立场和价值导向，深入理解中国脱贫攻坚精神，深刻体悟中国共产党切实尊重人民的主体地位和首创精神。

3. 社会主义核心价值观因可信的真实性具有强大的说服力。一是以“民主”为代表对中西价值观进行对比分析，凸显党的二十大报告诞生记表现出来的民主真实性，聚焦西方民主乱象思考其民主虚伪性，具象理解社会主义核心价值观的真实可信；二是从学理、实践两层逻辑出发，结合美国在粮食危机中的霸权行为，厘清西方普世价值在理论和实践上的“虚伪性”，彻底看清西方“普世价值”的虚伪性；三是以希腊前财长的视频资源生动展现中国为非洲发展做出的巨大贡献，从而立足构建人类命运共同体的实践高度，实现对“普世价值”的扬弃与超越，明确全人类共同价值与“普世价值”的根本不同。

四、教学重难点及解决措施

1. 坚持成果展示与理论总结相结合，着重讲活社会主义核心价值观生成于中国特色的生动实践。第一，从闽宁故事入手，生动讲述“闽宁协作”这一中国式现代化互助扶贫协作的成功典范，把社会主义核心价值观的先进性在中国特色生动实践中讲活；第二，从稻田文化入手，着重阐述中华优秀传统文化的创造性转化和创新性发展的价值意义，把中华优秀传统文化是涵养社会主义核心价值观的重要源泉讲活；第三，从农业技术交流入手，讲明文化为何要吸收、如何吸收世界文明养分，把社会主义核心价值观的先进性在对于世界文明有益成果的吸收中讲活。

2. 坚持前沿引入与实践回顾相统一，着重讲深中国共产党人以人民为中心的价值导向。第一，从“80秒回顾8年脱贫攻坚战”的视频资源入手，聚焦脱贫攻坚战中的伟大成就，基于中国脱贫攻坚战中的困难与挑战，阐明中国共产党人“人民至上”的执政理念，把社会主义核心价值观“人民至上”价值立场的彰显讲深；第二，从中国共产党领导中国特色社会主义建设的实践入手，聚焦党对于乡村振兴的具体举措，通过实践回顾，把中国共产党坚持以人民为中心的发展思想讲深。

3. 坚持问题导向与逻辑梳理相融通，着重讲透社会主义核心价值观的真实性。第一，针对“怎么具象理解社会主义核心价值观的真实可信”的问题，将党的二十大报告诞生记同西方民主乱象比较，在对比分析中把社会主义核心价值观真实可信的力量何以做到标识性精神理论认知这一问题讲透；第二，针对“如何看清西方‘普世价值’的虚伪性”的问题，结合美国在三次世界粮食危机中的霸权行为，在案例分析中把如何识破“普世价值”虚伪的本质这一问题讲透；第三，针对“全人类共同价值与所谓‘普世价值’根本不同是什么”的问题，融合希腊前财长回击西方记者质疑的视频资源，在真实情景中把全人类共同价值观与西方“普世价值”理念内核的差异讲透。

五、教学方法

1. 理论讲授法，重在线上初讲与线下深讲相结合。课前，通过观看线上课程，初步了解社会主义核心价值观与“普世价值”的不同。课中，基于学生专业实际，结合马克思主义理论、习近平总书记相关重要论述，着重阐明社会主义核心价值观的真实性；引入前沿理论，辩证分析全人类共同价值与“普世价值”根本不同，帮助学生认清西方“普世价值”虚伪的本质。课后，通过翻转课堂学习资源中的阅读推荐，进一步拓展学生对价值自信主题学习热点和前沿的认识和理解。通过前置理论自学、重点理论探究、前沿理论拓展，培养学生的归纳思维和演绎思维。

2. 问题导向法，重在问题引领与探疑求真相结合。新课导入中，用问题

“乡村振兴是如何取得如此成就的呢？”激励学生思考。新授环节，以谈谈社会主义核心价值观独特而强大的优势从何而来的探讨，帮助学生理解社会主义核心观的先进性；以谈谈你对“人民至上”彰显方式的探讨，从新时代取得辉煌成就的价值立场之问回应学生理论困惑；以谈谈你对社会主义核心价值观真实性的理解探讨，破解学生关于社会主义核心价值观与“普世价值”区别的思想困境。在课后思考里，以你将如何培育和践行社会主义核心价值观之问，结合本专业特色加深学生对社会主义核心价值观的实践认同，进一步检验课堂教学目标达成情况。通过正视问题、研讨问题、解决问题，培养学生的批判思维和转化思维。

3. 案例分析法，重在多元案例与专业案例相结合。案例选取聚焦农学专业，关注农业农村农民发展成就。在阐述社会主义核心价值观先进性时，展示闽宁镇乡村振兴的脱贫实践、稻田艺术的现代农业美学、古今中外跨文化交融共享的案例，以案例事实增强理论的可信性与说服力；在阐述社会主义核心价值观的人民性时，展示“80 秒回顾脱贫攻坚 8 年”视频，解读党“人民至上”的执政理念，增强认同感；在阐述社会主义核心价值观真实性时，展示党的二十大报告诞生记、欧洲农民“拖拉机运动”、美国在世界性粮食中的霸权行为等案例，通过鲜明对比彰显社会主义核心价值观的真实可信。通过现实案例论证、中西案例对比、多元案例融合，培养学生的推理思维和辩证思维。

4. 任务驱动法，重在创新驱动与协作驱动相结合。课前，学生完成线上课程知识点“‘自由、平等、公正、法治’是西方翻版吗？”以及翻转课堂学习资源中的热点焦点关注等自主学习任务，教师提前掌握学生新学知识情况。课中，学生应用课堂学习 APP 中的头脑风暴、选人、抢答等多功能参与课堂互动和研讨，学生积极参与课堂学习，教师及时掌握学生课堂学习情况。课后，通过翻转课堂布置思考讨论与阅读推荐，教师持续掌握学生学习反馈情况。通过全人员参与、多功能互动、整过程交流，培养学生的求证思维和递进思维。

六、教学过程

【课前】

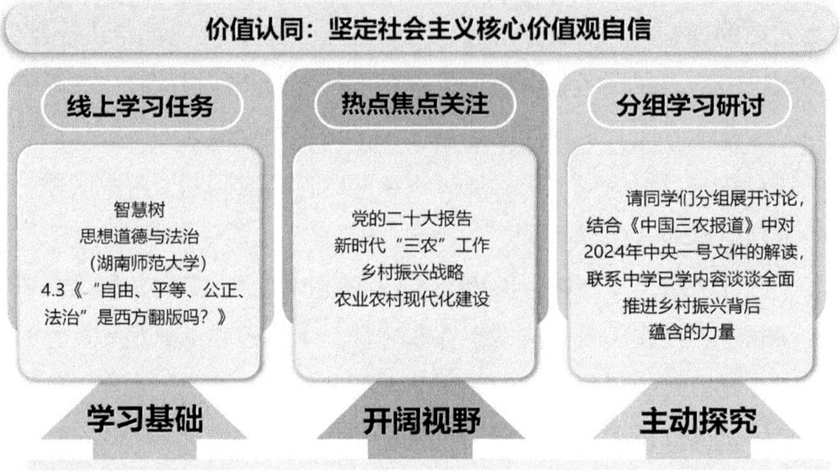

【课中】

环节一：新课导入

同学们好，欢迎来到“思想道德与法治”的课堂，今天我们要学习的主题是“价值认同：坚定社会主义核心价值观自信”。作为农学专业的学生，我们都能认识到，农业是国之基石，民生之本。农业的发展不仅关乎国家的粮食安全，更是社会稳定、经济发展的重要保障。在这片古老的土地上，农业以其坚韧的力量，书写着丰收的篇章，为中华民族的伟大复兴提供着坚实的支撑。课前，老师在翻转课堂学习资源里布置了两个视频学习资料——2024 年中央一号文件解读① 的视频和 2023 年我国农业农村发展的视频②。

通过翻阅 12 个中央一号文件，彰显党和国家对农业农村现代化的高度

① 《中国三农报道》一年之计——2024 年中央一号文件解读，2024 年 02 月 05 日，见 https://w.yangshipin.cn/video?type=0&vid=h00003292iq&cid=5fn2st0xec8bali。

② 《2023 年我国农业农村发展实现稳中向好、稳中有进》，2024 年 01 月 23 日，见 https://baijiahao.baidu.com/s?id=1788886815014885389&wfr=spider&for=pc。

重视；通过感受2023年我国“三农”发展的美丽画卷，我们看到了农民的笑容，看到了农村的变迁，也看到了农业的希望。我们不禁思考：

【App抢答】在14亿人的中国，存在具体利益的矛盾，存在各种思想的差异，在这样的背景下脱贫攻坚是如何取得伟大胜利的？乡村振兴又要如何更好地推进？

【教师总结】毫无疑问，这离不开中国共产党的正确领导，更离不开劳动人民的辛勤付出，而能在14亿人中发挥凝聚人心、汇聚民力的力量是什么？对，能反映“最大公约数”、能形成价值共识的社会主义核心价值观。通过线上课程和上一个专题的学习，我们明晰了社会主义核心价值观的科学内涵，对其发展脉络、重要作用也有了一定共识。那如何把这种价值共识内化为价值自信，转化为价值自觉呢？今天我们将从社会主义核心价值观的三个显著特征中来系统理解坚定社会主义核心价值观自信的问题。

环节二：社会主义核心价值观因独特的先进性具有强大的生命力

习近平总书记曾指出：“我们提出的社会主义核心价值观，把涉及国家、社会、公民的价值要求融为一体，既体现了社会主义本质要求，继承了中华优秀传统文化，也吸收了世界文明有益成果”[①]。我们就结合这三点来分析社会主义核心价值观的先进性。

1. 社会主义本质属性是奠定社会主义核心价值观生命力的底色

“‘社会主义’是社会主义核心价值观的‘底色’。社会主义核心价值观的先进性，集中体现在它是社会主义所坚持和追求的价值理念。”[②]

（1）社会主义核心价值观遵循着人类历史发展的轨迹

“在阶级社会中，核心价值观体现的是这个社会占统治地位阶级的根本利益。奴隶社会的核心价值观体现奴隶主阶级的根本利益，封建社会的核心价值观体现封建地主阶级的根本利益，资本主义社会的核心价值观体现资

① 习近平：《论党的青年工作》，中央文献出版社2022年版，第72页。

② 全国高校思想政治理论课教学指导委员会：《思想道德与法治教学课件》（专题五——明确价值要求　践行价值准则　第二讲　坚定社会主义核心价值观自信）第8页。

产阶级的根本利益。”[①] 那么，社会主义核心价值观呢？社会主义核心价值观体现的是科学社会主义的价值观主张，“既吸收人类社会共同向往的价值观，又前无古人地站在最大多数人民的价值立场上，提出自己的价值目标和价值追求。”[②] 我们可以从社会主义的多个“第一次”中来一探究竟：第一次否定了弱肉强食、尔虞我诈、剥削压迫、贫富分化的资本主义制度，建立起以实现社会公正、人人平等、共同富裕为目标的社会主义制度；第一次把身份、血缘特权、财产等因素排除在政治参与权利之外，让广大劳动人民成为国家政治生活的主体，真正当家作主；第一次使社会生产和社会财富增加的目的，不是为了资本家的利润、不是为了少数食利者，而是为了满足人民群众不断增长的物质文化需要，并由全体人民共享发展成果。“社会主义作为人类社会迄今为止最先进的社会制度，其价值观同社会主义经济基础和上层建筑相适应，充分彰显了社会主义社会的本质要求。”“回顾社会主义 500 年来的风雨历程，既有高歌猛进又有坎坷曲折，但科学社会主义始终代表着人类社会的前进方向，不断推动着伟大的社会革命和社会变革。”[③] 众所周知，新时代中国特色社会主义所取得的开创性成就，更使科学社会主义在 21 世纪的中国焕发出强大的生机和活力，所以，社会主义核心价值观是遵循着人类历史发展的轨迹，彰显着社会主义制度的独特创造力和强大生命力。

同时，“一个民族、一个国家的核心价值观必须同这个民族、这个国家的历史文化相契合，同这个民族、这个国家的人民正在进行的奋斗相结合，同这个民族、这个国家需要解决的时代问题相适应。”[④] 所以：

（2）社会主义核心价值观生成于中国特色的生动实践

课前，在翻转课堂中老师布置了“社会主义核心价值观的先进性”为主题的“大学生讲思政课”实践作业，其中第一组同学围绕的切入点就是从中国特色生动实践来看社会主义核心价值观的先进性，下面我们先有请第一组

① 本书编写组：《思想道德与法治》，高等教育出版社 2023 年版，第 122 页。
② 本书编写组：《思想道德与法治》，高等教育出版社 2023 年版，第 122 页。
③ 本书编写组：《思想道德与法治》，高等教育出版社 2023 年版，第 122—123 页。
④ 《习近平谈治国理政》第一卷，外文出版社 2018 年版，第 171 页。

同学来进行汇报。每一组同学代表展示时，老师也会打开 App 上的头脑风暴，欢迎大家积极参与到同伴互评中来。

【小组展示一】揭秘中国特色生动的“实践密码”

大家好，我是真知灼见小组的代表，我要汇报的主题是：揭秘中国特色生动的“实践密码”。同学们都看过电视剧《山海情》吗？从昔日寸草不生的“干沙滩”到如今寸土寸金的“金沙滩”；从昔日山高路远、交通闭塞的山沟到如今纵横交错、四通八达的大路；从昔日人民眼中的绝望与叹息，到今朝满溢的希望与坚定，西海固的巨变正是一部“脱贫攻坚”的生动写照。也许有人会问，《山海情》是虚构的吗？其实不然。距离宁夏银川不到四十公里的永宁县闽宁镇，是《山海情》故事的原型。闽宁镇所在地区瘠薄干旱，生态条件恶劣，“天上无飞鸟、地面不长草，沙漠无人烟、风吹砂砾跑”，与“山海”二字所呈现的青山绿水相去甚远，那么影片为何还命名为《山海情》呢？“山海情”究竟蕴含着什么含义呢？

且看：“山海”创新潮，闽宁协作跑出“加速度”。闽宁镇的名字，取自面海的福建和靠山的宁夏两个省份的缩写。1996 年，福建和宁夏建立对口协作关系。30 年来，两省区依法将单项扶贫拓展到经济社会建设全方位多层次、全领域广覆盖的深度协作，创造了东西部对口扶贫协作的“闽宁模式”。近 6700 家福建企业，8 万多福建人，让一颗颗紫色葡萄在贺兰山下破土，让一朵朵小蘑菇在宁夏大地上绽放，让肉牛养殖形成产业链条，变“卖整头活牛”为“卖牛肉产品”……武夷山六盘山肩并肩，闽江水黄河水相辉映，在西海固摆脱贫困和乡村振兴，走向共同富裕的时代画卷中，福建和宁夏共同勾勒出恢宏底色。

且行：“山海”皆可平，携手战贫释放“援”动力。在剧中，你是否有印象特别深刻的扶贫角色呢？有网友说，所有的眼泪，都给了剧中的白校长！白校长何许人也？年轻的时候他去涌泉村支教，后来因为舍不得那里的孩子，选择留在这片荒漠上扎根，把自己的一切都献给孩子们！而在现实生活中，20 多年里，一批又一批援宁支教的“白老师”带着希望而来。从 1996 年到今天，先后有 11 批 183 名福建挂职干部来到宁夏“西海固”，山里的孩子从福建老师的身上，萌生了去看大海的心愿，而援宁教师带来的是比海更广阔的世界。还有2000多名专家、院士、志愿者前来支援教育、医疗、农业，700多个日日夜夜，他们以“功成不必在我，建功必定有我”的扎实作风，助力了新时代西海固的“起飞”和“绽放”。

且听：“山海”情更长，数字融合用好“连环招”。近年来，闽宁两省区抢抓数字经济发展新机遇，合力建设“闽宁云算力中心”，为闽宁两地数字产业合作、产业数字融合交流搭建强大算力底座，促进数字经济产业链、价值链、创新链相互融通，打造“数字中国闽宁协作方案”。在之前第六届“数字中国”建设峰会上，两省区共建的“闽宁云”项目吸睛无数。作为“东数西算”重要基础设施，它将面向医疗、教育、工业、互联网等行业客户，提供定制的算力保障服务。

正所谓，“山海风”吹送，塞上造江南。跨越几千公里的山海情谊还在继续，闽宁协作正在揭开新篇章。

【教师点评】感谢第一组同学的分享。从他们的展示中，我们可以看到“数字福建”和“数字宁夏”深度融合，“闽宁云算力中心”为国家富强输入强大动力，体现着国家实力；闽宁两省协同发力，在民主、法治思想的引领下，为8万多人带去平等就业、自由发展的机会；东西协作的纽带连接起了东海之滨的城市和西北之塬的村庄，并肩前行的脚步营造了和谐氛围；从“贫瘠甲天下”到“塞上江南”，从风沙走石的“干沙滩”到寸土寸金的“金沙滩”，背后是一代有魄力、有胆识的吊庄移民和情系家国的扶贫干部，以爱国之情投身乡村建设，以敬业之心耕耘土地，以诚信之德经营乡村产业，以友善之举构建中国邻里。当然，闽宁协作只是中国式现代化互助扶贫协作的成功典范之一，全国还有许许多多山海情深的故事，向世界讲述着中国特色东西互助扶贫的伟大成就。

【教师总结】所以，社会主义核心价值观展现的社会主义的基本特征和根本追求，生成于中国特色社会主义建设实践，渗透于经济、政治、文化、社会、生态文明建设的各个方面。比如，在经济建设的大潮中，村民们用智慧和勤劳书写着发展的传奇，从贫瘠的土地上绽放出富强的希望之花；在政治建设的引领下，党和政府成为村民们最坚实的后盾，保障民主和平等，筑牢幸福的基石；在文化建设的熏陶下，村民们传承着千年风韵，让古老习俗和民间艺术在新时代焕发出绚丽的光彩；在社会建设的温暖中，村民们共享发展成果，用诚信和友善构筑起美好社会的坚固堡垒；在生态建设的呼唤下，村民们守护着绿水青山，让自然馈赠与人类的智慧共谱着可持续发展的和谐新篇章。可以说，中国给世界打了一个样板，让世界看到我们如何从一个贫穷落后的农业国家走向繁荣富强的科技大国。从一穷二白到世界第二大经济体，从濒临“被开除球籍的危险”到“日益走近世界舞台的中央”，从“8亿人吃不饱”到“14亿人吃不完”的转变，可以感受到，如今，中国发展理念、发展道路、发展模式的影响力、吸引力显著增强，人们正在见证“历史终结论”的终结、“中国崩溃论”的崩溃、“社会主义失败论”的失败，中国特色社会主义道路越走越宽广。

然而，“任何一种价值观都不可能凭空产生，总是有其特定的历史底色和精神脉络”，“源远流长的中华优秀传统文化，是中华民族发展壮大的独特优势，也是社会主义核心价值观历史底蕴的集中体现。”①

2. 中华优秀传统文化是孕育社会主义核心价值观生命力的源泉

接下来第二组展示的是从文化魅力中探寻社会主义核心价值观的先进性。

【小组展示二】品味稻田艺术设计的“美学盛宴”

大家好，我是源头活水组的代表，我要汇报的主题是：品味稻田艺术设计的“美学盛宴”。在正式展示之前，我想先请大家看一个视频。

【视频资源】稻田里惊现千手观音？沈阳“稻梦空间”太震撼②（37秒）

稻田，作为中华农耕文明的重要载体，承载着丰富的历史与文化内涵。关于稻田的文化融合了农耕文明、乡土情怀和民族精神，成为了中华优秀传统文化的重要组成部分。我们看到，在视频里这片金色的土地上，人们以禾

① 本书编写组：《思想道德与法治》，高等教育出版社2023年版，第124页。

② 《稻田里惊现千手观音？沈阳“稻梦空间”太震撼》，2023年9月19日，见https://v.cctv.com/2018/06/21/VIDEFC32XPatkX3ra1vxi8EH180621.shtml]。

为“笔”，稻田作“画”，这些艺术品不仅让我们看到了稻田艺术的独特魅力，也更认识到了中华优秀传统文化的博大精深。

从“积淀”到“传承”，“稻”花香里“梦”回前世今生之时光卷。一株水稻如何承载万年的农耕文明历史？一粒种子怎样孕育为世界半数人口的食粮？让我们破译“一粒米”的生长密码。早在新石器时代，人类便已经开始采集野生稻，后期将其驯化为原始栽培稻。到了唐宋时期，随着曲辕犁等新式农具出现，精耕细作技术日益成熟，水稻一跃成为了全国最重要的粮食作物。正所谓，“湖广熟，天下足”，明清时期以湖北、湖南为中心的长江中下游平原取代太湖地区成为全国商品粮基地。人们不断改进农具，普及犁耕技术，使得水稻产量逐步提高。水稻的存在使得中华农耕文明源远流长。随着科技的进步，我国涌现出一批以中国工程院院士袁隆平为代表的杰出水稻科技工作者，他们秉持助力富强的粮食梦想、不断攻关的敬业精神、天下大同的友善态度，以对中国稻文化的传承生动践行着社会主义核心价值观，不断推动着稻作产业的发展，极大提高了人民的生活水平。

从“破土”到“出圈”，“稻”梦空间“种”出美丽经济的好风光。近些年，“稻梦空间”的农民以彩色水稻绘制大千世界的故事逐渐传开。村里的出路在哪？发展的思路怎么转？“稻田”便是村里的灵魂，只要守住了稻田，农民生活就会有更好的奔头。在稻田里种彩色稻，“一粒彩色米”圆的不仅是致富梦，还种出一片好山好水好风景，带热绿色旅游。如今，“稻梦空间”被打造为稻田画观光、立体种植养殖、水稻精深加工等多产业融合发展的田园综合体，与当地农户合作发展水稻种植 3 万余亩，覆盖周边 40 个村、1000 多户农民，年加工水稻生产能力达 10 万吨。彩色稻米正以响亮的品牌在更为广袤的土地上生根发芽、开花结果，点缀着中国的乡村振兴。

从“独绽”到“长红”，“稻”映美学“绘”就核心价值观实景图。“稻梦空间”的艺术品为何能栩栩如生？彩色水稻为何能美在心田？我们从这些画里来找找答案。彩色稻里不仅有展示现代发展的多样成就，更有中华传统文化中的“女娲补天”“千手观音”“大闹天宫”“魔童哪吒”“祥龙飞天”等美丽神话，所以，美的答案就在于这些作品都不是彩色的堆砌和渲染，都不是形式的刻板和空洞，而是在用美丽的色彩传播着中华优秀传统文化的精华，在用匠人的巧思绘就着现代乡村的巨变。

同学们，“稻梦空间”的艺术家们用他们的“禾笔”，展现着精诚所至的爱国情怀、传递着精益求精的敬业态度，刻画着人与自然的和谐共生，让我们看到了传统农业在科技和文旅的加持下不断焕发出的新生机，也看到了“绿水青山”变成“金山银山”生态发展模式彰显出的新活力。作为新时代大学生，也让我们开发脑洞、扎实技能，想想未来的我们又能如何领悟好在文化自信中不断激发社会主义核心价值观的生命力？

【教师点评】感谢第二组同学的分享。他们以稻田艺术为例，为我们展示了中华优秀传统文化是涵养社会主义核心价值观的重要源泉。从“积淀”到“传承”，稻田以万载耕耘的厚重，述说着农耕文明的辉煌史诗，农民们、科学家们尊重自然、顺应自然，与大自然和谐共生，这种“天人合一”的思想，阐述着“和谐”价值观的生动内涵；从“破土”到“出圈”，稻田以彩色稻浪的灵动，绘就着乡村振兴的富足画卷，物质文明和精神文明在农耕文化与现代科技、特色旅游的结合中得到了协调发展；从“独绽”到“长红”，稻田以美学之光的荣耀，展现着文化创新的璀璨实景，艺术家们自由地发挥创意创作，每一个敬业的艺术家、每一幅精品的画作都在社会的认同和赞美中得到了平等和公正的赏识。

【教师总结】这些展示让我们深切感受到培育和弘扬社会主义核心价值观，既要从中华优秀传统文化中汲取丰富营养，又要在推动中华优秀传统文化创造性转化和创新性发展的过程中相互赋能。因为，中华优秀传统文化中所蕴含的价值观念与科学社会主义价值观主张具有高度契合性。习近平总书记在党的二十大报告中提到十个中国古语：“天下为公、民为邦本、为政以德、革故鼎新、任人唯贤、天人合一、自强不息、厚德载物、讲信修睦、亲仁善邻”①，强调这些思想理念“是中国人民在长期生产生活中积累的宇宙观、天下观、社

① 习近平：《高举中国特色社会主义伟大旗帜　为全面建设社会主义现代化国家而团结奋斗——在中国共产党第二十次全国代表大会上的报告》，人民出版社2022年版，第18页。

会观、道德观的重要体现，同科学社会主义价值观主张具有高度契合性。"①所以理解中华优秀传统文化是涵养社会主义核心价值观的源泉，我们从科学社会主义的价值观主张与优秀传统文化的契合中来看，就可以结合这四个观。

一从宇宙观来看，我们强调推动绿色发展，促进人与自然和谐共生，这体现了道法自然、天人合一的宇宙观同马克思主义关于人与自然关系学说的结合。庄子曾讲："天地与我并生，而万物与我为一"；北宋张载提出"天人合一"的概念以及"民吾同胞，物吾与也"的思想，强调包括人在内的天地万物的内在统一性。然而，在马克思主义基本原理中，人与自然关系的思想也占有十分重要的地位。马克思主义认为，人靠自然界生活，人类是在同自然的互动中生产、生活和发展的。如今，我们强调必须牢固树立和践行绿水青山就是金山银山的理念，这就是站在人与自然和谐共生的高度来谋划发展。二从天下观来看，我们推动构建人类命运共同体，这体现了亲仁善邻、协和万邦的天下观同马克思主义共同体思想的结合。俗话说，远亲不如近邻，在5000多年的文明发展中，中华民族一直追求同邻里、邻邦的和平、和睦与和谐。人类命运共同体思想不仅汲取了中华优秀传统文化中的"和合"思想，也继承了马克思主义"自由人联合体"理想，将实现全人类的幸福作为终极目标。就像我们稻田里的拓荒者、"杂交水稻之父"袁隆平老先生，他不仅有禾下乘凉梦，更有覆盖全球梦，为我国粮食安全和世界粮食供给都作出了卓越贡献。如今，在各行各业的倾力践行中，构建人类命运共同体的主张不仅得到广大发展中国家的热烈拥护，也为多数发达国家所认同，因而被写入联合国的数个文件，真正成为一种全球性的共识。三从社会观来看，以人民为中心的发展思想，体现了天下为公、民为邦本的社会观同马克思主义人民主体思想的结合。所谓，"大道之行也，天下为公"，这描述的就是《礼记》中，孔子理想的"大同"景象，习近平总书记在很多场合都曾引用这句话，来表达人民至上的初心追求；"民为邦本"出自《尚书》，强

① 习近平：《高举中国特色社会主义伟大旗帜　为全面建设社会主义现代化国家而团结奋斗——在中国共产党第二十次全国代表大会上的报告》，人民出版社2022年版，第19页。

调人民是国家的根本所在。如今，以人民为中心的发展思想，就是中国共产党将唯物史观强调的“人民群众是历史创造者”这一基本观点，同中国传统民本思想的结合，这既是对天下为公、民为邦本这一社会治理准则的现代化表达，也是彰显人民主体地位的生动性实践。四从道德观来看，我们强调培养和践行社会主义核心价值观，这体现了自强不息、厚德载物的道德观同马克思主义伦理思想的结合。“核心价值观，其实就是一种德，既是个人的德，也是一种大德，就是国家的德、社会的德。”[①]“自强不息、厚德载物”是中华优秀传统美德的核心理念。实现社会的共同富裕、促进社会的权利平等、保护人们的精神自由等，这也是马克思主义伦理思想的重要内容。社会主义核心价值观，把涉及国家、社会、公民的价值要求融为一体，这既体现了社会主义的本质要求，也继承了中华优秀传统美德，在凝聚人心、汇聚民力上具有强大的力量。由此可见，科学社会主义价值观主张同我国传承了几千年的优秀历史文化和广大人民日用而不觉的价值观念是融通的。这也是为什么马克思主义传入中国后，能在各种思潮的激荡中，被中国人民所选择；这也是为什么科学社会主义的主张能在中国大地扎根、开花结果。因为科学社会主义价值观主张扎根于中华历史文化沃土，能获得无比丰富的文化滋养、无比充沛的思想资源，不断赋予这一科学价值观主张鲜明的中国特色，不断夯实科学社会主义价值观主张的历史基础和群众基础。因此，培育和弘扬社会主义核心价值观，必须从中华优秀传统文化中汲取丰富营养。

同时，还要推动中华优秀传统文化创造性转化和创新性发展。因为“传统文化在其形成和发展过程中，不可避免会受到当时人们的认识水平、时代条件、社会制度的局限性的制约和影响，因而，也不可避免会存在陈旧过时或已成为糟粕性的东西。这就要求人们在学习、研究、应用传统文化时坚持古为今用、推陈出新，结合新的实践和时代要求进行正确取舍，而不能一股脑儿都拿到今天来照套照用。”[②] 就像“稻梦空间”里那些刻画着优秀传统文

① 《习近平关于社会主义精神文明建设论述摘编》，中央文献出版社 2022 年版，第 103 页。

② 习近平：《在纪念孔子诞辰 2565 周年国际学术研讨会暨国际儒学联合会第五届会员大会开幕会上的讲话》，人民出版社 2014 年版，第 11 页。

化精华的艺术作品，它们正是以创新方式向大众讲述优秀传统文化故事，传递优秀传统文化深层价值。

然而，马克思主义基本原理也好，中华优秀传统文化也好，两种思想体系都不是一成不变的，它们的生命力，既体现在内在的本质和根源上，也体现在外在的开放和包容上。也就是说，马克思主义基本原理具有开放性，马克思主义之所以能够永葆其美妙之青春，正是因为不断探索时代发展提出的新课题、回应人类社会面临的新挑战。中华优秀传统文化也具有包容性，中华优秀传统文化之所以具有生生不息的生命力，正是因为强调和而不同与兼收并蓄，在同其他文明的交流互鉴中不断焕发新的生命力，所以：

3. 世界文明有益成果是增强社会主义核心价值观生命力的养分

“社会主义核心价值观以海纳百川的气度广泛吸收借鉴了包括资本主义文明成果在内的人类一切文明成果，萃取精华、融会贯通，形成了具有世界视野、中国气派的价值观。”[①] 接下来第三小组的展示就是聚焦在吸收世界文明养分的视角来思考社会主义核心价值观的先进性。

【小组展示三】开好联结世界文明的“和合专列”

大家好，我是时代交响组的代表。我要汇报的主题是：开好联结世界文明的“和合专列”。同学们，你们知道吗？那精妙的滴灌技术、神奇的温室种植技术、深邃的农业生物技术，这些在我们生活中广泛应用的农业技术，历经千年，汇聚了无数先贤的智慧与探索，他们的背后，蕴藏着世界文明的无尽瑰宝，为我们点亮了农业文明的前进之路。那么，社会主义核心价值观与世界文明有益成果有着怎样的联系呢？我们从以下三个方面来分析。

兴华夏需纳文明硕果，铸辉煌当吸世界精华。“一部华夏文明史，就是一部与世界各国交流融合、相互学习的发展史。”[②] 历史上，我国曾以璀璨的文化、深邃的思想和卓越的技术独步于世，为世界文明谱写了辉煌的篇章。然而，近代以来的闭关锁国，使我们错失了与世界先进文明交流互鉴的宝贵

① 本书编写组：《思想道德与法治》，高等教育出版社 2023 年版，第 125 页。

② 《核心价值观吸收世界文明有益成果——五论学习贯彻习近平总书记五四重要讲话精神》，《中国教育报》2014 年 5 月 10 日。

机会，导致我们一度落后挨打。如今，站在新的历史起点上，我们深刻认识到，实现中华民族伟大复兴的中国梦，必须积极吸收世界文明的有益成果，这不仅是我们加快自身发展的必由之路，更是我们顺应时代潮流、融入世界发展大局的必然选择。

聚共识传文化之因子，凝成果铸核心价值观。在农业农村的发展道路上，东西方均致力于对农业灌溉技术的不断精进，都注重人与自然关系的处理，西方农业现代化文明思想对东方农业也产生了重要影响，比如，农业生产的规模化、标准化和智能化，农业经营管理的现代化和专业化等。同时，英国哲学家罗素曾有言，“中国至高无上的伦理品质中的一些东西，现代世界极为需要。”回顾往昔，古丝绸之路连接亚、非、欧三大洲，绵延万里，延续千年，来自世界各地的人不以山海为远，在这里汇聚。习近平总书记曾经深情地说，这些开拓事业之所以名垂青史，是因为使用的不是战马和长矛，而是驼队和善意；聚焦当下，“一带一路”这一构建人类命运共同体的重大实践，正是弘扬和平、发展等全人类共同价值的体现，正是文明交流、互鉴的彰显。这条路既是经贸之路，也是文明之路，它不以意识形态划界，不搞零和博弈，不关起门来搞小圈子；它尊重每个国家的历史和传统，尊重每个国家对于自身发展道路和现代化模式的选择，并努力思考和探索如何推动美美与共。中国人的开放、包容、和合共生的价值理念正和世界文明双向奔赴。然而，在奔赴的征途中我们也应有辩证的方法。

汲甘泉促文明之发展，绘宏图求辩证之和谐。发展社会主义核心价值观，我们既要珍视和传承中华优秀传统文化的根脉，又要以开放包容的心态汲取世界文明的养分。这并非简单的取与舍，而是要在历史的长河中，以辩证的智慧，动态地审视和汲取。我们既要如同春蚕食叶，细细咀嚼着人类文明的智慧结晶；又要如蜜蜂采蜜，精心酿造着立足新时代的精神食粮。这一过程，既是文化的传承与创新，也是文明的交流与互鉴，是我们在全球化背景下，不断推动文明进步与发展的必由之路，也是社会主义核心价值吸收世界文明有益成果的重要路径。

【教师点评】感谢第三组同学的分享汇报。本组同学以“和合专列”为媒，探寻那些能够滋养社会主义核心价值观的养分。这一组的汇报内容如果能有一个载体资源贯穿始终会更便于同学们理解。这组同学思考的是从“需要吸收”到“如何吸收”，但结合导入中提到的创新农业技术，探寻其背后民主、平等等价值追求，体现如何既吸收世界文明有益成果，又进行自主创新等问题还没有深入。

【教师总结】从“吸纳世界文明有益成果”的角度来思考社会主义核心价值观的先进性时，既要关注如何萃取精华，又要关注如何融会贯通。比如，不同时代的人对美好社会都有憧憬，但不同时代的人对理想社会的追求又呈现不同的时代特点，反映不同的社会性质。“中国古代的‘大同社会’，古希腊的‘理想国’，资本主义启蒙思想家对封建等级制的批判，空想社会主义对未来美好社会的设想，都代表了人类对美好社会的憧憬”,[①] 并在人类对理想社会追求中逐步凝结起了对民主、自由等共同价值追求，这些生动表述也是对社会主义核心价值观基本理念的凝练。然而，吸收借鉴不等于照搬照抄，自主创新也不等于闭门造车，所以，虽然“社会主义是脱胎于资本主义的，但民主、自由、平等、公正、法治从来不是资本主义的‘专属’，而是人类几千年文明成果的积淀和升华，反映了人类认识世界、改造世界的共同成果和基本规律。”“社会主义核心价值观在吸收人类优秀价值理念的基础上，以中国经验、中国实践为民主、自由、平等、公正、法治等价值理念赋予社会主义性质，代表了人类社会前进的方向和价值理念。”[②]

当剖析社会主义核心价值观的先进性时，不难发现它源自于对科学规律和社会发展的深刻洞察，而这种洞察又紧密关联着人民群众的根本利益。

环节三：社会主义核心价值观因鲜明的人民性具有强大的感召力

2014 年，我们第一次听到习近平总书记的新年贺词。我们来看看这十余年新年贺词中什么是高频词：没错，“人民”“群众”“老百姓”，这些温暖的

---

① 本书编写组：《思想道德与法治》，高等教育出版社 2023 年版，第 125—126 页。

② 本书编写组：《思想道德与法治》，高等教育出版社 2023 年版，第 126 页。

话语里充分体现了“人民至上”的价值立场。正如教材中所说，“社会主义核心价值观坚持人民历史主体地位，代表最广大人民的根本利益，反映最广大人民的价值诉求，引导最广大人民为实现美好社会理想而奋斗。人民性是社会主义核心价值观的根本特性。”① 那“人民至上”的价值立场是如何彰显的呢？

1. 马克思主义尊重人民群众历史主体地位是社会主义核心价值观人民性的思想引领

“马克思主义唯物史观从社会存在决定社会意识的立场出发去考察人类社会发展历史，指出人民群众在社会历史发展中的主体作用，认为人民群众是历史的创造者。相信群众、依靠群众，从群众中来、到群众中去，站在广大劳动人民的立场上，以广大劳动人民的解放为宗旨，竭尽全力为人民求福利、谋利益，是马克思主义最根本的政治立场。”② 所以，中国共产党自成立以来，就明确宣示，中国共产党是马克思主义的无产阶级政党，除了最广大人民的利益，没有自己的特殊利益。如果要有一句话来概括中国共产党的诞生和发展，那就应该是“为人民而生，因人民而兴”③。人民是中国共产党执政的最深厚基础和最大底气。

社会主义核心价值观“人民至上”价值立场的彰显，不仅体现在尊重人民群众历史主体地位，更体现在始终坚持以人民为中心的价值导向，始终把人民对美好生活的向往作为奋斗目标。所以：

2. 中国共产党人以人民为中心的价值导向是社会主义核心价值观人民性的现实写照

《中共中央关于进一步全面深化改革　推进中国式现代化的决定》中指出，“坚持以人民为中心，尊重人民主体地位和首创精神，人民有所呼、改革有所应，做到改革为了人民、改革依靠人民、改革成果由人民共享”④，这

① 本书编写组：《思想道德与法治》，高等教育出版社 2023 年版，第 126 页。

② 本书编写组：《思想道德与法治》，高等教育出版社 2023 年版，第 126 页。

③ 《习近平谈治国理政》第三卷，外文出版社 2020 年版，第 137 页。

④ 《中共中央关于进一步全面深化改革　推进中国式现代化的决定》，人民出版社 2024 年版，第 6 页。

体现了中国共产党人以人民为中心的价值导向。在社会主义中国，“以人民为中心的发展思想，不是一个抽象的、玄奥的概念，不能只停留在口头上、止步于思想环节，而要体现在经济社会发展的各个环节。”① 比如，精准扶贫、脱贫攻坚就是对以人民为中心发展思想的生动阐释。

【视频资源】80 秒回顾 8 年脱贫攻坚战（1 分 20 秒）②

【教师总结】8 年来，832 个贫困县全部摘帽，9899 万农村贫困人口全部脱贫，大家知道的是，我国取得了脱贫攻坚战全面胜利，也许还不知道，中国提前十年实现了《联合国 2030 年可持续发展议程》减贫目标。“中国是拥有 14 亿人口、世界上最大的发展中国家，基础差、底子薄，发展不平衡，长期饱受贫困问题困扰。中国的贫困规模之大、贫困分布之广、贫困程度之深世所罕见，贫困治理难度超乎想象。”③ 那是什么支撑着中国共产党领导人民打赢人类历史上规模空前、力度最大、惠及人口最多的脱贫攻坚战呢？习近平总书记指出：“我们始终坚定人民立场，强调消除贫困、改善民生、实现共同富裕是社会主义的本质要求，是我们党坚持全心全意为人民服务根本宗旨的重要体现，是党和政府的重大责任。”④ 掷地有声的话语，彰显了以人民为中心的价值导向。在脱贫攻坚路上，党中央统揽全局，以国家富强为价值引领，加大粮食等生产政策支持力度，加强现代农业基础设施建设，增强粮食生产能力和防灾减灾能力⑤，徐徐铺展出一幅“农业强”的画卷；以文明和谐为价值遵循，开展农村人居环境整治行动，完善社会保障体系，加强农村思想道德建设和公共文化建设，有力书写出一卷“农村美”的新篇；以自由平等为价值导向，坚持扶贫与扶智相结合，开创农民夜校，加强教育培训，建立激励机制，让贫困群众既有脱贫致富的技能，又有脱贫

① 《习近平谈治国理政》第二卷，外文出版社 2017 年版，第 213—214 页。

② 《80 秒回顾 8 年脱贫攻坚战》，人民网，2021 年 2 月 26 日，见 https://www.bilibili.com/video/BV1cU4y1p7rm/?vd_source=c64401996422ca411d40941890f0df69。

③ 中华人民共和国国务院新闻办公室：《人类减贫的中国实践》，人民出版社 2021 年版，第 1 页。

④ 《习近平著作选读》第二卷，人民出版社 2023 年版，第 438 页。

⑤ 参见李志平：《推进农业生产　决战脱贫攻坚》，《光明日报》2020 年 3 月 10 日。

致富的动力，齐力绘就出一片“农民富”的图景。这些实践成果，不仅擦亮了“人民至上”的价值底色，也验证了社会主义核心价值观的真实可信。

环节四：社会主义核心价值观因可信的真实性具有强大的说服力

“在人类社会发展进程中，有过不少看上去非常美好的价值理念，其中一些在历史上发挥了重大的积极作用，但也有一些只是‘看上去很美’，甚至是‘听起来很美’，并未能彻底地、真正地实现”[①] 的价值理念。那如何笃定社会主义核心价值观的真实可信？我们可以从比较分析中来解疑答惑。

问题一：怎么具象理解社会主义核心价值观的真实可信？

“考察人类文明发展的历史，我们不难发现，民主是伴随人类文明发展的社会历史现象。”[②] 民主是全人类的共同价值，“民主”在中西价值观中都有着重要体现，但存在着明显的不同，因此，我们以“民主”为代表进行对比分析。

习近平总书记指出，“实现民主的形式是丰富多样的，不能拘泥于刻板的模式，更不能说只有一种放之四海而皆准的评判标准。”[③]“人民是否享有民主权利，要看人民是否在选举时有投票的权利，也要看人民在日常政治生活中是否有持续参与的权利；要看人民有没有进行民主选举的权利，也要看人民有没有进行民主决策、民主管理、民主监督的权利。”[④] 可以说，西方民主政治制度“一人一票”注重形式，中国特色社会主义民主更注重内容和结果。

在党的二十大报告诞生记中我们能深刻感受到中国特色社会主义民主的真实可信。习近平总书记在党的二十大报告起草伊始就明确强调，“在起草工作中要充分发扬民主，加强调查研究，广泛听取意见，集中起各方面

① 本书编写组：《思想道德与法治》，高等教育出版社 2023 年版，第 128 页。

② 刘玉辉：《中华民族传统政治文明中的民主基因及中西民主观的异同》，2016 年 9 月 8 日，见 http://theory.people.com.cn/n1/2016/0908/c143844-28701437.htm。

③ 习近平：《论坚持人民当家作主》，中央文献出版社 2021 年版，第 96—97 页。

④ 王灵桂：《行得通很管用的人民民主——全过程人民民主发展研究》，人民出版社 2023 年版，第 140 页。

智慧。”[①]“按照党中央部署，54个单位承担重点课题调研任务，围绕26个专题开展调研，形成80份调研报告，共计132.7万字；2022年4月15日至5月16日，党的二十大相关工作网络征求意见活动开展，这是我们党历史上第一次将党的全国代表大会相关工作面向全党全社会公开征求意见；活动期间共收集各类意见建议留言超过854.2万条、2.9亿字。经过认真梳理汇总，按照尊重原意、分类整合、突出重点、简洁凝练的原则，摘编具有建设性、代表性的意见建议1675条。”[②]

党的二十大将全过程人民民主标定为中国民主道路上的“新路标”，“发展全过程人民民主是中国式现代化的本质要求”[③]。全过程人民民主有效防止了西方民主选举时漫天许诺，选举后无人过问的现象，既保证了人民进行民主选举的权利，也保障了人民在民主协商、民主决策、民主管理、民主监督等方面的权利，是全链条、全方位、全覆盖的民主，是最广泛、最真实、最管用的社会主义民主。比如，在2977名第十四届全国人大代表中，一线工人、农民代表497名，占代表总数的16.69%，一线工人、农民、专业技术人员等基层代表在县级人大代表中的占比为52.53%。2023年底，两会开始前，来自精河县托里镇伊吉林莫墩村的全国人大代表吴文秀深入田间地头调研，广泛收集各方意见，听取群众困难诉求；2024年，两会过程中，来自金斗洋村的全国人大代表钟团玉提出了关于推进乡村全面振兴，发展壮大村集体经济的建议，反映了农民心声，推进农村改革发展；会后，全国人大代表阳岳球第一时间把全国两会精神带回巴陵大地，用新质生产力谱写“现代农民”种田记。正如《中国的民主》白皮书中所强调的，“人民既广泛参与国家、社会事务和经济文化事业的管理，也在日常生活中广泛充分行使民主权利。”[④]

---

① 中共中央党校科研部：《新时代调查研究之道》，人民出版社2023年版，第170页。

② 《推动中华民族伟大复兴号巨轮乘风破浪、扬帆远航——党的二十大报告诞生记》，2022年10月25日，见http://www.news.cn/2022-10/26/c_1129079968.htm。

③ 《中共中央关于进一步全面深化改革　推进中国式现代化的决定》，人民出版社2024年版，第27页。

④ 中华人民共和国国务院新闻办公室：《中国的民主》，人民出版社2021年版，第35页。

然而，聚焦西方民主却有另一幅景象。环球网2024年1月25日报道，法国农博会开幕之际，有数百名示威农民在当天清晨强行闯入农博会，许多法国农民表示，食品零售商在经历高通胀后面临降价的压力，这导致他们的生计受到威胁，陷入经济困境；[①] 新华社2024年2月1日报道，“在德国，由于联邦政府决定逐步取消对农业柴油的税收减免等原因，农民发动的大规模封锁交通的抗议活动也在进行。”[②]《新京报》2024年2月6日报道，2024年初，“欧盟峰会在比利时布鲁塞尔举行。会场外，欧洲农民驾驶上千辆拖拉机阻断布鲁塞尔的多条道路，并向警察投掷鸡蛋和鞭炮，抗议欧盟及欧洲各国的农业政策损害农民利益。”[③] 有分析人士称，受气候变化、国际竞争加剧、燃油价格上涨、欧盟环境标准提高等多重因素影响，欧盟多国农产品成本居高不下，农民收入下降，生活陷入困境，并对未来产生强烈忧虑。这是此次欧盟多国发生农民抗议活动的根本原因。正如，列宁曾强调：“资产阶级民主同中世纪制度比较起来，在历史上是一大进步，但它始终是而且在资本主义制度下不能不是狭隘的、残缺不全的、虚伪的、骗人的民主，对富人是天堂，对被剥削者、对穷人是陷阱和骗局。”[④]“资产阶级社会虽然高唱自由平等，至少是选举中的自由平等，但是实际上，资本家的政权和土地、工厂的私有制决定劳动者在任何‘民主的和共和的’制度下都不能享受自由，只能遭受压迫和欺骗。”[⑤]

要切记，“民主不是装饰品，不是用来做摆设的，而是要用来解决人民需要解决的问题的。”[⑥] 可以看出，在中国，无论是推动农民增收的不懈努力，还是促进乡村振兴的众志成城，亦或是农业现代化的坚定步伐，这些实践成果，都充分彰显了社会主义核心价值观真实可信的显著优势。这也不禁

① 参见《持续抗议！法国农民要“封”农博会，马克龙表态》，《环球时报》2024年1月25日。

② 唐霁：《热点问答｜农民“围城”抗议为何席卷欧盟》，2024年2月1日，见 http://www.news.cn/world/20240201/9713efeb17454d779af72f3a3f3a2990/c.html。

③ 《欧洲农民抗议浪潮蔓延，欧盟委员会让步》，《新京报》2024年2月6日。

④ 《列宁全集》第35卷，人民出版社2017年版，第244页。

⑤ 《列宁全集》第37卷，人民出版社1986年版，第411—412页。

⑥ 《习近平著作选读》第二卷，人民出版社2023年版，第529页。

让我们时刻警惕那些标榜“普世价值”却实则虚伪的口号和行径。

问题二：如何彻底看清西方“普世价值”的虚伪性？

“‘普世价值’作为西方资本主义意识形态话语，有其特定内涵和政治用意。近代西方资产阶级倡导的‘自由’‘民主’‘人权’等价值观，在反对封建专制过程中发挥过历史性作用。随着资产阶级取得统治地位，这些价值观越来越成为维护资本统治的工具。西方资产阶级极力将这些价值观美化成‘普世价值’并到处输出、贩卖，为实现他们的全球霸权图谋张目。”[①] 我们可以从学理和实践两方面来分析其虚伪性。

从学理逻辑出发，明晰西方普世价值在理论上的“虚伪性”。所谓“普世价值”，是指超越阶级、超越国家、超越历史，对任何社会、任何时代都适用通行的自由、民主、人权等资产阶级价值观念。“普世价值”从抽象的“人性论”出发，认为人类生活在不同时期、历史阶段与国家，但依然拥有共同的精神需求和利益诉求，面临共同的问题。从这样共同“人性”的角度出发，理所当然地认为存在一种凌驾于历史与民族特性之上的“普世价值”。事实上根本不存在抽象的人性，也没有放之四海而皆准的价值观及其相应的制度。如果大家没有探究过人的本质问题，很可能被这种观点所迷惑。但我们在专题一探讨过，人的本质在其现实性上是一切社会关系的总和，并不存在绝对抽象的人性，也就不存在一种超越时空与具体人性的“普世价值”。我们也可以进行形象性推理：正如“鞋子合不合脚，自己穿了才知道。”我们想一想：人类从光脚到穿鞋，是文明进步的标志，也可以说当今世界上文明的人都要穿鞋子。这是不是可以得出这样的结论：文明的人都要穿鞋子，这是普世的？且慢，如果再继续追问，是男鞋好还是女鞋好、是皮鞋好还是布鞋好、是 48 码的鞋好还是 38 码的鞋好？有没有适合世界上所有的人穿的鞋子呢？我想答案不言而喻。[②] 所以，适用于一切时期和一

---

① 全国高校思想政治理论课教学指导委员会：《思想道德与法治教学课件》（专题五——明确价值要求　践行价值准则　第二讲　坚定社会主义核心观自信）第 37 页。

② 参见刘彦华：《从“鞋子理论”看“普世价值”的荒谬》，2015 年 1 月 20 日，见 https://m.hswh.org.cn/wzzx/llyd/zz/2015-01-20/29847.html。

切社会制度的普世价值是不存在的。[①] 然而，要识破错误思潮虚伪的本质，不仅要用讲道理的方式，破除理论误区，更要用摆事实的方式，揭露虚伪面纱。

从实践逻辑出发，揭示西方“普世价值”在实践上的虚伪性。自古以来，粮食是国家的根基，人民的命脉。美国前国务卿基辛格曾说过：“谁控制了粮食，谁就控制了人类。”历史长河中，我们见证了三次世界性粮食危机的冲击。“美国才真正是全球粮食危机的‘幕后黑手’。”[②]“第一次世界性粮食危机爆发于 1974 年。当时，世界主要粮食生产地遭受严重的自然灾害，农业歉收，大部分粮食储备掌握在美国的少数跨国粮商的手中。苏联通过石油换粮食计划，向美国大举购粮。在美国政府和少数垄断寡头的推动之下，第一次世界粮食危机爆发，美国借助粮食危机带来的高粮价，在粮食出口中赚得盆满钵满。这次危机终结了战后粮食低价的历史，使许多国家开始重视粮食安全，进而改变了全球粮食格局。第二次世界性粮食危机爆发于 2008 年。这次危机与美国的生物燃料开发战略密切相关。美国开发生物燃料烧掉了大量粮食，人为减少了粮食供应量，推高了国际粮价。根据相关研究，促成第二次世界粮食危机的因素中，生物燃料的因素占 75%，而石油和化肥涨价的因素仅占 15%。生物燃料的生产深刻改变了全球粮食生产、消费和贸易的格局，其结果是粮食成为投机交易品，导致全球粮价不断攀升。自 2020 年以来，在疫情蔓延、蝗灾横行和极端天气频发的背景下，世界粮价再次高涨。乌克兰危机爆发后，粮价上涨形势更为严峻。目前，粮食价格已经突破了 2008 年危机时的水平。表面上看，这轮危机与粮食金融属性凸显、油价高涨、粮食供需失衡等因素相关，但其深层次原因是在霸权体系之下美国对内治理失序、对外寻衅霸凌。此次危机中，美国通过粮食霸权和美元霸权向全球转嫁危机，通过量化宽松、滥发美元向国际市场投放大量流动性资本，不仅获得国内增长红利，而且扭转了国际粮价低迷

① 参见陈积敏：《西方“普世价值”的逻辑与困境》，《和平与发展》2021 年第 2 期。

② 郭言：《全球粮食危机的“幕后黑手”》，《经济日报》2022 年 10 月 12 日。

局面，巩固了自身在金融、粮食方面的霸权地位。”① 从这三次世界性粮食危机中可以清晰得知，借助粮食危机带来的高粮价，粮食成为投机交易品，通过粮食霸权和美元霸权向全球转嫁危机等等这些行径都与其所宣扬的自由、平等、民主等价值理念背道而驰。另外，这几年来持续爆发的美国民众举行游行示威抗议种族歧视，比如，被网络热议“黑人的命也是命”的弗洛伊德案，还有劳资对立、金钱政治、贫富分化、社会撕裂、人权无保障等问题，在一些西方国家长期存在且愈演愈烈，与他们所标榜的“普世价值”形成鲜明对照。

由此可见，“西方所谓的‘普世价值’并不‘普适’，更不是什么普照世界的‘明灯’。长期以来一些西方国家为了自己的政治经济利益和霸权野心，四处兜售‘普世价值’，推行‘和平演变’”。“在所谓的‘普世价值’影响下，一些国家被折腾得不成样子，有的四分五裂，有的战火纷飞，有的混乱不堪。”“事实一再说明，随‘普世价值’而至的并非‘自由’‘民主’‘人权’的春天，而是民不聊生、生灵涂炭的严冬。”② 面对“普世价值”的各种论调，我们一定要认清其“醉翁之意”。正如习近平总书记强调的，“敌对势力在那里极力宣扬所谓的‘普世价值’。这些人是真的要说什么‘普世价值’吗？根本不是，他们是挂羊头卖狗肉，目的就是要同我们争夺阵地、争夺人心、争夺群众，最终推翻中国共产党领导和中国社会主义制度。”③“西方宣扬‘普世价值’的实质是推销西方的所谓‘民主国家体系’和‘自由体制’，通过推行西方价值观来演变与自己价值观不同的国家，是西方国家一贯的政治原则和策略，西方宣扬和推行‘普世价值’，是其和平演变策略的重要一环。”④“如果我们用西方资本主义价值体系来剪裁我们的实践，用西方资本

① 徐振伟：《半月谈丨世界粮食危机源于美国粮食霸权》，2023 年 2 月 3 日，见 https://baijiahao.baidu.com/s?id=1756782306122914447。

② 本书编写组：《思想道德与法治》，高等教育出版社 2023 年版，第 130—131 页。

③ 《习近平关于社会主义文化建设论述摘编》，中央文献出版社 2017 年版，第 27 页。

④ 葛彦东：《中国共产党领导意识形态建设的历史经验研究》，人民出版社 2021 年版，第 56 页。

主义评价体系来衡量我国的发展，符合西方标准就行，不符合西方标准就是落后的、陈旧的，就要批判、攻击，那后果不堪设想！”[①]

然而，“反对西方所谓的‘普世价值’，并不是说人类社会不存在共同价值。人类生活在同一个地球村里，越来越成为你中有我、我中有你的命运共同体，客观存在共同利益，必然要求共同价值。我们所主张的共同价值，是要倡导求同存异，和而不同，充分尊重文明的多样性，尊重各国自主选择社会制度和发展道路的权利。这与唯我独尊、强施于人、旨在推行资本主义政治理念和制度模式的所谓‘普世价值’根本不同。”[②]

问题三：全人类共同价值与所谓“普世价值”根本不同是什么？

“第一，共同价值承认不同社会共同体成员所秉持的价值观念，以承认价值的多样化为前提，‘普世价值’的实质以否定价值多样化为前提。第二，共同价值在多种价值体系中寻求共同认可的价值元素，而‘普世价值’把某种特殊价值尊奉为最高价值。第三，共同价值的建构方法与‘普世价值’的虚构方法根本不同。共同价值是共同意志的表达，是共同认可与接受的价值观念。”[③]我们可以通过一个视频来生动感受一下，视频中当中国致力非洲减贫向各国提供贷款修建港口和其他基础设施遭到西方记者质疑时，希腊前财长用具体实例来予以回击。

【视频资源】希腊前财长：中国可比美国人道多了[④]

【教师总结】中国始终弘扬和平、发展、自由等全人类共同价值，与非洲人民相亲相知，共同致力非洲减贫。中国不是带着投机目的去掠夺资源，而是认真踏实助力非洲建设；中国不会将政治理念和制度模式强加于人，而是不带任何附加条件助力非洲发展。对非洲减贫的贡献不仅体现在基础设施

---

① 习近平：《在全国党校工作会议上的讲话》，人民出版社2016年版，第9页。

② 全国高校思想政治理论课教学指导委员会：《思想道德与法治教学课件》（专题五——明确价值要求　践行价值准则　第二讲　坚定社会主义核心价值观自信）第51页。

③ 参见全国高校思想政治理论课教学指导委员会：《思想道德与法治教学课件》（专题五——明确价值要求　践行价值准则　第二讲　坚定社会主义核心价值观自信）第51页。

④ 《当面打脸！美国记者被希腊前财长霸气回怼：中国比美国人道多了》，2023年7月13日，见 https://www.163.com/v/video/VA8J8A5UC.html。

援建上，也体现在利用现代农业快速实现可持续发展目标上。中国杂交水稻工程技术专家们不仅选育出适合非洲当地自然条件和农民需求的杂交水稻品种和栽培技术，还组织培训和示范指导当地种植户掌握先进技术。因为，在帮助非洲消除贫困方面，“授人以鱼不如授人以渔”是中国一贯的做法。同时，在面临复杂国际局势时，“我们真诚呼吁，世界各国弘扬和平、发展、公平、正义、民主、自由的全人类共同价值，促进各国人民相知相亲，尊重世界文明多样性，以文明交流超越文明隔阂、文明互鉴超越文明冲突、文明共存超越文明优越，共同应对各种全球性挑战。”①“进入新时代以来，习近平主席多次提出解决巴勒斯坦问题的倡议和主张，为解决好巴勒斯坦问题贡献了中国智慧和中国方案。”② 我国积极促进 14 个巴勒斯坦派别和解，最终各派共同签订《关于结束分裂加强巴勒斯坦民族团结的北京宣言》。这都与只为自己政治经济利益和只顾自己霸权野心所谓的“普世价值”是截然不同的。党的二十届三中全会上更是进一步强调，要“推动构建人类命运共同体，践行全人类共同价值，落实全球发展倡议、全球安全倡议、全球文明倡议，倡导平等有序的世界多极化、普惠包容的经济全球化”③。

通过对以上三个问题的回答，我们从对比分析中肯定社会主义核心价值观的真实可信性，从学理实践中揭露西方“普世价值”的虚伪性，从理念内核中明晰全人类共同价值观与西方“普世价值”的根本区别，认识到社会主义核心价值观的真实性不仅是理论上的高度概括，更是实践中的生动体现。

环节五：课堂总结

同学们，通过今天的学习，回看走过的路，比较别人的路，远眺前行的

---

① 习近平：《高举中国特色社会主义伟大旗帜　为全面建设社会主义现代化国家而团结奋斗——在中国共产党第二十次全国代表大会上的报告》，人民出版社 2022 年版，第 63 页。

② 《巴勒斯坦各派在京签署〈关于结束分裂加强巴勒斯坦民族团结的北京宣言〉》，2024 年 7 月 23 日，见 http://www.news.cn/20240723/60aa5766abc9424ebdbc991491951494/c.html。

③ 《中共中央关于进一步全面深化改革　推进中国式现代化的决定》，人民出版社 2024 年版，第 47 页。

路，希望同学们能增强坚定社会主义核心价值观的强大信心。我们通过剖析社会主义核心价值观的先进性来彰显其生命力，通过阐述社会主义核心价值观的人民性来感受其感召力，通过明辨社会主义核心价值观的可信性来坚定其说服力，这一切都构成了坚定社会主义核心价值观自信的最强理由和根本依据。最后，作为农学学子，大家应该意识到肩上的使命担当，面对国家粮食安全重任，农学学子要勇担使命，践行富强价值观，深耕细作保丰收，国家强盛显辉煌；应对农业科技创新挑战，农学学子应锐意进取，践行公正法治观，科研攻关促发展，社会和谐共进步；踏实个人成长担当之路，农学学子当矢志不渝，践行爱国敬业心，勤勉笃行铸品质，友善诚信树新风。要始终牢牢铭记住习近平总书记的殷殷寄语，“不要顺利的时候，看山是山、看水是水，一遇挫折，就怀疑动摇，看山不是山、看水不是水了。无论什么时候，我们都要坚守在中国大地上形成和发展起来的社会主义核心价值观，在时代大潮中建功立业，成就自己的宝贵人生。”①

【课后】

1. 思考讨论

农业新质生产力的发展正不断激发农业高质量发展新动能。面对农业生产方式的变化，农学学子应如何在实践中培育和践行社会主义核心价值观？应如何在乡村振兴的实践中激发社会主义核心价值观新活力？

2. 拓展阅读

习近平：《培育和弘扬社会主义核心价值观》，《习近平谈治国理政》第一卷，外文出版社 2018 年版。

中华人民共和国国务院新闻办公室：《中国的民主》，人民出版社 2021 年版。

习近平：《在全国脱贫攻坚总结表彰大会上的讲话》，中央编译社 2021 年版。

《奋力书写为中国式现代化挺膺担当的青春篇章》，2024 年 05 月 04 日，

---

① 《习近平关于社会主义精神文明建设论述摘编》，中央文献出版社 2022 年版，第 109 页。

见 http://theory.people.com.cn/n1/2024/0506/c40531—40229698.html。

七、教学资源

八、教学板书

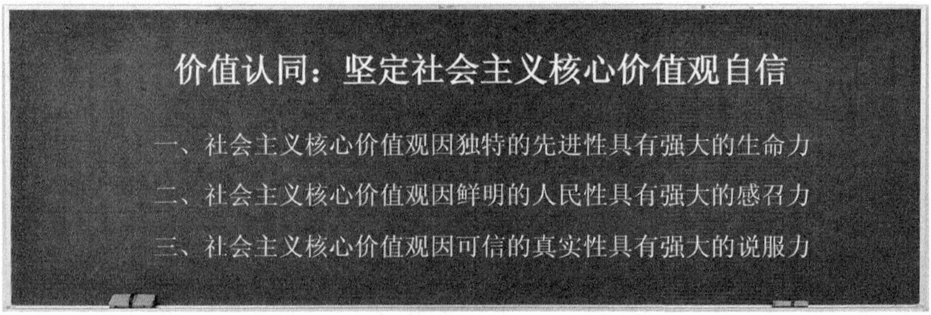

九、教学反思

1. 从基于学情的内容设计反思教学理念的贯彻，用心坚持“以学生为中心”的教学理念。把握了学生对结合专业实际讲透知识点、应用多样案例增添趣味性的兴趣点，教师通过脱贫攻坚伟大成就、乡村振兴重大成果、2023年“三农”发展美丽画卷，引入社会主义核心价值观的三大显著特征，坚定社会主义核心价值观自信，增强了学生的自豪感和使命感；紧扣了学生对社会主义核心价值观的真实性理解的困惑点，教师通过解读中西方“民主”的对比、西方“普世价值”的虚伪本质，以及全人类共同价值与“普世价值”的根本区别，增强了学生对社会主义核心价值观真实可信性的思考和理解；满足了学生对理论学习指导生活实践与思政学习融合专业发展的需求点，教师通过历史文化溯源、已有成就启思、行业前景分析，增强了学生对理论内容说服力与针对性的认同。但在如何利用农学专业发展的历程与成就、挑战与机遇，更深度融合、细致比较地讲好坚定社会主义核心价值观自信上，还有待进一步挖掘和完善。

2. 从教学目标的达成情况反思教学方法的贯行，用情联动“以现代化赋能”的教学方法。在传统教学方法应用上，通过理论讲授法，增强学生对社会主义核心价值观先进性、人民性和真实性的理解深度，达成把握国家发展新方位、增强系统分析能力、涵养价值自信的目标；通过案例分析法，激发学生对国内案例与国际案例、影视案例与现实案例的情感热度，达成把握专业人才高要求、增强应用转化能力、涵养使命担当的目标；通过问题导向法，梳理学生对如何坚定社会主义核心价值观自信的问题向度，达成把握知识理解真要求、增强融会贯通能力、涵养进取品格的目标；通过任务驱动法，加大学生对课前线上预习、课后翻转拓展等主体性活动的发挥效度，达成把握正确的自学态度、增强深学进阶能力、涵养责任意识的目标。在信息化教学手段应用上，通过原创在线课程知识点的学习以提前了解学生已知未知情况；通过 App 中的抢答功能以树立学生积极思考典型。但在如何结合农学专业的时政热点、运用创新案例，更进一步将价值认同转化为价值自信上，还有待进一步思考和深化。

3. 从课堂主阵地内外衔接反思教学过程的贯通，用力实施“全链条培育人”的教学过程。在课前，学生通过自学线上课程“‘自由、平等、公正、法治’是西方翻版吗?”、阅读翻转课堂学习资源“《中国三农报道》一年之计——2024年中央一号文件解读”和“2023年我国农业农村发展实现稳中向好、稳中有进”视频，初步了解专题学习的基础知识，在课中，学生通过社会主义核心价值观先进性热点问题小组展示、社会主义核心价值观人民性痛点问题互动研讨、社会主义核心价值观真实性重点问题教师讲授，注入吸收专题学习的核心内容；在课后，学生通过思考习题、文献阅读、实践活动，努力拓展专题学习的深度广度。通过课前、课中、课后的一体贯通，实现教师主导与学生主体相联动、线上教学与线下教学相融合、思政小课堂与社会大课堂相衔接。在新课导入中，从乡村振兴的伟大成就切入，提高了学生参与课堂的兴趣度；在主体讲授中，设计环节二社会主义核心价值观的先进性回应生命力之问，设计环节三社会主义核心价值观的人民性回应感召力之问，设计环节四社会主义核心价值观的真实性回应说服力之问，逐层答疑解惑，增强了学生深入研讨的启发性；在小组展示中，围绕“对于社会主义核心价值观先进性的认识”进行大学生讲思政课展示，彰显了学生创新实践的执行力；在总结升华中，通过对知识进行总结、对问题进行反思、对担当进行寄语，激发了学生转化责任的使命感。通过新课导入、主体讲授、总结升华的一体贯通，实现问题导向、研究导向、成果导向、目标导向相统一。但在如何激发学生课堂“抢答”积极性、增强课后思考思辨性，更进一步增添课堂趣味、巩固学习成果上，还有待进一步研究和创新。

专题十三　修身立德方致远，明晰道德的本质与功能

对应章节：第五章　第一节

计划学时：2 学时

教学对象：人工智能专业

一、学情分析

1. 已有知识分析。第一，基于大中小一体化纵向衔接，掌握基础知识情况。初中阶段，学生在七年级下册《道德与法治》第三课“青春的证明”第二框“青春有格”中，初步认识到了道德的含义；在八年级上册第四课“社会生活讲道德”中初步学习了道德在日常生活中的体现，感悟了遵守道德的重要意义。学生在高中阶段进一步学习了道德的重要作用以及新时代下社会主义接班人的道德要求。第二，基于线上线下教学横向贯通，了解自学知识情况。学生通过线上课程“人类道德的起源”“人为何需要道德”的学习促新知构建；通过翻转课堂学习资源中党的二十大报告全文和中华民族劳动基因的前沿理论文章等内容的链接促新知拓展。

2. 认知能力分析。第一，基础知识记忆力强，但系统分析能力还不足。学生对道德的认知多停留在名词概念和意义阐述上，对道德与实践的统一和道德的起源、发展、与社会生产力的逻辑关联的理解有待深化。第二，感性认知浸润性足，但应用转化能力还不实。学生对道德模范心怀敬佩，对自身道德修养有所要求，但对道德的作用与功能的具体体现并不明确，将对道德力量的所感所悟转化为生活实践的能力有待提升，将人工智能飞速发展与道

德原则如何平衡的专业发展问题转化为历史使命的意识有待增强。第三，发展成就认同度高，但自主辨别能力还不强。学生对人工智能发展成就认同，但对人工智能中遇到的道德现象，道德问题的辨别分析能力有待提升；学生具备对社会主义道德先进性的自豪感，但对社会主义道德先进性原因的理解不足，对中西道德的辨别分析能力不强。

3. 心理需求分析。第一，思政课理论有效指导学习生活。学生希望课程能够解决科技飞速发展与道德失衡的思想困惑，并指导大学阶段的道德实践活动，确立人工智能发展中的道德原则，更好助力人工智能类专业发展规划。第二，热点与前沿巧妙链接理论课堂。学生希望课堂能够选取蕴含人工智能专业元素的经典案例与理论前沿，并结合人工智能所引发的道德失衡现象这一社会热点焦点展开互动研讨与头脑风暴。第三，信息化技术灵活贯穿课程讲授。学生更期待线上线下混合式授课模式，希望通过线上原创课程提前预习、课后复习，希望通过翻转课堂中优质学习资源的共享扩大学习面，希望通过课堂学习 App 中多功能灵活运用激发课堂教学活力。第四，创新性实践活动融入课堂教学。学生希望通过自主思考研讨的实践教学活动，在积极参与、主动探索和协同合作中进一步明晰道德对于个体生活与社会发展的重要作用。

二、教学目标

1. 知识目标。一是学生能在理论溯源和前沿引入中理解道德的基本内涵，明晰道德的起源与发展，以及社会主义道德的优越性，拓展对中学“道德的含义及体现”这一已学知识的探理深度。二是学生能在教师教授和小组分享中明确道德功能的具体表现，明晰道德作用的具体内涵，辨析“道德万能论”与“道德无用论”，增强对线上“人为何需要道德”这一新学知识的剖析力度。三是学生能在困惑释疑和困境破除中掌握社会主义道德的知行要求，明晰人工智能发展中所需要重视与遵守的道德准则，提升对课堂“社会主义道德先进性”这一应学知识的理解深度。

2. 能力目标。一是通过对道德起源的几种错误学说以及科学起源说的辩证分析，人工智能飞速发展与平衡道德要求的反思叩问，学生能提升逻辑推理、辩证思考、识别问题等高阶认知能力。二是通过对线上课程的前置学习、“道德作用”的实践任务分组探究、课堂学习 App 互动交流的全过程参与，学生能提升独立思考、协同合作、意义建构等自主学习能力。三是通过小组展示中人工智能专业与教学主题的紧密勾连、逻辑理路与文本打磨的深耕细作、透彻案例与生动话语的叙事体现，学生能提升融会贯通、智慧创造、以评促优的实践创新能力。

3. 素质目标。一是通过自主观看线上课程、自主阅读翻转课堂学习资源，溯源道德的基本内涵，明确马克思主义道德起源观的科学性，学生能涵养起深厚的理论自信。二是通过解读汤晓鸥先生勇担重任、纳士招贤、开拓进取的伟大人生经历，学生能涵养起鲜明的进取品格和创新品质。三是通过对比分析中西方在数字技术方面体现出的不同道德表现，把握资本主义道德的局限性与社会主义道德的先进性所在，树立科技发展须符合道德要求这一意识，学生能涵养起有为的使命意识和担当底气。

三、教学内容

“修身立德方致远，明晰道德的本质与功能”这一专题教学内容，立足教材“第五章第一节第一目：坚持马克思主义道德观”的重点难点，贯通线上课程知识点“人类道德的起源”“人为何需要道德”的已知未知，结合全国高校思政课教指委《思想道德与法治教学课件》专题六第一讲的要点亮点，关注学生对人工智能技术发展及其道德伦理平衡要求的兴趣点困惑点，以何为道德、为何需要道德、如何看待道德的变化发展为设计主线，阐释了道德的起源与内涵、作用与功能、变化及发展。

【教学内容的设计要点】

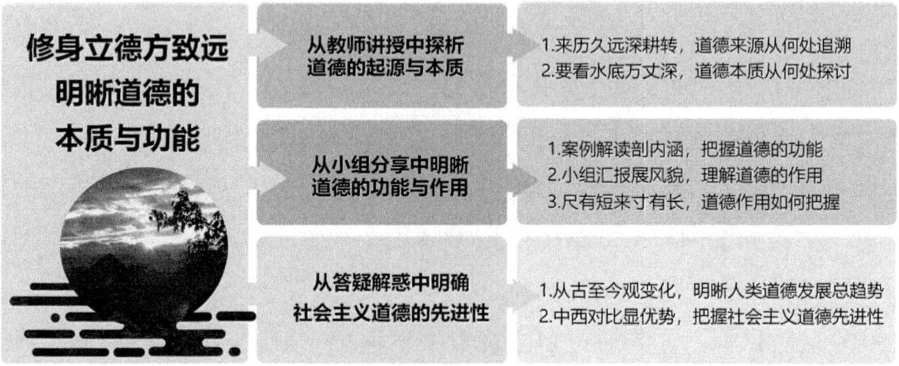

1. 从教师讲授中探析道德的起源与本质。一是结合线上课程对“道”“德”两个字的解读，理解好道德是一种特殊的社会意识形态的基本内涵。二是通过反思四种错误的道德起源论，明晰道德是社会实践产物的重要特点。三是通过结合专家学者对中华数千年劳动的前沿解读，明晰劳动是道德起源的首要前提；通过结合人工智能发展对社会关系的影响，把握社会关系是道德起源的客观条件；通过反思信息技术对个体道德判断的影响，理解自我意识是道德起源的主观条件。四是通过解读恩格斯关于道德与经济的关系的论述，明晰经济基础对于道德的决定作用；通过结合习近平总书记对于“以德治国”的阐释，理解好道德是社会利益关系的特殊调节方式；通过探讨人工智能实践要遵循的道德准则，明晰道德是一种实践精神的本质。

2. 从小组分享中明晰道德的功能与作用。一是通过解读悉尼大学学生高科技作弊案例，感悟道德对于社会发展所具有的功效与能力；二是通过汤晓鸥先生勇担重任投身科研、纳士招贤悉心培养为主题的小组汇报的展示，感悟道德在个人发展中作为一种强大的精神力量的引导与激励作用；三是通过以香港警方披露的 AI“多人换脸”诈骗案为载体的小组汇报展示，感悟道德在社会生活中维持稳定以及促进发展的重要作用；四是通过辨析“道德万能论”与“道德无用论”这两个错误观点，正确把握道德作为一种特殊的社会意识形态所具有的作用。

3. 从答疑解惑中明确社会主义道德的先进性。一是从历史逻辑出发，解读人类道德经历的五种社会形态，明确人类道德曲折上升的发展总趋势；二是从事实逻辑出发，对比中西方在数字技术上的不同态度与行为，明确社会主义道德区别于西方的独特先进性；三是从理论逻辑出发，剖析两种社会道德产生的经济基础，明确社会主义道德是社会主义公有制经济下的产物，阐明社会主义道德分别从中华优秀传统美德、中国革命道德、人类优秀道德三者中汲取力量，明确社会主义道德是人类优秀道德的结晶，克服了以往阶级道德的片面性和局限性，是人类道德发展史上一种崭新的道德。

四、教学重难点及解决措施

1. 坚持前沿引入与古今对照相统一，着重讲深道德的科学起源。第一，从劳动在人类社会形成过程中的重要性入手，结合人工智能对劳动产生的影响和中华民族劳动基因的前沿引入，把道德起源的首要前提讲深；第二，从社会利益关系的调节需要入手，结合人工智能对现代社会关系的影响，把道德起源的客观条件讲深；第三，从自我意识在利益调解中的引导作用入手，结合算法推荐对个体道德选择的影响，把道德起源的主观条件讲深。

2. 坚持成果展示与理论总结相结合，着重讲活道德作用的具体体现。第一，从学生自主思考研讨的方式入手，通过学生分享汤晓鸥先生“勇担重任投身科研”“纳士招贤悉心培养”的人生奋斗事迹，彰显出道德对个人理想与人生道路的塑造作用，把道德对个体成长的作用讲活；第二，从香港AI“多人换脸”诈骗案的现实反思入手，通过学生自主分享道德在抑制不法犯罪中的重要作用，表明道德在宏观层面上维持社会稳定、推动法制完善的独特作用，把道德对社会发展的作用讲活。

3. 坚持问题导向与逻辑梳理相融通，着重讲透社会主义道德先进性的原因。第一，从中西道德观的不同入手，在对比中彰显社会主义道德先进性的实际体现，把社会主义道德在现实生活中的具体体现讲透；第二，从社会主义道德先进性原因的三个要点入手，阐明社会主义道德是社会主义公有制经济的产物，是对人类优秀道德资源的批判继承和创新发展，克服了以往阶级社会道德的片面性和局限性，把社会主义道德先进性的原因讲透。

五、教学方法

1. 理论讲授法，重在线上浅讲与线下深讲相结合。课前，在线上课程中，通过剖析“道”“德”两个文字的含义，阐释了道德的基本内涵；通过初步解读四种错误的道德起源论与马克思主义道德起源观，学理分析道德的历史渊源；通过讲授“卧倒”镜头背后所包含的道德故事，彰显道德在个体选择中的重要作用；通过分享案例“苏大捡钱”与“善恶与寿命研究”，初步解读道德的功能与作用；通过线上初步辨析“道德滑坡”“道德爬坡”，为课中讲授打下理论基础。课中，更加深入全面地解读道德的历史起源，分析四种起源说的错误之处，引入专家学者关于中华民族劳动基因的前沿文章，厘清马克思主义道德起源观的科学性原因；通过教师解读，带领学生理解道德功能在实际生活中发挥作用的方式；结合教材内容及相关理论文章剖析社会主义道德先进性的原因与体现。通过内涵阐释、前沿引入、逻辑梳理，培养学生的归纳思维和演绎思维。

2. 问题导向法，重在个人之问与社会之问相结合。在新课导入中，通过提问学生对人工智能发展的感受，调动学生的积极性，通过提问人工智能飞速发展与道德要求如何平衡的问题，调动学生的好奇心；在主体讲授中，通过提问学生对“道德”的理解，把握学生对道德理论知识的掌握程度，引导学生深入思考道德含义，回应学生理论困惑；通过带领学生辨析资本主义道德与社会主义道德，在对比中感悟社会主义道德的先进性，增强认同感与自豪感，梳理学生的情感困惑；最后，在课后思考中，通过新时代大学生在新时代社会主义建设中如何进行道德实践之问引导学生将本课学习知识落实，进一步检验课堂教学目标达成情况，教学重难点突破效果。通过正视问题、研讨问题、解决问题，培养学生的批判思维和转化思维。

3. 案例分析法，重在正面案例与反面案例相结合。充分选取人工智能专业的“悉尼大学学生高科技作弊案”“香港AI多人换脸诈骗案”案例，发挥反面案例的警示作用，引发对人工智能中道德困境的反思；解读汤晓鸥先生勇担重任、纳士招贤的伟大人生经历，发挥典型人物案例的榜样引领，引导学生树立正确的道德观念；通过行业案例贯通、正向案例浸润、反面案例审视，培养学生的推理思维和辩证思维。

4. 任务驱动法，重在学生自主与教师布置相结合。课前，学生自主学习线上课程，对前置知识有初步了解，分组合作设计小组展示任务，对新学知识有深度感悟；课中，运用课堂学习APP中头脑风暴、抢答等多功能互动，学生积极参与课堂学习，教师及时把握学情状况；课后，通过翻转课堂布置习题思考和推荐阅读，师生进一步加强交流与学习；通过全人员参与、多形式互动、整过程交流，培养学生的求证思维和递进思维。

六、教学过程

【课前】

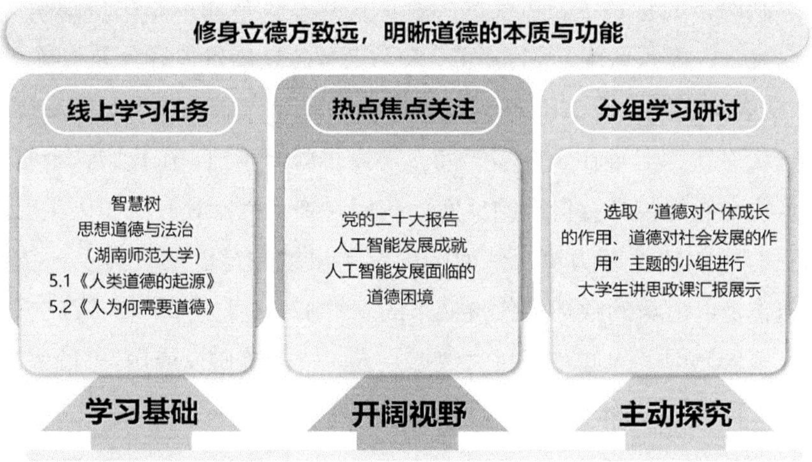

【课中】

环节一：新课导入

同学们好，欢迎来到“思想道德与法治”的课堂，今天我们讲的主题是：

修身立德方致远，明晰道德的本质与功能。我们先来看一段视频。

【视频播放】首个视频生成模型发布，生成式 AI 将如何影响生活？（1 分 13 秒）①

【App 抢答】谈谈你对人工智能发展的感受？

【教师总结】一望无垠的雪原，活泼可爱的萌宠，炯炯有神的眼睛……该段视频全部由“sora”制作生成，sora 的发布再次引发大众关于生成式人工智能的热议，生成式人工智能将有助于提高个人工作效率、创新文娱服务、改善居家生活、优化交通出行服务，而与此同时，生成式人工智能技术可能会被用于制造假信息、假新闻，误导社会舆论；也可能被用于制造深度伪造的视频和图片，实施网络诈骗行为；也可能被自动化生成大量的数字内容，侵犯了他人的数字版权。② 回顾人类科学发展史，几乎每一次重大科技变革都相应地引发关于伦理道德问题的探讨。如：人脸识别技术可用于寻找走失儿童、追踪出逃罪犯、管理出入门禁，但同时，随手上传的一张照片可能在网上被自动识别而导致被他人恶意利用；算法推荐可实现用户与信息的快速精确匹配，降低信息传播和获取成本，但同时，“信息茧房”可能导致人们沉溺网络弱化思考，可能因为获取用户数据从而侵犯用户隐私。此外，为获取流量，虚假新闻与“标题党”文章会导致新闻价值和公共道德上的“滑坡”。从人脸识别、算法推荐到生成式人工智能，毫无疑问，信息技术必将不断迭代更新。但早在 100 多年前，马克思就警示道：在我们这个时代，每一种事物好像都包含有自己的反面。我们看到，机器具有减少人类劳动和使劳动更有成效的神奇力量，然而却引起了饥饿和过度的疲劳……技术的胜利，似乎是以道德的败坏为代价换来的。③2024 年两会，“AI+”首次写入《政府工作报告》中，强调“深化大数据、人工智能等研发应用，开展‘人工智

① 《首个视频生成模型发布生成式 AI 将如何影响生活?》，中视网，2024 年 2 月 19 日，见 https://tv.cctv.com/2024/02/19/VIDEYr645p79w2tI5D4Laqj4240219.shtml。

② 参见陆峰：《生成式人工智能何以能，何以不能》，《学习时报》2024 年 3 月 15 日。

③ 参见《马克思恩格斯文集》第 2 卷，人民出版社 2009 年版，第 580 页。

能 +’行动，打造具有国际竞争力的数字产业集群。”① 二十届三中全会中再次强调，要“完善推动新一代信息技术、人工智能、航空航天、新能源、新材料、高端装备、生物医药、量子科技等战略性产业发展政策和治理体系，引导新兴产业健康有序发展。”② 因而，作为人工智能专业的学生，对于人工智能的发展，我们不仅要深化知识功底，促进技术发展完善，也必须始终重视从道德角度对其加以审视与约束。那我们怎样从起源中探寻道德的本质？怎样从社会现实生活中感悟道德的功能与作用？怎样从社会历史发展中领悟道德的变化？我们将从三个层面来解读。

环节二：什么是道德？从教师讲授中探析道德的起源与本质

【App 头脑风暴】结合中学思政课的学习以及日常生活经验，谈谈你对“道德”二字的理解？

【教师点评】可以看出大家对于道德的具体要求有所了解，对道德模范心存敬意，但对于如何践行高尚道德，如何思辨道德困境等还存在困惑，还需要更层次、更系统地学习“道德”。

【教师总结】德国哲学家康德曾说：“这世界上唯有两种东西能让我们的心灵感到深深震撼，一是我们头顶上的灿烂星空，二是我们内心崇高的道德律令”。那“道德”究竟是何含义呢？通过线上课程“什么是道德”这一知识点的学习，我们知道“道”引申为支配自然和人类社会生活的法度、准则及运行规律等。“德”是象形文字，与“得”字相通。东汉刘熙认为，德者，得也，得事宜也。许慎认为，德，外得于人，内得于己也。“道德是一种特殊的社会意识形态，它是以善恶为评价方式，主要依靠社会舆论、传统习俗和内心信念来发挥作用的行为规范的总和。”③

① 李强：《政府工作报告——2024 年 3 月 5 日在第十四届全国人民代表大会第二次会议上》，人民出版社 2024 年版，第 18 页。

② 《中共中央关于进一步全面深化改革　推进中国式现代化的决定》，人民出版社 2024 年版，第 11 页。

③ 本书编写组：《思想道德与法治》，高等教育出版社 2023 年版，第 138 页。

1. 来历久远深耕转，道德来源从何处追溯

（1）道德起源论

作为一种特殊的意识形态，道德起源于什么呢？人们进行了激烈的讨论。

第一，天意神启论。“‘天意神启论’把道德起源归结于上天的命令或者神的旨意，试图以人之外的某种所谓客观意志来说明道德的起源。”① 如西汉时期的董仲舒提出：“王道之三纲可求于天”，“道之大原出于天，天不变，道亦不变”。从这一观点出发，他把封建道德纲常神圣化、宗教化，认为触犯封建道德就是违反天意。在西方，犹太教认为道德是耶和华的神启，基督教认为道德是耶稣转达的上帝的意志。② 这种观点将道德视为一种绝对的力量，掩盖道德本身所代表的统治阶级的利益。

第二，先天人性论。“‘先天人性论’把道德的起源或者归结为与生俱来的善性或者归结为先天存在的良心、理念或精神。”③ 如孟子认为人天生就有四个“善端”，他说：恻隐之心，人皆有之；羞恶之心，人皆有之；恭敬之心，人皆有之；是非之心，人皆有之。恻隐之心，仁也；羞恶之心，义也；恭敬之心，礼也；是非之心，智也。仁义礼智，非由外铄我也，我固有之也，弗思耳矣。而康德认为具有普遍道德价值的东西来自人的理性本身的善良意志，善良意志是人与生俱来的受理性支配不以环境为转移的内在机能，道德就是这种善良意志所发出的绝对命令。这种观点看到道德对个体的作用，但是忽视了道德产生的社会基础。

第三，情感欲望论。“‘情感欲望论’认为道德起源于人们的情感欲望，是人们为实现情感欲望而形成的行为要求。”④ 如18世纪法国唯物主义哲学家爱尔维修和拉美特利，他们认为道德是人们趋乐避苦的产物，凡是能够使人

---

① 本书编写组：《思想道德与法治》，高等教育出版社2023年版，第139页。

② 参见黄云明：《马克思劳动哲学视域下的道德起源论》，《湖北大学学报（哲学社会科学版）》2021年第3期。

③ 本书编写组：《思想道德与法治》，高等教育出版社2023年版，第139页。

④ 本书编写组：《思想道德与法治》，高等教育出版社2023年版，第139—140页。

产生快乐体验的就是善的，凡是给人带来痛苦体验的就是恶的。[①] 这种观点看到了道德与情感的关系，但忽视了道德的利益本质。

第四，动物本能论。"'动物本能论'认为道德观念是动物本能的延续，进而把动物基于本能的活动与人类有目的、有意识的活动画上等号。"[②] 如达尔文所说："种种社会性的本能——而这是人的道德组成的最初的原则——在一些活跃的理智能力和习惯的影响的协助之下自然而然地会引向'你们愿意人怎样待你们，你们也要怎样待人'这一条金科玉律，而这也就是道德的基础了。"[③] 但是动物之间的这种本能行为是一种未经意识到的道德，还不能称为真正的道德，因为道德毕竟是人类主体精神的自律，这种观点抹杀了道德的积极能动作用，忽视了道德主体本身具有的自觉意识。

【App 选人】谈谈你对以上四种道德起源论的认识

【教师总结】几种观点共同之处是：离开人的社会实践与生活、人类的历史发展来思考道德的起源和基础，要么把道德看成外在强加于人的强制性的规约，要么把道德看成人类具有的本能、情感或理性，忽视道德产生的主客观基础和利益。因而，这些关于道德起源的观点，"要么是主观唯心主义或客观唯心主义的注解，要么是旧唯物主义形而上学的分析，均无法正确揭示道德的起源。"[④]

（2）科学起源说

马克思主义道德观认为，人类社会的实际情况是"物质生活的生产方式制约着整个社会生活、政治生活和精神生活的过程"[⑤]。关于道德起源这一问题，应从以下几点加以把握。

第一，劳动是道德起源的首要前提。"道德是人类社会的特有现象，劳

---

① 参见黄云明：《马克思劳动哲学视域下的道德起源论》，《湖北大学学报（哲学社会科学版）》2021 年第 3 期。

② 本书编写组：《思想道德与法治》，高等教育出版社 2023 年版，第 140 页。

③ [英]达尔文：《人类的由来（上）》，潘光旦、胡寿文译，商务印刷馆 2017 年版，第 190 页。

④ 本书编写组：《思想道德与法治》，高等教育出版社 2023 年版，第 140 页。

⑤ 《马克思恩格斯文集》第 2 卷，人民出版社 2009 年版，第 591 页。

动将人与动物区分开来，创造了人、社会和社会关系，也创造了道德。原始的劳动分工与协作，使人与人之间的相互依赖、相互扶持自觉不自觉地成为当时最自然、最朴实的道德生活状态。随着劳动的进一步发展，劳动分工与协作不断增强，各种劳动关系逐步明确，人与人之间、群体与群体之间的利益关系日渐清晰，包含自由、责任等内容的道德逐步得到确认。因此，劳动创造了人和人类社会，是道德起源的第一个历史前提。”①

【学界理论】中国自古以来就十分重视劳动及劳动生产，崇尚劳动是中华优秀传统文化的价值追求，墨子十分重视劳动生产，把劳动视作百姓生存和发展的基本条件，强调人人都要进行劳动活动，坚决反对并抵制社会中的不劳而获者。热爱劳动是中华优秀传统文化的内在基因，我国最早的诗歌总集《诗经》中有大量描写劳动的诗句，热情歌颂百姓热爱劳动的高尚品质。劳动不仅可以磨练人的意志，更能够培养人与人之间互相帮助、互相支持、团结协作的精神。辛勤劳动是中华优秀传统文化的实践品格，《劝农》中的“民生在勤，勤则不匮”教导百姓在辛勤劳动中收获财富、实现个人价值、获得人生幸福。诚实劳动是中华优秀传统文化的内在品质，《颜氏家训》中记载“治官则不了，营家则不办，皆优闲之过也”，有力地批判了一些南朝官员不从事农业生产活动、不办生产、没有真才实学、企图不劳而获的错误劳动价值观，体现了古人对虚假劳动、不诚实劳动的批判。②

数千年的劳动既创造了灿烂的劳动成果，也滋养出劳动精神，丰富了中华传统美德，党的二十大报告指出，“在全社会弘扬劳动精神、奋斗精神、奉献精神、创造精神、勤俭节约精神，培育时代新风新貌。”③培育形成崇尚劳动、热爱劳动、辛勤劳动、诚实劳动的劳动精神，这是我们的国家、我们

① 本书编写组：《思想道德与法治》，高等教育出版社2023年版，第140页。

② 参见张梅、王玥：《新时代劳动精神的生成逻辑》，《社会主义核心价值观研究》2022年第6期。

③ 习近平：《高举中国特色社会主义伟大旗帜　为全面建设社会主义现代化国家而团结奋斗——在中国共产党第二十次全国代表大会上的报告》，人民出版社2022年版，第44—45页。

的民族风雨无阻、勇敢前进的强大精神力量。[①]

如今，人工智能的快速发展对劳动产生了巨大影响，智能机器的数据接受和运算能力远胜于人类，不仅长期运行成本更低，且能不知疲倦工作，因而，随着人工智能的发展，一些重复性和常规性的职业将被智能机器所替代，纯体力劳动职业将逐渐减少。“虽然人类从沉重、烦琐的劳动中解放了出来，有了更多的时间和精力去追寻自己的兴趣，但是这也弱化了人自身之于国家和社会的意义”[②]，引发价值危机；但“劳动是人类的本质活动”[③]，人类在人工智能时代的劳动将是一种更高层次上的劳动，更加注重劳动的创造性、开拓性，更加注重发挥独属于人的情绪情感优势，这将更需要我们进一步弘扬劳动精神、树立创新意识。

人类在劳动过程中，由于外在的客观环境和人本身能力的限制，结合成彼此交往的集体，形成一定的社会关系。道德从萌芽到完全形成，是在日趋复杂的社会关系中完成的。[④]

第二，社会关系是道德赖以产生的客观条件。“在生产生活的实践活动中，人类必然要发生各种各样的人际交往和社会关系，各种利益关系更为凸显。随着社会分工不断发展，个人利益、他人利益和社会利益的界限逐步明晰，要求规范、协调或制约利益冲突的意识更为强烈，由此促进了人类道德的不断进步和发展。可以说，道德正是适应社会关系尤其是利益关系调节的需要而产生的。”[⑤]

目前，人工智能被广泛应用于工业、商业、教育、医疗等领域，“智能售货机、智能送货机器人、陪伴机器人、保姆机器人等人工智能物的出现进一步改变了日常消费方式和日常交往方式，使人与人的双向活动逐渐变为

---

① 参见李洪兴：《在全社会弘扬劳动精神（人民论坛）——培育时代新风貌①》，《人民日报》2023 年 5 月 11 日。

② 冯永刚、臧琰琰：《人工智能时代的道德迷思与解蔽》，《江苏社会科学》2024 年第 1 期。

③ 习近平：《在庆祝“五一”国际劳动节暨表彰全国劳动模范和先进工作者大会上的讲话》，人民出版社 2015 年版，第 3 页。

④ 参见李梦：《从道德的劳动起源认识道德本质》，《理论观察》2019 年第 8 期。

⑤ 本书编写组：《思想道德与法治》，高等教育出版社 2023 年版，第 140 页。

人与物的单向活动，甚至是物与物的互动。”[①] 人工智能作为一种工具，丰富的社会关系只不过被物所遮蔽，在其发展过程中出现的侵犯用户隐私、存在算法歧视等一系列伦理道德问题，其本质仍然是人与人之间的利益关系调节的问题。要避免人工智能工具理性的持续膨胀，实现价值理性的回归，前提便是人要做出相应改变。通过道德的自省，人类才能发挥道德实践主体的力量，优化人工智能的研发和应用的全过程，使其为人类的发展服务。[②]“人类意识在复杂的劳动和社会交往中得以不断的提升。”[③]

第三，人的自我意识是道德产生的主观条件。“意识是道德产生的思想认识前提。人只有在社会实践中，意识到自我作为社会成员与其他动物的根本区别，意识到自我在社会中的角色与地位，意识到自我与他人或集体不同的利益关系，并由此产生调节利益矛盾的迫切要求时，道德才得以产生。”[④]

如今，刷微博、快手、抖音已经成为很多人打发闲暇时光的主要方式，而很多数字媒体类手机应用在信息推送时都选择基于用户画像的个性化算法推荐机制，这一机制忽视了推送信息本身的道德价值，导致有的用户深陷低俗、拜金等挑战道德底线的信息构成的封闭媒介空间中，在浏览同类重复信息的过程中不断强化自己固有的道德认知，削弱了批判性思维能力，人工智能通过对信息的控制影响个体自我意识，从而进一步影响个体的道德认知、道德判断与道德行为。因而更需要培养人追求真理的精神和敢于为真相发声的勇气，对信息的来源、依据、完整性等进行批判性的分析，通过富有逻辑的道德推理做出正确的道德判断。[⑤]

追溯历史，梳理脉络，不论时代怎样变化，即使今天身处人工智能时

① 鲁芳：《人工智能时代日常生活伦理治理的难题及对策》，《中州学刊》2023 年第 6 期。

② 参见冯永刚、臧琰琰：《人工智能时代的道德迷思与解蔽》，《江苏社会科学》2024 年第 1 期。

③ 李梦：《从道德的劳动起源认识道德本质》，《理论观察》2019 年第 8 期。

④ 本书编写组：《思想道德与法治》，高等教育出版社 2023 年版，第 140—141 页。

⑤ 参见冯永刚、臧琰琰：《人工智能时代的道德迷思与解蔽》，《江苏社会科学》2024 年第 1 期。

代，我们也始终需要劳动，我们依然会与他人形成各种社会关系，我们仍然需要依靠自我意识做出判断，而道德也正是在各种劳动、社会关系以及自我意识中而得以产生并不断发展。因此，“马克思主义在人类思想史上第一次科学而全面地论述了道德的起源问题，强调道德属于上层建筑的范畴，是一种特殊的社会意识形态，为正确认识和理解道德的本质奠定了基础。”①

2. 要看水底万丈深，道德本质从何处探讨

第一，道德是反映社会经济关系的特殊意识形态。首先，“道德的性质和基本原则、规范反映了与之相应的社会经济关系的性质和内容。有什么样的社会经济关系，相应地就有什么样的道德。其次，道德随着社会经济关系的变化而变化。”② 恩格斯说：“人们自觉地或不自觉地，归根到底总是从他们阶级地位所依据的实际关系中——从他们进行生产和交换的经济关系中，吸取自己的道德观念。”③ 因此，“在人类道德史上，一切道德上的兴衰起伏、进退消长，从根本上说都是源于社会经济关系的变革。”④ 比如，正是互联网的产生，才会促使我们关注网络道德。再次，“道德作为一种社会意识，在阶级社会里总是反映着一定阶级的利益，因而不可避免地具有阶级性。”⑤ 恩格斯强调：“社会直到现在是在阶级对立中运动的，所以道德始终是阶级的道德”⑥。比如在封建社会，通过各种文学、戏曲形式，“忠孝节义”广为流传，浸入人心，片面地要求人民自觉践行这些道德规范，做一个顺民。⑦ 在资本主义社会，基于资本积累来源于资产阶级道德上的节俭与禁欲的理论，强调工人阶级为了改善生活水平、提高生活质量，应该培养勤俭节约、禁欲节

---

① 本书编写组：《思想道德与法治》，高等教育出版社 2023 年版，第 141 页。

② 本书编写组：《思想道德与法治》，高等教育出版社 2023 年版，第 141 页。

③ 《马克思恩格斯全集》第 20 卷，人民出版社 1971 年版，第 102 页。

④ 本书编写组：《思想道德与法治》，高等教育出版社 2023 年版，第 141 页。

⑤ 本书编写组：《思想道德与法治》，高等教育出版社 2023 年版，第 141 页。

⑥ 《马克思恩格斯选集》第 3 卷，人民出版社 2012 年版，第 471 页。

⑦ 参见桑东辉：《中国封建社会核心价值观辨析——兼论封建社会核心价值观与社会主义核心价值观的区别与联系》，《贵州省党校学报》2017 年第 1 期。

制的美德。[①] 这些无一不具有鲜明的阶级特征。“同时，不同阶级之间的道德或多或少有一些共同之处，反映着道德的普遍性。”[②] 如，统治阶级提倡廉洁，人民拥护廉洁的官吏。[③] 最后，“作为社会意识的道德一经产生，便有相对独立性。这种相对独立性既表现为道德的历史继承性，也表现为道德对社会发展具有能动的反作用。”[④]

第二，道德是社会利益关系的特殊调节方式。[⑤]“作为一种调整人与人、人与社会、人与自然以及人与自身之间关系的特殊的行为规范，道德与法律规范、政治规范的不同之处在于，它是用善恶标准去评价，依靠社会舆论、传统习俗、内心信念来维持的，因此是一种非强制性的规范。”[⑥] 道德是一种内心的规范，只有在人们真心诚意地接受并转化为人的情感、意志和信念时，才能得到实施。正如法律并未明确规定公交车上必须让座，但大家仍会为弱势群体让出位置；法律亦未明确规定捐款义务，但大家面对灾情始终秉承“一方有难，八方支援”理念尽己所能伸出援手。

第三，道德是一种实践精神。正所谓“道不可坐论，德不能空谈。”[⑦]“道德是一种旨在通过把握世界的善恶现象而规范人们的行为，并通过人们的实践活动体现出来的社会意识。具体来说，道德是一种以指导人的行为为目的、以形成人的正确行为方式为内容的精神，在本质上是知行合一的。”[⑧] 正是基于人工智能发展过程中表现出的各种现实问题，我们倡导人工智能研发者要树立“机器造福人类”的宗旨，在保护人类安全、维护人类利益的前提下完善技术；我们呼吁人工智能使用者要注重用途的合理性，在尊重他人利

---

① 参见汪璐：《论马克思劳动伦理思想中的道德批判与政治经济学批判》，《中国劳动关系学院学报》2023 年第 6 期。

② 本书编写组：《思想道德与法治》，高等教育出版社 2023 年版，第 141 页。

③ 张岱年：《中国伦理思想研究》，江苏教育出版社 2005 年版，第 45—47 页。

④ 本书编写组：《思想道德与法治》，高等教育出版社 2023 年版，第 141 页。

⑤ 参见《习近平谈治国理政》第二卷，外文出版社 2017 年版，第 134 页。

⑥ 本书编写组：《思想道德与法治》，高等教育出版社 2023 年版，第 141—142 页。

⑦ 习近平：《论党的青年工作》，中央文献出版社 2022 年版，第 108 页。

⑧ 本书编写组：《思想道德与法治》，高等教育出版社 2023 年版，第 142 页。

益、实现自我价值的基础上使用技术；我们要求人工智能企业要规范管理，在保护用户隐私，传播正面信息的条件下推广技术。而这一系列道德要求只有转化为实践才能落到实处取得实效。

环节三：人为什么需要道德？从小组分享中明晰道德的功能与作用

“国无德不兴，人无德不立”“道德之于个人、之于社会，都具有基础性意义”①。具体如何把握好道德的功能和作用呢？先来关注这样一个案例。

1. 案例解读剖内涵，把握道德的功能

【案例资源】《悉尼晨锋报》报道称，悉尼大学发现数百名学生使用ChatGPT或其他AI工具作弊。人们担心，被发现的作弊者只是冰山一角。悉尼大学透露称，随着AI技术的快速发展，越来越多的学生开始使用这种技术作弊。仅2023年，悉尼大学就发现了330起明显使用AI作弊的事件，而其他高校则对学生通过AI作弊的情况守口如瓶。迪肯大学的作弊检测专家Phillip Dawson表示，考虑到现有检测方法的局限性，可能只有一小部分AI作弊者被发现了。该事件曝光后，引发了舆论的广泛关注。②

【教师解读】“道德的功能，一般是指道德作为社会意识的特殊形式对于社会发展所具有的功效与作用。”③今天，我们就通过这个案例来系统地理解道德的认识功能、规范功能以及调节功能。

以道德为镜辨对错——道德的认识功能。“道德的认识功能是指道德反映社会现实，特别是反映社会经济关系的功效和能力。”“在日常生活中，人们正是借助道德认识自己对、他人、家庭、社会的道德义务和责任，使人们的道德选择、道德行为建立在明辨善恶的道德认识基础上。”④所以，道德认识功能的关键就在于让我们懂得区分善恶、明辨是非。在悉尼大学学生运

① 习近平：《论党的青年工作》，中央文献出版社2022年版，第77页。

② 《悉尼大学数百名学生AI作弊被抓！专家：可能只是冰山一角》，2024年3月17日，见https://mp.weixin.qq.com/s/KGPYPELzzWUxA6b406oZsg。

③ 本书编写组：《思想道德与法治》，高等教育出版社2023年版，第142页。

④ 本书编写组：《思想道德与法治》，高等教育出版社2023年版，第143页。

用ChatGPT或其他AI工具作弊事件中，学生不完成自己的本分任务认真学习，以辛勤的付出来获取优异成绩，而是通过用人工智能来作弊为自己谋取利益。对此，全球的网友们纷纷表示了对这种行为的谴责，认为这种行为明显是漠视学校规定，违背了社会公德。大众对这一事件的态度说明大众对于这些学生的行为有着基本的道德认知，这种道德认知正是道德认识功能的体现。但是，光有道德认知还是不够的，我们还要把这种认知转化为道德行为，这就需要道德的规范功能和调节功能发挥作用。

以道德为绳定行为——道德的规范功能。“道德的规范功能是指在正确善恶观的指引下，规范社会成员在社会公共领域、职业领域、家庭领域的行为，引导并促进人崇德向善，所以，规范功能的关键就在于引导人们崇德向善。”① 悉尼大学是国际上有名的名校，其中的学生必然具备一定的水平，若是在答题纸上区分对错，他们肯定没有问题，那为什么现实生活中却做不到呢？这便是道德的规范功能尚未落实。当然，我们绝大多数人是能够遵守道德规范的，这也是为什么作弊学生只是极少数。而且通过这个事件，通过公众态度，也会让我们每个人比对自己的行为，更懂得规范自己的言行。

以道德为灯明方向——道德的调节功能。“道德的调节功能是指道德通过评价等方式指导和纠正人们的行为和实践活动、协调社会关系和人际关系的功效与能力。”② 这是道德最突出也是最主要的社会功能，调节人们的行为从“实然”向“应然”转化，其实，关键就是引导人们在现实生活中自觉做到抑恶扬善。在悉尼大学学生运用ChatGPT或其他AI工具作弊事件曝光后，越来越多的学生明白，运用人工智能作弊的行为，不仅违反了学校的相关制度规范，也违背了身为学生应尽的责任。事件曝光后，越来越多的学生能够抵制诱惑、拒绝作弊，并用冷静的目光对待人工智能，将人工智能运用在正确的道路上，这就是道德的调节功能起了作用。我们都知道，道德功能的发挥往往借助了人们的内心信仰、传统习俗、社会舆论的力量，在这个事件

---

① 本书编写组：《思想道德与法治》，高等教育出版社2023年版，第143页。

② 本书编写组：《思想道德与法治》，高等教育出版社2023年版，第143页。

中，社会舆论的力量显而易见。“在社会生活中，道德调节并不是孤立进行的，而是和其他社会调节手段密切配合、共同发挥调节效用，法律是成文的道德。”① “道德是内心的法律。”②

此外，道德还有导向、激励、辩护、沟通等功能。那道德功能的发挥对个体生活与社会发展会产生怎样的实际影响呢？课前，在翻转课堂的小组教学中，有两组同学聚焦人工智能专业，围绕“道德的作用”这一主题，设计了“大学生讲思政课”实践作业，下面有请两组同学的代表来为大家作展示。老师会打开 App 上的头脑风暴功能，欢迎大家积极参与到同伴互评中来。

2. 小组汇报展风貌，理解道德的作用

【小组展示一】以德为镜正衣冠，走出灿烂人生路

我是厚德载物组的代表，我们小组分享的主题是“以德为镜正衣冠，走出灿烂人生路”。有这样一个故事，讲的就是孔子有一次在周游列国的过程中，在陈国断了粮，跟随的人都饿病了，不能起身，这时子路愤愤不平地见孔子说道：“君子亦有穷乎？”子路认为，我们是一个有道德的人，是一个君子，君子怎么可以走投无路呢？从子路的逻辑来看，有道德的人是君子，君子是不会走投无路的，反之，如果君子都走投无路了，那又为什么还要做一个君子，还要做一个讲道德的人？数千年前，子路发出“君子亦有穷乎？”之问，他想知道为什么一定要做一个有道德的人？数千年后，我们也在持续思考道德对我们的成长究竟有何作用？让我们一起走进汤晓鸥教授的故事，从中探寻这个问题的答案。

勇担重任投身科研，开拓进取书写新篇。1990 年，汤晓鸥毕业于中国科技大学，赴美留学取得罗切斯特大学硕士学位后又在计算机视觉研究的最高殿堂麻省理工学院攻读博士。当时，他加入的实验室正在进行海底机器人这一项目，第一次接触人工智能，给汤晓鸥留下“酷毙了”这一印象。1996 年博士毕业后，汤晓鸥便回国开始在人工智能领域精耕细作、潜心钻研。他

① 本书编写组：《思想道德与法治》，高等教育出版社 2023 年版，第 143 页。

② 《习近平谈治国理政》第一卷，外文出版社 2018 年版，第 141 页。

说“人工智能要做源头创新。”“我们在成长过程中享受了国家优质的教育资源，应该为源头创新做些有意义的事，在基础研究方面为中国人争一口气，这是中国当代知识分子应有的情怀。”他牵头组建了香港中文大学和中国科学院深圳先进技术研究院的联合实验室，为深港两地的研究人员提供了合作平台。2014 年 3 月，其团队将人脸识别算法在 LFW 数据库上的准确率提升至了 98.52%，这是全球首次突破人眼识别能力，而当时，人眼 97.53%的准确率一度被认为是算法不可超越的天花板。2014 年 6 月起，汤晓鸥教授又开始发表 DeepID 算法，逐步将人脸识别准确率提升至了 99.55%，从此开启了整个人脸识别行业技术落地的时代。

纳士招贤悉心培养，桃李满天春晖遍布。汤晓鸥教授多次呼吁关注 AI 人才的培养，他说“有了顶级人才，一流的 AI 就能水到渠成了。”他甘为人梯、倾囊相授，他所负责的香港中文大学多媒体实验室、微软亚研院视觉计算组堪称“CV 黄埔军校”，培养出了一大批杰出的计算机视觉（CV）人才。2023 年 7 月，世界人工智能大会开幕式上，汤晓鸥教授在演讲中分享了三名学生在深度学习领域的追梦故事，他感慨道：在人工智能领域，新一代的学生已经在上海成功起步；在演讲最后，他再次感谢了自己的学生，并援引《老师好》里的一句台词：“我不是在最好的时光遇到了你们，而是遇见了你们，才有了这段最好的时光”，其中的师生之情无不令人动容。2023 年 12 月 15 日，汤晓鸥教授因病逝世，曾跟随他学习的科研工作者感叹道，“跟随他的那段时光，让我见证到伟大的科学家勤勉敬业、无私奉献的精神。”

可以说，汤晓鸥教授的一生是献身科学、造福人类的一生，是不惧困难、勇攀高峰的一生，是孜孜不倦、倾心传授的一生。如果追问他是何以突破这科研过程中的艰难险阻？何以成就这灿烂辉煌的璀璨人生？何以让人如此怀念敬仰痛心疾首？我想除了他所创造的科技成果，这些有形利器，更在于他身上所彰显的道德无形力量。作为人工智能的学子，我们定会以前辈为榜样，学习他们身上勇往直前的科研态度，厚植为家为国的大爱情怀，提升创新创造的专业本领，更在道德力量的积蓄和传承中奉献自己的青春力量。

【教师点评】感谢第一组同学的分享，他们从汤晓鸥教授的一生中去探索道德对我们个人究竟有何作用的答案。一个德才兼备之人，才能确保人生道路不偏航，并最终成为国家和民族的脊梁；反之，一个博学多才的无耻之徒，将在人生道路上迷失方向，成为伤害他人、危害社会的定时炸弹。

【教师总结】道德对于个人成长发展具有非常重要的作用，“是激励人们改造客观世界和主观世界的一种精神力量”①，它让我们面对艰难险阻亦能不惧风险挑战；道德“是提高人的精神境界、促进人的自我完善、推动人的全面发展的内在动力”②，他让我们面对诱惑坚守原则，身处逆境保持坚韧，承担责任甘愿牺牲，锲而不舍完善自我，最终实现人生价值。道德于个人意义非凡，而它于社会更不容小觑，让我们有请第二组同学从社会层面来解读道德的作用。

【小组展示二】以德为基规范言行，助力社会发展前进

同学们好，我是明德至善组的代表，我汇报的主题是“以德为基规范言行，助力社会发展前进”。我想用一个案例来开启今天的展示：2024 年 2 月，香港警方披露了一起 AI“多人换脸”诈骗案，涉案金额高达 2 亿港元。在案例中，一家跨国公司香港分部的职员，受邀参加总部首席财务官发起的多人视频会议。并按照要求，前后转账多次，将 2 亿港元转账到 5 个本地银行账户内，其后向总部查询方知受骗。警方调查得知，这起案件中，所谓的视频会议中，只有受害者一人为“真人”，其余所谓参会人员，全部是经过 AI 换脸后的诈骗人员。在该条新闻下，人们评论道“以后不见真人都不敢相信网络上的任何照片、视频、语音电话了。”“以后的安全还怎么保障?”人工智能本为人类服务而生，却被不法分子加以利用，在人工智能时代，道德于社会而言将具有前所未有的重要作用。

第一，道德抑制违法犯罪，促进社会稳定有序。从 2017 年浙江省绍兴市出现全国首例利用人工智能实施犯罪的案件，③ 到 2024 年香港高额诈骗案，随着人工智能的发展而衍生出的新骗局、新套路不断刷新着人们对风险防范的

① 本书编写组：《思想道德与法治》，高等教育出版社 2023 年版，第 144 页。

② 本书编写组：《思想道德与法治》，高等教育出版社 2023 年版，第 144 页。

③ 参见王春：《绍兴警方侦破全国首例利用 AI 犯罪案》，《法制日报》2017 年 9 月 26 日。

认知。但针对人工智能犯罪的立法流程较长，且人工智能犯罪手段更新速度快，在此情况下，道德对法律的弥补作用就显得尤为重要。道德如同人内心的一杆秤，帮助人更好地认识人与人之间的利益关系，坚守自身底线，调节自身行为。[①] 人工智能作为一种工具，本身并不具备“好”或者“坏”的性质，它所带来的正面或负面外部效应都是由它的研发者和使用者所决定的，而道德能使人自觉审视人工智能使用的方式与行为，判断自身行为是否符合道德标准，进而规范自身行为，达到降低人工智能犯罪率的目的。此外，无论是人工智能犯罪还是其他违法犯罪行为，道德水平低下往往是犯罪行为出现的重要原因之一，由此可见，道德在减少犯罪行为，促进社会稳定上具有重大作用。

第二，道德塑造社会观念，推动法制逐步完善。道德既能影响社会价值观念，又能推动法律的发展完善。比如刚刚所分享的香港 AI 诈骗案，以及诸如此类的犯罪事件，一方面并不能仅仅依靠道德来杜绝此类现象的发生；另一方面，AI 犯罪已经严重侵犯公民权利，必须依靠法律对该行为进行相应的处罚，这将不断推动法律的完善。也正是通过对人工智能背后道德伦理问题的探讨，如低俗信息泛滥使人产生价值困惑，代替人类劳动使人产生价值危机，算法决策损害社会公平正义，虚拟交往阻碍道德信任建立，智能犯罪引发道德信任危机等，2024 年 3 月《中华人民共和国人工智能法（学者建议稿）》重磅首发，对人工智能发展规划、使用者权益保护、开发者与提供者义务规范、监督管理、特殊应用场景等各方面进行统一规范管理。2024 年 7 月，《中共中央关于进一步深化改革推进中国式现代化的决定》中提出，要“完善生成式人工智能发展和管理机制。加强网络空间法治建设，健全网络生态治理长效机制”[②]。

道德通过影响每一个人从而使得社会氛围和谐向上，社会秩序井井有条，社会文化繁荣发展，社会法律不断完善，因而，道德于社会而言具有重

① 参见冯永刚、臧琰琰：《人工智能时代的道德迷思与解蔽》，《江苏社会科学》2024 年 2 月 2 日。

② 《中共中央关于进一步全面深化改革　推进中国式现代化的决定》，人民出版社 2024 年版，第 34 页。

要促进作用。

【教师点评】感谢第二组同学的分享，他们紧密联系社会生活，密切关注人工智能领域最新动态，生动讲解了道德对促进社会发展的重要作用。“道德作为维系社会稳定、促进国家发展的重要因素，对巩固特定社会的经济基础和上层建筑具有不可替代的重要作用。”①

道德不论是对个体还是对社会都具有重要作用，但是人们对道德作用的认识并不一致，甚至存在错误判断。因此，正确把握道德作用，还要注意摒弃错误思想和极端看法。

3. 尺有短来寸有长，道德作用如何把握

什么是“道德万能论”？“‘道德万能论’片面夸大道德的作用，认为道德决定一切、高于一切、支配一切，只要道德水平高，一切社会问题都可以迎刃而解。”② 就如我们目前所面临的人工智能发展中的一系列问题，既需要道德约束内心，也需要法律规范行为，还需要技术完善算法，仅靠道德是无法完全解决这一问题的；因而，这种观点明显是错误的，它“颠倒了社会存在和社会意识、经济基础和上层建筑之间的决定与被决定的关系，否定了物质资料的生产方式在社会发展中的决定作用。事实上，无论是在古代社会，还是在现代社会，道德都不是社会历史发展的最终决定因素。”③

什么是“道德无用论”？“‘道德无用论’则根本否认道德的作用，或者通过强调非道德因素的作用来否定道德的积极作用，或者通过强调道德消极因素的作用来否定道德的积极作用。”④ 不难发现，虽然道德无法完全解决人工智能发展过程中面临的所有问题，但道德也是必不可缺的，道德是人工智能发展的导引器，是人工智能犯罪的抑制器。⑤ 因而，“道德无用论”的根

① 本书编写组：《思想道德与法治》，高等教育出版社 2023 年版，第 144 页。

② 本书编写组：《思想道德与法治》，高等教育出版社 2023 年版，第 144 页。

③ 本书编写组：《思想道德与法治》，高等教育出版社 2023 年版，第 144 页。

④ 本书编写组：《思想道德与法治》，高等教育出版社 2023 年版，第 144 页。

⑤ 参见冯永刚、臧琰琰：《人工智能时代的道德迷思与解蔽》，《江苏社会科学》2024 年 2 月 2 日。

本错误在于，“忽视了道德作为上层建筑的重要组成部分对经济基础和生产力发展有一定的反作用。”①

我们必须正确看待道德作用，既要看到道德在社会发展中的作用，又不能过度夸大这种作用；同时，我们还要注意“道德发挥作用的性质与社会发展的不同历史阶段相联系，由道德所反映的经济基础、代表的阶级利益所决定。只有反映先进生产力发展要求和进步阶级利益的道德，才会对社会的发展和人的素质的提高产生积极的推动作用，否则，就不利于甚至阻碍社会的发展和人的素质的提高。”② 正如，封建社会强调“忠孝节义”，但片面强调君父的权利，表现出强烈的阶级和封建色彩，具有封建专制社会的历史局限性，因而，在历史发展中，其内涵被进一步丰富，如今“忠”已经转换为爱国主义精神和忠于职守的敬业精神，“孝”则成为社会友善精神的重要内容之一，“节”也转换为诚信和正义精神，“义”更是转换成任何有益国家、社会的行为。③“总之，道德的力量是广泛的、持久的、深入的，既深刻地影响着人们的意志、行为和品格，也深刻地影响着社会的存在和发展。”④ 同时，道德不是一成不变的，它是发展变化的。

环节四：如何看待道德的变化发展？从答疑解惑中明确社会主义道德的先进性

1. 从古至今观变化，明晰人类道德发展总趋势

“迄今为止，人类社会先后经历了五种基本社会形态，与此相适应，出现了原始社会的道德、奴隶社会的道德、封建社会的道德、资本主义社会的道德、社会主义社会的道德。”⑤ 原始社会里，虽然没有形成道德理论，但人

---

① 本书编写组：《思想道德与法治》，高等教育出版社 2023 年版，第 144 页。

② 本书编写组：《思想道德与法治》，高等教育出版社 2023 年版，第 144 页。

③ 参见桑东辉：《中国封建社会核心价值观辨析——兼论封建社会核心价值观与社会主义核心价值观的区别与联系》，《贵州省党校学报》2017 年第 1 期。

④ 本书编写组：《思想道德与法治》，高等教育出版社 2023 年版，第 144 页。

⑤ 本书编写组：《思想道德与法治》，高等教育出版社 2023 年版，第 144—145 页。

们却有着公共道德标准，比如，在氏族和部落内部共同劳动、平均分配、爱同胞、服从集体决议、为同胞复仇和为部落英勇作战的义务，这都是他们的道德标准。在奴隶制社会中，奴隶主把体力劳动看作是最大耻辱，把买卖、鞭打，甚至屠杀奴隶的行为看成合乎道德的，把奴隶的逃亡和暴动看成极不道德的；与此相反，要求解放的奴隶则把逃亡和暴动看成合乎道德的。在封建社会里占统治地位的道德，在西方是基督教的道德，在中国则是封建礼教。所谓“三纲五常”，被中国封建地主阶级说成是天经地义、永世不变的道德规范，这种道德是维护封建的土地所有制和封建等级制度的，农民受着封建道德的严重压迫和束缚；同时，农民在劳动中也形成了自己的道德观念，例如勤劳、勇敢、艰苦朴素、济困扶危、互助友爱等。在资本主义社会形成的过程中形成了资产阶级道德，资产阶级道德的基本原则是个人主义。它在资产阶级革命的时期，曾经以要求自由、要求个性解放的名义，推动人们起来反对封建制度和封建道德，起过积极的进步的作用；但资产阶级个人主义是以资产阶级的财产私有权为基础，是对个人发财致富要求的反映，存在着唯利是图、损人利己、尔虞我诈等局限性。社会主义道德是社会主义经济基础的反映。在以生产资料公有制为主体的社会主义社会，广大人民不仅在政治上实现了当家作主，而且，在道德上实现了由被动到主动的转变。在社会主义社会，有一部分先进分子，还身体力行共产主义道德。①

“纵观道德发展的历史，进步与落后、善良与邪恶、顺利与曲折交织其中，使得数千年来的道德现象纷繁复杂、矛盾重重。但是，不管这个进程多么复杂，人类道德的发展是一个曲折上升的历史过程。虽然，在一定时期可能有某种停滞或倒退现象，但道德发展的总趋势是向上的、前进的，是沿着曲折的道路向前发展的。社会主义和共产主义道德，是人类道德合乎规律发展的必然产物，是人类道德发展史上的一种崭新类型的道德，是对人类道德传统的批判与继承，并必然随着社会的进步和实践的发展而与时俱进。”②

① 参见艾思奇：《辩证主义与历史唯物主义》，人民出版社 1961 年版，第 319—320 页。

② 本书编写组：《思想道德与法治》，高等教育出版社 2023 年版，第 145 页。

2. 中西对比显优势，把握社会主义道德先进性

【案例资源】2022 年 9 月 5 日，国家计算机病毒应急处理中心发布《西北工业大学遭美国 NSA 网络攻击事件调查报告（之一）》。① 据悉，技术团队先后从西北工业大学的多个信息系统和上网终端中提取到了多款木马样本，综合使用国内现有数据资源和分析手段，并得到了欧洲、南亚部分国家合作伙伴的通力支持，全面还原了相关攻击事件的总体概貌、技术特征、攻击武器、攻击路径和攻击源头，初步判明相关攻击活动源自美国国家安全局（NSA）“特定入侵行动办公室”。调查报告显示，在针对西北工业大学的网络攻击中，他们使用了 40 余种不同的 NSA 专属网络攻击武器，持续对西北工业大学开展攻击窃密，窃取该校关键网络设备配置、网管数据、运维数据等核心技术数据。

【案例资源】在 2022 年世界互联网大会上，中国展现了数字经济规模与速度，也展现了政府实施数字化转型、各领域进行数字化改革带来的变化，数字惠民便民红利持续释放。为解决“出摊难、监管难、执法难”，浙江省天台县推出了数字化应用“摊省心”，浙江移动运用各类数字化技术支撑该应用具备了摆摊场地一键预约、指定商品一触即达、违规行为一屏智控等功能，实现摊贩管理和服务从“无”到“有”，让城市留住“烟火气”。② 重阳节之际，在上海市通信管理局的指导下，上海电信正式发布《便民助老服务指南》，致力于为老年人及弱势群体提供全面的数字化服务；《指南》涉及三大板块十项内容，上海电信从智慧科技、福利权益、便民服务等出发，旨在为老年人提供更全面、更贴心的服务，让老年人享受综合“适老”体验，提升老年用户数字化时代的幸福感、满足感。③ 云南省玉溪市税务部门运用数

---

① 参见侯军等：《西北工业大学遭受美国 NSA 网络攻击调查报告（之二）》，2022 年 9 月 27 日，见 https://news.cctv.com/2022/09/27/ARTIHRBJPVBb1QkxfnSMe5Zn220927.shtml。

② 参见陈珊：《世界互联网大会上，中国移动全面展示助力数字化改革丰硕成果》，2022 年 11 月 10 日，见 https://cs.zjol.com.cn/jms/202211/t20221110_25037202.shtml。

③ 参见《数字助老，化“碍”为爱　上海电信发布便民助老服务指南》，人民网，2023 年 10 月 24 日，见 http://sh.people.com.cn/ns/2023/1024/c134768-40615231.html。

据集成、远程帮办等技术打造“快一步”便民惠民智能新格局，切实为纳税人缴费提供高效、便捷、贴心的服务。

【教师解读】我国将数字技术主要用于如何更好地服务于社会生产、人民生活，坚持数字惠民、数字便民。与利用网络技术攻击他国、进行大规模监听活动，备受国际谴责不同的是，中国始终坚持人类命运共同体的发展理念，旨在通过科学技术的进步更好地为人类发展提供助力。

第一，社会主义道德是社会主义经济基础的反映。“在以生产资料公有制为主体的社会主义社会，广大人民不仅在政治上实现了当家作主，而且在道德上实现了由被动到主动的转变。”①社会主义道德的先进性问题，特别是相对于资本主义道德而言的。资本主义社会是资本私有制，强调私人利益的重要地位，以个人利益最大化为道德的核心。与资本主义国家私有制相反的是，社会主义实行社会主义公有制和公有制经济，强调集体利益的重要地位，决定了公共利益优先的原则，体现了公有制经济关系，代表全体成员共同的利益。从理念来看，资本主义道德体现“利己”原则，不断追求个人利益最大化；社会主义道德体现“利他”原则，不断引导人们“善念”。从效果来看，资本主义倡导个人利益至上，全社会的人都在为自身的利益奋斗，提倡个人奋斗，人与人之间因为强调个人权益而很难成为真正的共同体；资本以其高度集约的结构而具有紧密的组织性，最终分散的个体永远无法与组织化的资本相抗衡，这就是拥有资本的是少数人，却长期占有绝大多数财富的原因。而社会主义倡导集体利益至上，社会全体以共同利益为动力，朝同一个目标进发，社会内部凝聚成一个牢固的力量，使发展成果最大程度上能够惠及全社会成员。

第二，社会主义道德是对人类优秀道德资源的批判继承和创新发展。“我们今天倡导的社会主义道德规范，不仅与中华传统美德相承接，与中国共产党人在革命战争年代创立的革命道德相延续，同时也是对人类优秀道德

① 本书编写组：《思想道德与法治》，高等教育出版社 2023 年版，第 146 页。

成果的吸收和借鉴。”① 一是中华优秀传统美德厚植了社会主义道德底蕴。比如，中华文化强调“民惟邦本”、“天人合一”、“和而不同”；强调“天行健，君子以自强不息”、“大道之行也，天下为公”；强调“天下兴亡，匹夫有责”等等。像这样的思想和理念，不论过去还是现在，都有其鲜明的民族特色，都有其永不褪色的时代价值。② 二是中国革命道德基因夯实了社会主义道德力量。“一百年来，在应对各种困难挑战中，我们党锤炼了不畏强敌、不惧风险、敢于斗争、勇于胜利的风骨和品质。这是我们党最鲜明的特质和特点。”③“世界上没有哪个党像我们党这样，遭遇过如此多的艰难险阻，经历过如此多的生死考验，付出过如此多的惨烈牺牲。正是这世间罕见的艰苦斗争锻造了中国共产党人革命道德的丰富内涵。”④ 在中国革命实践中一步步发展成熟的中国革命道德，包含着中国人民不屈的奋斗、坚定的民族信仰，为社会主义道德注入了强大的力量。三是人类优秀道德成果增添了社会主义道德智慧。“中国制度具有开放包容的品格，从不自我封闭，而是坚持合理借鉴人类文明一切优秀成果，博采众长、兼收并蓄，在交流借鉴中不断发展完善，因而充满生机活力，愈发科学管用。”⑤ 今天，我们提倡和弘扬社会主义核心价值观，实际上在讨论社会主义核心价值观形成的过程中，其中的‘自由、平等、公正、法治’等社会层面的内容就合理吸收了西方文化的精神传统。⑥ 社会主义核心价值观在吸收人类优秀价值理念的基础上，又以中国经验、中国实践为民主、自由、平等、公正、法治等价值理念赋予了社会主义性质。因此，社会主义道德对人类优秀道德资源的继承是批判性的、创新性的。一方面，是对中国道德传统进行了分析和批判，取其优秀因子与时代精神相融合，实现了传统道德的创新性发展和创造性转化，从而夯实了社会主

① 本书编写组：《思想道德与法治》，高等教育出版社 2023 年版，第 146 页。
② 参见《习近平著作选读》第一卷，人民出版社 2023 年版，第 241 页。
③ 习近平：《在党史学习教育动员大会上的讲话》，人民出版社 2021 年版，第 19 页。
④ 柴艳萍：《中国共产党人道德的革命性》，《光明日报》2021 年 7 月 5 日。
⑤ 张波：《合理借鉴人类一切优秀成果》，《人民日报》2018 年 11 月 16 日。
⑥ 参见肖群忠：《论中华传统美德的当代地位与作用——兼论传统美德与社会主义道德的关系》，《中国特色社会主义研究》2021 年第 1 期。

义道德的历史根基，使其成为活水源头。另一方面，是对世界道德遗产进行了辩证性吸收，对其进行科学甄别和合理取舍，汲取其有益成分，为中国特色社会主义道德的完善提供有益的借鉴和补充。

第三，社会主义道德克服了以往阶级社会道德的片面性和局限性。原始社会的道德具有人类道德的最初形态，但主要维护氏族和部落的共同利益；奴隶社会的道德是人类第一个完整意义上的道德形态，维护奴隶主阶级的根本利益；封建社会的道德用以维护宗法等级关系；资本主义社会的道德以个人主义和利己主义为核心。即使是大肆宣扬“民主”的西方资本主义国家，其“民主”本质上依然是少数人对多数人的统治。而社会主义社会的道德作为共产主义道德的初级形态，强调人人平等，反对阶级压迫，主张在全社会建立一种新型的平等、团结、互助、和谐的人际关系；强调集体主义的价值取向，反对极端个人主义，鼓励人们在维护集体利益的同时，更好地实现个人的价值；强调以人民为中心，维护最广大人民的利益，脱贫攻坚精神、抗疫精神都是社会主义道德的真实写照，这足以证明社会主义道德绝非抽象的概念，而是落实在一桩桩大事小事中，具有强大的真实力量。“共产主义社会的道德是无产阶级和劳动人民的利益和要求的反映，它是人类道德发展的最高阶段，是最高尚的道德，是为团结全体劳动人民，反对一切剥削制度和私有制度，建设社会主义和实现美好的共产主义服务的。”①

纵览道德发展的历史，“社会主义和共产主义道德，是人类道德合乎规律发展的必然产物，是人类道德发展史上一种崭新类型的道德，是对人类道德传统的批判与继承，并必然随着社会的进步和实践的发展而与时俱进。”②

环节五：课后总结

通过今天的学习，我们从对道德的起源的探析中把握道德的本质，从生活案例的解读中理解道德的功能与作用，从古今变化中明晰道德发展的总趋

① 艾思奇：《辩证唯物主义与历史唯物主义》，人民出版社 1961 年版，第 322 页。

② 本书编写组：《思想道德与法治》，高等教育出版社 2023 年版，第 145 页。

势，从中西对比中领悟社会主义道德的先进性。相信在这堂课上，同学们对“道德”二字有了更系统的深层次理解，更进一步感受到道德对人工智能发展的重要价值，也对自身专业有了更深刻的认识，对自身发展有了更完善的规划。希望同学们在今后的生活中，以知识为舟、以能力为桨、以德为航向，走出属于自己的灿烂人生！

【课后】

1. 思考讨论

道德力量是无穷的，国无德不兴，人无德不立。结合实际，谈谈人工智能发展所面临的道德问题及其应对措施。

2. 拓展阅读

《新时代公民道德建设实施纲要》，人民出版社 2019 年版。

中共中央党史和文献研究院：《习近平关于社会主义精神文明建设论述摘编》，中央文献出版社 2022 年版。

七、教学资源

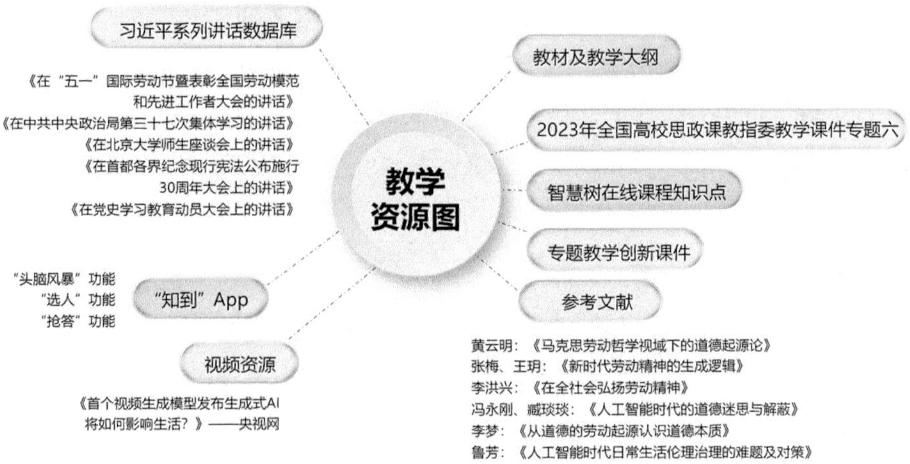

八、教学板书

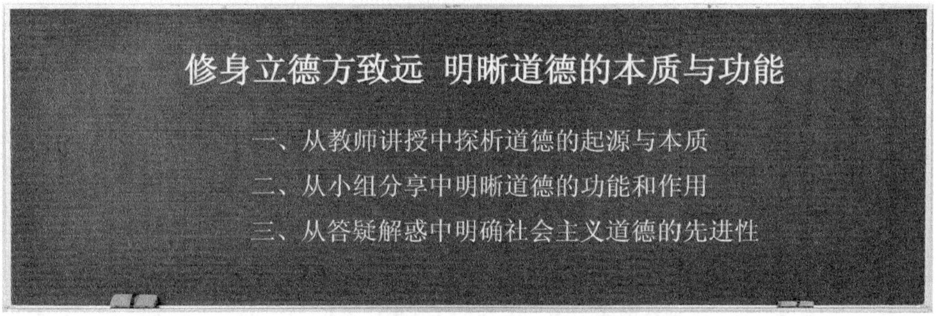
修身立德方致远　明晰道德的本质与功能
一、从教师讲授中探析道德的起源与本质
二、从小组分享中明晰道德的功能和作用
三、从答疑解惑中明确社会主义道德的先进性

九、教学反思

1. 从基于学情的内容设计反思教学理念的贯彻，用心坚持“以学生为中心”的教学理念。把握了学生对人工智能飞速发展所引起的道德伦理挑战的兴趣点，教师通过引入人工智能发展成就、反思人工智能道德困境、对比中西方数字技术的不同运用，增强了学生的自豪感和使命感；紧扣了学生对道德内涵与实践的困惑点，教师通过理论解读道德起源、案例剖析道德功能、小组展示道德作用、对比理解中西方道德性质，增强了学生对社会主义道德先进性以及现实生活中道德实践的思考和理解；满足了学生对理论学习指导生活实践与思政学习融合专业发展的需求点，教师通过理论深层解读、典型案例启发、现实例证分析、发展困境启思，增强了学生对理论内容说服力与针对性的认同。但在如何更加充分地调动学生在日常生活中进行道德实践的积极性，把握其落实情况上，还有待进一步深化和跟进。

2. 从教学目标的达成情况反思教学方法的贯行，用情联动“以现代化赋能”的教学方法。在传统教学方法应用上，通过理论讲授法，增强学生对道德起源、内涵及发展的理解深度，达成全面理解道德内涵、深入把握社会主义道德先进性、提升逻辑推理能力、涵养深厚理论自信的目标；通过案例分析法，激发学生对国际案例与国内案例、正面案例与反面案例、历史案例与现实案例的情感热度，达成深入理解人为何需要道德的原因、提升辩证思考能力、涵养担当底气的目标；通过问题导向法，梳理学生对人工智能发展与道德要求如何平衡的问题向度，达成把握道德要求、提升问题分析能力、涵养使命意识的目标；通过任务驱动法，加大学生对课前线上预习、课后翻转拓展等主体性活动的发挥效度，达成树立正确学习态度、提升自主学习能力、涵养进取品格的目标。在信息化教学方法的运用上，通过原创在线课程知识点的学习以提前了解学生已知未知情况；通过 App 中头脑风暴功能把握学生理解情况，选人功能以切实提高学生学习紧迫意识，抢答功能以树立学生积极思考典型。但在如何进一步结合当今时代人工智能发展中普遍关注的问题，制定学生期待的激励机制来设置互动讨论问题上，还有待进一步挖掘和创新。

3. 从课堂主阵地内外衔接反思教学过程的贯通，用力实施“全链条培育人”的教学过程。在课前，学生通过自学课程“人类道德的起源”“人为何需要道德”、阅读翻转课堂“学习资源”中的党的二十大报告全文及前沿拓展，逐步了解专题学习的基础知识；在课中，学生通过“技术发展与道德平衡”痛点问题互动研讨、“道德作用”热点问题小组展示、“道德内涵及本质”重点问题教师讲授，逐步吸收专题学习的核心内容；在课后，学生通过思考习题、文献阅读，努力拓展专题学习的深度广度。通过课前、课中、课后的一体贯通，实现教师主导与学生主体相联动、线上教学与线下教学相融合、思政课小课堂与社会大课堂相衔接。在新课导入中，结合人工智能发展所引发的道德困境，提出“何为道德”“为何需要道德”“道德将如何变化发展”三问，提高了学生参与课堂的兴趣度；在主体讲授中，对应设计探析道德内涵与本质、功能及作用、变化与发展三环节，破解导入三问，增强了学生深入研讨的启发性；在小组展示中，围绕道德对个体成长及社会发展的作用这一主题设置大学生讲思政课活动，彰显了学生创新实践的执行力；在总结升华中，通过对知识进行总结、对问题进行反思、对担当进行寄语，激发了学生转化责任的使命感。通过新课导入、主体讲授、总结升华的一体贯通，实现问题导向、研究导向、成果导向、目标导向相统一。但在课前、课后学习资源的专业特色上、小组展示的文本打磨与形式创新上，还有待进一步融合和突破。

专题十四　百尺竿头需进步，吸收借鉴优秀道德成果

对应章节：第五章　第二节

计划学时：2 学时

教学对象：旅游管理专业

一、学情分析

1. 已有知识分析。第一，基于大中小一体化纵向衔接，掌握基础知识情况。学生在初中阶段九年级上册《道德与法治》第三单元第五课“守望精神家园”中初步探寻了中华民族所创造的辉煌文化及其代代相传的美德，初步认识了中华传统美德的重要价值、显著特征以及青年弘扬中华传统美德的重要意义，初步领悟了中国文化的独特魅力。学生高中阶段在必修四《哲学与文化》第三单元第七课“继承发展中华优秀传统文化”中进一步了解了中华传统美德的基本内容、“两创”内涵，集中学习了革命文化以及中国共产党团结带领中国人民创造的“红船精神”、长征精神、延安精神等革命精神，在必修四《哲学与文化》第三单元第八课“学习借鉴外来文化的有益成果”中重点认识了文化多样性，明晰了世界文化和民族文化的关系。第二，基于线上线下教学横向贯通，了解自学知识情况。学生通过线上课程知识点“中华传统美德的基本精神”“传承和发扬中国革命道德”的学习促新知构建；通过翻转课堂学习资源中习近平总书记关于“两个结合”重要论述研究、回顾与展望和感动中国 2023 十大人物事迹及颁奖词等内容的链接促新知拓展。

2. 认知能力分析。第一，基础知识记忆力强，但系统分析能力还不足。

学生对中华传统美德、中国革命道德的认知多停留在名词概念上，对中华传统美德的基本精神，“两创”方针的具体实施，以及中国革命道德的形成发展、主要内容、当代价值的逻辑关联的理解有待深化。第二，榜样力量认同度高，但主动弘扬能力还不强。学生对社会主义道德的优秀成果和优秀榜样的力量深感认同，为中华传统美德、中国革命道德、人类文明道德成果所共同谱写的时代赞歌而点赞，为其中涌现的道德楷模和践行者而骄傲，但在对于中华传统美德、中国革命道德的传播与弘扬的主动性和自觉性方面仍需加强。第三，感性认知浸润性足，但应用转化能力还不实。学生虽然能充分理解社会主义道德的理论价值，但在旅游管理专业实践中，将专业问题导向内化为自身历史使命的意识上显得较为薄弱，缺乏主动担当起推动行业发展的责任意识。

3. 心理需求分析。第一，思政课理论有效指导学习生活。学生希望通过学习中华美德的精神内涵与意义，了解如何处理好个人与整体、他人、自身的关系；希望通过学习中华革命道德的主要内容，解决思想困惑，坚定理想信念；希望通过学习“践行‘两创’方针、发扬革命道德、吸纳世界文明”，以助力旅游管理专业人才培养，为后续能力提升打下坚实基础。第二，热点与前沿巧妙链接理论课堂。学生希望课堂能够选取蕴含旅游专业元素的经典案例与前沿成果，并结合“淄博热”“哈尔滨热”“天水热”等旅游热点焦点展开互动研讨与头脑风暴。第三，信息化技术灵活贯穿课程讲授。学生更期待线上线下混合式授课模式，希望通过线上课程提前预习、课后复习，通过翻转课堂中优质学习资源的共享扩大学习面，通过课堂学习 App 中多功能灵活运用激发课堂教学活力。

二、教学目标

1. 知识目标。一是学生能在理论解读、历史重温、案例分析中明晰社会主义道德的具体内涵，理解其当代价值以及弘扬社会主义道德的路径，拓展对“中华传统美德内涵意义、革命精神、文化多样性”等中学已学知识的探理深度。二是学生能在小组分享和总结点评中明晰处理个人和整体、他人、自身关键关系的准则，明确旅游管理人弘扬中国革命道德的具体方法，增强对“中华传统美德的基本精神及传承发扬中国革命道德”线上新学知识的剖析力度。三是学生能在职业规划和现实行动中理解社会主义道德浸润生活的各个角落，明晰大学生传承中华传统美德、发扬革命道德、吸纳世界文明的知行合一之道，提升对“弘扬社会主义道德”课堂应学知识的掌握精度。

2. 能力目标。一是通过对“古道之旅”中中华传统美德与现代社会如何交融的深刻剖析、“红色之旅”中革命道德在当代社会深远价值的理论解读，以及对“世界之旅”中不同文明优劣势的辩证思考及包容性的理解分析，学生能提升逻辑推理、辩证思考、分析问题等高阶认知能力。二是通过线上学习任务的布置、翻转课堂学习资源的拓展阅读、实践任务分组探究的协同合作，学生能提升独立思考、协同合作、意义建构等自主学习能力。三是通过小组展示中旅管专业与古代贤者美德思想的紧密勾连，吸收借鉴优秀道德成果三条路径的逻辑理路与文本打磨的深耕细作，中国革命英雄的案例透彻与以旅游为串联话语生动的叙事体现，学生能提升融会贯通、智慧创造、以评促优的实践创新能力。

3. 素质目标。一是通过合作完成以“领悟中华传统美德基本精神”为主题的实践作业，总结梳理哲人先贤处理个人与整体、个人与他人、个人与自身关系的道德艺术，领略中华传统美德的基本精神，学生能涵养起深厚的价值自信和家国情怀。二是通过思索当代大学生如何践行“两创”方针、发扬革命道德、借鉴世界文明，学生能涵养起鲜明的进取品格和创新品质。三是通过“探访”红色故居，重温革命事迹，身临其境地感悟先烈精神，汲取道德力量，通过分享习近平总书记亲身体验，树立全球视野，学生能涵养起深厚的人文关怀和全球意识。

三、教学内容

“百尺竿头需进步，吸收借鉴优秀道德成果”这一专题教学内容，立足教材“第五章第二节：吸收借鉴优秀道德成果”的重点难点，贯通线上课程知识点“中华传统美德的基本精神”“传承发扬中国革命道德”的已知未知，结合全国高校思政课教指委《思想道德与法治教学课件》专题六第二讲的要点亮点，关注学生对道德准则如何指导旅游管理实践的兴趣点与困惑点，以明晰如何传承、如何发扬、如何借鉴为设计主线，深入思考传承中华传统美德的重要性，发扬中国革命道德的必要性，以及借鉴世界优秀文明成果可为性。

【教学内容的设计要点】

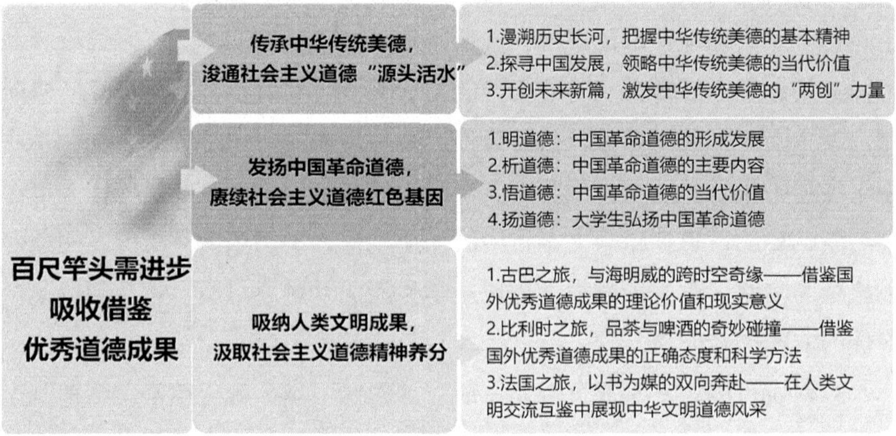

1. 传承中华传统美德，浚通社会主义道德“源头活水”。一是通过三个小组展示，分别从孔子、孟子、墨子的故事中领悟个人与整体、个人与他人、个人与自身的关系，把握中华传统美德的基本精神。二是通过探寻中国发展之路，分析旅游管理专业的职业选择，联系“两个结合”重要论述，领略中华传统美德的当代价值。三是通过“学思深悟：‘两创’方针的提出”“现实思索：‘两创’方针的践行”，明晰传承中华传统美德的真正对象以及态度方法，激发中华传统美德的“两创”力量。

2. 发扬中国革命道德，赓续社会主义道德红色基因。一是通过解析觉醒年代视频资源明道德，阐述中国革命道德的形成发展过程。二是通过“探访”湖南衡阳夏明翰故居，阐述中国革命道德为实现社会主义和共产主义奋斗的灵魂；通过“探访”陕西延安“四·八”烈士陵园，阐述中国革命道德全心全意为人民服务的核心；通过“探访”安徽合肥延乔路，阐述中国革命道德始终把革命利益放在首位的根本原则；通过“探访”上海宋庆龄故居纪念馆，阐述中国革命道德树立社会新风、建立新型人际关系的人际要求；通过“探访”江西南昌方志敏烈士纪念碑，阐述中国革命道德修身自律、保持节操的重要品质。三是通过分析发扬中国革命道德的重要性、必要性、可为性悟道德，阐述中国革命道德的当代价值。四是通过结合专业思考，孜孜不倦汲取革命道德智慧，善于发声讲好中国革命故事，旗帜鲜明抵制错误言语行为扬道德，阐述大学生弘扬革命道德的具体要求。

3. 吸纳人类文明成果，汲取社会主义道德精神养分。一是通过习近平主席古巴之旅中与海明威的跨时空奇缘，阐述借鉴国外优秀道德成果的理论价值和现实意义。二是通过习近平主席比利时之旅中品茶与啤酒的奇妙碰撞，阐述借鉴国外优秀道德成果的正确态度和科学方法这一知识点。三是通过习近平主席中法之旅中以书为媒的双向奔赴，阐述在人类文明交流互鉴中展现中华文明道德风采这一知识点。

四、教学重难点及解决措施

1. 坚持成果展示与理论总结相结合，着重讲活中华优秀传统美德的基本精神。第一，从追寻孔子足迹的美德故事入手，阐明个人与整体的关系，把中华传统美德重视整体利益、强调责任奉献的基本精神讲活；第二，从领略亚圣智慧的美德学习入手，阐明个人与他人的关系，把中华传统美德注重人伦关系、重视道德义务、推崇仁爱原则、注重以和为贵的基本精神讲活；第三，从探寻墨子展馆的美德感悟入手，阐明个人与自身的关系，把中华传统美德追求精神境界、向往理想人格、强调道德修养、注重道德践履的基本精神讲活。

2. 坚持经典叙述与道德实践相统一，着重讲深中国革命道德的具体内容。第一，从革命烈士夏明翰的奋斗故事入手，阐明社会主义建设坚持社会主义和共产主义理想信念的不屈不挠精神的现实需要，把中国革命道德的灵魂讲深；第二，从革命战士张思德的勤勉一生入手，阐明中国共产党“全心全意为人民服务”的宗旨使命，把中国革命道德的核心讲深；第三，从革命英雄陈乔年、陈延年的卓越贡献入手，阐明中国共产党始终把革命利益放在首位的坚定信念，把中国革命道德的根本原则讲深；第四，从国家名誉主席宋庆龄的平等观念入手，阐明树立社会新风，建立新型人际关系的迫切需求，把中国革命道德的人际要求讲深；第五，从民族英雄方志敏的奉献精神入手，阐明修身自律、保持节操的道德要求，把中国革命道德的重要品质讲深。

3. 坚持国际视野与国内发展相融通，着重讲透借鉴人类优秀道德的正确态度。从习近平主席在布鲁日欧洲学院的演讲内容入手，巧妙运用习近平主席关于“茶”和“酒”的比喻，通过茶的含蓄内敛和酒的热烈奔放对比，阐述借鉴国外优秀道德成果的正确态度和科学方法，把如何借鉴国外优秀道德成果这一问题讲透。

五、教学方法

1. 理论讲授法，重在线上浅讲与线下深讲相结合。课前，通过观看线上课程，学习了中华传统美德的基本精神以及青年如何传承和发扬中国革命道德。课中，基于学生实际，结合孔子、孟子和墨子的思想理论和现代启迪，生动阐明了优秀道德成果及其生动体现的出场逻辑与规律。基于习近平总书记重要论述，结合“两个结合”前沿理论观点，从学理上分析了中华传统美德、中国革命道德与人类文明优秀道德成果三者的有机统一。通过内涵阐释、前沿引入、逻辑梳理，培养学生的归纳思维和演绎思维。

2. 问题导向法，重在问题引领与探疑求真相结合。新课导入中，用问题“如何以社会主义道德之力助推旅游业的持续蓬勃?”激发学生兴趣。新授环节中，以如何传承中华优秀美德之问开启何以浚通社会主义道德源头活水的探讨，从中华传统美德如何处理好个人与整体、他人及自身关系之问、“两创”方针如何滋养社会主义道德建设之问，促使学生整体把握传承中华传统美德的内在逻辑。以如何发扬中国革命道德之问开启何以赓续社会主义道德红色基因的探讨，从中国革命道德何以形成发展之问、何为中国革命道德之问，回应学生在理论学习中遇到的困惑。课后思考中，以在专业实践中如何弘扬社会主义道德之问回应学生对思政课理论有效指导学习生活的需求，引导学生关注自身行为问题，进一步完善专题学习“问题链”。通过正视问题、研讨问题、解决问题，培养学生的批判思维和辩证思维。

3. 案例分析法，重在典型故事和现实启迪相结合。在阐述如何传承中华优秀传统道德时，案例选取聚焦孔子游学、孟子交友、墨子成长的故事，发挥典型故事的学理引领；在阐述如何发扬中国革命道德时，案例选取聚焦夏明翰、张思德、陈乔年等革命先烈，结合党艰苦卓绝的奋斗历程，关注革命英雄的英勇事迹，结合对当今社会的现实启发，增强理论的可信性与说服力；在阐述如何借鉴世界优秀文明成果时，案例选取聚焦分析习近平主席的三次跨国之旅，关注不同文化背景下文学作品内涵、不同文化交流互鉴的成果。通过行业话语贯通、历史案例浸润、现实案例感悟，培养学生的推理思维和转化思维。

4. 任务驱动法，重在线下任务为主与线上任务为辅相结合。课前，学生完成线上课程中、翻转课堂“学习资源”中习近平总书记关于“两个结合”重要论述研究等自主学习任务，教师提前掌握学生新学知识情况；课中，学生应用课堂学习 App 中头脑风暴、选人、抢答等功能参与互动研讨，教师及时掌握学生课堂学习情况；课后，通过翻转课堂布置思考讨论与阅读推荐，教师持续掌握学生学习反馈情况。通过全人员参与、多功能互动、整过程交流，培养学生的求证思维和递进思维。

六、教学过程

【课前】

百尺竿头需进步 吸收借鉴优秀道德成果
线上学习任务
热点焦点关注
分组学习研讨
智慧树
思想道德与法治
(湖南师范大学)
5.4《中华传统美德的
基本精神》
5.5《传承发扬中国革命道德》
党的二十大报告
《在文化传承发展座谈会上
的讲话》
党的红色基因库
哈尔滨、淄博等旅游地爆火
请同学们分组展开讨论,
从古代思想家的故事中感悟个
人与整体、个人与他人、个人
与自身之间的关系
学习基础
开阔视野
主动探究

【课中】

环节一：课堂导入

同学们好，欢迎来到“思想道德与法治”的课堂，今天我们要学习的主题是“百尺竿头需进步，吸收借鉴优秀道德成果”。在我们生活的世界里，无论是日常的点滴小事，还是社会大事件的处理，道德都在其中发挥着举足轻重的作用。对于旅游管理专业的学生而言，道德并非仅仅停留在书本上的理论，而是贯穿在每一次旅游策划、每一次游客接待、每一次景区管理的细微之处。而旅游这一跨越地域与文化的活动，不仅是对美景的追寻，更是对道德的深刻实践。疫情过后，旅游经济迎来全面复苏，多个热门旅游地火爆出圈，回顾2023年，一段“盛唐密盒”的互动节目，就让很多人踏上去西安大唐不夜城的旅程，2024年总台春晚更是将分会场设在了这里；“世界烧烤看中国，中国烧烤看淄博”的响亮口号让“进淄赶烤”人数陡增；一个“南方小土豆”的昵称吸引了无数南方游客齐聚哈尔滨，掀起了新一波“南北交流”……那么究竟是什么让这些旅游地吸引了无数游客，大家可以在下面的一封信中找一找答案。

【App头脑风暴】《礼迎天下客　冰雪暖世界——致全市人民的一封信》①

【教师总结】“热情好客我服务”“文明有礼我先行”“诚信崇德我代言”，从这封信里，我们不仅看到了哈尔滨作为旅游城市的开放与包容，更看到了哈尔滨对弘扬社会主义道德、增强个人自身道德修养的重视。从《致广大市民朋友的一封信》② 中，我们深刻感受到西安市民那份热情好客、文明友善的情怀，他们不仅“好客”，更是积极“让客”“让景”，这不仅是对市民文明素养的赞美，更是对西安友善、和谐城市形象的生动描绘；从“我们倡议让利于客，坚持诚信守信互信，依法规范经营，杜绝欺诈行为，身体力行弘扬齐文化的开放包容之心、大气谦和之风”③ 的信里，我们能体会到淄博市民的诚信经营与道德风尚，他们以实际行动维护市场秩序，弘扬传统文化，体现了诚信与责任。三地爆火的秘诀不仅是对自身的道德规范要求，更体现了对优秀道德成果的吸收和借鉴，当“盛唐密盒”的互动节目引发旅游热潮，这不仅仅是对历史的追寻，更是对那个辉煌时代道德风尚的向往，人们在游览中，感受着古人的智慧与德行，也在无形中汲取着道德的滋养；当“进淄赶烤”成为新的旅游热点，淄博烧烤的火爆不仅是因为美食的诱惑，更是因为那份“诚信经营、热情待客”的道德情怀，游客们在品味美食的同时，也在体验着这座城市的道德温度；一个“南方小土豆”的昵称，让无数南方游客齐聚哈尔滨，促进了大规模的地域文化交流，我们看到了不同地域间道德的共性与差异，也在相互借鉴中丰富了道德内涵。

由此可见，在地方旅游经济“热辣滚烫”的同时，如何以社会主义道德

① 《礼迎天下客　冰雪暖世界——致全市人民的一封信》，哈尔滨市人民政府网，2023年12月4日，见 https://www.harbin.gov.cn/haerbin/c/04539/202312/col_950993.shtml。

② 《致广大市民朋友的一封信》，2023年1月29日，见 https://baijiahao.baidu.com/s?id=1756346181234319237&wfr=spider&for=pc。

③ 《致全市人民的一封信》，《淄博日报》2023年4月19日。

之力助推旅游业的持续蓬勃发展值得我们去思考。我们究竟该如何弘扬社会主义道德？“弘扬社会主义道德，推进新时代公民道德建设，必须坚持马克思主义道德观，充分吸收借鉴各种优秀道德成果”。[①] 今天，就让我们一起从中华传统美德中浚通社会主义道德的源头活水，从中国革命道德中赓续社会主义道德的红色基因，从人类文明成果中汲取社会主义道德的精神养分，共赴一场“道德之旅”。

环节二：传承中华传统美德，浚通社会主义道德“源头活水”

“今天，中华民族要继续前进，就必须根据时代条件，继承和弘扬我们的民族精神、我们民族的优秀文化，特别是包含其中的传统美德。”[②]“中华传统美德是中华文化的精髓，是人类文明发展的重要精神财富，是社会主义道德建设的源头活水。”[③] 党的二十届三中全会中更是强调，要“构建中华传统美德传承体系”[④]，那我们应该从哪些方面正确把握和传承中华传统美德呢？今天，就让我们一起踏上古道之旅，与哲人先贤来一场跨时空对话，领悟中华传统美德基本精神。

1. 漫溯历史长河，把握中华传统美德的基本精神

中华传统美德从如何处理好个人与整体、个人与他人及个人与自身关系的问题出发，面对这些问题，课前，老师在翻转课堂中布置了以“领悟中华传统美德基本精神”的实践作业，今天将有三组同学带我们一起重游古道，领悟智慧。

（1）论个人与整体之和谐共生——当以责任奉献，重视整体利益

中华传统美德，首先要重视整体利益，强调责任奉献。我们常说“独木不成林”，个人与整体的关系好比树木和森林，那我们如何才能处理好个人

---

① 本书编写组：《思想道德与法治》，高等教育出版社 2023 年版，第 152 页。

② 《习近平谈治国理政》第一卷，外文出版社 2018 年版，第 181 页。

③ 本书编写组：《思想道德与法治》，高等教育出版社 2023 年版，第 152 页。

④ 《中共中央关于进一步全面深化改革　推进中国式现代化的决定》，人民出版社 2024 年版，第 33 页。

和整体的关系呢？下面我们有请第一组的同学进行展示。

【小组展示一】从追寻孔子足迹中激荡儒风遗韵

大家好，我是躬体力行小组的代表，我要汇报的主题是：从追寻孔子足迹中激荡儒风遗韵。古人常言：读万卷书，行万里路。这句话不仅是对知识的追求，更是强调对人生经历的积累。回溯历史，我们看到公元前 497 年的初春，孔子和他的“旅行团”上路了。十四年“周游列国”的旅行不仅走出了伟大的思想家、教育家孔子，也走出了齐鲁大地上的“旅行家”孔子。今天，让我们“跟着孔子去游学”，走进孔子周游地图，感受千年的道德遗韵。

风起山东曲阜舞雩台，破译“义利之辩”赴正气之途。在启程之前，在鲁国可发生了不少的事情。鲁国有条法律，如若看到国人在外沦为奴隶，把他们赎回来便可从国家获得奖励。孔子的弟子子贡赎回不少鲁人，却拒绝了国家奖励。孔子批评了子贡：“领取奖励，不会损害品行；但不领取，就没有人再去赎回同胞了”。孔子的另一位弟子子路，曾救起一名溺水者，那人送了他一头牛以示感谢，子路收下了。孔子赞赏道：“鲁国人定会更勇于救落水者”。看似简单的“子贡赎人”和“子路受牛”，却包含夫子对“义利观”的态度。因为鲁国富人少，穷人多，如果子贡不领取补偿金，那么其他贫穷的鲁国人就会因为担心无法承担赎人的费用，而不再去赎回遇难的同胞。这样，国家的整体利益就会受损。这个故事体现了孔子重视整体利益，强调行为对整体社会的影响。

最忆师徒蔡国问津路，明悟“整体利益”铸个人标杆。在孔子自叶邑启程前往蔡国的路上，他迷失了方向。于是，他让子路向正在田间劳作的长沮和桀溺询问渡口的位置。长沮好奇地询问驾车者何人，子路答以“孔丘”。桀溺得知后，进一步询问子路是否为孔子之徒，随后他感慨道：“天下纷乱如洪水猛兽，谁又能改变这乱世之局？你与其追随一位试图避开恶人的贤者，不如跟随那些真正超脱尘世之人。”子路返回，将这番对话转述给孔子。孔子听后，叹息道：“鸟兽岂能与我们同群共处？”他又说：“倘若天下已然有道，我又何必与你们一同致力于改变它呢？”我们看到，面对隐者的规劝，孔子并未动摇他的信念。他深知，个人的避世并不能解决社会的根本问题，唯有积极入世，方能真正拯救百姓于水火之中。面对混乱的社会挺身而出，为生民立命，为社会开太平，以个人的力量汇聚国家整体的发展。

问道中都宰时列国行，寻觅“责任奉献”筑理想根基。孔子在担任中都宰时，他恪尽职守，以人民的福祉和社会的和谐为己任。他关注民生，致力于改善人民的生活条件，通过实施一系列政策和措施，使得中都地区的社会秩序得以恢复和稳定。然而，孔子的志向远不止于此。他周游列国，传播自己的思想，他用自己的言行，诠释着“仁、义、礼、智、信”的深刻内涵，感染着身边的人。他深知个人的力量虽然有限，但每个人都能够为整体社会的进步贡献自己的力量。

孔子之行，穿越乱世，始终坚守着整体利益之念，彰显出责任与奉献之行。他的志向与行动，永远激励我们为追求美好世界而努力奋斗。

【教师点评】感谢第一组同学的分享。追溯孔子的足迹，我们感受到的不仅是儒风遗韵的激荡，更是他重视整体利益、肩负责任奉献的崇高精神。面对义利之辨，他站在整体利益的角度教育学生树立正确的“义利观”；在担任中都宰时，他恪尽职守，致力于改善民生，让百姓安居乐业；他周游列国，传播思想，以智慧和努力推动社会进步。

【教师总结】纵观历史，在中华传统道德的发展演化中，我们始终强调整体利益、国家利益和民族利益的重要性。传统道德中的义利之辨、理欲之辨，其核心和本质是公私之辨。“公义胜私欲”是中华传统美德的根本要求。2000多年前的《诗经》已经提出“夙夜在公”的道德要求，《尚书》也有“以公灭私，民其允怀”的思想，西汉贾谊提出“国而忘家，公而忘私”，清代林则徐提出“苟利国家生死以，岂因祸福避趋之”，都体现了强烈的为国家、为民族献身的精神。① 进入新时代，经济社会发展水平实现跨越式提升，人们生活需求不断变化，旅游业作为国民经济战略性支柱产业的地位更加巩固。各地文旅局深入挖掘当地优秀旅游资源，弘扬中华传统美德；多地更是调动各方力量，牺牲节假日时间，以地方经济的发展助力国民经济的提升，

① 参见本书编写组：《思想道德与法治》，高等教育出版社2023年版，第152—153页。

以个人美德名片向世界展示中国风貌。当然，整体的发展非一人之力，需要每一个个体齐发力、共进步，更需要个体间的配合，那么个人与他人之间的关系该怎么处理呢？

（2）论个人与他人之交往艺术——宜以和为贵，共筑和谐家园

因此，在中华历史长河中，如何妥善处理个人与他人的关系始终是一个至关重要的命题。接下来有请第二小组汇报。

【小组展示二】从领略亚圣智慧中永矗精神丰碑

大家好，我是浩然正气小组的代表，我要汇报的主题是：从领略亚圣智慧中永矗精神丰碑。在动荡混乱的战国时期，有这样一号人物，性格直爽，刚烈，狂妄，怼诸子，怼君王，怼天怼地，堪称国家级辩论选手，被问及为何如此喜欢辩论，他说是不得已而为之——各诸侯国借仁义之名，行霸道之实，而他却想端正人心，推行仁政，继承大禹、周公、孔子三圣的事业，因而不得不与人常常辩论。大家猜到他是谁了吗？没错，他就是亚圣孟子。他诞生于古老的邹国，即今日之山东邹城。在假期之际，我们特意选择邹城作为专业实践的目的地，探访了孟子的故乡。在那里，我们瞻仰了这位圣人的风采，深入领略了先贤的智慧与思想，学习了其以仁待人的准则。现在，让我们一同走进这位亚圣的世界，追思他的仁爱情怀，矗立不朽的精神丰碑。

以“亲亲而仁民”之孝，揭示个人和亲人相处之策。孟子说，“仁之实，事亲是也。”认为“仁”的实质在于侍奉父母，尽孝至诚。如果四肢懒惰，不顾及父母的赡养；沉溺于赌博饮酒，忽视父母的生计；贪恋财物，偏爱妻儿，却不顾父母的供养；放纵耳目之欲，使父母蒙羞；逞勇好斗，危及父母安危，都是不孝不仁之举，绝非与亲人合情合理合法的相处之策。那我们应以什么态度和父母相处呢？孟子指出，“亲亲而仁民”，这意味着要深爱并敬爱自己的父母亲人，始终以一颗赤诚的孝心去对待他们，这便是我们爱的起点与基石。这份爱，不仅是血缘的维系，更是情感的交融；不仅是责任的担当，更是孝道的体现。因此，让我们时刻铭记孟子的教诲，以“亲亲而仁民”之孝为指引，用心经营与亲人的关系，用爱铸就家庭的和谐。

以“仁者无不爱”之诚，诠释个人和同辈相处之法。亚圣孟子曾言“仁者爱人，有礼者敬人。爱人者，人恒爱之。敬人者，人恒敬之。”他深刻指出，与人相处之法，在于尊重有礼且充满爱意。唯有以仁爱之心对待他人，方能构建一个充满爱与和谐的美好世界。那究竟应该如何仁待他人呢？孟子告诉我们，不仅要有“反身而诚，乐莫大焉”的真诚，同时还要有“仁者无不爱”的友善。此外，我们还应具备道义之心，坚守道义原则。总之，以“仁者无不爱”之诚对待同辈，是我们构建和谐人际关系的重要法则。

以“膏泽下于民”之德，探寻个人和上级相处之道。除了同辈关系，上下级关系也是构成社会网络的重要一环。孟子强调组织中要有为人民谋利益的共同价值目标，即“膏泽下于民”，如此，方能夯实和谐基石，使上下级之间形成紧密的合作关系。同时，孟子也明确了各个层级的职责所在。作为上级领导者，要首当其冲，做好表率，引领团队朝着共同目标前进，就像孟子说的，“上有好也，下必有甚焉者矣”；而作为下级，则应该互助友爱，尽心完成上级布置的每一项任务，而不是勾心斗角，费心算计，孟子指出，“言人之不善，当如后患何?”要因此，以“膏泽下于民”之德为指导，实现个人与组织的共同成长与发展。

智慧之光，千年不熄。孟子的交往法则犹如一盏明灯，为我们指引前行的道路。在未来的学习生活中，我们小组的成员将深入践行孝、诚、德等仁爱精神，以和为贵，精心处理各种人际关系，精准把握不同相处之道的精髓，努力成为合格的旅管人，为构建和谐社会贡献自己的力量。

【教师点评】感谢第二组的分享。在那个战争频仍、礼崩乐坏的灰暗时代，孟子横空出世，明道树德，犹如一缕光。他的仁爱思想、仁政理念也为我们当代人际交往提供了实践指南。孟子宣扬的仁爱思想已经深深融入中华民族基因之中，内化为我们内心的道德指南针，外化为与人交往的处世智慧，值得我们每个人去用心学习、用情传承。

【教师总结】在个人与他人交往的过程中，我们究竟要怎么做？首先是要推崇仁爱原则，注重以和为贵。推崇仁爱、崇尚和谐是中华民族的优良传统和高尚品德。孔子强调“己欲立而立人，己欲达而达人”，孟子强调“亲亲而仁民，仁民而爱物”，荀子强调‘仁者自爱’，墨子则提出“兼相爱，交相利”。从仁爱精神出发，古人强调社会和谐，讲求和睦友善，倡导团结互助，追求和平共处。在人际相处上，主张与人为善、推己及人；在民族关系上，主张各民族互相交融、和衷共济；在对外关系上，倡导亲仁善邻、协和万邦。[①] 当然，在个人与他人的关系中，“中华传统美德还非常重视每个人在人伦关系中的地位及其价值，强调每个人都必须根据规范的要求来尽自己应尽的义务。”[②] 这也正是我们所说的注重人伦关系，重视道德义务。我们尊重长辈、关爱晚辈，以孝悌为家庭和睦之基；我们诚实守信、互帮互助，以道义为友情长久之本；我们尽职尽责、回馈社会，以担当为公民素养之要。这些细微之处，共同构成了我们注重人伦、重视道德的生活画卷。那么，在这个过程中，个人又该如何要求自身取得进步呢？

（3）论个人与自身之修养之道——需自省自律，共铸卓越人生

古人云：“修身齐家治国平天下”。修身摆在第一位，其重要性不言而喻。如何修身的问题也就是如何处理好个人和自身的关系问题。有请第三组同学分享。

【小组展示三】从探寻墨子展馆中领悟道德修养

大家好，我是厚德载物小组的代表，我要汇报的主题是：从探寻墨子展馆中领悟道德修养。在山东滕州，有一处典雅庄重的建筑，吸引着世界各地的人们来这里拜业参观。这就是墨子纪念馆。在六国纷乱的变迁和战争残酷的屠戮中，墨子以“兼爱”“非攻”的救世方略和高尚的道德修养感染着前后无数的人民，穿越百年仍闪烁着思想的光芒。今天，我们小组将以导游的身份带领大家走进墨子纪念馆，从千年的历史中激荡传承道德文化修养。

2016 年 8 月 16 日，“墨子号”量子科学实验卫星在九泉卫星发射中心成功发射升空，标志着我国空间科学研究又迈出重要一步。[③] 那么大家知道

① 参见本书编写组：《思想道德与法治》，高等教育出版社 2023 年版，第 153—154 页。

② 本书编写组：《思想道德与法治》，高等教育出版社 2023 年版，第 154 页。

③ 陈海波：《我国成功发射世界首颗量子科学实验卫星“墨子号”》，《光明日报》2016 年 8 月 16 日。

当初为何要给这颗卫星命名为“墨子号”吗？其实这是取自于我国科学家先贤——墨子。漫步时光长廊，我们不难发现墨子这位古代智者的一生都在追求理想境界，强调道德修养。今天，欢迎各位来到墨子纪念馆参观，我是云讲解员，今天由我陪同大家一起去探寻千年纪念馆的文化底蕴。

修身为玉化四方，在理念之辩中寻觅道德真谛。拾级而上，首先映入我们眼帘的是我国古代大思想家、哲学家墨子的紫铜塑像。他身穿粗布衣裳，左肩挎一布包，右手撑着手杖，右腿膝盖微曲，呈超前迈步之势；双眼坚毅地望着前方，风尘仆仆。看着这塑像，我们不禁要问：他这是要去哪里呀？《公输》里介绍，墨子为了阻止楚国攻宋：“起于齐，行十日十夜而至于郢。”墨子昼夜兼程走了十天，来到楚国都劝说楚王放弃攻打弱小的宋国。然而，此时最有名的工匠鲁班已经为他造好了可以凌空而立的云梯，于是墨子对楚惠王举例说，现在有一个人丢掉自己的彩饰马车，却想偷邻居的破车子。丢掉自己的华丽衣裳，却想偷邻居的粗布衣，这是个什么人？其实墨子是在打比方说楚国攻打宋国跟富有的邻居偷窃穷邻居一般的不仁不义。这一场箭在弦上的战争便被墨子化解。然而，墨子与宋国毫无利害关系，宋国也没有请他帮忙，但他仍不惜冒着生命危险从中斡旋。便是墨子提倡“非攻”，反对一切战争，他信奉“兼爱”不分远近亲疏不分贵贱，不分地域国别，对所有人都施以平等的爱，这便是大爱。

修雅成德展清芬，在思想交锋中明悟理想之道。现在大家所在的位置便是纪念馆的综合厅，展现在我们面前便是“墨子文化城”的立体沙盘模型。那这里为什么会摆放武器“钩”“拒”呢？相传在战国时期，楚国和越国常常在长江上发生战争。南游至楚国的鲁班为楚国设计了船战用的武器“钩”“拒”等工具。楚国人凭着武器优势，屡次打败越国。于是鲁班就跑到墨子面前夸耀：“我有舟战的‘钩’和‘拒’，你有破解之法吗？”从鲁班的言谈中，我们不难看出，他十分瞧不起墨子四处讲义的行为。他认为，讲义、行义只是口头上的事情，并没有实际意义。但墨子说：“你用‘钩’钩人，对方也会用‘钩’钩你；你用‘拒’拒人，对方也会用‘拒’拒你。我没有你所造的钩拒，但我用爱来钩，用恭来拒，这样就会兴天下之利，除天下之害。由此可见啊，我的钩拒，比你发明的舟的钩拒要强得多。”我们看到，墨子站在天下大义的角度，运用“兼爱非攻”的思想，致力于实现社会和谐、人民幸福。

修行践履明青志，在信仰之争中奔赴正气之途。现在我们看到的就是记录墨子行迹的“圣迹堂”。高 2.5 米、长 85 米的巨幅壁画绕大厅一周，由 62 幅相互关联的壁画组成，每幅画面都是墨子传奇动人的一个个小故事，全面而细致地描述了墨子平凡而伟大的一生。墨子的一生，都是在为扶危济困的正义事业而忙碌，班固《答宾戏》中说：“孔席不暖，墨突不黔”，就是说墨子像孔子一样，为天下事而终日奔劳，连将席子坐暖和将炉灶的烟囱染黑的功夫都没有，“日夜不休，以自苦为极”。在纷乱的战火间，墨子和他的弟子更像一个苦行僧团体，有着最坚定的意志，人人皆可赴汤蹈火，死不旋踵，他们不遗余力地宣传“兼爱非攻”主张。以天下为己任，不计个人得失，为正义、为苍生赴汤蹈火，死不回头。

公元前 390 年前后，一生奔波的墨子终于停息了脚步。他带着绘就的美好蓝图，离开了这个动荡的世界，又回到了从前安详宁静的国度。墨子的弟子们遵照他生前节葬的主张，将他安葬在家乡的苍松翠柏之中，他的陪葬品是《墨子》一书的手稿。在滕州火车站的广场上，一座铜像庄重深邃，他就是墨子。他用自己穿透历史的目光，深情地注视着自己热爱的土地。各位游客，今天的旅行就告一段落了，也许我们已经再也难以遥望到圣人的背影，但他并没有淹没在历史的长河中，他就站在我们的身边和视野里，告诉我们精神境界与道德修养的意义。

【教师点评】感谢第三组同学的分享。本组同学带领我们云游墨子纪念馆，在这里，我们领略到墨子以兼爱非攻之理念，砥砺道德之锋，照亮修养之路。他修身为玉，化四方之恶，让道德的种子在心田生根发芽；他注重践履，行胜于言，让修养的果实累累挂满枝头。

【App 选人】同伴互评

【教师总结】那么，从墨子的故事里，我们能发现修身体现在哪些方面呢？首先是“追求精神境界，向往理想人格。中华传统美德主张在物质生活基本满足的情况下应追求崇高的精神境界，把道德理想的实现看作人生诸种需要中最高层次的需要。”[①] 同时，我们也要“强调道德修养，注重道德践履”[②]。“中国古代的思想家大都认为，在修身养性的过程中，最重要的就是要使社会的道德原则和规范转化为自身的思想品格和行为实践，通过切磋践履不断养成良好的道德习惯，形成完善的道德人格。”[③]

作为中华文化的精髓，中国传统美德的基本精神主要就体现在对三组关键关系的处理上：个人与整体关系重视整体利益，强调个体的责任和义务；个人和他人之间关系追求仁爱与和谐，讲究伦理的价值和道德义务；个人和自身关系，从纵向看是向往理想人格，从横向看是追求道德践履，强调知行合一。所以，处理好这三组关键关系，就能够大致把握好中华传统美德的基本精神，汲取传承养分。历史长河奔流不息，美德光辉绵延不绝，我们还需深入挖掘其当代价值，让其在现代社会中熠熠生辉，为构建和谐社会、推动人类文明进步贡献智慧和力量。

2. 探寻中国发展，领略中华传统美德的当代价值

如今，“中华传统美德已经深入到中华民族的思维方式、价值观念、行为方式和风俗习惯之中，具有重要的当代价值。”[④] 既支撑人类社会的发展，也滋养个人的成长。第一，从古今对照中启发社会主义道德建设。“重视整体利益、强调责任奉献”构成社会主义集体主义原则的思想根基，“注重人伦关系、重视道德义务”乃是社会生活各种礼仪规范的观念保障，“推崇仁爱原则、注重以和为贵”构成社会主义新型人际关系的价值基础。第二，从理实一体中启示当下的治国理政。“追求精神境界，向往理想人格”与中国共产党人的远大理想和共产主义信念有着深厚的契合，“民惟邦本，本固邦宁”的民本理念对于当今政治文明建设依然具有重要的借鉴价值。第三，从中西融汇中启迪共同道德难题的解决方案。英国历史学家汤因比曾指出：“能够真正解决 21 世纪社会问题的，只有中国的传统文化。”“大道之行，天下为公”的大

① 本书编写组：《思想道德与法治》，高等教育出版社 2023 年版，第 155 页。
② 本书编写组：《思想道德与法治》，高等教育出版社 2023 年版，第 155 页。
③ 本书编写组：《思想道德与法治》，高等教育出版社 2023 年版，第 155 页。
④ 本书编写组：《思想道德与法治》，高等教育出版社 2023 年版，第 155 页。

同理念为人类命运共同体理念的提出，夯实了深厚的历史文化根基、坚实的历史共识根基和稳固的历史政策根基。第四，从知行合一中滋养大学生的道德养成。“强调道德修养、注重道德践履”是我辈大学生投入新时代公民道德建设实践的必然遵循。比如，导游作为旅游行业的重要代表，不仅需要具备丰富的专业知识和出色的讲解能力，更要遵循职业道德规范，展现出热情好客、诚信友善的品质；旅游策划师在规划旅游行程时，也需要展现出文明有礼、尊重自然的传统美德，激起市场的共鸣，转化为澎湃的经济动能；酒店服务人员作为旅游行业的重要组成部分，不仅需要为游客缔造一个舒适、温馨的住宿环境，而且要尊重每一位游客的隐私和个人空间，充分诠释尊重他人、敬业尽责的传统美德。这些传统美德不仅有助于提升从业人员的自身素质，而且也有助于提高旅游服务的质量和水平，推动旅游业的健康发展。

同学们，只有明晰中华传统美德的基本精神，理解中华传统美德的当代价值，我们方能洞悉中华传统美德在中华民族五千多年悠久历史中成风化人、经久不衰的奥秘，领会中华传统美德在社会主义道德建设中注入“源头活水”，激活“一池春水”的意蕴，知晓中华传统美德何以生生不息、接续传承的原因。鉴往知来谱新篇，那究竟如何在新时代继续传承发展中华传统美德呢？

3. 开创未来新篇，激发中华传统美德的“两创”力量

“传统道德是一个矛盾体，具有鲜明的两重性”①，其中既有值得传承的美德，也有需要扬弃的糟粕。毛泽东同志曾引用过这样一个生动比喻，对于一切进步的文化，都不能生吞活剥地、毫无批判地吸收，应该“如同我们对于食物一样，必须经过自己的口腔咀嚼和胃肠运动，送进唾液胃液肠液，把它分解为精华和糟粕两部分，然后排泄其糟粕，吸收其精华，才能对我们的身体有益”②。

（1）学思深悟：“两创”方针的提出

习近平总书记指出：“在去粗取精、去伪存真的基础上，坚持古为今用、

---

① 本书编写组：《思想道德与法治》，高等教育出版社 2023 年版，第 156 页。

② 《毛泽东文艺论集》，中央文献出版社 2002 年版，第 41 页。

推陈出新，努力实现中华传统美德的创造性转化、创新性发展"[①]。"两创"方针聚焦于中华传统美德，旨在通过创新性发展和创造性转化，让这些美德焕发新的时代光彩，更好地服务于现代社会的道德建设与文化发展。"创造性转化，就是要按照时代特点和要求，对那些至今仍有借鉴价值的内涵和陈旧的表现形式加以改造，赋予其新的时代内涵和现代表达形式，激活其生命力。创新性发展，就是要按照时代的新进步新进展，对中华优秀传统文化的内涵加以补充、拓展、完善，增强其影响力和感召力。"[②]二者紧密联系，不可分割。这不仅体现了对传统文化深刻理解与精准把握，也展示了对待传统文化的科学态度和坚定自信。

（2）现实思索："两创"方针的践行

一是坚定文化自信，加强对中华传统美德的挖掘和阐发。2023 年 10 月 7 日至 8 日，全国宣传思想文化工作会议在北京召开，会议最重要的成果是首次提出习近平文化思想，标志着我们党对中国特色社会主义文化建设规律的认识达到新高度，表明我们党的历史自信、文化自信达到新高度。"文化自信就来自我们的文化主体性"[③]，中华传统美德作为中华文化的精髓，是我们坚定"历史自信、文化自信"的思想源泉。基于这份自信，我们要加强对中华传统美德的挖掘和阐发，坚持不忘本来，辩证取舍，对中华传统美德的德目、观点进行新的诠释和激活。这一点在旅游业中也得到了生动体现，在西安的古城墙旅游项目中，除了让游客领略到古代建筑的雄伟与精巧，还通过开展"城墙夜跑""城墙灯会"等活动，让游客在参与中体验到团结协作、互助友爱的传统美德。同时，结合古城墙的历史背景，讲述古代军民共同守城的英勇事迹，使游客在欣赏美景的同时，深刻感受到忠诚、勇敢等中华传统美德的熏陶。

二是坚持发展的眼光，用中华传统美德滋养社会主义道德建设。西安、淄博、哈尔滨相继出圈，如何将流量转变为留量，变"网红"为"长红"？

---

① 《习近平关于社会主义文化建设论述摘编》，中央文献出版社 2017 年版，第 138 页。

② 《习近平关于社会主义精神文明建设论述摘编》，中央文献出版社 2022 年版，第 214 页。

③ 习近平：《在文化传承发展座谈会上的讲话》，人民出版社 2023 年版，第 8 页。

这是各地文旅都在绞尽脑汁思考的问题。在西安，我们创造性地将古城墙与兵马俑等历史遗迹与现代旅游服务相结合，让游客在体验古都风情的同时，感受到中华传统美德如诚信、礼仪的现代诠释；在淄博，我们创新性地将陶瓷制作技艺与旅游体验相融合，让游客亲手制作陶瓷，体验精益求精、追求卓越的工匠精神，从而实现对传统美德的传承与发展；在哈尔滨，我们创造性地将冰雪文化与现代冰雪旅游活动相结合，不仅让游客欣赏到美丽的冰雪景观，更在活动中体验到尊重自然、保护环境的传统美德。通过这些举措，旅游业在发展中不仅挖掘和践行了中华传统美德，更在“两创”的引领下，为游客带来了全新的文化体验。推动中华传统美德创造性转化与创新性发展，必须始终从当前的社会发展需要出发，始终以解决现实社会问题为根本依归。正如教材所说，“结合时代要求，按照是否有利于推动中国特色社会主义事业，是否有利于建设社会主义道德体系，是否有利于培育和践行社会主义核心价值观的标准”，为社会主义道德建设提供丰厚的道德资源，赋予社会主义道德和共产主义道德以鲜明的民族特色。

三是坚持辩证的否定观，反对两种错误思潮。这里错误思潮主要指的就是“复古论”和“虚无论”。“‘复古论’，认为道德建设的最终目标就是要恢复中国‘固有文化’，形成以中国传统文化为主体的道德体系；另一种是‘虚无论’，认为中国传统道德从整体上来说在今天已经失去了价值和意义，必须从整体上予以全盘否定。”①社会生产方式和生活方式的延续性，使反映经济关系的道德也必然有继承性，而人类道德的产生和发展具有的历史性和阶级性，使得对道德传统的继承必然要进行甄别、选择和改造。可以说，没有继承，就没有道德的承接，道德的历史就会中断；没有批判，就没有道德的创新，道德就会失去发展而止步不前。由此可见，以上两种观点都是错误的，割断了道德的历史与发展的关系，都不利于社会的发展和道德的进步。

把握中华传统美德的核心要义，传承中华美德只是激活了社会主义道德

---

① 本书编写组：《思想道德与法治》，高等教育出版社 2023 年版，第 157—158 页。

建设的开关，后续的进一步建设还需我们深入挖掘并弘扬中国革命道德的红色基因，为社会主义道德建设注入新的动力。

环节三：发扬中国革命道德，赓续社会主义道德红色基因

“中国革命道德，是指中国共产党人、人民军队、一切先进分子和人民群众在中国革命、建设、改革中所形成的优秀道德，是马克思主义与中国革命、建设、改革的伟大实践相结合的产物，是中华民族极其宝贵的道德财富。”① 作为迄今为止人类历史上最为先进的道德体系，中国革命道德塑造了当代中国国民人格的基本伦理规范。在“道德之旅”的征途上，中国革命道德的力量如同远古星辰般璀璨，其深邃与高远，令人仰望且心生敬畏。接下来，让我们踏上一段“红色之旅”，触摸那段波澜壮阔的革命历史，感受那份坚如磐石的革命信念。

1. 明道德：中国革命道德的形成发展

革命道德不是无源之水、无本之木。它以马克思主义的伦理思想为指导，深深地根植于中国共产党领导的革命和建设的伟大实践；同时它又传承了中国传统道德的精华，是一种适合中国国情的崭新的道德体系。

【视频资源】觉醒年代——震耳发聩的演讲（1 分 46 秒）②

【教师总结】在 1919 年这样一个从迷茫到觉醒的年代，我们听见了革命道德信仰萌芽的破土之声。中国革命道德以前所未有的觉醒姿态，并伴随着中国共产党的百年历史进程不断发展。它“萌芽于五四运动”前后，发端于中国共产党成立以后蓬勃发展的伟大工人运动和农民运动，经过土地革命战争、抗日战争、解放战争和社会主义革命、建设、改革的长期发展，逐渐形成并不断发扬光大”③，成为中华民族极其宝贵的精神财富和社会主义道德体系的重要内容。我们不难发现，中国共产党之所以能够在重重危难中筚路蓝缕、奠基立业，战胜千难万险最终取得革命的胜利，保证革命事业不断发展

① 本书编写组：《思想道德与法治》，高等教育出版社 2023 年版，第 158 页。

② 《觉醒年代——震耳发聩的演讲》，2021 年 4 月 13 日，见 https://b23.tv/0XF4ywo。

③ 本书编写组：《思想道德与法治》，高等教育出版社 2023 年版，第 158 页。

和壮大，就是因为有“革命理想高于天”的道德信念和革命必胜的红色精神，这些红色基因作为中华民族历久弥新的宝贵革命道德财富，更形成了中国革命道德传统的内核。习近平总书记指出：“光荣传统不能丢，丢了就丢了魂；红色基因不能变，变了就变了质。”[①] 革命传统特别是革命道德传统，是我们克服前进道路上一切困难的重要精神支柱，是我们战胜千难万险的重要力量源泉。

2. 析道德：中国革命道德的主要内容

在中国这片红色沃土上，英雄烈士纪念设施无数，它们是党的红色基因库，见证了党艰苦卓绝的奋斗历程，承载着无数革命先烈付出的伟大牺牲。同时，也是重要的爱国主义教育平台，是红色文旅发力的新场景。接下来，就让我们追寻先烈足迹，重温红色记忆，从中感悟中国革命道德的主要内容。

（1）中国革命道德的灵魂：为实现社会主义和共产主义理想而奋斗

第一站，我们来到了湖南衡阳夏明翰故居。夏明翰，1900 年 8 月 25 日出生于湖北秭归，是中国共产党早期杰出的无产阶级革命家，革命烈士。他出生在一个豪绅家庭，但自幼就怀有远大的志向，他的一生都在为社会主义和共产主义的理想而奋斗。1928 年初，夏明翰由中共中央指派来到武汉，与李维汉、郭亮等人讨论停止两湖年关暴动的事宜。然而，夏明翰的交通员被捕叛变，供出了夏明翰，并主动配合抓捕他的行动。尽管国民党官员试图劝夏明翰不为自己考虑，也要多为自己的子女、妻子、父母着想，但夏明翰坚定地回答：“为共产主义奋斗终身，我已不是三思而行，而是百思已定。”他用自己的行动诠释了“砍头不要紧，只要主义真”的崇高理想信念。夏明翰在刑场上写下了广为流传的一句话：“杀了夏明翰，还有后来人！”千千万万同夏明翰一样的革命先烈们为了人民的解放和新中国的建设哪怕付出生命都不屈不挠、坚定不移，因为他们的心中装着为实现社会主义和共产主义理想而奋斗终身的坚定信念。

---

① 《习近平著作选读》第一卷，人民出版社 2023 年版，第 525 页。

（2）中国革命道德的核心：全心全意为人民服务

第二站，我们来到延安“四·八”烈士陵园。这里久眠着一位英雄，他叫张思德。1940 年春，张思德在中央军委警卫营任通信班班长，他尽心尽责，确保通信畅通无阻，为部队行动提供了重要保障。不久后，他被调到延安枣园，负责在毛泽东等中央领导同志工作的地方执行警卫任务。他时刻保持着高度警惕性，用自己的实际行动保护着同志们的安全。1944 年初，为响应党中央大生产运动的号召，张思德主动报名参加中央机关组织的生产小分队，并被选为安塞县石硖谷生产农场的副队长。他积极带领战友们投入到生产劳动中，白天巡回各窑，掌握火候，晚上也要起来数次，爬上窑顶观察烟色。面对高温和危险，他总是第一个冲进窑中作业，不顾个人的安危。1944 年 9 月 5 日，张思德与战友小白一起决定挖新窑以增加木炭的产量。在挖窑过程中，窑顶突然坍塌，张思德手疾眼快，一把将小白推出洞口，自己却被厚厚的窑顶埋在了下面，年仅 29 岁。张思德的事迹感动了无数人，他用自己的生命诠释了“为人民服务”的真谛。他的故事告诉我们，作为一名共产党员和革命战士，我们应该始终牢记人民的利益高于一切。

在厚重的历史中、在凝练的岁月中、在大党的拔节生长中、在大国的伟大复兴中，在困难时、在胜利时、在奋斗时、在进步时，这本鸿篇巨制，力透纸背的始终是“人民”二字。党的十八大后，全面深化改革拉开了大幕。从“夯基垒台”到“积厚成势”，改革搭建起“四梁八柱”，许多领域实现了历史性变革、系统性重塑、整体性重构，住房、医疗、教育、养老等等一切围绕百姓关切。在党的二十大上，“今天，我们完全可以说，中国共产党没有辜负历史和人民的选择。”①“大国之大，也有大国之重。千头万绪的事，说到底是千家万户的事。”②

（3）中国革命道德的根本原则：始终把革命利益放在首位

第三站，我们一起探访一条英雄路。在安徽省合肥市肥西县，有一条

① 《习近平谈治国理政》第四卷，外文出版社 2022 年版，第 546 页。

② 《国家主席习近平发表二〇二二年新年贺词》，《人民日报》2022 年 1 月 1 日。

路，为纪念革命烈士陈延年、陈乔年，被命名为延乔路，每年清明，人们从四面八方奔赴而来，告慰先烈、致敬英雄。陈延年，早年便怀揣着救国救民的宏大志向，毅然投身革命。他深知革命之路荆棘密布，但从未动摇过自己的信念。在国共合作的大革命时期，面对国民党右派的背叛与进攻，他坚定地站在党和人民的一边，坚决反对任何妥协退让的政策。他深知，任何损害革命利益的行为，都是对党和人民的不忠。陈乔年，同样是一位英勇无畏的革命战士。他早年赴法勤工俭学，积累了丰富的知识和经验。回国后，他立即投身于火热的革命斗争之中。他担任过多个重要职务，为恢复和重建党组织，开展革命斗争做出了卓越的贡献。兄弟二人，虽性格各异，但都有着坚定的革命信念和无私的奉献精神。然而，命运却对他们如此不公。在敌人的残酷迫害下，他们先后被捕入狱。在狱中，敌人对陈乔年施尽酷刑，试图逼他屈服，然而，他淡淡地说："受了几下鞭子，算个啥。"最终，陈延年和陈乔年都英勇就义，为革命事业献出了宝贵的生命。他们的故事告诉我们，一个真正的革命者，应该始终把革命利益放在首位，不怕牺牲、不怕困难，始终坚守自己的信仰和追求。"中国革命道德在要求一切革命者和先进分子自觉地服从革命利益的同时，也要求革命的集体和领导始终不渝地从各个方面照顾每个革命成员的个人利益，关心他们的事业成就和个人的全面发展。"①

（4）中国革命道德的人际要求：树立社会新风，建立新型人际关系

第四站，我们来到上海宋庆龄故居纪念馆。她的一生都在为妇女、儿童的权益而努力奋斗，用实际行动树立了社会新风，强调了平等的重要性。在抗日战争时期，宋庆龄深知儿童是国家的未来和希望，因此，她积极行动起来，发表演说呼吁同胞帮助战灾儿童。这一行动不仅为受伤的儿童提供了及时的救助，还通过教育和关爱，让他们感受到了社会的温暖和关怀。1938年，宋庆龄在香港创建"保卫中国同盟"，致力于战时的医疗救济和难童救济工作。这一行动不仅挽救了无数儿童的生命，更为他们带来了生活的希

① 本书编写组：《思想道德与法治》，高等教育出版社 2023 年版，第 161 页。

望。此外，宋庆龄还积极倡导男女平等。她关注女性的教育、就业，努力为女性争取更多的机会和权益。在她的推动下，许多女性得以走出家门，接受教育，参与工作，实现了自己的人生价值。这都体现了宋庆龄对社会平等的深刻理解和坚定信念。她的事迹告诉我们，只有当我们真正尊重每个人的权利和尊严，才能实现社会的和谐与进步。正如教材所说，中国革命道德的传扬，破除了等级观念和特权思想，破除了鄙视劳动和劳动人民的旧观念，树立了平等意识，引导建立新型家庭关系和培育良好家风，对于提升人民群众的文明水准和道德风貌，树立社会新风尚，发挥了重要的作用。①

在今天的社会中，平等理念依然具有不可或缺的价值。我们生活在一个多元化、复杂化的世界里，人与人之间的差异不可避免。然而，正是这些差异，更应该成为我们相互尊重、平等相待的理由。无论是在职场竞争中，还是在人际交往中，我们都应秉持平等原则，以公正的眼光看待他人，以包容的心态接纳不同，以核心价值观的德塑造青春风貌，挥洒青春能量。

（5）中国革命道德的重要品质：修身自律，保持节操

最后一站，我们站在江西省南昌市方志敏烈士纪念碑脚下。通过敬读碑文，感悟着这座跨越时空的精神丰碑。方志敏对身边的工作人员要求很严格，经常教育他们工农红军是人民的武装，是革命的队伍，必须遵守群众纪律，不准做侵害老百姓的事情。在日常生活里，他坚持和战士吃一样的伙食，有盐同咸，无盐同淡。在革命工作中，方志敏对待同志十分关心。曾经担任北上抗日先遣队红十军参谋长的乔信明，在江西贵溪与敌人作战时腿部负伤，伤情危及生命。医生决定锯掉他的伤腿以挽救生命，但乔信明坚决不同意。在这种情况下，方志敏立即批示：“不管花多少钱，一定要保住这条腿。”在对待金钱上，他从不奢侈浪费，十分谨慎。他的叔伯嫂子们曾试图从他那里拿点现大洋以解家庭燃眉之急，但方志敏却坚决拒绝了。他认为党的经费一分一厘都不能随意挥霍，但当革命同志为了革命事业碰到难处需要资助时，他会不惜一切代价为他们提供帮助和支持。方志敏通过自身的言行

① 参见本书编写组：《思想道德与法治》，高等教育出版社 2023 年版，第 161 页。

举止践行了修身自律、保持节操的理念。中国革命道德把加强个人道德修养看成能够影响革命成败的大事。“加强个人道德修养是影响革命成败的大事。”中国共产党人“严于律己、谦虚谨慎、淡泊名利、清正廉洁、襟怀坦白、光明磊落，始终保持高风亮节，展现出高尚的人格力量”，[①] 这是践履革命道德的重要环节。

3. 悟道德：中国革命道德的当代价值

在中国共产党领导全国各族人民为实现中国梦而奋斗的不平凡历程中，形成和积累了极为丰富的革命道德资源。如果不研究“中国革命道德”，就不能真正弄清楚党领导的革命、建设和改革实践的智慧。那么，进入新时代，中国革命道德是否具有当代价值？从重要性来看，传承中国革命道德有利于加强和巩固社会主义和共产主义的理想信念。一个思想空虚、精神萎靡的人，难免要被各种错误思想和观点牵着鼻子引上邪路。如果没有精神、没有理想信念的支持，一个人的一生只能庸庸碌碌、无所作为，甚至会对国家和社会造成危害。在革命、建设、改革的各个历史时期，先辈们为了实现社会主义和共产主义的理想，舍身殉国，前仆后继，作出了巨大牺牲，用血肉之躯筑起了人民战争的坚固城墙，这片热土上浸润着以鲜血和生命写就的历史荣光。从必要性来看，“传承中国革命道德有利于培育社会主义核心价值观和良好的社会道德风尚。”[②] 不可否认，当今社会仍然存在诸如金钱至上、奢侈浪费、贪污腐败这样一些不容忽视的问题，严重损害了群众利益，污染了社会风气。因此，我们更需要弘扬这种革命利益高于一切、全心全意为人民服务的革命道德，凝聚崇德向善的正能量，培育社会主义道德风尚。从可为性来看，传承中国革命道德有利于形成正确的道德观。良好的社会道德风尚，需要良好的个人品德。革命英雄人物的事迹可学可做，他们的精神可追可及，有利于形成正确的道德观。

党的二十大报告指出：“发挥党和国家功勋荣誉表彰的精神引领、典型

① 本书编写组：《思想道德与法治》，高等教育出版社 2023 年版，第 161 页。

② 参见全国高校思想政治理论课教学指导委员会：《思想道德与法治教学课件》（专题六——遵守道德规范　锤炼道德品格　第二讲　吸收借鉴优秀道德成果）第 49 页。

示范作用，推动全社会见贤思齐、崇尚英雄、争做先锋。”[1] 英雄是一个民族最宝贵的精神财富和最闪亮的精神坐标。崇尚英雄才会产生英雄，争做英雄才能英雄辈出。当历史的接力棒交到同学们手中，大家又该如何继续发扬中国革命道德呢？

4. 扬道德：大学生弘扬中国革命道德

这需要同学们以深邃的洞察、宽广的视野和崇高的情怀，去领略其深厚内涵，去实践其光辉精神。

（1）孜孜不倦汲取革命道德智慧。中国革命道德，犹如一部厚重的历史长卷，记载着无数英雄儿女的事迹和精神。我们应当深入研读革命文献，通过字里行间感受那份坚韧不拔、勇往直前的革命信念；通过系统的理论研究，深入挖掘革命道德的深层含义，理解其在不同历史时期的内涵演变，以及对当今社会的启示和价值；通过真实的旅游实践，结合现实分析中国革命道德弘扬现状，形成调研报告，为传承和弘扬革命道德提供有力支撑。

（2）善于发声讲好中国革命故事。红色江山来之不易，守好江山责任重大。要讲好党的故事、革命的故事、英雄的故事，把红色基因传承下去，确保红色江山后继有人、代代相传。作为旅游管理专业的学生，我们不仅要掌握旅游业务的知识和技能，更要发挥好专业的优势，讲好英雄的故事，讲好革命的故事。每一次导游解说，每一个景点介绍，都是一次传承红色基因的机会。我们要将革命故事融入旅游活动中，让游客在欣赏美景的同时，更能感受到革命先烈们的榜样力量，能深刻领悟到红色江山来之不易，能真切地体会到中国共产党深厚的人民情怀和历久弥新的初心与使命。

（3）旗帜鲜明抵制错误言语行为。在当今社会，一些错误言行时常出现，企图歪曲历史、诋毁英雄。这些行为不仅损害了革命道德的尊严，也影响了社会的和谐稳定。当面对错误言行时，我们要敢于站出来，用事实说

① 习近平：《高举中国特色社会主义伟大旗帜　为全面建设社会主义现代化国家而团结奋斗——在中国共产党第二十次全国代表大会上的报告》，人民出版社 2022 年版，第 45 页。

话，用真理反驳，用专业引导。只有用事实和真理去纠正错误，才能让人们真正认识到革命道德的伟大和崇高；只有自己做到言行一致、表里如一，才能更好地弘扬中国革命道德，为社会做出积极的贡献。

环节四：吸纳人类文明成果，汲取社会主义道德精神养分

“中华文明自古就以开放包容闻名于世，在同其他文明的交流互鉴中不断焕发新的生命力。”① 社会主义道德建设既需要激活源头活水、赓续红色基因，也需要汲取精神养分，实现自我更新和自我发展。同理，旅游体验不仅需要挖掘本土瑰宝、领略神州风光，也需要跨越国界藩篱，实现视野的拓展与心灵的升华。接下来，就让我们跟着习近平主席一起搭乘这趟“美美与共”的时代观光车，走出国门，踏上第三段旅程——“世界之旅”，领略不同人类文明成果的风采。

1. 古巴之旅，与海明威的跨时空奇缘——借鉴国外优秀道德成果的理论价值和现实意义

习近平主席曾经去过古巴两次。他在访问美国期间，特别提及了自己与美国作家海明威的代表作《老人与海》之间的一段“跨时空奇缘”。“海明威《老人与海》对狂风和暴雨、巨浪和小船、老人和鲨鱼的描写给我留下了深刻印象。我第一次去古巴，专程去了海明威当年写《老人与海》的栈桥边。第二次去古巴，我去了海明威经常去的酒吧，点了海明威爱喝的朗姆酒配薄荷叶加冰块。我想体验一下当年海明威写下那些故事时的精神世界和实地氛围。我认为，对不同的文化和文明，我们需要去深入了解。”② 这两次古巴之行，不仅仅是地理上的旅行，更是一次精神上的探索与对话。他在演讲中详细列举了自己读过的美国经典作品和造访海明威酒吧的亲身经历，正是为了表达：文明是多彩的、平等的、包容的。对不同的文化和文明，我们需要去深入了解；而对不同文化和文明的深入了解，是借鉴国外优秀道德成果的重

① 人民日报评论部：《深入学习贯彻习近平总书记在文化传承发展座谈会上的重要讲话精神》，人民出版社 2023 年版，第 37 页。

② 《习近平在对美国进行国事访问时的讲话》，人民出版社 2015 年版，第 22 页。

要途径。借鉴国外优秀道德成果的理论价值和现实意义就在于它满足了三个需要：一是自觉顺应人类文明和道德发展规律的需要。习近平主席通过亲身体验海明威的生活环境和创作氛围，深入感受这位伟大作家的精神世界，从而更加深刻地理解了人类文明的多样性和道德发展的共通性。这种跨文化的理解和交流，有助于推动不同文明之间的对话与互鉴，促进人类文明的共同进步。二是大力建设中国特色社会主义道德的需要。习近平主席通过借鉴和吸收世界优秀文化的精髓，不断丰富和发展中国特色社会主义道德体系。海明威的作品所展现的坚韧不拔、勇往直前的精神，与中国特色社会主义道德所倡导的自强不息、艰苦奋斗精神相契合。通过学习和借鉴这些优秀品质，可以激励广大社会成员在建设中国特色社会主义的伟大事业中奋发有为。三是广大社会成员提高道德修养和素质的需要。习近平主席通过自己的行动示范，引导社会成员关注世界优秀文化作品，从中汲取精神力量，提升个人道德修养和素质。同时，他也鼓励广大社会成员积极参与世界文化交流活动，开阔视野。

2. 比利时之旅，品茶与啤酒的奇妙碰撞——借鉴国外优秀道德成果的正确态度和科学方法

习近平主席在布鲁日欧洲学院的演讲时说道：“正如中国人喜欢茶而比利时人喜爱啤酒一样，茶的含蓄内敛和酒的热烈奔放代表了品味生命、解读世界的两种不同方式。但是，茶和酒并不是不可兼容的，既可以酒逢知己千杯少，也可以品茶品味品人生。”① 习近平主席在这里巧妙地以“茶”和“酒”为喻，深入浅出地阐述了文化交流互鉴的深刻内涵。正如茶与酒各具特色，但同样能给人带来愉悦与启迪，不同文明也都有其独特的魅力和价值。在文化交流互鉴的过程中，我们不应独尊某一种文明或贬损某一种文明，而是应该以平等、开放的态度，全面地、科学地评价国外优秀道德成果。这种评价并非简单地肯定或否定，而是要在深入了解和研究的基础上，发现其中的精华与糟粕，进而实现去粗取精、去伪存真。通过这样的过程，我们可以更加

① 《习近平谈治国理政》第一卷，外文出版社 2018 年版，第 283 页。

全面、客观地认识不同文明的道德成果，从而为我们自身的道德建设提供有益的借鉴和参考。因此，我们“要坚持马克思主义立场、观点、方法，在道德问题上把握好共性和个性、抽象和具体、一般和个别的关系。要坚持以我为主、为我所用，批判吸收其他国家的道德成果”①。

3. 法国之旅，以书为媒的双向奔赴——在人类文明交流互鉴中展现中华文明道德风采

“这是我要送你的一些图书，都是中国翻译的法国小说，中文的法国小说。”②2024年5月6日，习近平主席在巴黎爱丽舍宫同法国总统马克龙举行会谈前，把这些书作为国礼送给了马克龙总统。因为，中国有礼尚往来的传统，2019年，法国总统马克龙在会见习近平主席时，赠送了一本1688年法国出版的首部《论语导读》法文版原著。中法文化交流密切，截至2024年，“法国已设立的17所孔子学院和1个孔子课堂，成为法国民众了解中国的重要途径”③。这一本本译著、一个个学院，见证了中法两国的文化交流，促进了中法两国的深度合作，更凸显了中国优良道德传统在国际舞台上的传播与影响，为构建人类命运共同体注入了深厚的道德力量。

【App头脑风暴】感受交流

跟着主席走出国门，我们见证了其他国家优秀道德成果经久不衰的魅力，明晰了要在辨别中汲取人类文明优秀道德成果，更坚定了在人类文明百花园中绽放中华民族优秀道德成果绚丽之花的信念。习近平主席提出全球文明倡议：“共同倡导尊重世界文明多样性，共同倡导弘扬全人类共同价值，共同倡导重视文明传承和创新，共同倡导加强国际人文交流合作”④。我们不仅要借鉴人类其他文明优秀道德成果，而且要坚守中华文化立场，提炼展示

① 本书编写组：《思想道德与法治》，高等教育出版社2023年版，第164页。

② 杜尚泽：《微镜头·习近平主席欧洲之行｜“伟大的作品，就是有这样一种爆发性的震撼力量”》，《人民日报》2024年5月7日。

③ 刘钰、林婉婷、卞翠：《建交60年，中法两国深耕教育合作沃土》，《中国教育报》2024年5月2日。

④ 中华人民共和国国务院新闻办公室：《携手构建人类命运共同体：中国的倡议与行动》，人民出版社2023年版，第42页。

中华文明的精神标识和文化精髓，让世界更好地认识中国、了解中国，让包括中华优良道德传统在内的中华文明同世界各国人民所创造的丰富多彩的文明一道，推动人类社会共同进步。

环节五：课堂总结

通过今天的课程，我们共同学习了弘扬社会主义道德的三种具体做法，明晰了作为新时代大学生的知行合一之道。传承中华传统美德、发扬中国革命道德、汲取人类文明优秀道德成果，就如同旅游途中的三条风景线路，相互交织，共同绘制出一幅美丽的道德风景画卷。中华传统美德是这趟道德之旅中的古道之旅，它承载着历史的厚重和文化的底蕴，踏上这条古韵之道，我们感受着中华民族千百年来形成的优秀品质和高尚情操。中国革命道德是这趟道德之旅的红色之旅，它见证了中国共产党人和革命先烈的英勇事迹和崇高精神，沿着这条红色之旅，我们感受着革命先辈们为了民族独立和人民幸福而英勇奋斗的精神。人类文明优秀道德成果则是这条道德之旅的世界之旅，它传播着不同文化背景下的道德风采，奔赴这条多彩之旅，我们感受着独特道德观念和行为规范带给我们丰富的道德启示和灵感。中华传统美德为我们提供了道德之旅的起点和基础，中国革命道德则是在此基础上的升华和发展，而汲取人类文明优秀道德成果则是对前两者的拓展和补充。它们相互支撑、相互促进，共同构成了我们道德之旅的完整框架。

旅游，不仅是空间的迁徙，更是文化的交流。作为旅游管理专业的学生，我们更应担负起时代的重任。我们要以专业的素养，让每一位游客在领略山水之美时，也能感受到中华民族深厚的文化底蕴。旅游之路，亦是道德之路。我们要用热情的服务，传递中国人民的友善与真诚；我们要以诚信为本，树立旅游行业的良好形象；我们要在行走中感悟，在感悟中成长，在吸收借鉴优秀道德成果的基础上，不断弘扬社会主义道德，将社会主义道德内化为个人的品质，外化为行动的力量，用我们的行动向世界展示一个更加文明、更加和谐的中国旅游形象，为中国旅游业的繁荣发展贡献青春力量！

【课后】

1. 思考讨论

面对旅游市场中的信息不对称问题，请同学们查阅相关资料，讨论我们应该如何运用和弘扬中华传统美德，结合现代科技手段，构建更加透明、公正的旅游市场环境。

结合旅游管理专业相关的前沿研究，如智慧旅游、旅游大数据等，思考如何在技术进步的同时，能够确保道德伦理的底线不被突破，实现科技与道德的协同发展，让世界看见更美的中国。

2. 拓展阅读

中共中央党史和文献研究院：《习近平关于社会主义精神文明建设论述摘编》，中央文献出版社2022年版。

《新时代公民道德建设实施纲要》，人民出版社2019年版。

七、教学资源

八、教学板书

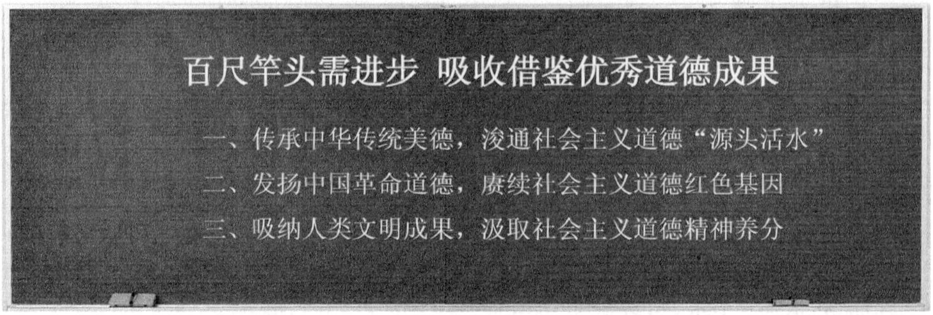

百尺竿头需进步 吸收借鉴优秀道德成果
一、传承中华传统美德，浚通社会主义道德“源头活水”
二、发扬中国革命道德，赓续社会主义道德红色基因
三、吸纳人类文明成果，汲取社会主义道德精神养分

九、教学反思

1. 从基于学情的内容设计反思教学理念的贯彻，用心坚持“以学生为中心”的教学理念。把握了学生对应用丰富素材讲活内容、基于专业视角解读问题的兴趣点，教师通过“淄博热”“哈尔滨热”“天水热”等旅游热点焦点，深入职业选择，讲述“两创”方针的提出与践行，引入觉醒年代中的革命道德信仰，走进五站先烈纪念地梳理中国革命道德的主要内容，增强了学生的自豪感和使命感；紧扣了学生对吸纳人类文明成果可为性的困惑点，教师通过结合习近平总书记的亲身经历、世界各地特色的文化习俗、外国文学作品的具体内涵，增强了学生对世界文明的多样性和复杂性的思考和理解；满足了学生对理论学习指导生活实践与思政学习融合专业发展的需求点，教师通过贯通传统文化溯源、热点例证分析、专业特色聚焦，增强了学生对理论内容说服力与针对性的认同。但在如何将所选取案例巧妙融入学生日常生活中，更一案到底、专业融通地讲好社会主义道德还有待进一步精细和深化。

2. 从教学目标的达成情况反思教学方法的贯行，用情联动“以现代化赋能”的教学方法。在传统教学方法应用上，通过理论讲授法，增强学生对传承中华传统美德、发扬革命道德、吸纳世界文明的理解深度，达成把握弘扬社会主义道德的三条路径、增强逻辑推理能力、涵养认同意识的目标；通过案例分析法，激发学生对专业案例与热点案例、国内案例与国际案例、历史

方式，提升对“道德模范可以学”“道德模范亦可成”等课堂应学知识的掌握精度。

2. 能力目标。一是通过各个时代不同形象、专业相关同辈群体道德模范的举例分享，道德模范真正要义的现实反思，“老人摔倒扶不扶”“同学被砍救不救”的叩问引导，学生能提升辩证思考、识别问题、创新思维等高阶认知能力。二是通过对线上课程“引领向上向善的价值风尚”等前置学习、“道德模范可以学”等实践任务分组探究、翻转课堂互动交流全过程参与，学生能提升独立思考、协同合作、意义建构等自主学习能力。三是通过在中华民族的血脉与优秀文化的基因中寻找道德模范的内涵与意蕴，强调道德模范基于“德行”，重在“示范”，反思社会现象，明晰模范要义，学生能提升融会贯通、智慧创造、洞察现象的实践创新能力。

3. 素质目标。一是通过剖析道德模范在历史长河中熔铸于中华民族血脉，传承于优秀文化基因的意蕴与内涵，学生能涵养起深厚的文化自信和家国情怀。二是通过分享崔译文、刘羲檬等道德模范在群众中孕育成长，从群众中走出来的优秀范例，学生能涵养起鲜明的进取品格和丰厚的精神力量。三是从《新时代公民道德建设实施纲要》强调“伟大时代呼唤伟大精神，崇高事业需要榜样引领”入手，阐明无数青年在雷锋、黄文秀等道德模范的引领下为共筑中国梦而将道德模范的精神内化于心，外化于行，学生能涵养起有为的榜样意识和践行底气。

三、教学内容

“高山景行心向往，为道德模范‘打 call’”这一专题教学内容，立足教材“第五章第三节第四目：锤炼个人品德”的重点难点，贯通线上课程知识点“引领向上向善的价值风尚”的已知未知，结合全国高校思政课教指委《思想道德与法治教学课件》专题六第三讲的要点亮点，关注学生对“道德模范太高尚、太遥远”“不知如何践行高尚道德”的困惑点，以明晰道德模范所以然、道德模范可以学、道德模范亦可成为设计主线，阐释了道德模范的含义与特质、学习道德模范的意义感召与行动方式。

【教学内容的设计要点】

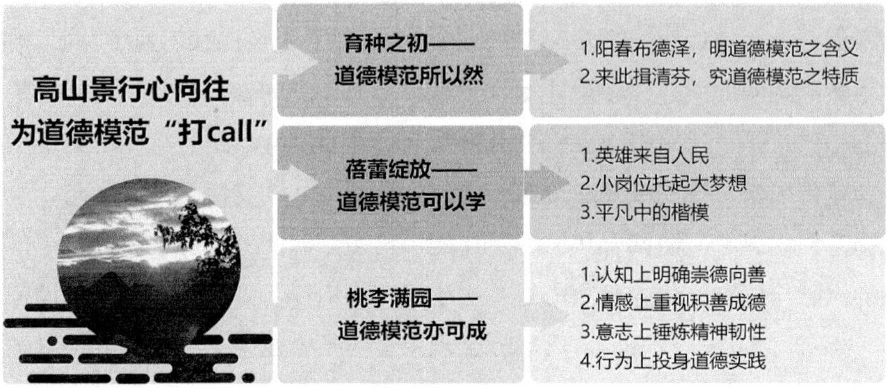

1. 育种之初——道德模范所以然。一是通过对道德模范传统基因的追本溯源、“模范”要义模糊、师德失范现象的反思，明晰道德模范熔铸在中华民族的血脉，理解道德模范精神的深层意蕴；二是通过对大学生丁慧、崔译文事迹的互动分享，坚定学习道德模范的初心，增强学习道德模范的信心；三是通过道德模范的特质解读，明晰道德模范是思想行为的先行者、是向上向善的激励者，打破“道德模范可亲可敬但不可学”的思想误区。

2. 蓓蕾绽放——道德模范可以学。一是通过回顾国家主席习近平近十年新年贺词（2015—2024）、聚焦人民汇聚而成的强大力量，明晰从个体到群体的光芒汇聚召唤我们向道德模范学习；二是通过感受评选全国道德模范的氛围、分享教育领域第八届全国道德模范张桂梅的优秀范例，明晰从小我到大我的价值飞跃，激励我们向道德模范学习；三是通过分享刘羲檬带着妈妈上大学是个人道德行为自觉与社会道德广泛滋养，明晰从平凡到不凡的能量积淀，坚定我们向道德模范学习。

3. 桃李满园——道德模范亦可成。一是从认知层面入手，结合张桂梅、崔译文、刘羲檬等优秀范例，融合教育学专业相关师德的前沿理论、习近平总书记的师德指引，推进崇高道德内化于心；二是从情感层面入手，结合古语“勿以恶小而为之”“勿以善小而不为”，明确注重积善成德，不断提升个人道德境界与道德素养；三是从意志层面入手，聚焦张桂梅等人物案例强大意志力共性，明晰学习道德模范需锤炼精神韧性；四是从行为层面入手，结合各行各业先进道德践行者人物群像，明晰学习道德模范重在行动，落实道德行为之本。

四、教学重难点及解决措施

1. 坚持理论讲授与现实反思相融通，着重讲深道德模范的“模范”要义。第一，从学生关注娱乐选秀节目与流量明星的列举、教师群体存在某些教师师德失范的现象入手，指出某些流量明星虽是大家追捧、学习的时尚“模范”，却担不起“德艺双馨”；某些教师虽为人师表，却存在违规获取津贴、骚扰学生等行为，把模范应思想品德端正、充满正能量讲深。第二，从讲授“道德”“模范”二词内涵入手，阐明道德模范的要义不是流量或身份，把模范根源于德行讲深。

2. 坚持鲜活案例与点评总结相结合，着重讲活向道德模范学习的意义感召。第一，基于对国家主席习近平近十年新年贺词（2015—2024）的学习，聚焦群众伟力，结合《新时代公民道德建设实施纲要》所指出的榜样引领论述，把个体到群体的光芒汇聚召唤我们学习道德模范讲活。第二，从讲述全国敬业奉献道德模范张桂梅的事迹入手，阐明群众对道德力量的心之向往，把小我到大我的价值飞跃激励我们学习道德模范讲活。第三，从分享刘羲檬平凡人生孕育伟大品格的优秀案例入手，阐明道德模范在群众中孕育成长、从群众中走来的平凡与可贵，把平凡到不凡的能量积淀让我们坚定学习道德模范讲活。

3. 坚持榜样引领和个人行动相统一，着重讲透情感共鸣到实践躬行的转化。第一，从张桂梅等道德模范崇高的道德信念入手，结合习近平总书记关于师德的重要讲话，阐明需让崇高道德内化于心、成为坚定信仰者，把认知上明确崇德向善讲透。第二，从“勿以恶小而为之”“勿以善小而不为”的行为准则入手，阐明道德修养重在积累，把情感上重视积善成德讲透。第三，从新时代道德模范展现的清晰认知、热烈感情、强大意志入手，阐明坚定信念是高尚道德行为实践的前提，把意志上锤炼精神韧性讲透。第四，从崇高道德应内化于心、外化于行的角度入手，阐明道德模范应从自我做起，从身边事做起，把行为上投身道德实践讲透。

五、教学方法

1. 理论讲授法，重在线上初讲与线下深讲相结合。线上观看“引领向上向善的价值风尚”课程进行基础理论自主学习，初步明晰大学生要投身崇德向善的道德实践。线下专题课程对重要理论进行深度讲解剖析，基于孔子话语，论述道德模范与古语“君子”一脉相承，学生能明晰道德模范的传统基因；结合新时代道德模范案例，讲授学习道德模范由情感到实践的转化，学生能强化对基本理论的理解，理论知识外化于行。通过内涵阐释、前沿拓展、逻辑梳理，培养学生的归纳思维和演绎思维。

2. 问题导向法，重在情境提问与知晓困惑相结合。新课导入环节，设计相关道德模范含义、道德模范可亲可敬亦可学、道德行为落细落实的专题学习“问题链”引导思考。主体讲授环节，结合“‘模范’的要义是什么”“老人摔倒扶不扶”“同学被砍救不救”等提问互动，对道德模范的含义要义、高坚特质展开思考，回应学生理论困惑；互动研讨明晰道德模范价值与落实学习的差距、向往道德与实践道德的差距的思想困惑，明确学生行为困境。课后作业环节，通过道德模范专题知识结合网络时代现状进行设问，用问题激发学生进一步思考。通过正视问题、研讨问题、解决问题，培养学生的批判思维和辩证思维。

3. 案例分析法，重在经典案例与同辈案例相结合。刻画“万世师表”孔子、跪地挽救老人的丁慧、奋不顾身挡刀救人的崔译文、“燃灯校长”张桂梅、孝老爱亲道德模范刘羲檬等，发挥典型案例和同辈案例的榜样引领；聚焦国家主席习近平近十年新年贺词（2015—2024）中经典人物群像，感受群众伟力，明晰个体力量的重要意义。通过行业案例贯通、同辈案例浸润、古今案例结合，培养学生的推理思维和转化思维。

4. 任务驱动法，重在创新驱动与协作驱动相结合。课前，学生自主学习线上课程“引领向上向善的价值风尚”，对前置知识有初步了解；分组合作设计“道德模范可以学”小组展示任务，对已学知识有深度感悟，教师提前掌握学生新学知识情况。课中，运用课堂学习 App 中抢答、头脑风暴等多功能互动，学生积极参与课堂学习，教师及时掌握学生课堂学习情况；课后，通过翻转课堂布置习题思考和推荐阅读，师生进一步加强交流与学习，教师持续掌握学生学习反馈情况。通过全人员参与、多功能互动、整过程交流，培养学生的求证思维和递进思维。

六、教学过程

【课前】

【课中】

环节一：新课导入

同学们好，欢迎来到“思想道德与法治”的课堂，今天我们讲的主题是：

高山景行心向往，为道德模范“打 call”。课前，大家观看了翻转课堂学习资源中的《谢谢您，我“独一无二的老师”》。[①] 每一年的 9 月 10 日，全社会都会举办相关活动庆祝教师节，致敬我们的人民教师。

【App 头脑风暴】为什么我们要为人民教师“打 call”呢？

【教师总结】孔子说：“三人行，必有我师焉。”陶行知说：“在教师手里操着幼年人的命运，便是操着民族和人类的命运。”古往今来，大家对教师的“打 call”层出不穷，正是因为这一职业的神圣与重要。

【互动讨论】什么样的教师值得我们“打 call”呢？

【教师点评】像视频中，物理爷爷王广杰八十二岁高龄学习网上授课，发挥自己的余热，让我们感受到师德是年龄消磨不了的向往；布袋院士赵东元身居高位，却坚持传授知识这一本职，为师朴素，让我们感受到师德是身份淹没不了的赤诚；时代楷模张桂梅身患二十多种疾病，也要坚持办学拉女孩们出穷坑，让我们感受到师德是疾病打败不了的追求；大山筑梦人叶连平坚守在乡村教育一线，助力孩子梦想腾飞，让我们感受到师德是跨越大山的坚持，这都值得我们“打 call”。

【教师总结】我们为之“打 call”的不是因为颜值、流量，而是他们身上高尚的道德模范力量。正如，“高山仰止，景行行止。虽不能至，然心向往之”，向道德模范学习，争做道德模范，这才是为道德模范“打 call”的正确方式。

通过中学阶段的学习我们已经明晰帮助他人对个体和社会具有重要意义，懂得需要在实际行动中奉献社会，对于投身崇德向善的道德实践形成初步认同。但通过线上课程互动专区学生的提问，可以发现，大家对于道德模范是否可亲可敬亦可学、如何在生活中将高尚道德行为落细落实等问题存在困惑，这堂课我们将从三个层面来进行解读。

① 《谢谢您，我“独一无二”的老师》，新华网，2023 年 9 月 10 日，见 http://www.news.cn/2023–09/10/c_1129855631.htm。

环节二：育种之初——道德模范所以然

永葆学习道德模范的初心，让青春种下善良的种子。

1. 阳春布德泽，明道德模范之含义

“道德模范主要是指思想和行为能够激励人们不断向善且为人们所崇敬、模仿的先进人物。”①“道德模范既包括在一定社会道德实践中涌现出的符合特定道德理想类型的人物，又包括人们日常生活中能够近距离感受到的具有积极道德影响的人物。”② 也就是说道德模范既指家喻户晓的大英雄，也包括我们生活中弘扬真善美、传播正能量的普通民众。

溯其源头，道德模范的历史相承。说到中华民族千年来都敬仰的道德模范，我们会想到“万世师表”的孔子，我们要学习的道德模范与千年前孔子以身作则的“君子”一脉相承。子曰：“君子之道，其事上也敬，其养民也惠。”这不正是敬业道德模范和爱民道德模范吗？“君子义以为质，信以成之。”这不是呼应今天的见义勇为道德模范和诚实守信道德模范吗？所以，我们的道德模范不是凭空而来，其内涵和意蕴是熔铸在中华民族的血脉里，传承于优秀文化的基因里。

观照当下，道德模范的现实反思。不少同学经常为喜爱的娱乐明星“打call”，像这些年很火的一些娱乐选秀节目，有谁淘汰了，有谁晋级了，不需要看节目，在同学们的朋友圈里就能得知。当然，大多数娱乐明星都在用好作品说话、积极弘扬正能量，但也不乏存在某些流量明星，坐拥大量粉丝，在穿搭、美妆等方面引领潮流，成为大家追捧、学习的时尚“模范”，却担不起“德艺双馨”，有人聚众嫖娼，有人偷税漏税，有人学历造假……突破社会道德底线甚至法律红线，对社会造成恶劣影响。在教师群体中，也存在某些师德失范现象。近几年，教育部陆续分批次、分阶段公开曝光违反教师职业行为十项准则的典型案例，其中包括教师违规获取津贴、骚扰学生、推搡打骂等体罚行为等失德问题，同时教育部持续部署，在教育系统开展师德

① 本书编写组：《思想道德与法治》，高等教育出版社 2023 版，第 183 页。

② 本书编写组：《思想道德与法治》，高等教育出版社 2023 版，第 184 页。

专题教育的活动，“始终把师德师风作为评价教师队伍素质的第一标准，亮明对师德违规‘零容忍’、严惩师德违规行为的坚定态度。”①

所以，“道德模范”的要义是什么？不是指流量，不是指身份；而是既有“模范”体现的影响“广”，更要有“道德”体现的能量“正”。而且光环越大，责任越重，不能因光环的耀眼而遮挡道德缺失的暗流，真正的模范源于人根本的“德行”。

2. 来此揖清芬，究道德模范之特质

自成星光——道德模范是思想行为的先行者。

【App 选人】先问同学们一个问题，看到老人摔倒你会不会扶？

【教师点评】曾经在中国青年报公布的《00 后画像报告》中也对“老人摔倒扶不扶”这个问题进行了数据采集，八成以上 00 后表示“扶”。② 有一位女生就遇到了这种情况，我们通过一段视频来看看她是如何应对的？

【视频播放】辽宁锦州“爷爷醒醒”女孩救人感动网友③

【教师解读】视频中的女生叫丁慧，当时她大二，在八旬老人的生死时刻，第一时间作出反应，连续四组心肺复苏，跪地挽救老人的生命。然而，也有很多网友问了丁慧一个问题：“抢救之前你有没有想过如果不成功怎么办？你不怕被讹吗？”她只说，“当时情况紧急，不能浪费时间，一心就想把人救活。”但曾几何时，人们产生了“老人摔倒该不该扶”的纠结。施善举得不到被救助者的认同，反而可能摊上事儿，这样有悖道德伦理的事虽有存在，但毕竟是少数，我们不能以个别现象来放大社会的负能量。而且，《民法典》第一百八十四条规定“因自愿实施紧急救助行为造成受助人损害的，救助人不承担民事责任”④，为大家的“路见不平，拔刀相助”

① 《教育部公开曝光第十三批 7 起违反教师职业行为十项准则典型案例》，中华人民共和国教育部，2023 年 8 月 16 日，见 http://www.moe.gov.cn/jyb_xwfb/gzdt_gzdt/s5987/202308/t20230816_1074599.html。

② 参见王聪聪：《有多少 00 后的物质在刷新你的想象》，《中国青年报》2018 年 5 月 7 日。

③ 《辽宁锦州“爷爷醒醒”女孩救人感动网友》，央视网，2018 年 8 月 3 日，见 https://tv.cctv.com/2018/08/03/VIDEvhORxZIOgdPj6SEJOCQV180803.shtml。

④ 《中华人民共和国民法典》，人民出版社 2020 年版，第 40 页。

保驾护航。

【互动讨论】“扶不扶”这个问题在我们同学中大多能做到，那我们再思考一下，如果看到同学被砍你“救不救”呢？

【教师解读】有人犹豫了，这个“救”有可能会危及生命，其实“害怕”“纠结”是人在面对危险时的本能，并没有错，但总有人，在危险之时也能不顾自己的安危，敢于斗争、勇于斗争，就像第八届全国见义勇为模范——大学生崔译文。

【视频播放】崔译文：奋不顾身救人的挡刀女孩①

【教师总结】崔译文在同学遭遇攻击时，毫不犹豫冲在歹徒面前，自己却身中 8 刀，她丝毫没有考虑自己的安危，坚定地秉持着“先救人”的信念，心心念念的都是同学的生命安全。丁慧在面对倒地老人的时候也没有去考虑救助行为的后果，心心念念的都是救援的“黄金三分钟”。“道德模范”就是这样一种能思想行为向善，既能在别人需要帮助时及时伸出援手、又敢于跟恶行为斗争的“先行者”。

光照四方——道德模范是向上向善的激励者。救人事件后，丁慧和很多同学组建了爱心团队，一起传播正能量。无论是学期还是假期，无论是在学校还是社区，都有他们的身影，到留守儿童之家开展支教活动、进入社区开展急救知识普及活动……在一个个公益活动中，她们像一束阳光温暖着他人，带动了更多同学崇德向善。崔译文见义勇为事件也在网络上迅速发酵，在全国引起强烈反响，各大媒体累计阅读量近 10 亿人次，留言讨论超过 8.7 万条，在全国掀起一轮传播“最美大学生”、弘扬好人精神的高潮，在全社会激荡起了一片向上向善的蔚蓝之风。丁慧、崔译文的德行之所以能迅速获得全社会共鸣，正是因为其道德力量的高尚，高尚的道德行为能在全社会发挥着精神引领、典型示范作用。

丁慧、崔译文用实际行动生动诠释了助人为乐、见义勇为的精神，印

① 《崇德向善见贤思齐德耀中华　崔译文：奋不顾身救人的挡刀女》，央视网，2021 年 7 月 20 日，见 https://tv.cctv.com/2021/07/20/VIDE4yAUMv7BCWm8HuSAgBKm210720.shtml。

证了平凡人也可以成为英雄，大学生也能成为同辈群体可亲可敬的楷模，更用实际行动破除了很多同学的思想困惑，坚定了道德模范可亲可敬亦可学。

环节三：蓓蕾绽放——道德模范可以学

增强学习道德模范的信心，让青春绽放绚丽的花朵。

课前，在翻转课堂中老师布置了“道德模范可以学”主题的“大学生讲思政课”实践作业，下面有请三组同学的代表来为大家做展示，欢迎大家积极参与到同伴互评中来。

【小组展示一】英雄来自人民

大家好，我是第一组群星璀璨组的汇报人。我们展示的主题是——英雄来自人民。“人民”一词，在习近平总书记发表的十年新年贺词（2015—2024）中出现了76次，十年贺词，有成千上万人民群众的身影，人民群众发挥着巨大能量。

江山代有才人出，正能量的榜样模范接续涌现。《新时代公民道德建设实施纲要》强调指出“伟大时代呼唤伟大精神，崇高事业需要榜样引领。”①时代需要榜样模范为中国梦提供强大精神力量和道德支撑，而中国人民从来都不缺榜样：“爱国守边最美格桑花”藏族姐妹卓嘎、央宗扎根雪域边陲，守护神圣国土；老英雄张富清一辈子深藏功名、不改初心；第一书记黄文秀，将青春与生命之花绽放于脱贫事业；响应国家号召的入伍大学生，携笔从戎、献身国防事业……坚守不渝，初心如磐，舍小家为大家，以生命报使命，他们，才是我们该追的星。

长江后浪推前浪，正能量在一代又一代中传递。一个黄文秀倒下了，千万个扶贫干部挺身而出奋战脱贫一线。脱贫攻坚战，基层扶贫干部扎根乡村、倾情奉献，不怕苦不怕累，助力完成了消除绝对贫困的艰巨任务，创造了又一个彪炳史册的人间奇迹；一个雷锋离开了，疫情防控出现了无数个新

① 《十九大以来重要文献选编（中）》，中央文献出版社2021年版，第232页。

时代的“活雷锋”。疫情防控战，逆风而行的白衣天使、默默奉献的志愿者、运送物资的快递小哥、慷慨解囊的捐助者…… “平凡铸就伟大，英雄来自人民”，时代的车轮滚滚向前，道德的接力棒从不曾中断。

众人拾柴火焰高，正能量是凝聚起的人民力量。习近平总书记在二〇二四年新年贺词中说：“辛勤劳作的农民，埋头苦干的工人，敢闯敢拼的创业者，保家卫国的子弟兵，各行各业的人们都在挥洒汗水，每一个平凡的人都作出了不平凡的贡献！”[①] 忆往昔，无数人民群众一腔热血为社会主义革命、建设、改革事业前仆后继、鞠躬尽瘁；展今朝，乡村振兴，科技创新，大国气象，靠的是我们人民点滴奋斗汇聚成的强大发展动力；望未来，伟大人民将继续乘风破浪、披荆斩棘，一路阳光一路晴。

【教师点评】感谢第一组的分享。无私无畏、向上向善、逆向前行、风雨无阻、为国戍边、爱岗敬业——这都是属于我们伟大人民的代名词。要知道，点滴星光，汇聚即是群星璀璨；微薄之力，汇聚即成中国力量！所以，道德模范为什么“可学”？因为，个体到群体的光芒汇聚召唤我们学。

【小组展示二】小岗位托起大梦想

大家好，我是第二组大爱无疆组的汇报人。我们展示的主题是——小岗位托起大梦想。每一届道德模范的评选要经历群众广泛推荐、民主投票评选、社会公示监督等一系列程序，是通过群众发表自己的心声而层层选出来的。我们通过一段视频来感受评选全国道德模范的氛围。

【视频播放】第八届全国道德模范评选表彰活动总宣片[②]

在这个视频里，我们能感受到不曾暗淡的家国情怀，振奋人心的奋斗精神，温暖人间的高尚情操。在这里，作为教育学专业的学生，我们小组特别想谈谈一位教育领域的全国道德模范。她每天只花三块钱，却给大山里的孩子们捐出 40 万元；她身患 23 种疾病，却坚持十余年清晨 5 点起床，为学生逐一打开每层楼的灯；她曾是青春美丽的少女，却为了孩子们的命运牺牲自

① 《国家主席习近平发表二〇二四年新年贺词》，《人民日报》2024 年 1 月 1 日。

② 《第八届全国道德模范评选表彰活动总宣片》，2021 年 7 月 12 日，见 https://www.yangshipin.cn/video/home?vid=p000077m96c。

己，让无数贫困女孩走出大山……没错，她就是张桂梅。

亦师亦母，爱生如子。创办华坪女子高级中学后，每日清晨 5 点 15 分，张桂梅便从宿舍的钢架床上爬起，坐着电摩来到教学楼，赶在学生们到来前，把每层楼的灯一一打开。这个习惯，她坚持了十余年，她说：“姑娘们怕黑，提前把灯打开让她们更安心。”2018 年初，张桂梅病危入院，华坪县县长到医院看望她，躺在病床上的张桂梅拉住县长的手说：“我情况不太好，能不能把丧葬费提前给我，我想看着这笔钱用在孩子们身上。”

点一盏灯，照一路人。“我的愿望是让大山里的女孩子都有书读”，几十年来，忍受病痛，节衣缩食，一步一脚印留下了“救赎”大山女孩的印记，张桂梅的足迹遍布了丽江市一区四县的各个角落，行程超过 10 万公里。她凭一己之力，改变了上千位贫困女孩子的命运，抱着病躯燃烧自我照亮女孩们的梦想，点灯指引她们的美好前程。

扎根乡村，奉献如歌。扎根贫困地区 40 多年，从寸寸青丝到头发花白，张桂梅立志用教育扶贫斩断贫困代际传递，托举起当地群众决战决胜脱贫攻坚的信心和希望。她说：“如果说我有追求，那就是我的事业；如果说我有期盼，那就是我的学生；如果说我有动力，那就是党和人民。”同时，越来越多的青年人受到她的精神渲染，接过她手中的接力棒，选择投身艰苦偏远山区的教育事业。

【教师点评】感谢第二组同学的分享汇报。“鹤发银丝映日月，丹心热血沃新花”，身为教育学专业的学生，张桂梅是我们成为教师的标杆，是我们可学的道德模范，她通过自己对教育事业的坚守，以自身教师职业托举起无数大山女孩的梦想。所以，道德模范为什么“可学”？因为，小我到大我的价值飞跃激励我们学。

【小组展示三】平凡中的楷模

大家好，我是第三组寸草春晖组的代表。我们汇报的主题是——平凡中的楷模。在中央电视台 2024 年春节联欢晚会的现场，我们欣喜地发现，作为大学生的刘義檬被邀请代表全国道德模范给全国人民拜年，我们不仅赞叹于道德模范的高尚情怀，也骄傲于同辈榜样的光辉力量。作为第八届全国道德模范，刘羲檬带着妈妈上大学的故事令人敬佩不已。

【视频播放】好青年刘羲檬：生活就是从艰难到美好（2 分 29 秒）①

如今，她又带着妈妈去支教。作为同辈人，同为师范院校的学子，刘羲檬展现了生命的不屈与向上的力量。

个人道德行为自觉是平凡造就不凡的内驱动力。在刘羲檬看来，能评为全国道德模范，她很腼腆：“有妈妈的地方才是家，我只是做了一个女儿应该做的事情”。妈妈给了刘羲檬生命，刘羲檬则给了妈妈第二次人生。小时候的她，用幼小的肩膀担起照顾妈妈的“大工程”，给妈妈翻身，力气不够，就一点点挪动；不会炒菜，忍着被热油烫伤的疼痛，反复练习；看妈妈犯病浑身酸疼，就坚持每天为妈妈按摩……长大后的她，学业繁重，却也不喊苦不言弃，大学没耽误过一节课，课余时间还勤工俭学、做家教来贴补家用，作为团支书，她也把班里的工作做得井井有条。孝老爱亲、坚韧刻苦，这是刘羲檬面对困难克服困难的坚定追寻，更是其由平凡到不凡的精神密码。

社会道德广泛滋养是平凡造就不凡的保障合力。刘羲檬的遭遇虽是不幸的，但她又是幸运的，幸运在她所生长的国家、她所生活的社会给予她的温暖与关怀。饭卡里无故多出的钱、减免的试卷费、寒冬的一件羽绒服……从小学到大学，身边老师的默默关爱犹如暗夜里的微光，让她觉得自己并不孤单。刘羲檬一直觉得自己是被社会、被身边的老师们朋友们的关爱包围着，她说：“4 年来，从学习、生活到母亲的求医问药，无论在物质上还是精神上，学校、老师、同学们都给了我们极大的支持与帮助，我要对得起这些满怀爱心的目光。”追随光，成为光，散发光。小时候，刘羲檬想当医生，治好妈妈的病，而现在，刘羲檬的梦想是当一名教师，把爱传递下去，帮助更多的人。当我们面对困难与挑战时，不要害怕，道德滋养是社会孕育而来，

① 《奋斗者·正青春｜好青年刘羲檬：生活就是从艰难到美好》，新华网，2022 年 6 月 22 日，见 http://www.xinhuanet.com/politics/2022-06/22/c_1128764544.htm。

在个人担当与社会保障的合力中，终能把平凡造就成不凡。

【教师点评】感谢第三组同学的汇报。第一组同学聚焦了群体力量，第二组同学聚焦了时代楷模，第三组同学关注到了同辈榜样。同为大学生的刘羲檬是我们身边看得见、摸得着的榜样，可以学、能够学的标杆。当然，我们不希望任何一个家庭有不测发生，但当困难袭来时，90后、00后的孩子也用实际行动告诉了我们，90后、00后从来不是垮掉的一代，也在生活磨炼中，长成大人的模样，也能担起家的责任，也能保护世界了。所以，道德模范为什么“可学”？因为，平凡到不凡的能量积淀坚定我们学。

【教师总结】所以，当我们还在困惑道德模范是否可亲可敬亦可学时，丁慧告诉我们用自己的护理知识做力所能及的事情；刘羲檬告诉我们把对父母的爱落细落实到每一个生活环节。助人为乐也好、爱岗敬业也好、孝老爱亲也好，这都不是高不可攀、遥不可及的事情，丁慧也好、崔译文也好、刘羲檬也好，这都不是看不见、摸不着的人，因为，道德模范也是在群众中孕育成长，是从群众中走出来的榜样，都是平凡人，都是从平凡事做起的。正如教材中所言，“道德模范的可贵之处在于，他们不仅做了普通人愿意做和能够做的事，并且主动做了许多人应该做却没有做的事，而且把大多数人能够做的事做得更好。道德模范都是从自我做起，从身边事做起，从小事做起，以此实现由现实自我向理想自我的飞跃。”① 我们只有破除道德模范太高大、不可学的思想迷雾，才能坚定“道德模范可以学”的信心。

环节四：桃李满园——道德模范亦可成

坚定争做道德模范的决心，让青春满载芬芳的果实。

1. 认知上明确崇德向善

古有孟子“君子莫大乎与人为善”，今有时代楷模张桂梅创办华坪女高，让女孩圆梦大学、走出大山，诉说着助人为乐、关爱他人的高尚情怀，指

① 本书编写组：《思想道德与法治》，高等教育出版社2023版，第184页。

引我们在关心他人、帮助他人的过程中创造人生价值；古有箴言“率义之为勇”，今有“最美大学生”崔译文为保护同学勇挡 8 刀，彰显着见义勇为、勇于担当的无畏精神，告诉我们身为热血青年我们理当在危难和紧急关头挺身而出；古有灼见“爱亲者，不敢恶于人；敬亲者，不敢慢于人”，今有我们讲到的大学生刘羲檬带着妈妈去上学，刻画出孝老爱亲、血脉相依的至美真情，也让在外求学的我们深刻领悟到要常怀感恩之心、敬爱之情。正如教材中所言，“大学生学习道德模范，就是要学习他们助人为乐、关爱他人的高尚情怀，在关心他人、帮助他人的过程中创造人生价值；学习他们见义勇为、勇于担当的无畏精神，在危难和紧急关头挺身而出；学习他们以诚待人、守信践诺的高尚品格，老老实实做人、踏踏实实做事；学习他们敬业奉献、勤勉做事的职业操守，干一行爱一行，爱一行钻一行，钻一行精一行；学习他们孝老爱亲、血脉相依的至美真情，常怀感恩之心、敬爱之情。”① 对于教育学专业的学子来说，“师德”更该成为我们不变的追求。2023 年 9 月 9 日，习近平总书记在致全国优秀教师代表座谈会与会教师代表的信中对中国特有的教育家精神给予了高度认同，并指出，“他们具有心有大我、至诚报国的理想信念，言为士则、行为世范的道德情操，启智润心、因材施教的育人智慧，勤学笃行、求是创新的躬耕态度，乐教爱生、甘于奉献的仁爱之心，胸怀天下、以文化人的弘道追求”②，教育家精神六种珍贵的特质刻画了教师职业发展的境界和追求。

2. 情感上重视积善成德

荀子曾教导“不积跬步，无以至千里；不积小流，无以成江海”诠释的就是这个道理。现在是物质发达的社会，但社会整体道德素质却并非能完全高度与之匹配。一方面，“勿以恶小而为之”。我们每个人都有自己的道德底线，道德模范的底线不同之处就在于他的道德底线树得更高、筑得更牢；可不要觉得一点小小的失德或者失范无关痛痒，只有严格要求自己，

① 本书编写组：《思想道德与法治》，高等教育出版社 2023 版，第 183—184 页。

② 《习近平致全国优秀教师代表的信》，2023 年 9 月 9 日，见 https://www.gov.cn/yaowen/liebiao/202309/content_6903084.htm。

才能不断向道德模范的标尺靠近。另一方面，“勿以善小而不为”。道德模范为什么会是其他人的榜样？因为道德模范做了其他人所不愿做的、不敢做的、不能坚持做的。面对荣誉的刘羲檬很谦逊，总说道“只是做了一个女儿应该做的事情”，因为那是她的亲人、她的妈妈。张桂梅谈及建校时的艰苦，她表示是党员的信念给了她坚持的勇气。我们不能忽视“善小”，更不能放任“恶小”，如果都能在情感上重视积善成德，就不容易出现社会上因为让座、搀扶摔倒老人、劝阻电梯吸烟等问题引起的道德反思甚至法律问题。

3. 意志上锤炼精神韧性

从学模范到成模范，需要强大的意志力，这种意志力是一种精神韧性。这种意志力是没有物质支持那就创造条件的一往无前，把小女孩渴望读书的眼神印在心里，把教育改变三代人命运的初心放在心里，张桂梅四处募捐，坚守“阵地”，把创办女校的梦想变成现实。这种意志力是身体病痛也坚守讲台的义无反顾，身患二十多种疾病，双手、颈背贴满止痛膏药，张桂梅也依然坚持陪在学生身边。这种意志力是面临生死也坚定顽强地挺身而出，崔译文面对歹徒、奋不顾身保护同学。这种意志力是小小年纪担负家庭重任的坚定不移，刘羲檬曾经带着妈妈去上学，又要带着妈妈去支教，她用自己的双手撑起母亲和家庭的未来。

4. 行为上投身道德实践

对于教育学专业的我们来说，师德的践行是体现在每一节课的尽心尽力，每一次师生互动的诚心诚意，每一次教书育人的用心用情。回顾张桂梅校长的事迹，因为张桂梅校长对众多大山孩子的燃灯之举，许多孩子走出自己的一片天地，在社会各行各业散发一片光亮。有扎根祖国边疆，以我之浪花筑国之巨浪的西藏军区某旅女兵丁王英；有回馈乡村教育，以我之光照亮前行之路的华坪女中任教老师周云丽；有立足基层服务，以我之力量护人民生活安宁的丽江市永胜县民警陈法羽……张桂梅的道德力量鼓舞着每一个人，更多的人关注乡村教育，更多的人受到奉献精神感染，更多的人自发献出爱心。

学习道德模范不应是个人的“独美”，而要美美与共，产生良好的社会效应，让道德风尚得到全民响应。每一届全国道德模范颁奖典礼上我们诚挚庆祝，为我们的道德模范奋力“打 call”，正是因为道德模范身上那份珍贵的道德感染与感召力量。党和国家以最高规格褒奖这些英模，就是要弘扬他们身上的高尚品质和可贵精神，营造见贤思齐、崇尚英雄、争做先锋的社会氛围。道德的力量，就是在这样“此起彼伏”的传递中，在“润物无声”的影响中，在人们心间潜滋暗长，在不经意间成为人们的一种生活方式，引领着向上向善的社会风尚。

环节五：课堂总结

通过这堂课学习，希望大家把握好了高山景行心向往，为道德模范“打 call”的正确打开方式。明晰道德模范所以然，让道德力量入脑；坚信道德模范可以学，让道德力量入心；落实道德模范何以学，让道德力量入行，争做崇高道德的践行者、文明风尚的维护者、美好生活的创造者。时代更迭，道德模范层出不穷，不变的是道德力量。它虽是无形的，但却是强劲永恒的，能穿梭岁月，指引未来。作为与新时代同行的 00 后，是手握历史“交接棒”的一代人，更应当积极从道德模范身上获取前进的动力，让青春之火在道德实践中熠熠生辉，让礼仪之邦展现出美丽动人的当代姿态。让我们铭记住习近平总书记的殷殷寄语：“世上没有从天而降的英雄，只有挺身而出的凡人。青年一代不怕苦、不畏难、不惧牺牲，用臂膀扛起如山的责任，展现出青春激昂的风采，展现出中华民族的希望！”①

【课后】

1. 思考讨论

习近平总书记对新时代加强师德师风建设不断提出新要求，结合课堂所学与自身实际，谈谈新时代教师如何做到爱岗敬业，提高师德修养。

---

① 习近平：《在全国抗击新冠肺炎疫情表彰大会上的讲话》，人民出版社 2020 年版，第 11—12 页。

2. 拓展阅读

中共中央党史和文献研究院：《习近平关于社会主义精神文明建设论述摘编》，中央文献出版社 2022 年版。

《新时代公民道德建设实施纲要》，人民出版社 2019 年版。

七、教学资源

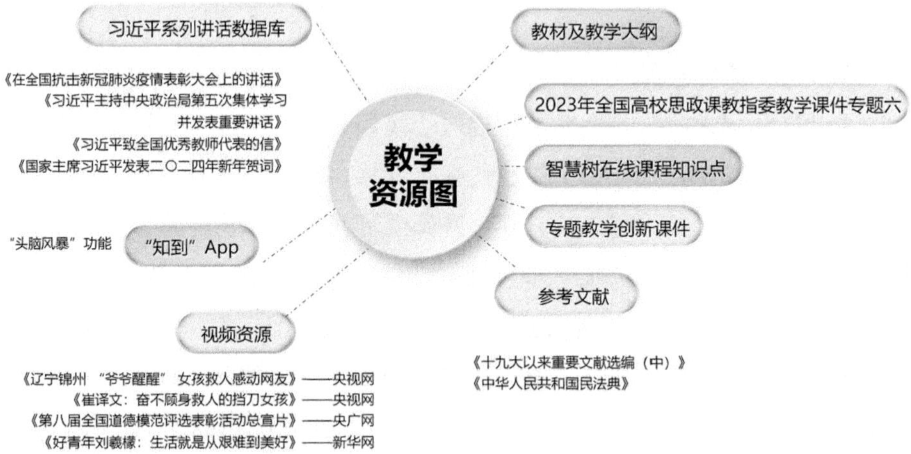

八、教学板书

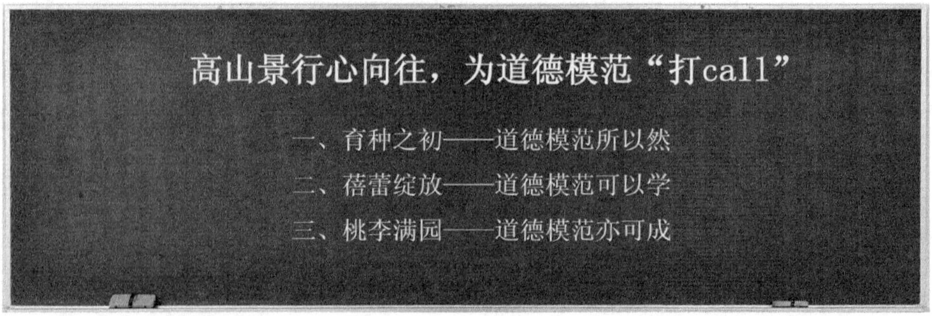

九、教学反思

1. 从基于学情的内容设计反思教学理念的贯彻，用心坚持“以学生为中心”的教学理念。把握了学生对教育行业榜样案例、教育学相关同辈案例的兴趣点，教师通过分享“燃灯校长”张桂梅、“好青年”刘羲檬等教育学专业相关案例，增强了学生学习道德模范的信心，激发了学生践行道德的热情；紧扣了学生对知晓道德模范价值与落实学习的差距、向往道德与实践道德的差距的困惑点，教师通过认知上明确崇德向善、情感上重视积善成德、意志上锤炼精神韧性、行为上投身道德实践的递进讲解，增强了学生现实中切实投身学习道德模范的思考和理解；满足了学生对明晰道德模范可亲可近亦可学的需求点，教师通过贯通观照现实反思、现实例证分析、发展困境启思、行业榜样聚焦，增强了学生学习道德模范的说服力与针对性的认同。但在如何在课后思考讨论、拓展阅读等作业环节，更充分发挥学生自主性，依照自我发展优势、兴趣制定课程作业内容上，还有待进一步提升和加强。

2. 从教学目标的达成情况反思教学方法的贯行，用情联动“以现代化赋能”的教学方法。在传统教学方法应用上，通过理论讲授法，增强学生对道德模范所以然、道德模范亦可成的理解深度，达成把握道德模范内涵意蕴、增强理论转化能力、涵养认同意识的目标；通过案例分析法，激发学生对经典案例与同辈案例、历史案例与现实案例的情感热度，达成把握道德模范现实意义、增强辩证思考能力、涵养担当责任的目标；通过问题导向法，梳理学生对道德模范含义要义、学习道德模范行为践行的问题向度，达成把握道德模范践行方式、增强逻辑梳理能力、涵养自觉践行的目标；通过任务驱动法，加大学生对课前线上预习、课后翻转拓展等主体性活动的发挥效度，达成把握正确的自学态度、增强深学进阶能力、涵养责任意识的目标。在信息化教学手段应用上，通过原创在线课程知识点的学习以提前了解学生已知未知情况；通过 App 中头脑风暴功能以实时把握学生内容认知程度。但在如何在优秀人物事迹感受分享等互动环节尽可能充分关注每个学生的观点话语，更细致、深入地分析学生观点上，还有待进一步探究和思考。

3. 从课堂主阵地内外衔接反思教学过程的贯通，用力实施“全链条培育人”的教学过程。在课前，学生通过自学线上课程“引领向上向善的价值风尚”、阅读翻转课堂学习资源中“国家主席习近平 2024 年新年贺词”“全国孝老爱亲道德模范颁奖典礼”，初步了解专题学习的基础知识；在课中，学生通过“道德模范太高尚、太遥远”“不知如何践行高尚道德”痛点问题互动研讨、“道德模范可以学”热点问题小组展示、“模范”要义等重点问题教师讲授，逐步吸收专题学习的核心内容；在课后，学生通过思考习题、文献阅读、实践活动，努力拓展专题学习的深度广度。通过课前、课中、课后的一体贯通，实现教师主导与学生主体相联动、线上教学与线下教学相融合、思政课小课堂与社会大课堂相衔接。在新课导入中，结合课前观看视频《谢谢您，我“独一无二的老师”》，提高了学生参与课堂的兴趣度；在主体讲授中，从认知上、情感上、意志上、行动上层递解惑，增强了学生深入研讨的启发性；在小组展示中，围绕“道德模范可以学”主题进行大学生讲思政课展示，彰显了学生创新实践的执行力；在总结升华中，通过对知识进行总结、对问题进行反思、对担当进行寄语，激发了学生转化责任的使命感。通过新课导入、主体讲授、总结升华的一体贯通，实现问题导向、研究导向、成果导向、目标导向相统一。但在如何确保更广泛的学生高质量进行线上学习、高要求打磨展示作品、高品质阅读前沿经典上，还有待进一步巧思和妙想。

专题十六　我国社会主义法律的特征和运行

对应章节：第六章　第一节

计划学时：2 学时

教学对象：新闻与传播专业

一、学情分析

1. 已有知识分析。第一，基于培养法治意识大中小一体化纵向衔接，掌握基础知识情况。学生在初中七年级下册第四单元第九课“法律在我们身边”与第十课“法律伴我们成长”中，初步认识了生活与法律的关系，了解了全面依法治国的重要性与法律的作用。学生在高中阶段必修三第七课的“我国法律发展的历史”和第八课“法治中国建设”中，进一步学习了我国法律的发展历史及社会主义法律运行的程序内在关系，对于法律的作用有了初步理解。第二，基于线上线下教学横向贯通，了解自学知识情况。学生通过线上课程知识点“法律的起源和作用”“社会主义核心价值观入法入规之原因”的学习促新知构建；通过翻转课堂学习资源中“坚定不移走中国特色社会主义法治道路，为全面建设社会主义现代化国家提供有力法治保障”，“坚持、完善和发展中国特色社会主义国家制度与法律制度”等内容的链接促新知拓展。

2. 认知能力分析。第一，基础知识记忆力强，但系统分析能力还不足。学生对于社会主义法律的内涵和本质认知多停留在名词概念和意义阐述上，对我国社会主义法律运行程序逻辑关联的理解有待深化。第二，专业发展认同度高，但自主创新能力还不强。学生对新闻与传播行业具备认同感、归属感，但在个人发展上稍有懈怠，对于行业的具体规范与相关法律条文知识的创新性运用不实，摆脱思想惰性、创新创造研究的主观能动性有待提升。第三，感性认知浸润性足，但应用转化能力还不实。学生在情感上对新闻与传播行业现有的乱象表示反对与抵触，但对其整治与维护的能力还比较薄弱，学生对维护法律运行的情感态度转化为整治行业乱象的能力有待增强。

3. 心理需求分析。第一，思政课理论有效指导学习生活。学生希望课程能够解决对社会主义法律运行的思想困惑，指导大学阶段依法依规生活，并助力新闻与传播专业在法律允许范围内做好发展规划，为个人职业生涯选择提供指导。第二，热点与前沿巧妙链接理论课堂。学生希望课堂能够选取与专业相关的经典案例和前沿成果，将新闻与传播行业发展困境与社会热点焦点相结合展开头脑风暴，以提高个人认知水平、交流不同看法。第三，信息化技术灵活贯穿课程讲授。学生更期待线上线下混合式授课模式，希望通过线上原创课程提前预习法律起源，希望通过翻转课堂中优质学习资源的共享扩大学习面，更多地学习相关法律知识，希望通过课堂学习 App 中多功能灵活运用激发课堂教学活力、解答新闻与传播专业学生关于知识产权等法律困惑。第四，创新性实践活动融入课堂教学。学生希望通过充实的内容、丰富的资源、青春的视角来明晰社会主义法律的本质特征和运行，课程能够充分利用学生展示活动弥补学生对其认识的不足，将课堂讲授与专业相结合，学生能够将课中所学运用到生活实践。

二、教学目标

1. 知识目标。一是学生能在理论溯源和前沿引入中理解法律内涵及其本质，了解法律是由国家创制的社会规范，明晰法律与社会物质条件的辩证关系，拓展对中学“走进法治天地”这一已学知识的探理深度。二是学生能在小组分享和总结点评中明确我国社会主义法律的特征，并结合新闻与传播专业深入学习相关知识，拓展对线上“深入法律起源探究法律重要作用”这一新学知识的应用广度。三是学生能在案例解读和困境破除中掌握社会主义法律建设的知行要求，明晰我国社会主义法律运行程序的逻辑关系与整体关联，理解学情相关领域法治建设的实质意蕴，把握对课堂“分析社会主义法律特征明晰运行程序”这一应学知识的逻辑向度。

2. 能力目标。一是通过对法律起源的各个阶段进行分析解读，在教师讲授与学生讨论的共同学习进程中，对学生在专业学习上的困惑及法治素养培育进行交流探讨，学生能提升逻辑推理、辩证思考、识别问题等高阶认知能力。二是通过对线上课程前置学习，形成自己对法律起源的思考；通过实践任务分组探究，学生能从中提升法治素养；通过翻转课堂互动交流的全过程参与，学生能够及时得到答疑解惑，学生能提升独立思考、协同合作、意义建构等自主学习能力。三是通过小组展示活动，学生对分享文本进行深耕细作的打磨，在教师点评和小组互评的师生认可过程中明晰社会主义法律的本质特征，学生能提升融会贯通、智慧创造、以评促优的实践创新能力。

3. 素质目标。一是通过自主学习“法律的起源和作用”“社会主义核心价值观入法入规之原因”，总结梳理法律发展的历史脉络，体会社会主义法律重要作用，学生能涵养起深厚的法治素养和家国情怀。二是通过分析解读行业相关的具体案例“从倒牛奶到《中华人民共和国反食品浪费法》”，围绕案例内容分享青春感悟，同时针对我国社会主义法律的特征在新时代进程中的生动体现进行分组研讨，学生能涵养起鲜明的进取品格和创新品质。三是通过对比分析依法行事的正向刻画和违反法律的偏离现象，辩证思考新闻与传播行业的发展成果与未来清朗环境维护的责任担当，学生能涵养起有为的使命意识和担当底气。

三、教学内容

“我国社会主义法律的特征和运行”这一专题教学内容，立足教材“第六章第一节：社会主义法律的特征和运行”的重点难点，贯通线上课程知识点“法律的起源与作用”“社会主义核心价值观入法入规之原因”的已知未知，结合全国高校思政课教指委《思想道德与法治教学课件》专题七第一讲的要点亮点，关注学生对我国社会主义法律区别于其他性质法律的显著特征和运行机制的兴趣点困惑点，以探究法律缘起及其含义、明晰我国社会主义法律特征、厘清我国社会主义法律运行为设计主线，阐释了法律源自实践、法律维护秩序、建设法治中国的内容、意义和方法。

【教学内容的设计要点】

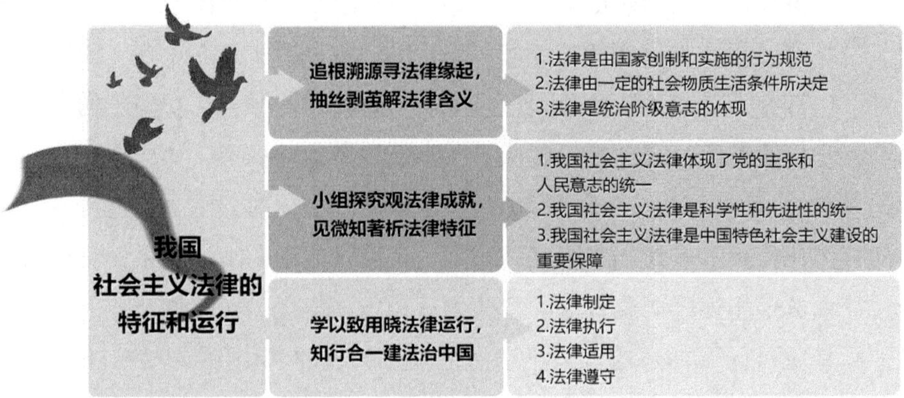

1. 追根溯源寻法律缘起，抽丝剥茧解法律含义。一是通过分享法律的历史渊源并结合案例分析引出现代对于法律的定义，深入分析法律的具体概念，理解好法律与其他社会规范不同，是由国家制定并保证执行的，法律与社会生活物质条件密不可分；二是通过分享法律发展的历史以及马克思对于法律根源的看法，解答好法律的经济根源和社会根源；三是通过梳理人类社会历史各个阶段法律的基本特征，解答好法律随着社会发展不断完善的过程，引出对社会主义法律的阐述。

2. 小组探究观法律成就，见微知著析法律特征。一是通过小组展示在党的领导下，中国特色社会主义法治建设聆听人民的声音，论证我国社会主义法律体现了党的主张和人民意志的统一；二是通过小组展示法治中国建设的宏伟蓝图，解答好我国社会主义法律的科学性与先进性相统一这一特征；三是通过小组展示社会发展进程中法律发挥的强大作用，解答好我国社会主义法律的重要保障作用，再通过教师总结将社会主义法律三个特征相关联。

3. 学以致用晓法律运行，知行合一建法治中国。一是通过习近平总书记对于完善立法程序的相关论述，结合《民法典》的立法过程，解答好法律制定的具体要求；二是通过阐述法律执行的内涵，结合《民法典》条文具体应用的案例讲明贯彻落实法律执行的具体程序；三是通过分享相关名言，讲明法律适用的重要性，以《民法典》对于新闻与传播行业作出的具体规定分析相关违法案例，彰显中国法律施行的制度自信；四是通过普及法律改革新规则的相关知识，结合习近平总书记有关法治社会建设的基础工程相关内容，以宪法的规定性要求讲明法律遵守的必要性。

四、教学重难点及解决措施

1. 坚持理论讲解与案例分析相统一，着重讲深法律由一定的社会物质生活条件所决定的问题。第一，从社会物质生活条件的相关理论入手，阐明社会物质生活条件的内涵及其根本因素是物质资料生产方式，把生产力、生产关系和法律的关系问题讲深；第二，从《中华人民共和国反食品浪费法》颁布的现实原因入手，阐明随着人类生产力水平的不断提升，粮食浪费问题日益显著，《中华人民共和国反食品浪费法》应运而生，把法律产生于特定社会物质生活条件基础之上的问题讲深。

2. 坚持对比分析与逻辑梳理相融通，着重讲透我国社会主义法律的优越性的问题。第一，从人类各个历史发展阶段的法律入手，阐明随着历史的演变，在不同的历史条件、时代背景下会衍生出特征各异的法律，在对比中把社会主义法律这一新型法律不同于前三种法律，具备独有的本质特征这一问题讲透；第二，从奴隶制法律、封建制法律、资本主义法律、我国社会主义法律的关系入手，阐明奴隶制社会、封建制社会、资本主义社会、我国社会主义社会法律的不同特征，把我国社会主义法律的优越性这一问题讲透。

3. 坚持成果展示与理论总结相结合，着重讲活我国社会主义法律特征的问题。第一，从“话筒”里体现的法治建设成就入手，阐明法律制定实施坚持以人民为中心的特点，把我国社会主义法律坚持党的主张与人民意志的统一问题讲活；第二，从“镜头”下的法治中国建设成就入手，阐明我国社会主义法律反映马克思主义的科学观点和方法，把我国社会主义法律科学性与先进性的本质特征讲活；第三，从“头条”中体现的法律力量入手，阐明法律对于经济建设，社会公平以及生态保护方面的作用，把我国社会主义法律是中国特色社会主义建设的重要保障的特点讲活。

五、教学方法

1. 理论讲授法，重在线上初讲与线下深讲相结合。课前，通过观看线上课程，从理论层面初步了解法律的起源和作用，社会主义核心价值观入法入规之原因。课中，关联古今思想发展，探讨不同的时代背景下衍生出的特征各异的法律，分析法律的缘起和含义；基于习近平总书记相关重要论述，结合专家学者前沿理论，分析我国社会主义法律的特征和运行，学生能对法律的内涵和我国社会主义法律的独特优势有深入理解。通过前置理论自学、重点理论探究、前沿理论拓展，培养学生的归纳思维和演绎思维。

2. 问题导向法，重在理论问题与现实问题相结合。新课导入环节，设计专题学习“问题链”，从法律的含义、本质特征、运行机制到时代价值步步深入，在梳理本课框架的同时，以问题为导向提高学生在教学过程中的参与程度。主体讲授环节，通过互动提问“法律具有怎样的含义？”“法律究竟是如何在不同经济社会历史发展阶段演变的？人类各个历史发展阶段的法律又呈现怎样的特征？”引导学生思考法律的起源及形成原因，培养学生独立思考的能力；通过提问“我国社会主义法律为什么会有这样的成就？这样的成就究竟植根于何种沃土？”学生在思考的同时对于我国社会主义法律的优越性有更加深刻的体悟。课后思考环节，通过设置结合实际生活的讨论题，学生能够在审慎思索中涵养起责任意识与问题意识。通过正视问题、研讨问题、解决问题，培养学生的批判思维和转化思维。

3. 案例分析法，重在国内案例与国际案例相结合。通过分析国内“倒牛奶事件”与《中华人民共和国反食品浪费法》的颁布，加深学生对于法律的定义的理解；通过国外《关于林木盗窃法的辩论》的发表以及“哈利波特”

的案例，揭示资本主义法律的剥削性特征。两相对比，充分体现了我国社会主义法律的独特优势。通过行业案例贯通、国内案例浸润、国外案例审视，培养学生的推理思维和辩证思维。

4. 任务驱动法，重在创新驱动与协作驱动相结合。课前，学生自主学习线上课程知识点“法律的起源和作用”“社会主义核心价值观入法入规之原因”，对前置知识有初步了解；分组合作设计小组展示任务，对已学知识有深度感悟。课中，应用课堂学习 App 中头脑风暴等功能互动，学生积极参与课堂学习，教师及时把握学情状况。课后，通过翻转课堂布置习题思考和推荐阅读，师生进一步加强交流与学习。通过全人员参与、多功能互动、整过程交流，培养学生的求证思维和递进思维。

六、教学过程

【课前】

【课中】

环节一：新课导入

同学们好，欢迎来到“思想道德与法治”的课堂，今天我们要讲的主题是“我国社会主义法律的特征和运行”。课前，通过线上课程“法律的起源和作用""社会主义核心价值观入法入规之原因"等知识点的学习，同学们了解了法律的重要性，并在互动专区就"道德与法律所发挥的作用和方式存在很大不同，我们应该怎么应对?"这一问题展开激烈讨论。

"法安天下，德润人心。"[①] 法是他律，德是自律，需要二者并用。大家思考一个问题，在座的同学都是新闻行业冉冉升起的新星，想必会有把自己的作品投送到媒体发表的打算。但极具吸引力和讨论度的事件并非时时发生，那你是否会为了博取流量而编造事件，撰写虚假新闻呢?相信同学们会斩钉截铁地回答"不会"，因为大家的道德良知和媒体人素养告诉我们这是不可取的。那如果说，稿子发表能得到一笔不菲的收入呢?每个人都还能坚定地说出"不会"二字吗?老师相信绝大多数的人都能遵守本心，但社会上有少数人因此动摇过。如今，有部分人被利益熏心，将道德抛之脑后，在网络上发布"开局一张图、内容全靠编"的虚假新闻。他们"以剪贴、拼凑等手段，炮制涉社会案事件、国际时政等热点议题相关虚假新闻；通过伪造新闻演播室场景、模仿专业主持人播报等手段，伪装权威新闻媒体，以假乱真误导公众。一段时间以来，网络虚假新闻成为扰乱网络传播秩序的毒瘤。"[②]

网络空间是亿万民众共同的精神家园。网络文明建设，离不开道德教化的引导作用，也离不开法治手段的保障作用。《互联网信息服务深度合成管理规定》自2023年1月10日起施行，划定了深度合成服务的"底线"和"红线"，维护网络空间良好生态。[③] 这一规定的出台在加强互联网信息服务深度合成管理的同时，也维护了国家安全和社会公共利益，促进了文化事业、文化产业发展，保护了公民、法人和其他组织的合法权益。党的二十届三中全会也强调，要"加强网络空间法治建设，健全网络生态长效治理长效机制"[④]。"法律"与"法治"是两个不同概念，法治包括两个重要的内容：一个

① 《习近平谈治国理政》第二卷，外文出版社2017年版，第133页。

② 金歆：《让网络虚假新闻无所遁形》，《人民日报》2023年5月30日。

③ 参见张璁：《规范发展，让技术向上向善》，《人民日报》2023年1月5日。

④ 《中共中央关于进一步全面深化改革 推进中国式现代化的决定》，人民出版社2024年版，第34页。

是“法”，一个是“治”。从“法”的角度来讲，核心是“法律体系”的形成和完善。[①] 法律是治国之重器，良法是善治之前提。那作为新时代青年，我们如何抽丝剥茧理解法律的含义？如何见微知著分析我国社会主义法律的本质特征？如何学以致用明晰我国社会主义法律的运行机制？我们将从三个层面进行解读。

环节二：追根溯源寻法律缘起，抽丝剥茧解法律含义

关于法律的起源，有一段很有意思的记载。东汉许慎在《说文解字》中说：“灋，刑也。平之如水，从水、廌，所以触不直者去之，从去”。廌，即獬豸，传说中的异兽名，能辨曲直，见人斗即以角触不直者，闻人争即以口咬不正者。”由此，“獬豸是法律与正义的化身。[②] 在古代，灋有三层含义：裁判性、强制性、公平性。由古代的“灋”到现代的“法”，“廌”字虽然已被隐去，然而它象征的中国传统法律文化并没有消失。了解法律的含义及其历史，是学习法治理论、增强法治观念的基础。法律具有怎样的含义呢？让我们先来看一个视频。

【视频资源】从倒牛奶到《中华人民共和国反食品浪费法》[③]（3 分 29 秒）

【教师点评】视频里“粉丝”为了支持偶像，购入大量牛奶又把它们倒掉的行为是极其不理智的，同时也属于违法行为。联系《中华人民共和国反食品浪费法》，分析此现象涉及的粮食浪费问题，对于我们理解法律定义的三个部分大有裨益。

1. 法律是由国家创制和实施的行为规范

“国家创制法律规范的方式主要有两种：一是国家机关在法定的职权范

---

① 参见翟慎良、梅剑飞：《从“法律”到“法治”，一字之差是飞跃》，《新华日报》2014 年 11 月 13 日。

② 全国高校思想政治理论课教学指导委员会：《思想道德与法治教学课件》（专题七——学习法治思想　提升法治素养　第一讲　社会主义法律的特征和运行）第 7 页。

③ 《[法治深壹度] 从倒“牛奶”到反食品浪费法》，央视网，2021 年 7 月 10 日，见 https://tv.cctv.com/2021/07/10/VIDEy7ZNLlgmQsKNFxAoH88F210710.shtml1。

围内依照法定程序，制定、修改、废止规范性法律文件；二是国家机关赋予某些既存社会规范法律效力，或者赋予先前的判例法律效力。”①

“一粥一饭，当思来处不易，半丝半缕，恒念物力维艰。”习近平总书记对制止餐饮浪费行为作出重要指示，指出“餐饮浪费现象，触目惊心、令人痛心！”② 为了遏制食品浪费问题，十三届人大常委会第二十八次会议表决通过了《中华人民共和国反食品浪费法》，其中包含：公务活动用餐不得超过规定标准；商家诱导误导超量点餐，最高罚 1 万元；食品生产经营者严重浪费，最高罚 5 万元；制作发布传播暴饮暴食视频节目，最高罚 10 万元……③ 这意味着厉行节约、反对浪费不再仅仅停留于口头上，而已成为生效的法律条文。“法律不但由国家制定和认可，而且由国家强制力保证实施。”④ 党的二十届三中全会也强调，要“健全粮食和食物节约长效机制”⑤，这使得反对浪费不再是倡导和号召，更是底线和红线。“虽然道德规范和纪律规范的实施也具有一定程度的强制力，但这些强制力并不以国家强制为后盾。国家强制性是法律规范区别于其他社会规范的一个重要特征。”⑥

2. 法律由一定的社会物质生活条件所决定

“法律作为上层建筑的重要组成部分，不是凭空出现的，而是产生于特定社会物质生活条件基础之上。”⑦ 我们不仅要知道社会物质生活条件的范畴，更要明白其中起关键性作用的是什么？与我们人类发展息息相关的物质资料生产方式、地理环境和人口要素等，就是我们所指的社会物质生活条件，其中，起决定性作用的根本因素就是物质资料生产方式。“在阶级社会

① 本书编写组：《思想道德与法治》，高等教育出版社 2023 年版，第 189—190 页。

② 习近平：《论“三农”工作》，中央文献出版社 2022 年版，第 300 页。

③ 参见任沁沁、罗沙：《法治青年说｜从道德到法律，反食品浪费是件大事!》，2021 年 4 月 29 日，见 http://www.xinhuanet.com/politics/2021-04/29/c_1127394030.htm。

④ 本书编写组：《思想道德与法治》，高等教育出版社 2023 年版，第 190 页。

⑤ 《中共中央关于进一步全面深化改革　推进中国式现代化的决定》，人民出版社 2024 年版，第 24 页。

⑥ 本书编写组：《思想道德与法治》，高等教育出版社 2023 年版，第 191 页。

⑦ 本书编写组：《思想道德与法治》，高等教育出版社 2023 年版，第 190 页。

中，有什么样的生产关系，就有什么性质和内容的法律。同时，生产力的发展水平也制约着法律的发展程度。"[①] 例如，在生产力水平较低、吃不饱穿不暖的年代，不可能有专门针对食品浪费的法律。而如今，随着人类生产力水平的不断提升，粮食产能稳定提升，人们消费水平逐渐提高，在日益多元的消费场景中，有的消费者讲排场、好面子，请客点菜倾向于"多多益善"，却不好意思打包；有的餐饮企业受利益驱使，设立最低消费标准，刻意增加菜品分量；有的外卖商家设置不合理的满减优惠，诱导消费者超量点餐。[②] 此类情况为粮食浪费问题提供了滋生的土壤，《中华人民共和国反食品浪费法》应运而生。

3. 法律是统治阶级意志的体现

马克思、恩格斯对法的本质这个重大问题作了科学的说明："由他们的共同利益所决定的这种意志的表现，就是法律。"[③]"法律所体现的统治阶级意志具有整体性，不是统治阶级内部个别人的意志，也不是统治者个人意志的简单相加。"[④] 但这个整体性也不代表统治阶级意志的全部，只是上升为了国家意志的那部分意志。

粮食浪费问题从来不是一个"花自己的钱，别人管不着"的个人权利问题，而是与每个人的利益都息息相关的问题。《2023 年中国食物与营养发展报告》显示：从数量上看，我国食物损耗和浪费率合计约 22.7%，按 2021 年产量计，共损耗浪费 4.6 亿吨食物；从经济上看，我国食物损耗与浪费造成的经济损失每年高达 1.88 万亿元，相当于农业产值的 22.3%。[⑤] 大家知道这是一个什么概念吗？这些损耗的食物可满足 1.9 亿人 1 年的营养需求。为了解决粮食浪费问题，保障最广大人民的利益，《中华人民共和国反食品浪

① 本书编写组：《思想道德与法治》，高等教育出版社 2023 年版，第 190 页。

② 参见魏好婕：《多措并举，拒绝"舌尖上的浪费"》，《湖北日报》2023 年 3 月 17 日。

③ 《马克思恩格斯全集》第 3 卷，人民出版社 1960 年版，第 378 页。

④ 本书编写组：《思想道德与法治》，高等教育出版社 2023 年版，第 190 页。

⑤ 参见沈慧：《报告显示，我国食物损耗和浪费率合计约 22.7%》，《经济日报》2023 年 12 月 19 日。

费法》颁布。

综上所述，法律的定义为，“法律是由国家制定或认可并由国家强制力保证实施的，反映由特定社会物质生活条件所决定的统治阶级意志的规范体系。”[①] 法律既不是从来就有的，也不是一成不变的。诚如，恩格斯在《家庭、私有制和国家的起源》中指出，“它随着私有制、阶级和国家的产生而产生，也将随着私有制、阶级和国家的消亡而消亡”。[②] 马克思主义认为法律是人类社会发展到一定历史阶段才会出现的社会现象，法律随着生产力的发展而产生，经历了一个长期的渐进的过程。所以，法律的产生和历史发展都有其根源和基础：“其一，私人占有和商品交换的出现是法产生的经济根源[③]”。“其二，阶级和阶级矛盾是法产生的社会根源[④]”。“法律作为上层建筑的重要组成部分，其基本内容和性质总是与所在社会的生产关系相适应。”[⑤]

那么，法律究竟是如何在不同经济社会历史发展阶段演变的？人类各个历史发展阶段的法律又呈现怎样的特征？

奴隶制法律。奴隶制法律是奴隶主阶级专政的国家意志的表现，是奴隶主阶级对广大奴隶实行统治的工具。奴隶制法律通常采用最极端的经济剥削和政治压迫的方式，其基本特征有：一是具有明显的原始习惯残留痕迹，二是否认奴隶的法律人格，三是存在严格的等级划分，四是刑罚方式极其残酷。[⑥] 例如奴隶制五刑，指的是我国奴隶时代长期存在的墨、劓、非（膑）、宫、大辟等五种法定刑，它是一种野蛮的、残忍的、不人道的、故意损伤受刑人肌体的刑罚。

① 本书编写组：《思想道德与法治》，高等教育出版社 2023 年版，第 191 页。

② 本书编写组：《思想道德与法治》，高等教育出版社 2023 年版，第 191 页。

③ 全国高校思想政治理论课教学指导委员会：《思想道德与法治教学课件》（专题七——学习法治思想提升法治素养　第一讲　社会主义法律的特征和运行），第 10 页。

④ 全国高校思想政治理论课教学指导委员会：《思想道德与法治教学课件》，（专题七——学习法治思想提升法治素养　第一讲　社会主义法律的特征和运行），第 10 页。

⑤ 本书编写组：《思想道德与法治》，高等教育出版社 2023 年版，第 191 页。

⑥ 参见本书编写组：《思想道德与法治》，高等教育出版社 2023 年版，第 191 页。

封建制法律。封建制法律是封建地主阶级意志的体现，是统治农民阶级的工具，维护封建地主阶级的共同利益。其基本特征有：一是确立农民阶级对封建地主的人身依附关系，二是实行封建等级制度，三是维护专制皇权，四是刑罚严酷。① 进入封建社会后，虽然奴隶制肉刑开始逐渐被废除，但是也出现了封建制五刑，即笞、杖、徒、流、死五种刑罚，依旧残酷严厉。

资本主义法律。资本主义法律是资产阶级共同意志的体现，是资产阶级统治工人阶级和其他劳动人民的工具，根本任务是维护资产阶级的政治、经济和社会秩序，属于剥削阶级类型的法律。其基本特征体现为四个原则：一是与资本主义私有制相适应的私有财产神圣不可侵犯原则，二是与资本主义市场经济相适应的契约精神自由原则，三是与资本主义民主政治相适应的法律面前人人平等原则，四是与资产阶级人道主义相适应的人权保障原则。②

资本主义法律的剥削性在马克思的著作《关于林木盗窃法的辩论》中被深刻揭示。19 世纪 40 年代在普鲁士，小农、短工及城市居民由于贫困和破产而不断去采集和砍伐林木，按传统这是他们的“习惯权力”。普鲁士政府便想制定新的法律，采取严厉措施，以惩治这种被林木所有者看作“盗窃”的行为。1842 年，马克思发表了《关于林木盗窃法的辩论》。他指出：“凡是在法为私人利益制定了法律的地方，它都让私人利益为法制定法律。”这深刻揭示和批判了剥削阶级法律对私人利益的维护。③

一百多年后，岁月变迁了，但是剥削阶级法律对私人利益维护的本质并没有改变。比如：2001 年，《哈利波特》剧组预计在英国取景拍摄。但由于英国童工法例规定，13 岁以下儿童每天只可工作 7 小时，并且必须每天上 3 小时课，导演华纳认为这样会拖长《哈利波特》的拍摄时间，想要将《哈利波特》搬回美国拍摄。为争取《哈利波特》在英国拍摄，获取相关利益，英

---

① 参见本书编写组：《思想道德与法治》，高等教育出版社 2023 年版，第 192 页。

② 参见本书编写组：《思想道德与法治》，高等教育出版社 2023 年版，第 192 页。

③ 参见本书编写组：《思想道德与法治》，高等教育出版社 2023 年版，第 192 页。

国政府即时修改法例，改为儿童每天可工作 9 小时，华纳才正式拍板在英国取景。由此可以看出资本主义法律规定的自由、民主、平等等价值原则是形式上的，归根结底是为了维护资产阶级根本利益。①

社会主义法律。社会主义法律是人类历史上唯一以公有制为基础的新型法律，以消灭阶级剥削、消除两极分化、实现共同富裕为历史使命和价值追求。它是最广大人民群众意志的集中体现，“反映了社会主义生产关系的本质要求，为实现普遍意义的平等、自由奠定了坚实基础，开辟了广阔空间，实现了对历史上各种类型法律制度的超越。”②

法律是上层建筑的重要组成部分，其内容、性质、特征因社会生产关系的改变而改变，随着历史的演变，在不同时代背景下，衍生出特征各异的法律。奴隶制法律、封建制法律、资本主义法律由于生产资料私有制与统治阶级出于统治人民的需要具有明显的剥削性质，而我国的社会主义法律建立在生产资料公有制的基础之上，是在中国共产党领导新民主主义革命时期孕育、在中华人民共和国成立后不断形成和发展起来的，社会主义法律这一新型法律不同于前三种法律，具备独有的本质特征。

环节三：小组探究观法律成就，见微知著析法律特征

课前，在翻转课堂小组教学中，有三组同学聚焦“我国社会主义法律的本质特征”的主题，完成了“大学生讲思政课”实践作业，下面有请三组同学的代表来为大家做展示。老师也会打开 App 的头脑风暴功能，大家可以为汇报的小组点赞，也可以提出你们的思考困惑，欢迎大家积极参与到同伴互评中来。

党的二十大报告强调，要完善以宪法为核心的中国特色社会主义法律体系，加强重点领域、新兴领域、涉外领域立法，统筹推进国内法治和涉外法

① 《为争取〈哈利—波特〉在本国拍摄　英政府修改重工法》，《南方都市报》，2001 年 11 月 20 日。

② 本书编写组：《思想道德与法治》，高等教育出版社 2023 年版，第 193 页。

治，推进科学立法、民主立法、依法立法，统筹立改废释纂。[①] 国家和社会生活各方面实现了有法可依，这是一个巨大的历史成就。让我们以小组展示的形式从合作学习中感受社会主义法律的建设成就，思考我国社会主义法律为什么会有这样的成就？这样的成就究竟植根于何种沃土？结合之前学习到的法律的内涵，以此来挖掘我国社会主义法律的本质特征，既要看到其符合"一般意义上法的本质特征"的一面，又要看到符合"社会主义法律的一般特征"的一面，实现了对历史上各种类型法律的超越，同时看到"我国社会主义法律的本质特征"，具有十分鲜明的中国特色与巨大的优越性。接下来，有请第一组同学进行展示。

【小组展示一】接地气，懂民情——话筒里的党和人民

大家好，我是话筒发声组的代表，我们要汇报的主题是：接地气，懂民情——话筒里的党和人民。"党的领导是中国特色社会主义法治之魂"[②]，中国特色社会主义法治建设的各个环节都能听到来自人民的声音、都能了解来自基层的情况，积极回应着人民群众的新要求、新期待。

接地气，法治建设倾听全民声音。从党的十八大召开，十年来，共有 205 件次法律草案在中国人大网上公开征求意见，参与人次超过 119 万，提出的意见有 350 多万条。同时，有关省、自治区、直辖市设立了 22 个基层立法联系点，有 130 多部法律草案通过基层立法联系点征求意见。[③] 此外，民法典在编纂过程中，始终坚持民主立法，做到开门立法、问法于民，广泛听取、认真吸收各方面的意见和建议，最大程度凝聚立法共识，切实回应人民的法治需求。[④] 听到来自人民群众的声音，重视人民群众表达的需求，十三届全国人大三次会议审议民法典草案期间，共整理 1241 位代表提出的

① 参见习近平：《高举中国特色社会主义伟大旗帜　为全面建设社会主义现代化国家而团结奋斗——在中国共产党第二十次全国代表大会上的报告》，人民出版社 2022 年版，第 40—41 页。

② 《习近平关于全面从严治党论述摘编》(2021 年版)，中央文献出版社 2021 年版，第 59 页。

③ 是说新语：《五个方面！新时代立法工作的显著特点》，2022 年 4 月 26 日，见 http://www.qstheory.cn/laigao/ycjx/2022–04/26/c_1128597339.htm。

④ 参见张钰钗、王博勋：《依靠人民立法，凝聚最大共识》，《中国人大》2021 年 3 月 3 日。

2956余条意见，根据代表意见对民法典草案作了100余处修改。以大众传媒为“传声筒”，话筒里汇聚了人民的声音，回应了人民需求，传递了法治的思想。

懂民情，乱象治理清朗网络空间。习近平总书记指出：“推进全面依法治国，根本目的是依法保障人民权益。”① 中央网信办坚持以清朗网络空间为目标，以人民根本利益为出发点和落脚点，持续开展“清朗”系列专项行动，2024年“清朗”系列专项行动将紧紧围绕人民群众的新期待新要求，破解网络生态新问题新风险。全国“打假治敲”专项行动工作办公室为维护新闻出版传播秩序，从各地查获的案件中曝光了12起“三假”典型案例，譬如翟某磊等假冒记者敲诈勒索案。经过调查，翟某磊化名“褚某娟”伙同牛某注册一家传媒公司，借助该公司名义与第三方北京某书店签约取得某经贸杂志广告代理权及该杂志官方网站管理权限，并对外招收前端代理和后端编辑人员。同学们是不是觉得这已经足够匪夷所思？更令人震惊的是涉事人员均无记者证。该团伙成员在翟某磊组织下，借媒体监督为名敲诈勒索企业和个人钱财累计64次，已查实20余起、涉案金额30余万元。② 面对这类恶性违法事件，我国专项行动办公室持有秋风扫落叶般残酷无情的态度，坚决保障人民权益，整治社会乱象，建设美丽中国的声音坚定有力，有理有据。

跟党走，依法治国建设法治社会。互联网时代，人人都有麦克风，意味着信息来源日趋增多，传播手段更加便利，传播方式更为多样。但是，自媒体传播乱象愈演愈烈，扰乱了网络信息传播秩序，对现实社会产生了不良影响：“刑满释放”标签被利用、“纯狱风”大肆兴起，主播在凉山发钱发3000收回2800事件令人唏嘘。③ 网络空间受到污染的同时，国家也在关注着网络世界的发展变化，并做出行动，2023年3月发布的《新时代的中国网络

---

① 《习近平谈治国理政》第四卷，外文出版社2022年版，第289页。

② 参见张贺：《“秋风二〇二一”专项行动查办一批“三假”案件》，《人民日报》2021年12月8日。

③ 参见蚁坊软件：《近期由自媒体传播乱象所引发的网络舆情事件盘点》2023年3月16日，见 https://www.eefung.com/daily–report/20230316132152216。

法治建设》白皮书表示，在全面建设社会主义现代化国家新征程上，中国将始终坚持全面依法治国、依法治网的理念，推动互联网依法有序健康运行，以法治力量护航数字中国高质量发展，为网络强国建设提供坚实的法治保障。① 网络生态治理是一场硬仗，打赢这场仗、筑牢网络安全防护网，以立法的形式对网络发展进行确立、强调、规范、引导，应进一步把党的主张和方略明确为国家的意志，把握好新媒体风向，引导网民文明上网，让新媒体工作者传播更有价值的思想文化，维护好网络秩序，真正做到网络“活而不乱”。

社会主义法律体系下人人有话筒，人人能建议，保障法律体系建设更民主，党的领导让法治建设更科学。将来从事新媒体行业的我们更应该深入基层一线，反映群众需求，为群众发声，传播中国声音。

【教师点评】谢谢第一组同学。他们以“话筒”为传声载体，利用网络发展的高效性，在法律体系建设与实践的声音中寻找法律的力量。从立法过程中倾听人民群众的声音，到专项行动中清朗网络空间整治违法犯罪，再到以白皮书的形式表达主流思想，从中不断拉近法律与人民的距离。

【教师总结】以上成就说明我国社会主义法律体现了党的主张与人民意志的统一，党的主张通过法定程序上升为国家意志，坚持以人民为中心。人民民主与国家意志的统一，就是要加强人民当家作主制度保障，全面发展协商民主，积极发展基层民主，倾听人民呼声，吸纳人民意愿，在法律、政策的制定与实施上，充分反映人民的需求、维护人民的权益、增进人民的福祉。② 人民意志同样能够体现我国社会主义法律是科学性与先进性的统一，如何得知呢？接下来有请第二组的同学汇报。

【小组展示二】重科学，显先进——镜头下的法治中国

大家好，我是精准镜头组的代表，我们要汇报的主题是：重科学，显先

① 《国务院新闻办公室发布〈新时代的中国网络法治建设〉白皮书》，中华人民共和国中央人民政府，2023 年 3 月 16 日，见 https://www.gov.cn/xinwen/2023-03/16/content_5747003.htm。

② 参见郭为禄：《全过程人民民主：实现人民民主和国家意志的统一》，《光明日报》2023 年 1 月 17 日。

进——镜头下的法治中国。我国社会主义法律是科学性与先进性的统一，记录在镜头下千千万万的画面绘就法治中国建设的宏伟蓝图。

用镜头定格社会主义法律之代表立场，呈现有条不紊的社会场景。法律保障了人民的合法权益，我国社会主义法律坚持体现工人阶级领导下的全体人民的意志和利益，而不是少数人的意志和利益。让我们把镜头拉到"人民日报"微博制作的趣味图解"民法典如何影响小明的一生"：7岁，小明妈妈追回了一笔游戏充值退款；18岁，小明向有关部门举报了某高利放贷的平台；26岁，房东要把房子转卖给别人，通知小明立刻搬走，小明依法拒绝……[①] 这一幅幅趣味横生的图解生动地诠释了民法典的人民立场，从"摇篮到身故"、从"个人发展到家庭关系"、从"经济领域到政治生活"，民法典可以说是包罗万象，全方位、多领域地保障着人民的切身利益。

用镜头聚焦社会主义法律之体系完善，映现实事求是的探索场面。我国在科学世界观和方法论的指导下探索社会主义法治建设的独特规律，强调从本国国情和社会主义现代化建设的需要出发，走自己的路，不生搬硬套西方法律制度模式。从新中国成立至今，我国法律的制定、修改基本秉承着实事求是的科学精神。以完善中国特色社会主义法律体系为例，让我们"听听"镜头"说"了什么：第一个画面是"要加强党对立法工作的集中统一领导，完善党委领导、人大主导、政府依托、各方参与的立法工作格局"，随之闪过的是"坚持加强重点领域、新兴领域、涉外领域立法，补强法律体系的空白点、薄弱点"的场面，紧接着切换至"坚持科学立法、民主立法、依法立法，提高立法质量和效率"的画面，最后定格在"坚持维护国家法治统一，增强法律体系的系统性、整体性、协同性"的场景。[②] 这一长串镜头都在佐证我国法律体系的建设随着时代的需求不断完善。

用镜头对准社会主义法律之开放态度，展现与时俱进的发展画面。我国

① 参见陈振凯、朱春宇：《"它让生活更美好"——网民热议〈民法典〉》，《人民日报》海外版2020年6月5日。

② 参见黄文艺：《完善以宪法为核心的中国特色社会主义法律体系》，《学习时报》2022年6月24日。

坚持以开放的胸怀和谦虚的态度对待前人和他人的宝贵经验，一方面，重视继承本国传统法律文化中的优秀部分，比如“吸收了中华法系‘援法断罪’的平等观念、‘天下无讼’的价值追求、‘明德慎罚’的慎刑思想等。”① 另一方面，善于借鉴外国法律发展的成功经验，2023 年 11 月，“各国法典编纂比较研讨会”在北京外国语大学举行。研讨会特别邀请了研究环境法典编纂、行政法典编纂、教育法典编纂、劳动法典编纂的知名专家和研究法国、德国、俄罗斯、欧盟等国家法典化的专家，共同研讨交流了各国在法典编纂方面的经验和做法，为我国的法典编纂工作提供有益的借鉴和参考。② 不止在立法领域，我国法律在各个方面始终持有开放包容、与时俱进的科学态度。

建设好法治中国，就必须让法律的发展站稳人民的立场，根植本国的国情，怀抱开放的态度。新传人更要把稳镜头，将社会主义法律科学性和先进性的生动画面在人民大众的眼底、脑海、心间持续放映。

【教师点评】感谢第二组同学的分享！第二组同学拿起镜头“娓娓道来”，聚焦“民法典影响人的一生”来看人民立场，贴近生活更能激发同学们的认同感；对准“中国特色社会主义法律体系的完善”来看实事求是的科学精神，看到中国特色社会主义法律体系的完善不是基于个人意志，而是立足于中国国情和具体实践；此外，还讲清我国社会主义法律的先进性既得益于吸收了我国历史上先进的法的合理部分，也得益于汲取国外成功经验。

【教师总结】以上内容在展现我国法律建设伟大成就的同时凸显了我国社会主义法律科学性与先进性的本质特征，“在剥削阶级占统治地位的社会中，法律受少数人狭隘利益的局限，容易与客观规律和历史发展趋势相背离”，③ 而我国社会主义法律代表的是广大人民的根本利益，反映的是马克思主义的科学观点和方法，与剥削阶级的法律存在根本区别。我国社会主义法律不仅具有科学性和先进性，它还是中国特色社会主义建设的重要保障，接

① 李芳、王丹竹：《“思想道德与法治”课讲授“我国社会主义法律的本质特征”例析》，《北京教育（德育）》2022 年第 5 期。

② 参见朱宁宁：《各国法典编纂研讨会在京举行》，《法治日报》2023 年 11 月 15 日。

③ 本书编写组：《思想道德与法治》，高等教育出版社 2023 年版，第 195 页。

下来让我们从第三组同学的汇报中感受这一特征。

【小组展示三】富家国，保发展——头条中的法律力量

大家好，我是与法同行组的代表，我们的主题是：富家国，保发展——头条中的法律力量。让我们一起走进新闻头条，感受法律力量。

扬“法律之帆”，护航经济建设之路。《光明日报》北京2023年10月23日电，最高人民检察院发布《最高人民检察院关于全面履行检察职能推动民营经济发展壮大的意见》。据相关负责人介绍，此意见书颁布的目的是完善法律监督，优化民营经济发展环境。① 习近平总书记指出：“社会主义市场经济是信用经济、法治经济”②，“必须坚持法治思维、增强法治观念，依法调控和治理经济”③。优化营商环境、构建亲清政商关系、引导各类市场主体有序竞争……中国特色社会主义法治体系建设取得的历史性成就，为稳定社会预期、保持经济健康发展发挥了重要保障作用。

以“法律之剑”，守护社会公平正义。新华社石家庄2022年6月12日电，河北唐山烧烤店打人事件：涉案9人全部依法执行逮捕。④ 在现代社会，法治的力量更加凸显，它像一把无形的锁，约束着人们的行为，维护着社会的秩序。坚毅的眼神，无声的呐喊，无数的中华儿女从黑暗中挺身而出，拿起手中的法律之剑，为社会锻造一副钢筋铁骨，为弱势群体铺就一层温柔的底色，使阳光之花绽放在中华大地的每一个角落，所有黑暗在阳光下无所遁形。法律保障了有效的社会治理、良好的社会秩序，使人民获得感、幸福感、安全感更充实、可持续、有保障。

执“法律之笔”，描绘绿色生态图景。《人民日报》2022年8月31日电，《青藏高原生态保护法（草案）》30日初次提请十三届全国人大常委会第

① 参见陈慧娟：《最高检发布意见　完善法律监督优化民营经济发展环境》，《光明日报》2023年10月24日。

② 《习近平著作选读》第二卷，人民出版社2023年版，第322页。

③ 《习近平关于社会主义经济建设论述摘编》，中央文献出版社2017年版，第322页。

④ 杨帆、齐雷杰：《河北唐山烧烤店打人事件：涉案9人全部依法执行逮捕》，2022年6月12日，见http://society.people.com.cn/nl/2022/0612/c1008-32444346.html。

三十六次会议审议。这是从国家立法层面加强青藏高原系统保护和生态安全风险防范，优化生态安全屏障体系，以法守住国家生态安全边界。[①]类似法律还有《中华人民共和国黄河保护法》《中华人民共和国畜牧法》等。环境就是民生，青山就是美丽，蓝天也是幸福。“良好的生态环境是最公平的公共产品，是最普惠的民生福祉”[②]，只有实行最严格的制度、最严密的法治，才能为生态文明建设提供可靠保障。

我国社会主义法律引领、规范和保障着方方面面。每一个孩子都在法律的呵护之下健康成长；每一个家庭都在法律的庇佑之下幸福安稳；每一个岗位都在法律的守护之下绽放光芒，每一份权利都在法律的护卫之下笃行不怠。因此，我们要奋力书写良法善治新篇章！

【教师点评】谢谢第三组同学的分享。第三组同学结合自己的专业特色，从新闻头条中寻找法律的力量，将法律比作“帆”“剑”“笔”，分别讲述了法律对于经济建设，社会公平以及生态保护方面的作用。总体而言，这组同学的展示非常好。但是，还有一个小小的不足，那就是没有用语言点明为什么这些内容会被推送至头条，没有用话语引出新闻人关注头条、生产头条、推广头条的缘由。正是因为阅读者能够从发布主体中感受到法律“富家国、保发展”的力量，受其触动，所以，这类新闻才会被制作成头条，被人们看到，受人们关注，经人们转发，才能让一条条有价值的新闻成为头条，彰显法律力量。

【教师总结】以上三组同学从不同的视角向我们展示了我国社会主义法律的重大成就，从话筒中一声声坚定有力的回应、镜头中一帧帧庄严肃穆的画面、头条中一则则振奋人心的讯息渗透出社会主义法律本质特征的真理光芒。同学们的分析更多是从现象出发来了解我国社会主义法律的本质特征，那么接下来，老师将带领同学们透过现象更加深刻系统地掌握我国社会主义法律的本质特征。

---

① 参见高敬：《更好发挥法律作用　加强青藏高原生态保护——解读青藏高原生态保护法草案》，2022 年 8 月 30 日，见 http://www.chinanews.com.cn/gn/2022/08-30/9840561.shtml。

② 《习近平著作选读》第一卷，人民出版社 2023 年版，第 113 页。

1. 我国社会主义法律体现了党的主张和人民意志的统一

我国社会主义法律既具有鲜明的阶级性，又具有广泛的人民性，体现了阶级性与人民性的统一。为何这样笃定？不仅因为我国是中国共产党领导下的社会主义国家，人民是国家的主人，制定法律的权力属于人民，还因为中国共产党是中国工人阶级的先锋队，同时是中国人民和中华民族的先锋队，是中国特色社会主义事业的领导核心。社会主义法律维护人民的根本利益，巩固中国共产党的领导地位，体现了党的主张和人民意志的统一。①

【App 头脑风暴】实际上，西方国家也谈论"法律面前人人平等"，那我们可以思考我国社会主义法律和资本主义法律之间的"法律面前人人平等"到底有何本质差异？

【教师总结】资本主义社会的"法律面前人人平等"，是指人口占少数的资产阶级却占有社会绝大部分财富的基础上的"平等"，其实质是保护资产阶级的利益，即少数人的利益。而社会主义的"法律面前人人平等"的经济前提是"生产资料公有制"，不同于资产阶级冠冕堂皇地编织了一套法律上"平等"的说法，实质上掩盖着现实存在的"不平等"。我国法律的完善充分发挥了人大代表在立法中的主体作用；将人民群众关心关切的事项及时纳入了立法议程；完善发展了全过程人民民主的法律制度和程序机制，法律不再受少数人狭隘利益的局限，尊重了客观规律与历史发展趋势。除了从法律的方方面面体现人民意志中能够感受到我国社会主义法律的科学性与先进性，还能从何处彰显这一本质特征呢？

2. 我国社会主义法律是科学性和先进性的统一

"我国社会主义法律反映的不是少数人的特殊利益，而是全体人民的共同利益，尽管其具体内容会随着经济社会的发展而调整变化，但它与历史发展的基本方向和规律是一致的。因此，从本质上说，我国社会主义法律更能尊重和反映社会发展规律，具有科学性和先进性。"② 我国社会主义法律的

① 参见本书编写组：《思想道德与法治》，高等教育出版社 2023 年版，第 194 页。

② 本书编写组：《思想道德与法治》，高等教育出版社 2023 年版，第 195 页。

科学性是指它能够正确反映客观规律，马克思说："立法者应该把自己看作一个自然科学家。他不是在创造法律，不是在发明法律，而仅仅是在表述法律"①。我国社会主义法律的先进性是指它能够对社会的发展起引领作用，法律作为上层建筑对社会的发展具有反作用，如果特定的法充分考虑了社会所需，考虑了新兴领域的具体要求，那么，它不仅能适应社会发展，而且能够为社会发展提供方向指引。② 从法律的实质内容来看，"我国社会主义法律既是广大人民意志和利益的体现，又是社会历史发展规律的体现，既具有先进性，又具有科学性，是科学性和先进性的统一。"③

【现实案例】同学们，假设你们由于新闻作品版权问题与某出版社产生纠纷，而出于各种原因被告无法及时出现在法庭现场，你是否会心急如焚而又不知从何解决？不要着急，"移动微法院"正是应对这类问题的最佳平台。在海北藏族自治州祁连县法院，曾发生过这样一个案例，一起民间借贷纠纷案件在法官的主持下，通过"青海移动微法院"进行远程调解，最终促使双方达成调解协议，让当事人充分感受到"指尖诉讼、掌上办案"的便利。当时，正处于新冠疫情期间，"移动微法院"也依托互联网解决因疫情影响来不了、人在外地不方便、纸质材料太多不好带等问题，打通司法服务的"最后一公里"，引领移动电子诉讼发展潮流。④

【教师总结】在疫情防控阻击战中，智慧法院经受住了现实的考验，以先进技术支撑起"审判执行不停摆、公平正义不止步"的蓝天，同时，"移动微法院"带给人民便捷的体验，足不出户便能调解各类纠纷，充分彰显出我国社会主义司法过程的先进性与科学性。

---

① 《马克思恩格斯全集》第 1 卷，人民出版社 1995 年版，第 347 页。

② 参见李芳、王丹竹：《"思想道德与法治"课讲授"我国社会主义法律的本质特征"例析》，《北京教育（德育）》2022 年第 5 期。

③ 全国高校思想政治理论课教学指导委员会：《思想道德与法治教学课件》，（专题七——学习法治思想提升法治素养　第一讲　社会主义法律的特征和运行），第 20 页。

④ 参见于瑞荣：《"智慧法院"：为群众提供便捷高效的移动电子诉讼服务——我省运用智能化手段推进政法系统顽瘴痼疾常治长效系列报道之三》，《青海日报》2021 年 12 月 18 日。

法律属于上层建筑，由经济基础决定，与国家特定历史条件下经济、政治和文化等因素密切相关。同时，科学先进的法律适应国家的发展、社会的需要，对国家经济、政治和文化等建设起到积极的促进作用。

3. 我国社会主义法律是中国特色社会主义建设的重要保障

“我国社会主义法律是中国特色社会主义建设的重要保障。法的社会作用是从法在社会生活中要实现的目的角度来认识的。我国法律的社会作用体现了社会主义的本质要求，经济发展、政治清明、文化昌盛、社会公正、生态良好，都离不开社会主义法律的引领、规范和保障。”①

一是护航经济健康发展。“我国法律维护和巩固社会主义基本经济制度，促进社会主义市场经济持续健康发展，保障社会主义现代化经济体系建设顺利推进。”② 党的十八大以来，我们深入把握社会主义市场经济运行基本规律，始终坚持在法治轨道上推动经济发展，形成了以宪法为根本，民商法、经济法、社会法、刑法等多个法律部门的法律法规相互衔接配合的社会主义市场经济法律体系。围绕优化营商环境，修改反不正当竞争法、反垄断法，制定优化营商环境条例，维护市场公平竞争秩序，完善商标、专利、著作权等知识产权法律法规，这一系列举措无一不在护航经济行稳致远。尤其是专利、著作权的相关立法与同学们息息相关，《中华人民共和国著作权法》明确规定“广播电台、电视台播放他人未发表的作品，应当取得著作权人许可，并支付报酬。广播电台、电视台播放他人已发表的作品，可以不经著作权人许可，但应当按照规定支付报酬。”③ 这一方面法律的完善给了同学们应对知识产权被侵害的勇气与底气，发挥法律制度对版权产业发展的规范、引导、促进和保障作用，更大激发市场活力和社会创造力。④

二是保障政治风清气正。“我国法律维护和巩固社会主义政治制度，保障全过程人民民主顺利推进，保证人民享有广泛的民主权利和自由，坚持人

① 本书编写组：《思想道德与法治》，高等教育出版社 2023 年版，第 195 页。

② 本书编写组：《思想道德与法治》，高等教育出版社 2023 年版，第 195 页。

③ 《中华人民共和国著作权法》，人民出版社 2020 年版，第 39 页。

④ 参见《以高质量法治保障经济高质量发展》，《习近平经济思想研究》2023 年第 5 期。

民民主专政的国体和人民代表大会制度的政体不动摇”[①],2022年，全过程人民民主写入制度性法律，让它的实践迎来更好的法治保障。全过程人民民主的数次“入法”，有利于在人大制度建设和人大工作实践中更好地保障民众各项民主权利。同时，一系列重点立法也凸显全过程人民民主要求。凡是社会舆论热切关注的，中国民众强烈呼吁的，立法工作积极回应。针对电信网络诈骗这一民生痛点问题，《反电信网络诈骗法》出台，更好筑牢法治“防护墙”，打造“全社会反诈”；针对舌尖上的安全隐患，《农产品质量安全法》修订，强化从田间地头到百姓餐桌的全过程监管；针对社会上出现的侵害妇女权益保障事件，《妇女权益保障法》大修，用法律撑起妇女权益“半边天”；针对放生、野生动物伤人等社会热点问题，《野生动物保护法》修改，作出针对性规范。“民众有所呼，立法有所应”，变得更为具象可感。而于2023年3月提请全国人代会审议的《立法法》修正草案，亦将“坚持和发展全过程人民民主”写入其中。一系列事关中国立法的机制性完善，也展现全过程人民民主的落地。

三是助推文化繁荣昌盛。我国社会主义法律既为繁荣社会主义先进文化作出自己的贡献，同时又为社会主义文化建设保驾护航，“文化兴国运兴，文化强民族强。”[②]社会主义文化强国建设的扎实推进，得益于社会主义法律的建立健全。最近10年，数字网络技术快速发展，相关作品的创作呈爆发式增长，同时权利人、产业界和社会公众的版权意识和运用能力在大幅提升，不同利益诉求的冲突使得围绕著作权发生的争议，特别是涉及网络著作权的纠纷案件数量在逐年增加，亟需在法律层面平衡创作者、传播者和社会公众之间的利益。现行《中华人民共和国著作权法》积极回应技术发展，在增强保护、鼓励创新的同时，兼顾作品使用人和广大社会公众的利益，为社会文化发展的繁荣提供了制度上的保障。[③]此外，《中华人民共和国著作权法》

---

① 本书编写组：《思想道德与法治》，高等教育出版社2023年版，第195页。

② 《习近平谈治国理政》第三卷，外文出版社2020年版，第32页。

③ 参见周晶：《新〈著作权法〉正式实施　专家：为“原创的你”保驾护航》，2021年6月2日，见http://www.people.com.cn/n1/2021/0602/c32306-32120669.html。

加大侵权行为打击力度，规定侵权行为情节严重的，可以适用赔偿数额 1 倍以上 5 倍以下的惩罚性赔偿；增加侵权法定赔偿额下限，并将法定赔偿额上限由 50 万元提高到 500 万元，这一举措让随意转载剪切作品的“内容搬运工”不得不“三思而后行”。在法律大力保护知识产权的背景下，新闻媒体人、电影人等文化创作者可以通过签署保密协议、申请专利或商标等方式来确保自己的创意不被侵权，大大提高了他们创作的主动性、积极性。同时，由于知识产权保护法的存在，新闻媒体人、电影人等文化创作者也会尊重他人的知识产权，在使用他人的创意或知识时，遵守相关的法律法规，尊重原创者的权益。这就营造了一个尊重知识产权的社会环境，为文化产业的发展壮大提供了有力支撑。

四是维护社会秩序稳定。“我国法律确保改革发展成果更多更公平惠及全体人民，保障和促进社会公平正义，形成有效的社会治理、良好的社会秩序，使人民获得感、幸福感、安全感更加充实、更可持续、更有保障。”① 比如《中华人民共和国著作权法》，这部法律维护创作者合法权益，激发创造精神，促进作品创作、使用和传播的同时，也推动了科技创新和文化繁荣发展，增强全民尊重智力劳动和保护著作权的意识，减少了文化创作领域乱象，推动了社会秩序的稳定。回顾课程开始时，老师提到的杜撰虚假新闻的乱象，再结合传播学著名的“魔弹论”，又称“皮下注射理论”，这是一种有关媒介具有强大效果的观点。它的核心内容是：传播媒介拥有不可抵抗的强大力量，它们所传递的信息在受传者身上就像子弹击中身体，药剂注入皮肤一样，可以引起直接速效的反应；它们能够左右人们的态度和意见，甚至直接支配他们的行动。② 我们可以试想，新闻媒体长此以往报道虚假、消极、负面的新闻，将会造成多么恶劣的社会影响。

五是守护生态和谐良好。“我国法律遵循尊重自然、顺应自然、保护自

① 本书编写组：《思想道德与法治》，高等教育出版社 2023 年版，第 195 页。

② 参见郭庆光：《传播学教程》，中国人民大学出版社 2009 年版，第 193 页。

然的要求，践行绿水青山就是金山银山的理念，推动绿色发展，推进环境污染防治。促进人与自然和谐共生。”①《中华人民共和国黄河保护法》反映出我国高度重视生态文明建设，这对于加强黄河流域生态环境保护、保障黄河安澜、实现人与自然和谐共生具有重要意义。建设人与自然和谐共生的美丽中国，法治作用不可替代。在习近平生态文明思想和习近平法治思想引领下，生态环保法律体系不断完善，生态环境监管执法日益强化，生态环境司法保护提质增效，生态文明理念融入环境法治各方面，环保守法成为新常态的特征更加明显。② 我们始终坚持用法律的武器、法治的力量守护绿水青山，并取得显著成效。

党的二十大报告提出，“全面依法治国是国家治理的一场深刻革命，关系党执政兴国，关系人民幸福安康，关系党和国家长治久安。”③ 必须更好发挥法治固根本、稳预期、利长远的保障作用，在法治轨道上全面建设社会主义现代化国家。然而，我国社会主义法律的本质特征要能得到充分展现离不开法律的运行。

环节四：学以致用晓法律运行，知行合一建法治中国

在高中政治必修三中我们已经学习了科学立法、严格执法、公正司法、全民守法四个环节，了解了其基本含义，但通过线上课程互动专区学生的提问，可以发现大家对法律的运行、如何学以致用建设法治中国等问题还存在困惑，接下来我们以《民法典》为例来系统理解社会主义法律的运行。

【现实案例】《民法典》

【教师解读】编纂《民法典》是党的十八届四中全会提出的重大立法任

① 本书编写组：《思想道德与法治》，高等教育出版社 2023 年版，第 195 页。

② 参见张宝山：《绘就美丽中国新画卷——法治引领生态文明建设成效显著》，《中国人大》2022 年第 12 期。

③ 习近平：《高举中国特色社会主义伟大旗帜　为全面建设社会主义现代化国家而团结奋斗——在中国共产党第二十次全国代表大会上的报告》，人民出版社 2022 年版，第 40 页。

务，是以习近平同志为核心的党中央作出的重大法治建设部署。①2014年10月，党的十八届四中全会通过《中共中央关于全面推进依法治国若干重大问题的决定》，明确提出“编纂民法典”。2016年6月、2018年8月、2019年12月，习近平总书记三次主持中央政治局常委会会议，听取并同意全国人大常委会党组就《民法典》编纂工作所作的请示汇报，为民法典编纂工作提供了重要指导和基本遵循。②《中华人民共和国民法典》2020年5月28日颁布，2021年1月1日生效实施，被誉为“社会生活的百科全书”。“在编纂环节，坚持科学立法、民主立法、依法立法，增强立法的系统性、整体性、协同性、时效性”③，“法律的运行是一个从创制、实施到实现的过程，这个过程主要包括法律制定、法律执行、法律适用、法律遵守等环节。”④

1. 法律制定

“法律制定是指有立法权的国家机关，依照法定职权和程序制定规范性法律文件的活动，是法律运行的起始性和关键性环节。”⑤“从立法环节来看，‘民法典’开创了我国法典编纂立法的先河，是新时代中国特色社会主义法治进程中科学立法、民主立法、依法立法的重要里程碑，也是全面推进依法治国、加快建设社会主义法治国家，不断提升国家治理体系和治理能力现代化的重大举措。”⑥“推进科学立法、民主立法，是提高立法质量的根本途径。科学立法的核心在于尊重和体现客观规律，民主立法的核心在于为了人民、依靠人民。要完善科学立法、民主立法机制，创新公众参与立法方式，广泛

① 参见王晨：《关于〈中华人民共和国民法典（草案）〉的说明——2020年5月22日在第十三届全国人民代表大会第三次会议上》，2020年5月22日，见 https://www.chinacourt.org/article/detail/2020/05/id/5239970.shtml。

② 参见全国人大常委会法制工作委员会：《基层立法联系点是新时代中国发展全过程人民民主的生动实践》，《求是》2022年第5期。

③ 曹思婕：《为有效实施民法典提供理论支撑》，《人民日报》2023年8月18日。

④ 本书编写组：《思想道德与法治》，高等教育出版社2023年版，第196页。

⑤ 本书编写组：《思想道德与法治》，高等教育出版社2023年版，第196页。

⑥ 张群：《〈民法典〉立、执、司、守四环节的践与思》，《安康日报》2020年12月29日。

听取各方面意见和建议。”①《民法典》对社会公众比较关注的问题作出有针对性的规定，真正做到“民有所呼、法有所应”，就比如，营销号数量剧增并散播虚假信息，扰乱公共秩序，网民纷纷发声要求强化网络监管，在《民法典》中就有了关于新闻报道媒体合理审查义务的相关规定，基本涵盖了媒体合理审核责任的类型，在一定程度上弥补了我国有关法律的空白，也满足了网络时代发言要负责的需求。《民法典》的高票通过反映了广大人大代表对《民法典》坚持人民属性的高度认可。②《民法典》的意义不止于立法，更在于法之必行。

2. 法律执行

“法律执行在广义上是指国家机关及其公职人员，在国家和公共事务管理中依照法定职权和程序，贯彻和实施法律的活动。狭义上，是指国家行政机关及其公职人员执行法律的活动，也被称为行政执法。”③ 比如，《民法典》中规定：“依据我国相关法律的规定，在网络制造和传播谣言的，依据情节承担法律责任，不构成犯罪的进行治安管理处罚，构成犯罪的追究刑事责任。”所以，在对万州区的某文化传播有限公司违法开设《中国数字报》的案件处理中，万州区文化旅游委依照法定职权和程序没收了该公司违法所得的 2610 元、做出罚款 3000 元的行政处罚，该公司也在相关机关和公职人员的责令下关闭。在法律执行中，国家机关及其公职人员依照法律规定的程序，对生效法律文书所确定的内容，运用国家的强制力量，依法采取执行措施，强制负有义务的当事人履行义务，以之保护人民群众的合法权益，捍卫社会主义法治的统一和尊严。

3. 法律适用

“法律适用是指国家司法机关及其公职人员依照法定职权和程序适用法

① 《习近平关于全面依法治国论述摘编》，中央文献出版社 2015 年版，第 49 页。

② 参见水森：《全过程人民民主在民法典编纂中的生动体现》，2022 年 3 月 21 日，见 http://www.npc.gov.cn/c2/c30834/202203/t20220321_317183.html。

③ 本书编写组：《思想道德与法治》，高等教育出版社 2023 年版，第 197 页。

律处理案件的专门活动。”①“对于司法特别是法院而言，没有哪一种价值像公正那样重要。”② 从司法环节来看，《民法典》的颁布，为人民法院审理案件、为人民检察院进行民事诉讼监督提供了更加全面、更加明晰、更加具体的依据和准绳，《民法典》将“新闻报道”“舆论监督”写入其中，一方面充分保护新闻媒体、舆论监督的合理限度自由，第 1025 条中明确规定：“行为人为公共利益实施新闻报道、舆论监督等行为，影响他人名誉的，不承担民事责任。”另一方面划出了法定的规则底线，以确保舆论监督的权威性和公信力。就比如，在央视中文国际频道“中国新闻”等栏目报道了某男子的违法事件，被诉至法院，法院公开宣判此案，认定央视报道内容客观、属实，其个人声誉、评价降低的根源系其在列车上的违法行为，而非央视的报道，据此判决驳回该男子的全部诉讼请求。公正的司法程序保障人民自由权利、实现社会正义，为新闻行业树立了依法从业的信心，在法律约束之下发声，在社会监督之中记录，才能将守法的意识搬上头条、融入社会。

4. 法律遵守

“法律遵守是指国家机关、社会组织和公民个人依照法律规定行使权力或权利以及履行职责或义务的活动。”③ 让法律遵守在我国社会主义法律的运行中落到实处，在社会生活中“任何组织和个人都必须尊重宪法法律权威，都必须在宪法法律范围内活动，都必须依照宪法法律行使权力或权利、履行职责或义务，都不得有超越宪法法律的特权。”④ 在全社会弘扬社会主义法治精神，传播法律知识，培养法律意识，建设社会主义法治文化，在全社会形成宪法至上、守法光荣的良好氛围，更有助于公民自觉遵守法律。⑤ 在新闻

① 参见本书编写组：《思想道德与法治》，高等教育出版社 2023 年版，第 197 页。

② 侯猛：《如何评价司法公正：从客观标准到主观感知》，《法律适用》2016 年第 6 期。

③ 本书编写组：《思想道德与法治》，高等教育出版社 2023 年版，第 198 页。

④ 全国高校思想政治理论课教学指导委员会：《思想道德与法治教学课件》，（专题七——学习法治思想提升法治素养　第一讲　社会主义法律的特征和运行），第 46 页。

⑤ 参见《习近平关于全面依法治国论述摘编》，中央文献出版社 2015 年版，第 88 页。

行业，媒体人要自觉遵守国家法律法规，恪守新闻职业道德，自觉承担社会责任，在社会主流思想的引领下发出正义的呼喊，记录公平正义的时刻，将真实的新闻热点登上头条。

法律制定是国家对权利和义务，即社会利益和负担进行的权威性分配；法律的执行、适用、遵守则把法律规范转化为法律实践，把法定的权利和义务转化为现实的权利和义务。① 作为新媒体人，在我国社会主义法律运行的各个环节都能看到我们的“痕迹”，我们也理应发挥新媒体人的作用去推动我国社会主义法律的运行，我们要做政治坚定、引领时代、业务精湛、作风优良、党和人民信赖的新闻工作者。

环节五：课程总结

通过今天的课堂，希望同学们能在探索法律的起源与内涵中，将正确理解社会主义法律入脑；在廓清社会主义法律的本质特征中，将牢牢把握社会主义法律的优越性入心；在明晰社会主义法律的运行机制中，将全面提升用法能力入行。课堂知识的传授始终是有限的，在掌握社会主义法律的特征和运行理论知识之外，将其落实到日常行动中仍然是一个重大课题。00后的你们，作为未来新闻与传播行业的领军人才，是与新时代同行的一代人，更是人生奋斗黄金期与强国目标实现期完美契合的一代人，良好法律素养的养成是每一个青年人的责任，更关系到中国现代的法治建设。党的二十大报告中指出：“弘扬社会主义法治精神，传承中华优秀传统法律文化，引导全体人民做社会主义法治的忠实崇尚者、自觉遵守者、坚定捍卫者。”② 希望同学们坚定不移地走在中国特色社会主义法治道路上，法治强国的明天需要我们每一个人的共同努力！

---

① 参见本书编写组：《思想道德与法治》，高等教育出版社2023年版，第196页。

② 习近平：《高举中国特色社会主义伟大旗帜 为全面建设社会主义现代化国家而团结奋斗——在中国共产党第二十次全国代表大会上的报告》，人民出版社2022年版，第42页。

【课后】

1. 思考讨论

近年来，数字传播领域的立法立规步伐逐步加快，譬如2023年发布了《新时代的中国网络法治建设》白皮书，但法律法规的普及还有待提升，结合专业发展，谈谈如何在新闻撰写中提升社会公众的法律意识?

2. 拓展阅读

习近平:《坚持、完善和发展中国特色社会主义国家制度与法律制度》，《求是》2019年第23期。

习近平:《坚定不移走中国特色社会主义法治道路　为全面建设社会主义现代化国家提供有力法治保障》，《求是》2021年第5期。

习近平:《高举中国特色社会主义伟大旗帜　为全面建设社会主义现代化国家而团结奋斗》，人民出版社2022年版。

习近平:《推进生态文明建设需要处理好几个重大关系》，《求是》2023年第22期。

七、教学资源

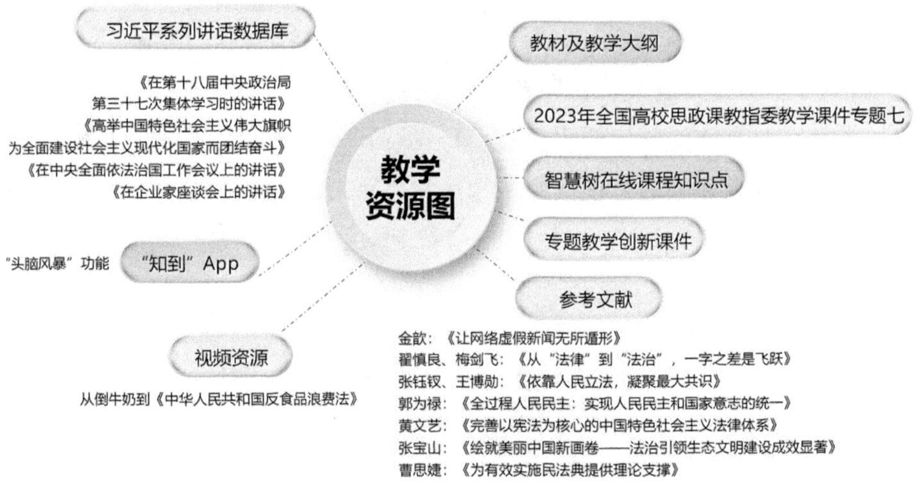

八、教学板书

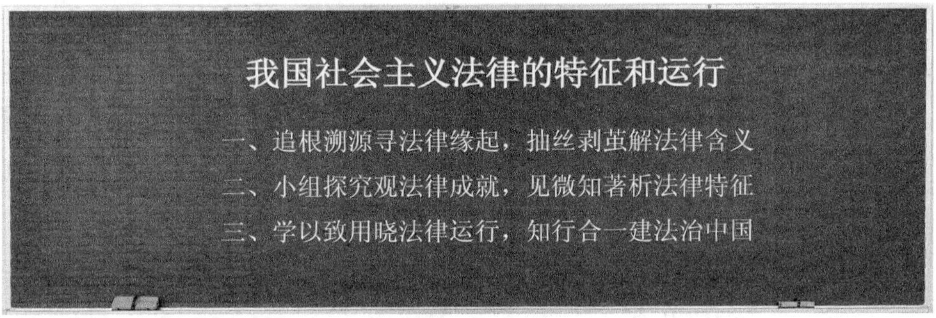

九、教学反思

1. 从基于学情的内容设计反思教学理念的贯彻，用心坚持“以学生为中心”的教学理念。把握了学生对行业案例、职业发展的兴趣点，教师通过网络虚假新闻、从倒牛奶到《中华人民共和国反食品浪费法》、引入《中华人民共和国著作权法》讲述侵权问题、梳理《民法典》中的行业规定，提高了学生的警惕性和职业素养；紧扣了学生对我国社会主义法律优越性的困惑点，教师通过对比分析我国社会主义法律的特征与其他性质法律的特征、深入阐述我国社会主义法律运行的逻辑关联，锻炼了学生的思辨性和独立思考能力；满足了学生对理论学习指导生活实践与思政学习融合专业发展的需求点，教师通过贯通历史文化渊源、现实例证分析、国内外案例对比、行业案例剖析，增强了学生对理论内容说服力与针对性的认同。但在如何利用新闻与传播专业发展历程与成就，更一案到底、专业融通地讲好我国社会主义法律的本质特征与运行上，还有待进一步设计。

2. 从教学目标的达成情况反思教学方法的贯行，用情联动“以现代化赋能”的教学方法。在传统教学方法的运用上，通过理论讲授法，增强学生对法律产生的根源、法律本质特征的理解深度，达成走进法治天地感悟法治中国建设、提升逻辑推理能力、涵养法治素养的目标；通过案例分析法，激发学生对与专业学情相关的案例、国内案例与国际案例的情感热度，达成深入法律起源探究法律重要作用、提升辩证思考能力、涵养家国情怀的目标；通过问题导向法，梳理学生对法律的含义、本质特征、运行机制到时代价值步步深入的问题向度，达成分析社会主义法律特征明晰运行程序、提升识别问题能力、涵养创新品质的目标；通过任务驱动法，发挥学生对课前线上预习、课后翻转拓展等主体性活动的发挥程度，达成把握正确的自学态度、增强深学进阶能力、涵养责任意识的目标。在信息化教学手段应用上，通过原创在线课程知识点的学习以提前了解学生已知未知情况；通过App中头脑风暴功能以实时把握学生内容认知程度。但在如何更加熟练运用信息化教学手段，更进一步通过大数据分析学生对我国社会主义法律的本质特征和运行机制的掌握情况上，还有待进一步深入。

3. 从课堂主阵地内外衔接反思教学过程的贯通，用力实施“全链条培育人”的教学过程。在课前，学生通过自学线上课程“法律的起源和作用”“社会主义核心价值观入法入规之原因”、阅读翻转课堂学习资源“坚定不移走中国特色社会主义法治道路，为全面建设社会主义现代化国家提供有力法治保障”“坚持、完善和发展中国特色社会主义国家制度与法律制度”，初步了解专题学习的基础知识；在课中，学生通过“法律面前人人平等”的中西方差异痛点问题互动研讨、“我国社会主义法律的发展成就中显特征”的热点问题小组展示、“法律具有怎样的含义”重点问题教师讲授，逐步吸收专题学习的核心内容；在课后，学生通过思考习题、文献阅读、实践活动，努力拓展专题学习的深度广度。通过课前、课中、课后的一体贯通，实现教师主导与学生主体相联动、线上教学与线下教学相融合、思政课小课堂与社会大课堂相衔接。在新课导入中，结合专业特色设置撰写虚假新闻的媒体人情境设问，提高了学生参与课堂的兴趣度；在主体讲授中，设计“追根溯源寻法律缘起，抽丝剥茧解法律含义”，“小组探究观法律成就，见微知著析法律特征”，“学以致用晓法律运行，知行合一建法治中国”三个环节内容回应导入抛出的问题逐层解疑答惑，增强了学生深入研讨的启发性；在小组展示中，围绕我国社会主义法律的本质特征进行“大学生讲思政课”的展示活动，彰显了学生创新实践的执行力；在总结升华中，通过对知识进行总结、对问题进行反思、对担当进行寄语，激发了学生转化责任的使命感。通过新课导入、主体讲授、总结升华的一体贯通，实现问题导向、研究导向、成果导向、目标导向相统一。但在课前如何深入分析学生在 App 上的学习数据以掌握学情，加强与学生对法律的理论困惑与现实困境的互动交流，并基于共性问题建立长效解答机制，还有待进一步构想。

专题十七　习近平法治思想的核心要义与价值意蕴

对应章节：第六章第二节

计划学时：2 学时

教学对象：环境工程专业

一、学情分析

1. 已有知识分析。第一，基于大中小一体化纵向衔接，掌握基础知识情况。学生在初中八年级下册《道德与法治》一书中初步学习了法律基础知识，具备了一定的法律常识与法治观念，同时也对于依法治国基本方略有了一定的认识。学生在高中阶段思想政治必修三《政治与法治》第三单元“全面依法治国”中进一步学习了全面依法的相关知识，法律知识储备增加。第二，基于线上课程体系横向贯通，了解自学知识情况。学生通过线上课程知识点“习近平法治思想的重要意义”“习近平法治思想的核心要义”的学习促新知构建；通过翻转课堂学习资源中“刻度上的中国人大”“新鲜出炉！十四五规划硬核分析”等内容的链接促新知拓展。

2. 认知能力分析。第一，基础知识记忆力强，但系统分析能力还不足。学生在中学阶段对于法律的部分内容、手段、运行方式有了一定的了解，但对于习近平法治思想的核心要义与价值意蕴未能系统把握。第二，法律成就认同度高，但理论学习程度还不强。学生对习近平法治思想及其价值表示高度认同，但学生摆脱思想惰性、更加深入全面地学习习近平法治思想相关内容的意识有待提升。第三，感性认知浸润性足，但应用转化能力还不实。学生在日常生活中对习近平法治思想有一定的认知了解，但学生将对习近平法治思想的所感所悟转化为参与法治生活的能力有待提升。

3. 心理需求分析。第一，思政课理论有效指导学习生活。学生希望课程能够解决法律困惑，助力环境工程专业学生在未来工作生活中更好地遵守、利用法律。学生希望通过结合专业相关案例进行分析讲解，如以习近平生态文明思想为指引修订的《中华人民共和国大气污染防治法》《中华人民共和国水污染防治法》等，加深对环境法律的了解。第二，热点与前沿巧妙链接理论课堂。学生希望课堂能够选取蕴含环境工程专业元素的经典案例与前沿成果，结合“长江流域十年禁渔”“三北防护林建设”“河长制”等社会热点焦点展开互动研讨与头脑风暴。第三，信息化技术灵活贯穿课程讲授。学生更期待线上线下混合式授课模式，希望通过线上原创课程“习近平法治思想的重要意义”等进行提前预习、课后复习，通过翻转课堂中优质学习资源的共享扩大学习面，通过课堂学习 App 中投票、选人、头脑风暴等多功能灵活运用激发课堂教学活力。第四，创新性实践活动融入课堂教学。学生希望通过“大学生讲思政课”等丰富多元的实践教学活动，在积极参与、主动探索和协同合作中进一步明晰习近平法治思想的核心要义与价值意蕴。

二、教学目标

1. 知识目标。一是学生能在理论溯源、前沿引入、案例分析中学习习近平法治思想的形成过程、价值意蕴和核心要义，拓展对中学“法律的特征、作用”这一已学知识的探理深度。二是学生能在小组分享和总结点评中感受到习近平法治思想擘画新时代中国法治建设的新蓝图的现实意义，加深对习近平法治思想的价值意蕴的理解，拓展对线上“习近平法治思想的重要意义”这一新学知识的认知广度。三是学生能在困境破除和逻辑梳理中掌握习近平法治思想的核心要义，明晰习近平法治思想是全面依法治国的指导思想和根本遵循，了解“十一个坚持”的具体含义，梳理对课堂“习近平法治思想的核心要义”这一应学知识的问题向度。

2. 能力目标。一是通过对习近平法治思想的形成过程、价值意蕴和核心要义进行反思叩问，学生能提升逻辑推理、辩证思考、识别问题等高阶认知能力。二是通过对线上课程“习近平法治思想的重要意义”“习近平法治思想的核心要义”的前置学习，对实践任务“蓝天保卫战、碧水保卫战、净土保卫战为主题的大学生讲思政课”的分组探究，对翻转课堂“中国特色社会主义法治道路究竟‘特’在哪”的互动交流的全过程参与，学生能提升独立思考、协同合作、意义建构等自主学习能力。三是通过小组展示中环境工程专业与思政主题的紧密勾连、逻辑理路与文本打磨的深耕细作、透彻案例与生动话语的叙事体现、老师点评和小组互评的师生认可，学生能提升融会贯通、智慧创造、以评促优的实践创新能力。

3. 素质目标。一是通过学习习近平法治思想的形成过程，分析中华优秀传统文化中的法律内容，在优秀传统文化中感悟习近平法治思想的历史积淀、文化传承，学生能涵养起深厚的文化自信和信念情怀。二是通过小组展示，感受到生态环境保护领域的青春感悟、榜样群像的攻坚克难，学生能涵养起鲜明的进取精神和奋斗勇气。三是通过从全面依法治国的政治方向、战略地位、工作布局、主要任务、重大关系、重要保障六个方面牢牢把握习近平法治思想的核心要义，加强对全面依法治国的理解，提升参与全面依法治国的责任感，学生能涵养起有为的使命意识和担当底气。

三、教学内容

“习近平法治思想的核心要义与价值意蕴”这一专题教学内容，立足教材“第六章第二节：坚持全面依法治国”的重点难点，贯通线上课程知识点“习近平法治思想的重要意义”“习近平法治思想的核心要义”的已知未知，结合全国高校思政课教指委《思想道德与法治教学课件》专题七第一讲的要点亮点，关注学生对习近平法治思想的核心要义与价值意蕴并以之指导实践活动的兴趣点和困惑点，以习近平法治思想的形成过程、核心要义与价值意蕴为设计主线，阐释了习近平法治思想形成过程的“三个来源”、价值意蕴的“三个维度”、核心要义的“六个方面”。

【教学内容的设计要点】

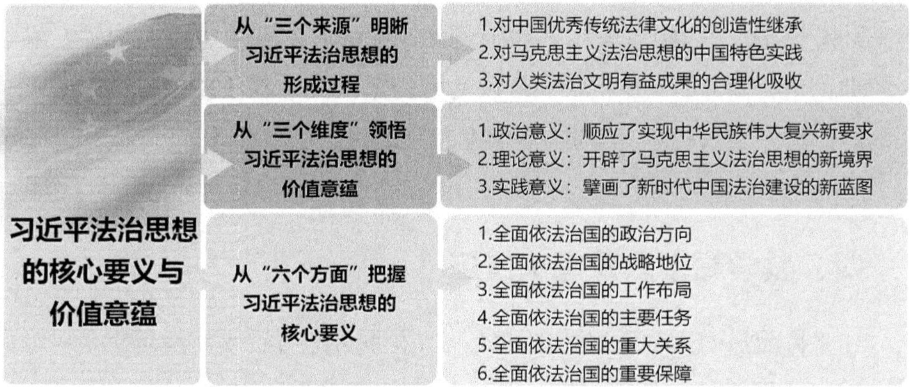

1. 从“三个来源”明晰习近平法治思想的形成过程。一是通过了解中华优秀传统法律文化与习近平法治思想的关系，理解好习近平法治思想是同中华优秀传统法律文化相结合的光辉典范；二是通过对马克思主义法治理论中国化过程的学习，明晰习近平法治思想以马克思主义法治思想为基础，开辟了马克思主义法治思想新境界；三是通过引入专家学者对习近平法治思想的前沿解读，明晰习近平法治思想充分吸收人类法治文明有益成果从而不断丰富发展。

2. 从“三个维度”领悟习近平法治思想的价值意蕴。一是通过讲述习近平法治思想为生态环境法治建设健全提供理论武装的具体案例，突显出其对生态环境法治工作、民族复兴工作的重要作用，体现出习近平法治思想顺应实现民族复兴新要求的政治意义；二是通过引入专家学者对于习近平法治思想与马克思主义法治思想关系的学理性论述，明晰习近平法治思想开辟马克思主义法治思想新境界的理论意义；三是通过小组展示，从“蓝天保卫战”“碧水保卫战”“净土保卫战”三个方面展现习近平法治思想在生态环境保卫战中的作用及其成果，突显习近平法治思想擘画了新时代中国法治建设的新蓝图的实践意义。

3. 从“六个方面”把握习近平法治思想的核心要义。一是在全面依法治国的政治方向和战略地位的讲解中，以专业相关案例《中华人民共和国大气污染防治法》的修订完善及前沿热点视频资源“日本排放核污染水”等进行分析；二是在全面依法治国的工作布局和主要任务讲解中，结合《青藏高原生态环境保护法》《中华人民共和国黄河保护法》的现实案例及相关专家学者的理论进行阐述；三是在全面依法治国的重大关系和重要保障讲解中，结合前沿热点、“河长制”的现实案例发起互动讨论进行解答。

四、教学重难点及解决措施

1. 坚持前沿引入与脉络梳理相统一，着重讲深习近平法治思想是对马克思主义法治思想的创新性发展。第一，从专家学者对 20 世纪以来毛泽东思想、邓小平理论、“三个代表”重要思想、科学发展观的法治思想入手，阐明中国共产党人把马克思主义的基本原理同中国具体实际相结合，把马克思主义法治思想在中国的传播和深入发展讲深；第二，从专家学者对党的十八大以来习近平法治思想的形成完善过程入手，阐明习近平法治思想以马克思主义法治思想为基础，把习近平法治思想是对马克思主义法治思想的创新性发展的问题讲深。

2. 坚持逻辑梳理与理论总结相结合，着重讲活习近平法治思想的理论意义。第一，从专家学者的前沿理论阐述入手，阐明习近平法治思想是马克思主义中国化的最新理论成果，把习近平法治思想开辟马克思主义法治思想新境界的问题讲活；第二，从习近平法治思想的时代性、人民性入手，阐明习近平法治思想立足于历史方位、关切着人民利益，把习近平法治思想的特性讲活。

3. 坚持小组展示与案例分析相融通，着重讲透习近平法治思想的实践意义。第一，在“法律赋能蓝天保卫战，绘就碧空如洗新图景”的小组展示中，阐明夺回蓝天背后是生态文明法律体系的不断完善、环境治理能力的日益提升，把习近平法治思想对打赢蓝天保卫战的重要意义这一问题讲透；第二，在“法律保障碧水保卫战，擘画绿水盈盈新画卷”的小组展示中，阐明在水资源保护实践中推进法治工作，营造生态保护全民参与、法治建设全民支持的氛围，把习近平法治思想对打好碧水保卫战的重要意义这一问题讲透；第三，在“法律助力净土保卫战，共绘沃野千里新蓝图”的小组展示中，阐明打赢净土保卫战离不开周密的部署、离不开法律的保障，把习近平法治思想对打好净土保卫战的重要意义这一问题讲透。

五、教学方法

1. 理论讲授法，重在线上初讲与线下深讲相结合。线上，通过学习“习近平法治思想的核心要义”“习近平法治思想的重要意义”，学生对于习近平法治思想的核心要义与价值意蕴有了初步了解。线下，引入前沿理论观点、关联古今思想发展，从“三个来源”学理分析习近平法治思想的形成过程；基于习近平总书记相关重要论述，结合专家学者前沿理论，从“三个维度”领悟习近平法治思想的价值意蕴，从“六个方面”把握习近平法治思想的核心要义。通过前置理论自学、重点理论探究、前沿理论拓展，培养学生的归纳思维和演绎思维。

2. 问题导向法，重在理论问题与现实问题相结合。新课导入环节，通过设计专题学习“问题链”，从习近平法治思想的形成过程、价值意蕴、核心要义步步深入，在梳理本课框架的同时，以问题为导向提高学生在教学过程中的参与程度；主体讲授环节，回应导入的问题链，联系现实问题对问题链进行剖析解释，通过互动提问“‘中国特色社会主义法治道路’究竟‘特’在哪”，启发学生独立思考中国特色社会主义法治道路的特点，激发同学的求知欲，活跃其思维，通过“黄河保护法的立法精神是如何体现”的思考讨论，学生在思考中更深刻地掌握立法精神。课后思考环节，通过翻转课堂提出问题，“谈谈如何将习近平法治思想运用于光污染的治理中”，检验课堂教学目标达成情况，教学重难点突破效果。通过正视问题、研讨问题、解决问题，培养学生的批判思维和转化思维。

3. 案例分析法，重在个体案例与群体案例相贯通。通过《大气污染防治行动计划》等多部生态法律的颁布修订展开论证，与学生专业相关联的同时，也让学生在案例浸润中充分感受到习近平法治思想的重要价值意蕴；通过“‘三北’防护林工程”等案例，展示生态环境保卫战中的榜样力量，涵养学生的担当意识和奉献意识；通过解读社会热点“河长制”等案例，展示高素质法治队伍将在生态治理各个领域形成高覆盖、高成效，讲清习近平法治思想中坚持建设德才兼备的高素质工作队伍的问题。通过行业案例贯通、个体案例审视、群体案例浸润，培养学生的类比思维和辩证思维。

4. 任务驱动法，重在问题思考与小组展示相结合。课前，学生自主学习线上课程知识点“习近平法治思想的重要意义”“习近平法治思想的核心要义”，对前置知识有初步了解；分组合作设计“大学生讲思政课”小组展示任务，对应学知识有深度感悟。课中，应用课堂学习 App 中选人、抢答、头脑风暴等多功能互动，学生积极参与课堂学习，教师及时把握学情状况。课后，通过翻转课堂布置习题思考和推荐阅读，师生进一步加强交流与学习。通过全人员参与、多功能互动、整过程交流，培养学生的求证思维和递进思维。

六、教学过程

【课前】

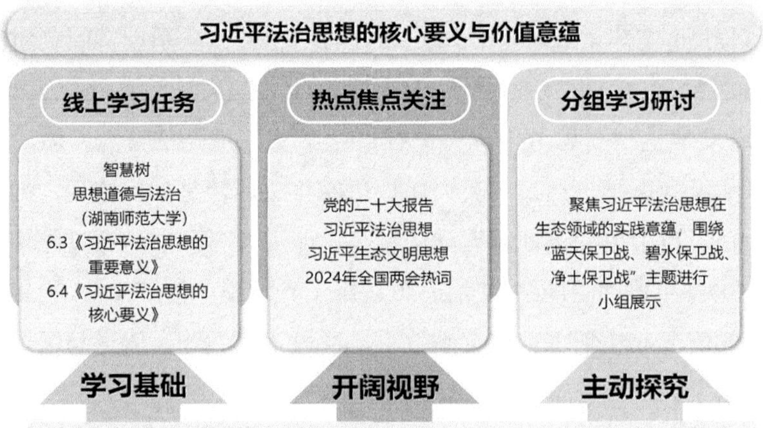

【课中】

环节一：新课导入

同学们好，欢迎来到“思想道德与法治”的课堂，今天我们要讲的主题是“习近平法治思想的核心要义与价值意蕴”。课前，通过线上课程知识点的学习，相信大家都已经对全面依法治国和习近平法治思想有了初步的了解，那今天的课堂我们就聚焦环境工程专业同学所熟悉的生态环境保护领域，来看看习近平法治思想如何运用、落实于生态环境保护中，以此，来加深同学们对于习近平法治思想核心要义和价值意蕴的系统学习和深刻把握。

2005 年 8 月 15 日，在浙江安吉余村时任浙江省委书记的习近平同志创造性地提出“绿水青山就是金山银山”的重要理念；2012 年 11 月，生态文明建设纳入中国特色社会主义事业“五位一体”总体布局，美丽中国在党的十八大报告中首次作为执政理念出现；2023 年 8 月 15 日，我国迎来首个全国生态日。从漫漫黄沙到林草葱郁，塞罕坝创造了“人进沙退”的绿色奇迹；从江豚消失到江豚逐浪，长江流域推行“十年禁渔”的明智之举；从茫茫石漠到秀美青山，贵州以刺梨创新探索荒漠治理……在无数人的奋斗与坚守下，“江山披锦绣，处处花草香”的生态愿景逐渐变成现实图景。

在这场成效显著的生态文明保卫战中，习近平法治思想与习近平生态文明思想发挥着巨大的引领作用。“习近平法治思想，立足新时代中国特色社会主义伟大实践”[①]，习近平生态文明思想全面总结我国生态文明建设经验，在全面推进依法治国的背景下，二者相融合，强调建立具有强制力、权威性和高效率的规则体系，用法治来规范行为秩序。2024 年全国两会期间，《全国人民代表大会常务委员会工作报告》也表明要启动生态环境法典编纂工作，力求编纂出一部以习近平生态文明思想为引领，具有中国特色、体现时代特点、反映人民意愿、系统规范协调的生态环境法典。那习近平法治思想是如何形成的？习近平法治思想有什么样的价值意蕴？习近平法治思想的核心要义是什么？我们将从三个层面来解读。

① 本书编写组：《思想道德与法治》，高等教育出版社 2023 年版，第 199 页。

环节二：从“三个来源”明晰习近平法治思想的形成过程

2020年11月16日至17日，中央全面依法治国工作会议在北京召开，这次会议的一个重要成果就是首次提出习近平法治思想。任何一种思想体系都不是凭空产生的，都有其深厚的社会历史渊源和理论渊源。“习近平法治思想创造性地继承了中国传统优秀法律文化，将马克思主义法治思想与当代中国法治实践相结合，在借鉴吸收人类法治文明有益成果的基础上，历史性地回答了新时代全面依法治国一系列重大问题。”①

1. 对中国优秀传统法律文化的创造性继承

“习近平法治思想植根于中华优秀传统文化的土壤，”② 汲取了古今通用的法治思想合理内核，摒弃了古代的封建法律思想糟粕，是同中华优秀传统法律文化相结合的光辉典范。习近平总书记早就对中华优秀传统法律文化给予了充分的肯定，深刻地指出：“自古以来，我国形成了世界法制史上独树一帜的中华法系，积淀了深厚的法律文化。”③ 他深入研究中华法治文明历史，从中汲取营养和智慧，不仅指导了中国法治实践，而且向世界展示了中国法治价值、中国法治力量和中国法治精神，凸显出习近平总书记对中华优秀传统法律文化的传承、弘扬、转化、创新、发展所作出的历史性贡献。④

2. 对马克思主义法治思想的中国特色实践

“马克思主义法治理论以其鲜明的历史唯物主义原理，揭示了人类法治发展的一般规律，剖析了资本主义法治发展的特殊规律，阐明了共产主义社会的根本法理，是人类思想史、法学史上的伟大变革，产生了广泛而

① 马怀德：《习近平法治思想的理论逻辑、历史逻辑与实践逻辑》，《山东人大工作》2021年第9期。

② 尹志鹏：《习近平法治思想的传统文化溯源与时代创新》，《黑龙江省政法管理干部学院学报》2023年第6期。

③ 《习近平谈治国理政》第四卷，外文出版社2022年版，第289页。

④ 参见崔亚东：《习近平法治思想对中华优秀传统法律文化的转化与创新》，《上海政法学院学报（法治论丛）》2023年第5期。

持久的影响力。”①“20世纪以来，马克思主义在中国获得广泛传播和深入发展。中国共产党人把马克思主义的基本原理同中国具体实际相结合、同中华优秀传统文化相结合，产生了毛泽东思想、邓小平理论、‘三个代表’重要思想、科学发展观、习近平新时代中国特色社会主义思想，其中都蕴含着丰富而深刻的法治理论。”② 比如，在新民主主义革命、社会主义革命和建设的伟大实践中，毛泽东思想的法治理论翻开了中国法律思想史的崭新一页，他创造性地提出了“党内法规”概念，深刻论述了社会主义国家制度和法律制度的基本原理，精辟论述了关于正确认识和处理两类不同性质矛盾的学说，形成了具有中国特色的刑事策略思想。③ 邓小平理论、“三个代表”重要思想和科学发展观形成并不断发展了中国特色社会主义法治理论，中国特色社会主义法治理论明确提出搞“四个现代化”必须“一手抓建设，一手抓法制”，必须实行“有法可依，有法必依，执法必严，违法必究，在法律面前人人平等”的原则等等。“正是在中国特色社会主义法治理论指引下，1982年宪法即现行宪法公布实施，开启了中国特色社会主义法治建设新时期。”④

党的十八大以来，习近平高度重视全面依法治国，创造性提出了一系列全面依法治国新理念新思想新战略，形成习近平法治思想。“在党的十八届四中全会上，《中共中央关于全面推进依法治国若干重大问题的决定》经审议通过，意味着全面依法治国有了科学的顶层设计；党的十九大对新时代推进全面依法治国提出了新任务，明确到2035年，法治国家、法治政府、法治社会要基本建成；党的十九届二中全会审议通过《中共中央关于修改宪法部分内容的建议》强调由宪法及时确认党和人民创造的伟大成就和宝贵经

---

① 王晨：《习近平法治思想是马克思主义法治理论中国化的新发展新飞跃》，《中国法学》2021年第2期。

② 本书编写组：《思想道德与法治》，高等教育出版社2023年版，第199页。

③ 参见王晨：《习近平法治思想是马克思主义法治理论中国化的新发展新飞跃》，《中国法学》2021年第2期。

④ 王晨：《习近平法治思想是马克思主义法治理论中国化的新发展新飞跃》，《中国法学》2021年第2期。

验；党的十九届三中全会审议通过《中共中央关于深化党和国家机构改革的决定》和《深化党和国家机构改革方案》，决定组建中央全面依法治国委员会，法治中国建设迈入系统协同推进新阶段；党的十九届四中全会审议通过《中共中央关于坚持和完善中国特色社会主义制度　推进国家治理体系和治理能力现代化若干重大问题的决定》，对提高党依法治国、依法执政能力作出专门部署，法治在国家治理中的作用更加彰显；党的十九届五中全会审议通过《中共中央关于制定国民经济和社会发展第十四个五年规划和二〇三五年远景目标的建议》，其中对推进法治中国建设进行了部署，提出要有效发挥法治固根本、稳预期、利长远的保障作用；党的十九届六中全会审议通过《中共中央关于党的百年奋斗重大成就和历史经验的决议》，其中强调发展全过程人民民主，坚持全面依法治国。”[①] 习近平法治思想以马克思主义法治思想为基础，蕴含马克思主义革命论的基本原理，体现辩证唯物主义的法哲学观，具有完备的理论体系、鲜明的中国特色和浓厚的实践特征，开辟了马克思主义法治思想新境界。[②]

3. 对人类法治文明有益成果的合理化吸收

“习近平法治思想在坚持以我为主、为我所用的基础上，积极借鉴、合理吸收人类法治文明有益成果。当然，借鉴吸收人类法治文明有益成果并非拿来主义，不能照搬照抄、全盘西化。独立自主、自力更生向来是党领导人民治国理政的重要立场，也是习近平法治思想的内在要求。习近平法治思想在借鉴吸收人类法治文明有益成果的同时，用具有鲜明时代特征和中国特色的法治思想为人类法治文明贡献了中国智慧。”[③]

作为习近平新时代中国特色社会主义思想的重要组成部分，习近平法治思想从历史和现实相贯通、国际和国内相关联、理论和实际相结合上深

① 参见本书编写组：《思想道德与法治》，高等教育出版社 2023 年版，第 199 页。

② 参见马怀德：《习近平法治思想的理论逻辑、历史逻辑与实践逻辑》，《山东人大工作》2021 年第 9 期。

③ 马怀德：《习近平法治思想的理论逻辑、历史逻辑与实践逻辑》，《山东人大工作》2021 年第 9 期。

刻回答了新时代为什么实行全面依法治国、怎样实行全面依法治国等一系列重大问题，是顺应实现中华民族伟大复兴时代要求应运而生的重大理论创新成果，是马克思主义法治理论中国化最新成果，是全面依法治国的根本遵循和行动指南。①从习近平法治思想的形成过程中，我们可以深切感受到“习近平法治思想是经过长期发展而形成的内涵丰富、论述深刻、逻辑严密、系统完备的法治理论体系，为建设法治中国指明了前进方向，在中国特色社会主义法治建设进程中具有重大政治意义，理论意义、实践意义。”②

环节三：从“三个维度”领悟习近平法治思想的价值意蕴

在习近平法治思想的引领下，以习近平同志为核心的党中央从坚持和发展中国特色社会主义的全局和战略高度定位法治、布局法治、厉行法治，社会主义法治国家建设深入推进，全面依法治国总体格局基本形成，中国特色社会主义法治体系加快建设，法治固根本、稳预期、利长远的保障作用得到了更好发挥，书写了法治中国前所未有的辉煌篇章，奠定了中华民族千秋伟业的法治基石。

1. 政治意义：顺应了实现中华民族伟大复兴新要求

法治，民族复兴的必由之路。“在以中国式现代化全面推进中华民族伟大复兴的目标指引下，健全生态环境法治是实现‘人与自然和谐共生的中国式现代化’的重要保证，也是将党中央关于生态文明建设和生态环境保护的部署落到实处的法治化体现。习近平生态文明思想和习近平法治思想为生态环境法治建设和健全提供了坚定的政治基础与强大的理论武装，始终是生态文明法治建设和健全的根本遵循。”③生态环境法治工作向前走出一小步，民族复兴向上迈出新一阶。生态系统保护和修复工作全面铺开，“三年来完成

① 参见本书编写组：《思想道德与法治》，高等教育出版社2023年版，第200页。

② 本书编写组：《思想道德与法治》，高等教育出版社2023年版，第200页。

③ 王惠诗涵：《健全生态环境法治　实现人与自然和谐共生的中国式现代化》，《人民法院报》2022年11月25日。

国家级自然保护区3986个问题整改。稳步推进25个山水林田湖草生态保护修复试点工程建设”①，促进全社会生态环境保护意识提升，强化社会监督，进一步将生态环境保护措施落到实处，“做到守土有责、守土担责、守土尽责”，②让“绿水青山”为民族复兴事业建设“金山银山”。

2. 理论意义：开辟了马克思主义法治思想的新境界

习近平总书记指出，“把坚持马克思主义和发展马克思主义统一起来，结合新的实践不断作出新的理论创造，这是马克思主义永葆生机活力的奥妙所在。”③习近平法治思想科学回答了21世纪中国法治进程面临的‘世纪课题’，是21世纪马克思主义法治思想，是全面依法治国的根本遵循和行动指南，标志着马克思主义法治思想的新飞跃。④习近平法治思想何以开辟了马克思主义法治思想的新境界，归根结底，就在于习近平法治思想的鲜明特征。第一，“习近平法治思想具有时代性。时代性是马克思主义的一个基本特性。习近平总书记立足中国特色社会主义进入新时代的历史方位，立时代之潮头，发思想之先声，科学回答了新时代我国法治建设向哪里走、走什么路、实现什么目标等根本性问题，在新时代波澜壮阔的治国理政实践中开启了法治中国新篇章。”⑤我国在发展建设过程中吸取西方国家“先污染后治理”的经验教训，在经济发展的同时也非常重视生态保护工作。第二，习近平法治思想具有人民性。人民性是马克思主义最鲜明的品格。纵览我国对蓝天、碧水、土地三大领域法律法规的出台，无不关切着人民利益，在落实生态保护的法治工作进程中，我们始终倾听人民声音、发挥人民力量、满足人民需求。

---

① 吴舜泽：《【中国稳健前行】绘就全面小康的生态底色》，2020年8月26日，见http://www.qstheory.cn/wp/2020-08/26/c_1126415142.htm。

② 孙金龙：《中华民族永续发展的千年大计》，《人民日报》2020年6月30日。

③ 习近平：《在哲学社会科学工作座谈会上的讲话》，人民出版社2016年版，第13页。

④ 参见陈一新：《习近平法治思想是马克思主义中国化最新成果》，《人民日报》2020年12月30日。

⑤ 陈一新：《习近平法治思想是马克思主义中国化最新成果》，《人民日报》2020年12月30日。

习近平法治思想还具有原创性、系统性、实践性，在马克思主义法治理论的科学指导下，习近平总书记以破解法治实践难题为着力点，解决了许多长期想解决而没有解决的难题，办成了许多过去想办而没有办成的大事，[①]习近平法治思想对于法治中国的建设具有重要的实践意义。

3. 实践意义：擘画了新时代中国法治建设的新蓝图

环境就是民生，青山也是美丽，蓝天也是幸福，良好的生态环境是最公平的公共产品，是最普惠的民生福祉。为此，习近平总书记提出“像保护眼睛一样保护自然和生态环境”[②]，强调：“只有实行最严格的制度、最严密的法治，才能为生态文明建设提供可靠保障。”[③]

课前，在翻转课堂小组教学中，有三组同学完成了围绕“蓝天保卫战、碧水保卫战、净土保卫战”主题的“大学生讲思政课”实践作业，下面有请三组同学的代表来为大家做展示。老师也会打开 App 上的头脑风暴，大家可以为汇报的小组点赞，也可以提出你们的思考困惑，欢迎大家积极参与到同伴互评中来。下面，就请三位同学为我们展示习近平法治思想在生态保卫战的运用及其成果。

【小组展示一】法律赋能蓝天保卫战，绘就碧空如洗新图景

大家好，我是白云飘飘组的代表，我今天汇报的主题是“法律赋能蓝天保卫战，绘就碧空如洗新图景”。党的十八大以来，党中央把生态文明建设摆在全局工作的突出位置，开展了一系列根本性、开创性、长远性工作，着力打赢污染防治攻坚战。其中，蓝天保卫战决心之大、力度之大、成效之大前所未有。

一部法律，保卫万里天空之蓝。一语不能践，万卷徒虚空。体制机制的建立健全是生态文明建设的根本之基，重要抓手。为防治大气污染，保护和

---

① 参见陈一新：《习近平法治思想是马克思主义中国化最新成果》，《人民日报》2020 年 12 月 30 日。

② 习近平：《高举中国特色社会主义伟大旗帜　为全面建设社会主义现代化国家而团结奋斗——在中国共产党第二十次全国代表大会上的报告》，人民出版社 2022 年版，第 23 页。

③ 习近平：《论坚持人与自然和谐共生》，中央文献出版社 2022 年版，第 34 页。

改善生活环境和生态环境，保障人体健康，促进经济和社会的可持续发展，2013 年以来，《大气污染防治行动计划》《打赢蓝天保卫战三年行动计划》相继实施，《中华人民共和国大气污染防治法》两度修订完善，形成环环相扣、协同联动的法律、制度体系，一系列顶层设计、制度安排为打赢蓝天保卫战保驾护航。

一组照片，记录八年蓝天之增。2022 年，《人民日报》推出短视频《天空日记》，讲述了石家庄摄影爱好者王汝春的故事。70 多岁的王汝春老人每天对着天空拍摄，记录下生态巨变。在他的电脑中，曾经名为“追踪雾霾”的相册改名为“追踪蓝天”。网友纷纷留言点赞，争相展示家乡蓝天“靓照”，大江南北涌现出许许多多“王汝春”。在 2022 年六五环境日国家主场活动“建设人与自然和谐共生的现代化”主题展览中，“晒晒我的‘家乡蓝’”摄影作品征集活动优秀作品成为重要板块，20 余幅来自全国各地的摄影作品精彩纷呈：福建霞浦，工人们在蓝天白云下修船；湖北南漳，果农在碧空下搬运刚采摘的鲜桃；安徽淮北，火烧云景观壮美绚丽……人民群众成为美丽中国建设的见证者、记录者、参与者。从“盼蓝天”到“晒蓝天”，十年攻坚克难，我国空气质量发生了历史性的变化，蓝天白云重新展现，空气质量持续改善，照片底色日益鲜亮。

一串数据，彰显治理成效之大。2022 年，在“中国这十年”系列主题发布会上，生态环境部部长黄润秋表示：“2013 年至 2022 年，全国重点城市 PM2.5 平均浓度下降了 57%，重污染天数下降了 93%，我国已成为世界上空气质量改善最快的国家。”① 根据美国彭博新闻社报道：2013 年至 2020 年，我国空气质量改善的幅度，就相当于美国《清洁空气法案》启动实施以来 30 多年的改善幅度。“2023 年，国务院印发的《空气质量持续改善行动计划》提出：2025 年，全国地级及以上城市 PM2.5 浓度比 2020 年下降 10%，重度及以上污染天数比率控制在 1%以内；氮氧化物和挥发性有机物排放总

① 参见高敬：《权威部门话开局｜生态环境部：加快推动出台〈空气质量持续改善行动计划〉》，2023 年 7 月 27 日，见 http://www.news.cn/2023-07/27/c_1129772208.htm。

量比2020年分别下降10%以上。”[①]这一系列数据能让我们直观感受到蓝天保卫战的成效之大、成果之多，决心之强。

一点一点驱散雾霾、夺回蓝天，背后是生态文明法律体系的不断完善、环境治理能力的日益提升。深入打好蓝天保卫战，以生态环境高水平保护推动高质量发展、创造高品质生活，我们的蓝天相册将越发动人，人与自然和谐共生的家园将日益美丽。

【教师点评】感谢第一组同学的分享，第一组同学以“法律赋能蓝天保卫战，绘就碧空如洗新图景”为主题，以“一部法律”“一组照片”“一串数据”为例，具体讲述了《中华人民共和国大气污染防治法》的出台、王汝春老人与网友拍下天空巨变的照片以及大气保护取得成就的相关数据三个案例，逻辑清晰，语言生动。在这组同学的展示中，我们可以看到我国蓝天保卫战的决心之大、力度之大、成效之大。讲好了蓝天保卫战，我们将进一步学习碧水保卫战。

【小组展示二】法律保障碧水保卫战，擘画绿水盈盈新画卷

大家好，我是一江春水组的代表，我今天汇报的主题是“法律保障碧水保卫战，擘画绿水盈盈新画卷”。建设山清水秀的生态空间，实现可持续发展，需要法律发挥它的约束力。

水污染防治法颁布里的生态原则，完善法治体系。“1984年5月11日，六届全国人大常委会第五次会议通过《中华人民共和国水污染防治法》。2008年2月28日，十届全国人大常委会第三十二次会议对原水污染防治法予以了全面修订。”[②]水污染防治法颁布为水资源保护提供了法律依据。在水资源保护的实践中始终坚持人与自然和谐共生的生态原则，对防治水污染，促进经济社会全面协调可持续发展具有重要的意义。习近平总书记亲自考察黄河上中下游9省区，两次主持召开座谈会推动黄河流域生态保护和高质量

---

① 寇江泽：《2025年地级及以上城市PM2.5浓度比2020年下降10%——持续深入打好蓝天保卫战》，《人民日报》2023年12月13日。

② 宋芳：《确立新的法律制度加大防治水污染的力度》，2008年5月30日，见http://www.npc.gov.cn/c221/201905/t20190522_105773.html。

发展。[①]"护佑黄河安澜，必须依靠制度、依靠法治，用制度和法治力量守护好母亲河。2023年4月1日，《中华人民共和国黄河保护法》施行。这部江河流域保护标志性法律的出台，为在法治轨道上系统性推进黄河流域生态保护和高质量发展提供了有力保障。"[②]通过严管共治、联防联治等方式保护水资源，向"长治久清"的目标看齐。

水污染防治法修改中的民生关切，坚持人民至上。现行水污染防治法是1984年制定的，历经1996年和2017年两次修正，2008年一次修订，在防治水污染行动中发挥了重要作用，水污染防治工作在标准规划、监督管理、工业和城镇水污染防治、饮用水水源安全保障等方面均取得积极进展。但随着全面建设小康社会的不断推进，人民群众对美好环境的诉求日益提升，对水污染防治工作提出了新要求，全国人大代表也不断提出修改水污染防治法的议案。为回应社会关切，顺应国情民意，"2015年10月、2016年6月和10月，环资委三次听取环保部介绍法律修改工作进展。"[③]修正案草案规定国务院环保部门应当会同有关部门和省级政府，建立重要江河、湖泊的流域水环境保护联动协调机制，加强水污染联合防治，解决百姓身边的水污染问题，整治城市黑臭水体，提升流域环境资源承载能力，让污水治理提质增效。习近平总书记2019年9月在黄河流域生态保护和高质量发展座谈会上指出，"要坚持绿水青山就是金山银山的理念，坚持生态优先、绿色发展，以水而定、量水而行，因地制宜、分类施策，上下游、干支流、左右岸统筹谋划，共同抓好大保护，协同推进大治理，着力加强生态保护治理、保障黄河长治久安、促进全流域高质量发展、改善人民群众生活、保护传承弘扬黄河文化，让黄河成为造福人民的幸福河。"[④]政府带领，人民参与，走出一条

① 参见黄承梁：《推动黄河流域生态保护和高质量发展》，《红旗文稿》2022年第8期。

② 姜辰蓉等：《携手共护母亲河》，2023年9月5日，见 http://sn.news.cn/20230905/1e27d4303b1e480da204a3941aa80408/c.html。

③ 丁敏：《权威解说：水污染防治法修改背后的民生关切》，2016年12月23日，见 http://www.npc.gov.cn///c2/c183/201905/t20190521_278783.html。

④ 《习近平著作选读》第二卷，人民出版社2023年版，第261页。

特色生态文明建设之路。

水污染防治法实践中的环境保护，贯彻依法治国。“不断严格执法责任、优化执法方式、完善执法机制、规范执法行为，全面提高生态环境执法效能。”① 各地生态环境部门结合本地实践，深入贯彻落实生态环境保护综合行政执法改革，依法查处违法违规案件，明确水污染防治和生态环境保护执法职责，将水污染防治法落实到生态建设中去，让生态实践有法可依、有法必依，对生态环境违法案件严格执法、严密管控。“2022 年 4 月 1 日起，黄河河源区及上游重点水域实行全年禁渔、黄河宁夏段至入海口禁渔期延长一个月，高密度开展水陆联动执法。全年共出动执法人员 2.7 万人次、车辆船艇 8422 辆（艘）次，检查渔港码头及渔船自然停泊点 1373 个次、渔船 2581 艘次、市场 2366 个次，查办违法违规案件 369 起，移送司法处理案件 46 件，黄河禁渔秩序稳定，水生生物资源得到有效养护”②，在水资源保护实践中调动公众广泛参与生态环境治理的积极性，强化执法机关责任意识，营造生态保护全民参与、法治建设全民支持的氛围。

水污染防治是攻坚战，更是持久战，追求“长治久清”就要贯彻落实好以人民为中心的思想，听取群众意见，汇聚群众智慧，凝聚强大合力，以实实在在的水环境治理成效取信于民，切实提升人民群众的获得感、幸福感、安全感。

【教师点评】感谢第二组同学的分享。第二组同学从“碧水保卫战”来解读习近平法治思想在水污染防治过程中的应用，从治理黄河的实践成果中，我们可以看到“护佑黄河安澜”的信心、追求“长治久清”的决心、关照人民需求的暖心。从同学们的展示中我们看到了在蓝天保卫战中守护的白

① 《生态环境部公布 2022 年第一批生态环境执法典型案例（优化执法方式领域）》，中华人民共和国生态环境部，2022 年 1 月 12 日，见 https://www.mee.gov.cn/ywdt/xwfb/202201/t20220112_966858.shtml。

② 《黄河全域 4 月 1 日 12 时进入禁渔期农业农村部和公安部同步启动黄河禁渔专项执法行动》，中华人民共和国中央人民政府，2023 年 4 月 2 日，见 https://www.gov.cn/lianbo/bumen/202404/content_6943006.htm。

云飘飘、繁星闪烁，在碧水保卫战中守护的一江春水碧波荡漾，那么我们又该如何守护好茫茫林海千里沃野呢？接下来我们就跟随第三组的步伐走进“净土保卫战”。

【小组展示三】法律助力净土保卫战，共绘沃野千里新蓝图

大家好，我是林海茫茫组的代表，我们要汇报的主题是“法律助力净土保卫战，共绘沃野千里新蓝图”。作为地球至关重要的皮肤，地球上所有生命都依赖于土壤的存在。面对土壤的污染防治问题，我国出台了一系列政策法规，采取了一连串有力举措。

聚焦“土十条”，窥见法律雏形，保卫净土有计划。《土壤污染防治行动计划》又被称为“土十条”，从十个方面提出了达成我国到2020年土壤污染加重趋势得到初步遏制，土壤环境质量总体保持稳定；到2030年土壤环境风险得到全面管控；到本世纪中叶，土壤环境质量全面改善，生态系统实现良性循环”[①]的‘硬任务’。其中第二条便是推进土壤污染防治立法，建立健全法规标准体系。加快推进立法进程，配合完成土壤污染防治法起草工作；系统构建标准体系，健全土壤污染防治相关标准和技术规范；全面强化监管执法，明确监管重点与加大执法力度共同推进。《土壤污染防治行动计划》从多个方面做出了规划，字里行间描摹出对土壤污染防治立法的雏形。

紧扣“防治法”，明确法律条文，保卫净土有保障。制定土壤污染防治法，依法保护土壤环境，是保障人民群众“吃得放心、住得安心”的民生工程。《中华人民共和国土壤污染防治法》正是一部专门用来规范防治土壤污染的法律。[②]本法一共七章九十九条，其中第四章第二节和第三节对于农用地和建设用地作出了明确规定，这也是对如何保障人民群众“吃得放心、住

① 荣启涵，杨维汉：《“土十条”：到2030年我国实现土壤环境风险全面管控》，2016年6月1日，见https://www.gov.cn/xinwen/2016-06/01/content_5078562.htm。

② 参见高敬：《我国首部土壤污染防治法将于2019年施行让群众吃得放心、住得安心》，2018年9月3日，见http://www.npc.gov.cn/zgrdw/npc/lfzt/rlyw/2018-09/03/content_2060802.htm。

得安心”这一问题的最有力回答。加强耕地保护，保证“吃得放心”。贯彻土壤污染防治法，做好土壤污染风险管控与修复，事关人民群众的“米袋子”和“菜篮子”。“要搞清楚农用地土壤污染原因，依法对症管控、修复和防治，保证安全利用，放心种植农作物。”“经过检测，这里的稻米都能达到食用标准。”检查组依法认真负责督察的态度为保障人民“吃得放心”注入强心剂。严格建设用地准入，保障“住得安心”。要严格落实土壤污染风险管控和修复名录制度，做好污染状况调查、监测和评估。对存在污染风险的地块，不一定急于修复、急于使用，如果不能确保安全就坚决不用，特别是不能作为住宅、公共管理和公共服务用地。[①]《中华人民共和国土壤污染防治法》填补了我国土壤污染防治方面的法律空白，成为土壤管理工作的重要里程碑，为地方立法提供了充分依据，同时从让人民群众“吃得放心、住得安心”的农用地和建设用地规定中体现了习近平法治思想“坚持以人民为中心”的深刻内涵。

着眼“防护林”，落实法律要义，保卫净土有实效。遍布于东北、华北、西北的防护林，终于在1978年汇聚成一个完整的体系工程——“三北”防护林工程。这不是单一的林场，而是覆盖从黑龙江到新疆的广达406万平方千米土地的防护林体系，从雪峰冰川到大漠戈壁，从茫茫草原到片片农田，这是一项事关我国生态安全、事关强国建设、事关中华民族永续发展的崇高事业。经过40多年不懈努力，我国防沙治沙工作取得举世瞩目的巨大成就，重点治理区实现从“沙进人退”到“绿进沙退”的历史性转变。这样的成就离不开人民群众对于有关土壤防治方面法律的自觉遵守，就比如国家法律监督机关成员切实走访调研，向相关行政监管部门发出督促履职行政公益诉讼诉前检察建议，要落实好高原鼠兔害等治理行动，谨防鼠兔害导致的草皮脱落，做好草原荒漠化防治措施；广大干部群众发扬艰苦创业、蚂蚁啃骨头的精神，一张铁锹两只手，镢头加窝头，在习近平法治

① 参见王比学：《依法打好净土保卫战——全国人大常委会对土壤污染防治法开展执法检查》，《人民日报》2020年9月28日。

思想和习近平生态文明思想的指导下开展了一场旷日持久、艰苦卓绝的造林绿化“人民战争”。《中华人民共和国防沙治沙法》为预防土地沙化，治理沙化土地，维护生态安全，促进经济和社会的可持续发展而生，“三北”防护林正是在本法的指导下迈入卓有成效的境界，使昔日的“不毛之地”变成闻名的“塞上绿洲”。

人不负青山，青山定不负人。打赢净土保卫战离不开周密的部署、离不开法律的保障、更加离不开人民的坚守。我们应画好绿色发展的一张图，守好生态文明的一片土。

【教师点评】感谢第三组同学的分享。他们着眼于净土保卫战，从“土十条”讲到“防治法”再到“防护林”，先从《土壤污染防治行动计划》中窥探到法律的大致轮廓，明晰了土壤污染防治的章程；紧接着从《中华人民共和国土壤污染防治法》农用地和建设用地中点明习近平法治思想“坚持以人民为中心”的核心要义，保障了土壤污染防治的开展；最后从“三北”防护林这一具体工程中领悟到遵守法律的重要意义，呈现了防沙治沙工作的实效，详细论述了有关土壤防治法律的“前生、今世、来生”。以上三组同学结合自身专业特色分别从蓝天、碧水、净土三大保卫战中展示了法律对于环境保护的保障作用，我国天更蓝、水更清、地更绿，万里河山更加多姿多彩，这都得益于各部环境保护法的强有力支持。

【教师总结】斑斓的画卷，在踔厉奋发中铺陈；绿色的华章，在接续奋斗中书写。实践取得的成就证明，“生态文明建设必须以法治为基本架构，法治必须对生态文明的重要理念给予回应”①，“习近平法治思想是生态文明建设的科学指南，是全面依法治国的根本遵循”②，生态文明建设是全面依法治国的重要领域，法治亦是生态文明建设的必由之路。“习近平法治思想擘画了新时代全面依法治国的宏伟蓝图，增强了全党全国各族人民走中国特色

① 于文轩：《习近平生态文明法治理论指引下的生态法治原则》，《中国政法大学学报》2021年4期。

② 习近平法治思想研究中心：《习近平法治思想是全面依法治国的根本遵循》，《人民日报》2022年9月13日。

社会主义法治道路的信心，增强了新时代全面依法治国的政治定力、前进动力，引领着法治中国建设迈上良法善治新境界。”[①]

登上新境界，走上新台阶，习近平法治思想的重大意义让我们充分感受到这一思想的价值光芒，也促使我们深入思考新时代该如何在依法治国进程中把握习近平法治思想的核心要义。

环节四：从“六个方面”把握习近平法治思想的核心要义

“2020 年 11 月，中央全面依法治国工作会议正式提出习近平法治思想，并将其确定为全面依法治国的指导思想和根本遵循。”[②]习近平总书记用“十一个坚持”对全面依法治国进行了系统阐释、部署，深刻回答了新时代为什么实行全面依法治国、怎样实行全面依法治国等一系列重大问题。这“十一个坚持”涉及的都是全面依法治国方向性、根本性、全局性的重大问题，从全面依法治国的政治方向、战略地位、工作布局、主要任务、重大关系、重要保障等方面提出了一系列新理念新观点新论断。[③]

1. 全面依法治国的政治方向

方向决定道路，道路决定命运。全面依法治国的政治方向就是它由谁领导、依靠谁、走什么道路。对此，习近平总书记用“三个坚持”深刻回答了这三个大是大非问题。[④]

坚持党对全面依法治国的领导。坚持党对全面依法治国的领导是中国特色社会主义法治的本质特征和内在要求。“党的领导是中国特色社会主义法治之魂，是我们的法治同西方资本主义国家的法治最大的区别。离开了中国共产党的领导，中国特色社会主义法治体系、社会主义法治国家就建不起来。”[⑤]坚持党的领导绝不是一句空的口号，党领导立法、保证执法、支持司

① 本书编写组：《思想道德与法治》，高等教育出版社 2023 年版，第 200 页。

② 本书编写组：《思想道德与法治》，高等教育出版社 2023 年版，第 198 页。

③ 参见本书编写组：《思想道德与法治》，高等教育出版社 2023 年版，第 200 页。

④ 参见本书编写组：《思想道德与法治》，高等教育出版社 2023 年版，第 200 页。

⑤ 《习近平关于全面依法治国论述摘编》，中央文献出版社 2015 年版，第 35 页。

法、带头守法，哪一个环节都不可或缺。党领导立法，意味着党要善于通过人大立法，将其政策和主张上升为国家意志、变成全体人民的共识和共同行动，从制度上、法律上保障党的路线方针政策的贯彻实施。正如《中华人民共和国大气污染防治法》两度修订完善，党在这一过程中将人民对澄澈蓝天的向往上升为国家意志，确保依法治污的正确政治方向。在保证执法的过程中，党的领导和监督是法律能够实际发生效力的重要保证。倘若没有中国共产党的监督，无法确保党中央关于生态环境保护的决策部署在生态环境法治工作中得到贯彻实施，蓝天保卫战也不会打出如此漂亮的效果。所谓支持司法，主要指的是各级党委要支持司法机关依法独立公正行使审判权和检察权。面对私自排放有毒有害气体、对《中华人民共和国大气污染防治法》熟视无睹的企业，党要支持司法工作的顺利展开，绝不允许滥用权力侵犯群众合法权益。中国共产党带头守法是党依法执政的逻辑前提，也是党章与宪法的刚性要求。“党带头守法，有助于在全社会树立法律权威、引领全民守法。”①

万山磅礴，必有主峰。中国共产党是中国特色社会主义事业的领导核心，是最高政治领导力量。在回答了全面依法治国“由谁领导”的问题之后，还要深入思考全面依法治国“为了谁、依靠谁”的问题。

坚持以人民为中心。坚持以人民为中心是全面推进依法治国的力量源泉。人民是国家的主人，依法治国的主体。社会主义法治建设必须为了人民、依靠人民、造福人民。人民幸福生活是最大的人权。

【视频资源】中方代表在联合国人权理事会敦促日本就核污染水问题正视国际社会关切②

【教师点评】日方“一意孤行”将核废水一排了之的行为是极不负责任的，

① 封丽霞：《习近平法治思想的党法关系论》，《山东大学学报（哲学社会科学版）》2021年第3期。

② 《中方代表在联合国人权理事会敦促日本就核污染水问题正视国际社会关切》，央视网，2023年6月23日，见 http://news.cctv.cn/2023/06/23/ARTItLO4ma15IVaZDqeopzGL230623.shtml。

不仅会给日本民众的健康福祉和发展权益带来伤害，也会严重威胁全球海洋环境，使国际社会承受不必要的风险。福岛核废水处置问题事关全球生态环境安全和各国人民生命健康，不是日本的“私事”，是可能造成重大环境危害的事件。①

与日本不顾人民群众的切身利益相比，我国对水污染的治理体现了对人民群众的深切关怀。譬如，在习近平法治思想的指导下，贯彻实施《中华人民共和国黄河保护法》是回应人民群众对黄河长久安澜美好向往的重要实践；在广大干部群众的接续奋斗下，曾经饱受黄河决口改道留下的风沙、盐碱、内涝“三害”影响的兰考，依托乡村旅游、畜禽养殖等产业支撑，早已实现脱贫“蝶变”，黄河成为造福人民的幸福河。强化水污染防治工作事关人民群众切身利益，集聚全社会的广泛关注和积极努力。

坚定全面依法治国的政治方向，不仅要找到正确的领导者和依靠者，更要走一条适合自己的法治道路。

坚持中国特色社会主义法治道路。坚持中国特色社会主义法治道路是全面推进依法治国的正确道路。正所谓，走对路，脚踏人间正道，何惧世事沧桑。中国特色社会主义法治道路正是符合我国国情、具有强大生命力和显著优越性的正确道路。中国特色社会主义法治道路是中国特色社会主义道路的重要组成部分，本质上是中国特色社会主义道路在法治领域的具体体现，坚持走中国特色社会主义法治道路是基于中国国情，由“中国特色”所决定。

【App 抢答】“中国特色社会主义法治道路”究竟“特”在哪？

【教师总结】一是体现在中国是共产党领导的国家，党的领导是中国最大的国情和特色；二是体现在中国是人口大国，在人口大国搞法治会比在一个人口小国搞法治困难得多；三是体现在中国是处于社会主义初级阶段的国家，这一基本国情不仅反映在我国经济文化水平上，也反映在法治水平上；

① 参见贾平凡：《核废水入海，绝不是日本的“私事”（观象台）》，2022 年 4 月 12 日，见 http://japan.people.com.cn/nl/2022/0412/c35421-3296690.html。

四是体现在新时代中国的主要矛盾是人民日益增长的美好生活需要和不平衡、不充分的发展之间的矛盾。由此得出，我国的法治建设道路依旧曲折蜿蜒，但我们要始终相信前途一片光明，立足“特”，求发展。世界上不存在定于一尊的法治模式，也不存在放之四海而皆准的法治道路。唯有立足本国实际，才能走出一条唯一正确的法治道路。生态环境领域的成就能够有力证明这一点，三北地区地域辽阔，万里风沙线上各省区的情况都不一样，倘若防沙治沙搞“一刀切”，荒山秃岭将难以披上绿装。宁夏的草方格治沙、新疆的玉米秸秆治沙、库布齐的沙柳条治沙和打水钻治沙，都是很好的治沙方式。正是立足本地实际开展治理，荒漠化区域的经济社会发展和生态面貌才发生了翻天覆地的变化，还世界一片盎然绿洲。

坚持党对全面依法治国的领导、坚持以人民为中心、坚持中国特色社会主义法治道路解释清楚了全面依法治国的政治方向问题。对于为什么要坚持全面依法治国这一问题，习近平法治思想又做出了什么回答呢？

2. 全面依法治国的战略地位

习近平法治思想深刻回答了为什么要全面依法治国的问题，深刻揭示了全面依法治国是新时代坚持和发展中国特色社会主义的基本方略，是党领导人民治理国家的基本方式，体现了全面依法治国这一政策的战略地位。俗话说，不以规矩，不成方圆。如果说我们的国家是一个不断向外扩散发展的圆，那么全面依法治国战略就是它的圆心，自始至终，都是我们国家强大繁荣的核心准则。

2023 年 8 月 15 日是首个全国生态日，公安机关紧紧围绕服务保障国家重大战略实施，组织开展“昆仑”等一系列专项行动，依法严厉打击各类破坏生态环境犯罪活动，坚决守牢美丽中国建设安全底线。2023 年上半年，全国公安机关共侦破相关犯罪案件 2.9 万起，公安部挂牌督办 155 起重大案件。

从国家严厉打击各类破坏生态环境犯罪活动取得的实效中，就能够明显感受到全面依法治国在环境保护中的重要性。这彰显了其战略地位，体现了在全社会贯彻落实习近平法治思想的必要之处。明晰了为何要坚持全面依法治国，接下来就该思考怎样坚持全面依法治国。

3. 全面依法治国的工作布局

“习近平法治思想深刻回答全面依法治国如何谋篇布局的问题，明确全面依法治国的总目标、总抓手和基本思路。”① 全面依法治国的工作布局主要从以下三个方面着手，我们可以结合一个案例来深入理解。

【现实案例】《青藏高原生态保护法》的颁布

【教师总结】习近平总书记作出“保护好青藏高原生态就是对中华民族生存和发展的最大贡献”“把青藏高原打造成为全国乃至国际生态文明高地”的重要指示。《青藏高原生态保护法》自 2023 年 9 月 1 日起施行，共七章，包括总则、生态安全布局、生态保护修复、生态风险防控、保障与监督、法律责任、附则等。《青藏高原生态保护法》的制定施行，为打造青藏高原生态文明高地提供了坚实的法治保障。

坚持在法治轨道上推进国家治理体系和治理能力现代化。“法律是治国之重器，法治是国家治理体系和治理能力的重要依托，推进全面依法治国是完善和发展中国特色社会主义制度、推进国家治理体系和治理能力现代化的重要方面和必然要求。”②《青藏高原生态保护法》基于青藏高原的特殊定位，为了避免由于不同行政区域的划分导致各方资源不协调以及生态治理混乱的局面，从顶层设计上为青藏高原的可持续发展搭建宏观框架：国家建立青藏高原生态保护协调机制，统筹指导、综合协调青藏高原生态保护工作，审议青藏高原生态保护重大政策、重大规划、重大项目，协调跨地区跨部门重大问题，督促检查相关重要工作的落实情况。国务院有关部门和青藏高原相关政府组织按照职责分工，加强协作，负责青藏高原生态保护相关工作。这就构建了较为完整的青藏高原生态环境保护的体制机制，体现了法治轨道上国家治理体系、治理能力现代化的提升。

坚持建设中国特色社会主义法治体系。坚持建设中国特色社会主义法治体系是习近平同志提出的法治领域最具原创性、时代性的概念和理论。建设

① 本书编写组：《思想道德与法治》，高等教育出版社 2023 年版，第 200—201 页。

② 李洪雷：《论在法治轨道上推进国家治理体系和治理能力现代化》，《广东社会科学》2022 年第 4 期。

中国特色社会主义法治体系，既是全面依法治国的总目标，也是总抓手，就像是一把开启未来的“金钥匙”，对推进全面依法治国具有纲举目张的意义。中国特色社会主义法治体系由五大体系构成，包括完备的法律规范体系、高效的法治实施体系、严密的法治监督体系、有力的法治保障体系和完善的党内法规体系。在法治监督体系的完善方面，《青藏高原生态保护法》第五十一条第二款、第五十九条第二款分别规定，“青藏高原各级行政执法机关、人民法院、人民检察院在依法查处青藏高原生态保护违法行为或者办理自然资源与生态环境损害赔偿诉讼、公益诉讼等过程中，发现存在涉嫌犯罪行为的，应当将犯罪线索移送具有侦查、调查职权的机关。”“违反国家规定造成青藏高原生态环境损害的，国家规定的机关或者法律规定的组织有权请求侵权人承担修复责任、赔偿损失和相关费用。”这些法律规定既为检察机关开展督促提供了依据，使检察机关能在实践中更好地监督保障《青藏高原生态保护法》统一正确实施，又完善了法治监督体系，推动了中国特色社会主义法治体系的建设。

坚持依法治国、依法执政、依法行政共同推进，法治国家、法治政府、法治社会一体建设。它们就像是一个有机整体，各有侧重，环环相扣。正如国家的治理也是综合了各方面的整体把握，力求面面俱到，万无一失。“共同推进”指的是党要坚持依法执政、各级政府要坚持依法行政，三者本质一致、目标一体、成效相关，构成一个有机联系的整体，必须相互统一、共同推进、形成合力。“一体建设”指的是法治国家、法治政府、法治社会相辅相成，法治国家是法治建设的目标，法治政府是建设法治国家的重点，法治社会是构筑法治国家的基础，必须坚持三者同步规划、同步实施，推动三者相互促进、相得益彰。正如《青藏高原生态保护法》的实施，在国家、政府、社会层面分别提出了要求，既强调了国家在其中的统筹布局作用，政府的落实施策作用，也强调了社会的全员参与，协调治理。

全面依法治国的工作布局确立了全面依法治国总体性长期性的工作规划，但要深入推进全面依法治国，还要明确它的主要任务，使全面依法治国的战略布局落地见效。

4. 全面依法治国的主要任务

“习近平法治思想深刻回答全面依法治国如何突破的问题，指明中国特色社会主义法治的战略安排。”①

坚持依宪治国、依宪执政。习近平总书记在党的二十大报告中提出，坚持依法治国首先要坚持依宪治国，坚持依法执政首先要坚持依宪执政。宪法是国家的根本法，是治国安邦的总章程，具有最高的法律地位、法律权威、法律效力，具有根本性、全局性、稳定性、长期性。正因为宪法具有如此大的威望与效力，2018 年 3 月 11 日，十三届全国人大一次会议第三次全体会议表决通过了《中华人民共和国宪法修正案》，“生态文明”历史性地写入了宪法，为生态文明建设提供了强大的精神指引和根本制度性保障。

坚持全面推进科学立法、严格执法、公正司法、全民守法。在全面依法治国大格局中，科学立法、严格执法、公正司法、全民守法四个环节是相互依存的。科学立法保证良法善治，严格执法维护法律权威，公正司法确保公平正义，全民守法提振社会文明。

【现实案例】《中华人民共和国黄河保护法》

【教师总结】2022 年 10 月 30 日，十三届全国人大常委会第三十七次会议表决通过《中华人民共和国黄河保护法》。该法律自 2023 年 4 月 1 日起实施。黄河保护法以习近平法治思想、习近平生态文明思想为指导，是继长江保护法之后的又一部流域保护法，是全面推进国家‘江河战略’法治化的标志性立法，是我国生态环保领域法律体系的重要组成部分。

第一，科学立法。科学立法的核心就在于尊重和体现客观规律，确保所立之法遵法理、合事理、通情理。黄河保护法是继长江保护法之后的又一部流域保护法，是全面推进国家‘江河战略’法治化的标志性立法，是‘1+N+4’的生态环保领域法律体系的重要组成部分。②

【App 选人】黄河保护法的立法精神是如何体现的呢？

---

① 本书编写组：《思想道德与法治》，高等教育出版社 2023 年版，第 201 页。

② 参见杨临萍：《坚持以习近平生态文明思想为指导　贯彻实施好〈黄河保护法〉》，《法律适用》2023 年第 6 期。

【教师总结】黄河保护法坚持以习近平总书记关于黄河流域生态保护和高质量发展的重要讲话和指示批示为根本遵循；黄河保护法坚持问题导向，旨在系统治理黄河流域生态环境保护突出问题；黄河保护法坚持因地制宜、分类施策①，这些都体现了黄河保护法立法的科学性。

第二，严格执法。全面依法治国的重点是保证法律严格实施，严格执法直接关系到群众对党和政府的信任，对法治的信心。严格执法的关键在于严格依据法律规定，保护合法行为，惩罚违法行为，坚决防止法外开恩、法不责众。《中华人民共和国黄河保护法》实施后，甘肃省启动2023年黄河禁渔专项执法行动，大力实施“中国渔政亮剑”系列专项执法行动。全省渔政部门出动执法人员开展水上、陆上重点区域巡回检查，坚决扛起黄河生态保护与高质量发展上游责任，严厉打击破坏水生野生动物资源行为，依法从严打击非法捕捞。黄河流域渔业资源得到有效保护，水域生态环境得到有效改善。

第三，公正司法。司法要既有力度又有温度，才能让人民群众感受到公平正义。首先，要深化司法公开，让司法公平正义以人民群众看得见的方式实现；其次，要加强释法说理，为当事人既解开法结，又解开心结，让司法公平正义以人民群众可理解的方式实现；再次，要加强司法权力制约监督，最大限度减少权力出轨、司法腐败的机会，坚决防止人情案、关系案。为进一步提升黄河流域生态保护和高质量发展的司法保障水平，2021年11月25日，最高人民法院举行新闻发布会，发布10个黄河流域生态环境司法保护典型案例。

第四，全民守法。从“有法可依、有法必依、执法必严、违法必究”到“科学立法、严格执法、公正司法、全民守法”，这是我国社会主义法治建设方针的历史性转型，必将引领法治中国建设迈向良法善治新境界。法治建设是一环扣一环的，只有做到科学立法、严格执法、公正司法，才能使全体人民信仰法治、厉行法治，真正做到全民守法。在黄河的保护中，就要求社会公民自觉遵守相关法律法规，同破坏生态环境的行为作斗争，携起手来共同

① 参见杨临萍：《坚持以习近平生态文明思想为指导　贯彻实施好〈黄河保护法〉》，《法律适用》2023年第6期。

保护我们的母亲河！

科学立法、严格执法、公正司法、全民守法的“新十六字方针”确立了我国依法治国新阶段的四大目标，为我国社会主义法治建设提供指导。在推动国内法治稳定运行与发展的同时，我们也要注意统筹涉外法治的建设。

坚持统筹推进国内法治和涉外法治。统筹国内和国际两个大局，是我们党治国理政的基本理念和经验。在当今世界百年未有之大变局的时代背景下，习近平总书记高瞻远瞩、审时度势，及时提出“协调推进国内治理和国际治理”“统筹推进国内法治和涉外法治”的方针，依法维护国家主权、安全、发展利益。统筹推进国内法治和涉外法治，是依法维护我国海外利益，提升中国法治话语权和影响力的必然要求，是加快推动国际法治建设，构建人类命运共同体的必由之路。国内法治和涉外法治是法治中国的“一体两翼”，二者相辅相成、互相促进。

全面推进依法治国是一个系统工程，是国家治理领域一场广泛而深刻的革命。明晰了中国特色社会主义法治战略的安排，我们应当从什么方面助力其落到实处呢？正确处理好依法治国中的几对重大关系至关重要。

5. 全面依法治国的重大关系

习近平法治思想“深刻回答如何处理政治与法治、改革与法治、德治与法治等重大问题，揭示法治中国建设的认识论与方法论。”① 我们就以“河长制”的推行来系统理解这几个重大关系在法治思想践行中的处理。

【现实案例】中共中央办公厅、国务院办公厅印发了《关于全面推行河长制的意见》

【教师解读】为深入践行绿水青山就是金山银山的理念，浙江省“高标准推进‘五水共治’，高水平落实‘河长制’，以生态文明示范创建行动为抓手，以改善水环境质量为核心，深入推进‘污水零直排区’和美丽河湖建设。”② 要深刻认识法治当中有政治，社会主义法治必须坚持党的领导，党的

① 本书编写组：《思想道德与法治》，高等教育出版社 2023 年版，第 201 页。

② 《关于印发浙江省“五水共治”（河长制）碧水行动实施方案的通知》，浙江省生态环境厅，2020 年 6 月 23 日，见 http://sthjt.zj.gov.cn/art/2020/6/23/art_1229133856_48681609.html。

领导必须依靠社会主义法治。近年来，一些地区积极探索河长制，由党政领导担任河长，依法依规落实地方主体责任，协调整合各方力量，有力促进了水资源保护、水域岸线管理、水污染防治、水环境治理等工作。“深刻认识改革和法治如鸟之两翼、车之两轮，坚持在法治下推进改革，在改革中完善法治。”①2024年全国两会期间，有政协委员就河长制推行过程中的许多具体问题，提出要建立健全包括河长制公众参与制度、跨区域联动制度、河长联席会议制度等在内的管理制度体系，进一步完善考核评价和监督问责机制，形成较为完整的河长制法律法规系统，真正实现“河长制，河长治”。②“坚持依法治国和以德治国相结合，重视发挥法律的规范作用、道德的教化作用，实现法治和德治相辅相成、相得益彰。”③坚持依法治国和以德治国是中国特色社会主义法治道路的鲜明特点。法律的实施有赖于道德支持，道德的践行离不开法律约束。作为哺育着中华儿女的江河专属守护者，“河长”不但要有高度的责任心，坚守自己内心的道德，而且要遵守水污染防治法等一系列法律法规，还给老百姓清水绿岸、鱼翔浅底的景象。

河长制推行的高质高效，全面依法治国重大关系的有效处理，关键作用在于“人”，人的主体力量的发挥，人的主观能动性的增强，所以，还离不开高素质法治工作队伍的作用发挥，还亟须领导干部这个“关键少数”的力量引领。

6. 全面依法治国的重要保障

习近平法治思想“深刻回答全面依法治国需要什么保障的问题，指明全面依法治国的人才支撑和‘关键少数’。”④

坚持建设德才兼备的高素质法治工作队伍。全面推进依法治国，必须着

① 习近平法治思想研究中心：《习近平法治思想是全面依法治国的根本遵循》，《人民日报》2022年9月13日。

② 参见王莹：《构建河长制法律法规体系提升河湖治理水平》，《法治日报》2024年3月11日。

③ 习近平法治思想研究中心：《习近平法治思想是全面依法治国的根本遵循》，《人民日报》2022年9月13日。

④ 本书编写组：《思想道德与法治》，高等教育出版社2023年版，第201页。

力建设一支忠于党、忠于国家、忠于人民、忠于法律的社会主义法治工作队伍，坚持立德树人，德法兼修，努力培养造就一大批高素质法治人才及后备力量。从生态治理水污染防治的实践队伍来看，高素质法治工作队伍是开展生态治理的重要力量。“2018 年以来，省、市、县、乡级河湖长年均巡查河湖 700 万人次。省、市、县全部设立河长制办公室，专职人员超 1.6 万名，部分乡镇因地制宜设立河长制办公室，各地培育壮大民间河长湖长和志愿者队伍。长江、黄河、淮河、海河、珠江等七大流域建立‘流域管理机构 + 省级河长制办公室’联席会议制度，20 多个省份建立跨省界河湖联防联控机制，探索建立横向生态补偿机制，设立联合河长湖长，开展联合巡查执法，形成了河湖管理保护强大合力。”①治理成效不断显现，也为生态治理队伍建设提供了组织经验，高素质法治队伍将在生态治理各个领域形成高覆盖、高成效，河长制建设过程中更要发挥出“领头雁”的重要作用。

坚持抓住领导干部这个“关键少数”。人不率则不从，身不先则不信。领导干部犹如一个雁阵的头雁，起着带头作用，引领着发展方向。抓住领导干部这个关键少数，有利于头雁效应在法治建设中的效果显现。

【App 头脑风暴】假如大家被任命为某地的“河长”，你会怎样对该地进行治理？

【教师点评】很多同学都讲到了要依法依规办事，要为人民谋幸福、为群众办实事。但在具体实践过程中，仍然存在个别领导干部弄虚作假、敷衍了事，致使生态保护工作落不到实处。因此，领导干部要不忘初心、牢记使命，不能踩上道德的红线、法律的底线。中央生态环保督察对失职失责问题，要厘清责任，严肃、精准、有效问责。针对违法扩建、违规取水、盲目无序发展等问题，应迅速形成解决方案，落实生态治理计划，各层级负责部门不仅要靠社会监督指出问题，更应在日常工作中能够自查，发现问题并及时解决问题。

从生态环境法治这一同学们关心关注关怀的视角切入，回答了全面依法

① 王浩：《31 省份全部设立党政双总河长》，《人民日报》2021 年 10 月 20 日。

治国方向性、根本性、全局性的“六个方面”重大问题后，习近平法治思想的核心要义已然清晰。我们坚信，在习近平法治思想指引下，包括生态环境法治在内的中国特色社会主义法治体系建设必将继续开创新局面，为强国建设、民族复兴提供更加坚实稳固的法治保障。

环节五：课程总结

通过今天的课堂，希望同学们能够把准环境工程专业视角，立足可持续发展理念，运用环境科学与工程学科的基本理论、基本知识和基本技能，从三大来源细细捋顺习近平法治思想的形成过程，从理论意义、政治意义、实践意义三个维度深刻领悟习近平法治思想的价值意蕴，从全面依法治国的政治方向、战略地位、工作布局、主要任务、重大关系、重要保障六个方面牢牢把握习近平法治思想的核心要义。“推进全面依法治国是国家治理的一场深刻变革，必须以科学理论为指导，加强理论思维，从理论上回答为什么要全面依法治国、怎样全面依法治国这个重大时代课题，不断从理论和实践的结合上取得新成果，总结好、运用好党关于新时代加强法治建设的思想理论成果，更好指导全面依法治国各项工作。”[①] 习近平法治思想是全面依法治国的根本遵循，只有透彻学懂悟透本节内容，才能更好地坚持全面依法治国。

同学们，未来要为环境工程助力的你们，要以时不我待的紧迫感、责任感，自觉扛起美丽中国建设与社会主义现代化法治国家建设协调发展的光荣任务，在习近平法治思想的指导下为治理生态环境添砖加瓦，在坚持全面依法治国中用专业能力让群众望得见山、看得见水、记得住乡愁，让自然生态美景永驻人间。

【课后】

1. 思考讨论

在现代化城市的灯光辉煌背后，光污染正成为一个日益严重的环境问

① 《习近平谈治国理政》第四卷，外文出版社 2022 年版，第 299 页。

题。尽管光污染问题不像大气污染、水污染那么突出，但它的负面影响却难以忽视。请结合所学，谈谈如何将习近平法治思想运用于光污染的治理中？

2. 拓展阅读

《习近平法治思想学习纲要》，人民出版社 2021 年版。

习近平：《论坚持全面依法治国》，中央文献出版社 2020 年版。

七、教学资源

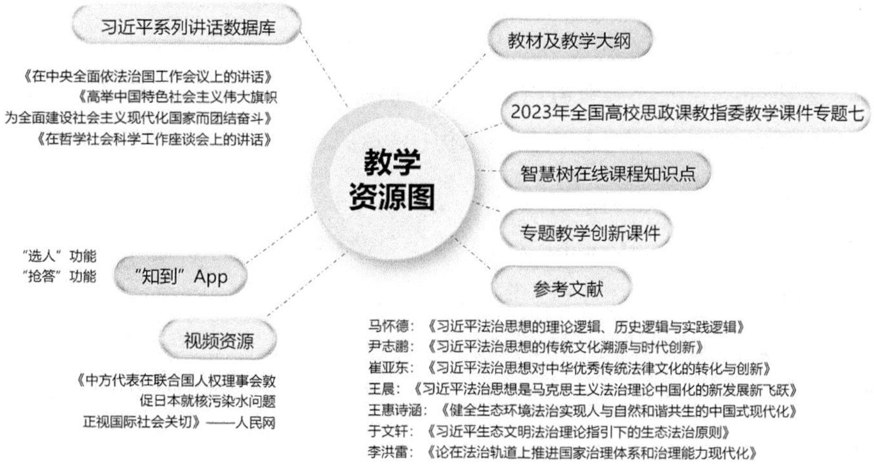

八、教学板书

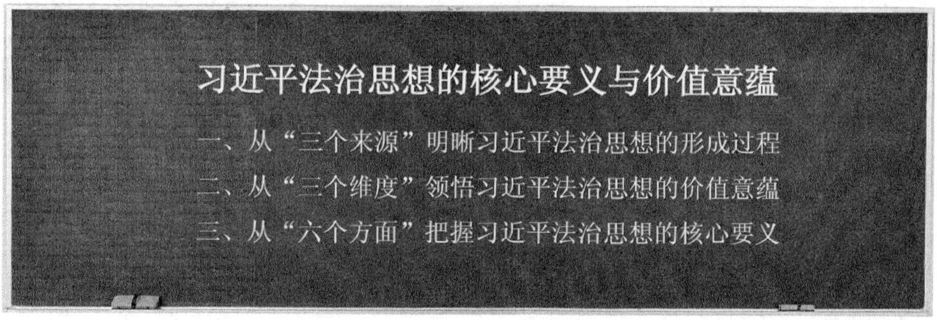

九、教学反思

1. 从基于学情的内容设计反思教学理念的贯彻，用心坚持“以学生为中心”的教学理念。把握了学生应用丰富素材讲活内容、设置情境增强代入感的兴趣点，教师通过结合“长江流域十年禁渔”“三北防护林建设”“河长制”等社会热点焦点，增强了学生的自豪感和使命感；紧扣了学生对习近平法治思想的困惑点，教师通过剖析习近平法治思想的形成过程、价值意蕴、核心要义，锻炼了学生的自主性与辩证思考能力；满足了学生对理论学习指导生活实践与思政学习融合专业发展的需求点，教师通过贯通历史文化溯源、现实例证分析、行业榜样聚焦，增强了学生对理论内容说服力与针对性的认同。但在如何利用环境工程专业发展的历程与成就、挑战与机遇，更一案到底、专业融通地讲好习近平法治思想的核心要义与价值意蕴上，还有待进一步精细和深化。

2. 从教学目标的达成情况反思教学方法的贯行，用情联动“以现代化赋能”的教学方法。在传统教学方法应用上，通过理论讲授法，增强学生对习近平法治思想形成过程的理解深度，达成把握习近平法治思想的形成历程、提升逻辑推理能力、涵养文化自信的目标；通过案例分析法，激发学生对经典案例与同辈案例、历史案例与现实案例的情感热度，达成把握习近平法治思想的重要意义、提升辩证思考能力、涵养奋斗勇气的目标；通过问题导向法，梳理学生对习近平法治思想与依法治国相互关系、“十一个坚持”逻辑关联的问题向度，达成把握习近平法治思想的核心要义、提升融会贯通能力、涵养使命意识的目标；通过任务驱动法，加大学生对课前线上预习、课后翻转拓展等主体性活动的发挥效度，达成把握正确的自学态度、增强深学进阶能力、涵养责任意识的目标。在信息化教学手段应用上，通过原创在线课程知识点的学习以提前了解学生已知未知情况；通过 APP 中选人功能以切实提高学生学习紧迫意识，抢答功能以树立学生积极思考典型。但在如何结合环境工程专业领域的创新能力、反思启示案例，更进一步将对习近平法治思想的认同转为对个人专业发展的自信上，还有待进一步挖掘和融通。

3. 从课堂主阵地内外衔接反思教学过程的贯通，用力实施“全链条培育人”的教学过程。在课前，学生通过自学线上课程“习近平法治思想的重要意义”“习近平法治思想的核心要义”、阅读翻转课堂学习资源“刻度上的中国人大”“新鲜出炉！十四五规划硬核分析”，初步了解专题学习的基础知识；在课中，学生通过“‘中国特色社会主义法治道路’究竟‘特’在哪”“黄河保护法的立法精神是如何体现的”痛点问题互动研讨、“从‘三大保卫战’探习近平法治思想在生态领域的实践意蕴”热点问题小组展示、“习近平法治思想核心要义的逻辑关联”重点问题教师讲授，逐步吸收专题学习的核心内容；在课后，学生通过思考习题、文献阅读，努力拓展专题学习的深度广度。通过课前、课中、课后的一体贯通，实现教师主导与学生主体相联动、线上教学与线下教学相融合、思政课小课堂与社会大课堂相衔接。在新课导入中，从首个全国生态日切入，提高了学生参与课堂的兴趣度；在主体讲授中，设计“从‘三个来源’明晰习近平法治思想的形成过程”、“从‘三个维度’领悟习近平法治思想的价值意蕴”、“从‘六个方面’把握习近平法治思想的核心要义”三个环节内容回应导入抛出的问题逐层解疑答惑，增强了学生深入研讨的启发性；在小组展示中，围绕“蓝天保卫战、碧水保卫战、净土保卫战”主题进行“大学生讲思政课”的展示活动，彰显了学生创新实践的执行力；在总结升华中，通过对知识进行总结、对问题进行反思、对担当进行寄语，激发了学生转化责任的使命感。通过新课导入、主体讲授、总结升华的一体贯通，实现问题导向、研究导向、成果导向、目标导向相统一。但在如何激发学生课堂抢答积极性，在课后实践活动中进一步拓展课堂内容，将习近平法治思想落实到实践上，还有待进一步研究和创新。

专题十八 “演绎”法治思维到法治素养的升华之路

对应章节：第六章　第四节

计划学时：2 学时

教学对象：戏剧文学专业

一、学情分析

1. 已有知识分析。第一，基于大中小一体化纵向衔接，掌握基础知识情况。学生在初中八年级下册第四单元第八课“维护公平正义”的学习中，初步认识了公平正义的价值与守护；在八年级下册第二单元第三课、第四课中，初步了解了公民的基本权利与基本义务以及如何行使权利与履行义务。学生在高中阶段必修三第三单元第九课“全面推进依法治国的基本要求”中，进一步学习了尊重和保障公民权利的重要作用、推进全民守法的实现路径。第二，基于线上线下教学横向贯通，了解自学知识情况。学生通过线上课程知识点“法治思维及其含义”“大学生依法行使权利与履行义务”的学习促新知构建；通过翻转课堂学习资源中理论文章《努力使尊法学法守法用法在全社会蔚然成风》、时政热点“2023 中国法治实施十大事件”等内容的链接促新知拓展。

2. 认知能力分析。第一，基础知识记忆力强，但系统分析能力还不足。学生对自觉尊法学法守法用法的认知多停留在名词解释和意义解读上，对法治思维到法治素养的转变过程以及对“尊法、学法、守法、用法”逻辑关联的理解有待深化。第二，法律意识认同度高，但主动创新能力还不强。学生认同法治思维塑造的重要性，认可法治素养提升的必要性，但摆脱法治思维养成惰性、突破法治素养提升瓶颈、创新地将法律知识运用到作品创作中的主观能动性有待提升。第三，感性认知浸润性足，但应用转化能力还不实。学生将对法律案件的所感所悟转化为法治素养的能力有待提升，将对法律条文的感性认识转化为生活实践的能力有待增强。

3. 心理需求分析。第一，思政课理论有效指导学习生活。学生希望课程能够辨析法律权利与法律义务的难点，指导大学阶段正确理解法律权利与法律义务的关系、养成正确的权利义务观以妥善处理学习生活中的法律问题，助力戏剧文学专业在面对类似侵权事件时能在法治的轨道上应对，在创作时能灵活融入法律元素。第二，热点与前沿巧妙链接理论课堂。学生希望课堂能够选取《牡丹亭》等戏曲话剧这类蕴含专业元素的经典案例，从中体悟厚重的法律思想；学生希望课堂能够引入《以法治思维实现法理情的统一》等知网上的前沿成果，从中加深科学的学理认知；学生希望课堂能够结合“主播黄某偷逃税案”等社会热点焦点，从中提升自身的法治素养。第三，信息化技术灵活贯穿专题讲授。学生更期待线上线下混合式授课模式，希望通过线上原创课程“法治思维及其含义”等进行提前预习、课后复习，希望通过翻转课堂学习资源中“当哪吒遇上民法典”等扩大学习面，希望通过课堂学习 App 中头脑风暴、投票、选人等多功能灵活运用激发课堂教学活力。第四，创新性实践活动融入课堂教学。学生希望通过情景模拟等丰富多元的实践教学活动，在积极参与、主动探索和协同合作中以青春的视角来进一步“演绎”法治思维到法治素养的升华之路。

二、教学目标

1. 知识目标。一是学生能在案件分析和前沿引入中把握法治思维的内涵与外延，探寻法治意识、法治思维和法治素养的基本概念及逻辑关系，明晰法律权利和法律义务的具体概念与特征特点，拓展对中学“如何行使权利与履行义务”这一已学知识的探理深度。二是学生能在情景模拟和总结点评中坚定正确权利观的四要素，明晰目的要正当、程度要限定、方式要法定、程序要正当的具体内涵、专业融入及现实意义，增强对线上“大学生依法行使权利与履行义务”这一新学知识的剖析力度。三是学生能在结合专业和现实困境中系统掌握尊法学法守法用法的内涵和作用，厘清“尊学守用”的逻辑关系和知行合一，提升对课堂“尊重法律权威、学习法律知识、养成守法习惯、提高用法能力”这一应学知识的掌握精度。

2. 能力目标。一是通过对法治思维内在含义的解析与基本内容的解构、法律权利与法律义务的关系和履行方式的辩证诠释、自觉尊法学法守法用法的定位与逻辑关系的深入解读，学生能提升谨慎判别、辩证分析、逻辑推理等高阶思辨能力。二是通过对线上课程“法治思维及其含义”“大学生依法行使权利与履行义务”的前置学习、实践任务“小青小黄小黑小白系列情景模拟”的分组演绎、翻转课堂“偷税漏税需承担何种法律责任”的互动交流的全过程参与，学生能提升独立思考、协同合作、审慎判断等自主学习能力。三是通过情景模拟中戏剧文学专业与思政主题的紧密勾连、逻辑理路与文本打磨的深耕细作、教师点评与小组互评的师生认可，学生能提升融会贯通、智慧创造、以评促优的实践创新能力。

3. 素质目标。一是通过观看线上“学习资源”中的“曾某某杀人案”，在回望历史、观照现实、展望未来中形成感悟，总结梳理对法治思维含义的领悟与了解，学生能涵养起鲜明的自主思维和归纳意识。二是通过剧本抄袭的案例剖析、情景模拟的系列表演、明星偷逃税的反思感悟，学生能涵养起深厚的文本素养和规则意识。三是通过结合《民法典》对人民权利的充分保障，揭露抵制实际生活中违法乱纪的行为，辩证思考维护自身利益与社会利益的关系，学生能涵养起有为的使命意识和社会担当。

三、教学内容

“‘演绎’法治思维到法治素养的升华之路”这一专题教学内容，立足教材第六章第四节：自觉尊法学法守法用法的重点难点，贯通线上课程知识点

“法治思维及其含义”“大学生依法行使权利与履行义务”的已知未知，结合全国高校思政课教指委《思想道德与法治教学课件》专题七第四讲的要点亮点，融入社会“剧本抄袭事件、明星偷逃税事件”等热点焦点，以明晰思维培养、行为践行、素养提升为设计主线，阐释了如何正确把握法治思维、怎样辩证诠释法律权利与法律义务、如何全面提升法治素养。

【教学内容的设计要点】

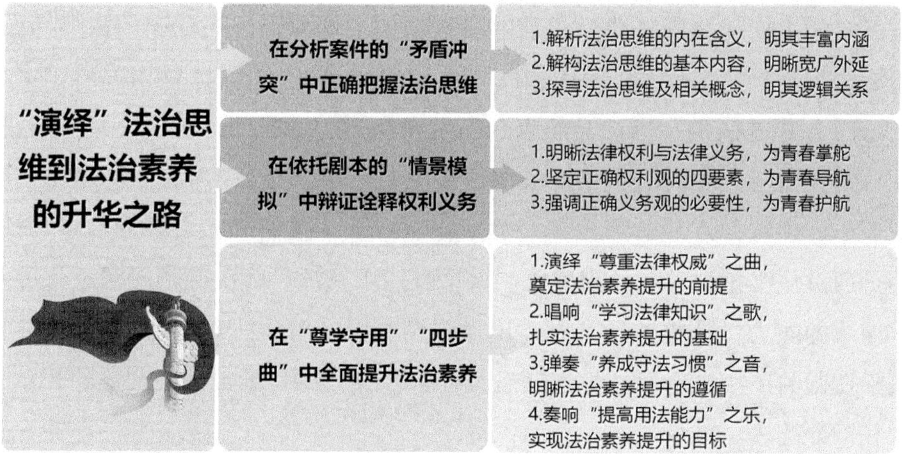

1. 在分析案件的“矛盾冲突”中正确把握法治思维。一是通过小组分享线上微课“曾某某杀人案”研讨成果以层层剥离法治思维多层含义，掌握法治思维内涵的具体指向性并知晓法治思维为价值理性和工具理性于一体的高级法律意识；二是通过教师对法治思维基本内容的理论解读，明晰其宽广外延在于法律至上、权力制约、公平正义、权利保障、程序正当；三是通过课堂学习 App 互动研讨法治意识、法治思维与法治素养的辩证关系，探寻法治思维相关概念并明其逻辑关系。

2. 在依托剧本的“情景模拟”中辩证诠释权利义务。一是通过分析“剧本杀”抄袭案例阐述法律权利与法律义务的深刻内涵与辩证关系，了解法律权利与法律义务对青年成长的价值意义；二是通过“小青小黄兼职历险记”“小黑无证驾驶酿大错”“小白冲动‘挂人’”的系列情景模拟，演绎好“目的要正当”“程序要限定”“方式要法定”“程序要正当”的正确权利观；三是通过互动研讨“黄某偷逃税案”并深度思考不履行义务的法律后果，阐明“作为、不作为”的法律义务履行的表现形式及树立正确义务观的必要性。

3. 在“尊学守用”的“四步曲”中全面提升法治素养。一是通过讲解苏格拉底用生命守护法律权威的案例，启发学生在学习和生活中积极作为，养成敬畏法律的良好品质，努力成为尊重法律权威、信仰法律的先锋；二是通过引导学生伴随《民法典口诀歌》在理论中、资源中、实践中学法律知识，拓展学习途径，并结合《民法典》重点探究与学生生活息息相关的“定金A与订金B的区别”等社会热点，启发学生把对法律的认知落小落细落实，在日常生活行为中时时刻刻谨守法律规范；三是通过结合日常行为增强规则意识、守住法律底线，形象领会养成守法习惯的重要性、必要性与可为性；四是通过从维护自身利益出发强调要增强遇事找法、解决问题用法、化解矛盾靠法的能力，从维护社会利益出发强调要增强对违法犯罪行为敢于揭露、敢于抵制的正气，启发学生辩证看待维护自身利益和维护社会利益的相互关联和辩证统一。

四、教学重难点及解决措施

1. 坚持案例分析与法条解读相统一，着重讲深法律权利与法律义务的显著特征。第一，从剧本抄袭违反法律权利的案例分析入手，阐明剧本抄袭是侵犯了《中华人民共和国著作权法》规定的发行、复制等权利，把法律权利受社会物质生活条件制约、因社会制度和国家法律的不同而存在差异、由法律规定或认可且受法律维护或保障以及必须依法行使讲深；第二，从剧本抄袭违反法律义务的案例分析入手，阐明剧本抄袭是对“不得抄袭他人作品”这一法律义务的违反，把法律义务是历史的、源于现实需要、必须依法设定及可能发生改变讲深。

2. 坚持情景模拟与理论总结相结合，着重讲活法律权利行使四个要素的生动展现。第一，从“小青小黄兼职历险记”的情景模拟入手，阐明行使权利不得破坏公序良俗，把法律权利行使目的的正当性讲活；第二，从“小黑无证驾驶酿大错”的情景模拟入手，阐明任何权利的行使都不是绝对的，必须依照法律规定的限度来行使权利，把法律权利行使的必要限度讲活；第三，从“小白冲动‘挂人’”的情景模拟入手，阐明权利行使的方式分为口头、书面和行为方式，还可分为直接行使和间接行使，把权利行使方式的法定性讲活；第四，从结合情景模拟维护自身利益入手，阐明行使权利的程序是法律规定的，诉讼权是公民的正当权利，把法律权利行使的正当程序讲活。

3. 坚持问题导向与回顾梳理相融通，着重讲透用法能力全面提高中的知行合一。第一，从回顾“定金 A 与订金 B”纠纷等与日常生活息息相关的现实情境入手，阐明依法维权护权的途径，把如何维护自身权益这一问题讲透；第二，从回顾“曾某某杀人案”“剧本杀抄袭”“小青小黄兼职历险记”等案例的惨痛教训入手，阐明要消除事不关己的消极心理或畏缩不前的恐惧心理，抵制只顾个人利益罔顾社会利益的自私行为，把大学生何以做到维护自身利益与维护社会利益相统一这一问题讲透。

五、教学方法

1. 理论讲授法，重在线上浅讲与线下深讲相结合。线上，讲授法治思维及其含义、大学生依法行使权利与履行义务等基础理论。线下，通过引入《墨子的法律价值观及其创造性转化》等前沿理论观点，阐述法治思维的深刻内涵；通过分析与专业相关的“剧本杀”抄袭等事件，阐明法律权利与法律义务的相关知识；通过厘清尊法学法守法用法的地位和逻辑关系，阐发如何全面提升法治素养。通过内涵阐释、前沿引入、逻辑梳理，培养学生的归纳思维和演绎思维。

2. 问题导向法，重在理论问题与现实问题相结合。新课导入环节，通过“您最喜欢哪类法治实践活动？”这一问题导入新课，通过情景“问题链”

——什么是法治思维？怎样辩证诠释行使权利与履行义务？如何全面提升法治素养？展开深入思考。主体讲授环节，就“法治意识、法治思维与法律素养是什么关系？”“权利与义务之间有怎样的联系？”“明星偷逃税需要承担什么法律责任？”等问题展开互动研讨，通过小的问题点层层深入回应新课导入中大的问题链。课后思考环节，通过联系实际引发学生深入思索，从而解决现实生活中的问题。通过正视问题、研讨问题、解决问题，培养学生的批判思维和转化思维。

3. 案例分析法，重在正面案例与反面案例相结合。充分选取与戏剧文学专业相关的法律领域的案例，在正确把握法治思维、辩证诠释权利义务、全面提升法治素养中抛出案例，通过解读富有专业特色的“剧本杀抄袭”等反面案例，贴近学生思想实际，有效阐明法律权利与法律义务的显著特征；演绎“小青小黄兼职历险记”“小黑无证驾驶酿大错”“小白冲动‘挂人’”，发挥正面案例引导和反面案例警示的结合作用，体会树立正确权利观的深刻意义；通过分析“苏格拉底为法律权威献身”等正面案例，学生能理解尊法学法守法用法的意义，在深入解读各部分内容中呼应案例，在自身利益与社会利益关系的总结升华中回顾案例，做到环环相扣、一脉相承。通过正向案例浸润、反面案例审视、行业案例贯通，培养学生的辩证思维和推理思维。

4. 任务驱动法，重在创新驱动与协作驱动相结合。课前，学生自主学习线上课程知识点“法治思维及其含义”“大学生依法行使权利与履行义务”，对前置知识有初步了解；分组合作演绎小组情景模拟剧，对应学知识有深度感悟。课中，应用课堂学习 App 中头脑风暴、投票、选人等多功能互动，学生积极参与课堂学习，教师及时把握学情状况。课后，通过翻转课堂布置思考讨论和拓展阅读，师生进一步加强交流与学习。通过全人员参与、多功能互动、整过程交流，培养学生的求证思维和递进思维。

六、教学过程

【课前】

【课中】

环节一：新课导入

同学们好，欢迎来到“思想道德与法治”的课堂。党的二十大报告明确指出：“弘扬社会主义法治精神，传承中华优秀传统法律文化，引导全体人民做社会主义法治的忠实崇尚者、自觉遵守者、坚定捍卫者。”“努力使尊法学法守法用法在全社会蔚然成风。”① 今天我们要讲的主题就是“自觉尊法学法守法用法”。

自小学阶段起，对于法律的学习就成了永恒的主题。伴随着课堂上老师生动的讲解，法治信仰融入血脉、法治思维镌刻脑中。对于法治思维的培育不仅应该在课堂上讲，更应该在社会生活中讲。在社会生活中讲好法治思维不能只拘泥于新闻案例的剖析，还可以在更为直观形象的法治实践活动中培

① 习近平：《高举中国特色社会主义伟大旗帜 为全面建设社会主义现代化国家而团结奋斗——在中国共产党第二十次全国代表大会上的报告》，人民出版社2022年版，第42页。

育法治思维。课前，我们在 App 中发起了“您最喜欢哪类法治实践活动?”的投票，大家呼声最高的是“旁听法庭庭审”。

在年满十八周岁后，大家便能解锁“法院旁听庭审”的新技能。近年来，很多高校会持续带领学生进入法庭“零距离”“沉浸式”旁听，同学们都能更加直观地感受法律的威严，深刻地认识违法犯罪的危害性以及培养社会主义法治思维的重要性和必要性。基于大家对“以案施教”移动思政课的深刻印象，我们将结合线上微课视频“以爱之名，崇德尚法”爱情观的相关内容，在此分析其中的一起案件。这起“曾某某故意杀人案”中爱恨情仇的牵扯令人唏嘘感慨，与同学们熟知的古代经典爱情戏剧不同：它不像《西厢记》，关注的是青年男女之间爱情的萌芽、生长、斗争，曲径通幽地写出爱情本身的美好与魅力所在；也不像《牡丹亭》，描写了杜丽娘因梦生情、伤情而死、为情复生，终与柳梦梅团圆的痴情故事；更不像《桃花扇》，以李香君、侯方域之间悲欢离合的爱情故事为主线，展现了南明王朝的衰亡和政权更迭带给人们的悲怆和慨叹。“曾某某故意杀人案”已经脱离了简单的爱恨纠葛，上升到了法治的层面。课前，通过线上课程“法治思维及其含义”“大学生依法行使权利与履行义务”知识点的学习，我们已经对法治思维等概念有了基础认知和初步判断。那今天的课堂我们将结合戏剧文学专业的相关知识与视角，更加深入系统地解读什么是法治思维？怎样辩证诠释行使权利与履行义务？如何全面提升法治素养？我们从以下三个层面来探讨。

环节二：在分析案件的“矛盾冲突”中正确把握法治思维

“尊法学法守法用法，增强法治意识，提高法治素养，必须养成良好的法治思维和行为方式。大学生要准确把握法治思维的基本含义和内容，提高运用法治思维分析、解决问题的能力。”① 课前，在翻转课堂“小组教学”中，第一组同学结合线上推送到“学习资源”中的微课视频，围绕“知爱明法——‘曾某某杀人案’感悟”的主题完成了实践作业，下面有请这组同学

① 本书编写组：《思想道德与法治》，高等教育出版社 2023 年版，第 230 页。

的代表来为大家做分享。

【小组展示一】知爱明法——“曾某某杀人案”感悟

大家好，我是探案小队的代表。我汇报的题目是：知爱明法——“曾某某杀人案”感悟。在“曾某某杀人案”中，曾某某因欠下大额贷款，担心贷款记录影响买房而与妻子离婚，实际上在当事人眼中这只是权宜之计。夫妻二人离婚后仍然共同生活，但都与其他人发生了情感纠葛，后曾某某因怀疑妻子出轨将其杀害。看完线上微课，我们心情十分沉重。现实生活中的种种矛盾使爱人变成了凶手，我们不禁要问，这只是爱情观的问题吗？

【法官微课】——智慧树学习资源

爱情涉及的不只是道德层面的问题，还要注重在法治的轨道内运行。亲密关系首先是一段健康的关系，偏激导致的越轨违法行为只会让当事人吞下后悔的苦果。在“以爱之名，崇德尚法”专题中，我们已经系统学习如何树立正确爱情观，这里我们更多地从线上微课中感受培养法治思维的重要性。借此感悟，我们小组从以下三个方面总结了对法治思维含义的领悟和了解。

回望历史。五千年的文明发展史，孕育谱写了许许多多关于爱情可歌可泣的动人故事。戏剧文学专业的学子常常需要从专业的角度对这些故事进行钻研解读，然而，在这些动人的爱情故事背后，传统法律文化也依然清晰。譬如，《孔雀东南飞》取材于汉代末年一桩真实的婚姻悲剧。在一对对冲突矛盾中，他们原本能够长相厮守最终却共赴黄泉路。在戏剧演绎中可以NG，现实却无法重来。我们在扼腕叹息的同时，也来寻觅一下故事中的法律气脉。在汉代，婚姻制度是较为开明的，女性有一定的婚姻自主权。在离婚的问题上，汉代的女性可以主动提出离婚，还在一定程度上保留女性的财产权，由丈夫提出离婚时，允许女方将出嫁时的财产带走。在再婚上，汉代的女性也有较大的自由。在《孔雀东南飞》中，曾出现过刘兰芝“还家数日”，就有媒人登门提亲的叙述。① 由此可见，我国古代比较重视法律对女性婚姻

① 参见高岚：《七夕：寻觅中国式爱情文化的法律气脉》，《人民法院报》2015 年 8 月 21 日。

自主权的保障作用，这种“法治思维”对现代法治国家建设也有借鉴意义。婚姻自主权不仅是受宪法保护的公民基本权利，而且《中华人民共和国民法典》总则编第一百一十条第一次将婚姻自主权列为自然人享有的基本人格权，表明了国家对婚姻自主权的重视。

关照现实。“曾某某杀人案”并非个例，因情感纠纷导致的故意杀人案也不在少数。近年来，丈夫故意杀妻案常常出现在大众视野，有网友将这类现象归为“消失的妻子”，而作案动机并非苦大仇深的无法解决的致命问题，大多属于情感纠纷，其余为家庭琐事、经济原因或丈夫自身患精神类疾病等其他原因。“情”这一字不仅能成就一个家庭，让原本陌生的两人相识相知相爱；也能毁掉一个家庭，让原本如胶似漆的夫妻刀剑相向。而“情”只有在“法”的约束下才能发挥出应有的效用，倘若在面对感情纠纷时，夫妻双方能运用法治思维和法治方式冷静、理性地处理矛盾，那么“消失的妻子”可能不再消失。

展望未来。回望历史，从《孔雀东南飞》这一爱情悲剧中探寻到婚姻自主权的法律气脉；关照现实，从“曾某某杀人案”这一婚姻惨案中感悟到法治思维的重要性。为了避免他人的“故事”变成自己的“事故”，未来我们应当注重法治素养的培养，养成用法治思维和法治方式来处理日常生活中各种问题的习惯，牢固树立规则意识和责任观念，使自身所学的专业知识和法治知识结合起来，全面提升自身的综合素养和能力。① 谢谢大家。

【教师点评】谢谢第一组同学的汇报。我们来看看“主题讨论”上的同伴互评，满满的认同话语，我想这是对你们学习成果最好的肯定。正如同学所提到的，要提高运用法治思维分析、解决问题的能力。

1. 解析法治思维的内在含义，明其丰富内涵

社会主义法治思维是以马克思主义法治观为基础，以公平正义为核心价值，依循宪法至上，职权法定、尊重人权、正当程序等原则要求，分析事

① 参见陈赞宇、尹奎杰：《培养新时代大学生法治素养》，《光明日报》2018 年 9 月 20 日。

实、明确规范、理性推理、审慎判断的思维过程和方式。对国家而言，坚持法律至上，切实做到依法治国、依法执政、依法行政；“从社会层面看，法治思维体现为一种活力和秩序兼容的生活状态，将有关权利、义务、权力、职责的制度安排和谐一体”[①] 对公民而言，遇事做出符合法律的选择，按照法律的指引实施自己的行为。[②] 作为戏剧文学专业的学子，在撰写剧本时所宣扬的价值观应当是符合法治思维的，不管是描绘爱情影片中的矛盾纠葛，还是演绎犯罪悬疑影片中的跌宕起伏，都应在法治的轨道下进行，不可做编剧界的“法外狂徒”。

法治思维以法治价值、法治精神为指引，蕴含公正、平等、民主和人权等法治理念，是一种正当性思维；法治思维以法律原则和法律规则为依据指导人们的社会行为，是一种规范性思维；法治思维以法律手段与法律方法为依托分析问题、解决问题，是一种逻辑性思维；法治思维符合规律、尊重事实，是一种科学性思维。[③] 以“曾某某杀人案”为例，在情与法的冲突中，最终的判决惩罚了犯罪行为人，量刑时又能考虑到当事人未成年人的健康成长，彰显了人民司法惩恶扬善的本质，这正是法治思维作为正当性思维的体现；在舆论与法律的冲突中，办案机关不为舆论所左右，始终坚持法律至上，这正是法治思维作为规范性思维的体现；在秩序与混乱的冲突中，办案机关以法律手段和法律方法对本案进行审查后，认定为刑事案件，进而开展具体工作，这正是法治思维作为逻辑性思维的体现；在真与伪的冲突中，整个案件的审理和判决以事实为依据、以法律为准绳，这正是法治思维作为科学性思维的体现。在该案件的“矛盾冲突”中，法官要坚持法治思维，坚持以法律为底线；立足人文关怀立场，秉持同理心和常理常情；培养符合法律整全性的、融贯性的法秩序思维，在审判工作中实现法理情的统一，服务于社会。[④]

---

① 廖奕：《法治思想的认知融通——〈思想道德与法治（2023 年版）〉第六章重点难点问题解析》，《思想理论教育导刊》2023 年第 8 期。

② 参见本书编写组：《思想道德与法治》，高等教育出版社 2023 年版，第 231 页。

③ 参见本书编写组：《思想道德与法治》，高等教育出版社 2023 年版，第 230—231 页。

④ 参见张骐：《以法治思维实现法理情的统一》，《人民法院报》2023 年 4 月 27 日。

提高法治思维能力，明法治思维丰富内涵是第一步，学习其宽广外延则是更上一层楼。

2. 解构法治思维的基本内容，明晰宽广外延

“法律至上。法律至上是指在国家或社会的所有规范中，法律是地位最高、效力最广、强制力最大的规范。这里的法律，既包括宪法，也包括其他一般法律。法律至上尤其指宪法至上，因为宪法具有最高的法律效力，是其他一切法律的依据。法律至上具体表现为法律的普遍适用、优先适用和不可违。法律的普遍适用，是指法律在本国主权范围内对所有人具有普遍的约束力。所有国家机关、社会组织和公民个人都必须遵守法律，依法享有和行使法定职权与权利，承担和履行法定职责和义务。”① 结合墨家开启的“尚法法天”的法律至上观得知，“墨子通过工匠制作工具都要遵循一定的规矩，以此类推出人们在做任何事时也同样要有法可依、依规而行。具体而言，这里的‘法’代表着工匠各自在工作中所遵守的标准与尺度，是工匠在实际操作过程中归纳总结出来的普遍行业规范。因此，法度首先源于手工业者的技术理性。”② 现代更是需要遵守法律，不能像曾某某一般让冲动的情绪控制大脑，危及他人性命，罔顾他人的生命健康权。“法律的优先适用，是指当同一项社会关系同时受到多种社会规范的调整而多种社会规范又相互矛盾时，要优先考虑法律规范的适用。”“法律的不可违反，是指法律必须遵守，违反法律要受到惩罚。任何人不论权力大小、职位高低，只要有违法犯罪行为，就要受到法律制裁。”③“党纪国法不能成为‘橡皮泥’、‘稻草人’，无论是因为‘法盲’导致违纪违法，还是故意违规违法，都要受到追究，否则就会形成‘破窗效应’。”④ 面对法律的不可违反性与司法实践的冲突，司法应始终保持中立的情理和法律至上的理性，不可打破法定

---

① 本书编写组：《思想道德与法治》，高等教育出版社 2023 年版，第 232 页。

② 张斌峰、周胤娣：《墨子的法律价值观及其创造性转化》，《浙江工商大学学报》2021 年第 3 期。

③ 本书编写组：《思想道德与法治》，高等教育出版社 2023 年版，第 232 页。

④ 《习近平关于依规治党论述摘编》，中央文献出版社 2022 年版，第 152 页。

的秩序。

权力制约。权力制约是指国家机关的权力必须受到法律的规制和约束。权力制约的主要表现为权力由法定、有权必有责、用权受监督、违法受追究。权力由法定，即法无授权不可为，是指国家机关的职权必须来自法律明确的授予。国家机关必须严格依照法律规定的权限行使职权，不得行使法律未授予的权力。有权必有责，是指国家机关在获得权力的同时必须承担相应的职责和责任。当发生了属于其职权范围内的事项时，国家机关必须履行相应的管理职责。用权受监督，是指国家权力的运行和行使必须接受各种形式的监督，让人民监督权力，让权力在阳光下运行。违法受追究，是指国家工作人员违法行使权力必须受到法律的追究和制裁。[①] 这些举措主要是针对国家机关及其工作人员，要求其树立“权不能大于法”的基本行为准则，牢记法律红线不可逾越、法律底线不可触碰。“从古至今，‘法令行则国治，法令弛则国乱’。领导干部手中的权力是一把双刃剑，在法治轨道上运行可以造福人民，脱离法治轨道必然祸国殃民。”[②]

“公平正义。公平正义是指社会的政治利益、经济利益和其他利益在全体社会成员之间合理、公平分配和占有。一般来讲，公平正义的主要包括权利公平、机会公平、规则公平和救济公平。权利公平包括三重含义：一是权利主体平等，国家对每个权利主体‘不偏袒’‘非歧视’；二是享有的权利特别是基本权利平等；三是权利保护和权利救济平等。”[③] 从学理上而言，权利公平着重于平等地赋予所有社会成员以权利，不能厚此薄彼、因人而异，如给予某些人以特权而对另外一些人则限制、缩减其权利。[④]“机会公平是指生活在同一社会中的成员拥有相同的发展机会和发展前景，反对任何形式的歧视。机会公平包括：国家和社会要积极为社会成员的发展创造条件，并

---

① 参见本书编写组：《思想道德与法治》，高等教育出版社 2023 年版，第 232—233 页。

② 《领导干部当牢记：“权不能大于法”》，新华网，2015 年 2 月 6 日，见 http://xinhuanet.com/politics/2015–02/06/c_1114287574.htm。

③ 本书编写组：《思想道德与法治》，高等教育出版社 2023 年版，第 233 页。

④ 参见胡玉鸿：《习近平法治思想中的社会公平正义理论研究》，《中国法学》2024 年第 1 期。

努力创造平等的起点；社会成员的发展进步权要受到同等尊重，不断拓展社会成员的发展领域；不仅要关注当代人的机会平等，还要考虑后代人的机会平等。”[①]“在机会有限，机会成为稀有资源的时候，如何来配置机会并保障机会的公平，就需要有相应的规则出场。”[②]规则公平是指对所有人适用同一规则和标准，不得因人而异。就规则公平来说，主要是指程序的公平，即对于权利、机会的分配，必须按照正当法律程序来予以安排。[③]法律面前人人平等便是规则公平的体现，不管是谁，一旦违反法律，便不受社会地位、财产拥有情况等外部条件的制约，其判决只会以事实为依据、以法律为准绳。“救济公平是指为权利受到侵害或处于弱势地位的公民提供平等有效的救济。救济公平包括：司法救济公平，即司法要公正对待每一个当事人，致力于实现司法公正；行政救济公平，即政府对需要救济的社会成员提供的救济服务要一律平等，不得区别对待；社会救济公平，即社会对需要救济的社会成员提供的社会救济服务要一律平等，不得厚此薄彼。”[④]

“权利保障。权利保障主要是指对公民权利的法律保障，具体包括公民权利的宪法保障、立法保障、行政保障和司法保障。宪法保障是权利保障的前提和基础。宪法表明尊重和保障人权的鲜明态度，确立保障权利的有效机制，明确列出宪法保障的公民基本权利，能够推动整个国家和法律体系加强权利保障。”[⑤]譬如，《中华人民共和国宪法》规定：“国家尊重和保障人权”。生命健康权是我们所享有的一项基本人权，每个人一出生就天然享有。立法保障是权利保障的重要条件，各项具体权利的保障由立法机关通过立法作出明确规定。[⑥]譬如，为预防轻率离婚、维护婚姻家庭稳定，《中华人民共和国民法典》第 1077 条在协议离婚制度中增设离婚冷静期之新规定。设立“离

① 本书编写组：《思想道德与法治》，高等教育出版社 2023 年版，第 233 页。

② 徐梦秋：《机会的公平和规则的公平》，《光明日报》2016 年 4 月 27 日。

③ 参见胡玉鸿：《习近平法治思想中的社会公平正义理论研究》，《中国法学》2024 年第 1 期。

④ 本书编写组：《思想道德与法治》，高等教育出版社 2023 年版，第 233 页。

⑤ 本书编写组：《思想道德与法治》，高等教育出版社 2023 年版，第 233—234 页。

⑥ 参见本书编写组：《思想道德与法治》，高等教育出版社 2023 年版，第 234 页。

婚冷静期”是立法回应社会的现实吁求，更是完善离婚法律制度的必然要求。[①]“行政保障是权利保障的关键环节，行政机关在行使行政管理权的过程中必然要涉及处置社会成员的利益问题，很容易发生损害或侵犯公民权利的现象。行政机关是否能够有效地保护公民权利，直接反映出一个国家的权利保障状况。”[②]行政机关无条件地保护着每一个认真遵循各项法律条文规定的人，同时以雷霆手段严惩意图侵犯他人合法权利的人。“司法保障是公民权利保障的最后防线，既是解决个人之间权利纠纷的有效渠道，也是纠正和遏制行政机关侵犯公民权利的有力机制。”[③]面对“曾某某杀人案”，法院作出合理合法判决，让每一个漠视法律的人都能受到应有的惩罚。

“程序正当。做一件事情，往往需要按照一定的程序，只有按照程序做，才能防止主观任性、无序混乱。”“只有严格按照法律程序办事办案，处理结果才可能公正并具有公信力和权威性。程序的正当，表现在程序的合法性、中立性、参与性、公开性、时限性等方面。合法性是指程序运行合乎法律的规定，有关机关或个人不得违反或变相违反；中立性是指程序设计和运行应平等地对待双方当事人，不得偏向任何一方；参与性是指案件或纠纷的利害关系人都有机会进入办案程序，充分表达自己的利益诉求和意见主张，为解决纠纷发挥作用；公开性是指程序运行的过程和结果应当向当事人和社会公开。”[④]“曾某某杀人案”是公开审理的案件，同学们能够进行旁听得益于程序的公开性，其有利于接受各方监督，让正义以人们看得见的方式实现。“时限性是指程序的运行必须有合理的期限，符合时间成本和效率原则的要求，不得无故拖延。”[⑤]譬如，中级人民法院在受理了“曾某某杀人案”后，组成了合议庭，依据《中华人民共和国刑法》《中华人民共和国刑事诉讼法》的

① 参见姜大伟：《离婚冷静期：由经验到逻辑——〈民法典〉第1077条评析》，《华侨大学学报（哲学社会科学版）》2020年第4期。

② 本书编写组：《思想道德与法治》，高等教育出版社2023年版，第234页。

③ 本书编写组：《思想道德与法治》，高等教育出版社2023年版，第234页。

④ 本书编写组：《思想道德与法治》，高等教育出版社2023年版，第234—235页。

⑤ 本书编写组：《思想道德与法治》，高等教育出版社2023年版，第235页。

相关规定，合议庭依法、依规对该案进行了两次公开审理，并在十天内对被告曾某某做出无期徒刑的判决。该案的审理、宣判过程恰恰体现了程序正当的时限性。

【App 头脑风暴】你认为法治意识、法治思维与法律素养是什么关系？

3. 探寻法治思维及相关概念，明其逻辑关系

法治意识，是人们关于法律的思想、观念、知识和心理的总称。对于法律的认识，是一个阶段性过程。初级阶段的认识是一种朴素的法律心理，是人们对于法律浅显、零星的感觉，可称为“法律情感”；高级阶段的认识是人们对于法律理论化、系统化的认识。因此，高级阶段的价值取向性认识，辅之以如何运用法律的规则意识，才能称为法治思维。法治思维，是指人们运用法律思考和处理问题的思维模式，包含思考模式和行为模式。法治思维主要表现为价值取向和规则意识两方面，价值取向指人们怎么看待法律；规则意识指人们如何运用法律看待和对待自身。[①] 法治素养，是人们运用法治思维、依法行使权利与履行义务的素质、修养与能力。“公民的法治素养越高，对外在强制性力量的依赖就越小，守法就会由被动的外力约束变为内在的自觉诉求，法治的核心要义之一‘法律得到有效遵守’就能够从理论变为现实。”[②] 所以，三者的关系可以理解成，如果没有起码的法治意识，就不可能形成法治思维，更无从谈法治素养。

如上所述，运用法治思维、依法行使权利与履行义务才能体现出法治素养。权利与义务是法律关系的核心内容与要素，法治实践必须通过行使权利与履行义务才能实现。

环节三：在依托剧本的“情景模拟”中辩证诠释权利义务

“什么是法律权利和法律义务，公民应该如何理解法律权利和法律义务的关系，如何依法行使法律权利和履行法律义务，以及滥用法律权利和违反

① 参见本书编写组：《思想道德与法治》，高等教育出版社 2023 年版，第 231 页。

② 宋玲：《持续提升公民法治素养》，《红旗文稿》2021 年第 20 期。

法律义务后要承担什么法律责任等，是我们日常生活中经常遇到的法律问题。”① 如果我们能养成正确的权利义务观，就可以妥善处理学习、生活中遇到的法律问题与各种矛盾，这也是不断提升自身法治素养的有效途径。

1. 明晰法律权利与法律义务，为青春掌舵

“法律权利是指由一定的社会物质生活条件所制约的行为自由，是法律所允许的权利人为了满足自己的利益而采取的、由其他人的法律义务所保障的法律手段。”“法律权利具有以下四个方面的特征：一是法律权利的内容、种类和实现程度受社会物质生活条件的制约。”“二是法律权利的内容、分配和实现方式因社会制度和国家法律的不同而存在差异。”“三是法律权利不仅由法律规定或认可，而且受法律维护或保障，具有不可侵犯性。”“四是法律权利必须依法行使，不能不择手段地行使法律权利。”② 如何结合实际生活来理解以上特征呢？这里我们就以当下年轻人最喜爱的社交新模式“剧本杀”来进行解读。剧本杀的核心就是剧本，但现在市场上的剧本抄袭成风、盗版盛行，已经严重影响到这个行业的健康发展③，这也与党的二十届三中全会中强调的“建立高效的知识产权综合管理体制”④ 要求相违背。事实上，剧本抄袭违反了《中华人民共和国著作权法》，“对于未经授权就私自复制并出售的盗版行为，可能会侵犯作者著作权中的发行、复制等权利。著作权人可以要求侵权人停止继续侵权并赔偿损失；对于以营利为目的，侵犯他人版权所得数额较大的，还可追究其刑事责任，处以有期徒刑或者拘役，并处罚金。”⑤ 首先，复制权，即以印刷、复印、拓印、录音、录像、翻录、翻拍、数字化等方式将作品制作一份或者多份的权利。“剧本杀”中的盗版现象正是侵犯了这一法律权利，同学们可以思考为何古代没有著作权法，更别提其中的复制

① 本书编写组：《思想道德与法治》，高等教育出版社 2023 年版，第 235 页。

② 本书编写组：《思想道德与法治》，高等教育出版社 2023 年版，第 235—236 页。

③ 参见张英：《当剧本杀遇上剧本“乏”》，《陕西日报》2021 年 12 月 17 日。

④ 《中共中央关于进一步全面深化改革　推进中国式现代化的决定》，人民出版社 2024 年版，第 10 页。

⑤ 赵晨熙：《剧本盗版滋生　剧本杀风靡背后的那些法律问题》，《法治日报》2021 年 8 月 10 日。

权，不正是因为其内容受到社会生活条件的制约，古时候并不会出现“剧本杀”这样的娱乐方式，更不会出现层出不穷的抄袭、盗版等现象；其次，不同的国家对于著作权的具体保护条例不同；我国著作权由法律规定或认可，受法律维护或保障，具有不可侵犯性，剧本的创作对于“剧本杀”这个行业的发展至关重要；最后，法律权利的实现有严格的程序要求，必须按法定程序及方式维护著作权中的复制权，当你在维护复制权时侵犯了他人的法律权利，你的行为就是受法律制裁的侵权行为，即使你的目的是维护自己的权益。

“法律义务是指由一定的社会物质生活条件所制约的社会责任，是保证法律所规定的义务人按照权利人要求从事一定行为或不从事一定行为以满足权利人利益的法律手段。”① 以“剧本杀”行业中抄袭行为为例，抄袭这一行为是对“不得抄袭他人作品”这一义务的违反。与法律权利一样，法律义务同样具备明显特征：“第一，法律义务是历史的。法律义务的内容和履行方式随着经济社会的发展和人权保障的进步而不断调整和变化。”② 法律权利和法律义务是不可分割、相互依存的。在没有“剧本杀”知识产权定义的年代，就不会存在满足权利人利益的相应义务，也就没有不得抄袭他人作品这一法律义务。“第二，法律义务源于现实需要。一个国家或地区的制度性质、历史传统、文化背景、宗教信仰和安全形势等因素，会对法律义务的设定产生重要影响。”③ 创新驱动发展的国家战略，包含科技、人才和文艺等方面的创新。坚持创新发展，就是要把创新摆在国家发展全局的核心位置，让创新贯穿国家一切工作。“不得抄袭他人‘剧本杀’作品”这一法律义务的设定，正是为了保护原作者的“创新”，鼓励后来者自主“创新”，是法律义务服务于社会现实需要的生动诠释。“第三，法律义务必须依法设定。法律义务必须由具有法定职权的国家机关依照法律程序设定，其他国家机关不得对公民违法设定法律义务。坚持义务法定，是建设法治国家和保障人权的重要方面。”④

① 本书编写组：《思想道德与法治》，高等教育出版社 2023 年版，第 236 页。

② 本书编写组：《思想道德与法治》，高等教育出版社 2023 年版，第 236 页。

③ 本书编写组：《思想道德与法治》，高等教育出版社 2023 年版，第 236—237 页。

④ 本书编写组：《思想道德与法治》，高等教育出版社 2023 年版，第 237 页。

在“剧本杀”行业，不得抄袭他人作品这一义务的设定，应当依法设定。比如，对于抄袭行为的定性、处罚等，应依据《著作权法》等上位法严格设定。“第四，法律义务可能发生变化。公民和社会组织承担的法律义务，在履行的过程中可能会基于法定情形而变更、消灭，或产生新的法律义务。”① 法律义务会随着时代的发展产生相应的变化，对“剧本杀”行业而言，保护原作者的创新性智力成果是永恒的追求，但在不得抄袭他人作品这一法律义务的设定上，不同时期可能呈现出不同的特点。

了解了法律权利与法律义务的概念与特征，回顾线上知识点，我们了解到我国宪法法律规定了公民的权利和依法要履行的义务。“我国宪法法律规定了公民享有的一系列权利，主要包括政治权利、宗教信仰自由、人身权利、财产权利、社会经济权利及文化教育权利等。”② 公民的基本义务主要包括维护国家统一和民族团结的义务、遵守宪法和法律的义务、维护祖国安全、荣誉和利益的义务、依法服兵役的义务以及依法纳税的义务。了解了法律权利与法律义务的大致内容，那么权利与义务之间又有怎样的联系呢？

权利义务紧相随。法律权利与法律义务犹如一枚硬币的正反面，相互依存、不可分割。没有法律权利，法律义务的设定就失去了目的和根据；没有法律义务，法律权利的实现也就成为空谈。“在社会生活中，每个人既是享受法律权利的主体，又是承担法律义务的主体。”③ 接下来就让我们依托剧本来进行“情景模拟”，以此方式来了解行使法律权利与履行法律义务的具体要求。

2. 坚定正确权利观的四要素，为青春导航

我们不光要知道权利义务有什么，更要明晰其法律界限。不仅在形式上要符合法律规定，在实质上也要符合立法意图和精神。下面我们将依托剧本请各组同学分别进行“情景模拟”，通过小青、小黄、小白、小黑的日常行为，一起学习如何依法行使法律权利。

目的要正当，即权利行使目的的正当性。公民在行使法律权利时，不得

① 本书编写组：《思想道德与法治》，高等教育出版社 2023 年版，第 237 页。
② 本书编写组：《思想道德与法治》，高等教育出版社 2023 年版，第 238 页。
③ 本书编写组：《思想道德与法治》，高等教育出版社 2023 年版，第 237 页。

违反宪法法律确定的基本原则，保障权利行使的正当性，行使权利不得破坏公序良俗，妨碍法律的社会功能和法律价值的实现。①

【情景模拟一】小青小黄兼职历险记

剧本大纲：

第一幕：新的起点

场景：大学校园

（新生报到处。小青和小黄背着行囊，脸上写满期待与好奇。）

小青（兴奋地）：小黄，我们终于进入大学了，好期待未来的生活啊！

小黄（点点头）：是啊，小青，我们得好好规划一下兼职了，减轻一下家里的负担。

第二幕：小青的选择

场景：学校行政楼

（小青正在整理文件。）

小青（热情地）：同学，你需要什么帮助吗？我可以告诉你关于志愿活动的信息。

（同学感激地离开，小青脸上洋溢着满足的笑容。）

小青（自言自语）：担任学校的行政助理不仅能交到朋友，还能培养各方面技能，真是太棒了！

（在这个过程中，小青通过热心服务同学收获了友谊，学会了主动担当，被评为学校的勤工助学标兵。）

第三幕：小黄的歧途

场景：宿舍内

（小黄神秘地从书包里拿出一沓银行卡。）

小黄（得意地）：这些银行卡卖出去就能赚不少钱，轻松又简单。

（手机响起，一条消息：“卡已收到，钱已转。”小黄满意地笑了。）

第四幕：警局对话

① 参见本书编写组：《思想道德与法治》，高等教育出版社 2023 年版，第 241 页。

场景：警察局

（小青焦急地等待着小黄。）

小青（担忧地）：小黄怎么还不来？不会是出什么事了吧？

（警察走进房间，严肃地看着小青。）

警察：你知道小黄犯了什么事情吗？

（小青疑惑地摇摇头。）

警察：小黄为了牟取非法利益，长期收购银行卡售卖给他人，这些银行卡被他人用于实施电信网络诈骗活动。

第五幕：小黄的结局

场景：法庭

（法官宣布小黄因犯帮助信息网络犯罪活动罪被判处有期徒刑一年四个月。）

（小黄戴着手铐，流下了悔恨的泪水。）

【教师点评】结合同学们精彩的演绎，我们应该深思：虽然大学生选择什么样的课外活动是各位的自由与权利，但这并不意味着自由和权利是无限度的。同样是在大学生活中找一份兼职，大学生小青选择了勤工助学、帮助他人；而小黄却选择了牟取非法利益这样的违法犯罪行为。最终二人的结果也全然相反，小青锻炼了自己，而小黄得到的却是法律的审判。

【教师总结】《中华人民共和国刑法》第二百八十七条之二规定：“帮助信息网络犯罪活动罪是指，明知他人利用信息网络实施犯罪，为其犯罪提供互联网接入、服务器托管、网络存储、通讯传输等技术支持，或者提供广告推广、支付结算等帮助，情节严重的，处三年以下有期徒刑或者拘役，并处或者单处罚金。”事实上，小黄的行为属于故意以损害公共利益或他人权利为主要目的的权利行使，违反了目的正当性原则。行使权利不仅目的要正当，还应该注意行使的必要限度。

程度要限定，即权利行使的必要限度。“任何权利的行使都不是绝对的，都有其相应的限度，必须依照法律规定的限度来行使权利。”①

① 本书编写组：《思想道德与法治》，高等教育出版社 2023 年版，第 242 页。

【情景模拟二】小黑无证驾驶酿大错

剧本大纲：

第一幕：小黑购置二手车

场景：小黑的暑假工作室

（小黑正在对自己刚买到的二手车进行整理和修复。）

小黑（自言自语）：终于买了我的第一辆车！虽然没有驾照，但我只是上路试试也没关系吧。

第二幕：小黑违规上路酿大祸

场景：交通事故现场

（小黑违规驾驶车辆，不慎撞倒行人。）

行人（躺在地上）：救……命……！

李警官（赶来现场）：发生什么事了？

（李警官调查事故并记录相关信息。）

第三幕：小黑的"辩解"

场景：警察局办公室

李警官（严肃）：你无视法律的权威，不仅违规上路还导致一人死亡！你作何解释？

小黑（紧张）：我知道我错了，但我真的只是想试驾这辆车。

（两人展开对话，小黑确信即将面临处罚。）

第四幕：法律的审判

场景：法院庭审厅

法官（严肃而公正地看着小黑）：小黑，在未取得驾照的情况下驾驶机动车，并导致他人死亡。你认识到自己的错误了吗？

小黑（低声承认）：是的，我已经认识到了自己所犯之罪。

法官：根据相关条例，你将受到相应处罚。

（经认定，小黑违反道路交通安全法，在未取得机动车驾驶证的情况下，驾驶机动车发生交通事故，致一人死亡，负事故全部责任，其行为危害公共安全，已构成交通肇事罪。最终小黑被判处有期徒刑一年六个月，缓刑一年六个月。)

【教师点评】感谢第二组和第三组（第一组分享的是曾某某杀人案感想）同学带来的生动表演。我们知道，小轿车是小黑的合法财产，小黑享有占有、使用、转让、处分的权利，但是使用的限度是有条件的，取得驾驶证是前提、安全驾驶是基本。任何权利都是有限度的，如果没有限度的约束，权利就是无缰的野马。

【教师总结】我国宪法规定：“中华人民共和国公民在行使自由和权利的时候，不得损害国家的、社会的、集体的利益和其他公民的合法的自由和权利。”权利行使的前提是不影响他人正常的生活，超过这个边界，权利将不再是权利，行为自由也就不再受到保护。除此之外，权利的行使还要注意方式的法定性。

方式要法定，即权利行使方式的法定性。“权利行使的方式分为口头方式、书面方式和行为方式，有时口头方式和书面方式可以兼用。”“权利行使的方式还可分为直接行使和间接行使。前者指权利主体直接行使权利；后者则指由其法定代理人或者委托代理人代为行使权利。”①

【情景模拟三】小白冲动“挂人”

剧本大纲：

第一幕：引发冲动

场景：学校内部论坛

（小白独自在电脑前，手指飞快地在键盘上敲打着。）

小白（激动）：我终于有证据了！ A 同学肯定是盗刷了我的校园卡！

（小白将证据和 A 同学照片上传到论坛。）

小白（笑容满面）：这次我一定可以让大家知道他的真面目！

第二幕：网络暴力扩散

场景：论坛聚集地

（大量网友在论坛展开激烈讨论。）

---

① 本书编写组：《思想道德与法治》，高等教育出版社 2023 年版，第 243 页。

网友 A：你们怎么能轻信一个匿名账号说的话？这明显是故意陷害！

网友 B：无风不起浪啊，说不定小白有其他证据呢？

网友 C：A 同学居然是这样的人，真是知人知面不知心！

（大量关于 A 同学的人肉搜索和网络暴力席卷而来。）

第三幕：学校介入调查

场景：教务办

教导主任（严肃）：小白，你知道 A 同学最近什么境况吗？

小白（心虚又疑惑）：他怎么了？我不是很清楚。

（教导主任摊开一张纸递给小白。）

教导主任：这是他的检查报告，被查出轻度抑郁症。

（小白露出惊讶的神情。）

教导主任（语重心长）：虽然一开始是你怀疑 A 同学盗刷了你的校园卡，但是你的做法却失之偏颇，先不说真相是否如此，这样过激地在网上随意评论同学不仅侵犯了其名誉权和隐私权，而且可能对其心理造成伤害。

（小白低下头陷入了沉思。）

【教师点评】本次事件是由简单的个人对个人的控诉维权，经过大量的网络转发、讨论，最终侵犯了 A 同学的名誉权与隐私权。小白本可以收集证据，为自己"讨回公道"，但他却以"挂人"的方式将自己从受害者变成加害者。如果我们遇上此类情况，可以第一时间告知家长和老师，向值得信任的人寻求情感上的帮助；如果情况比较严重的话，应保留证据，及时报警向公安机关寻求法律帮助；如有必要的话，可以聘请专业的律师向人民法院提起诉讼，提出自己的合理诉求，让过错方承担法律责任。

【教师总结】《中华人民共和国民法典》第一千零三十二条规定："自然人享有隐私权。任何组织或者个人不得以刺探、侵扰、泄露、公开等方式侵害他人的隐私权。"一旦私密信息遭遇"人肉搜索"，轻则让当事人不堪其扰，重则可能变成"杀人不见血"的"子弹"与"飞刀"。[①] 因此，我们应当用

① 参见本书编写组：《思想道德与法治》，高等教育出版社 2023 年版，第 239 页。

法定方式来维权，而不是像小白那样盲目“自助”。

程序要正当，即权利行使的正当程序。“由于一个人行使权利的过程可能就是另一个人履行义务的过程，所以程序正当原则同样适用于权利行使过程。通常情况下，行使权利的程序是法律规定的。”[①] 如有必要的话，可以聘请专业的律师向人民法院提起诉讼。诉讼权是公民的正当权利，但权利的行使也是满满的“仪式感”。我国民事诉讼法就对民事诉讼权的行使程序作了详尽规定：包括起诉、受理、审理前的准备、开庭审理、诉讼中止和终结、判决和裁定等流程。

【教师总结】感谢以上几组同学根据剧本带来的精彩演绎，他们为我们展示了依法行使法律权利的四项要求。希望大家把握好依法行使法律权利的基本要求，正当的目的是依法行使权利的出发点，合理的程度是依法行使权利的临界点，法定的方式是依法行使权利的制胜点，正当的程序是依法行使权利的关键点。学习了如何依法行使法律权利，还要了解如何依法履行法律义务，如此才能形成全面的权利义务观。

3. 强调正确义务观的必要性，为青春护航

“法律权利的行使必须伴随着法律义务的履行，但法律义务更需要由法律加以规定。义务法定，一方面是说义务的设定必须有法律依据，另一方面是说法定的义务应当履行，否则会承担不利的法律后果。”[②]

法律义务履行方式。与作为法律权利的主张权相对应的职责性义务，一般来说是命令义务人作或不作的某些行为；而与作为法律权利的自由权相对应的职责性义务，一般来说是禁止义务人作或不作的某些行为。[③] 也就是说，法律义务的履行表现为两种形式：一种是“作为”，是指义务人实施积极的行为；另一种是“不作为”，是指义务人不得实施某种行为。比如，小白展开的“情景模拟”中，要履行“不得侵犯他人隐私”的义务，就需要“不作

① 本书编写组：《思想道德与法治》，高等教育出版社 2023 年版，第 243 页。

② 本书编写组：《思想道德与法治》，高等教育出版社 2023 年版，第 243 页。

③ 参见王夏昊：《法律义务的基本语义类型与特性》，《南京师大学报（社会科学版）》2023 年第 2 期。

为”，即不能去刺探他人隐私、不能去泄露他人隐私等。

不履行的法律后果。“公民、法人未能依法履行义务的，根据情节轻重，应当承担相应的法律责任。法律责任主要包括民事责任、行政责任和刑事责任。”①

【App 投票】“偷税”“逃税”问题让许多明星“大火”了一把，比如主播黄某。我们学过依法纳税是公民的基本义务，那如果不履行这种义务需要承担什么责任呢？

【现实案例】黄某偷逃税案

浙江省杭州市税务局稽查局查明，网络主播黄某在 2019 年至 2020 年期间，通过隐匿个人收入、虚构业务转换收入性质虚假申报等方式偷逃税款 6.43 亿元，其他少缴税款 0.6 亿元。②

【案例解读】投票结果大多选择刑事责任，这表明大家存在理解误区，黄某“偷税”“逃税”所涉及的是行政责任，因为她属于“初犯”，所以不会追究刑事责任。税务部门依法对黄某作出税务行政处理处罚决定，追缴税款、加收滞纳金并处罚款共计 13.41 亿元。

消息一出，网上众声喧哗。有些网民疑惑：黄某涉案数额高达数亿元，其行为完全符合《中华人民共和国刑法》第二百零一条“逃税罪”的入罪标准，为何最终却免于刑事处罚？《中华人民共和国刑法》第二百零一条规定，纳税人有逃避缴纳税款行为的，“经税务机关依法下达追缴通知后，补缴应纳税款，缴纳滞纳金，已受行政处罚的，不予追究刑事责任；但是，五年内因逃避缴纳税款受过刑事处罚或者被税务机关给予二次以上行政处罚的除外。”本案中，黄某首次被税务机关按偷逃税予以行政处罚，且此前未因逃避缴纳税款受过相关处罚，若其能在规定期限内缴清税款、滞纳金和罚款，则依法不予追究刑事责任。

民事责任、行政责任和刑事责任究竟有何区别呢？“民事责任是指由于违

① 本书编写组：《思想道德与法治》，高等教育出版社 2023 年版，第 246 页。

② 参见《国家税务局坚决支持依法严肃查处黄薇偷逃税案件》，新华网，2021 年 12 月 20 日，见 https://www.news.cn/fortane/2021-12/20c_1128181992.htm。

反民事法律规定、违约或者基于民事法律规定所应承担的一种法律责任。行政责任是指因违反行政法或基于行政法规定而应承担的责任。对行政违法者的制裁包括行政处罚和行政处分。刑事责任是指行为人因其犯罪行为所必须承担的由国家司法机关代表国家依法确定的否定性法律后果，即行为人实施刑事法律禁止的行为所必须承担的法律后果，承担刑事责任意味着应受刑罚处罚。”①

近年来，娱乐圈偷逃税事件时有发生。譬如，某艺人在 2019 年至 2020 年期间，采取虚构业务转换收入性质虚假申报、通过境内外多个关联企业隐匿个人收入等方式偷逃税款 0.95 亿元，其他少缴税款 0.84 亿元。戏里可出格，戏外需有德。戏剧文学专业的学生以后可以成为赫赫有名的编剧、导演，也可以进入娱乐圈成为技艺精湛的演员，但无论从事什么职业，我们的收入都要在履行法律义务的前提下获得。

在完成法治思维、权利义务两个部分的学习后，我们了解到法治思维起指导作用，权利义务是法治实践的载体，而体现在全过程的综合性素质、修养和能力，才能称为法治素养。

环节四：在“尊学守用”的“四步曲”中全面提升法治素养

青少年正处于世界观、人生观和价值观形成的关键期，要按照由易到难、循序渐进的原则，不断增强青少年的规则意识，把法治精神、法治思维、法治观念熔铸到头脑之中，体现在日常行为之中。② 在中学阶段的学习中，我们了解了社会规则的相关知识，明晰了做守法公民的重要性。但是，并没有系统学习尊法学法守法用法的内涵和作用，未能厘清其中的逻辑关系和知行合一。

1. 演绎“尊重法律权威”之曲，奠定法治素养提升的前提

“法者，天下之度量，而人主之准绳也。”③ 尊法，理解为尊重法律权威。法律的权威源自人民的内心拥护与真诚信仰。人民的权益靠法律保障，法律

① 本书编写组：《思想道德与法治》，高等教育出版社 2023 年版，第 246–247 页。

② 参见鲁篱、郭子圣：《不断提升青少年群体的法治素养》，《光明日报》2024 年 3 月 22 日。

③ 《淮南子 · 主术训》。

权威靠人民维护。①

作为戏剧文学专业的学子，相信同学们对话剧《苏格拉底》并不陌生，《苏格拉底》的当代意义在于其不止具有艺术价值，其中蕴含的法律思想也值得我们深思，接下来，我们将通过整部话剧的最高潮来解读“尊重法律权威”。

【话剧片段】第四幕中，阿里斯托芬预感到可能发生的悲剧，满怀忧虑地警告苏格拉底道：“苏格拉底，容我严肃地说一句。雅典的权贵和公民们可以包容我那带刺的喜剧之笑，却不一定能容忍你喋喋不休地探寻真谛。”苏格拉底对此的回答是：“谢谢你的善意！我不是一个懦弱的胆小鬼，阿里斯托芬，请记住勇敢就是坚持某种信仰！”在最后一幕中，苏格拉底面对逃跑保命和一碗毒酒，毅然选择了平静地走上死亡之路。在苏格拉底看来，当时的整个审判是完全依据雅典法律程序进行的，具有法律效力，即便他不认同判决也必须服从。如果他逃走了，会损害法律的权威。

【App 选人】在《苏格拉底》这部话剧中大家领悟到了什么呢？在苏格拉底的选择中，法律意味着什么？

【教师总结】他相信法律、信奉法律，对法律常怀敬畏之心，常思敬重之情。从遵守法律角度看，他宁愿赴死，也要用实际行动捍卫法律尊严，个人行为均以法律为依据，不违反法律规范。从服从法律角度看，他拥护法律的规定，接受法律的约束，履行法定的义务，服从依法进行的管理。从维护法律角度看，他争当法律权威的守望者、公平正义的守护者、具有良知的护法者。

“尊法”是关键，解决的是“信”的问题。习近平总书记强调要把尊法放在第一位，这就要求提高全社会对法律的认知。无法对法律形成清晰的认知，就不必谈对法律的认同、尊崇；而若非内心尊崇法律，对法律知识的学习也将无法扎实深入。②

2. 唱响“学习法律知识”之歌，扎实法治素养提升的基础

学习和掌握基本的法律知识，是提升法治素养的前提。法律知识通常包

① 参见本书编写组：《思想道德与法治》，高等教育出版社 2023 年版，第 247 页。

② 参见王晓光：《努力使尊法学法守法用法在全社会蔚然成风》，《红旗文稿》2023 年第 1 期。

括法律法规方面的知识和法律原理、原则方面的知识。① 对于法律知识的学习，新时代大学生可采取多种方法进行，让我们先来听听这段熟悉的旋律。

【视频资源】《民法典口诀歌》② （4 分 23 秒）

【教师点评】想必这段旋律大家都已经耳熟能详，没错，这正是《童年》的旋律，但是歌词却是在向我们普及《民法典》的相关知识。《中华人民共和国民法典》被称为“社会生活的百科全书”，是新中国第一部以法典命名的法律。通篇贯穿以人民为中心的发展思想，着眼满足人民对美好生活的需要，对公民的人身权、财产权等作出明确翔实的规定，并规定侵权责任，明确权利受到削弱、侵害时的请求权和救济权等，被誉为“新时代人民权利的宣言书”。

从理论中学。“立身百行，以学为基。”学习和掌握基本的法律知识，是培养法治思维的前提。我们可以坚持整体学理论和重点学理论相统一：一方面，整体把握我国以宪法为核心的社会主义法律体系的构成。领悟法律基本原理方面的知识，如法的概念，法的要素，法的渊源，权利义务，法律责任等等。另一方面，重点学习新时代社会主义法治建设的重大成果。课前我们布置了学习任务，“跟着《人民日报》学民法典”。

法律术语哪怕只有一字之差，产生的法律效力截然不同。我们就以日常购物时涉及的“定金 A”与“订金 B”为例展开说明。

【现实案例】小杨看中了一件羽绒服，价格是 600 元，在与商家达成预售协议后，她提前支付了 70 元定金 A。可过了几天，她又不想买了，请问她支付的“定金 A”能退吗？

这就需要大家区分好定金 A 和订金 B。注意好提交预售订单前必勾选项是定金 A 或订金 B。定金 A 是一个规范的法律概念，是合同当事人为确保合同的履行而自愿约定的一种担保形式。依据法律规定，给付定金的一方违约时不得要求对方返还定金，收取定金的一方违约时则需双倍返还定金。那订金 B 怎么理解呢？订金 B 并非规范的法律概念，它具有预付款性质但

① 参见本书编写组：《思想道德与法治》，高等教育出版社 2023 年版，第 247—248 页。

② 李梦娇：《同学们千呼万唤的〈民法典口诀歌〉来了》，2020 年 10 月 26 日，见 https://www.ixigua.com/6887877645812367872。

并不具备担保性质。如果小杨签的预售协议里是订金 B，那订金 B 的效力就取决于买卖双方的约定。如果双方没有约定，小杨不想买了可以与卖家协商解决要求退还订金 B；如果是卖家不想卖给小杨了，小杨只能要回原数额订金，并不能要求卖家双倍退还订金 B。所以，能不能退、怎么退？就需要在签订预售协议前正确理解好每个条文的含义内容。

除了网购预售期间我们支付的定金是否可以退还外，校园贷潜藏哪些风险，引发的矛盾如何处理？被同学拍照做成表情包，是否涉嫌隐私侵犯？天上掉菜刀，到底违不违法？这些与大学生生活息息相关的问题都能在民法典中找到答案。

从资源中学。第一，通过观看法治节目让法律知识活起来；第二，通过阅读法学期刊让法律知识深起来；第三，及时关注与生活息息相关的网络普法资料让法律知识广起来。譬如，在我们的“翻转课堂”学习资源库中，上传了《人民日报》新媒体客户端发布的“当哪吒遇上民法典”“热剧主角‘现身说法’”等网络资料，引起了大家的热烈讨论，这种生动形象、贴近生活的普法资料收获了满满的点赞。当然，身为戏剧文学专业的学生，我们不仅是普法资料的受益者，还可以努力成为普法资料的生产者，用自己的专业知识制作人们喜闻乐见的普法视频，甚至是编写剧本、导演普法话剧等。

从实践中学。第一，以大家最感兴趣的法庭旁听为例，从同学们提交的旁听心得体会中，可以感受到直面庭审现场让同学们对法律知识的理解更为深刻透彻。第二，参与立法讨论。回看编纂《民法典》的过程，草案历经多轮审议修改，共收到一万多名网友提出的十余万条意见，共整理 1241 位代表提出的 2956 条意见，宪法法律委、法工委认真听取代表们提出的审议意见，并积极予以采纳，对《民法典》草案作了 100 多处修改，其中实质性修改达到 40 多处。① 第三，依法行使监督权。《中华人民共和国宪法》第

① 参见水淼：《全过程人民民主在民法典编纂中的生动体现》，2022 年 3 月 21 日，见 http://www.npc.gov.cn/c2/c30834/202203/t20220321_317183.html。

四十一条规定：“中华人民共和国公民对于任何国家机关和国家工作人员，有提出批评和建议的权利；对于任何国家机关和国家工作人员的违法失职行为，有向有关国家机关提出申诉、控告或者检举的权利。”

以《民法典》为线索，我们了解到学习法律知识能够从理论、资源、实践中学。“‘学法’是基础，解决的是‘知’的问题。”① 我们还要把我们对法律的认知落小落细落实，在日常生活行为中时时刻刻谨守法律规范。

3. 弹奏“养成守法习惯”之音，明晰法治素养提升的遵循

心有所畏，行有所止。养成守法习惯，是提升法治素养的遵循，这就意味着“更要有遵守规则的意识，坚持从具体事情做起”②。

增强规则意识。“养成规则意识、坚持守法守规是每一个法治国家公民的基本素养。大学生参与社会活动，实施个人行为，都要以法律为依据，不得违反法律规范。处理问题、作出决定时，要先问问在法律上‘是什么’和‘为什么’，是否合法可行。在处理守法与违法的关系时，要防微杜渐，防止因小失大。在面临选择的重大关头，要依法冷静权衡，防止因头脑发热或心存侥幸而铸成大错。”③ 为什么有行人看到红灯亮起，仍不假思索地闯过去？为什么有人无视禁止吸烟的标识，转过头去就点上一支？为什么有人敢于“碰瓷”，信奉“越胡闹越有利”的歪理？这都是因为缺乏规则意识，没有从内心深处产生对规则的敬畏之情。④

守住法律底线。习近平总书记为做人做事划出的四条底线中，第一条就是法律底线。法律红线不可逾越，法律底线不可触碰。国家公职人员以权谋私、徇私枉法，是触犯法律底线的表现；公民偷税漏税也是触犯法律底线的表现；⑤ 哪怕在校园生活中，突破法律底线的行为也时有发生：如盗窃行为、校园霸凌行为、考试舞弊行为等。大学生应当坚持从我做

① 王晓光：《努力使尊法学法守法用法在全社会蔚然成风》，《红旗文稿》2023 年第 1 期。

② 本书编写组：《思想道德与法治》，高等教育出版社 2023 年版，第 249 页。

③ 本书编写组：《思想道德与法治》，高等教育出版社 2023 年版，第 249 页。

④ 参见《人民日报评论部：培育深入人心的规则意识》，《人民日报》2018 年 11 月 14 日。

⑤ 参见本书编写组：《思想道德与法治》，高等教育出版社 2023 年版，第 249 页。

起，从身边事做起，切不可绷断“法律底线”之弦、流露出“违法乱纪”之音。

“学法是为了更好地用法，把对法治的尊崇、对法律的敬畏转化成思维方式和行为方式，做到在法治之下，而不是法治之外，更不是法治之上想问题、作决策、办事情。通过运用法律，提高解决问题的能力，使法律内化于心、外化于行。”①

4. 奏响“提高用法能力”之乐，实现法治素养提升的目标

“知之愈明，则行之愈笃。行之愈笃，则知之益明。”② 对法律理解得越清楚，实践就越扎实；实践越扎实，对法律的认识就会更加清晰。

维护自身权益。当代大学生要增强权利意识，用法律处理纠纷、解决问题，依法维权护权。当自身合法权益受损时，要有遇事找法、解决问题用法、化解矛盾靠法的意识。还要掌握维护权利的途径和手段，如自力救济、协商、和解、调解、仲裁、诉讼等。在具体生活中，面对校园暴力、网络欺诈、买卖纠纷等，除了增强防范意识外，还要善于留存法律证据，通过法律途径解决问题，理性维权。③ 譬如，在“定金 A 与订金 B”纠纷中，我们就可以通过与商家协商、请求消费者协会调解、通过仲裁机构进行仲裁、向有关部门申诉等多种方式来维权，但绝不能通过恶意评论、打砸伤人等方式让商家被迫“屈服”。

维护社会利益。作为新时代青年，我们除了要运用法律维护自身权益外，还要有家国情怀，通过法律途径积极维护社会公共利益。对于违法犯罪行为要敢于揭露、勇于抵制，消除事不关己、高高挂起的消极心理或者畏缩不前的恐惧心理，抵制遇事回避的惧法现象。④ 譬如，面对“曾某某杀人案”，如果我们能够规劝夫妻二人在发现情感纠纷之后及时找到居委会调解，那么社会上会不会少一些支离破碎的家庭呢？面对“剧本杀抄袭”现象，如果我

---

① 本书编写组：《思想道德与法治》，高等教育出版社 2023 年版，第 250 页。

② 《朱子语类》卷十四。

③ 参见本书编写组：《思想道德与法治》，高等教育出版社 2023 年版，第 250 页。

④ 参见本书编写组：《思想道德与法治》，高等教育出版社 2023 年版，第 250 页。

们能够在发现抄袭现象时旗帜鲜明地反对和抵制，那么社会上会不会少一些心灰意冷的原创人呢？面对"小青小黄兼职历险记"，如果我们能够在发现小黄步入歧途时及时劝导并告知学校，那么社会上会不会少一些深受信息网络犯罪荼毒的群体呢？面对"小黑无证驾驶"，如果我们能够及时向小黑普及无证驾驶是违法行为，那么社会上会不会少一些惨不忍睹的交通事故呢？不论是因情绪上头不顾家庭利益，还是因欲望作祟无视创作者权益，或是因金钱诱惑不管他人隐私，种种行为都是只顾个人利益罔顾社会公共利益的体现。无论面临何种情境，我们都要通过各种合法途径坚持不懈地同这类行为作斗争。

尊法是关键，学法是基础，守法是目的，用法是归宿，四者环环相扣、相辅相成。只有全体人民信仰法治、厉行法治，尊法学法守法用法在全社会蔚然成风，才能更好发挥法治固根本、稳预期、利长远的保障作用。①

环节五：课程总结

通过今天的课堂，希望同学们能够在分析案件的"矛盾冲突"中正确把握法治思维；在依托剧本的"情景模拟"中辩证诠释权利义务；在"尊学守用"的四步曲中全面提升法治素养。"全面依法治国是国家治理的一场深刻革命，关系党执政兴国，关系人民幸福安康，关系党和国家长治久安。"②推进全面依法治国需要全社会共同参与。同学们，新时代大学生是未来国家建设的中坚力量。作为戏剧文学专业的学子，未来定是要在文化领域大有作为、大放光彩的，文艺事业是党和人民的重要事业，文艺战线是党和人民的重要战线，你们要在打磨剧本中自觉尊法学法守法用法，灵活运用自身的专业知识，努力成为党的二十大报告所寄语的"社会主义法治的忠实崇尚者、

① 参见陈伶俐：《努力使尊法学法守法用法在全社会蔚然成风》，《光明日报》2023年3月22日。

② 习近平：《高举中国特色社会主义伟大旗帜 为全面建设社会主义现代化国家而团结奋斗——在中国共产党第二十次全国代表大会上的报告》，人民出版社2022年版，第40页。

自觉遵守者、坚定捍卫者”①，用法治素养促进我国文艺园地百花竞放、硕果累累，呈现出繁荣发展的生动景象。

【课后】

1. 思考讨论

阅读《法律与文学：以中国传统戏剧为材料》一书，感受中国传统戏剧中的法律元素，查找材料，思考我们还能从哪些传统戏剧中汲取法律力量？

2. 拓展阅读

习近平：《论坚持全面依法治国》，中央文献出版社 2020 年版。

习近平：《坚持走中国特色社会主义法治道路，更好推进中国特色社会主义法治体系建设》，《人民日报》2022 年 2 月 16 日。

习近平：《坚持和完善人民代表大会制度　保障人民当家作主》，《求是》2024 年第 4 期。

七、教学资源

① 习近平：《高举中国特色社会主义伟大旗帜　为全面建设社会主义现代化国家而团结奋斗——在中国共产党第二十次全国代表大会上的报告》，人民出版社 2022 年版，第 42 页。

八、教学板书

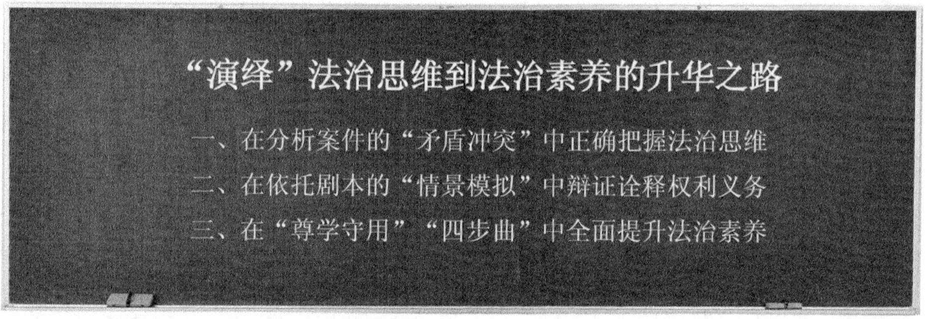

九、教学反思

1. 从基于学情的内容设计反思教学理念的贯彻，用心坚持“以学生为中心”的教学理念。把握了学生对法治实践活动、专业经典案例的兴趣点，教师通过投票抓住学生最感兴趣的“旁听法庭庭审”实践活动、组织系列情景模拟剧、讲述“剧本杀”抄袭案例、分析明星偷逃税案，提高了学生的积极性与理性思维能力；紧扣了学生对法律相关知识的困惑点，教师通过剖析法治思维、辩证诠释权利义务、解读法治素养，锻炼了学生的自主性与辩证思考能力；满足了学生对理论学习指导生活实践与思政学习融合专业发展的需求点，教师通过贯通历史文化溯源、现实例证分析、发展困境启思，增强了学生对理论内容说服力与针对性的认同。但在如何面对学生群体多元化的兴趣爱好和亟待解决的法律难题，更生动形象地讲好法治思维到法治素养的升华之路上，还有待进一步深化。

2. 从教学目标的达成情况反思教学方法的贯行，用情联动“以现代化赋能”的教学方法。在传统教学方法应用上，通过理论讲授法，增强学生对法治思维基本内容的丰富内涵与典型表现的理解深度，达成把握法治思维、提升逻辑推理能力、涵养归纳意识的目标；通过案例分析法，激发学生对与专业学情相关的案例、正面案例与反面案例的情感热度，达成诠释权利义务、提升辩证分析能力、涵养规则意识的目标；通过问题导向法，梳理学生对从法治思维到法治素养转化的问题向度，达成提升法治素养、提升融会贯通能力、涵养使命意识的目标；通过任务驱动法，加大学生对课前线上预习、课后翻转拓展等主体性活动的发挥效度，达成把握正确的自学态度、增强深学进阶能力、涵养责任意识的目标。在信息化教学手段应用上，通过原创在线课程知识点的学习以提前了解学生已知未知情况；通过 App 中头脑风暴功能以实时把握学生内容认知程度，通过选人功能以切实提高学生学习紧迫意识，通过投票功能以解决学生知识点混淆的问题。但在如何打破“信息孤岛”现象，开放学生上传有效资料的通道，实现各信息源之间的资源互通，更进一步达成师生之间相互学习法律知识的目标上，还有待进一步思考。

3. 从课堂主阵地内外衔接反思教学过程的贯通，用力实施“全链条培育人”的教学过程。在课前，学生通过观看“曾某某杀人案”的法官微课以及自学线上课程“法治思维及其含义”“大学生依法行使权利与履行义务”、阅读翻转课堂学习资源“努力使尊法学法守法用法在全社会蔚然成风”，初步了解专题学习的基础知识；在课中，学生通过“明星偷逃税需要承担什么法律责任”痛点问题互动研讨、“模拟常见违法场景中体会如何行使法律权利”热点问题小组展示以及“法治意识、法治思维与法律素养是什么关系”重点问题教师讲授，逐步吸收专题学习的核心内容；在课后，学生通过思考习题、文献阅读，努力拓展专题学习的深度广度。通过课前、课中、课后的一体贯通，实现教师主导与学生主体相联动、线上教学与线下教学相融合、思政课小课堂与社会大课堂相衔接。在新课导入中，通过学生最感兴趣的“旁听法庭庭审”与戏剧文学专业学生所熟知的古代经典爱情戏剧切入，提高了学生参与课堂的兴趣度；在主体讲授中，设计“在分析案件的‘矛盾冲突’中正确把握法治思维”“在依托剧本的‘情景模拟’中辩证诠释权利义务”“在‘尊学守用’的‘四步曲’中全面提升法治素养”三个环节内容回应导入抛出的问题逐层解疑答惑，增强了学生深入研讨的启发性；在小组展示中，围绕正确权利观的四要素进行情景模拟，彰显了学生创新实践的执行力；在总结升华中，通过对知识进行总结、对问题进行反思、对担当进行寄语，激发了学生转化责任的使命感。通过新课导入、主体讲授、总结升华的一体贯通，实现问题导向、研究导向、成果导向、目标导向相统一。但如何在课后实践活动中进一步拓展课堂内容，将法律知识转化为法律实践上，还有待进一步构思。

后　记

这本书之所以能够存在，出于对“思想道德与法治”课程教学的长期思考和细致打磨。身为一名思政课教师，深感立德树人的重要性；身为一名青年教师，深感踏实钻研的必要性；身为一名公共课教师，深感专业协同的可为性。自 2012 年从教以来，我就坚持首先从字里行间保障教学规范、投入教学情感、迸发教学创意、改革教法设计。十余年来，从最开始厚厚的手写讲义到规范的成套教案再到每年 30 万字的迭代更新，从日常教学到赛教融合再到教研反哺，教学内容在一次次课程建设中不断积累，在一场场教学竞赛中不断突破，在一个个教研成果中不断深入。然而，在丰富的教学实践中，面对多元教学场域、面对不同专业学生，不难发觉同一个主题内容、同一份教法设计，总能与学生产生出不同的化学反应，有的效果显著，有的却收效甚微。于是在着手写这本书时，经过一阵思想斗争，我决心走出舒适圈，暂时搁置十余年积累下来的若干套 30 余万字的成熟教案，一改笼统的教法设计，对症下药地琢磨出考察学情特色，体现线上自学与线下深学相融合、实践成果反哺课堂教学、教师学生共同参与的教法内容，经过综合考量最终敲定了十八个专题内容，聚焦十八个专业。书稿从选题报送到成型出版，历时两年多，寒来暑往，我们抓住一切可利用的时间查找资料、设计思路、撰写文本、反复斟酌、同行审读，最终成稿，我们会在灵感迸发时欣喜若狂，亦会在才思枯竭时愁眉不展，而遍尝甘与苦后，最终将这本书呈现在大家面前。

我深知自己是一个非常幸运的人，处在思政教育备受重视的时代，工作在青年教师倍感关爱的环境，生活在亲朋好友倍加鼓励的氛围，才有了更好的机遇和平台去追梦和圆梦，有了更充足的时间和空间去探索和创新。

习近平总书记非常关心和关注高校思政课建设，多次对思政课建设提出具体要求，并强调要注重方式方法，把思政课的道理“讲深、讲透、讲活”。中共中央办公厅、国务院办公厅印发的《关于深化新时代学校思想政治理论课改革创新的若干意见》、教育部等十部门印发的《全面推进“大思政课”建设的工作方案》等，都对思政课教学创新有明确要求。讲好道理、守正创新，一直是书稿撰写坚持的原则，希望书稿内容既能体现教学研究学理性，又能体现教法设计实操性；既能体现集体备课成效性，又能体现示范教学启发性；既能体现教师主导性的增强，又能体现学生主体性的培养；既能体现思政课教学的数字技术赋能，又能体现思政课教学的实践育人成效。本书的出版是希望给广大思政课教师进行学情分析、深耕教学内容、创新教学方法等提供一些微薄的灵感来源，为推动新时代思政教育高质量发展添砖加瓦。

这本书的出版得益于马克思主义理论研究和建设工程重点教材《思想道德与法治》为任课教师教学研究提供重要遵循，得益于全国高校思想政治理论课教学指导委员会与高等教育出版社联合出品的“思想道德与法治”教学课件为任课教师教法设计提供重要参考；要感谢湖南师范大学马克思主义学院、湖南师范大学马克思主义理论国内一流培育学科的大力资助，感谢德法课系全体同事的长期关心，感谢陈文珍教授领衔的湖南师范大学“思想道德与法治”线上课程团队为本书线上线下混合式教学思考提供线上学习资源；要感谢湖南师范大学刘显、袁蜻穗、刘宇晴、邓小洁、邵明洁、王全、秦莉媛、于凯欣、戴佳悦、顾语欣、吴虹佳、杜云、宋予情、李湘、吴念紫、张静芝、刘芊芊、仇焱、何莉莉等同学对本书“学生小组展示”环节设计的付出；还要特别感谢恩师柳礼泉教授、李培超教授、冯秀军教授对本书的指导和推荐。

最后，我们深知本书中还有不尽如人意的地方，希望大家给予批评指正。

邓 验

2024 年 8 月于长沙

责任编辑：汪　逸
封面设计：王欢欢

图书在版编目（CIP）数据

“思想道德与法治”课程教学研究与教法设计 / 邓验 著. -- 北京：人民出版社，2024. 8（2025. 7 重印）. -- ISBN 978 − 7 − 01 − 026853 − 8

I. G641；G633. 202

中国国家版本馆 CIP 数据核字第 2024RU3323 号

“思想道德与法治”课程教学研究与教法设计
SIXIANG DAODE YU FAZHI KECHENG JIAOXUE YANJIU YU JIAOFA SHEJI

邓验　著

人民出版社 出版发行
（100706　北京市东城区隆福寺街 99 号）

北京九州迅驰传媒文化有限公司印刷　新华书店经销

2024 年 8 月第 1 版　2025 年 7 月北京第 2 次印刷
开本：710 毫米 ×1000 毫米 1/16　印张：38
字数：562 千字

ISBN 978 − 7 − 01 − 026853 − 8　定价：139.00 元

邮购地址 100706　北京市东城区隆福寺街 99 号
人民东方图书销售中心　电话（010）65250042　65289539